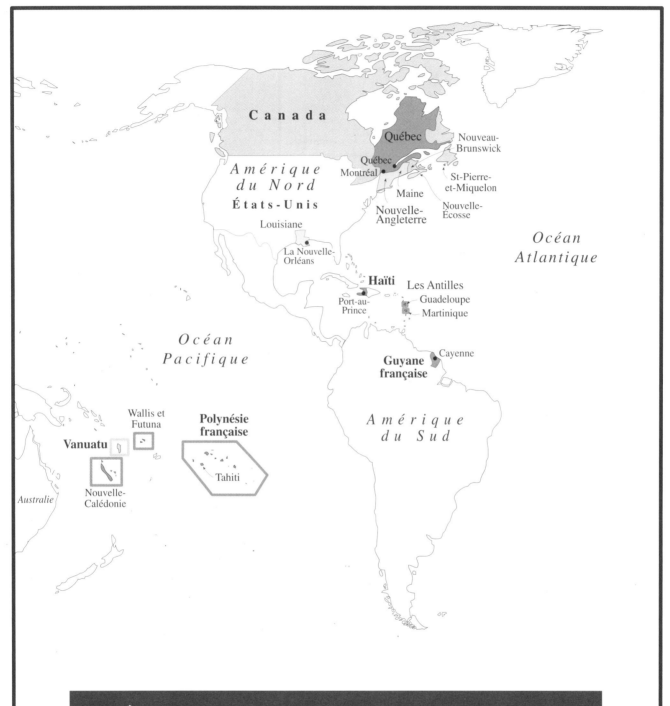

Canada

Québec

Nouveau-
Brunswick

Amérique
du Nord

États-Unis

Québec

Montréal

St-Pierre-
et-Miquelon

Maine

Nouvelle-
Angleterre

Nouvelle-
Écosse

Océan
Atlantique

Louisiane

La Nouvelle-
Orléans

Haïti

Les Antilles

Guadeloupe

Port-au-
Prince

Martinique

Océan
Pacifique

Cayenne

Guyane
française

Amérique
du Sud

Wallis et
Futuna

Polynésie
française

Vanuatu

Tahiti

Australie

Nouvelle-
Calédonie

Le monde francophone

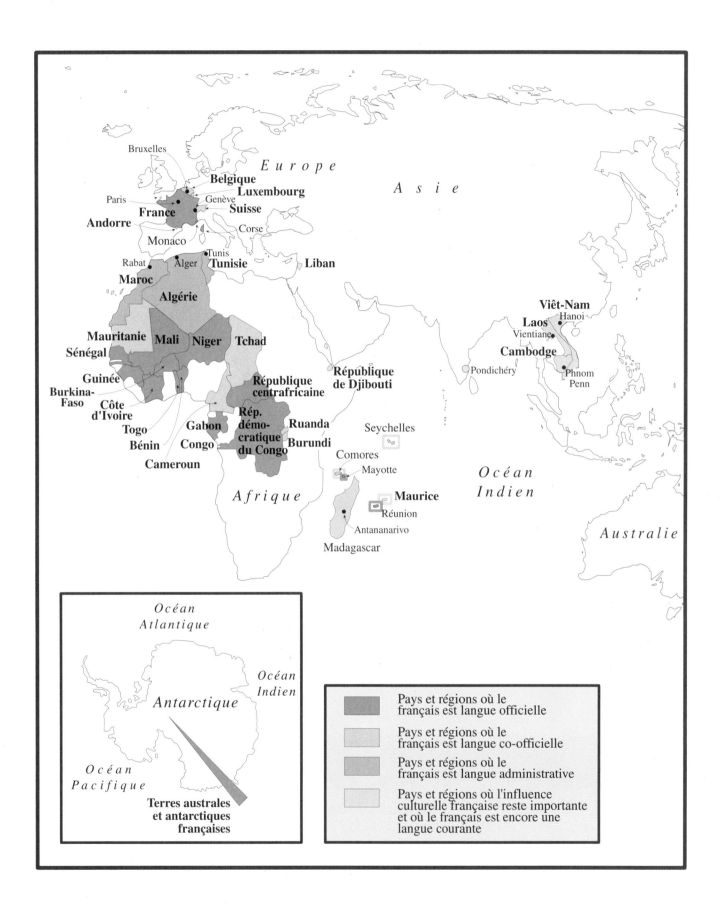

Bruxelles

E u r o p e

Belgique

Luxembourg

Paris — Genève — **Suisse**

France

Andorre

Monaco

Corse

A s i e

Tunis

Rabat — Alger **Tunisie**

Maroc

Liban

Algérie

Viêt-Nam

Laos — Hanoi

Vientiane

Mauritanie **Mali** **Niger** **Tchad**

Cambodge

Sénégal

Pondichéry

Phnom
Penn

Guinée

**République
centrafricaine**

**République
de Djibouti**

Burkina-
Faso

Côte
d'Ivoire

**Rép.
démo-
cratique
du Congo**

Gabon

Ruanda

Seychelles

Togo

Bénin

Congo

Burundi

Cameroun

Comores

Mayotte

*Océan
Indien*

A f r i q u e

Maurice

Réunion

Antananarivo

Australie

Madagascar

*Océan
Atlantique*

*Océan
Indien*

Antarctique

*Océan
Pacifique*

**Terres australes
et antarctiques
françaises**

	Pays et régions où le français est langue officielle
	Pays et régions où le français est langue co-officielle
	Pays et régions où le français est langue administrative
	Pays et régions où l'influence culturelle française reste importante et où le français est encore une langue courante

INSTRUCTOR'S ANNOTATED EDITION

Je veux bien!

SECOND EDITION

MANUEL DE CLASSE

Jeannette D. Bragger
The Pennsylvania State University

Donald B. Rice
Hamline University

HEINLE & HEINLE

THOMSON LEARNING™

Australia   Canada   Mexico   Singapore   Spain   United Kingdom   United States

Je veux bien!
Second Edition
Manuel de classe
Instructor's Annotated Edition
Bragger ◆ Rice

Publisher: Wendy Nelson
Senior Production & Developmental Editor Supervisor: Esther Marshall
Developmental Editors: Anne Besco & Lara Semones
Marketing Manager: Jill Garrett
Associate Marketing Manager: Kristen Murphy-LoJacono
Production/Editorial Assistant: Diana Baczynskyj
Manufacturing Manager: Marcia Locke
Project Manager: Anita Raducanu
Compositor: Pre-Press Company, Inc.
Cover/Text Designer: Sue Gerould, Perspectives
Illustrations: Scott McNeill
Cover illustration: Heidi Younger
Printer: QuebecorWorld

Printed in the United States of America
1   2   3   4   5   6   7   8   9   10   06   05   04   03   02   01

For more information contact Heinle & Heinle, 25 Thomson Place, Boston, MA 02210 USA,
or you can visit our Internet site at http://www.heinle.com

For permission to use material from this text or product contact us:
Tel   1-800-730-2214
Fax   1-800-730-2215
Web   www.thomsonrights.com

Library of Congress Cataloging-in-Publication Data
Bragger, Jeannette D.
    Je veux bien! : manuel de classe / Jeannette D. Bragger,
Donald B. Rice.—2ⁿᵈ ed.
        p. cm.
    Includes index.
    ISBN 0-8384-2396-5 (student text) ISBN 0-8384-2397-3
(IAE)
    French language—Textbooks for foreign speakers—English.
    I. Rice, Donald
    II. Title.
PC2129.E5 B66 2001
448.2'421—dc21   2001046499

Table des matières

Je veux bien!

SECOND EDITION:

The only introductory program written for students to express *themselves* in French

Je veux bien! is.... contemporary French language

Whether it is the latest vocabulary for high-tech components, spoken slang that you will encounter on the streets of Paris, or tips for when *not* to use that slang, *Je veux bien!* presents French as it is really used today.

Je veux bien! provides fun, useful vocabulary for all the themes covered in the book: the kind of vocabulary that students might really use, so they are more likely to remember. Vocabulary is introduced in the **Manuel de classe**, and then is practiced in both the **Manuel de classe** and the **Manuel de préparation**. (Cumulative end-of-chapter *Lexiques* appear in both volumes.)

Ça se dit comment? is active vocabulary introduced through photos, realia, and illustrations. Students learn to associate words with real items, just as if they were in the target culture.

Flash-vocabulaire boxes appear next to specific activities so that students can express themselves more meaningfully as they communicate in French.

Le français parlé points out crucial distinctions between written and oral French, and between formal and informal usage—so that students can more appropriately express themselves in the situations they encounter.

Dico boxes contain glosses that accompany most material written in French.

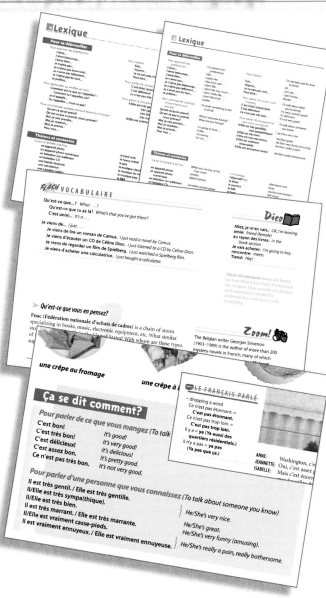

v

In *Je veux bien!* grammar supports the communicative function

As students are learning to express themselves, *Je veux bien!* gives them the grammar rules that apply. Grammar and communication are truly partners in this innovative text.

Structure grammaticale. The **Manuel de préparation** fully presents grammar, complete with dialogs that model new structures in a realistic context. Dialogs are recorded on the accompanying audio CDs.

Rappel grammaticale structures presented and practiced in the **Manuel de préparation** are reviewed in the **Manuel de classe** in a handy chart format. New to the second edition, short ***Exercices de substitution*** provide a quick warm-up practice of the new structure.

Flash-grammaire is like having a French friend lean over your shoulder and tell you just the form you need to express yourself grammatically in conversation.

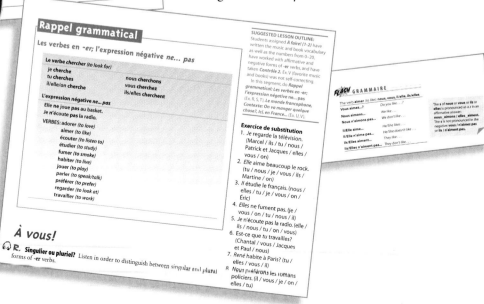

Manuel de classe
Audio Script

CHAPITRE PRÉLIMINAIRE

CD1, TRACK 2 — Page 7

B. Quelles langues est-ce qu'ils parlent?

1. [Statement below in Arabic—studio to provide written script for Heinle]
2. [Statement below in Japanese—studio to provide written script for Heinle]
3. Salut! Heureuse de faire ta connaissance. Je suis en deuxième année à l'université. Je fais de l'anglais et je compte faire des études chez toi l'année prochaine.
4. [Same statement in Portuguese—studio to provide written script for Heinle]
5. [Same statement in Spanish—studio to provide written script for Heinle]

CD1, TRACK 3 — Pages 8–9

ÉCHANGE: SALUT... BONJOUR... JE TE PRÉSENTE...

CD1, TRACK 4 — Pages 12–13

CONTEXTE: DES ÉTUDIANTS

CD1, TRACK 5 — Page 14

G. Ça s'écrit comment?

Conversation 1

—Tiens, salut Danielle. Dis, tu connais Stéphane?
—Non...
—Danielle Chartier, Stéphane Martignac.
—Bonjour, Danielle.
—Bonjour, Stéphane. Ça s'écrit comment Martignac?
—Martignac, ça s'écrit M-A-R-T-I-G-N-A-C.

Conversation 2

—Bonjour, je m'appelle Myriam Gresso.
—Enchanté. Moi, c'est Stéphane Espeyrac. Ça s'écrit comment, Gresso?
—C'est facile, G-R-E-S-S-0. Et Espeyrac?
—Espeyrac, ça s'écrit E-S-P-E-Y-R-A-C.

Conversation 3

—Alors, tout le monde, on se présente. Moi, je suis Joëlle Dublineau. Dublineau, ça s'écrit D-U-B-L-I-N-E-A-U. Et vous, comment vous appelez-vous?
—Moi, c'est Jonathan Legrisset, L-E-G-R-I-S-S-E-T.
—Moi, je m'appelle Karine Delière. Mon nom de famille s'écrit D-E-L-I-E-accent grave-R-E.
—Mon nom, c'est Quentin Calhava, C-A-L-H-A-V-A. Et vous?
—Moi, c'est Vanessa Margastaud. Ça s'écrit M-A-R-G-A-S-T-A-U-D.
—Bonjour, moi, je suis René Jauzet, J-A-U-Z-E-T.
—Bonjour, tout le monde.

CD1, TRACK 6 — Page 16

ÉCHANGE: ET TOI, COMMENT TU T'APPELLES?

CD1, TRACK 7 — Page 19

N. Écouter et prononcer.

1. machine / automobile / information / lampe / papier / estomac / poète / répétition / présent / bicyclette / communication / question / groupe / photo / piano / guitare / authentique / moment / chronologique / exemple / objet / univers

2. humain / beauté / réalité / idée / dîner / classe / contrôler / thème / philosophie / psychologie / art / histoire / anthropologie / sociologie / authorité / passeport / influence / conversation / situation / miracle / professeur / télévision / radio / train / attention

CD1, TRACK 8 — Page 19

O. Qu'est-ce qui se passe?

Conversation 1

STÉPHANE:	Salut, Monique. Comment vas-tu?
MONIQUE:	Salut, Stéphane. Ça va très bien, merci. Et toi?
STÉPHANE:	Ça va pas mal. Tiens, je te présente Nicolas. Nicolas Lalande, Monique Malécot. Monique, Nicolas.
MONIQUE:	Bonjour, Nicolas. Tu habites ici à Paris?
NICOLAS:	Salut, Monique. Non, j'habite à Toulouse
MONIQUE:	Tu es en quelle année?
NICOLAS:	En deuxième, à l'université de Toulouse
STÉPHANE:	Quels cours tu as?
NICOLAS:	J'ai des cours de littérature américaine et des cours d'anglais. Et toi, Monique?
MONIQUE:	Je suis en troisième, en sciences humaines. J'ai des cours d'anthropologie et de géographie.
STÉPHANE:	Alors, nous on s'en va. Au revoir, Monique.
MONIQUE:	Au revoir, Stéphane. Au revoir, Nicolas. À bientôt.
NICOLAS:	Ciao, Monique.

Conversation 2

MME PERRIER:	Bonjour, Kévin. Ça va bien?
KÉVIN:	Bonjour, Madame Perrier. Oui, ça va très bien. Et vous? Comment allez-vous?
MME PERRIER:	Pas mal, merci. Je te présente Madame Ambert. Elle est en visite ici à Paris. Kévin Sallières, Madame Ambert.
KÉVIN:	Bonjour, Madame.
MME AMBERT:	Bonjour, Kévin.
MME PERRIER:	Je connais les parents de Kévin. Kévin est en première à la Sorbonne. Il étudie les langues étrangères.
KÉVIN:	Oui, cette année, j'ai des cours d'anglais, d'allemand et de japonais.
MME AMBERT:	Ah bon. C'est très intéressant.
MME PERRIER:	Bon, Kévin. Nous, on s'en va. À bientôt, peut-être.
KÉVIN:	Au revoir, Mesdames.
MME AMBERT:	Au revoir, Kévin.

CHAPITRE 1

CD1, TRACK 9 — Page 27

CONTEXTE: AU RAYON DES LIVRES

CD1, TRACK 10 — Page 28

A. Trouvez l'intrus!

1. un roman / un manuel de classe / un appareil photo
2. une cassette / une calculatrice / un CD
3. un portable / un roman policier / un baladeur CD
4. un lecteur CD / un baladeur / une cassette vidéo
5. un roman de science-fiction / un CD-ROM / un manuel d'histoire
6. un appareil photo / un walkman / un jeu vidéo

CD1, TRACK 11 — Page 30

ÉCHANGE: AU RAYON DES CD

CD1, TRACK 12 — Page 31

F. Conversations

1. —Au revoir, Madame.
   —Au revoir, Monsieur.
2. —Salut, André. Ça va?
   —Salut, Mireille. Oui, ça va bien. Et toi?
3. —Tu connais Michel? Michel, Jean-François.
   —Bonjour, Jean-François.
   —Bonjour, Michel.
4. —Bonjour, Madame. Comment allez-vous?
   —Très bien, merci. Et vous?
5. —Allez, je m'en vais. À bientôt!
   —Oui. À bientôt.
6. —Je vous présente Adrienne Lecœur.
   —Enchanté, Mademoiselle.
   —Enchantée, Monsieur.
7. —Salut, Jean-Patrice. Comment ça va?
   —Oh, pas très bien. J'ai mal dormi.
8. —Allez, je m'en vais. Ciao.
   —Ciao.

CD1, TRACK 13 — Page 32

H. Masculin, féminin ou pluriel?

1. C'est une cassette vidéo.
2. Où sont les livres de philosophie?
3. Je vais acheter un baladeur.
4. Voici le nouveau CD de Roch Voisine.
5. Ah, il n'aime pas la science-fiction.
6. On peut y acheter des DVD.
7. Je cherche le rayon de matériel électronique.
8. Ce sont des manuels de classe.
9. Où est la calculatrice de Chantal?
10. J'adore les romans d'espionnage.
11. C'est un nouveau jeu vidéo.
12. Je vais acheter une mini-chaîne.

Manuel de classe Audio Script   **IG-29**

R. Singulier ou pluriel? It's relatively easy to distinguish between the first- and second-person forms of **-er** verbs. For example, **je regarde** sounds quite different from **nous regardons; tu écoutes** does not sound at all like **vous écoutez;** and even **je n'aime pas** is not the same as **tu n'aimes pas.** However, in the third person, the singular and plural forms sound either the same (**il regarde / ils regardent; elle n'aime pas / elles n'aiment pas**) or very similar (**elle écoute / elles écoutent; il habite / ils habitent**).

First, listen to the following verb forms and indicate whether each one is singular (**s**), plural (**pl**), or could be either (**sp**)—in other words, you can't tell just by listening to the isolated form.

1. elle regarde
2. ils préfèrent
3. elles aiment
4. il écoute
5. il habite
6. elle préfère
7. ils écoutent
8. ils regardent
9. elle n'aime pas
10. ils n'habitent pas

Now listen to these verb forms in sentences. This time you will hear other words (for example, names of people or articles, such as **le, la,** or **les**) that help you decide whether the verb is singular (**s**) or plural (**sp**).

11. Jacqueline regarde la télévision tous les soirs.
12. Les élèves préfèrent commencer à 9h30.
13. Chantal et Anne-Marie aiment jouer au tennis.
14. Le professeur écoute souvent de la musique classique à la radio.
15. M. Roussel habite à Villeurbanne, près de Lyon.
16. Christiane préfère le jazz au rock.
17. Jacques et Jean-Pierre écoutent des CD dans leur chambre.
18. Les autres regardent la télévision.
19. La directrice n'aime pas les baladeurs.
20. M. et Mme Martineau n'habitent pas à Rennes.

U. Qu'est-ce qu'ils prennent?

1. —Moi, je prends une quiche et un Perrier.
   —Et toi, qu'est-ce que tu prends?
   —Euh... une salade et... une Badoit.
2. —Vous désirez, messieurs-dame?
   —Un thé-citron et deux express.
3. —Oui? Vous désirez?
   —Un cheeseburger, des frites et... euh... un milkshake à la vanille.
4. —Pour moi, un sandwich au jambon. Et toi?
   —Je vais prendre un croque-monsieur. Tu veux une boisson?
   —Oui. Un coca.
   —Et pour moi, un demi.
5. —Oui, mesdemoiselles?
   —Une menthe à l'eau.
   —Un Orangina.
   —Un diabolo citron.
6. —Tu prends une pizza?
   —Oui, une Margherita. Toi aussi?
   —Non, je vais prendre un sandwich au pâté.
   —Qu'est-ce qu'on va boire?
   —Pour moi, un café-crème.
   —Et moi, je vais prendre une bière... une Kronenbourg.
7. —On prend des omelettes?
   —Oui. Moi, je vais prendre une omelette aux fines herbes.
   —Et pour moi, une omelette au fromage.
   —Et comme boisson?
   —Un Vittel.
   —Et moi, je vais prendre un citron pressé.
8. —Vous désirez?
   —Un verre de blanc.
   —Un jus d'orange.
   —Et pour moi, un demi.

GG. Qu'est-ce qui se passe?

Conversation 1

PIERRE: Isabelle... quelle surprise!
ISABELLE: Salut, Pierre. Ça va?
PIERRE: Oui, ça va. Et toi?
ISABELLE: Oui, très bien. Qu'est-ce que tu as là?
PIERRE: C'est une bande dessinée pour ma cousine. C'est son anniversaire. Et toi, qu'est-ce que tu cherches?
ISABELLE: Moi, je cherche un manuel de classe pour mon petit frère.
PIERRE: Ben, pour la rentrée, quoi...
ISABELLE: Voilà, exactement. C'est bientôt maintenant.
PIERRE: Oui.

Conversation 2

MARINE: Oh, écoute, Annie, j'ai vraiment pas faim. Je sais pas ce que je vais prendre. Peut-être une salade...
ANNIE: Oh, allez... Prends quelque chose de chaud. Une quiche ou un croque-monsieur.
MARINE: Oh, je ne sais pas...
ANNIE: Bon, ben, moi, je prends une omelette au fromage... et des frites. Qu'est-ce que tu veux boire?
MARINE: Ben, je vais prendre un thé, un thé citron.
ANNIE: Du thé... Moi, une eau minérale... une Badoit. Alors, t'as choisi?

MARINE:	Euh... tu as raison... il faut quelque chose de chaud... je vais prendre une quiche.
ANNIE:	Très bien. Monsieur, s'il vous plaît!

Conversation 3

SIMON:	Regarde, regarde... Voilà le nouveau CD de MC Solaar. Je le cherche depuis des semaines.
MICHEL:	C'est vrai que tu aimes le rap?
SIMON:	Ah, oui... MC Solaar, Wyclef Jean. Et toi?
MICHEL:	Pas tellement. Je préfère le heavy metal... Metallica ou Aerosmith. Je viens d'écouter «Just Push Play». C'est sensationnel.

Conversation 4

JÉRÉMY:	Alors, tu vas prendre une pizza?
SERGE:	Oui, je crois... peut-être une Napolitaine... tomate, fromage, anchois... oui, c'est bon. Je prends une Napolitaine. Toi aussi?
JÉRÉMY:	Non, non. Moi, je vais prendre des lasagnes.
SERVEUR:	Vous avez choisi, Messieurs.
SERGE:	Oui, pour moi une Napolitaine et une Kronenbourg.
JÉRÉMY:	Et pour moi, des lasagnes et... euh... une Kronenbourg aussi.
SERVEUR:	Très bien, Messieurs. Merci.
SERGE:	Écoute. Je viens de lire un très bon livre. Il a pour sujet de Gaulle et la Deuxième Guerre mondiale.
JÉRÉMY:	Moi, j'aime pas tellement les livres d'histoire. Je préfère les romans—les romans policiers ou bien, les romans d'espionnage.
SERVEUR:	Voilà, Messieurs. Une Napolitaine et des lasagnes.
SERGE ET JÉRÉMY:	Merci.
JÉRÉMY:	Alors, elle est bonne, la pizza?
SERGE:	Oh, oui. C'est délicieux. Et les lasagnes?
JÉRÉMY:	Oh, c'est très bon.

C H A P I T R E

CD1, TRACK 17 — Page 67

A. En ville.

Conversation 1

—Pardon, Monsieur. Le musée des Beaux-Arts, s'il vous plaît.

—Le musée des Beaux-Arts? Oh, ce n'est pas loin. C'est juste de l'autre côté du jardin public.

—Merci, Monsieur.

—Je vous en prie, Madame.

Conversation 2

—Quel est ce grand bâtiment là-bas?

—C'est l'hôtel de ville. Il date du 17e siècle.

—Du 17e? Il a été construit avant le palais de justice?

—Oui, c'est ça. Le palais de justice date du 18e.

Conversation 3

—S'il vous plaît, Madame. Le bureau de poste?

—Le bureau de poste est dans l'avenue Garibaldi. Vous prenez l'avenue de la Marne, vous continuez jusqu'à la gare, puis vous tournez à droite. Et la poste est à 200 mètres, sur votre gauche.

—Ah, c'est près de la gare. Je vous remercie, Madame.

—Je vous en prie, Monsieur.

Conversation 4

—Et vos enfants, ils sont toujours à l'école?

—Oui, Jean-Jacques a 18 ans et sa sœur a 16 ans. Ils sont tous les deux au lycée Carnot.

—C'est où exactement le lycée Carnot?

—C'est non loin de l'église Saint-Didier. Tu vois?

Conversation 5

—On joue au foot demain?

—Oui, bien sûr. On se retrouve au stade à 1h, d'accord?

—Une heure au stade. Oui, ça va. Et après, on va peut-être voir un film.

—Oui, pourquoi pas? Il y a un film de Patrice Leconte au cinéma Calvet.

CD1, TRACK 18 — Page 71

ÉCHANGE: LES GALERIES LAFAYETTE, S'IL VOUS PLAÎT?

CD1, TRACK 19 — Page 76

ÉCHANGE: POUR ALLER À L'ÉGLISE SAINT-SULPICE

CD1, TRACK 20 — Page 86

P. Combien?

1. —C'est combien, tes baskets?
   —58 euros.
   —58 euros. C'est bien, ça.

2. —Tu as payé combien, ton pantalon?
   —34 euros.
   —34 euros? C'est un assez bon prix.

3. —J'ai besoin de tennis. Combien ils coûtent à GoSport?
   —Les tennis? Il y en a pour 47 euros.
   —47 euros? C'est un peu cher, non?

4. —Regarde ce pull. Il est en solde. 29 euros.
   —29 euros. C'est un très bon prix. Il faut le prendre.

5. —Combien est-ce que tu as payé ta robe rouge?
   —61 euros. C'est assez cher.
   —Oui, 61 euros, c'est assez cher. Mais elle est très jolie. Cette couleur te va très bien.
6. —Qu'est-ce que tu as là?
   —Un CD de Liane Foley.
   —Ah, oui. Combien il coûte?
   —12 euros 50.
   —12 euros 50? C'est pas mal comme prix.
7. —Ah, j'aime bien ta nouvelle cravate. Combien tu l'as payée?
   —16 euros 25.
   —16 euros 25? Elle a dû être en solde.
   —Oui, c'est ça.

CD1, TRACK 21   Page 87

ÉCHANGE: JE CHERCHE UNE CHEMISE

CD1, TRACK 22   Page 96

Z. Soyons précis!

Les numéros de téléphone

1. —Quel est le numéro de téléphone de Jean-Pierre?
   —C'est le 04.94.83.92.42.
   —Attends... euh... le 04.94.83.92.42. Voilà. Merci.
2. —Madeleine, elle a un téléphone.
   —Oui. Attends un moment... oui, j'ai son numéro... c'est le 02.97.66.54.78.
   —Voyons... euh... le 02.97.66.54.78.
   —Oui, c'est ça.
3. —Tu as le numéro de téléphone d'Éric?
   —Oui, bien sûr. C'est le 01.46.53.76.98.
   —Attends, je vais le noter... tu veux bien le répéter.
   —Oui, c'est le 01.46.53.76.98.
4. —Bon. On va téléphoner à Sylviane. Donne-moi son numéro, s'il te plaît.
   —Oui, c'est le 03.83.91.95.81.
   —Alors, je répète... le 03.83.91.95.81.
   —Oui, c'est bien.

Les lignes d'autobus

5. —Quel autobus est-ce que je prends pour aller à la place d'Italie?
   —La place d'Italie? Tu prends le 83.
   —Ah, le 83. Merci.
6. —S'il vous plaît, Monsieur. L'autobus pour aller à la porte de Pantin?
   —La porte de Pantin... je vais regarder mon plan... Oui, c'est le 75.
   —Le 75? Merci beaucoup, Monsieur.
7. —Est-ce qu'on peut prendre l'autobus pour aller à l'aéroport Charles de Gaulle?
   —Oui, bien sûr. On prend le 350.
   —Le 350. Parfait.
8. —Bon. Maintenant nous allons à l'Opéra.
   —Quel bus est-ce qu'on prend?
   —Le 95, je pense... Oui, c'est bien le 95.

Les prix

9. —C'est combien, un téléviseur?
   —Voyons... un téléviseur couleur, grand écran... 365 euros.
   —365 euros? C'est très cher, ça!
10. —Les appareils photos sont en solde. En voici un pour 99 euros.
    —99 euros? C'est un très bon prix.
11. —Combien t'as payé ton ordinateur?
    —889 euros.
    —889 euros? C'est un bon prix.
12. —C'est combien, une chaîne hi-fi?
    —Euh... en voici une pour 470 euros.
    —470 euros. C'est bien.

Les populations

13. —Quelle est la population de Lyon?
    —453 187 habitants.
    —Combien?
    —453 187.
14. —Marseille a une population de 807 071 habitants.
    —C'est vrai? T'es sûr?
    —Oui. Regarde... 807 071.
15. —Quelle est la population de Bordeaux?
    —Je ne sais pas. Regardons dans l'atlas. Ah, la voici. Bordeaux... 218 948 habitants.
    —218 948.
16. —Et Paris? Quelle est sa population?
    —La population de Paris est de 2 147 857 d'habitants.
    —Comment?
    —2 147 857 d'habitants.

CD1, TRACK 23   Page 98

EE. C'est *aller* ou *avoir*? Let's begin by listening to similar forms of the verbs side-by-side. Each time, indicate on a separate sheet of paper which infinitive you hear *first*—**aller** or **avoir**.

il a / il va # vous allez / vous avez # tu vas / tu as # j'ai / je vais # ils ont / ils vont # elle va / elle a # on a / on va # nous avons / nous allons # elles vont / elles ont #

Now indicate on your sheet of paper whether the verb of each sentence you hear is a form of **aller** or of **avoir**.

1. Est-ce qu'il a un appareil photo?
2. Vraiment? Vous n'avez pas faim?
3. Nous allons au magasin de musique.
4. Je vais écouter une cassette de Roch Voisine.
5. Vous êtes sûrs? Ils ont un lecteur de CD.
6. Tu ne vas pas au concert?
7. Où est-ce que vous allez?
8. Je n'ai pas d'argent.
9. On va prendre quelque chose?
10. Tu as des CD de jazz?
11. Elles n'ont pas assez de temps.
12. Vous avez l'heure, s'il vous plaît?
13. Est-ce que tu vas acheter quelque chose?
14. Oui, nous allons à Madrid demain.
15. Pourquoi est-ce qu'elle ne va pas au film?

CD1, TRACK 24 Page 103

KK. C'est quel nombre?

Conversation 1

—Alors, Annie. Tu me rappelles ton adresse?
—Mon adresse? C'est le 66, rue Saint-Joseph.
—OK. 66, rue Saint-Joseph. Merci.

Conversation 2

—Excusez-moi, Madame, je cherche un autobus pour aller au Louvre.
—Alors, l'autobus pour aller au Louvre, c'est le 72.
—Quel numéro?
—Le 72.
—Très bien, merci.

Conversation 3

—Tu sais, Charles, j'ai acheté un appareil photo la semaine dernière.
—Et tu l'as payé combien?
—Je l'ai payé 115 euros.
—115? C'est pas cher.

Conversation 4

—Oh, t'as vu cette publicité?
—Non, c'est pour quoi?
—C'est pour la nouvelle Renault. Qu'est-ce qu'elle est joli, cette voiture!
—Combien ça coûte?
—Je pense que c'est 20 995 euros.
—20 995? C'est pas donné!
—Non, mais elle est vraiment super!

Conversation 5

—Dis donc, j'ai vraiment besoin d'une nouvelle chaîne hi-fi.
—Ben, c'est le moment. Il y en a justement en solde à 375 euros.
—375 euros?
—Ça vaut la peine. Je vais aller chez Darty.

Conversation 6

—Dis-moi, Julie, t'as le numéro de Jean?
—De Jean? Laisse-moi regarder dans mon calepin. Oui, je l'ai. Tu as de quoi noter?
—Oui.
—OK. C'est le 02.74.25.03.31.
—Alors... je veux vérifier. Le 02.74.25.03.31.
—C'est ça.
—Merci.
—De rien.

Conversation 7

—T'as vu les baladeurs? Ils sont soldés à 89 euros.
—89 euros? Ah ben, c'est pas cher.

Conversation 8

—Dis donc, tu aimes mon nouveau jean?
—Oui. Tu l'as payé combien?
—Oh... 42 euros.
—42 euros? C'est pas mal.

Conversation 9

—Tu veux toujours acheter un ordinateur?
—Ben oui, j'aimerais bien.
—Regarde, il y en a un nouveau, pour 1 099 euros.
—1 099? Oh, c'est trop cher.

Conversation 10

—Excusez-moi, Maîtresse. Quelle est la population de la France?
—Alors, mon petit, la population de la France est de 56 millions d'habitants.
—56 millions d'habitants? Han! C'est beaucoup!

CD1, TRACK 25 Page 114

LITTÉRATURE: «POUR TOI MON AMOUR» DE JACQUES PRÉVERT

CHAPITRE 3

CD2, TRACK 2 Page 121

A. Comment y aller.

Conversation 1

—Alors, on va au cinéma ce soir?
—Oui, c'est ça.
—On prend le métro?
—Mais non. Le cinéma est à dix minutes d'ici. On peut y aller à pied.

Conversation 2

—Pourquoi est-ce qu'on ne prend pas la voiture pour aller au stade?
—Oh, tu sais, je n'aime pas prendre la voiture. Il est toujours très difficile de stationner. Si on prend l'autobus, il n'est pas nécessaire de trouver un parking.
—D'accord. On y va en autobus.

Conversation 3

—Comment! Tu prends l'avion pour aller à Marseille! Mais le train est très rapide... et il coûte moins cher.
—Oui, c'est vrai. Mais moi, je préfère l'avion. C'est tout de même un peu plus rapide. Et nos bureaux sont près de l'aéroport.

Conversation 4

—Taxi! Taxi!

—Mais non! Qu'est-ce que tu fais là? On ne va pas prendre un taxi!

—Pourquoi pas?

—Parce que c'est trop cher. Regarde! Il y a une station de métro juste à côté.

—Tu veux prendre le métro? Bon. D'accord. On prend le métro.

Conversation 5

—Jean-Michel et moi, nous allons en ville.

—Vous prenez l'autobus?

—Non, non. Jean-Michel a son vélomoteur. C'est vraiment super!

—Ah, vous y allez à vélomoteur? Bon. Ça va. Au revoir... Moi, personnellement je préfère l'autobus. Mais ils préfèrent y aller à vélomoteur. Pas de problème.

Conversation 6

—Pour aller à Bordeaux, on prend la voiture?

—On peut, si tu veux. Mais moi, je préfère le train.

—Ah, oui. Pourquoi?

—Parce que c'est plus rapide et pas trop cher.

—Bon, d'accord. On prend le train.

CD2, TRACK 3 — Page 123

ÉCHANGE: COMMENT Y ALLER?

CD2, TRACK 4 — Pages 134–135

LECTURE: «L'HOMME QUI TE RESSEMBLE» DE RENÉ PHILOMBE

CD2, TRACK 5 — Page 136

ÉCHANGE: QU'EST-CE QUE TU AS ACHETÉ?

CD2, TRACK 6 — Page 139

O. C'est *avoir* ou *être*?

1. Elle a un nouveau vélomoteur.
2. Ils ont cinq cours ce semestre.
3. Je suis de Californie.
4. Vous êtes professeur, n'est-ce pas?
5. Nous avons trois vélos chez nous.
6. Est-ce que tu es dans mon cours de maths?
7. Elle est très jolie, cette chemise.
8. J'ai très faim. Et toi?
9. Ils sont amis depuis longtemps.
10. Vous avez soif?
11. Tu as un cours d'histoire cette année?
12. Nous sommes originaires de Pennsylvanie.

CD2, TRACK 7 — Page 143

V. Hier ou demain?

1. Elle a regardé la télé.
2. Elle va regarder la télé.
3. Nous allons faire une promenade.
4. Nous avons fait une promenade.
5. Est-ce que tu vas manger?
6. Est-ce que tu as mangé?
7. Ils ont téléphoné à Janine.
8. Ils vont téléphoner à Janine.
9. Est-ce que vous allez visiter le Louvre?
10. Est-ce que vous avez visité le Louvre?
11. J'ai acheté une calculatrice.
12. Je vais acheter une calculatrice.
13. Il va voir un bon film.
14. Il a vu un bon film.

CD2, TRACK 8 — Page 149

ÉCHANGE: VOUS VOULEZ ALLER AU CINÉMA?

CD2, TRACK 9 — Page 151

Z. Des messages.

1. —On va au cinéma ce soir?

   —Oui, pourquoi pas? On peut inviter Jean-Luc aussi?

   —Bien sûr. Je vais lui téléphoner. Quel est son numéro?

   —C'est le 04 68 25 72 22.

2. —Il nous faut un hôtel à Rouen.

   —Mes parents descendent toujours au Viking.

   —On va téléphoner pour réserver la chambre. Tu as le numéro?

   —Oui, attends... Voilà, c'est le 02 35 70 34 95.

3. —Oh là là! C'est aujourd'hui l'anniversaire de Maman. Je ne lui ai pas acheté de cadeau.

   —Tu as le numéro d'un fleuriste?

   —Oui. Attends... je cherche... Voilà, c'est le 01 47 83 88 60.

4. —Allô? C'est Mireille à l'appareil. Est-ce que je pourrais parler avec Nathalie, s'il vous plaît?

   —Je suis désolé. Elle est chez sa grand-mère pour la semaine.

   —Est-ce que vous auriez le numéro chez sa grand-mère? Il est très important que je lui parle.

   —Oui, bien sûr. C'est le 05 46 48 70 23.

5. —Alors, on dîne au restaurant ce soir?

   —Oui, bonne idée. Où est-ce que tu veux aller?

   —J'aimerais aller à la Fleur de Sel. Je vais téléphoner pour faire une réservation.

   —Attends... voici le numéro. C'est le 02 98 44 38 65.

CHAPITRE 4

CD2, TRACK 10 — Page 171

A. La maison d'Éliane et l'appartement de Jean-Paul.

ÉLIANE: Bonjour. Je m'appelle Éliane. J'habite près de Paris dans une vieille maison à deux étages. Au rez-de-chaussée il y a trois pièces—une salle de séjour, une salle à manger et une cuisine. Dans l'entrée il y a un cabinet de toilette. La salle à manger est en face de la salle de séjour et à côté de la cuisine. Au premier étage il y a trois chambres et une salle de bains. Ma chambre est près de la chambre de mes parents. La chambre d'ami est au bout du couloir. Et il y a aussi un bureau. Et à côté de la salle de bains, qui est en face de l'escalier. Derrière la maison il y a un très joli jardin.

JEAN-PAUL: Bonjour. Je m'appelle Jean-Paul. Moi, j'habite dans un appartement à Paris. Notre appartement est assez grand. Il y a une salle de séjour avec balcon, une cuisine, deux chambres et, bien sûr, une salle de bains. Nous n'avons pas de salle à manger, nous mangeons dans la cuisine. Et puisque c'est un appartement, il n'y a pas de place pour un jardin. Quand vous entrez dans l'appartement la cuisine est à votre gauche et une des chambres est à votre droite. À côté de la cuisine il y a la salle de bains et puis l'autre chambre. La salle de séjour est assez grande et elle s'ouvre sur un balcon avec une très jolie vue de la ville.

CD2, TRACK 11 — Page 173

ÉCHANGE: LE TOUR DE LA MAISON

CD2, TRACK 12 — Page 174

D. Deux plans. Listen again to Éliane and Jean-Paul describing the house and apartment where they live. (Track 11) This time make a labeled floor plan of the house and apartment.

CD2, TRACK 13 — Page 177

G. Chez nous.

1. Nous avons une très vieille maison. Elle date du dix-huitième siècle. Elle n'est pas grande, mais elle est très bien aménagée.
2. Notre appartement est dans un nouvel immeuble. Il n'est pas très grand, mais il est assez confortable. Et il est très bien équipé.
3. Chez nous il y a une très grande salle de séjour avec un téléviseur, un magnétoscope et une chaîne hi-fi. Les autres meubles sont modernes aussi.
4. Chez nous il y a une cuisine moderne. Tout est nouveau—le réfrigérateur, la cuisinière, le four à micro-ondes. Et la cuisine est toujours très propre.
5. Nous avons un jardin derrière la maison. Il est assez petit, notre jardin, mais il a de très jolies fleurs.
6. Chez nous les chambres sont très petites, mais elles sont très confortables. Les meubles sont vieux, mais les chambres sont assez jolies.

CD2, TRACK 14` — Page 182

CONTEXTE: LA FAMILLE BATAILLER

CD2, TRACK 15 — Page 184

K. La famille d'Edris et de Mariam.

EDRIS: Bonjour. Je m'appelle Edris, Edris Diallo. Je suis d'origine sénégalaise, mais j'habite en France maintenant. J'ai 30 ans. Ma famille est d'un petit village au sud du Sénégal. Mes parents, mon père et ma mère, y habitent toujours avec mes grands-parents paternels. Moi, je suis le troisième de six enfants. J'ai deux frères et trois sœurs. Ils sont tous mariés et ils ont tous des enfants. Par conséquent, j'ai beaucoup de neveux et de nièces!

MARIAM: Bonjour. Je m'appelle Mariam Diallo. Je suis d'origine sénégalaise aussi, mais j'habite en France avec mon mari. J'ai 26 ans. Ma famille est de Saint-Louis, une ville au nord-ouest du Sénégal. Mon père a deux femmes. Oui, on pratique toujours la polygamie au Sénégal. Sa première femme, ma mère, a trois enfants—moi et mes deux frères. Mon père a aussi une fille de sa deuxième femme. Ma grande sœur a 30 ans. Elle est mariée et elle a un fils qui a trois ans. Ma petite sœur habite toujours à la maison avec mes parents.

CD2, TRACK 16 — Page 186

ÉCHANGE: LA FAMILLE DE CECILIA

CD2, TRACK 17 — Page 189

P. Quelle profession? Quelle nationalité?

1. Mon ami Stéphane habite dans un petit appartement près de chez moi. Il habite avec son père (sa mère est décédée). Son père est commercial. Il va se remarier avec une femme très gentille qui s'appelle Francesca. Elle est italienne, mais elle habite en France depuis longtemps.
2. J'ai deux sœurs. Annick, qui a 19 ans, est vendeuse dans un magasin de vêtements. Chantal, qui a 21 ans, est étudiante. Elle voudrait être architecte un jour. Non, nous ne sommes pas français. Nous sommes québécois.

3. Mes parents et mes grands-parents sont tous agriculteurs. Ils ont une ferme en Picardie. Ils sont d'origine belge, mais ils habitent en France depuis longtemps.
4. Ma sœur va se marier l'année prochaine. Son fiancé est japonais. Lui et ma sœur sont tous les deux avocats. Elle va souvent à Tokyo et lui, il vient souvent à Paris.
5. Tu connais Paco? Paco Briceno. Briceno. Son père est espagnol. Oui, c'est ça. Son père est ingénieur. Il travaille avec ma mère chez Philips.
6. Ma cousine Barbara, elle est mécanicienne. Oui, c'est vrai. Elle répare les voitures. Non, elle n'est pas mariée. Mais elle a un très bon ami marocain. Oui, il est du Maroc, mais il habite ici depuis deux ans.
7. L'ami de Papa s'appelle Gunter. Non, il n'est pas français, il est allemand. Il travaille chez Peugeot. Il est cadre. Sa femme? Elle est allemande aussi. Elle est femme au foyer. Elle reste à la maison pour s'occuper de leurs trois enfants.
8. Comment il s'appelle, ton médecin? Il est chinois, non? Ah, bon. Il est vietnamien. Il a l'air très gentil, lui.

CD2, TRACK 18   Page 190

R. Des réponses logiques.

1. Tu aimes ton cours d'anglais?
2. Tu connais mes cousins?
3. Vous habitez avec vos parents?
4. Vous allez dîner avec votre fils?
5. Tu voudrais parler avec mon père?
6. Il cherche ma femme?
7. Elle va téléphoner à vos amis?
8. Il va acheter ta maison?

CD2, TRACK 19   Page 192

U. C'est qui?

1. Qui a les cheveux courts?
2. Qui a les cheveux longs?
3. Qui a les cheveux frisés?
4. Qui est chauve?
5. Qui a les yeux bruns?
6. Qui a les yeux bleus?
7. Qui est grand?
8. Qui est costaud?
9. Qui est mince?
10. Qui est assez âgé?

CD2, TRACK 20   Page 193

ÉCHANGE: ET LES ENFANTS?

CD2, TRACK 21   Page 194

X. Masculin ou féminin?

1. sportif
2. discrète
3. généreux
4. honnête
5. marrant
6. sérieuse
7. ambitieuse
8. bavarde
9. active
10. travailleur
11. timide
12. paresseux
13. gentil
14. dynamique
15. impatient
16. intellectuel(le)

CD2, TRACK 22   Page 198

KK. Claire Turquin.

—Chers auditeurs, nous avons aujourd'hui dans notre studio une jeune Française qui va répondre à nos questions. Bonjour Mademoiselle.
—Bonjour.
—Comment vous appelez-vous?
—Je m'appelle Claire Turquin.
—Très bien. Et vous êtes, euh, de quelle région?
—Je suis française. J'habite dans la région parisienne.
—Très bien. Parlez-nous un petit peu de votre famille.
—Oui, j'ai une très grande famille dont je suis très fière. Euh, j'habite avec mes parents. Et puis, j'ai deux frères, trois sœurs, ma grand-mère, qui habite avec nous, et puis aussi un chat.
—Ah! Très bien. Alors, ce, c'est une famille nombreuse, donc?
—Oui, nous habitons un pavillon avec cinq chambres. On a un salon et une grande salle à manger.
—Mmmmm! Est-ce que vous devez partager votre chambre avec vos frères et sœurs?
—Oh, non. J'ai une chambre pour moi toute seule. Il y a plein de choses dans ma chambre, d'ailleurs. Il y a une chaîne hi-fi, des livres, des, des photos, des CD et plein de cartes postales.
—Très bien. Et, comment allez-vous à l'université alors? Est-ce que vous y allez en voiture?
—Oh, non, malheureusement, je n'ai pas de voiture. J'ai seulement un vélo.
—Ah.
—Mais enfin, c'est pratique.

—Bien. Parlez-moi un peu de, de vos loisirs.

—J'adore la nature. Et j'aime, euh, à peu près tous les sports qu'on pratique en plein air, par exemple le camping, le ski et le vélo, bien sûr.

—Oui. Est-ce que vous aimez la musique?

—Ah, oui, beaucoup, beaucoup... surtout la musique classique et le jazz.

—Bien. Nous savons donc que vous êtes étudiante et, où est-ce que vous étudiez, alors?

—À Paris.

—Mmmmm! Et qu'est-ce que vous étudiez?

—J'étudie principalement l'histoire, la géographie et les langues aussi.

—Ah. Quelles langues est-ce que vous parlez?

—L'anglais et l'espagnol.

—Magnifique! Est-ce qu'il y a des matières que vous n'aimez pas particulièrement?

—Ah oui, je déteste les maths et les sciences en général.

CHAPITRE 5

CD2, Track 23 — Page 214

C. C'est à quelle heure?

Conversation 1

—Quelle heure est-il, José?

—Euh... il est onze heures et quart.

—Onze heures et quart? Bon. Nous avons encore du temps.

Conversation 2

—À quelle heure est-ce que tu te lèves normalement?

—Vers six heures et demie.

—Six heures et demie? C'est assez tôt.

Conversation 3

—Écoute, Maurice. Tu as l'heure?

—Oui, bien sûr. Il est trois heures moins dix.

—Trois heures moins dix? Merci.

Conversation 4

—À quelle heure vont-ils arriver, tes cousins?

—Vers midi, je crois.

—Vers midi? Pas de problème.

Conversation 5

—Tu travailles aujourd'hui?

—Oui, jusqu'à cinq heures.

—Bon. Je viendrai te chercher à cinq heures.

Conversation 6

—Jocelyne n'est pas là?

—Oui, elle est sortie vers neuf heures moins le quart.

—Neuf heures moins le quart! C'est assez tard pour sortir.

Conversation 7

—Vous avez l'heure précise, s'il vous plaît?

—Oui, bien sûr. Il est exactement... quatre heures vingt-trois.

—Quatre heures vingt-trois. Merci.

Conversation 8

—Nous sommes invités pour quelle heure?

—Entre sept heures et sept heures et demie.

—Sept heures, sept heures et demie. Ça va.

CD2, Track 24 — Page 215

ÉCHANGE: LES QUESTIONS DE CECILIA

CD2, Track 25 — Page 227

N. Qui fait quoi chez les Jacquemart?

INTERVIEWER: Alors, tu aides quelquefois chez toi?

PHILIPPE: Oui, de temps en temps. Mais j'aime pas ça. Le ménage, c'est embêtant et ennuyeux. Mais je fais mon lit tous les jours.

INTERVIEWER: C'est tout?

PHILIPPE: Euh... non. Le samedi je dois ranger ma chambre et j'aide un peu à nettoyer la maison.

INTERVIEWER: Et François, qu'est-ce qu'il fait?

PHILIPPE: Voyons... il fait son lit, il range sa chambre le samedi... euh... il met la table et il la débarrasse tous les soirs. Et nous faisons tous les deux la vaisselle avec mon père. C'est plus rapide.

INTERVIEWER: Et qui fait les repas?

PHILIPPE: Ça dépend. Quelquefois c'est ma mère qui fait la cuisine, quelquefois c'est mon père qui prépare les repas. Et ils font tous les deux les courses.

INTERVIEWER: Et qui fait le reste?

PHILIPPE: Nous avons une employée de maison, Madame Palisse. Elle est très gentille et elle vient chez nous deux fois par semaine. C'est elle qui nettoie la salle de bains, les chambres et la cuisine. Elle passe l'aspirateur et elle fait la lessive.

INTERVIEWER: Et qu'est-ce que vous faites d'autre dans la famille?

PHILIPPE: Quand elle a le temps, ma mère fait aussi la lessive et elle fait des petites réparations. Mon père aime bricoler et c'est lui qui travaille dans le jardin. Le jardin, c'est son truc. Moi, je donne à manger au chien et au chat et je promène le chien. J'aime bien ça parce que, quand je promène mon chien, je peux bavarder avec mes copains qui habitent à côté.

INTERVIEWER: Il y a autre chose?

PHILIPPE: Euh... oui... il y a la poubelle. C'est François qui a la responsabilité de la vider régulièrement. Mais quelquefois il oublie et c'est Madame Palisse qui le fait.

CD2, Track 26   Page 234

V. Le présent, le passé ou le futur?

1. Normalement Aline se couche entre 11h et minuit.
2. Elle s'est couchée assez tard hier soir.
3. Ce soir elle va se coucher avant 10h.
4. À quelle heure est-ce qu'on va se lever demain?
5. À quelle heure est-ce que tu t'es levée ce matin?
6. À quelle heure est-ce qu'il se lève normalement?
7. Claude s'est disputé avec sa petite amie.
8. Ma petite amie et moi, nous ne nous disputons jamais.
9. Est-ce qu'ils vont se téléphoner ce soir?
10. Nous nous téléphonons tous les soirs.
11. Elles ne se sont pas téléphoné hier soir.
12. Claudine et moi, nous nous sommes bien amusés ensemble.
13. Moi, je ne m'ennuie pas.
14. Je vais me reposer un peu avant de sortir.
15. Où est-ce qu'on se retrouve?

CD2, Track 27   Page 235

ÉCHANGE: LA JOURNÉE DE CÉCILIA

CD2, Track 28   Page 240

CC. Le samedi de Clotilde.

Je m'appelle Clotilde Vautier. J'ai 16 ans. J'habite dans un appartement à Paris avec mes parents, mon frère et ma sœur. Je suis élève dans un lycée à Paris. Je vais vous parler de ce que j'ai fait samedi dernier.

Comme vous le savez peut-être, nous avons cours en France le samedi matin. Par conséquent, je me suis levée à 7h15. J'ai pris une douche et je me suis préparée pour aller au lycée. J'ai pris le petit déjeuner avec ma sœur, parce que nous sommes à la même école. Mon père et mon frère (lui, il est à l'université) sont restés au lit. Mais ma mère s'est levée avec nous. Ma sœur et moi, nous avons quitté la maison vers 8h pour aller prendre le métro. Nous sommes donc arrivées au lycée pour notre premier cours, qui commence à 9h. Moi, j'ai cours jusqu'à 11h30 le samedi.

Après les cours, ma copine Pascale et moi, nous sommes allées manger au Macdo qui est près du lycée. Ensuite nous avons fait les boutiques. Nous n'avons pas acheté grand-chose parce que nous n'avions pas d'argent. Mais nous avons fait du lèche-vitrine. C'était super. Je suis rentrée vers 5h.

Le soir, je suis sortie avec Pascale et son frère Didier. Nous sommes allés au cinéma. Nous avons vu un très bon film d'aventures. Après le film nous sommes allés boire quelque chose au café. Je suis rentrée vers 11h et je me suis couchée. Et voilà ce que j'ai fait samedi dernier, un samedi assez typique pour moi.

CHAPITRE 6

CD3, Track 2   Page 255

A. Des chambres d'hôtel. Pour chacune des conversations, notez les renseignements dans la liste sur une feuille de papier.

Conversation 1

—Tu as réservé la chambre d'hôtel?

—Oui, bien sûr. J'ai trouvé un hôtel trois étoiles très confortable. Notre chambre a un grand lit et nous avons une salle de bains.

—Est-ce qu'il y a un ascenseur? Je préfère ne pas monter nos bagages par des escaliers.

—Mais non! J'ai pensé à ça. Nous sommes au quatrième étage et il y a un ascenseur.

—Bon. Et on y reste pour combien de nuits?

—Eh bien... selon notre itinéraire, j'ai pris la chambre pour quatre nuits.

—C'est pas trop cher, tout de même.

—Au contraire. C'est assez raisonnable. C'est soixante-dix euros la nuit avec un supplément de quatre euros par personne pour le petit déjeuner. C'est un peu cher, mais l'hôtel est au centre-ville.

—D'accord. C'est pas mal.

Conversation 2

—Comment tu as fait pour réserver nos chambres d'hôtel?

—Rien de plus facile. Je l'ai fait par Internet. J'ai trouvé une liste d'hôtels à Marseille, je suis allée au site d'un hôtel, j'ai regardé les chambres et les prix et j'ai choisi.

—Tu as confirmé les réservations?

—Euh... pas encore. Je voulais d'abord te consulter. Voilà. J'ai trouvé un hôtel deux étoiles pas loin du centre de la ville. Ils ont deux chambres pour les cinq nuits qu'il nous faut.

—Et ça coûte combien?

—Voyons... c'est quarante euros la nuit par chambre. Ça va?

—Ça dépend. Combien de lits il y a dans chaque chambre? Est-ce qu'il y a un ascenseur? Et comment on fait pour téléphoner?

—J'ai pensé à tout ça. Dans ta chambre il y a deux lits pour toi et ta mère. Dans ma chambre, il y a un lit. Il n'y a pas d'ascenseur. Pour téléphoner, moi j'ai mon portable. Pas besoin d'avoir un téléphone dans la chambre.

—Bon. Vas-y alors. Fais les réservations!

Conversation 3

—Chérie, j'ai fait la réservation à l'Hôtel Pastis. C'est au bord de la mer. Nous avons même un balcon!

—T'es fou? Ça doit coûter une fortune. Cinq nuits...

—D'accord. C'est un peu cher. Mais écoute... c'est important. C'est la première fois que nous allons en vacances ensemble. Alors on va fêter ça. Je t'ai dit que c'est un hôtel quatre étoiles?

—Tu vas me dire combien ça coûte?

—C'est formidable comme hôtel. Il y a évidemment un ascenseur, on a le téléphone et la télé dans la chambre, il y a un grand lit, des fauteuils, une petite table, une grande salle de bains... Et j'ai demandé une chambre au cinquième étage... comme ça nous pouvons manger sur le balcon et regarder la mer...

—Et le prix pour cette extravagance?

—Eh bien, parce que c'est notre anniversaire, on m'a donné un assez bon prix: cent vingt euros... et le petit déjeuner est compris...

—*[laughter]* Bon. Je suis convaincue. C'est notre anniversaire. On va se régaler!

Conversation 4

—Ça y est. J'ai réservé les chambres. Ce n'est pas facile de trouver des chambres dans le même hôtel à cette saison.

—Bon. Alors vous avez une chambre pour vous, une chambre pour moi, et huit chambres pour les seize élèves. Heureusement nous avons le même nombre de garçons et de filles. C'est plus facile.

—Oui, j'ai même trouvé dix chambres à deux lits chacune. Nous sommes aux troisième et quatrième étage. Moi, j'ai une chambre avec les filles et vous avez votre chambre avec les garçons. Il y a un ascenseur.

—C'est quel type d'hôtel?

—J'ai choisi un hôtel trois étoiles. Chaque chambre a une salle de bains avec une douche. Il n'y a pas de téléphone dans les chambres, mais il y a la télévision. J'ai mon portable en cas d'urgence.

—Très bien. Moi, j'ai organisé les excursions. Vous avez réservé pour sept nuits?

—Oui. Arrivée, vendredi; départ, samedi de la semaine suivante.

—C'est cher, l'hôtel?

—Euh... non. C'est assez raisonnable. C'est le prix spécial pour les groupes... trente-six euros par chambre... dix-huit euros par élève.

—C'est très bien.

CD3, TRACK 3   Page 258

ÉCHANGE: L'ARRIVÉE À L'HÔTEL

CD3, TRACK 4   Page 259

D. Au sujet des hôtels.

Conversation 1

—Voilà, les réservations pour nos chambres d'hôtel sont confirmées.

—C'est bien comme hôtel?

—Oui, je pense. C'est pas trop cher et c'est assez confortable.

—Comment sont les chambres? Il y a assez de lits dans chaque chambre?

—Voilà la liste... tu confirmes? Une chambre avec deux lits pour Jacqueline et Sylvie. Une chambre avec un lit pour toi et Jean. Une troisième chambre avec un grand lit et un petit lit pour Yvonne, son mari et le bébé. Une chambre à un lit pour moi et Marielle. C'est juste?

—Vous n'avez pas pris de chambre pour les deux garçons?

—Zut! Attendez que je téléphone. Alors il nous faut une autre chambre à deux lits?

—Oui, c'est ça.

Conversation 2

—Voilà... tout est arrangé. Nous avons des chambres d'hôtel dans toutes les villes. Deux nuits à Lyon, trois nuits à Marseille, trois nuits à Toulouse et deux nuits à Montpellier.

—Je ne veux pas savoir combien ça va nous coûter...

—T'as raison... tu ne veux pas savoir. Je ne comprends pas. Les prix d'hôtels sont vraiment fous. Si on veut un peu de confort on finit par payer des fortunes.

—Mais chéri... tu as essayé de trouver des hôtels deux ou trois étoiles?

—Justement, c'est même dans la catégorie des deux et trois étoiles que les prix sont extraordinaires. J'ai passé plusieurs heures à trouver les meilleurs prix. Et même avec ça, nous allons payer au moins 50 euros la nuit.

—Et je suppose que le petit déjeuner n'est pas compris.

—Tu penses! C'est tout simplement le prix de la chambre.

Conversation 3

—Tu as réservé la chambre d'hôtel?

—Non, pas encore. Je voulais te consulter avant de choisir. Quel type d'hôtel est-ce que tu veux exactement?

—Euh... pas trop cher mais confortable. Au centre-ville... et je veux pouvoir regarder la télé... et le téléphone, il faut absolument le téléphone.

—Voyons... on ne va pas trouver un hôtel à un prix raisonnable au centre-ville avec tout ce que tu veux...

—Bon, d'accord. On paie un peu plus cher. Je veux être tout près des magasins et des restaurants. Et... bien sûr, une salle de bains, un grand lit... et si possible, un balcon. Je sais qu'il y a des hôtels avec balcons.

—Et tu veux être tout près de la plage?

—Mais bien sûr. C'est pour ça qu'on va en vacances, n'est-ce pas? J'adore la plage, mais... si l'hôtel a une piscine... euh... ça serait bien aussi.

—Mais tu plaisantes! Avec tous ces services, nous allons payer une fortune!

—D'accord, mais nous allons passer nos vacances dans le grand luxe! L'année prochaine on peut faire du camping!

Conversation 4

—Alors, demain matin, on se retrouve ici en bas.

—À quelle heure?

—Pas avant neuf heures, je vous en prie? C'est les vacances. J'aimerais bien faire la grasse matinée.

—T'as raison. Rendez-vous à neuf heures. Et où est-ce qu'on prend le petit déjeuner?

—Je ne sais pas. Si on mange ici, on paie un supplément de sept euros. Je trouve que c'est assez cher.

—Oui, chéri. Mais ici c'est confortable. Elle est bien, cette salle à manger.

—Moi je veux bien rester ici, si ça vous convient. On peut prendre son temps avant d'aller au musée.

—D'accord. On mange ici. Allez, bonsoir. Bonne nuit.

—Bonne nuit. À demain!

CD3, TRACK 5 — Page 275

ÉCHANGE: À LA GARE

CD3, TRACK 6 — Page 278

O. Au guichet.

1. les dates du voyage et la destination
2. les heures de départ et d'arrivée
3. les particularités des billets (e.g., aller-retour, aller simple, non-fumeur, etc.)
4. le prix des billets

Conversation 1

—Bonjour, Madame. Il me faut trois billets pour Bordeaux.

—Aller-retour ou aller simple?

—Aller simple.

—Et c'est pour quelle date?

—Départ le 3 septembre, de préférence le matin.

—Il y a un express qui part à 6h35 et un autre qui part à 10h10.

—6h35, c'est un peu tôt. À quelle heure est-ce que le train de 10h10 arrive à Bordeaux?

—Arrivée, 12h30.

—C'est très bien. Je prends trois billets pour le 3 septembre à 10h10... première classe. Je peux réserver?

—Oui, bien sûr. Fumeur ou non-fumeur?

—Non-fumeur.

—Voilà trois billets avec vos réservations. C'est 166,80 euros pour les trois billets.

—Je peux vous donner une carte de crédit?

—Oui, Madame.

Conversation 2

—Bonjour, Madame. J'ai besoin d'un billet pour Strasbourg.

—Bonjour, Monsieur. Aller simple ou aller-retour?

—Aller-retour. Départ pour Strasbourg le 12 juin, fin après-midi, si possible. Retour de Strasbourg le 23 juin, de préférence le matin.

—Bon, voyons. Le 12 juin, vous pouvez prendre le train de 16h45 avec arrivée à Strasbourg à 20h13. Le 23 juin, départ de Strasbourg à 9h15 avec arrivée ici à 11h48. \Ça va?

—Oui, tout à fait.

—Première ou deuxième classe? Fumeur ou non-fumeur?

—Deuxième classe, fumeur.

—Vous voulez réserver? C'est un supplément de trois euros.

—Oui, pourquoi pas. Je vous dois combien?

—33,80 euros avec les 3 euros pour la réservation, Monsieur.

—Voilà, Madame. Et merci bien.

—Je vous en prie, Monsieur.

CD3, TRACK 7 — Page 279

LECTURE: «LES TRAINS DE LA GARE DU NORD» DE JACQUES CHARPENTREAU

CD3, TRACK 8 — Page 290

ÉCHANGE: C'EST COMMENT, CHEZ TOI?

CD3, TRACK 9 — Page 293

DD. Au guichet de la gare.

VÉRONIQUE: Ah tiens! Bonjour, Jean-Pierre. Quelle coïncidence de te voir ici.

JEAN-PIERRE: Salut, Véronique. Ça fait longtemps qu'on ne s'est pas vu. Tu pars en voyage?

VÉRONIQUE: Une petite excursion, c'est tout. Et toi?

JEAN-PIERRE: Moi, je vais dans le Midi...

EMPLOYÉ: Au suivant...

VÉRONIQUE:	Bonjour, Monsieur.
EMPLOYÉ:	Mademoiselle, vous désirez?
VÉRONIQUE:	Euh, je voudrais deux billets pour aller à Chartres ce week-end.
EMPLOYÉ:	Deux billets aller-retour?
VÉRONIQUE:	Oui, c'est ça, aller-retour.
EMPLOYÉ:	Et quand voudriez-vous partir?
VÉRONIQUE:	Euh, vendredi, disons en fin d'après-midi.
EMPLOYÉ:	Très bien. Il y a des trains toutes les heures pour Chartres.
VÉRONIQUE:	Bon, 17h, c'est parfait.
EMPLOYÉ:	Première ou deuxième classe? Fumeur ou non-fumeur?
VÉRONIQUE:	Deuxième classe, non-fumeur, s'il vous plaît.
EMPLOYÉ:	Et vous voulez rentrer quand?
VÉRONIQUE:	Le retour, c'est dimanche soir.
EMPLOYÉ:	De Chartres, les trains partent toujours toutes les heures, mais sur la demi-heure... 13h30, 14h30, 15h30, etc.
VÉRONIQUE:	Alors, on prend le train de 20h30.
EMPLOYÉ:	D'accord. Voici les deux billets. Ça fait 32 euros, Mademoiselle.
VÉRONIQUE:	Voilà, 32 euros. Merci, Monsieur.
EMPLOYÉ:	Au suivant.
JEAN-PIERRE:	Bonjour, Monsieur. Il me faut cinq billets pour Nîmes, s'il vous plaît.
EMPLOYÉ:	Cinq billets? C'est une famille?
JEAN-PIERRE:	C'est ça. Deux adultes et trois enfants.
EMPLOYÉ:	Vous avez une carte de réduction pour famille nombreuse?
JEAN-PIERRE:	La voici.
EMPLOYÉ:	Très bien. Alors... les dates des billets?
JEAN-PIERRE:	On aimerait partir le vendredi trois juillet, le matin. Retour, le dix-sept juillet, fin d'après-midi.
EMPLOYÉ:	Vendredi trois juillet, nous avons des départs à 8h30, 9h30 et 10h30. Pour le retour, vous pouvez partir à 18h05 ou à 19h05.
JEAN-PIERRE:	Alors, pour le trois, le train de 8h30; pour le retour, le train de 19h05. Je vous dois combien?
EMPLOYÉ:	Ça fait 180 euros.
JEAN-PIERRE:	Voilà. Et merci bien, Monsieur. Alors, Véronique, tu vas à Chartres?
VÉRONIQUE:	Oui, on va visiter la cathédrale et la ville. Et on va rendre visite à des amis. Et toi, tu pars en vacances?
JEAN-PIERRE:	Oui, ma femme en a marre du temps qu'il fait ici. On va descendre dans le Midi pendant quinze jours.
VÉRONIQUE:	Alors, amusez-vous bien.
JEAN-PIERRE:	Toi aussi. Au revoir, Véronique.
VÉRONIQUE:	Au revoir, Jean-Pierre.

CD3, TRACK 10 — Page 320

ÉCHANGE: BON APPÉTIT

CD3, TRACK 11 — Page 334

M. Les activités de Marie-Jeanne

Moi, je suis toujours très occupée. Je fais mes études et je pratique beaucoup de sports. Je n'ai pas le temps de regarder la télé. La seule chose que je regarde, c'est les matchs de tennis. Je ne joue pas très bien au tennis mais quelquefois j'en fais avec des amis. Ce que j'adore aussi, c'est le roller. Je fais du roller tous les jours seule ou avec des copains. Une fois par semaine, je fais du jogging. J'ai une amie qui adore ça et je l'accompagne généralement le lundi. Le mardi, le mercredi et le jeudi, je fais du judo et après, je vais à la piscine. Je fais partie de l'équipe interscolaire de natation et je m'entraîne donc régulièrement. J'ai aussi d'autre sports nautiques comme la voile et la planche à voile. Mais ces sports, je ne les pratique qu'en été quand nous allons au bord de la mer. Il y a certains sports que je n'aime pas du tout. Par exemple, j'ai des amis qui font du ski nautique mais moi, ce n'est pas un sport qui me plaît. Je n'aime pas le golf non plus. Et je sais que l'équitation est de plus en plus populaire mais je n'aime pas les chevaux et c'est un sport qui ne m'intéresse pas du tout. J'aime aussi faire de la randonnée avec ma famille mais nous n'avons pas souvent le temps de partir à la montagne.

Voilà mes activités préférées. Comme vous voyez, je suis très active et j'adore faire du sport.

CD3, TRACK 12 — Page 336

ÉCHANGE: ON SE DÉTEND

CD3, TRACK 13 — Page 345

MONOLOGUE: JE SUIS ASSEZ AMBITIEUSE

CD3, TRACK 14 — Page 354

II. Qu'est-ce qu'ils mangent?

Je m'appelle Zoé et j'adore manger. Mais j'ai aussi mes préférences. Par exemple, je n'aime pas tous les légumes. Mais je mange souvent des carottes, de la salade de tomates et des champignons. Je n'aime pas du tout le chou. Et surtout, je déteste les courgettes. Pour la viande, je préfère de loin le poulet et je ne mange jamais de viande rouge. Mes amis disent que je suis végétarienne. Je suppose, mais je mange quand même du poisson et du poulet. Comme dessert, je mange de préférence une pêche ou une poire. Quelquefois je prends une glace. Je n'aime pas tellement les choses sucrées comme les biscuits ou le gâteau. Mais j'aime bien quand ma mère fait une tarte aux abricots. C'est délicieux!

Moi, je m'appelle Jean-Luc et pour moi, la nourriture, c'est une nécessité et ça ne m'intéresse pas beaucoup. Je mange vite et je mange presque toujours la même chose. Le matin, c'est du jus de tomates et un peu de pain. Je n'aime pas les céréales et je déteste les œufs. À midi, je préfère le fast-food. Quelquefois j'achète une crêpe ou un croque-monsieur. Ou bien je mange une salade avec des raviolis. J'aime bien les pâtes et j'en mange souvent. Je n'aime pas du tout les pommes de terre et je déteste le poisson. Pas de sardines pour moi! Ah oui... j'ai oublié... j'adore les bananes.

Je m'appelle Marie-France et j'adore faire la cuisine. Je prépare souvent les repas chez moi. Pour les plats principaux, j'adore le rôti de porc, le poulet, et le bifteck. Chez moi, nous mangeons souvent du riz et une salade verte avec de la vinaigrette. Moi je n'aime pas les pâtes mais j'aime bien les pommes de terre. Mes fruits préférés sont les fraises et les framboises. Qu'est-ce que je ne mange jamais? Voyons... j'aime pas le melon. Et je ne comprend pas pourquoi les gens insistent à mettre du ketchup partout. Je n'aime pas le goût du ketchup. Pour le fromage, je n'aime pas tellement le camembert, mais j'adore le brie. Et surtout, ne me donnez pas de choucroute! Je n'en mange jamais!

Je suis Hervé et je préfère les plats préparés par ma grand-mère. Ses dîners sont hyper-bons et elle sait ce que j'aime et ce que je ne mange jamais. Par exemple, elle fait des tartes aux abricots et aux cerises que je préfère sur tout autre dessert. Quelquefois j'en mange même pour le petit déjeuner! Comme plat principal, ma grand-mère prepare du poulet parce qu'elle sait que c'est ma viande préférée. Pas de gigot pour moi... même pour les repas de fête. J'adore les petits pois avec des oignons. Mais je n'aime pas les concombres et les tomates. J'aime les pommes de terre mais je refuse de manger du riz. Je mange souvent des pommes mais je ne mange jamais de bananes. Et bien sûr, j'adore le pain!

CHAPITRE 7

CD3, TRACK 15 Page 382

E. La météo.

Première annonce

Aujourd'hui, les conditions météo sont favorables en Europe. Il fait un temps splendide sur l'Espagne: le ciel est bleu et il fait du soleil. Sur la France et la Belgique il fait beau aussi, mais il y a quelques nuages et le ciel est gris dans quelques régions. Mais pas de pluie pour aujourd'hui. En Angleterre, des nuages mais avec quelques périodes de soleil.

Deuxième annonce

Demain, les températures vont varier entre moins deux degrés et plus trois degrés. Skieurs, attention aux tempêtes de neige et avalanches en montagne. Automobilistes, attention aux routes bloquées et risque de verglas.

Troisième annonce

Aujourd'hui, beaucoup de vent sur le sud de la France. Beau temps sur l'ensemble du pays à l'exception de la Bretagne, où il y a risque d'éclairs et de tonnerre. Des averses de pluie aussi sur la région de la Normandie. Au centre, les températures varient entre vingt et ving-cinq degrés.

Quatrième annonce

Demain, il va faire frais sur la France. Le ciel va être couvert et il va avoir possibilité de pluie. N'oubliez pas votre parapluie. Les températures vont varier entre neuf et douze degrés. Automobilistes, attention, les routes vont être dangereuses.

Cinquième annonce

Demain, sur l'Europe, un temps variable avec beaucoup de pluie. La pluie va tomber sur l'Espagne toute la journée. Un temps plus sec en France, à l'exception des Alpes avec de fréquentes averses de neige. De la neige aussi en Allemagne et en Suisse. Les temperatures vont être inférieures à 0 degré partout en Europe.

CD3, TRACK 16 Page 384

ÉCHANGE: UN JOUR DE PLUIE

CD3, TRACK 17 Page 400

ÉCHANGE: JE NE ME SENS PAS BIEN

CD3, TRACK 18 Page 416

HH. Vous êtes témoin d'un accident.

Témoin numéro 1

Je m'appelle Claude Berger. Ma profession? Je suis avocat. Oui, j'ai vu l'accident. Je parlais avec des amis au café et j'ai vu une auto qui allait lentement. Le feu était vert, mais elle roulait très lentement. Je ne sais pas pourquoi. Tout à coup, un vélomoteur est arrivé. Il allait très vite. Dessus, il y avait un jeune homme et une femme, oui. Ils s'embrassaient, je crois, ou ils parlaient. Mais de toute façon ils avaient le feu rouge et ils ne se sont pas arrêtés. C'est ça, ils ne se sont pas arrêtés, et ils ont brûlé le feu rouge. Oui, oui. Combien de blessés? Trois, je crois... oui, trois: le jeune homme s'est cassé le bras, son amie s'est fait mal à la jambe, je pense, et l'automobiliste, lui, il semblait avoir mal au cou.

Témoin numéro 2

Je m'appelle Jean-Pierre. Mon nom de famille? Dupassage. 19 ans. Étudiant. Oui, j'ai vu l'accident. J'sais pas, moi. Je ne faisais pas vraiment attention, mais... Je pense que ce monsieur-là, lui, il ne regardait pas; je n'sais pas ce qu'il faisait, mais il n'a pas vu le feu rouge. Il a foncé... oui, il a brûlé le feu rouge... et il a renversé le vélomoteur. Oui, oui, il y avait deux personnes—un mec et sa nana. Comment? Oh, un jeune homme et sa petite amie. Bien sûr qu'ils ont été blessés. Le type, je veux dire, le jeune homme, il s'est fait mal au cou, la fille s'est cassé le bras. L'automobiliste? Non, il n'avait rien, lui, rien du tout. Mais il était furieux! Comment? Ah, oui, y avait une femme qui traversait la rue et qui est tombée... elle s'est foulé la cheville, je crois.

Témoin numéro 3

Mon nom? Hélène Doublet. Je suis professeur de philosophie. Oui, j'ai bien vu l'accident. Je sais exactement ce qui s'est passé. Les deux jeunes étudiants à vélomoteur attendaient que le feu passe au vert. Au feu vert, ils ont commencé à avancer et un monsieur qui conduisait une grosse voiture les a renversés. Oui, j'en suis certaine. Eux, ils avaient le feu vert. C'est le monsieur qui ne s'est pas arrêté. Il y a eu trois blessés: la jeune femme s'est cassé le bras, le jeune homme s'est fait mal au cou et l'automobiliste, lui, était en état de choc. Il n'est pas descendu de sa voiture. Il est resté là à répéter: «Oh, qu'est-ce que j'ai mal au dos... Qu'est-ce que j'ai mal au dos...»

CD3, TRACK 19 — Page 423

«LA NUIT LA MÈRE ET L'ENFANT» D'ANDRÉ VERDET

CD3, TRACK 20 — Page 424

«UNE CONSULATION GRATUITE»: EXTRAIT DE «KNOCK» PAR JULES ROMAINS

Scope and Sequence

Chapitre 3: On sort ce soir? 118

Contexte

- Pour parler des moyens de transport
- Pour indiquer sa destination
- Pour classer les films
- Pour indiquer l'origine nationale d'un film
- Pour donner une réaction positive ou négative (films)
- Pour proposer une activité
- Pour accepter
- ou refuser
- Pour exprimer son plaisir ou sa déception
- Pour fixer un rendez-vous
- Pour identifier des activités

Grammaire

- Les verbes en –**re** et le verbe **prendre**
- Le passé composé
- **Quand**… ?
- **Comment**… ?
- Les verbes **vouloir** et **pouvoir**
- Le verbe **sortir**

Culture

- La diversité des français
- Le téléphone
- L'heure
- Le monde francophone:
- Les films d'Afrique

Branchez-vous!

- Internet
- Vidéo
- Au-delà du cours: Une soirée au cinéma
- Lecture: Ma ville, Paris
- Le cinéma français
- Le Français et le petit écran

Chapitre 4: Les Batailler chez eux 168

Contexte

- Pour dire où on habite
- Pour décrire son logement
- Pour décrire sa famille
- Pour décrire une personne

Grammaire

- Les adjectifs de description
- Être + profession ou adjectif de nationalité
- Les adjectifs possessifs
- Les adjectifs de description (formes irrégulières)

Culture

- Les étages d'un bâtiment
- Où habitent les Français?
- Le monde francophone: Le logement
- Identité régionale
- Une journée typique en France
- Le monde francophone: La vie quotidienne

Branchez-vous!

- Internet
- Vidéo
- Au delà du cours: Une famille francophone
- Littérature «Familiale» de Jacques Prévert
- Aperçu culturel: Le Burkina
- Histoire et architecture: Le palais de Versailles
- Aperçu culturel: Une famille française

Chapitre 5: Une journée chargée 210

Contexte
- Pour décrire sa journée
- Pour demander et dire l'heure
- Pour parler des tâches domestiques
- Pour demander et donner la date

Grammaire
- Le verbe **faire**
- Les verbes **partir** et **quitter**
- Le verbe **mettre**
- Les verbes pronominaux
- Le passé composé et les verbes pronominaux

Culture
- Une journée typique en France
- Le monde francophone: La vie quotidienne
- Les jours fériés et les vacances scolaires
- L'emploi du temps des Français

Branchez-vous!
- Internet
- Vidéo
- Au delà du cours: interview d'un chef
- Histoire: La prise de la Bastille
- Aperçu culturel: Le champagne
- Écologie: La randonnée
- Aperçu culturel: Le Maroc

Chapitre 6: De Washington à Paris 252

Contexte
- Pour parler de l'hôtel
- Pour voyager par le train
- Pour décrire un village ou une ville

Grammaire
- Quel(le) est… ?
- Quel + nom
- L'emploi de l'infinitif et du subjonctif avec les expressions de nécessité et de volonté
- Les prépositions avec les noms géographiques

Culture
- Tuyaux pour trouver un hôtel en France
- Voyager en France
- Les routes de France
- Le monde francophone: Comment se déplacent les français?

Branchez-vous!
- Internet Vidéo
- Au delà du cours: Une ligne aérienne française ou francophone
- Littérature: «Le géographe» de Saint-Exupéry
- Aperçu culturel: La France
- La Suisse

Je veux bien! builds cultural awareness and understanding.

Le monde francophone. These segments introduce students to the faces and places of francophone countries. Students will meet an aspiring journalist from Nigeria, two Vietnamese youths from Hanoi, and musicians from Canada and Guadeloupe. Students will read about transportation in Haiti and Algeria, learn about small businesses in Morocco, and be exposed to several genres of African film.

Dossier France. These segments integrate geography, religion and history to provide an overview of l'hexagone.

Ici en France represents personal points of view, adding an up-to-date interpretation of France today.

Zoom!. These cultural notes offer timely socio-linguistic information.

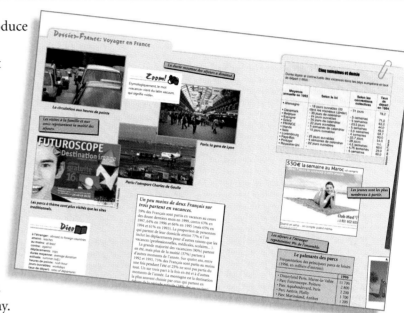

Je veux bien! is... technology-enhanced learning

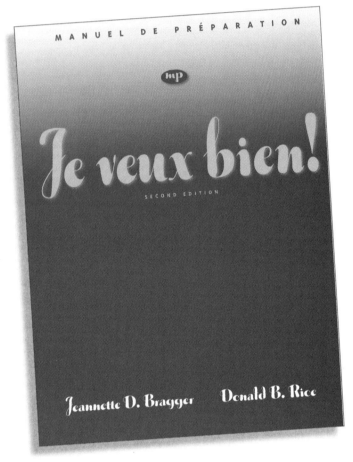

For students, *Je veux bien!* offers a dynamic, easy-to-use online version of the **Manuel de préparation**, powered by Quia®, includes digitized audio, full-color images, and instant feedback.

For instructors, the Quia online **Manuel de préparation** provides handy performance summaries, and the convenience of completely customizable assessment and feedback.

Web site. *Je veux bien!*'s second edition offers a new web site (http://jvb.heinle.com), which provides hundreds of self-correcting practice activities. When exploring this web site, students may browse through authentic shops and markets, read excerpts of a newspaper or popular magazine, reserve a couchette on a train, or take a virtual tour of various places in the Francophone world.

The new *Je veux bien!* Instructor Resource Center on the web site includes:

- sample syllabi for a wide variety of programs
- dozens of online transparencies
- a video guide and video transcript
- the transcript of the Manuel de classe audio CDs

Video. Text-specific, culturally supported segments filmed in Québec and Guadeloupe have been added.

Système-D. *Je veux bien!*'s computerized writing assistant helps students write more communicatively in a variety of contexts: email, post cards, formal letters, and journal entries. This program features vocabulary, grammar, and lexical functions to enhance students' writing experience.

Components

Manuel de classe
Manuel de classe Audio CDs
Instructor's Annotated Edition
Manuel de préparation with Audio CDs
Quia® Online Manuel de préparation
Video
Testbank CD-ROM
French Transparency Bank
Système-D Writing Assistant Software
http://jvb.heinle.com

Activité écrite: *Trois amis*

On a separate sheet of paper, write two short paragraphs about some friends of yours. In the first paragraph, discuss *one* friend. In the second paragraph, talk about *two other*... Mention where your friends live, whether or not ...guages they speak, what kinds of music ...don't like, what they like to eat, etc. ...ted verbs as possible; feel free to ...you've learned in this chapter. ...ale friend, begin with **Mon** ...nd, use **Mon amie (Annette)**. ...ey are both female,

Système-D

Grammar: Definite article **le, la, l', les**; Indefinite article **un, une, des**; Negative with **ne... pas**; Verbs in **-er (aimer, aller, écouter, fumer, habiter, jouer, manger, parler, préférer, travailler)**
Vocabulary: Food; Languages; Leisure; People
Phrases: Describing people; Pointing out a person or object; Stating a preference

The information listed above may be of help as you do the writing assignment. If you have access to the *système-D Writing Assistant for French*, you will find these categories on your computerized program.

Introduction to the *Je veux bien!* program

Je veux bien! is an innovative beginning French program with three major and unique features:

1   In the two-book division, classroom time is devoted to communication (**Manuel de classe**) with preparation and follow-up done outside of class (**Manuel de preparation**). This system not only places appropriate responsibility on students for their own learning, but assures that they have at least three "passes" at the same material before it becomes integrated into their general language. For example, in preparation for class, students read about and practice the basic of the **passé composé**; they then come to class and practice it under your supervision (with corrective measures taken when needed); then they do a follow-up assignment at home.

2   The goals of the *National Standards (K–16)* are reflected not only in the highly communicative nature of the program (listening, speaking, reading, writing) and in the cultural content (accompanied by comparison activities) but also in the cross-disciplinary readings and the community-focused activities in the ***Branchez-vous!*** section and on the Web.

3   *Je veux bien!* is designed to meet the needs of courses using a variety of formats and time frames: courses meeting three, four, or five times per week; courses that combine in-class and online work; courses intended for independent learning without formal class meetings. This unprecedented flexibility, particularly important in the current technology environment, is provided through the program's unique organization.

The second edition of *Je veux bien!*

Features retained from the first edition

While retaining its emphasis on proficiency, *Je veux bien!* also shifts the learning process more to the student, who is given increased personal responsibility for learning. Although the program provides some corrective or evaluative work with grammar in class, the principal classroom activities are integrative and cumulative, and therefore promote a class emphasis that is progressively less on learning *about* French and more on communicating *in* French. To that end, the following features have been retained from the first edition.

1. *Organization into two textbooks*

Je veux bien! features an emphasis on the integration of skills, culture, grammar, and vocabulary. This emphasis is facilitated by the unique organization of the program into *two textbooks*—the **Manuel de classe** and the **Manuel de préparation.** Work completed in and outside of class is closely linked: homework assignments both *prepare* students for class and *follow up* on work done in class in the development of the four skills and culture.

What makes this organization advantageous to instructors?

◆ Instructors spend less time organizing and creating homework and supplementary activities.

◆ It has been shown that students do their homework more regularly, thus making classroom time more effective for instructors and students.

◆ As a result, there is more time to focus on communicative activities in class.

What are the advantages for the students?

◆ Students are exposed to a novel approach to learning a foreign language: they share full responsibility in their own learning and gain autonomy as they progress through the program.

◆ They are given all the tools (lists, summaries, explanations) in a clear and concise manner so that they can successfully work on their own.

◆ They are encouraged to make connections between their culture(s)/communities and those of contemporary France and the francophone world.

2. Core and Expansion materials

Each of the eight chapters consists of a *core program* (vocabulary, conversational functions, grammatical structures, cultural information; speaking, writing, listening, and reading exercises; review and recycling) plus a *menu* of communicative and cultural expansion activities (including video, Internet activities, literary and cultural readings, portraits and profiles, etc.). These materials provide supplementary information and practice related to the chapter themes.

3. A focus on real communication in class (preparation outside of class)

As its name suggests, the **Manuel de classe** contains exercises and activities designed to be used in a classroom setting. Working with the **Manuel de classe,** students use vocabulary and conversational functions, read about the cultural context around which each chapter is organized, and review grammatical structures which they then integrate into speaking, listening, and (occasionally) writing activities. When working with the **Manuel de préparation** (available both in print and online), students review the vocabulary presented in class, practice listening comprehension and pronunciation (with the help of the *Manuel de préparation Audio CDs*), read and write about the chapter context, record occasional speaking tasks, *and* have their first introduction to each new grammatical structure.

4. Grammar presented communicatively

Grammar is handled in a communicative fashion—that is, the choice and order of structures is determined primarily by communicative needs. Aspects of structures are frequently introduced as lexical items as they arise in context, and presentations of structures are often grouped on the basis of usage. The **Manuel de préparation** provides models and explanations as well as ample self-correcting reinforcement exercises and quizzes. The **Manuel de classe** reviews the structures presented in the **Manuel de préparation** and offers grammar on a "need-to-know" basis so that students can express themselves accurately.

5. A focus on contemporary language and culture

Je veux bien! offers a strong focus on contemporary French and Francophone culture. In the three units, students move from the public world of the city (where they meet a young man living in Paris) to the private world of the family (a young professional couple from Reims and their children) to the world where the public and private intersect—the life of an extended family in rural eastern French (the village of Calmoutier in Franche-Comté).

Various characters act as guides for the students in a variety of contexts presented in each chapter. In addition, students are introduced throughout the text and the video to a variety of other French speakers from the major areas of the francophone world.

What's new about the second edition of *Je veux bien!*

In an effort to better reflect the realities of the current classroom and the technology environment, *Je veux bien!* has been revised as follows:

1. *Reorganization and more manageable content*

Je veux bien! now contains 3 units (8 chapters) with the vocabulary, communicative functions, and grammar divided more evenly across the chapters. In addition, an increased number of input (receptive) activities help students feel more comfortable with new vocabulary and forms before moving to productive activities.

2. *Vocabulary and grammar are more systematically presented and evident*

Productive vocabulary is now introduced in the **Manuel de classe** in the sections called *Ça se dit comment?* and *Flash-vocabulaire.* Grammatical structures are presented fully in the **Manuel de preparation** and reinforced with a brief reminder *(Rappel grammatical)* in the **Manuel de classe.** In addition, helpful grammar details are provided in the *Flash-grammaire* (MC) on a need-to-know basis.

3. *Cultural presentations of France*

Three new features highlight aspects of French culture: The ***Dossier-France*** presents significant cultural documents related to the theme of each chapter while the accompanying *Qu'est-ce que vous en pensez?* questions challenge students to think critically about the information. In the ***Ici, en France...*** sections, the chapter guides present a particular aspect of the major chapter theme. The **Zoom!** feature focuses on small factoids related to the chapter theme.

4. *Cultural presentations of the French-speaking world*

A new section called ***Le monde francophone*** provides students with perspective(s) on the theme from one of the areas of the French-speaking world. The questions in the accompanying *Qu'est-ce que vous en pensez?* section lead students to both analyze and conjecture about the content.

5. *Additional interdisciplinary content*

The "Connections" goal (i.e., connections between French and language learning to other disciplines) of the *National Standards (K–16)* is recognized in the ***Branchez-vous!*** expansion section at the end of each chapter in both the **Manuel de classe** and the *Manuel de préparation.* Examples of interdisciplinary content include French and francophone literature, history, architecture, math, cinéma, sociology, and the environment. Through these interdisciplinary connections, students begin to understand the French language used for a variety of purposes.

The first edition of *Je veux bien!* anticipated the "Communication" and "Cultures" goals of the *National Standards.* The second edition now also addresses the three remaining goals:

- **Comparisons** between the students' culture(s) and those of the French-speaking world (e.g., the questions in *Qu'est-ce que vous en pensez?);*
- Interactions with **Communities** of French speakers (e.g., *Au-delà du cours* and the new web site);
- **Connections** of the French language to a variety of cross-disciplinary areas (art, math, architecture, history, etc.).

6. Technology-enhanced learning

The importance of electronic communication and research prompted the introduction of three new features in the second edition of *Je veux bien!*:

◆ an online version of the **Manuel de préparation** replaces the former CD-ROM and offers enhanced ease-of-use for students and instructors;

◆ research-oriented assignments using both print and Internet resources in the ***Branchez-vous!*** section of the **Manuel de classe**;

◆ *Je veux bien!* web site includes self-correcting exercises and video activities for students, as well as interesting cultural-exploration activities for each chapter. The password-protected Instructor's Resource Center contains sample syllabi, transcripts for the updated video footage, as well as full-color transparencies that can be printed and copied or made for projection.

These major new features of the second edition of *Je veux bien!* have introduced even greater flexibility and integration to the program in order to accommodate the more varied learning environments that are also often enhanced by technology. More manageable goals for the first year of learning French, clearer presentations of vocabulary and grammar, enhanced culture sections and interdisciplinary content, and the resultant reorganization are all designed to make *Je veux bien!* even more accessible to teachers and students.

Instructor's Guide

Purpose of the *Instructor's Guide*

The purpose of this *Instructor's Guide* is to provide you with information about the *Je veux bien!* program. In addition to giving a detailed description of the program's components and organization, this guide will address such questions as the presentation of the four skills and culture, classroom management, the role of the teacher, and the responsibilities of the students. It also provides suggested syllabi based on the typical number of classroom contact hours in a semester or quarter.

We believe that this *Instructor's Guide*, in conjunction with the **Instructor's Annotated Edition**, will provide you with the necessary tools to facilitate your use of *Je veux bien!*. Our aim is to give you an exciting program that enhances both your teaching style and the learning styles of your students.

Content of the *Instructor's Guide*

The *Instructor's Guide* is divided into seven sections:

I. Components

- listing of each component
- description of each component
- skills developed and practiced for each component

II. Organization of the *Je veux bien!* program

- detailed explanation of the integration of all components
- emphasis on the integration of the **Manuel de classe** and the **Manuel de préparation**
- samples with explanation of student guidance material *(À faire!)* in the **Manuel de préparation**
- samples with explanations of the marginal annotations in the **Instructor's Annotated Edition**

III. Scheduling and Syllabus Design

- various time frames for courses offered on a semester and on a quarter system calendar
- syllabi to accompany several academic calendars

IV. How to . . . (Presentation tips)

- present vocabulary, dialogues, monologues, communicative
- strategies, cultural information
- review grammatical structures
- work with audio and video materials
- manage strategies for small-group activities

V. Working with the «Branchez-vous!» sections

- types of activities found in each section
- suggested mini-schedules that accommodate either a whole-class or an individualized format

VI. What if . . . ?

- practical and pedagogical issues based on questions from faculty and graduate students
- suggested solutions

VII. *Test Bank*

Je veux bien! provides items for testing core material eight chapters and two cumulative tests (chapters 1–4 and 5–8). For your convenience and flexibility, two versions of each chapter test are included. You may use either one or both versions, select particular items and modify the tests, or simply use the structure of the tests as a template to create your own tests and quizzes. Both versions of the chapter tests include an answer key and scripts for the listening comprehension exercises.

VIII. *Audio CD Segments*

• tables of contents with page references for the *Manuel de classe Audio CDs* and the *Manuel de préparation Audio CDs* is printed in this section. Audio scripts of the *À vous* activities that do not appear in the **Manuel de classe** are also included in this section. The *Manuel de préparation Audio CDs* scripts are in the back of the **Manuel de préparation**.

I. Components

Je veux bien! is a fully integrated network of instructional components. The following is an overview of this flexible program:

Student Text: Manuel de classe

Description: 480 pages; 3 units; 8 chapters; full color; hard cover

Usage: Daily in class; frequently at home

Skills developed/practiced: Speaking, listening, reading, culture, some writing, grammar

Additional information: Core program with flexible menu of activities at the end of each chapter

Student Text: Manuel de préparation, print version

Description: 464 pages; 3 units; 8 chapters; 2 color; soft cover; packaged with *Manuel de préparation Audio CDs*

Usage: Daily at home; occasionally in class as determined by instructor

Skills developed/practiced: Reading, writing, listening, pronunciation, some speaking, grammar

Additional information: Answer key for self-correcting exercises and tests at the back of the **Manuel de préparation;** correlated with *Système-D: Writing Assistant for French* software; audioscript for *Manuel de préparation audio CDs* at the end of the book

Student Text: Manuel de préparation, Quia online version

Description: Online version of the **Manuel de préparation,** powered by Quia®, includes digitized audio, full-color images, and instant feedback.

Usage: Daily, at home or in computer lab

Skills developed/practiced: Reading, writing, listening, pronunciation, some speaking, grammar

Additional information: Computerized interactive alternative to the print version of the **Manuel de préparation**; self-correcting exercises and tests; correlated with *Système-D: Writing Assistant for French* software; includes all the *Manuel de préparation audio CDs* content, text, artwork, realia, photos in full color; available to individuals.

Manuel de préparation Audio CDs

Description: Four 74-minute CDs that are packaged with the print version of the **Manuel de préparation**

Usage: Bi-weekly, at home

Skills developed/practiced: Pronunciation, listening comprehension

More information: Table of contents in the *Instructor's Guide* (**Instructor's Annotated Edition**); *Manuel de préparation Audio CDs* script at the end of the **Manuel de préparation**

Instructor's Annotated Edition: Manuel de classe

Description: 548 pages; *Instructor's Guide* plus full student text with marginal annotations throughout

Usage: Daily, in class

Skills developed/practiced: Assists instructors with syllabus/lesson planning and classroom implementation

More information: Cross-referenced to the **Manuel de préparation**, *Manuel de classe Audio CDs,* Videotape, Web site, and Test Bank

Manuel de classe Audio CDs

Description: Three 74-minute CDs

Usage: By-weekly, in class; optional purchase by students for use at home

Skills developed/practiced: Listening comprehension

More information: The complete audio script of the *Manuel de classe Audio CDs* appears in the Instructor's Resource Center at *http://jvb.heinle.com.*

Online transparencies

Description: 53 full-color transparencies

Usage: In class (optional)

Skills developed/practiced: introduces new vocabulary; reviews grammar

More information: The transparencies are available in the Instructor's Resource Center at *http://jvb.heinle. com.* They can be printed out, or they can be projected from the web.

Test Bank, computerized version

Description: Two exams for every chapter

Usage: At the end of each chapter

Skills assessed: Assesses reading, writing, listening comprehension, speaking, grammar, and cultural knowledge

More information: Includes listening scripts, answer key, suggestions for evaluating speaking and writing skills; provides assessment of core material only

Videotape and activities

Description: 8–10 minute video segment for every chapter, filmed in France, Guadeloupe, and Québec

Usage: Variable, in class or in lab

Skills developed/practiced: Listening comprehension with visual support, cultural knowledge

More information: Includes 8 segments; a variety of cultural presentations and communicative interactions; accompanying activities appear at *http:// jvb.heinle.com;* video transcript appears in the Instructor's Resource Center at *http://jvb.heinle.com.*

Système-D: Writing Assistant for French

Description: Dual-platform CD-ROM offering word-processing; bilingual French-English dictionary; examples of how words and phrases are used; complete reference grammar; translation and use of idiomatic expressions

Usage: Optional, in computer lab, technology classroom, or at home

Skills developed/practiced: Assists in the development of writing skills

More information: Correlated with writing activities in the **Manuel de préparation**

Web site: student site and Instructor's Resource Center

Description: Complete website for *Je veux bien!,* (*http://jvb.heinle.com*) including the student site (with self-correcting drill exercises and cultural-exploration activities for each chapter) and the Instructor's Resource Center (a password-protected portion of the site with sample syllabi; video, and transparencies)

Usage: Optional

II. Organization

The *Je veux bien!* program has been carefully constructed in order to provide constant and systematic interaction among the four skills (listening, speaking, reading, writing). Grammar and culture are presented in all the program components—not only those used in class (the **Manuel de classe,** the *Manuel de classe Audio CDs,* the Video, and the Test Bank) but also those used outside of class (the **Manuel de préparation,** available in print and on line, and the *Manuel de préparation Audio CDs).* In particular, special care has been taken to try to break down the de facto division found in more traditional first-year programs between what usually happens in class (grammar presentation and practice, speaking, and some listening) and what usually happens outside of class (writing and some reading). With the *Je veux bien!* program, in-class time is devoted extensively to speaking, listening, reading, and even some writing; at home, students not only write and read, but they also work on listening and even speaking. This redistribution of activities is made possible by the unique character of the **Manuel de classe** and the **Manuel de préparation.**

Organization of the *Manuel de classe* and the *Manuel de préparation*

Je veux bien! is divided into a preliminary chapter followed by three units, corresponding to four featured individuals and contexts—a young university student (Preliminary Chapter); a young Senegalese man living in Paris (Unit 1); a young married couple, their two children, and their **au pair** living in Reims (Unit 2); and an extended family having a reunion in a small village in eastern France (Unit 3). Each chapter in turn consists of a core (vocabulary, communicative strategies, grammatical structures, cultural notes and readings, four-skill exercises and activities) and a menu (supplementary activities of various types).

Manuel de classe

Because we have tried to adapt each chapter to the needs of its particular context, there is a mix of "fixed" features (i.e., that appear with predictable regularity and placement) and "floater" features (i.e., that occur as needed and whose position in the chapter may vary).

Each chapter contains two or more of the following "fixed" features:

Contexte

The main purpose of the *Contexte* is to present vocabulary and communicative strategies. Words and expressions are introduced through the use of visuals, dialogues, and realia. A typical **Contexte** contains the following sub-sections:

- *Ça se dit comment?:* a list of vocabulary and communicative expressions, organized functionally.

- *A vous!:* controlled and semi-controlled exercises designed to practice the vocabulary and communicative strategies.

- *Qu'est-ce que vous en pensez?:* critical thinking activities that ask students to related the French or francophone contexts to the ones with which they are familiar.

Rappel grammatical

The *Rappel grammatical* section offers a summary of and a follow-up to the work students have done on a new grammatical structure in the **Manuel de préparation.** Students have the opportunity to use the new structure in a communicative situation while allowing the instructor to verify how well they have understood it. A typical *Rappel grammatical* is accompanied by two types of exercises:

- *Exercice de substitution:* short mechanical drills designed to quickly review the new structure.

- *À vous!:* listening and speaking activities that allow students to solidify and then personalize the use of the structure.

Échange

These short conversations between and among the main unit characters serve to integrate the vocabulary and structures presented in the particular segment of the chapter. An *Échange* section is normally accompanied by additional communication functions and/or vocabulary (*Ça se dit comment?*).

Intégration

The *Intégration* section comes at the end of the chapter and provides contextualized activities that recycle *in new combinations* the vocabulary, communicative strategies, and grammatical structures presented in the chapter. These purposeful, open-ended, communicative activities often simulate real-life situations.

Lexique

The **Lexique** section lists the productive vocabulary of the chapter. The lists are divided into three parts:

- communicative expressions (*Pour se débrouiller*),
- thematic vocabulary (*Thèmes et contextes*),
- other nouns, verbs, adjectives, etc. (**Vocabulaire général**).

Presented *without* their English equivalents, these words and expressions can serve as a "self-test" for students studying for the chapter exam. These lists are presented again in the **Manuel de preparation** *with translations*.

Branchez-vous!

One of the unique features of *Je veux bien!* is the *Branchez-vous!* section found at the end of every chapter (except the Preliminary Chapter). Organized in the form of a *Menu*, this section not only adds to the great flexibility of the materials but also offers the opportunity to individualize student activities. The menus consist of a wide variety of self-contained activities that expand the core material of the chapter. They include work with the Internet and the *Video* as well as activities related to Standard 3 (Connections) and Standard 5 (Communities) of the National Standards for Foreign Language Learning. Each chapter also contains some or all of the following "floater" sections appearing in varying numbers and places in the chapter:

Dico

The equivalent of glosses, the *Dico* boxes accompany the short readings and contain receptive vocabulary needed by students to understand what they are asked to read in French. This vocabulary does not appear in the test bank.

Flash-vocabulaire

The *Flash-vocabulaire* boxes contain vocabulary on a need-to-know basis. They frequently accompany exercises in the *À vous!* sections to help students give more meaningful and personalized responses. This vocabulary also appears in the end-of-chapter lexique and is therefore testable.

Flash-grammaire

The *Flash-grammaire* boxes provide grammar on a need-to-know basis. At times, they offer a lexical introduction to a grammar point before its formal presentation in the **Manuel de préparation;** at times, they constitute the only presentation of a grammar point that does not require much elaboration. This grammar *does* appear on the chapter exams.

Le français parlé

These short notes highlight some of the differences between spoken and written French (for example, the dropping of letters and words or the collapsing of words).

Zoom!

The *Zoom!* features are small "factoids" that provide interesting bits of information (dates of inventions, facts about a famous personality whose name is used for a school or building, etc.). They are meant to promote student interest and to enhance interdisciplinary connections. The material is *not* intended to be tested.

Ici, en France...

In these relatively short paragraphs, chapter guides talk about specific aspects of the chapter's cultural contexts and themes. Presented in English in the early chapters, the *Ici, en France...* segments gradually evolve to French.

Dossier-France

The *Dossier-France* spreads offer a more extensive look at a general aspect of the cultural context. Unlike the *Ici, en France...* presentations, which deal with details, the *Dossier-France* sections offer a broader view of the topic. They often involve realia and photos and always end with a comprehension exercise (*Qu'est-ce que vous avez appris?*) and a critical thinking activity (*Qu'est-ce que vous en pensez?*).

Le monde francophone

The *Le monde francophone* spreads relate the chapter theme to a variety of Francophone areas in the world. Like the *Dossier-France* segments, they also end with a critical thinking activity (*Qu'est-ce que vous en pensez?*) that asks students to draw parallels between what they've just learned and their own cultural environment.

Manuel de préparation

Most first-year programs clearly differentiate the out-of-class book (the workbook) from the in-class book (the textbook): review and practice of writing and reading (out of class) vs. presentation of new material and activities stressing listening and speaking (in class). In the *Je veux bien!* program, instead of a textbook and a workbook, there are two *textbooks*—one designed to be used in class; the other intended for use outside of class. New vocabulary, communicative strategies, and cultural information are still presented in the in-class book (the **Manuel de classe**); however, the presentation of new grammatical structures, along with the initial mechanical and semi-communicative practice with these structures, has been moved to the out-of-class book (the **Manuel de préparation**).

This relocation of grammatical materials to the out-of-class book has two direct advantages:

- it allows students to work initially with the grammar at their own pace;
- it frees up considerable amounts of in-class time for more communicative activities (speaking, listening, reading, and even writing).

In addition, the two textbook-organization forces students to integrate much more tightly the work they do in and outside of class. For example, new vocabulary, first encountered orally in class, is reinforced in writing and reading at home before reappearing in speaking and listening activities in class; at the same time, new grammatical structures, first encountered in written form at home, are verified and practiced orally in class before resurfacing in reading, writing, and listening activities at home.

Like the **Manuel de classe,** the **Manuel de préparation** is divided into a core section followed by a *Branchez-vous!* expansion menu. Each core section contains the following elements:

Contexte

The *Contexte* sections of the out-of-class book consist primarily of controlled and semi-controlled written exercises designed to have students use the vocabulary presented in class. The answers to most of these vocabulary exercises are available to students at the end of the **Manuel de préparation.**

Structure grammaticale

While new grammatical structures are sometimes introduced lexically in the **Manuel de classe,** the formal presentation of each grammatical topic is reserved for the *Structure grammaticale* sections of the **Manuel de préparation.** Each section contains the following segments:

- a short dialogue that introduces some of the grammatical forms in context. Students can listen to this dialogue on the *Manuel de préparation Audio CDs.*
- *Explication:* a concise explanation in English of the grammatical topic. Using their *Manuel de préparation Audio CDs,* students can hear and repeat the model sentences from the explanation as well as additional phrases and sentences using the forms in question.
- *Note grammaticale:* additional information provided when the grammar point has noteworthy refinements or logically relates to another grammatical point.

- *Application:* a series of mechanical and controlled self-correcting exercises designed for students to practice and learn the structures. Answers to these exercises can be found at the end of the **Manuel de préparation.**
- *Contrôle:* a brief self-correcting test at the end of each *Structure grammaticale* section that allows students to see how well they've understood and learned the structure *before going to class.* Answers and correction guidelines are referenced at the end of each test; the answer key appears at the end of the **Manuel de préparation.**

Lisez!

The *Lisez!* sections, usually one or two per chapter, provide reading practice with authentic texts. These texts, generally realia-based, are accompanied by self-correcting comprehension exercises. Answers to these exercises appear at the end of the **Manuel de préparation.**

Écrivez!

The *Écrivez!* sections, usually one or two per chapter, consist of open-ended, communicative-based writing activities. These assignments include a variety of types of writing—letters, journal entries, ads, and short essays, to name a few. *Écrivez!* activities are correlated with the *système-D writing assistant software.*

Prononcez bien!

The *Prononcez bien!* sections provide students with the opportunity to hear and practice French pronunciation. After students have had a brief overview of all French vowels and consonants in the *Chapitre préliminaire,* the *Prononcez bien!* sections concentrate on specific topics (such as final consonants and liaison) or symbol-sound relationships (such as the vowel **e**, nasal vowels, the consonants **c** and **g**). Each presentation is followed by several exercises and ends with a text (literary or other) that stresses the topic or sound(s) featured in that particular section. All of the material in the *Prononcez bien!* sections is reproduced on the *Manuel de préparation Audio CDs.*

Intégration

The *Intégration* section at the end of each chapter provides one or more writing activities bringing together the vocabulary, the grammar, and the thematic and cultural context of the chapter. These activities are open-ended and are correlated to the *système-D* writing assistant.

Mise au point

The *Mise au point* section at the end of each chapter consists of several controlled self-correcting exercises designed to systematically review the new grammatical structures presented in the chapter. Answers to these exercises are available to students at the end of the **Manuel de préparation.**

Sommaire

This feature, new to the second edition, is a checklist designed to help students review the materials before a chapter test. The *Sommaire* includes checklists for functional expressions (**Expressions**), vocabulary (**Vocabulaire**), grammatical items (**Grammaire**), and culture (**Culture**).

Lexique

A companion piece to the list of words and expressions in the **Manuel de classe,** the *Lexique* in the **Manuel de préparation** contains the English equivalents for each item.

Branchez-vous!

The expansion activities in the **Manuel de préparation** involve writing, reading, listening, and (occasionally) speaking. They allow students to expand on the work of the chapter while following their individual interests. Each menu ends with a word game.

Understanding the organization

The organization of the *Je veux bien!* program—specifically, the relationship between the **Manuel de classe** and the **Manuel de préparation**—is empha-sized for both students and instructors via a simple system of cross-referencing.

STUDENT GUIDELINES

The **Manuel de classe** provides convenient notes telling students what to do in the **Manuel de prépara-tion**. Because classes meet for different amounts of time and move at varying paces, these notes do *not* necessarily correspond to daily assignments. Rather, they indicate what parts of the **Manuel de préparation** can/should be done once students have reached a cer-tain point in the **Manuel de classe**. Here is an example:

> Do **À faire!** (1-3) on page 30 of the **Manuel de préparation.**
> * Follow-up: **-er** verbs and the expression **ne... pas**
> * Follow-up: food and drink vocabulary
> * Preparation: the verb **aller** (+ infinitive) *(Contrôle 3)*

The notes in the **Manuel de classe** refer students directly to more detailed notes in the **Manuel de préparation**. Here is a typical *À faire!* note from the out-of-class book.

This note outlines a three-part assignment (or set of assignments) in the middle of Chapter 1. The first part of the assignment reviews grammar already done both outside and in class. The second part provides additional practice with vocabulary recently pre-sented in class. The third part introduces a new gram-matical topic.

À faire! (1-3)

Manuel de classe, pages 39–46

As a *follow-up* to your work with **-er** verbs, do Exercise X.

As a *follow-up* to the food and drink vocabulary in the **Manuel de classe,** do Exercises XI, XII, and XIII.

In *preparation* for work in class, do the following:
• read the explanation of the irregular verb **aller;**
• listen to MP Audio CD1, Tracks 7–8;
• write Exercises XIV and XV;
• take **Contrôle 3.**

INSTRUCTOR GUIDELINES

Guidelines for the instructor are found in the margin notes distributed throughout the **Manuel de classe** *(Instructor's Annotated Edition)*. At the beginning of each chapter, notes give information about the syllabus (minimum amount of time needed to complete the chapter) and specify the available support material for both the instructor *(Manuel de classe Audio CDs,* Video segments, Test Bank) and the student (relevant pages in the **Manuel de préparation,** *Manuel de préparation Audio CDs).* In addition, a recurring note—the SUGGESTED LESSON OUTLINE—breaks up each chapter into manageable daily segments while at the same time summarizing the type of homework students have done in preparation for that day's class and indicating which exercises, if any, are *not* self-correcting. For example:

> **SUGGESTED LESSON OUTLINE:**
> Students assigned *À faire! (1-3)* have reviewed **-er** verbs as well as vocabulary dealing with food and beverages. They have also worked with the present tense of **aller** (including the construction **aller** + infinitive) *(Contrôle 3).* Ex. X (writing sentences about oneself) was not self-correcting.
>   In this segment, do *Rappel grammatical: Le verbe* aller; aller + *infinitif* (Ex. W, X, Y), *Contexte: À la Crêpe Bretonne* (Ex. Z, AA, BB, CC).

Finally, along with these general instructor guidelines, additional margin notes are keyed to specific exercises and activities, identifying related material in other components (such as *Manuel de classe Audio CDs* segments) of the *Je veux bien!* program.

With the help of this simple but extensive referencing system, both instructors and students will be able to move easily back and forth among the various parts of the program.

Composite chart

The following chart outlines the relationship between the **Manuel de classe** and the **Manuel de préparation** in a sample chapter of *Je veux bien!*. Please keep in mind that, although all chapters are similar in organization, each chapter has its own specific structure. The chart for Chapter 4 will give you a sense of how the various elements of the chapter interrelate. The left-hand column, which outlines the work done *in-class*, is based on the Suggested Lesson Outlines; the right-hand column, which outlines the work done *outside of class*, is organized around the *À faire!* notes. *Important reminder: if you spend more that one class period on a particular SUGGESTED LESSON OUTLINE, you will probably need to divide up the* À faire! *assignment accordingly.*

Chapitre 4: Les Batailler chez eux

MANUEL DE CLASSE (in class)	MANUEL DE PRÉPARATION (outside of class)

SUGGESTED LESSON OUTLINE
- Contexte: La maison des Batailler
- house vocabulary
- Ex. A, B, C
  * *Échange: Le tour de la maison*
  * expressions used to situate oneself
  * Ex. D, E, F

À faire! (4-1)
- follow-up: Ex. I, II
- preparation: *Structure* (agreement of adjectives); Ex. III, IV, V,VI; *Contrôle 10*

SUGGESTED LESSON OUTLINE
- *Dossier-France: Où habitent les Français?*
- *Rappel* (descriptive adjectives)
- Ex. G, H, I, J
- *Le monde francophone: le logement*

À faire! (4-2)
- follow-up: Ex. VI, VII
- *Lisez!* (Ex. VIII), *Ecrivez!* (Ex. IX)

SUGGESTED LESSON OUTLINE
- *Contexte: La famille Batailler*
- family vocabulary
- Ex. K, L, M
- *Échange: La famille de Cecilia*
- professions and nationalities
- Ex. N, O, P, Q

À faire! (4-3)
- follow-up: Ex. X, XI, XII
- preparation: *Structure* (possessive adjectives; Ex. XIII, XI; *Contrôle 11*

SUGGESTED LESSON OUTLINE
- *Rappel* (possessive adjectives)
- Ex. R, S, T
- *Contexte: Nos voisins, Les Kambouta*
- vocabulary for describing people physically
- Ex. U, V, W
- *Échange: Et les enfants?*
- vocabulary for describing character traits
- Ex. X, Y, Z, AA

MANUEL DE CLASSE	MANUEL DE PRÉPARATION
(in class)	(outside of class)

<table>
<tr><td></td><td>

À faire! (4-3)
- follow-up: Ex. XV
- *Lisez!* (Ex. XVI)
- preparation: *Structure* (irregular descriptive adjectives; Ex.XVII and XVIII; *Contrôle 12*

</td></tr>
<tr><td>

SUGGESTED LESSON OUTLINE
- *Rappel* (irregular descriptive adjectives)
- Ex. BB, CC, DD
- *Dossier-France: La famille française*
- *Lecture: Ma famille* (Ex. EE, FF)
- *Intégration* (Ex. GG, HH, II, JJ, KK)

</td><td></td></tr>
<tr><td></td><td>

À faire! (4-5)
- *Lisez!* (Ex. XIX)
- *Prononcez bien!* (vowels) (Ex. XX)
- *Intégration: Écrivez!* (Ex. XXI)
- grammar review: Ex. XXII

</td></tr>
<tr><td>

SUGGESTED LESSON OUTLINE
Branchez-vous!
- Internet
- Video
- *Au-delà du cours: Une famille francophone*
- *Aperçu culturel: Le Burkina*
- *Littérature: "Familiale"* (Prévert)
- *Histoire et architecture: Le palais de Versailles*
- *Aperçu culturel: La famille française*

</td><td></td></tr>
<tr><td></td><td>

À faire!
Branchez-vous!
- *Activité écrite: Une lettre*
- *Activité écrite: Le courrier électronique*
- *Exercice d'écoute: Qui est le coupable?*
- *Exercice d'écoute: Trois appartements*
- *Enregistrement: Ma famille et moi*
- *Jeu: Qui gagne le lecteur de CD?*

</td></tr>
</table>

III. Scheduling and syllabus design

Research shows that there are enormous variations in college and university schedules—semesters, trimesters, quarters; two, three, four, and even five-class meetings per week; class times ranging from 50 minutes to 2 hours. In addition, more and more institutions are looking for ways to make more efficient use of faculty and teaching assistants as well as to increase the amount of individualized instruction. Students add another variable to the language learning situation, both in terms of language background and of motivation for taking the course. It is not uncommon to find in the same class students ranging from those with no background in French (or in any language) to those with a little background in French (or considerable experience with another language). Finally, instructors themselves add further diversity as courses are frequently taught by teaching assistants or adjunct instructors as well as full-time faculty who may specialize in language teaching and/or literature. In addition, teaching styles vary: some instructors follow the book fairly closely; others like to add supplementary material and activities whenever possible. The *Je veux bien!* program is designed to provide maximum flexibility in order to accommodate the needs of many types of beginning language programs.

Designing a syllabus

It would be extremely difficult to draw up a common syllabus that would take into account all of the possible combinations of variables mentioned above. Consequently, we have chosen to (1) give our best estimate of the range of times classes might spend on each of the chapters (as well as the supplementary activities in the *Branchez-vous!* menu) and (2) suggest how instructors might go about drawing up a syllabus to fit their individual situations.

Scheduling guidelines for Je veux bien!

The following chart summarizes the range of *class periods* that you might spend on each chapter.

CHAPTER	CORE	BRANCHEZ-VOUS!
Ch. préliminaire	2–3 class periods	—
Chapitre 1	7–9 class periods	1–3 class periods
Chapitre 2	7–9 class periods	1–3 class periods
Chapitre 3	6–8 class periods	1–3 class periods
Chapitre 4	6–8 class periods	1–3 class periods
Chapitre 5	6–8 class periods	1–3 class periods
Chapitre 6	7–9 class periods	1–4 class periods
Chapitre 7	7–9 class periods	1–4 class periods
Chapitre 8	7–9 class periods	1–4 class periods

The flexibility illustrated above should allow courses taught in many different formats to all manage to complete the *Je veux bien!* program.

Designing a syllabus

In this section of the *Instructor's Guide*, we suggest the process for designing two different types of syllabi, depending on the nature of your particular program.

Traditional course organization

If your course follows a traditional model (three, four, or five hours of class meetings per week for two semesters or three quarters (trimesters), you might begin by calculating the number of classes available for the year and then dividing it up with the help of the guidelines provided in the chart above. For example, an instructor with a class meeting for two semesters (14 weeks per semester) and for four class periods per week might go through a process similar to the following:

available class time for one semester: 4 days/wk × 14 wks = 56 class periods
- desired time for review and testing: 4 chapters × 2 hrs/chapter = 8 class periods
- first-day organization + preliminary chapter: 3 class periods

available class time for core and expansion: 45 class periods

Consequently, this class could go through the chapters at a steady but slow rate (6 to 9 class periods per core) and still have time for at least two class periods per chapter of **Branchez-vous!** activities.

On the other hand, an instructor with a class meeting only three times per week for a semester might come to the following results:

available class time for one semester: 3 days/wk × 14 wks = 42 class periods

desired time for review and testing: 4 chapters × 2 hrs/chapter = 8 class periods

first-day organization + preliminary chapter: 3 class periods

available class time for core and expansion: 31 class periods

In this case, the class would need to go through the core of each chapter more rapidly (perhaps spending only 6 or 7 class periods per core) or spend only one class period per chapter doing **Branchez-vous!** activities.

Je veux bien! supports course organization with reduced in-class time

Because the *Je veux bien!* program moves the presentation of grammar and much of the direct grammatical practice to outside of class, it is possible, with the help of technology, to reduce the number of class meetings per week while still providing students with ample communicative practice. For example, you might decide to have students meet only two times per week as a class. You could add to the work already done outside of class (the material in the **Manuel de préparation**) some of the activities from the **Manuel de classe**—controlled and semi-controlled exercises, readings, and culture. Conse-

quently, the two class hours could be devoted entirely to communicative activities. Such a course could make use of the Web (a course web page and/or a web-based course organizer) and of e-mail to provide quizzes and tests as well as feedback on homework.

In such a system, the syllabus could be drawn up following a process similar to the one outlined above for traditional courses. However, the syllabus itself would no doubt need to provide much more detailed information about the work to be done outside of class.

IV. How to . . .

Although real language use constantly integrates the four skills (listening, speaking, reading, writing) and culture (language, behavior, knowledge), classroom teaching and learning require that these various elements at times be addressed separately.

While the *Instructor's Annotated Edition* contains margin notes that are tailored to specific activities, this **How to . . .** section presents some basic choices in presentation techniques according to general category (vocabulary, grammar, reading, etc.). You may therefore consult this section as you prepare each lesson.

How to . . . present vocabulary

As a general principle, if you wish to avoid translations, vocabulary can be presented through a variety of visual materials: drawings (**Manuel de classe** and other sources), photos (**Manuel de classe**, magazines, brochures, maps, web), the real objects brought to class specifically for vocabulary presentation, real objects usually brought or worn by students, common brand

names, synonyms that are cognates (**un baladeur** = **un walkman**), and actions (acting out a concept or word).

Presenting vocabulary through transparencies

All of the *Contexte* sections (introductions to the core vocabulary related to the themes) of each chapter are reproduced on the website. You may wish to download them on transparencies for use in class. If you use transparencies, consider the following sequence of steps (using food as an example):

1. Show the transparency of drawings and/or photos, covering up captions.

2. Point to and make a statement about each item, such as **Moi, j'aime les pommes**.

3. Ask students yes/no questions so that they have a chance to repeat the vocabulary items in a very simple sentence: **Vous aimez les pommes? Est-ce que vous mangez souvent des pommes?**

4. Uncover the captions so that students can now associate the writing with the illustration.

5. Point to various items and have students give the French vocabulary, either as single words or in sentences.

6. Follow up with information questions that elicit preferences, enumerations, ownership expressions and so forth: **Quels fruits est-ce que vous préférez? Quels fruits est-ce qu'on peut utiliser pour faire des tartes? Est-ce que vous aimez les tartes aux pommes?**

Presenting vocabulary in lists or through drawings without transparencies

One of the principles of *Je veux bien!* is that each student does not necessarily need to learn all of the vocabulary in a particular word group. Instead, it is preferable that students select the vocabulary most personally relevant to them for production purposes and become receptively familiar with the other words in the group as they hear them from classmates. An example of this principle is the list of academic courses in the *Chapitre préliminaire.* What is most important here is that students first be able to name and talk about their own courses and their own personal situations. Vocabulary expansion beyond the immediately personalized will follow as students interact with classmates and read texts.

A variety of techniques can be used to present vocabulary in lists or through drawings without transparencies:

■ Incorporate personalized questions and answers.

• Begin by making some statements about yourself within the context of the vocabulary group. For example, if you're a teaching assistant, tell students which courses you're taking this semester, talk about what you like to eat at various meals, tell them which sports you prefer, and so on.

• Students can be looking at the lists, drawings, or photos in the book while you ask them personalized questions using the vocabulary, such as **Quels cours est-ce que vous avez ce semestre? Est-ce que vous avez un ordinateur? Qu'est-ce que vous préférez manger pour le déjeuner? Quels sports préférez-vous?**

• Point to real objects as you ask questions: point to a student's sweater and ask someone else **Est-ce que vous avez des pulls? Vous aimez porter des pulls? Quelle couleur est-ce que vous préférez?**

• A more communicative and natural way to deal with objects is to begin with a comment that one might make in a real-life situation; for example, **Tiens, c'est un joli pull. Le bleu vous va très bien. Est-ce que le bleu est votre couleur préférée?** Then proceed by asking students their favorite colors with the articles of clothing they own in those colors. What is most important in this technique is to begin with comments that simulate, as closely as possible, what might be said in an actual communicative situation.

Presenting vocabulary through realia

In most instances, the primary purpose of realia (brochures, ads, maps, etc.) is to enhance students' reading skills through an authentic document. It is therefore important that they understand the gist and the most crucial details in order to make sense out of what they're reading. Since the comprehension of gist and detail often depends on key words, the reading is also an important means of acquiring and/or reeinforcing vocabulary associated with a particular topic.

Vocabulary development in the context of realia can take a variety of forms (see also the upcoming section, "How to work with readings," for a discussion of the development of reading skills):

■ Introduce vocabulary through prereading activities.

• As a prereading activity, introduce some of the key words through questions and answers. In an ad for a sporting goods store, you might begin by asking students if they like or practice the sports represented by the objects. The purpose of quick prereading questions is not only to further reading comprehension but also to help students remember some of the words that will recur in the chapter.

• Key vocabulary can also become the focus of a prereading brainstorming activity. Provide the key vocabulary from the text and have students give all the French words they can associate with each vocabulary item. If you say **médecin**, students might come up with **vie difficile, gagner de l'argent, biologie, chimie, physique, spécialisation, faculté** (they'll probably say **école**) **de médecine**, and so on. You can then use some of their words to ask students follow-up questions: **Vous avez dit «vie difficile». Pourquoi est-ce qu'un médecin a la vie**

difficile? In this particular topic (i.e., professions) you can also ask questions about the words themselves (e.g., how to refer to women in the professions, **un professeur** but **un/une prof**, **une femme ingénieur**) and what might be some of the historical/linguistic reasons for gender attribution (e.g., in the past, certain professions were reserved for men—**médecin, professeur, ingénieur**—which is why there is no easy feminine form).

■ Reinforce key vocabulary through the realia piece itself.

- After you've done a prereading activity, have students scan the realia piece and identify the key vocabulary words and use the words in their own sentences to demonstrate that they understand them.

- Should you decide to do without a prereading activity, you can simply have students scan the piece and provide the key vocabulary without a prior introduction. In that case, you may have to supplement what students say. You can then reverse the sequence and have students do some of the activities mentioned in the prereading section *after* they've identified the vocabulary. The advantage of this technique is that it obliges students to think critically about the text and that it makes them feel that they're more in charge of the activity since they initiated the word search.

Presenting vocabulary in exercises

Perhaps one of the most efficient ways to have students acquire new vocabulary is through exercises, on a need-to-know basis where practice is immediate and systematic. The ***Flash-Vocabulaire*** that accompany many of the exercises are designed to give students key words and meanings for immediate use, where and when they're needed. In this format, no prior introduction of the new vocabulary is necessary. However, as further reinforcement, it's important for you to add the new words to your classroom repertoire as you continue your work with students.

How to ... present dialogues and monologues

All of the chapters in *Je veux bien!* contain short conversations or monologues that deal with a sub-theme of the topic and introduce/reinforce some of the key vocabulary for the topic. These dialogues and monologues are recorded on the *Manuel de classe CDs*. You can work with these pieces in a number of ways.

Presentation of the dialogue/monologue

■ Have students listen to the dialogue/monologue on the *Manuel de classe Audio CDs* **with books closed**. Ask them the general questions provided in the margin of the **Instructor's Annotated Edition** in order to ascertain that they have understood the gist of the piece. Have students listen again with books closed. At this point, if you wish, you can ask some additional questions. Finally, after students have been obliged to make the effort to understand without written reinforcement (i.e., the focus is on listening comprehension), they can listen again with books open.

■ Rather than using the CD, you can

- act out the dialogue or read the monologue yourself, using a natural rate of speech. Then follow the questioning procedure outlined above.

- select your stronger students to act out the dialogue or read the monologue. Then follow the questioning procedure outlined above. In the case of a dialogue, you may wish to play one of the roles to assure a smoother reading.

In all cases, if you wish, you can have the key words of the dialogue/monologue written on the board or on a transparency as students listen to the piece (preferably after they've heard it once without ANY visual reinforcement). If time permits, you can also have students repeat each sentence or phrase after you (with books closed) as a means of refining their pronunciation.

Follow-up presentation

- Have students read the dialogue/monologue, with different students playing the various roles.

- Ask students personalized follow-up questions about the topic of the dialogue/monologue. For example, **Quand il a du temps libre, Jacky aime faire de la cuisine. Qu'est-ce que vous aimez faire quand vous avez du temps libre? Qui aime faire du jardinage?** This process not only reinforces some of the vocabulary but activates previously-learned words and expressions.

- Have students read the dialogue/monologue and replace the key words with words that apply to themselves. For example, when someone talks about courses they're taking, students can replace the courses with their own.

- Finally, whatever the method of presentation, it's advisable to let students hear the dialogue/monologue once more at the end, with books closed, in order to help them realize, in a very tangible and immediate way, how much they can now understand compared to the first time they heard the piece. This final listening will also serve to unify the piece as a single, meaningful text.

Note: Before deciding to use any of these follow-up activities, you should look at what students are asked to do in the exercises in the book. You may find that some of these activities are already specified. Moreover, the follow-up elaboration may only be appropriate in courses where the syllabus allows for the time. In all cases, students will eventually be asked to engage in conversations or monologues that imitate what they've heard and read.

How to . . . present communicative strategies

In *Je veux bien!*, second edition, expressions that facilitate functional communication are presented and translated in the sections called *Ça se dit comment?*. These communicative expressions (functions) can be presented in a number of ways, keeping in mind that the *À vous!* exercises are also designed to have students use the expressions in a contextualized, strategic way. You may therefore not wish to spend too much time presenting these lists of vocabulary and communicative expressions.

- The most direct but least natural presentation is simply to have students repeat each expression after you so that you can help them with correct pronunciation as you proceed through the list. This procedure can be enhanced somewhat by also using an expression in a sentence or a question to be repeated or answered.

- A somewhat more complex presentation method is to have students repeat each expression after you and then create their own sentences using the expression.

- You can present many of the expressions through a monologue about yourself. For example, when dealing with the vocabulary pertaining to the house, you can give students a description of your own house or apartment (or create a fictitious description) in which you use the expressions while they have their books open to verify meaning. You can also illustrate your narrative with a quick drawing on the board or with gestures, or punctuate your description with personalized questions

that require students to use the expressions (e.g., **Est-ce que votre maison est près d'un supermarché?**).

- In some instances, it may be appropriate simply to ask students to make a personalized statement about themselves using one of the phrases from the *Ça se dit comment?* section. For example, if the list deals with how to express likes and dislikes, students can be asked to talk about activities they like and dislike. It's usually preferable to start them off with a model personalized to yourself.

- Some groups of related phrases and expressions lend themselves to listing. For example, when students learn about common ailments and symptoms, you can name the ailment (**une grippe**) and have students select the appropriate symptoms from the list. As they do so, you can make pronunciation corrections.

- Some expressions lend themselves to student commentary on a statement you make. For example, when they learn how to agree and disagree, you might state an opinion such as **Je pense qu'il y a trop de violence à la télévision**. Various students then respond using expressions from the list and give a reason for their opinion. After students have had the chance to convey their message and you've responded to it, this is again an opportunity to give corrective feedback on pronunciation.

Note: Before selecting a particular presentation technique, it's advisable to examine the exercises in the *À vous!* section to avoid duplication. In some instances, you may wish to blend the presentation and the exercise, in which case the specific exercise in the book may be skipped.

How to . . . present cultural information

Culture is an integral part of the *Je veux bien!* program and is integrated into every aspect of both the **Manuel de classe** and the **Manuel de préparation**. Culture is present in the authentic use of language, through the photographs taken of real people in real situations, through readings and realia, in cultural notes, and in a variety of texts in the *Branchez-vous!* section. In many instances, the cultural presentations are accompanied by questions (*Qu'est-ce que vous en pensez?*) that challenge students to examine the information critically, to make comparisons with their own culture, and to question their stereotypes.

We recommend the following techniques for presenting cultural information.

- Have students read the cultural passage outside of class and hold the discussions in class (in English or French, depending on the desired level of sophistication).

- Give students a few minutes in class to read the cultural passage and then begin the discussion either as a whole class or in small groups (in English or French).

- Give your own mini-lecture (in English or in French) that covers the main points of the piece as well as information you wish to add. If you use French, you may want to use visuals to facilitate comprehension. Then follow up with the discussion.

- Have a small group of students be responsible for reading the cultural passage (outside of or in-class) and presenting a quick summary to the class. You can have this group prepare the reading in class while you do some review work with the rest of the group or engage them in some other small-group activity.

- In addition to the questions in *Qu'est-ce que vous en pensez?,* you should always challenge students to think about the stereotypes they may hold, the risks of stereotyping, cultural similarities as well as differences, author decisions about what to include and not to include in a textbook, what they would include if they were dealing with a topic, etc. In other words, students should be encouraged to think critically about everything they see or read.

- You can also ask students to explore the cultural topics on the Internet. In addition, each chapter of *Je veux bien!* has cultural exploration activities that guide students through authentic websites (*http://jvb.heinle.com*). For example, on the topic of food, they can visit the **Casino** website or other markets and stores. They can make comparisons between these stores and how food is presented in American stores. They can look at products to determine what kinds of foods are featured that are very different (or the same) as what we might see in our markets. Similarly, students can visit museums, cities and villages, schools, job sites, companies, other types of stores, and so forth. These types of Internet activities can be done for any of the topics presented in *Je veux bien!* and greatly enhance the breadth and depth of the cultural information that students are exposed to and think about.

How to . . . work with grammatical structures

One of the unique features of the *Je veux bien!* program is that the grammar is presented in the **Manuel de préparation**. Students therefore have the opportunity to take their time in understanding the grammar and can acquaint themselves with it before coming to class. To facilitate this process, they are guided carefully through a step-by-step procedure with clear explanations, exercises, and a self-correcting test for each grammatical structure. When students arrive in class, you can then verify their grammatical preparation through the *Rappel grammatical* section. It should be noted that this textbook format is innovative and that students usually will need a week or two to become familiar with their new responsibilities. Strict adherence to the requirements is therefore essential at the beginning of the course so that students acquire the habit of doing their homework carefully and thoroughly.

The recommended way to proceed with the *Rappel grammatical* section is to begin with the exercise in the **Manuel de classe** in order to identify any problems that may exist. If students move through the first exercise with ease, if you can clarify any small issues during the course of the exercise, and if you're satisfied that the class generally has control of the new structure, you may proceed directly to the next section without doing a more extensive review. This situation is most likely with less complex grammar points and with those that are primarily lexical in nature.

If you see that students are having difficulties with the first exercise, that some of them obviously have not done their homework, or that there are many uncertainties and hesitations, then you can do a very quick explanation (preferably in French) of the main points (based on the *Rappel grammatical* content) and do the exercice de substitution drill in the margin of the student edition.

In addition, you may want to give students five minutes or so to ask you some questions they identified as they were doing their homework. Should you decide to do this, it is advisable to establish a strict time limit and to instruct students to write down their questions as they do the homework. Without a time limit, you risk being drawn into lengthy discussions that will prevent students from practicing the language.

The extent to which you choose to elaborate on the main structural points will depend on class time available, student needs, and your own preferences. Once you've completed the mechanical drill, you can repeat the initial review exercise the book (the one that told you that explanation was needed) to verify students' ability to use the structure in a more communicative fashion.

Note of caution: If you accustom students to receiving elaborate explanations in class, they will become progressively less and less motivated to do a good job on their homework. If they can count on you to repeat in class everything they should have done at home, it may be natural for them to become more relaxed about homework assignments. You should therefore make clear to students that they are to learn the material at home and that you will provide additional explanations only when YOU deem them to be necessary.

You may also wish to set up a procedure that allows you to spot-check work done in the **Manuel de préparation** as students enter into the classroom or to give an occasional quiz on the grammatical structures. A quiz may, for example, be the replication of one of the exercises in the **Manuel de préparation**. Several quizzes of this nature will communicate the message that, if students do their homework conscientiously and systematically, they'll do much better in class and on quizzes/tests.

How to . . . work with audio material

In *Je veux bien!*, the listening comprehension skill is a necessary and important skill. In addition to dialogues and monologues, the *Manuel de classe Audio CDs* contain materials for activities in class. The focus of these segments is on listening comprehension as it would occur in real life. The activities in the **Manuel de classe** accompanying the segments therefore ask students to listen for gist and detail depending on the communicative purpose of the oral text. Listening comprehension is further developed through the materials on the *Manuel de préparation Audio CDs* that accompany the **Manuel de préparation**. In the pronunciation and grammar segments, students are asked to listen to authentic materials and to do follow-up comprehension activities similar to the ones in the **Manuel de classe**.

We strongly recommend that the purpose of these activities not be changed to a focus on grammatical or lexical analysis. If students are to develop their listening skills, they must become accustomed to natural speech and develop efficient listening strategies. We also recommend that you follow some of the procedures outlined previously in the section on presenting dialogues and monologues. It is important for students to hear each audio segment once with books closed so that they're obliged to rely on their ears in order to get the gist of the content. You can then have them listen again with books open, while focusing on the task they are to accomplish in the activity. Finally, they should hear the segment again with books closed to give them the tangible evidence of their progress.

How to . . . work with readings

The development of the reading skill is a major focus of the *Je veux bien!* program. Various types of texts are provided both in the **Manuel de classe** and in the **Manuel de préparation**. Readings take the form of realia, literary texts, cultural texts, and articles. Each text has its own purpose: literature may be read for pleasure or for critical analysis, statistical tables are read for information and for making inferences, brochures are read for information that leads to decisions, and so forth. Each reading in the program focuses on one or more specific reading strategies that are explained to students and are practiced in the follow-up exercises. The readings in the **Manuel de classe** are designed to be done in class and you may wish to proceed in one of the following ways:

- If you have time and if the reading warrants it, begin with a prereading activity (in some cases, a prereading activity is provided). The primary purpose of the prereading phase is to establish the general topic. In some of these activities, students may be asked to brainstorm key vocabulary; in others, they may be discussing the topic from their point of view (in English), in yet others they may be asked to predict what the reading is about. This prereading phase should not take very long and should not reveal so much about the reading that there is no real need to actually read the text! The prereading should be seen as a way to bring the students' attention to the topic.

- We recommend silent reading of the text because, with a few very specific exceptions, this is the type of reading that is most frequently done in real life. Reading aloud fluently presents its own difficulties and usually focuses students' attention on pronunciation rather than on meaning.

- Students should be given a set time limit in which to *silently* read a particular text. In the case of narrative reading, you can determine an appropriate time limit during your lesson planning by reading the text out loud and reading each sentence twice. This slowed-down reading rate will give you a reasonably appropriate time frame for beginning readers of French. In the case of realia or statistical tables, simply give students a couple of minutes to skim through the material and familiarize themselves with the content. The activities will then ask them to scan the tables to pick out specific details.

Note: The reason it is important to set a time limit for silent reading is that students have to learn to read the language in meaningful segments rather than word for word. It's possible that, the first few times, students will complain that they didn't have the time to read the whole passage. This complaint is usually indicative of word-for-word reading, in which global meaning is usually lost. It's important for you to explain to students that they need not understand every word of a reading, that they should keep their eyes moving, and that they should focus on groups of words and sentences rather than on each individual word. The various follow-up exercises will also demonstrate to students that it is to their advantage to read the whole text globally rather than reading only isolated portions of the text in a word-by-word fashion. If necessary, you may wish to make this point by handing out a short newspaper article in English, having students read it, having them tell you what it's about, and finally having them verbalize how they read it. As you question them about the article, one of the conclusions they may come to is that they do not need to know how to define every word in order for them to understand the meaning of the article.

How to . . . manage small-group activities

Small-group interaction, which is essential to the *Je veux bien!* program, maximizes practice time and gives students a sense of linguistic independence and accomplishment. In order to avoid confusion in the classroom and make the best use of class time, some basic guidelines are recommended for making small-group work an effective teaching and learning technique.

The **Instructor's Annotated Edition** contains annotations in the margins that clearly specify the number of students to be assigned to a small group. Depending on the activity, the recommended group sizes vary from two to three to four students. We do not recommend groups of more than four students (unless specifically indicated) because, in large groups, some students tend to dominate while others participate only minimally, or not at all.

In *Je veux bien!*, students will become accustomed to pair and small-group work from the outset. However, they also need to learn the rules of this style of work very quickly, and these rules must be enforced consistently. The following suggestions serve as guidelines for small-group classroom management.

1. Although the tasks to be accomplished are clearly defined in the activity direction lines, it's often useful to go over the directions before students divide into groups. Once they're in their groups, they should not spend time discussing what they're supposed to do. In many instances, you may wish to go through the model with them and even do a sample item before the group work begins.

2. It's important to give students a time limit for each activity. End the task after you hear several groups completing it, even if not all of the groups are done. Ending the task promptly shows students that they cannot waste time. You may find it useful to use a gimmick to signal the end, such as playing classical music during the activity and shutting it off when you want the activity to stop, flicking the lights when you want the activity to stop, and so on. If you use the same gimmick each time, students will become conditioned by it and will more easily return to the whole-class format.

3. Students should not be searching in the book for vocabulary and grammar structures during small-group activities. All of the group activities in *Je veux bien!* are based on vocabulary and structures that have already been practiced; instruct students to do their best with the language they know. If you see that they habitually are searching through the book, you may decide to put the activity direction line and model on a transparency and instruct students to close their books.

4. Students must speak French at all times when they are in the small groups. This rule must be strictly enforced in order to oblige students to enter into a real conversation in French rather than into an exchange that relies largely on English. Since they have been sufficiently prepared to do the activity, they should not have to use English, even if they have to struggle a bit.

5. It's suggested that you do not interrupt the groups with grammatical or pronunciation corrections. Allow students to do the work, jot down any major errors you hear from your place in the room, and delay your correction until later. Students will interact more naturally if they are allowed to focus on communication rather than being preoccupied

by grammar and pronunciation. Once they have completed the activity, you can do some error correction without pointing to the culprit(s).

Note: The one reason for intervening in a group is if you hear English. You should put an end to this habit systematically until students learn the rules of small-group work.

6. In order for students to benefit from the small-group communicative experience, it's important to keep them on task and to make them accountable for the work they do. Various accountability strategies are available:

- Have a couple of groups (picked randomly) report back to the whole class, playing out the situation or giving the information they have gathered. Since students don't know which groups will be called upon to perform, they should have an added incentive to stay on task. You may wish to use the reporting-back function as a way to assign grades for different students on different days. Grading for small-group work should be done only occasionally so that students don't constantly feel the pressure of grades.

- In activities during which students have had to gather information from their partners, you can have them reenact the conversation in front of the class by pairing them with *new partners* while using the information they gathered in their original conversation. This task will make them accountable for the information they received while requiring them to report it to someone else.

- In role-play activities (one or several partners), you can regroup students to reenact the situation (e.g., combine a student who played the shopkeeper in one group and two students who played the roles of the customers in a different group). The advantages of this procedure are that the role-play retains some of its improvisational quality and that students cannot become dependent on a particular partner to accomplish the communicative task.

V. Working with the *Branchez-vous!* menus

One of the unique features of the *Je veux bien!* program is the *Branchez-vous!* section found at the end of each chapter in both the **Manuel de classe** and the **Manuel de préparation**. Preceded by a "menu," this section not only adds to the great flexibility of the materials, but also offers the opportunity to individualize the cumulative activities that students do at the end of each chapter.

Content of the *Branchez-vous!* sections

The *Branchez-vous!* section for each chapter consists of a wide variety of self-contained texts and activities that expand on the theme of the core material in the chapter. Depending on the amount of time available, the *Branchez-vous!* activities in the **Manuel de classe** can be done in one to several class periods.

Limited use of the *Branchez-vous!* section

If you have only one class period to devote to material from this section, you may decide to spend the entire time working with the video. Alternatively, you may opt to have students work in small groups or even individually, with each group selecting the section of highest interest.

Extended use of the *Branchez-vous!* section

If you have two or three or more class periods to devote to this section, you can have students vote on which texts they would prefer to read. Once they've made the selections, you can add your own, if your preference has not been included (or you can stipulate that their choices must include, for example, a text about a particular country or city). In addition to the activities in the **Manuel de classe**, you can have students report back on the *Branchez-vous!* activities they've completed in the **Manuel de préparation.** Finally, your available class periods can be spent exploring topics beyond the textbook, through the Internet and other print sources.

The *Branchez-vous!* materials and testing

The new information presented in this section is *not* covered directly in the *Test Bank* that accompanies the *Je veux bien!* program. The test items are based exclusively on the core material of each chapter. Although the *Branchez-vous!* materials are potentially of high interest (i.e., help to motivate) and will provide extra practice and skill refinement, it is not absolutely necessary to do any of the activities listed in the menu. If class time is not available to explore these additional topics, they can be made available for extra credit.

VI. What if . . . ?

The following are some questions that you may have about the *Je veux bien!* program. They anticipate situations that may arise due to its innovative format. Although the program has been used extensively with great success, new users may find it useful to know how we have addressed these questions in our materials.

WHAT IF . . . students don't study the grammar in the Manuel de préparation?

Users of *Je veux bien!* have reported that the unique structure of the program significantly changes student attitudes toward homework. Once they understand that their performance will improve if they do homework systematically and conscientiously (after a couple of weeks), students tend to accept their responsibilities and develop better study habits. However, a variety of circumstances may lead individual students to skip homework or to be careless about doing it. Several preventive measures are built into the program to handle this situation.

- The *Rappel grammatical* section of the **Manuel de classe** allows you to help students catch up if, for some reason, they have not studied the grammar ahead of time. Although you should not resort to this strategy on a regular basis or for only one or two students (see "How to review grammatical structures" in section IV), it's important for you to address generalized grammatical problems as they arise.

- The material studied at home is recycled on a regular basis both in the **Manuel de classe** and in the **Manuel de préparation**. Students therefore make many passes through the same material in a variety of contexts. This continual reinforcement allows weaker students more time to gain control of the material while also providing needed reminders for stronger students.

- To get students into the habit of doing the homework, you should find a quick way to spot-check their **Manuel de préparation** as they come into class. This is particularly important for the grammatical sections and the self-test that they take at the end of each one.

- Since practice is critical in acquiring a language, it is advisable not to spend too much time on general explanations and instead resolve problems as they arise in the context of more controlled exercises. The *Je veux bien!* program contains a large number of exercises (from highly controlled to very open-ended) to reinforce vocabulary, grammatical structures, and communicative strategies.

HOW accepting should I be of student errors?

In class, when students are speaking, trial and error are a natural part of the learning process, regardless of the materials used. We suggest that you *not* discourage students at the outset with over-correction. They should feel free to take risks with the language, particularly in open-ended activities. You may wish to reserve systematic correction for mechanical exercises or for a limited number of basic errors made by many students. In open-ended activities, you can delay correction until the activity has been completed.

Because grammatical structures are often introduced lexically in *Je veux bien!*, students may tend to transfer a particular limited use to a other situations. For example, students who have learned the direct-object pronouns **le, la, les** lexically and then learn **Je vais m'acheter...** and **Je vais t'acheter...**, may then want to say **Je vais l'acheter...** instead of **Je vais lui acheter....** What can you do about this? (1) Ignore it since exercises do not include the structure and it is unlikely to become a patterned error. (2) Give the correct form as a phrase they can learn, without an extensive grammatical explanation.

When students write, error correction should be systematic, and it is up to you what importance to assign to various grammatical errors in the determination of a grade. We strongly encourage you to always give considerable weight to message (i.e., communication) when assigning grades to writing activities. Again, students should not be penalized for taking risks with the language.

WHAT IF . . . students don't use the Manuel de préparation Audio CDs when doing the homework?

First, the listening comprehension activities in the **Manuel de préparation** cannot be done without listening to the CDs. Serious pronunciation errors in class will identify the students who have not worked with the CDs. The activities include conversations that serve as grammatical models, the sentences that serve as illustrations of grammar, *Prononcez bien!* sections, and the listening activities. It's important to impress upon students that, for the sake of correct pronunciation and reinforcement of rules, they must use the *Manuel de préparation Audio CDs,* particularly at the beginning of the program. Consistent use of the *Manuel de préparation Audio CDs* will greatly facilitate students' work at home.

WHAT IF . . . students don't understand a listening comprehension segment on the Manuel de préparation Audio CDs?

If students run into problems with any listening comprehension segments, they can consult the script at the end of the **Manuel de préparation**. Once students know of its existence, they may be tempted not to make the effort to understand the material on the CD. It's very important for you to impress upon students the importance of listening first, making every attempt to under-stand, doing the accompanying exercise(s), and consulting the script only as a backup or to verify understanding.

WHAT IF . . . students have trouble doing some aspects of the homework, such as the readings?

We recommend that students bring the **Manuel de préparation** to class and that you allow a few minutes for them to tell you where they may have run into problems. As for the readings, they have been carefully selected for an appropriate level of difficulty and should not present particular problems. Furthermore, the exercises associated with each reading are closely guided rather than overly open-ended, and they tend to be in English so that students can focus on the comprehension and expression of ideas rather than worrying about producing French. However, should any of the readings present a problem, you may wish to take a few minutes in class to go over the main ideas.

To prepare students to do the readings, we suggest that you give them the following advice ahead of time. Note that these ideas are reinforced by the structure of the reading activities done in and out of class.

- Don't worry about understanding every word. You can understand a text even if you miss some of the words.
- Don't read word for word, but rather in meaningful segments. Grasp the main ideas.
- Don't translate word for word.
- It's sometimes helpful to look over the exercise as a guide to reading before you begin the reading (see Section IV, "How to present short readings").

WHAT IF . . . we have difficulty getting through the material between two À faire! assignments?

As you prepare the syllabus, be realistic about what how many in-class days it will take to complete a segment. In addition, try to intersperse some review sessions so that you build in extra time should you need it. If, for some reason, you don't complete a segment's work between two *À faire!* assignments, have students do only the exercises in the *À faire!* for which the material has already been covered in class. Keep in mind that, due to the enormous variations in class sizes and student ability, the **Manuel de classe** segments between two homework assignments don't necessarily correspond to one class period.

HOW . . . do I evaluate the Manuel de preparation ?

All of the controlled exercises and the practice tests (**Contrôle**) in the **Manuel de préparation** are self-correcting. We indicate in the "Suggested Lesson Outline" (**Instructor's Annotated Edition**) which exercises are *not* self-correcting and should be corrected by you. The **Manuel de préparation** pages are perforated so that students can hand in their assignments (print version) or they can print out the appropriate exercises from the on-line version.

Self-correcting exercises

For the self-correcting exercises, you may wish to collect the pages to make sure that students are doing their work and have added their corrections. This procedure requires spot-checking rather than detailed reading. You may or may not wish to give grades for these exercises, depending on whether you think that grades will heighten students' motivation to do the work and to do it well. If you give grades, you may want to use a simple, global system. For example:

A = All the work has been done, with a minimal number of initial errors and with systematic correction of errors.

B = Most of the work has been done, with more frequent errors and with less systematic correction.

C = The majority of the work has been done, but errors are consistent and patterned with frequent major errors and correction is more sporadic.

D = Less than half of the work has been done, with many errors in the completed sections and very sporadic correction.

F = The assignment has not been done or was not turned in; any exercises that have been done are full of errors that have generally not been corrected.

An alternative system for evaluating the self-correcting exercises is to collect them only occasionally so that students never know when this will happen. It is hoped that they will thus be motivated to keep up with the assignments.

Finally, you may decide not to worry about evaluating the self-correcting exercises unless you observe that the class is becoming relaxed about doing the work. You will almost certainly know this from students' performance in class. Should you then decide to begin checking everyone's work, it's important not to do so simply because one or two students are not fulfilling their responsibilities. It would be unfair to penalize students who are doing their work conscientiously. This situation raises another option: You may wish to individualize checks on self-correcting exercises according to the needs and performance of the students. Weaker students may need to have their work checked regularly, as do students who are not consistent about completing their work.

If you want to check the answers to listening comprehension activities, consult the script at the end of the **Manuel de préparation**.

Exercises that are NOT self-correcting

These exercises should be collected at regular intervals as indicated in the *Instructor's Annotated Edition*. They are open-ended, require more extensive writing, and allow students to put what they've learned into practice. Constructive feedback through your correction and comments is essential if students are to progress. In the case of paragraph writing, for example, you may wish to have them rewrite the piece once you've indicated where the problems lie; you might then assign them two grades, one for the original work and one for the edited work.

WHY is English used in exercises at certain points in the program?

Although we believe that English should be used sparingly in class, we are using it in the program materials for very definite purposes. We also believe that *you, not the students* should decide when English is going to be used. Depending on the level of your students or the nature of a particular exercise, it will be up to you to decide whether activities can be done in French (even if they're in English in the book). However, it would be unfortunate to inhibit students from demonstrating their comprehension skills because of unrealistic expectations of their speaking or writing skills. We have used the following guidelines in our decisions governing the use of English in *Je veux bien!*:

- English is used when developing comprehension skills. Since the receptive skills (listening and reading) develop more quickly than the productive skills (speaking and writing), it's important to allow students to demonstrate these skills with the least amount of frustration, particularly at the earliest stages of learning.

- In the **Manuel de préparation**, the grammatical explanations, direction lines, and reading and listening comprehension exercises are in English because it is essential that students clearly understand what they must do outside of class. Misunderstanding due to their limited abilities in French would be counterproductive and could lead to failure to do the homework properly.

- Using English judiciously in class tends to reduce the frustration that students often feel when learning a foreign language. Because they understand much more than they can express, they need to have the satisfaction of working occasionally with more abstract ideas rather than always being limited to the simplest concrete expression levels.

- When working with cultural topics, a French-only approach may lead to generalizations and stereotyping because students are unable to express more complex ideas. With limited abilities in French, they tend to reduce and simplify ideas to the point where culture becomes distorted. Using English in these instances allows students discuss the risks of stereotyping and the more sophisticated cultural issues that arise in readings and cultural notes. Furthermore, they can critically examine the limitations of materials presented in textbooks and expand upon them.

VII. Test bank

Description: Test items for 8 chapter tests and two cumulative tests (chapters 1–4 and 5–8) that cover core material only.
Skills developed and practiced: tests reading, writing, listening comprehension, grammar, and cultural knowledge

Includes a table of contents, listening scripts, answer key, and suggestions for evaluating test items.
New to this edition are listening comprehension activities that can be done in class. The exercises focus on new vocabulary and structures. The Échange dialogues also appear on the CD.

VIII. Audio CD transcripts

Manuel de classe Audio Program

The following is a list of the contents of the **Manuel de classe Audio Program.** Many segments are recordings of the *Échange* sections found on the text pages indicated. Other segments are passages students listen to in order to carry out a task requested in an exercise. These segments are marked with an asterisk. The script to these segments follows the list of contents.

Manuel de préparation *Audio CDs*

Unique to *Je veux bien!* is the integration of an explanation (**Explication**) of grammatical structures with emphasis on spoken French. From the beginning, students learn to distinguish between how a word is written and how a word is pronounced. Each *Explication* in the *Structure grammaticale* sections of the **Manuel de préparation** is supported by an audio track.

Students will benefit most by reading the *Explication* and then listening to the accompanying audio.

Manuel de préparation Audio Program

The following is a list of the contents of the **Manuel de préparation Audio Program**. The complete audio script may be found at the back of the **Manuel de préparation**.

CD1

Chapitre 7: Un repas de fête   250

Contexte
- Pour parler d'un repas
- Pour offrir à boire ou à manger
- Pour accepter ou refuser l'offre
- Pour inviter et remercier quelqu'un
- Pour parler de sports et loisirs
- Pour exprimer ses rêves et ses aspirations
- Pour utiliser des expressions négatives

Grammaire
- **Du/de/la/de/l'/des**
- Les expressions de quantité avec le pronom **en**
- Le conditionnel
- L'imparfait

Culture
- La cuisine française
- Le monde francophone: Manger au Sénégal
- Qu'est-ce qu'ils mangent, les Français?
- Sports et loisirs
- Le monde francophone:
- Élève journaliste à Lagos

Branchez-vous!
- Internet
- Vidéo
- Au delà du cours: Sondage sur les sports
- Littérature: «Au marché» de Marie-Angèle Kingué
- Aperçu culturel: La Haute Saône en Franche-Comté
- Aperçu culturel: La Guadeloupe
- Architecture: Notre-Dame du Haut à Ronchamp
- Littérature: «Culture et Camembert» de Guillaume Oyono-Mbia

Chapitre 8: Après la pluie, le beau temps   374

Contexte
- Pour parler du temps (passé et futur)
- Pour parler de la santé
- Pour demander un médicament dans une pharmacie
- Pour parler de l'exercice physique
- Pour parler du régime

Grammaire
- Le comparatif et le superlatif
- L'imparfait et le passé composé
- Les verbes en –**ir** et le verbe **venir**

Culture
- Un cataclysme naturel: L'éruption de la montagne Pelée en Martinique
- Défense de boire, défense de fumer!

Branchez-vous!
- Internet
- Vidéo
- Au delà du cours: Les produits de beauté
- Littérature: «La nuit, la mère et l'enfant» d'André Verdet
- Littérature:«Une consultation gratuite» de Jules Romain
- Écologie: L'impact humain sur l'environnement

Je veux bien!

SECOND EDITION

MANUEL DE CLASSE

Jeannette D. Bragger
The Pennsylvania State University

Donald B. Rice
Hamline University

HEINLE & HEINLE

THOMSON LEARNING

Australia   Canada   Mexico   Singapore   Spain   United Kingdom   United States

HEINLE & HEINLE

THOMSON LEARNING

Je veux bien!
Second Edition
Manuel de classe
Bragger ◆ Rice

Publisher: Wendy Nelson
Senior Production & Developmental Editor Supervisor: Esther Marshall
Developmental Editors: Anne Besco & Lara Semones
Marketing Manager: Jill Garrett
Associate Marketing Manager: Kristen Murphy-LoJacono
Production/Editorial Assistant: Diana Baczynskyj
Manufacturing Manager: Marcia Locke
Project Manager: Anita Raducanu
Compositor: Pre-Press Company, Inc.
Cover/Text Designer: Sue Gerould, Perspectives
Illustrations: Scott McNeill
Cover illustration: Heidi Younger
Printer: QuebecorWorld

Printed in the United States of America.
1 2 3 4 5 6 7 8 9 10   06 05 04 03 02 01

For more information contact Heinle & Heinle, 25 Thomson Place, Boston, MA 02210 USA,
or you can visit our Internet site at http://www.heinle.com

For permission to use material from this text or product contact us:
Tel   1-800-730-2214
Fax   1-800-730-2215
Web   www.thomsonrights.com

Library of Congress Cataloging-in-Publication Data
Bragger, Jeannette D.
    Je veux bien! : manuel de classe / Jeannette D. Bragger,
Donald B. Rice.—2nd ed.
        p. cm.
    Includes index.
    ISBN 0-8384-2396-5 (student text) ISBN 0-8384-2397-3
(IAE)
    French language—Textbooks for foreign speakers—English.
    I. Rice, Donald
    II. Title.
PC2129.E5 B66 2001
448.2'421—dc21   2001046499

Acknowledgments

We would like to thank the following people at Heinle & Heinle Publishers who worked closely with us on the *«Je veux bien!»*, program: Wendy Nelson, Esther Marshall, Anne Besco, Lara Semones, Diana Baczynskyj, and Matthew Drapeau. We would also like to thank: Anne Squire, our proofreader; Nicole Dicop-Hineline and Samuel Briand-Favard, our native readers; and Scott MacNeill and Sarah Sloane, the illustrators.

We would like to acknowledge the contribution of the following colleagues who reviewed the first edition and to those who reviewed the second edition:

Victor Acker
John Jay College

Diane Adler
North Caroline State University

Theresa Antes
Wayne State University

Judith Aydt
Southern Illinois University

Tom Blair
San Francisco Community College

Rosalee Cheatham
University of Arkansas-Little Rock

Rebecca Chism
Kent State University

Mary Jane Davis
Cornell University

Nadine DeVito
University of Chicago

Robert Fischer
Southwest Texas State University

Philip G. Hadlock
Texas Christian University

Janice Hennessy
University of New Hampshire

Suzanne Hendrickson
Arizona State University

Christine Hoppe
University of New Hampshire

Richard Kern
University of California, Berkeley

André Klein
Thunderbird, American Graduate School of International Management

Kathy Krause
University of Missouri-Kansas City

Eveline Leisner
Los Angeles Valley College

Josy McGinn
Syracuse University

Kathy Marshall Pederson
Wheaton College

Sarah Morlang
*University of Texas San Antonio
and NorthWest Vista College*

Mary Jo Muratore
University of Missouri-Columbia

Robert Neely
University of California, Hayward

Manon Ress
Temple University

Danielle Roth-Johnson
University of Texas, Arlington

Prosper Sanou
SUNY at Stony Brook

Ellen S. Silber
Marymount College

Alice Slaton
Ventura College

Emese Soos
Tufts University

Karen Sorenson
Austin Peay State University

Brian Thompson
University of Massachusetts, Boston

Jerome Wagnild
University of California, Davis

Sinikka Waugh

Hannah Zinni
Slippery Rock University

We also wish to express our appreciation to Janet L. Solberg at *Kalamazoo College* and Anne Besco, for their imaginative testing program; to Anne-Laure Bonnardel-Kalim and Christine Moisset at *University of Pennsylvania* for making the **Manuel de préparation** come alive online; and to Marie Lorenzo-Davis, whose video adds an exciting cultural complement to the program.

Our very special thanks go to Anita Raducanu of A Plus Publishing Services, who expertly and creatively transformed our words and thoughts into the colorful, eye-pleasing, and functional materials with which you and your classes will be able to work.

Finally, and as always, this collaborative project could not have been completed without the support and encouragement of Baiba, Mary, Alex, and Hilary. They accepted without protest the many hours at the computer, the numerous lengthy telephone conversations, and the frequent trips that left them to fend for themselves. **Merci mille fois!**

J.D.B.
D.B.R.

Table des matières

CHAPITRE

Une journée chargée 210

CHAPITRE 8

Après la pluie, le beau temps 374

To the Student

Bonjour! Welcome to **JE VEUX BIEN!**, a comprehensive beginning French program designed to introduce you to the French language and to French and Francophone cultures.

For you, the **JE VEUX BIEN!** program consists of four major components. You'll want to work in a systematic manner with all four of these tightly integrated materials:

The **Manuel de classe** *is your in-class textbook. You'll need to bring it to class every day.*

The **Manuel de préparation** *provides follow-up to work done in class as well as homework preparation for the next day. You'll probably want to bring it to class also, unless your instructor tells you to do otherwise.*

The **Manuel de préparation (MP) Audio CDs** *contain pronunciation and listening comprehension practice accompanying certain activities in the* **Manuel de préparation.**

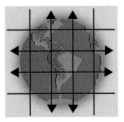

The **JE VEUX BIEN!** *Web page offers additional grammar and vocabulary practice as well as relevant cultural activities. To access the Web page, go to http://jvb.heinle.com*

JE VEUX BIEN! is divided into a preliminary chapter and three units that move from the public world of the big city (Paris) to the private world of a family, and then on to a world where the public and the private intersect—a small village (Calmoutier). As you visit these places, you'll be guided by several French-speaking people, with whose help you'll encounter a variety of people—male and female, young and old, French and Francophone—and a wide range of situations typical of the French-speaking world. These guides are:

Aline Démarest, a university student in Paris

Aline will introduce you to the French language and then you'll see her interacting with other students at the beginning of the school year.

Edris Diallo, a young bank employee originally from Senegal who now lives in Paris

You'll spend a day with him—eating, shopping, and going to the movies.

André and Hélène Batailler, a professional couple from Reims, along with their children, Benoît and Adeline, and their *au pair*, Cecilia dos Santos

With them, you'll learn about the French home and family as well as about French cities.

The Buhlers, an extended family from Calmoutier, a small village in eastern France

You'll travel to Calmoutier and then see the family's daily routine as it prepares to welcome a guest for a big dinner.

The **JE VEUX BIEN!** program (the title means *Gladly, I want to!, I'm very willing to!*) is designed to make it possible for you to begin to *communicate* in French—both receiving and sending messages, both orally and in writing—from the very start. As you learn to do this, you'll make the kinds of errors that are necessary to language learning. *Don't be afraid to make mistakes!* Instead, try to see errors as positive steps toward communication. Errors won't hold you back; they'll advance you in your efforts.

JE VEUX BIEN! has been written to facilitate the task of learning to communicate. Whether you're working with vocabulary or grammar, it leads you from controlled exercises (that show you how a word or structure is used) to bridging exercises (that allow you to use what you've learned in a variety of contexts) to open-ended activities (in which you're asked to communicate in situations you might actually experience in real life). These situations are intended to give you the freedom to be creative and to express yourself without anxiety. They're the *real* test of what you can DO with the French you've learned.

ONE TIP: It will definitely be an advantage to get in the habit of doing the assigned work in the **Manuel de préparation** BEFORE each class hour. The more carefully and conscientiously you work outside of class, the more fun both you and your classmates will have in class.

So, now that you know a little bit about what's in store for you, **on peut démarrer** *(we can get started).*

Pour démarrer

Bonjour! My name is Aline Démarest. I'm a second-year student at Jussieu, which is part of the University of Paris. In this preliminary chapter, after a brief introduction to French, you'll see me greeting old friends and meeting a new student at the beginning of the school year **(la rentrée).**

For ideas about how to present vocabulary, grammar, culture, etc., see the "How to . . ." section in the Instructor's Guide at the front of this book.

Chapter Support Materials (Student)
MP: pp. 1–14

MP Audio CD1, TRACK 2

Chapter Support Materials
(Instructor)

http://jvb.heinle.com
■ Transparencies: CP-1 and CP-2

🎧 MC Audio CD1, TRACKS 2–8

Test Bank: Chapitre préliminaire

Syllabus: The material in this preliminary chapter is designed to be done in two or three class periods. The first four preliminary activities in the **Manuel de préparation** (Ex. I, II, III, IV) can be done no matter how far you get on the first day; Ex. V assumes that students have done the two dialogues and have begun to work with the vocabulary of college courses.

OBJECTIVES

In this preliminary chapter, you'll learn to:

- greet people, make introductions, and say good-bye;
- ask how someone is doing;
- ask for and provide information about name, hometown, year in school, and courses;
- pronounce French sounds and recognize cognates.

In order to perform these activities, you'll learn to use:

- the subject pronouns **je** *(I)* and **tu** *(you, informal)*;
- some forms of the verbs **s'appeler** *(to be called)*, **être** *(to be)*, and **avoir** *(to have)*.

You'll also read and hear about gestures associated with greetings.

◼Contexte: *Les langues du monde*

Bonjour

Hello

おはよう

你好嗎

অসমীয়া

تابق

Guten Tag

صباح الخير

ᯀᯩᯉᯩᯋᯩᯉᯬᯉᯬ᭞

नमस्कार

Buenos días

שָׁלוֹם, בֹּקֶר טוֹב

günaydın

καλημέρα

안녕

jamm nga fënaan

ЗДРА́ВСТВУЙ

Il y a près de trois mille langues dans le monde. La langue est l'ensemble des mots qui permet de parler aux autres, d'écrire et de lire.

Certaines langues s'écrivent avec un alphabet, d'autres avec des signes, les idéogrammes. Ces gens vous disent «Bonjour!» en plusieurs langues.

There are about three thousand languages in the world. A language is all the words that make it possible to speak to others, to write, and to read.

Some languages are written with an alphabet, others with symbols called ideograms. These people are saying "Hello" to you in various languages.

The **À vous!** segments of each chapter contain controlled, semi-controlled, and some open-ended activities designed to practice vocabulary, communicative strategies, and grammar.

À vous!

A. **C'est en quelle langue?** *(What language is it?)* You're going to see a short paragraph written in five different languages from the brochure of the **Galeries Lafayette,** a large department store in Paris. Look at the texts and answer the questions.

GALERIES
Lafayette

PLAN DE PARIS
MAP OF PARIS
MAPA DE PARIS
КАРТА МАРИЖА
خريطة باريس
パリの地図
巴黎地圖

40 BOULEVARD HAUSSMANN 75009 PARIS

全てのパリ・ファッションがギャラリー・ラファイエット百貨店の素晴らしいドームのもとに陳列されています。そしてここに有名ブランドが一堂に集まり、世界のファッションの中心地、洗練された品々の中心地とならしめています。スB、アライア、アンジェロ・タルラッチ、アザロ、バカラ、ベルナルドー、ン、カルチエ、セリーヌ、シャネル、シャンタル・トーマス、クリスチャン・

Toda el París de la moda encontró su sitio debajo de la cúpula prestigiosa de las «Galeries Lafayette». Aquí encontrarán reunidos los grandes nombres que hacen de París la capital internacional de la moda y del refinamiento.

Le tout Paris de la Mode a trouvé sa place sous la prestigieuse coupole des Galeries Lafayette. C'est ici que vous trouverez réunis les grands noms qui font de Paris la capitale internationale de la mode et du raffinement.

لافاييت ، حيث تجدون مجتمعين كبار الاسماء التي تجعل من باريس العاصمة الدولية للازياء والاناقة : انياس ب ، علية ، انجل تارلازي ، ازارو ، باكارا ، برناردو ، كارون ، كارتيه ، سيلين ، شانيل ، شانتال توماس ، كريستيان ديور ، كريستوفل ، كلود مونتانا ، كوم دي غارسون ، دوروبي بيس ، ايمانويل

Toda a Moda de Paris encontrou o seu lugar sob a prestigiosa cúpula das Galeries Lafayette, onde você encontrará reunidos os grandes nomes que fazem de Paris a capital internacional de Moda e do requinte.

Answers, Ex. A: 1. The third (middle) paragraph is in French. Possible answers for how someone knows it's the French paragraph: (a) The paragraph has some words that have already been seen in the opening pages of this chapter: **c'est, de, les;** (b) By elimination (recognizing the other languages); (c) Already knows some French.   2. Answers will vary.   3. The paragraphs are, in order, Japanese, Spanish, French, Arabic, Portuguese.   4. toda/tout/toda, moda/mode/moda, cúpula/coupole/cúpula, prestigiosa/prestigieuse/prestigiosa, reunidos/réunis/reunidos, grandes/grands/grandes, nombres/noms/nomes, capital/capitale/capital, internacional/internationale/internacional. All three are Romance languages (are derived from Latin).   5. Answers will vary.

1. Which of the five texts is in French? How do you know?
2. How many words did you recognize and what do you think they mean?
3. The other four texts are in Arabic, Japanese, Portuguese, and Spanish. Can you identify which is which?
4. Which words do French, Spanish, and Portuguese have in common? Why do you think that is?
5. In your opinion, which of the languages might be the most difficult to learn? What makes you think so?

B. Quelles langues est-ce qu'ils parlent? *(What languages do they speak?)* You're going to hear five short statements in five languages. Listen carefully and match the people to the languages. [items 1–5]

Languages: Arabic, French, Japanese, Portuguese, Spanish

Answers, Ex. B: 1. Arabic: Fatima Al-Assad 2. Japanese: Satoshi Nobory 3. French: Janine Courtivron 4. Portuguese: João Almeida 5. Spanish: Ana Martinez

Ana Martinez

Janine Courtivron

Fatima Al-Assad

Satoshi Nobory

João Almeida

C. Le caffè Ritazza. Look at the menu from a French café and answer the questions.

	FF	€
CAFETERIE - ESPRESSO BAR		
Café Expresso / *Espresso*	6,50	0,99
Double Expresso / *Double coffee*	10,80	1,65
Décaféiné / *Decaffeinated coffee*	6,50	0,99
Café Crème / *Coffee with milk*	12,70	1,94
Café Ritazza Aromatisé / Flavoured coffee	**12,00**	**1,83**
Café Ritazza d'Origine / Origin coffee	**13,00**	**1,98**
Cappucino / *Cappuccino*	12,70	1,94
Maxi Crème	**15,00**	**2,29**
Maxi Cappucino	**15,00**	**2,29**
Chocolat / *Hot chocolate*	11,20	1,71
Grand Chocolat / *Large Hot chocolate*	13,80	2,10
Thé / *Tea*	11,20	1,71
Infusion	11,20	1,71
Lait / *Milk*	7,50	1,14
VIENNOISERIES - FRENCH PASTRIES		
Croissant / *Croissant*	7,20	1,10
Pain au chocolat / *Chocolate croissant*	7,80	1,19
Pain aux raisins / *Baking raisin pastry*	7,80	1,19
Chausson aux pommes / *Baking apple pastry*	7,80	1,19
Danish Canelle / Cinamon danish	**8,60**	**1,31**
Tresse noix de Pecan / Pecan & mapple plait	**10,60**	**1,62**

Caffè Ritazza

Select Service Partner RCS B 394 968 473 • Prix nets.

FORMULE PETIT DÉJEUNER	**35 FF**
Breakfast	**5,34 €**

1 viennoiserie + 1 boisson chaude + 1 jus d'orange frais 25cl
1 petit pain + beurre + confiture
French pastry + hot drink + fresh orange juice 25cl
roll + butter + jam

1. Name at least six things you notice about the menu.
2. Now speculate about the reasons for these unusual features on the menu.
3. Given what you've seen in this menu, can you assume that most people are likely to speak English in France or in Europe?
4. Why is it still a good idea to learn French if you're planning a visit to France or to a French-speaking country?

Answers, Ex. C: 1. *Six things about the menu:* (a) The French items are translated into English. (b) The prices are listed both in francs and in euros. (c) Some items are boldfaced. (d) The café is in France but has an Italian name. (e) Some English translations are incorrect or omitted: **Café crème** should be translated as *Coffee with cream. Flavoured* is the British spelling; the American spelling is *Flavored.* **Café Ritazza d'Origine** should be translated as *Coffee [house blend]; Origin coffee* doesn't mean anything. *Baking raisin pastry* should read *Baked raisin pastry. Baking apple pastry* should read *Baked apple pastry. Mapple* is misspelled. **Infusion** *(Herbal tea)* is not translated; (f) Prices use a comma rather than a period. 2. Reasons will vary. Reasons for answers given to item 1: (a) The English translations are given because English has become the major international language that is likely to be understood even by non-English speaking customers. (b) Both francs and euros are provided during the transition period from the national currency to the European currency. In 2002, the euro becomes the official currency but it's likely that francs and euros will continue to be provided until people get used to the new money and its value. (c) The person who wrote the English translations probably doesn't know English very well. He/She may have relied on a dictionary and may therefore have selected incorrect translations. (d) In English, the period is used for prices and fractions (e.g., $4.50, 3.5%) and the comma is used to divide numbers (e.g., 1,500,000). In French, the opposite occurs: the comma is used for prices and fractions (e.g., 4,50 F, 3,5%) and the period or a space is used to divide numbers (e.g., 1.500.000 or 1 500 000). By the way, students might want to know that **FF** stands for **Francs Français.** 3. No. Most people probably speak *some* English, but not enough to have a real conversation. 4. The French are generally pleased when foreigners make a serious attempt to communicate in their language.

The *Échange* sections of each chapter contain short dialogues or monologues, usually involving the chapter guide(s). They serve to introduce additional vocabulary and communicative functions.

MC Audio CD1, TRACK 3 (Échange)

●Échange: *Salut... Bonjour... Je te présente...*

Aline rencontre un ami, Philippe.

The **Dico** contains glossed words and expressions that are intended for receptive use only.

ami: *friend*
rencontre: *meets*

PHILIPPE: Aline! Aline! Salut! Comment ça va?
ALINE: Ah... salut, Philippe! Ça va bien. Et toi?
PHILIPPE: Oh, ça va très bien.

The ***Ça se dit comment?*** sections accompany most **Contextes, Échanges,** and some exercises. They have two formats, depending on their content: (1) an alphabetical list of vocabulary, and (2) a list of communicative expressions, organized functionally.

Ça se dit comment?

Entre gens qui se connaissent bien (style familier)
(Among people who know each other well [informal style])

Pour saluer quelqu'un (To greet someone)
Bonjour.	Hello.
Salut.	Hi.
Comment ça va?	How are you?
Ça va?	How are things?

Pour répondre (To respond)
Bonjour.	Hello.
Salut.	Hi.
Ça va (très) bien.	Fine.
Pas mal.	Not bad.
Oui, ça va.	Yes, fine.
Et toi?	And (how about) you?

Pour présenter quelqu'un (To introduce someone)
Tu connais... ?	Do you know . . . ?
Yvonne, François.	Yvonne, (this is) François.
Je te présente...	Let me introduce . . . to you.

Pour prendre congé (To say good-bye)
Allez, au revoir.	So long.
Salut.	Bye.
Ciao.	Bye.
À tout à l'heure.	See you later.
À bientôt.	See you soon.

The expression **À tout à l'heure** is used when you're pretty sure of seeing the person later the same day.

PHILIPPE:	Dis, tu connais Nicolas.
ALINE:	Oui, oui. Bonjour, Nicolas.
NICOLAS:	Bonjour, Aline. Philippe, Aline, je vous présente Simon.
ALINE ET PHILIPPE:	Bonjour, Simon.
SIMON:	Bonjour, Aline. Bonjour, Philippe.

In English, people are using expressions such as *Sir, Ma'am,* and *Miss* less and less frequently, even in formal situations. However, in French, you need to use **Monsieur** and **Madame** when speaking with people older than you and whom you don't know very well. **Mademoiselle** is used only if you're absolutely sure that the woman is unmarried. If in doubt, use **Madame.** What does the use of **Madame** probably say about the historically cultural assumptions made about women?

Entre gens qui ne se connaissent pas bien (style poli)
(Among people who don't know each other well)

Pour saluer quelqu'un
Bonjour, Madame (Monsieur, Mademoiselle). *Hello.*
Comment allez-vous? *How are you?*

Pour répondre
Bonjour, Monsieur (Madame, Mademoiselle). *Hello.*
Très bien, merci. Et vous? *Very well, thank you. And you?*

Pour présenter quelqu'un
Je voudrais vous présenter... *I'd like to introduce . . . to you.*

Pour prendre congé
Au revoir, Madame (Monsieur, Mademoiselle). *Good-bye.*

In French, the pronouns **tu** and **toi** are used when addressing a person you know well (family, friends, classmates) or a pet. For strangers, people you don't know very well, or people in higher-level positions, the pronoun **vous** is used.

Ici, en France...

When I ran into Philippe and his friends, I greeted him with a **bise** (kiss on each cheek) and then shook hands with Nicolas and Simon. In France, people often shake hands when greeting each other or saying good-bye. This is true of men and women, young and old alike. If two people are related or are good friends, instead of shaking hands they often kiss each other on both cheeks. That kind of kiss is called **une bise (un bisou).**

While some of the expressions you just saw can be used with both friends and in more formal situations, others can't. For example, expressions such as **Salut, ça va?** and **Allez, au revoir** or **Ciao** would not be appropriate to use with older people you don't know very well. On the other hand, you'd sound pretty silly if you used **Comment allez-vous?** and **Je voudrais vous présenter** with your family or friends.

The *Ici, en France...* sections offer short cultural presentations by the guides, addressing a detailed aspect of the chapter context. Each *Ici, en France...* section concludes with questions encouraging students to make cross-cultural comparisons.

▶ Qu'est-ce que vous en pensez?

How do *you* greet people and say good-bye? Do you shake hands? hug? kiss each other on the cheek? In what situations and with whom? Why do different cultures (and even people within the same culture) have different ways of greeting and saying good-bye?

—Bonjour, Monsieur.

—Bonjour, Madame.

—Salut, Marc.

—Salut, Matthieu.

À vous!

D. Que dites-vous? *(What do you say?)* Give an appropriate response to each of the following utterances. Pay attention to the level of language (formal or informal). Substitute a classmate's name for [...].

1. Salut, [...].
2. Bonjour, Mademoiselle (Monsieur, Madame).
3. Comment ça va?
4. Salut, [...]. Ça va?
5. Comment allez-vous?
6. Je voudrais vous présenter Jean-Luc Rivoire.
7. [...], Marianne Gueneau.
8. Allez, au revoir.
9. Au revoir, Monsieur (Mademoiselle, Madame).
10. Salut, [...]. À bientôt.

E. Salut,...! Bonjour,...! With a partner, go around the class. Greet people you know, make introductions when appropriate, then say good-bye. Include the instructor in your round of greetings and introductions.

> Do **À faire!** (CP-1) on page 1 of the **Manuel de préparation.**

—Bonjour, Jean.

—Bonjour, Claudine.

—Salut, Annick.

—Salut, Alexandra.

■Contexte: *Des étudiants*

http://jvb.heinle.com
Transparency: CP-2

MC Audio CD1, TRACK 4

Comme vous le savez, moi, je m'appelle Aline Démarest et je suis de Paris. Je suis étudiante en deuxième année à Jussieu. J'ai des cours d'histoire et de sciences politiques.

Bonjour. Je m'appelle Sylvie Le Gall. Je suis de Rennes. Je suis étudiante en première année à l'université de Haute Bretagne. J'ai des cours de littérature, de linguistique et d'histoire.

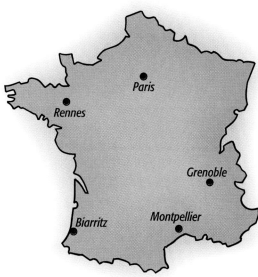

SUGGESTED LESSON OUTLINE: Students assigned *À faire! (CP-1)* have read the *Guide des étudiants,* which offers general tips on how to learn a foreign language as well as specific suggestions on the work they need to do in the **Manuel de préparation.** In addition, they've had a basic introduction to reading, pronouncing, and writing French. Finally, they've written some of the expressions used to greet, introduce, and say good-bye. Ex. V (writing dialogues) was not self-correcting.

   In this segment, do *Contexte: Des étudiants* (Ex. F, G, H), *Échange: Et toi, comment tu t'appelles?* (Ex. I, J, K), *Intégration* (Ex. L, M, N, O, P).

Ça se dit comment?

Pour donner son nom (To give your name)
Je m'appelle...   *My name is . . .*
Moi, c'est...   *I'm . . .*

Pour dire d'où on est (To say where you're from)
Je suis de (Lyon).   *I'm from (Lyon).*
Je viens d'(Amiens).   *I come from (Amiens).*

Pour indiquer son niveau à l'université (To give your college year)
Je suis étudiant(e) en première année.   *I'm a first-year student (freshman).*
            en deuxième année.   *a sophomore.*
            en troisième année.   *a junior.*
            en quatrième année.   *a senior.*

Pour parler de ses cours (To talk about your courses)
J'ai des cours de (d')...   *I have courses in . . .*

Les disciplines et les matières
    (Disciplines and subjects)
Les sciences humaines
l'anthropologie *(f.)*
la géographie
la psychologie
les sciences économiques *(f. pl.)*
les sciences politiques *(f. pl.)*
la sociologie

If you're a male student, say **Je suis étudiant** and don't pronounce the final **t.** If you're a female student, say **Je suis étudiante** and pronounce the final **t.**

Bonjour. Je m'appelle Alain Lassire. Je viens de Nîmes. Je suis étudiant en troisième année à l'université de Montpellier. J'ai des cours de chimie et de physique.

Bonjour. Je m'appelle Catherine Devoize. Je suis de Briançon. Je suis étudiante en deuxième année à l'université de Grenoble. J'ai des cours de sciences politiques et de sociologie.

Bonjour. Je m'appelle Olivier Guérin. Je viens de Biarritz. Je suis étudiant en première année à l'École des Beaux-Arts. J'ai des cours de peinture, de sculpture et de dessin.

With the expression **j'ai un (des) cours,** you don't use a definite article with the course. You use **de** before a consonant sound **(un cours de géographie),** and you use **d'** before a vowel sound **(un cours d'histoire).**

Les sciences naturelles
la biologie
la botanique
la géologie

Les sciences exactes
l'astronomie *(f.)*
la chimie *(chemistry)*
l'informatique *(f.) (computer science)*
les mathématiques *(f. pl.)*
la physique *(physics)*

Les études professionnelles
le commerce
la comptabilité *(accounting)*
le droit *(law)*
la gestion *(management)*

le journalisme
le marketing
la médecine
la statistique

Les beaux-arts *(Fine arts)*
l'art dramatique *(m.)*
le cinéma
le dessin *(drawing)*
la musique

la peinture
la photographie
la sculpture

Les lettres *(Humanities)*
l'histoire *(f.)*
les langues mortes *(classical languages):* **le grec, le latin**
les langues vivantes *(modern languages):* **l'allemand**
   (German), **l'anglais** *(English),* **l'arabe** *(Arabic),*
   le chinois *(Chinese),* **le français** *(French),* **l'espagnol**
   (Spanish), **l'italien** *(Italian),* **le portugais** *(Portuguese),*
   le russe *(Russian),* etc.
la linguistique
la littérature
la littérature comparée
la philosophie

À vous!

F. **Et vous?** Tell your classmates your name, where you're from, your year at school, and some of the courses you're taking.

Jacquemart? Ça s'écrit comment?

Eh bien, J-A-C-Q-U-E-M-A-R-T.

L'alphabet

a	Amina	**j**	Jérémy	**s**	Sylviane
b	Béatrice	**k**	Kévin	**t**	Thérèse
c	Cédric	**l**	Laetitia	**u**	Urbain
d	Delphine	**m**	Michel	**v**	Véronique
e	Eugénie	**n**	Nicolas	**w**	Wolfgang
f	Frédéric	**o**	Olivia	**x**	Xavier
g	Gérard	**p**	Pauline	**y**	Yvette
h	Hervé	**q**	Quentin	**z**	Zoé
i	Irène	**r**	Rémi		

MC Audio CD1, Track 5 (Ex. G)

Answers, Ex. G: 1. Martignac
2. Gresso, Espeyrac
3. Dublineau, Legrisset, Delière, Calhava, Margastaud, Jauzet

G. **Ça s'écrit comment?** (*How do you write [spell] that?*) Write out the name that's spelled out in each of the conversations you hear.

H. **Ça s'écrit comment? (suite)** (*continued*) Go around the room and introduce yourself to various classmates. Use both your first and last names. When your classmates ask you how to spell your last name—**Ça s'écrit comment, [Meyer]?**— spell it for them in French. Remember to ask them to spell their last names also.

Answer: Victor

QUEL EST SON NOM? (What's his name?)

The *Zoom!* feature of **JE VEUX BIEN!** appears on a random basis in each chapter. It provides interesting bits of information related to the topic of the chapter. This information does not appear in the Testing Program.

Le braille: Lire avec les doigts *(Reading with your fingers)*

Louis Braille

Louis Braille, né au dix-neuvième siècle, perdit la vue à l'âge de 3 ans. Il alla à l'école et devint professeur pour enfants aveugles. Il créa alors pour ses élèves un alphabet à lire avec les doigts: à chaque lettre correspondent des points en relief. Le braille est aujourd'hui utilisé dans le monde entier. Les livres imprimés en braille sont 7 fois plus épais que les livres ordinaires.

Did you understand the main ideas of this introduction to Louis Braille? If you think you missed some of it, read the English translation in the margin. The first sentence is written in Braille.

Where in your community do you see Braille?

He went to school and became a teacher of blind children. He then created for his students an alphabet that could be read with the fingers: for each letter there is a corresponding set of dots in relief (raised on the paper). Today, Braille is used around the world. Books printed in Braille are seven times thicker than ordinary books.

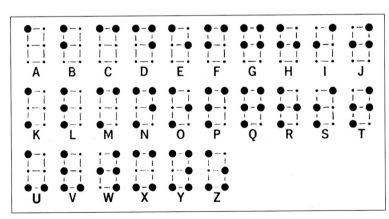

Alphabet braille

◾Échange:
Et toi, comment tu t'appelles?

Un étudiant nommé Bruno se trouve à côté d'Aline en cours d'histoire.

BRUNO: Bonjour. On se connaît?
ALINE: Non, je ne pense pas. Je m'appelle Aline... Aline Démarest. Et toi, comment tu t'appelles?
BRUNO: Moi, Bruno Gorard.
ALINE: Bonjour, Bruno.
BRUNO: Bonjour, Aline. Démarest? Comment ça s'écrit?
ALINE: Avec E-S-T. D-E accent aigu-M-A-R-E-S-T. D'où tu es, Bruno?
BRUNO: Je suis de Lille. Et toi?
ALINE: Je viens de Paris. Tu es en quelle année?
BRUNO: Je suis en deuxième année. Toi aussi?
ALINE: Oui. Qu'est-ce que tu as comme cours?
BRUNO: J'ai des cours d'histoire et de sciences économiques. Et toi?
ALINE: Moi, j'ai des cours d'histoire et de sciences politiques.

Dico

aigu: *acute (accent mark)*
avec: *with*
nommé: *named*
se trouve à côté de: *finds himself next to*
Toi aussi?: *You too?*

Ça se dit comment?

Pour savoir si on connaît quelqu'un (To find out if you know someone)
On se connaît? — *Don't we know each other? (Have we met?)*
Non, je ne pense pas. — *No, I don't think so.*
Oui, je m'appelle... — *Yes, my name is . . .*

Pour demander le nom de quelqu'un (To ask someone's name)
Tu t'appelles comment?
Comment tu t'appelles? } *What's your name?*

Pour demander d'où vient quelqu'un (To ask where someone's from)
Tu es d'où? (Tu viens d'où?)
D'où tu es? (D'où tu viens?) } *Where are you from?*

Pour demander l'année de quelqu'un à l'université (To ask someone's college year)
Tu es en quelle année?
En quelle année es-tu? } *What year are you in?*

Pour savoir les cours de quelqu'un (To find out someone's courses)
Qu'est-ce que tu as comme cours?
Quels cours as-tu? } *What courses do you have?*

J'ai un cours de (d') (des cours de [d']...) — *I have a course in . . . (courses in . . .)*

More and more frequently students in France use **avoir** and **prendre** rather than **suivre** to talk about courses they're taking.

À vous!

I. Tu t'appelles comment? For each of the notes, take turns asking the questions to which the listed information provides the answers. One of you asks the questions, the other one answers them. Vary your question forms based on the phrases in the *Ça se dit comment?*

MODÈLE: —*Comment tu t'appelles? (Tu t'appelles comment?)*
—*Je m'appelle Nicolas Santoni. Et toi?*
—*Moi, c'est* [give your name]. *Tu viens d'où? (Tu es d'où?, etc.)*
—*Je suis de Grenoble.*
—*Qu'est-ce que tu as comme cours?*
—*J'ai un cours d'informatique, un cours de sciences économiques et un cours d'anglais.*

> Nicolas Santoni
> Grenoble
> Cours: informatique, sciences économiques, anglais

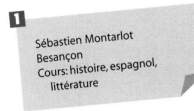

> **1**
> Sébastien Montarlot
> Besançon
> Cours: histoire, espagnol, littérature

> **2**
> Mélanie Duclerc
> Bordeaux
> Cours: sciences politiques, informatique, anglais

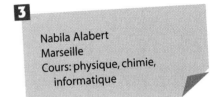

> **3**
> Nabila Alabert
> Marseille
> Cours: physique, chimie, informatique

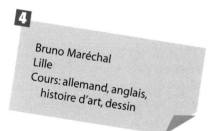

> **4**
> Bruno Maréchal
> Lille
> Cours: allemand, anglais, histoire d'art, dessin

> **5**
> Madeleine Lasserre
> Strasbourg
> Cours: biologie, biochimie, allemand

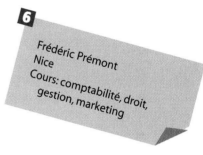

> **6**
> Frédéric Prémont
> Nice
> Cours: comptabilité, droit, gestion, marketing

J. Quelques questions. *(A few questions.)* Find out from several classmates the following information:

- their names
- where they're from
- their year in school
- some of their courses

K. On se connaît? Now you're ready to have a slightly longer conversation with a classmate. Follow the outline below.

- Two possible beginnings: (a) if you know your classmate, greet him/her and find out how he/she is, OR (b) if you don't know your classmate, introduce yourselves.
- Find out the following information about your classmate: where he (she) is from / his (her) year in school / some of his (her) courses.
- Finally, say good-bye.

Suggestion, Ex. K: Encourage students to do the conversation with several partners, including both people they know and don't know.

■Intégration

L. Lecture: Le calendrier. Look at the official calendar with the names and then answer the questions.

Pour lire

Predicting from format

The physical layout (or format) of a text can help you understand what you're reading. For example, the size of typefaces, the locations of words and phrases, the use of columns can all provide clues about the information available. A calendar is a good example of a text with a recognizable format. When doing Exercise L, consider the overall shape of the text and then look for clues to its content in the layout of the text.

Pour lire sections accompany several of the early reading activities. They introduce students to basic reading strategies, such as looking for cognates, guessing from context, skimming and scanning, etc.

JANV 01	FÉVR. 02	MARS 03	AVRIL 04	MAI 05	JUIN 06
D 1 J. de l'AN ●	M 1 Ella	M 1 Cendres ●	S 1 Hugues	L 1 F. TRAV.	J 1 Justin
L 2 Basile	J 2 Présentation	J 2 Sandrine	D 2 Sandrine	M 2 Boris	V 2 Blandine
M 3 Geneviève	V 3 Blaise	V 3 Guénolé	L 3 Richard	M 3 Phil., Jacq.	S 3 Kévin
M 4 Odilon	S 4 Véronique	S 4 Casimir	M 4 Isidore	J 4 Sylvain	D 4 PENTEC.
J 5 Édouard	D 5 Agathe	D 5 Carême	M 5 Irène	V 5 Judith	L 5 Igor
V 6 Mélaine	L 6 Gaston	L 6 Colette	J 6 Marcellin	S 6 Prudence	M 6 Norbert ☽
S 7 Raymond	M 7 Eugénie	M 7 Félicité	V 7 J.-B. de la S.	D 7 Gisèle ☽	M 7 Gilbert
D 8 Épiphanie ☽	M 8 Jacqueline	M 8 Jean de D.	S 8 Julie ☽	L 8 VICT. 45	J 8 Médard
L 9 Alix	J 9 Apolline	J 9 Françoise ☽	D 9 Rameaux	M 9 Pacôme	V 9 Diane
M 10 Guillaume	V 10 Arnaud	V 10 Vivien	L 10 Fulbert	M 10 Solange	S 10 Landry
M 11 Paulin	S 11 N.-D. Lourdes	S 11 Rosine	M 11 Stanislas	J 11 Estelle	D 11 Barnabé
J 12 Tatiana	D 12 Félix	D 12 Justine	M 12 Jules	V 12 Achille	L 12 Guy
V 13 Yvette	L 13 Béatrice	L 13 Rodrigue	J 13 Ida	S 13 Rolande	M 13 Antoine de P. ☽
S 14 Nina	M 14 Valentin	M 14 Mathilde	V 14 Maxime	D 14 F. J.-d'Arc	M 14 Élisée
D 15 Remi	M 15 Claude ☽	M 15 Louise	S 15 Paterne ☽	L 15 Denise	J 15 Germaine
L 16 Marcel ☽	J 16 Julienne	J 16 Bénédicte	D 16 PÂQUES	M 16 Honoré	V 16 J.-F. Régis
M 17 Roseline	V 17 Alexis	V 17 Patrice	L 17 Anicet	M 17 Pascal	S 17 Hervé
M 18 Prisca	S 18 Bernadette	S 18 Cyrille	M 18 Parfait	J 18 Éric	D 18 Fête-Dieu
J 19 Marius	D 19 Gabin	D 19 Joseph	M 19 Emma	V 19 Yves	L 19 Romuald ☽
V 20 Sébastien	L 20 Aimée	L 20 Herbert	J 20 Odette	S 20 Bernardin	M 20 Silvère
S 21 Agnès	M 21 P. Damien	M 21 PRINTEMPS	V 21 Anselme	D 21 Constantin ☾	M 21 ÉTÉ
D 22 Vincent	M 22 Isabelle ☾	M 22 Léa	S 22 Alexandre ☾	L 22 Émile	J 22 Alban
L 23 Barnard	J 23 Lazare	J 23 Victorien ☾	D 23 Georges	M 23 Didier	V 23 Audrey
M 24 Fr. de Sales	V 24 Modeste	V 24 Cath. de Su.	L 24 Fidèle	M 24 Donatien	S 24 Jean-Bapt.
M 25 Conv. S.-Paul	S 25 Roméo	S 25 Annonciation	M 25 Marc	J 25 ASCENSION	D 25 Prosper
J 26 Paule	D 26 Nestor	D 26 Larissa	M 26 Alida	V 26 Bérenger	L 26 Anthelme
V 27 Angèle	L 27 Honorine	L 27 Habib	J 27 Zita	S 27 Augustin	M 27 Fernand
S 28 Th. d'Aquin	M 28 Mardi-Gras	M 28 Gontran	V 28 Valérie	D 28 F. Mères	M 28 Irénée ●
D 29 Gildas	Épacte 29 / Lettre dominic. A	M 29 Gwladys	S 29 Cath. de Si. ●	L 29 Aymar ●	J 29 Pierre, Paul
L 30 Martine	Cycle solaire 16 / Nbre d'or 1	M 30 Amédée ●	D 30 Jour du Souv.	M 30 Ferdinand	V 30 Martial
M 31 Marcelle	Indiction romaine 3 / Modèle F.S. / Reprod. interdite	V 31 Benjamin ●		M 31 Visitation	

JUIL 07	AOUT 08	SEPT 09	OCT 10	NOV 11	DÉC. 12
S 1 Thierry	M 1 Alphonse	V 1 Gilles	D 1 Th. de l'E.-J.	M 1 TOUSSAINT	V 1 Florence
D 2 Martinien	M 2 Julien Ey.	S 2 Ingrid	L 2 Léger	J 2 Défunts	S 2 Viviane
L 3 Thomas	J 3 Lydie	D 3 Grégoire	M 3 Gérard	V 3 Hubert	D 3 Avent
M 4 Florent	V 4 J.M. Vianney	L 4 Rosalie	M 4 Fr. d'Assise	S 4 Charles	L 4 Barbara
M 5 Antoine ☽	S 5 Abel	M 5 Raïssa	J 5 Fleur	D 5 Sylvie	M 5 Gérald
J 6 Mariette	D 6 Transfigur.	M 6 Bertrand	V 6 Bruno	L 6 Bertille	M 6 Nicolas
V 7 Raoul	L 7 Gaétan	J 7 Reine	S 7 Serge	M 7 Carine	J 7 Ambroise ☽
S 8 Thibaut	M 8 Dominique	V 8 Nativité N.-D.	D 8 Pélagie ☽	M 8 Geoffroy	V 8 Imm. Concept.
D 9 Amandine	M 9 Amour	S 9 Alain ☽	L 9 Denis	J 9 Théodore	S 9 P. Fourier
L 10 Ulrich	J 10 Laurent ☽	D 10 Inès	M 10 Ghislain	V 10 Léon	D 10 Romaric
M 11 Benoît	V 11 Claire	L 11 Adelphe	M 11 Firmin	S 11 ARM. 1918	L 11 Daniel
M 12 Olivier ☽	S 12 Clarisse	M 12 Apollinaire	J 12 Wilfried	D 12 Christian	M 12 Jeanne F.-C.
J 13 Henri, Joël	D 13 Hippolyte	M 13 Aimé	V 13 Géraud	L 13 Brice	M 13 Lucie
V 14 F. NATION.	L 14 Évrard	J 14 La S⁺ᵉ Croix	S 14 Juste	M 14 Sidoine	J 14 Odile
S 15 Donald	M 15 ASSOMP.	V 15 Roland	D 15 Th. d'Avila	M 15 Albert ☾	V 15 Ninon ☾
D 16 N.D. Mt-Car.	M 16 Armel	S 16 Édith ☾	L 16 Edwige	J 16 Marguerite	S 16 Alice
L 17 Charlotte	J 17 Hyacinthe	D 17 Renaud	M 17 Baudouin	V 17 Élisabeth	D 17 Gaël
M 18 Frédéric	V 18 Hélène ☾	L 18 Nadège	M 18 Luc	S 18 Aude	L 18 Gatien
M 19 Arsène ☾	S 19 Jean Eudes	M 19 Émilie	J 19 René	D 19 Tanguy	M 19 Urbain
J 20 Marina	D 20 Bernard	M 20 Davy	V 20 Adeline	L 20 Edmond	M 20 Abraham
V 21 Victor	L 21 Christophe	J 21 Matthieu	S 21 Céline	M 21 Prés. Marie	J 21 Pierre C.
S 22 Marie-Mad.	M 22 Fabrice	V 22 Maurice	D 22 Élodie	M 22 Cécile ●	V 22 HIVER ●
D 23 Brigitte	M 23 Rose de L.	S 23 AUTOMNE	L 23 Jean de C.	J 23 Clément	S 23 Armand
L 24 Christine	J 24 Barthélemy	D 24 Thècle ●	M 24 Florentin ●	V 24 Flora	D 24 Adèle
M 25 Jacques	V 25 Louis	L 25 Hermann	M 25 Crépin	S 25 Catherine L.	L 25 NOËL
M 26 Anne, Joa.	S 26 Natacha ●	M 26 Côme, Dam.	J 26 Dimitri	D 26 Delphine	M 26 Étienne
J 27 Nathalie ●	D 27 Monique	M 27 Vinc. de Paul	V 27 Émeline	L 27 Séverin	M 27 Jean
V 28 Samson	L 28 Augustin	J 28 Sim., Jude	S 28 Simon ●	M 28 Jacq. de la M.	J 28 Innocents ☽
S 29 Marthe	M 29 Sabine	V 29 Michel	D 29 Narcisse	M 29 Saturnin ☽	V 29 David
D 30 Juliette	M 30 Fiacre	S 30 Jérôme	L 30 Bienvenue ☽	J 30 André	S 30 Roger
L 31 Ignace de L.	J 31 Aristide	☽	M 31 Quentin		D 31 Sylvestre

1. Which letter on the left side of each column represents "Sunday"? How do you know?
2. If you know which days are Sundays, then what day of the week is June 12? How about October 28? July 4? December 15? May 17? January 5?
3. Other than Sundays, there are other days specially marked. Can you guess why these days are special? (Look at December for a hint). For example, what do you think is the meaning of **F. Nation.** next to July 14?
4. Is your name (or a similar one) on the calendar? If so, what's the date of your name day? Can you find the names of family and friends? If so, what are their name days?

M. Moi, je m'appelle... Go around the room and find out the following information from the classmates you haven't previously met.

- name (including spelling)
- where he/she is from
- what year he/she is in
- what courses he/she is taking

N. Écouter et prononcer. Follow the instructions to understand and pronounce the cognates.

 MC Audio CD1, Track 7 (Ex. N)

1. You're going to hear some cognates the way they're pronounced in French. First, guess what the English word is. Then pronounce the word in French.

> MODÈLE: **You hear:** **théâtre**
> **You say:** *theater*
> **You hear:** **théâtre**
> **You say:** *théâtre*

2. You're going to hear another list of cognates. Again, guess what the English words might be. Then pronounce each word in French. Finally, try to figure out what some of the French words have in common (for example, which sounds are *not* pronounced in French).

You've already learned what cognates are. People use them when they're writing or speaking. But it's much easier to recognize cognates when you see them written down than when you hear them. For example, in writing, it's very easy to figure out that the French word **conversation** means *conversation* in English. But what if you don't see the word in writing? What if you only hear it? You have to learn to listen for cognates and that means recognizing the difference between the pronunciation of sounds in French and English. The more cognates you recognize, the better you can understand what people are saying to you.

O. Qu'est-ce qui se passe? *(What's going on?)* You're going to hear two conversations. Listen carefully and then answer the questions in English.

Conversation 1

1. How many people are involved in this conversation? What are their names?
2. Do we know the last names of all the people? Which ones do we know?
3. Does Nicolas live in Paris? If not, where does he live?
4. What year is he in? At what university? What courses is he taking?
5. What year is Monique in? What courses is she taking?

Conversation 2

6. How many people are involved in this conversation? What are their names?
7. How do you probably spell the two women's names?
8. Do both women live in Paris?
9. Where does Kévin study? What year is he in? What courses is he taking?

 MC Audio CD1, Track 8 (Ex. O)

Answers: Ex. O: 1. 3; Monique, Stéphane, Nicolas 2. yes; Nicolas Lalonde, Monique Malécot 3. no; in Toulouse 4. second year; the University of Toulouse; American literature and English 5. third year; anthropology and geography 6. 3; Kévin Sallières, Madame Perrier, Madame Ambert 7. P-e-r-r-i-e-r, A-m-b-e-r-t 8. no, Madame Ambert is visiting 9. at the Sorbonne; first year; English, German, and Japanese

> Do **À faire!** (CP-2) on page 10 of the **Manuel de préparation.**

■ Lexique

Pour saluer quelqu'un
> Bonjour (Madame, Monsieur, Mademoiselle).
> Salut.
> Ça va?
> Comment ça va?
> Comment allez-vous?

Pour répondre
> Bonjour (Madame, Monsieur, Mademoiselle).
> Salut.
> Ça va (très) bien.
> Pas mal.
> Oui, ça va.
> Très bien, merci. Et toi (vous)?

Pour présenter quelqu'un
> Tu connais...?
> Yvonne, François.
> Je te présente...
> Je voudrais vous présenter...

Pour prendre congé
> Allez, au revoir.
> Salut.
> Ciao.
> À tout à l'heure.
> À bientôt.
> Au revoir, Mademoiselle (Monsieur, Madame).

Pour donner son nom
> Je m'appelle...
> Moi, c'est...

Pour dire d'où on est
> Je suis de (Lyon).
> Je viens d'(Amiens).

Pour indiquer son niveau à l'université
> Je suis étudiant(e) en première année.
>   en deuxième année.
>   en troisième année.
>   en quatrième année.

Pour parler de ses cours
> J'ai un (des) cours de (d')...

Pour savoir si on connaît quelqu'un
> On se connaît?
> Non, je ne pense pas.
> Oui, je m'appelle...

Pour demander le nom de quelqu'un
> Tu t'appelles comment?
> Comment tu t'appelles?

Pour demander d'où vient quelqu'un
> Tu es d'où? (Tu viens d'où?)
> D'où tu es? (D'où tu viens?)

Pour demander l'année de quelqu'un à l'université
> Tu es en quelle année?
> En quelle année es-tu?

Pour savoir les cours de quelqu'un
> Qu'est-ce que tu as comme cours?
> Quels cours as-tu?
> J'ai un cours de (d')... (des cours de [d']...)

The *Lexique* at the end of each chapter collects all of the productive and testable vocabulary from the chapter. It is organized in three sections: *Pour se débrouiller* (communicative expressions organized functionally); *Thèmes et contextes* (vocabulary organized by thematic context and listed alphabetically); and *Vocabulaire général* (vocabulary items not belonging to a function or thematic context). This *Lexique,* with the English equivalents, is reproduced in your **Manuel de préparation.**

Thèmes et contextes

Les disciplines et les matières

Les sciences humaines
l'anthropologie *(f.)*
la géographie
la psychologie
les sciences économiques *(f.pl.)*
les sciences politiques *(f.pl.)*
la sociologie

Les sciences naturelles
la biologie
la botanique
la géologie

Les sciences exactes
l'astronomie *(f.)*
la chimie
l'informatique *(f.)*
les mathématiques *(f.pl.)*
la physique

Les études professionnelles
le commerce
la comptabilité
le droit
la gestion
le journalisme
le marketing
la médecine
la statistique

Les beaux-arts
l'art dramatique *(m.)*
le cinéma
le dessin
la musique
la peinture
la photographie
la sculpture

Les lettres
l'histoire *(f.)*
les langues mortes: le grec, le latin
les langues vivantes: l'allemand *(m.)*, l'anglais *(m.)*,
l'arabe *(m.)*, le chinois, le français, l'espagnol
(m.), l'italien *(m.)*, le portugais, le russe, etc.
la linguistique
la littérature
la littérature comparée
la philosophie

Vocabulaire général

aussi
Ça s'écrit comment?

Un samedi après-midi

Bonjour. Je m'appelle Edris Diallo. Je suis sénégalais, mais j'habite à Paris avec ma femme, Mariam. That's right. I'm from Senegal, but my wife and I are now living in Paris, where I work in a bank. In Unit 1, you're going to follow me on a Saturday afternoon as I run into friends while buying a book, go shopping for clothes, and then make plans with my wife to go to the movies.

Edris Diallo
30 ans
Dakar, Sénégal
marié (femme: Mariam)
employé de banque
préférences: jazz, films policiers, cuisine africaine et vietnamienne

Paris

Une rencontre en ville

❝ In this chapter, I go to **la Fnac,** part of a chain of book and music stores, to look for a book and maybe a new CD. While I'm there, I run into some friends, and we decide to have a bite to eat. **Et pourquoi pas?** (And why not?) ❞

For ideas about how to present vocabulary, grammar, culture, etc., see the "How to . . ." section in the Instructor's Guide at the front of this book.

Chapter Support Materials (Student)
MP: pp. 15–54

MP Audio CD1,
TRACKS 3–11

Chapter Support Materials (Instructor)

▶ http://jvb.heinle.com
■ Transparencies: 1-1 thru 1-4

🎧 MC Audio CD1, TRACKS 9–16

▯ Video: Acte 1
Test Bank: Chapitre 1

Syllabus: The minimum amount of time needed to cover the core material of Chapter 1 is seven class periods. The *Branchez-vous!* menu provides material for an additional one to three class periods.

SUGGESTED LESSON OUTLINE: Students assigned *À faire! (CP-2)* have practiced the vocabulary of academic courses as well as the expressions used to talk about oneself as a student. Ex. IX and X were not self-correcting.

In this segment, do *Contexte: La Fnac vous offre...* (Ex. A, B, C, D, E), *Échange: Au rayon des CD* (Ex. F, G, H).

OBJECTIVES

In this chapter, you'll learn to:

- talk about buying books and CDs;
- ask yes/no questions;
- order food and beverages.

In order to perform these activities, you'll learn to use:

- indefinite and definite articles;
- **-er** verbs and the verb **aller**;
- the numbers 0 to 20;
- the preposition **à** and the definite article;
- the interrogative expressions **qui** and **qu'est-ce que.**

You'll also read and hear about music and fast foods in France and the Francophone world.

◘Contexte: *La Fnac vous offre...*

un roman

un livre d'histoire

une bande dessinée

un roman policier

http://jvb.heinle.com
Transparencies: 1-1A, 1-1B

Suggestion, Contexte: Introduce the products at **la Fnac.** Begin by telling students: Edris is at the Fnac near the place Charles de Gaulle-Étoile. What can you buy there? **(Qu'est-ce qu'on peut acheter à la Fnac?)** Have students respond using the items you point to: **À la Fnac, on peut acheter des livres (un roman policier, un manuel de géographie,** etc.). Remember to repeat the question from time to time.

une cassette

un manuel de classe

un jeu vidéo

un CD (un disque compact)

une cassette vidéo

un CD-ROM (un cédérom)

un baladeur (un walkman)

un appareil photo (numérique)

une calculatrice

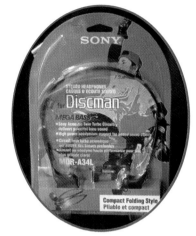

un lecteur CD

FLASH GRAMMAIRE

The indefinite articles **un, une,** and **des**

un *a* (used with masculine nouns)

    un livre

une *a* (used with feminine nouns)

    une cassette

des *some* (used with plural masculine or feminine nouns; often omitted in English)

    des baladeurs

Flash-Grammaire boxes appear on a need-to-know basis in the *Contexte, Échange,* or *À vous!* sections of the chapter. These short grammatical indicators serve to introduce grammar points needed to understand the *Contexte* and *Échange* or to do the activity. Each *Flash-Grammaire* is picked up again in the *Manuel de préparation,* either as part of a fully developed *Structure grammaticale* (explanation, exercises, mini-test) or, if further explanation is not required, as a chart accompanied by one or two controlled activities.

Ça se dit comment?

Pour dire ce qu'on peut acheter (To say what you can buy)

On peut acheter...	You can buy ...
un appareil photo	camera
un appareil photo numérique	digital camera
un baladeur (un walkman)	portable cassette player
un baladeur CD	portable CD player
une bande dessinée	cartoon (comic) book
une calculatrice	calculator
une cassette	(audio)cassette
une cassette vidéo	videocassette
un CD (un disque compact)	CD (compact disc)
un CD-ROM (un cédérom)	CD-ROM
une chaîne hi-fi	stereo system
un DVD	DVD
un jeu vidéo	video game
un lecteur CD	CD player
un lecteur DVD	DVD player
un livre (un bouquin)	book (slang for book)
un livre	book
... d'histoire	history book
... de science-fiction	science fiction book
un manuel de classe	textbook
de chimie	chemistry textbook
de géographie	geography textbook
une mini-chaîne	boombox
un portable	cell phone
un roman	novel
... policier	detective (mystery) novel

Au rayon des livres

Edris rencontre une amie à la Fnac.

MC Audio CD1, TRACK 9
(Au rayon des livres)

EDRIS: Tiens! Salut, Angèle. Ça va?
ANGÈLE: Oui, ça va. Et toi?
EDRIS: Oh, oui, ça va.

EDRIS: Qu'est-ce que tu as là?
ANGÈLE: Un bouquin sur l'histoire du Maroc.
EDRIS: Moi, je n'aime pas beaucoup l'histoire. Je préfère les romans policiers. Je vais acheter un roman de Simenon.
ANGÈLE: Moi, j'aime beaucoup Simenon. Je viens de lire *Maigret à Vichy*.
EDRIS: Ah, moi aussi. Allez, je m'en vais. Au revoir.
ANGÈLE: Oui, à bientôt. Ciao!

FLASH VOCABULAIRE

Qu'est-ce que... ? *What...?*
   Qu'est-ce que tu as là? *What's that you've got there?*
   C'est un(e)... *It's a...*

Je viens de... *I just...*
   Je viens de lire un roman de Camus. *I just read a novel by Camus.*
   Je viens d'écouter un CD de Céline Dion. *I just listened to a CD by Celine Dion.*
   Je viens de regarder un film de Spielberg. *I just watched a Spielberg film.*
   Je viens d'acheter une calculatrice. *I just bought a calculator.*

Dico

Allez, je m'en vais.: *OK, I'm leaving.*
amie: *friend (female)*
au rayon des livres: *in the book section*
Je vais acheter: *I'm going to buy*
rencontre: *meets*
Tiens!: *Hey!*

Flash-Vocabulaire boxes are found on a need-to-know basis throughout the chapter. They provide vocabulary and expressions needed to understand a reading or to do an activity.

Qu'est-ce que vous en pensez?

Fnac (Fédération nationale d'achats de cadres) is a chain of stores specializing in books, music, electronic equipment, etc. What similar stores can you identify in the United States? With whom are these types of stores popular? What does the popularity of certain types of stores suggest about different age groups?

Zoom!

The Belgian writer Georges Simenon (1903–1989) is the author of more than 200 mystery novels in French, many of which feature the famous **inspecteur Maigret.**

À vous!

Suggestion, Ex. A: Have students repeat quickly each of the items before writing down their answer. The goal of this exercise is to familiarize them with the sound of these words.

Answers, Ex. A: 1. un appareil photo 2. une calculatrice 3. un roman policier 4. une cassette vidéo 5. un CD-ROM 6. un jeu vidéo

A. Trouvez l'intrus! *(Find the one that doesn't belong.)* As you listen to each set of three items that can be purchased at a Fnac store, write down the one that doesn't belong to the same category as the other two. [items 1–6]

> MODÈLE: **You hear:** un CD / un livre / une cassette
>
> **You write:** *un livre* (the other two can be listened to)

B. Qu'est-ce que tu vas acheter, toi? Find out what your friends are going to buy. They'll respond according to the photos below.

> MODÈLE: —*Qu'est-ce que tu vas acheter, toi?*
> —*Moi, je vais acheter un roman (un livre) (de Victor Hugo).*
> —*Un roman (un livre) (de Victor Hugo)? Ah, c'est une bonne idée, ça!* (That's a good idea!)

FLASH VOCABULAIRE

Qu'est-ce que tu vas acheter?
What are you going to buy?
Je vais acheter... *I'm going to buy...*

Follow-up, Ex. B: Write on the board the question: **Et vous, qu'est-ce que vous allez acheter?** Have students repeat for pronunciation, then engage in a question/answer exchange with students, illustrating the mix of **tu/toi** and **vous,** as appropriate.

1.

2.

3.

4.

5.

6.

7.

8.

9.

10.

C. Salut!... Qu'est-ce que tu as là? While shopping at **la Fnac**, you run into a friend. Greet this person and find out what he/she is looking at. Your friend will respond, using one of the items from Exercise B. Then repeat the conversation with another friend.

MODÈLE: —*Salut, (Richard). Ça va?*
—*Oui, ça va. Et toi?*
—*Oh, oui, ça va. Qu'est-ce que tu as là?*
—*C'est un walkman (un CD de Jean-Michel Jarre...)*

Ça se dit comment?

Pour exprimer les préférences (To express your preferences)

J'aime...	I like ...
J'aime beaucoup...	I really like ...
J'aime bien...	I like fairly well ...
Je n'aime pas...	I don't like ...
Je n'aime pas beaucoup...	I don't like very much ...
Je n'aime pas tellement...	I don't really like ...
Je n'aime pas du tout...	I don't like at all ...
Je préfère...	I prefer ...

 D. Et vous, qu'est-ce que vous aimez? Compare your likes and dislikes to those of your classmates.

MODÈLE: les romans policiers / les livres d'histoire / les bandes dessinées / les romans de science-fiction

JEANNE: *Moi, j'aime (beaucoup) les romans policiers. Et toi?*
FRANÇOIS: *Moi aussi, j'aime les romans policiers. Et toi?*
CLAUDE: *Moi, je n'aime pas beaucoup les romans policiers. Je préfère les livres d'histoire.*
MARTINE: *Moi non plus, je n'aime pas les romans policiers. Moi, je préfère les bandes dessinées. Et toi?...*

1. les romans policiers / les livres d'histoire / les bandes dessinées / les livres de science-fiction / les best-sellers
2. les CD / les cassettes / les vidéoclips *(music videos)*
3. Garth Brooks / Gloria Estefan / Janet Jackson / Bruce Springsteen / ?
4. Tomb Raider / NFL Blitz / Final Fantasy / Command and Conquer / NBA Jam

E. Moi, je vais acheter... You run into a friend when you're both about to buy something at **la Fnac**.

- Greet your friend.
- Find out what he/she has in his/her hand.
- Give your reaction.
- Indicate what you're going to buy.
- Then say good-bye.

Have this conversation with several classmates, each time indicating a different purchase.

Suggestion, Ex. E: Have two students model the conversation for the class before having students begin to circulate.

▪Échange: *Au rayon des CD*

Edris et son ami Amadou se rencontrent à la Fnac, au rayon des CD.

EDRIS: Amadou! Amadou! Comment ça va?

AMADOU: Ça va bien, Edris. Et toi?

EDRIS: Oh, ça va assez bien.

AMADOU: Tu connais Marc?

EDRIS: Non. Bonjour, Marc.

MARC: Bonjour, Edris.

Dico

Je cherche: *I'm looking for*
Qu'est-ce que tu fais là, toi?:
   What are you doing here?
rayon: *section (of store)*
sa: *her*
se rencontrent: *run into each other*
son ami: *his friend (male)*
son nouvel album: *her new album*
son premier album: *her first album*
Tu connais Marc?: *Do you know
   Marc?*

AMADOU: Qu'est-ce que tu fais là, toi?

EDRIS: Je cherche un CD de Sally Nyolo.

AMADOU: Ah, oui. Je viens d'écouter son nouvel album, «Multiculti».

MARC: Oui, j'aime beaucoup sa musique.

AMADOU: Moi aussi, mais je préfère son premier album, «Tribu».

EDRIS: Allez, au revoir. Je m'en vais. À bientôt!

MARC: Oui, à bientôt. Ciao!

Zoom!

Sally Nyolo is one of a number of young African singers, male and female, who are making their mark around the world. Taking her inspiration from the culture of her native land, Sally sings in **eton**, a language spoken in the forests of south-central Cameroon.

À vous!

🎧 **F.** **Conversations** Indicate whether the mini-conversations you hear involve (a) a greeting, (b) an introduction, or (c) saying good-bye.   [items 1–8]

🎧 MC Audio CD1, Track 12 (Ex. F)

Answers, Ex. F: 1. c   2. a   3. b   4. a
5. c   6. b   7. a   8. b

Suggestion, Ex. F: This activity recycles expressions first learned in the preliminary chapter. As you correct the exercise with the class, replay the CD and have students identify the expression(s) on which they base their answers.

Answers, Ex. G: 1. d   2. c   3. e   4. b
5. f   6. a

G. **Quelle est la bonne réponse?** For each of the questions in column A, find the logical response in column B.

A
1. Salut! Comment ça va?
2. Qu'est-ce que tu fais là?
3. Est-ce que tu aimes l'art?
4. Tu connais bien Monet?
5. Qu'est-ce que tu as là?
6. Tu veux aller au musée?

B
a. Oui, je veux bien.
b. Oui, assez bien.
c. Je cherche un livre sur Monet.
d. Ça va assez bien, et toi?
e. Oui, j'aime surtout les impressionnistes.
f. Un livre sur l'histoire de l'art.

🧑‍🤝‍🧑 **H.** **Ça commence bien, l'année universitaire?** *(Is the college year off to a good start?)* While at a Fnac store, you and a classmate run into two other students. Greet them and ask about the beginning of the school year. If necessary, make introductions and find out background information (where someone is from, what year he/she is in, etc.). Then discuss why you're at the Fnac store.

FLASH VOCABULAIRE

Ça commence bien, l'année universitaire? *Is the college year off to a good start?*

Oui, très bien. *Very good.*
Ah, oui, assez bien. *Pretty good.*

Do **À faire! (1-1)** on page 16 of the **Manuel de préparation.**
* Follow-up: **Fnac** vocabulary
* Preparation: definite and indefinite articles *(Contrôle 1A* and *1B)*

SUGGESTED LESSON OUTLINE:
Students assigned *À faire! (1-1)* have had an introduction to working with cognates and format as reading aids. They have also worked with the definite and indefinite articles, and have taken *Contrôle 1A* and *1B*. All exercises were self-correcting.

In this segment, do *Rappel grammatical: L'article indéfini et défini* (Ex. I, J, K, L, M), *Contexte: Quelle musique préférez-vous?* (Ex. N, O, P, Q).

The *Rappel grammatical* sections offer a summary of and a follow-up to the work students have done on new grammatical structures in the *Structure grammaticale* segments of the **Manuel de préparation.** The exercises following the summary charts (verb paradigms, pronoun lists, etc.) give students the opportunity to use the new structure in a communicative situation while allowing the instructor to verify their understanding. In addition, a short mechanical activity is provided in the margin for quick review and drill, should the instructor wish.

Exercice de substitution

1. Je vais acheter *un livre.* (CD / cassette / jeu vidéo / calculatrice / appareil photo numérique / manuels de classe / roman / cassettes vidéo)
2. J'aime beaucoup *le nouveau CD de Bruce Springsteen.* (nouvelle mini-chaîne de Toshiba / romans policiers / nouveau lecteur CD Sony / symphonies de Beethoven / bandes dessinées / nouvelle calculatrice Casio / nouveau roman de Toni Morrison)

MC Audio CD1, Track 13 (Ex. I)

Answers, Ex. I: 1. f   2. pl   3. m   4. m   5. f   6. pl   7. m   8. pl   9. f   10. pl   11. m   12. f

Suggestion, Ex. I: As you correct this exercise with the class, replay each item and have someone repeat the article and noun.

Rappel grammatical

L'article indéfini et défini

L'article indéfini	L'article défini
un	le (l')
une	la (l')
des	les

À vous!

I. Masculin, féminin ou pluriel? Listen to the article used in each sentence and indicate whether the noun is masculine (**m**), feminine (**f**), or plural (**pl**). [items 1–12]

Ça se dit comment?

Pour identifier les genres de musique *(To identify types of music)*

l'alternatif *(m.)*	la musique du monde
le blues	la musique pop
la country	le R&B
le folk	le raï
le funk	le rap
le hard rock	le reggae
le heavy metal	le rock
le jazz	la techno
la musique classique	la variété *(light music)*

J. Tu veux écouter...? *(Do you want to listen to . . . ?)* Find out from a classmate what kind of CD, etc. he/she is looking at. Then ask a second classmate if he/she wants to listen to it. This classmate will answer **Oui, je veux bien** *(Yes, I'd like to)* or **Non, pas vraiment** *(No, not really)* and will give an explanation for the answer.

MODÈLE: CD de Roch Voisine

JEANNE: *Qu'est-ce que tu as là, Georges?*
GEORGES: *Un CD de Roch Voisine.*
JEANNE: *Mireille, tu veux écouter le CD de Roch Voisine?*
MIREILLE: *Oui, je veux bien. J'aime beaucoup la variété.*
       OU Non, pas vraiment. Je n'aime pas (beaucoup) la variété.

1. CD de Garth Brooks
2. cassette de Busta Rhymes
3. symphonies de Beethoven
4. CD de Metallica
5. CD de Duke Ellington

Ça se dit comment?

Pour identifier les genres de livres (To identify types of books)

un livre d'art	*art book*
de bandes dessinées	*cartoon (comic) book*
de cuisine	*cookbook*
d'histoire	*history book*
de philosophie	*philosophy book*
de science-fiction	*science fiction book*
un roman d'amour	*love story*
d'aventures	*adventure novel*
d'espionnage	*spy novel*
historique	*historical novel*
d'horreur	*horror novel*
d'imagination	*fantasy novel*
policier	*detective (mystery) novel*

K. C'est quel genre de livre? (*What kind of book is it?*) Use the information to name the types of books.

> MODÈLE: Simenon, *Maigret on the Riviera*
> *C'est un roman policier.*

1. Plato, *The Republic*
2. Lacouture, *Histoire de France en 100 Tableaux*
3. Simenon, *Maigret in Exile*
4. King, *The Shining*
5. Austen, *Emma*
6. Asimov, *I, Robot*

Answers, Ex. K: 1. un livre de philosophie   2. un livre d'histoire (un livre d'art)   3. un roman policier   4. un roman d'horreur   5. un roman d'amour   6. un livre de science-fiction

L. Tu veux lire...? (*Do you want to read . . . ?*) Now ask one classmate what he/she is holding, then ask a second classmate if he/she would like to read it.

> MODÈLE: livre sur Van Gogh
> —*Qu'est-ce que tu as là, [Megan]?*
> —*Un livre sur Van Gogh.*
> —*[Sam], tu veux lire le livre sur Van Gogh?*
> —*Oui, je veux bien. J'aime bien les livres d'art.*
> OU
> —*Non, pas vraiment. Je n'aime pas (beaucoup) les livres d'art.*

1. livre sur Napoléon
2. histoires *(stories)* de Sherlock Holmes
3. roman de Faulkner
4. livre sur Aristote
5. roman de Danielle Steel

M. Une rencontre au rayon de musique ou de livres. While shopping for music or books, you run into a friend.

- Greet your friend.
- Find out what he/she is buying.
- Indicate what you're going to get.
- Find out if your friend would like to listen to (**écouter**) your music choice or look at (**regarder**) your book.
- Then say good-bye.

■ Contexte: *Quelle musique préférez-vous?*

http://jvb.heinle.com
Transparencies: 1-2A, 1-2B

Pour lire

Prereading

How often do you listen to music? What kinds of music do you like the most? Why? What French-speaking recording artists have you heard (of)?

Suggestions, Contexte: (1) Have students skim the *Contexte* and then do Ex. N. Go over N with the class, asking for support for each answer in French or in English. (Reminder: Students haven't learned numbers yet.) Then discuss the *Qu'est-ce que vous en pensez?* questions in English. OR (2) Within an arbitrary time limit (4–5 minutes for example), have students, working individually or in small teams, make a list of facts (probably in English) they can gather from the *Contexte.* Award each individual or team one point per correct fact and two points for a correct fact not found by any other individual or team.

LE ROCK

LE JAZZ

LE BLUES

LA COUNTRY

LA VARIÉTÉ (LA CHANSON)

LE REGGAE

Les disques compacts ont remplacé en quelques années les disques traditionnels (vinyle) et supplanté les cassettes audio.

Le CD omniprésent

Évolution des achats de disques et cassettes (en millions d'unités) :

	1999	1978
Compacts	138,6	-
Cassettes	11,4	19
Vinyle	1,0	139
Vidéo (cassettes, CD et DVD)	1,6	-
Total	152,6	158

Díco

achats: *purchases*
auteurs: *authors*
autres: *others*
chanson: *song*
contrat: *contract*
en quelques années: *in a few years*
flipper: *pinball*
football: *soccer*
l'accompagnerait: *would accompany him*
née: *born*
ont remplacé: *have replaced*
ont supplanté: *have replaced*
rêves: *dreams*
vrai: *real, true*

Trois vedettes de la chanson

Patricia Kaas

Nom: Kaas
Prénom: Patricia
Née: à Forbach (Lorraine) en 1966
Débuts: à l'âge de 8 ans
Premier contrat: à l'âge de 13 ans
Matières favorites: sport, allemand
Sources d'inspiration: Liza Minnelli, Joni Mitchell
Langues: français, anglais, allemand

MC Solaar

Nom professionnel: MC Solaar
Vrai nom: Claude M'Barali
Né: à Dakar (Sénégal) en 1965
Musique: rap
Sport préféré: football
Distraction préférée: flipper
Auteurs préférés: poètes modernes
Rêves: album reggae; album où un orchestre symphonique l'accompagnerait

LA MUSIQUE DU MONDE

LE RAÏ

La chanson française reste le genre musical préféré.

La progression importante de l'écoute de la musique depuis une quinzaine d'années concerne tous les genres musicaux. Mais la hiérarchie reste sensiblement la même: la chanson ou la variété française est le genre musical le plus souvent écouté (41% en 1997), devant les variétés internationales (22%), la musique classique (19%), les «musiques du monde» (reggae, salsa, musique africaine... , 11%), le rock (10%) et le jazz (7%).

Cette préférence pour la variété se retrouve dans toutes les catégories de la population (en particulier chez les femmes), à l'exception des 15–19 ans , qui lui préfèrent la musique rock, et des cadres et professions intellectuelles supérieures qui privilégient la musique classique.

L'ALTERNATIF

LE RAP

LE ROCK CLASSIQUE

LE FOLK

LA MUSIQUE CLASSIQUE

LE HARD ROCK

Dico

cadres: *business executives*
chez les femmes: *with women*
depuis une quinzaine d'années: *over the past fifteen years*
genre: *type*
le plus: *the most*
monde: *world*
privilégient: *favor*
reste sensiblement la même: *remains basically the same*
se retrouve: *is found*
sur glace: *on ice*
tous, toutes: *all, every*

LE HEAVY METAL

Roch Voisine

Nom de famille: Voisine
Prénom: Roch
Date de naissance: 26 mars 1963
Résidence actuelle: Montréal, Canada
Sports favoris: hockey sur glace, tennis
Musiciens préférés: Elton John, Francis Cabrel, James Taylor, Jean-Jacques Goldman
Groupe préféré: Pink Floyd
Films préférés: Beaches, Star Wars
Voitures préférées: Porsche 911, Lamborghini
Instruments pratiqués: guitare
Lectures favorites: science-fiction

LA TECHNO

LE FUNK

LA MUSIQUE POP

➤ Qu'est-ce que vous en pensez?

French young people are great fans of popular music from the U.S.; however, the government has legislated that at least 40% of the music played on the radio must be French. What do you think about such a decree? How much French music do you listen to or know about? What music, other than American, do young people in the U.S. listen to? Why?

À vous!

Answers, Ex. N: 1.V 2.V 3.F 4.F
5.V 6.F 7.V 8.F 9.F 10.V

N. Vrai ou faux? *(True or false?)* Indicate whether each of the statements is true or false. Find support for your answers in the ***Contexte***.

1. Les Français achètent dix fois plus de *(ten times as many)* CD que de cassettes.
2. Le genre musical le plus populaire en France, c'est la variété française.
3. Les Français préfèrent le jazz à *(to)* la musique classique.
4. Les jeunes *(Young people)* en France préfèrent la chanson à la musique rock.
5. Les intellectuels en France aiment beaucoup la musique classique.
6. La musique du monde comprend *(includes)* le reggae, la salsa et la musique africaine.
7. Patricia Kaas, MC Solaar et Roch Voisine sont tous nés *(were all born)* en France.
8. MC Solaar et Roch Voisine sont des rappeurs.
9. Roch Voisine et MC Solaar aiment beaucoup le football.
10. Patricia Kaas et Roch Voisine aiment les musiciens américains.

Suggestion, *Ça se dit comment?* and Ex. O: Before doing Ex. O, have students do some quick number drills. Have them count from 0 to 10, from 10 to 0, from 0 to 10 (odd, then even numbers), from 11 to 20, from 20 to 11, from 11 to 20 (odd, then even), from 0 to 20, from 20 to 0, from 0 to 20 (odd, then even).

Ça se dit comment?

Pour compter de 0 à 20 *(To count from 0 to 20)*

0	zéro		
1	un	11	onze
2	deux	12	douze
3	trois	13	treize
4	quatre	14	quatorze
5	cinq	15	quinze
6	six	16	seize
7	sept	17	dix-sept
8	huit	18	dix-huit
9	neuf	19	dix-neuf
10	dix	20	vingt

O. Le top en France. Tell what place each of the following stars or songs occupies on the French hit parade (page 37).

MODÈLE: Hélène Ségara

Hélène Ségara est le numéro seize en France.

1. MC Solaar
2. J'en rêve encore
3. Seul
4. Wyclef Jean
5. Chante Moore
6. L'histoire d'une fée, c'est...
7. Garou
8. Alizée
9. Julie Zenatti
10. Wassup

LE TOP

1	Da Muttz	Wassup
2	Garou	Seul
3	Matt	R n' b z rue
4	Outkast	Ms Jackson
5	MC Solaar	Solaar pleure
6	Mylène Farmer	L'histoire d'une fée, c'est...
7	De Palmas	J'en rêve encore
8	Wyclef Jean	Pc 911
9	Nuttea	Elle te rend dingue
10	Froggy Mix	No nagging
11	Phoenix	If I ever feel better
12	Robbie Williams	Supreme
13	Craig David	7 Days
14	Eminem	Star
15	Julie Zenatti	Si je m'en sors
16	Hélène Ségara	Tu vas me quitter
17	Chante Moore	Straight up
18	Alizée	Alise
19	Daft Punk	One more time
20	Dr. Dre	Watcher

Now tell what artist or group occupies each of the following places on the **Top 20** list.

> MODÈLE: 12
>
> *Le numéro 12 en France, c'est Robbie Williams.*

1. 19   3. 9   5. 4   7. 20   9. 11
2. 5   4. 3   6. 13   8. 10   10. 1

 **P. J'aime... Je n'aime pas...** Find out from a classmate whether he/she likes or doesn't like the following types of music. Write your answers on a sheet of paper.

> MODÈLES: le rock
> —*Tu aimes le rock?*
> —*Oui, j'aime le rock. Et toi?*
> —*Moi aussi, j'aime le rock.* OU *Moi, je n'aime pas le rock.*
>
> la musique classique
> —*Tu aimes la musique classique?*
> —*Non, je n'aime pas la musique classique. Et toi?*
> —*Moi non plus, je n'aime pas la musique classique.*
>   OU *Moi, j'aime la musique classique.*

1. le rock
2. la musique classique
3. le rap
4. le jazz
5. la country
6. le heavy metal
7. le folk
8. le blues
9. le reggae
10. la techno

FLASH GRAMMAIRE

Yes/No questions (intonation)

To ask a question to which the answer may be **oui** or **non,** you can simply let your voice go up at the end of the sentence.

Ça va?   *How are you?*

Tu aimes le folk?   *Do you like folk music?*

FLASH GRAMMAIRE

The verb **aimer** *(to like)*: **je, tu**

Tu aimes...?	*Do you like...?*
J'aime...	*I like...*
Je n'aime pas...	*I don't like...*

LE FRANÇAIS PARLÉ

In spoken French, the **ne (n')** is often dropped. Thus, you'll hear people saying **j'aime pas.**

At various points in the book, the *Le français parlé* will point out to students situations in which spoken French differs from the written language. The goal is not to have students speak in this manner, but rather to help them understand spoken French.

 GRAMMAIRE

The verb **aimer** *(to like)*: **nous, vous, il/elle, ils/elles**

Vous aimez...?	*Do you like . . . ?*
Nous aimons...	*We like . . .*
Nous n'aimons pas...	*We don't like . . .*
Il/Elle aime...	*He/She likes . . .*
Il/Elle n'aime pas...	*He/She doesn't like . . .*
Ils/Elles aiment...	*They like . . .*
Ils/Elles n'aiment pas...	*They don't like . . .*

The **s** of **nous** or **vous** or **ils** or **elles** is pronounced as a *z* in an affirmative answer: **nous‿aimons / elles‿aiment.** The **s** is not pronounced in the negative: **vous / n'aimez pas** or **ils / n'aiment pas.**

 GRAMMAIRE

Yes/no questions **(est-ce que... ?)**

To ask a question to which the answer may be **oui** or **non,** you can also add **est-ce que** at the beginning of the sentence while letting your voice go up at the end.

Est-ce que tu connais Anne-Marie?

Est-ce qu'ils aiment les romans d'amour?

Suggestion, Ex. Q: Combine the pairs from Ex. P into groups of four students. Have a student from one group ask the other three if they like a certain kind of music. Instruct students to pay attention to the answers. After students have discovered information about their opposing group, you can ask them for a report from each group of four. In this way, students will practice all of the forms of the verb **aimer** in preparation for generalizing to **-er** verbs in *À faire! (1-2).*

Q. Qui aime...? *(Who likes . . . ?)* Find out from your new partners what kinds of music they like or don't like.

MODÈLE: le rock
—*Est-ce que vous aimez le rock?*
—*Oui, nous aimons le rock.* OU *Non, nous n'aimons pas le rock.* OU *Moi, j'aime le rock, mais (but) Paul n'aime pas le rock.*

Finally, your instructor will ask you to summarize your new group's musical tastes.

MODÈLE: le rock
—*Qui aime le rock?*
—*Marc et moi, nous aimons le rock, mais Paul et Sarah n'aiment pas le rock.*

Do **À faire! (1-2)** on page 24 of the **Manuel de préparation.**
* Follow-up: music and book vocabulary, numbers from 0 to 20
* Preparation: **-er** verbs *(Contrôle 2)*

Rappel grammatical

Les verbes en *-er*; l'expression négative *ne... pas*

Le verbe *chercher* (to look for)

je **cherche**	nous **cherchons**
tu **cherches**	vous **cherchez**
il/elle/on **cherche**	ils/elles **cherchent**

L'expression négative *ne... pas*

Elle **ne** joue **pas** au basket.
Je **n'**écoute **pas** la radio.

VERBES: adorer *(to love)*
 aimer *(to like)*
 écouter *(to listen to)*
 étudier *(to study)*
 fumer *(to smoke)*
 habiter *(to live)*
 jouer *(to play)*
 parler *(to speak/talk)*
 préférer *(to prefer)*
 regarder *(to look at)*
 travailler *(to work)*

À vous!

 R. Singulier ou pluriel? Listen in order to distinguish between singular and plural forms of **-er** verbs.

In the first part of the exercise, indicate whether the forms you hear are singular (**s**), plural (**p**) or could be either (**sp**). [items 1–10]

In the second part, simply distinguish between singular (**s**) and plural (**p**). Write your answers on a separate sheet of paper. [items 11–18]

S. Un sondage. *(A survey.)* Using the expressions below as a guide, interview as many of your classmates as you can in the time allotted by your instructor, making notes about what you learn.

1. Comment tu t'appelles? (Tu t'appelles... , n'est-ce pas?)
2. habiter
3. travailler
4. parler espagnol (allemand, chinois)
5. jouer au football (au basket, au volley, au tennis, au golf)
6. aimer le rock (la musique classique, le jazz, ...)
7. aimer les romans d'amour (les romans d'espionnage, les bandes dessinées, ...)
8. fumer

 T. Vos camarades de classe. Tell the class or a group of classmates what you learned about the people you interviewed.

SUGGESTED LESSON OUTLINE:
Students assigned *À faire! (1-2)* have written the music and book vocabulary as well as the numbers from 0–20, have worked with affirmative and negative forms of **-er** verbs, and have taken *Contrôle 2*. Ex. V (favorite music and books) was not self-correcting.

 In this segment, do *Rappel grammatical: Les verbes en -er; l'expression négative ne... pas* (Ex. R, S, T), *Le monde francophone, Contexte: On va manger quelque chose?, Ici, en France...* (Ex. U, V).

Exercice de substitution

1. *Je* regarde la télévision. (Marcel / ils / tu / nous / Patrick et Jacques / elles / vous / on)
2. *Elle* aime beaucoup le rock. (tu / nous / je / vous / ils / Martine / on)
3. *Il* étudie le français. (nous / elles / tu / je / vous / on / Éric)
4. *Elles* ne fument pas. (je / vous / on / tu / nous / il)
5. *Je* n'écoute pas la radio. (elle / ils / nous / tu / on / vous)
6. Est-ce que *tu* travailles? (Chantal / vous / Jacques et Paul / nous)
7. *René* habite à Paris? (tu / elles / vous / il)
8. *Nous* préférons les romans policiers. (il / vous / je / on / elles / tu)

 MC Audio CD1, Track 14 (Ex. R)

Suggestion, Ex. R: When correcting the first part, write the forms on the board in order to show why the spoken form must be singular or plural or why it could be either.

Answers, Ex. R: 1. sp 2. sp 3. p
4. s 5. s 6. sp 7. p 8. sp 9. sp
10. sp 11. s 12. p 13. p 14. s
15. s 16. s 17. p 18. p 19. s
20. p

Le monde francophone

La musique Dans le *Contexte: Quelle musique préférez-vous?*, vous avez fait connaissance de deux musiciens francophones: Roch Voisine (du Québec) et MC Solaar (du Sénégal). Voici encore des musiciens francophones.

LE CANADA

*Céline Dion est une des rares chanteuses à être populaire non seulement chez elle, au Canada, mais aussi en France et aux États-Unis. Née au Québec, elle chante en français et en anglais. Vous connaissez sans doute sa chanson, My Heart Will Go On, du film **Le Titanic**.*

LA GUADELOUPE (LA FRANCE)
(DÉPARTEMENT D'OUTRE-MER)

*Le groupe musical **Kassav'** est responsable de la grande popularité de la musique antillaise appelée **le zouk**. Son disque «Zouk-la sé sèl médikaman nou ni» (Zouk is the only medicine we have), chanté en créole, est le premier disque d'un groupe antillais à gagner un Disque d'Or en France.*

Dico

antillaise: *Caribbean*
avez fait connaissance de: *met*
connaissez sans doute: *undoubtedly know*
créole: *Creole (mix of French, native, and African languages spoken in the Caribbean)*
Disque d'Or: *Golden Record (award)*
d'outre-mer: *overseas*
droits: *rights*
encore des: *some more*
est née: *was born*
gagner: *to win*
mélange: *mix*
non seulement: *not only*
pour: *in order to*
tels que: *such as*

L'ALGÉRIE

L'Algérien Khaled est le chef du mouvement musical appelé le raï. C'est un mélange de musique arabe traditionnelle et de styles contemporains tels que le rap et le funk.

▶ *Qu'est-ce que vous en pensez?*

Does popular music in the U.S. reflect the diversity of the country's population? If so, how? If not, why not?

LE SÉNÉGAL

Les chansons de Youssou N'Dour ont un message. Ce chanteur sénégalais utilise sa musique pour combattre le racisme et l'injustice et pour défendre les droits de l'homme.

LA FRANCE

LE CAMEROUN

Princess Erika est née à Paris, mais ses parents sont du Cameroun. Elle est auteur, compositeur et interprète de chansons qui ont des rythmes reggae, soul, funk et jazz.

●Contexte: *On va manger quelque chose?*

❝❝ Tu as faim? Tu veux manger quelque chose, mais tu n'as pas beaucoup de temps? Pas de problème! You're hungry, you want to eat something, but you don't have a lot of time? No problem! Here are three places you can go to. **❞❞**

In this **Contexte,** you're presented with a fairly substantial amount of vocabulary dealing with food and drink. You're not expected to have active command of every item. Rather, the large choice will allow you to express your own preferences. While you should be able to recognize words (i.e., know that **une menthe à l'eau** is a cold, non-alcoholic drink), what is most important is having a *selection* of food and beverages that you like and therefore want to order.

Un café

En France, il y a des cafés où on peut manger un sandwich—au fromage, au jambon, au pâté, au poulet—ou bien une omelette et une salade ou un croque-monsieur. On peut aussi boire, bien sûr, un thé ou un café. Ou bien, si on préfère, on peut boire quelque chose d'alcoolisé—une bière (un demi, par exemple) ou un verre de vin (blanc ou rouge)—ou quelque chose de non-alcoolisé—un Perrier ou une Vittel, un coca ou un Orangina, un diabolo citron ou une menthe à l'eau.

Un fast-food

En France, il y a des fast-foods américains comme McDonald's (Macdo, en français) et Burger King et aussi des fast-foods comme Quick et Pomme de Pain. Là on peut manger des hamburgers, des cheeseburgers, des frites et des milkshakes, bien sûr, mais aussi des quiches et des salades.

Une pizzeria

En France, il y a des pizzerias. Là, on peut bien sûr commander une pizza. Mais on peut aussi manger des spaghettis ou des lasagnes. Et on peut boire quelque chose de chaud ou de froid.

Dico

bien sûr: *of course*
bière: *beer*
commander: *order*
croque-monsieur: *open-faced grilled ham and cheese*
demi: *glass of draught beer*
diabolo citron: *lemon flavoring mixed with a sweet soft drink*
fromage: *cheese*

il y a: *there are*
jambon: *ham*
Là, on peut aussi boire: *There, you can also drink*
menthe à l'eau: *mint syrup mixed with water*
où on peut manger: *where you can eat*
pâté: *meat spread*

Perrier: *brand of carbonated mineral water*
poulet: *chicken*
quelque chose d'alcoolisé: *something alcoholic*
verre de vin (blanc ou rouge): *glass of wine (white or red)*
Vittel: *brand of non-carbonated mineral water*

Ça se dit comment?

Pour parler des choses à boire et à manger *(To talk about things to drink and eat)*

quelque chose de chaud à boire	*something hot to drink*
un café	*coffee*
un café crème	*coffee with cream*
un café au lait	*coffee and hot milk*
un chocolat	*hot chocolate*
un express	*espresso*
un thé (nature)	*(plain) tea*
un thé (au) citron	*tea with lemon*
un thé au lait	*tea with milk*
quelque chose de froid à boire	*something cold to drink*
des boissons alcoolisées *(f.pl.)*	*alcoholic beverages*
une bière	*beer*
un demi	*draught beer*
un verre de vin blanc	*glass of white wine*
un verre de vin rouge	*glass of red wine*
des boissons non-alcoolisées *(f.pl.)*	*non-alcoholic beverages*
un citron pressé	*lemonade*
un coca	*Coke*
un diabolo citron	*lemon flavoring mixed with **limonade***
un diabolo fraise	*strawberry flavoring mixed with **limonade***
un diabolo menthe	*mint flavoring mixed with **limonade***
une eau minérale	*mineral water*
une Badoit	*brand of lightly carbonated mineral water*
un Perrier	*brand of carbonated mineral water*
une Vittel	*brand of non-carbonated mineral water*
un jus d'abricot	*apricot juice*
un jus d'orange	*orange juice*
une limonade	*citrus-flavored carbonated drink*
une menthe à l'eau	*mint syrup mixed with water*
un milkshake au chocolat	*chocolate shake*
un milkshake à la fraise	*strawberry shake*
un milkshake à la vanille	*vanilla shake*
un Orangina	*brand of orange soda*
quelque chose à manger	*something to eat*
des frites *(f.pl.)*	*French fries*
des lasagnes *(f.pl.)*	*lasagna*
une omelette au fromage	*cheese omelet*
au jambon	*ham omelet*
aux fines herbs	*herb omelet*
une pizza	*pizza*
une quiche	*cheese pie*
un sandwhich au fromage	*cheese sandwhich*
au jambon	*ham sandwhich*
au pâté	*meat spread sandwhich*
au poulet	*chicken sandwhich*
des spaghettis *(m.pl.)*	*spaghetti*

> ***Qu'est-ce que vous en pensez?***

In what ways do these French food establishments seem similar to their U.S. counterparts? Do you notice any differences?

Ici, en France...

When you think of France, one of the first things that probably comes to mind is something to do with food and drink—for example, a three-star restaurant or a sidewalk café or bread, cheese, and wine. And it's true: the French are very proud of the worldwide reputation their **cuisine** enjoys. Nevertheless, French culinary habits are in the process of changing. For example, in 1920 France had more than 500,000 cafés. Today, there are fewer than 50,000. A major cause of this decline is the growth of the fast-food industry. Fast-food restaurants are becoming almost as popular here as they are **chez vous.** The best known is still **Macdo** (you call it McDonald's). The major fast-food restaurant chain in France is called **Quick,** run by a supermarket corporation **(Casino)** that also operates cafeterias. But there are all sorts of fast-food-type restaurants cropping up all over the place.

> ## Qu'est-ce que vous en pensez?

Fast-food restaurants are not the only example of the influence of U.S. "cuisine" on French eating habits. For example, on the **boulevard du Montparnasse** in Paris you can go to the **Mustang Café** and order a **Taco Salad, Nachos,** and **Fajitas** as well as a **Texas-Hamburger,** a **Chiliburger,** and **Apple Pie, Cheesecake,** or a **Banana Split.** Or if you prefer more "traditional" American food, the nearby **Indiana Café** features on its menu **Fried Chicken, T-Bone Steak, Blue Cheeseburger, Cole Slaw, Potato Skins, Brownies,** and a **Coke Float.**

These examples of "gastronomic imperialism" are relatively new, however. Traditionally, it's French cuisine that has left its mark on how Americans eat. What examples can you give of the continuing influence of French cuisine in the U.S.?

À vous!

U. Qu'est-ce qu'ils prennent? *(What are they having?)* Match the foods mentioned in each mini-conversation with the drawings.

Follow-up, Ex. V: Have students decide on a complete meal (food and beverage). First, tell them to imagine they're at a café, then at a fast-food restaurant, and finally at a pizzeria.

V. Qu'est-ce qu'on prend? Discuss with your classmates what each of you would like to order. Use the categories suggested and follow the model.

MODÈLE: un sandwich
—Qu'est-ce qu'on prend?
—Moi, je voudrais un sandwich au poulet.
—Pour moi, un sandwich au pâté.
—Et moi, je vais prendre un sandwich au fromage.

1. un sandwich
2. une omelette
3. quelque chose d'autre à manger
   (something else to eat—other than a sandwich or an omelet)
4. une boisson froide non-alcoolisée
5. une boisson froide alcoolisée
6. une boisson chaude

Ça se dit comment?

Pour commander quelque chose
(To order something)

Qu'est-ce qu'on prend?
  What's everyone having?
Moi, je vais prendre...
  I'm going to have . . .
Moi, je voudrais...
  I'd like . . .
Moi, je prends...
  I'm having . . .
Pour moi,...
  For me, . . .

SUGGESTED LESSON OUTLINE:
Students assigned *À faire!* (1-3) have reviewed -er verbs as well as vocabulary dealing with food and beverages. They have also worked with the present tense of **aller** (including the construction **aller** + infinitive) *(Contrôle 3).* Ex. X (writing sentences about oneself) was not self-correcting.

In this segment, do *Rappel grammatical: Le verbe* **aller;** aller + *infinitif* (Ex. W, X, Y), *Contexte: À la Crêpe Bretonne* (Ex. Z, AA, BB, CC).

Exercice de substitution

1. *Je* vais à la Fnac. (nous / il / elles / Jacqueline / on)
2. Est-ce que *Jeanne* va à Marseille? (tu / vous / Éric / M. et Mme Duplessis / nous)
3. *Ils* ne vont pas à Londres. (je / Michèle / nous / on / ils / tu / vous)
4. Je vais *prendre une omelette.* (aller à la Fnac / écouter de la musique / lire un livre / acheter un CD)
5. *Nous* allons lire un roman policier. (je / il / elles / nous / elle)

Do **À faire! (1-3)** on page 30 of the **Manuel de préparation.**
* Follow-up: -er verbs and the expression **ne... pas**
* Follow-up: food and drink vocabulary
* Preparation: the verb **aller** (+ infinitive) *(Contrôle 3)*

Rappel grammatical

Le verbe *aller;* aller + infinitif

Le verbe *aller (to go)*	
je **vais**	nous **allons**
tu **vas**	vous **allez**
il/elle/on **va**	ils/elles **vont**

aller + *infinitif = futur immédiat*
Je vais prendre une omelette.   *I'm going to have an omelet.*

À vous!

W. Où vont-ils? *(Where are they going?)* On the basis of the routes drawn on the map of France, indicate *from* (**de**) which city *to* (**à**) which city each of the following people is traveling.

MODÈLE: Albert

Albert va de Paris à Lille.

1. nous
2. je
3. Céline
4. tu
5. Claire et Adeline
6. vous

Paris is by far the largest city in France, with a population of 2 147 857. Other large cities include: Marseille (807 071), Lyon (453 187), Toulouse (398 423), Nice (345 892), Nantes (277 728), Strasbourg (267 051), Montpellier (229 055), Bordeaux (218 948), Lille (191 164) and Grenoble (156 203).

X. **Qu'est-ce qu'on va manger? Qu'est-ce qu'on va boire?** Indicate the type of food or drink each person wants and then give at least two possibilities the person might choose. Use the verb **aller** and an infinitive (**manger/boire**).

MODÈLE: Jean-Pierre / une omelette

Jean-Pierre va manger une omelette—une omelette au fromage ou une omelette aux fines herbes (ou une omelette au jambon).

1. Marie-Louise / un sandwich
2. nous / un plat *(dish)* italien
3. je / une omelette
4. Bernard / quelque chose d'alcoolisé
5. tu / quelque chose de chaud
6. André et Xavier / quelque chose de non-alcoolisé

Ça se dit comment?

Pour demander ce qu'on veut boire ou manger (To ask what someone wants to eat or drink)

Qu'est-ce qu'on prend?	*What are people having?*
Qu'est-ce que tu prends?	*What are you having? (informal)*
Qu'est-ce que vous prenez?	*What are you (formal or plural) having?*

Pour hésiter (To hesitate, i.e., gain time, before speaking)

Euh...	*Uh . . .*
Voyons...	*Let's see . . .*
Je ne sais pas, moi...	*I don't know . . .*
Peut-être...	*Maybe . . .*

Y. **On va prendre quelque chose.** You and your friends go to the eating places whose menus are on pages 47 and 48. At each place, discuss what you're going to have to eat and drink.

Variation, Ex. Y: After a few moments, you play the role of waiter and take the students' orders.

MODÈLE: La Pizza
—*Alors (So), qu'est-ce qu'on prend?*
—*Euh... moi, je prends des spaghettis... Carbonara.*
—*Tu veux quelque chose à boire... quelque chose de froid, peut-être?*
—*Oui. Un Orangina. Et toi, Annick?*
—*Voyons... moi, je vais prendre une pizza... une Neptune... et une limonade. Et toi, Marcel?*
—*Je ne sais pas, moi... peut-être une Sicilienne... et... euh... une Vittel. Oui, une Sicilienne et une Vittel.*

HAMBURGERS		BOISSONS	
Giant	4 €	Sodas	1,50 € / 2 € / 3 €
Big Bacon	5 €	Bière	9,90 €
Chicken Filet	4,50 €	Eau d'Évian 33cl	1,50 €
Chicken Dips	3 € / 4 €	Café - chocolat - thé	1,50 €
King Fish	2 €	Lait	1,50 €
Cheesebacon	3 €	Jus d'orange	2 €
Cheeseburger	2 €		
Hamburger	2 €	**DESSERTS**	
		Softy (fraise, chocolat, caramel)	1,50 €
Frites	2 € / 2,50 €	Cornet vanille	2 €
Maxi-frites	3 €	Milkshake (banane, chocolat, fraise)	2 €

Le Snack

ENTRÉES

La Quiche Provençale	4,00 €
Le Croque-Monsieur	4,50 €

PAINS DE MIE

Le Saule	6,00 €
(Jambon, Concombre)	
L'Épicéa	6,50 €
(Poulet au curry, Crudités)	

BAGUETTES

Le Parisien	7,00 €
(Jambon au Torchon)	
Le Lyonnais	7,00 €
(Saucisse de Lyon)	
Le Fermier	7,50 €
(Poulet, Crudités)	

SALADES

Salade Maison	7,50 €
(Thon, Œuf, Crudités)	
Capucine	7,00 €
(Jambon, Fromage, Crudités)	
Églantine	8,00 €
(Poulet, Raisins secs, Crudités)	

DESSERTS

Le Croissant	2,00 €
Le Pain au Chocolat	2,50 €
La Tarte aux Fruits Rouges	4,00 €
Le Fromage Blanc	3,50 €

BOISSONS

Jus d'orange	3,00 €
Sodas	2,50 €
Eaux minérales	2,00 €
Café express	2,50 €
Thé	2,50 €

LA PIZZA

LES PIZZAS

Margherita	7,00 €	Napolitaine	7,50 €
(tomate, fromage, origan)		(tomate, fromage, anchois, câpres)	
Marinara	6,50 €	Neptune	7,80 €
(tomate, ail, origan)		(tomate, thon, olives, origan)	
Sicilienne	6,50 €	Regina	8,00 €
(tomate, anchois, olives, câpres, origan)		(tomate, fromage, champignons)	

LES PÂTES FRAÎCHES

Spaghetti Bolognèse	8,00 €	Spaghetti Carbonara	8,00 €
(sauce tomate, viande hachée)		(crème fraîche, œuf, parmesan, lardons)	
Tortelloni à la Crème	8,00 €	Lasagne au Four	8,00 €
(épaule, crème fraîche, fromage			

LES BOISSONS

Vittel, Perrier	3,00 €	Orangina, Gini	3,00 €
Diabolos	3,50 €	Limonade	2,50 €
Kronenbourg	3,30 €	Heineken	4,00 €
Kir	4,00 €	Porto	5,00 €
Expresso	1,20 €	Thé	2,80 €

◼️ **Contexte:** *À la Crêpe Bretonne*

Edris déjeune dans une crêperie avec son ami Stéphane.

EDRIS:	Alors, c'est bon, la crêpe au fromage?
STÉPHANE:	Oui, c'est très bon. Et la crêpe au thon?
EDRIS:	C'est délicieux.

EDRIS:	Tiens! Voilà Monique Lachappelle. Tu la connais?
STÉPHANE:	Non, je ne la connais pas.
EDRIS:	Elle travaille avec moi. Elle est très gentille.

Dico

déjeune: *is having lunch*
gentille: *nice*
thon: *tuna*
Tu la connais?: *Do you know her?*

La Crêpe Bretonne

Les Crêpes Salées

Au beurre	3,00 €
À l'œuf	4,00 €
Au fromage et à l'oignon	4,50 €
Complète (fromage, épaule, œuf, salade)	6,00 €
Popeye (épinards, œuf, lardons)	6,00 €
Neptune (thon, salade, œuf, tomate)	7,00 €
Danoise (hareng, crème fraîche, citron, salade)	6,00 €
Martiniquaise (ananas, épaule, maïs)	5,50 €
Américaine (hamburger, oignons, œuf, salade, sauce tomate)	7,50 €

Les Crêpes Sucrées

Beurre, sucre	3,00 €
Chocolat	4,50 €
Chocolat Chantilly	5,00 €
Miel	4,00 €
Confitures	4,50 €
Au citron	4,50 €
À l'orange	4,50 €
Crème de marron	5,50 €
Canadienne (sirop d'érable)	5,80 €
Flambée au Grand Marnier	6,20 €
Exotique (banane, glace noisette, noix de coco)	

Les Boissons

Cidre brut - la bouteille	6,50 €
Vittel, Perrier, Badoit	2,00 €
Coca, Orangina, Gini	2,50 €
Vin (rouge, rosé, blanc)	
Le verre 15 cl.	2,00 €
Le pichet 33 cl.	4,00 €
Kronenbourg, Heineken 25 cl.	4,00 €
Kir Breton 15 cl.	4,20 €
Schweppes, Coca	2,50 €
Expresso	1,20 €
Cappuccino chantilly	2,00 €
Thé, Infusions	2,20 €
Chocolat, lait, café crème	2,00 €

Ça se dit comment?

Pour identifier les crêpes (To identify crêpes)

une crêpe au chocolat	*crepe with chocolate filling*
au citron	*with lemon filling*
à la confiture	*with jam*
au fromage	*with cheese*
au jambon	*with ham*
au miel	*with honey*
à l'œuf	*with an egg*
au sucre	*with sugar*
au thon	*with tuna*

une crêpe au sucre   *une crêpe au miel*

➤ Qu'est-ce que vous voyez?

On the basis of what you observe in this **Contexte,** indicate in what ways French **crêpes** differ from American *pancakes.*

 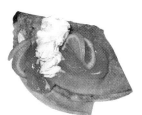

une crêpe au chocolat   *une crêpe au citron*

une crêpe au fromage   *une crêpe à l'œuf*   *une crêpe à la confiture*

Ça se dit comment?

Pour parler de ce que vous mangez (To talk about what you're eating)

C'est bon!	*It's good!*
C'est très bon!	*It's very good!*
C'est délicieux!	*It's delicious!*
C'est assez bon.	*It's pretty good.*
Ce n'est pas très bon.	*It's not very good.*

Pour parler d'une personne que vous connaissez (To talk about someone you know)

Il est très gentil. / Elle est très gentille.	*He/She's very nice.*
Il/Elle est très sympa(thique).	
Il/Elle est très bien.	*He/She's great.*
Il est très marrant. / Elle est très marrante.	*He/She's very funny (amusing).*
Il/Elle est vraiment casse-pieds.	*He/She's really a pain, really bothersome.*
Il est vraiment ennuyeux. / Elle est vraiment ennuyeuse.	

À vous!

Z. Les crêpes salées et les crêpes sucrées. In a French **crêperie**, it's possible to make a whole meal of **crêpes** by ordering first a non-sweet or salty one (**une crêpe salée**) for your main course and then a sweet one (**une crêpe sucrée**) for dessert. Look at the menu from the **la Crêpe Bretonne** restaurant, page 49, and identify as many different kinds of **crêpes** as you can.

> Even if a new word isn't a cognate, you can still figure it out with help from the context. For example, in the **crêpes sucrées** column on the menu from **la Crêpe Bretonne**, there's one named **Canadienne (sirop d'érable).** You might reason as follows: "I know that **sucre** means *sugar;* **sirop** looks like a cognate for *syrup.* What's a sweet Canadian syrup? How about maple syrup?"

AA. C'est bon? You and a friend have ordered the following food items. Compare your reactions to your choices, according to the model.

> MODÈLE: la crêpe au fromage / la crêpe à l'œuf
> —*C'est bon, la crêpe au fromage?*
> —*Oui, c'est (assez) (très) bon. Et la crêpe à l'œuf?*
> —*C'est délicieux (pas très bon)!*

1. la crêpe au chocolat / la crêpe au citron
2. la crêpe au miel / la crêpe au sucre
3. l'omelette au fromage / l'omelette aux fines herbes
4. le sandwich au poulet / le sandwich au pâté
5. la Margherita / la Marinara
6. la salade / la quiche

BB. Tu la connais? Answer *affirmatively* the questions about whether you know the following people and then say something about each one. Instead of repeating their names, use **le, la,** or **les** in front of the verb.

> MODÈLE: —Tu connais Gérard Lachappelle?
> —*Oui, je le connais. Il est très gentil (vraiment ennuyeux).*

1. Tu connais Marcelle Dussard?
2. Tu connais Philippe Quesnel?
3. Tu connais Marie-France Collet?
4. Tu connais Denise et Sophie Hurard?
5. Tu connais François Renaudin?
6. Tu connais Roger et Colette Deslauriers?

Now answer the same questions *negatively.*

> MODÈLE: —Tu connais Gérard Lachapelle?
> —*Non, je ne le connais pas.*

CC. À la Crêpe Bretonne. You and one or two friends are having lunch at **la Crêpe Bretonne.** Organize your conversation as follows:

- you and your friend(s) look at the menu and decide what you're going to eat
- one of you notices someone passing by and asks the other(s) if he/she (they) know(s) that person
- you comment on the food when it arrives

> Do **À faire! (1-4)** on page 37 of the **Manuel de préparation.**
> * Follow-up: the verb **aller**
> * Follow-up: **crêpes** vocabulary
> * Follow-up: direct objects **le, la, les**
> * Pronunciation: final consonants

 GRAMMAIRE

The direct object pronouns **le, la, les**	
Je **le** connais.	*I know **him.***
Je **la** connais.	*I know **her.***
Je ne **les** connais pas.	*I don't know **them.***

 GRAMMAIRE

The verb **être** *(to be)*: **il, elle, ils, elles**			
il est	*he is*	**ils sont**	*they are*
elle est	*she is*	**elles sont**	*they are*

Suggestion, Ex. CC: Model the conversation with one group in front of the class first.

Le monde francophone

SUGGESTED LESSON OUTLINE:
Students assigned *À faire! (1-4)* have reviewed **aller** and the **crêpes** vocabulary, have written the direct object pronouns **(le, la, les),** and have worked on the pronunciation of final consonants. All exercises were self-correcting.

In this segment, do *Le monde francophone* and a selection of speaking and listening activities (DD, EE, FF, GG, HH) from the *Intégration.*

Les fast-foods
Est-ce qu'on peut acheter du fast-food dans les pays francophones? Mais oui!

LA BELGIQUE

En Belgique, les frites sont très populaires. Les Belges les mangent avec de la mayonnaise. Ils aiment aussi les gaufres.

LE SÉNÉGAL

Dans les rues du Sénégal on peut acheter du loco (des bananes grillées), des arachides et des noix de cola.

LA GUADELOUPE (LA FRANCE)
(DÉPARTEMENT D'OUTRE-MER)

En Guadeloupe, les snack-bars au bord des routes se spécialisent en grillades. On peut manger du poisson grillé, de la langouste grillée ainsi que du poulet grillé. Tous les plats sont garnis de frites et de salade.

➤ Qu'est-ce que vous en pensez?

Can you find each of the above French-speaking countries and regions on the map of the Francophone world (at the beginning of your book)? Which of the snack items mentioned can you buy in the U.S.?

Dico 📖

arachides: *peanuts*	**noix de cola:** *cola nuts*
au bord des routes: *road-side*	**pays:** *countries*
garnis de: *served with*	**plats:** *dishes*
gaufres: *waffles*	**poisson:** *(a whole) fish*
langouste: *lobster*	**poulet:** *chicken*
Mais oui!: *Certainly!*	**rues:** *streets*

∎Intégration

DD. **Trouvez quelqu'un qui...** *(Find someone who . . .)* Circulate around the classroom, asking questions in order to find at least one person who fits each of the categories suggested below.

Trouvez quelqu'un qui...

1. ... parle espagnol ou allemand ou italien.
2. ... joue au golf ou au tennis.
3. ... n'aime pas manger dans un fast-food.
4. ... préfère le thé au café *(likes tea better than coffee).*
5. ... préfère les omelettes aux sandwichs.
6. ... aime la musique classique.
7. ... n'aime pas le rap.
8. ... préfère le jazz au rock.
9. ... aime beaucoup les romans d'amour.
10. ... n'aime pas les romans policiers.
11. ... préfère les livres d'histoire aux livres de science-fiction.
12. ... fume.

EE. **Une présentation.** Question another student in order to introduce him/her to the class.

Find out . . .

1. . . . where he/she lives.
2. . . . whether or not he/she works.
3. . . . what kinds of music he/she likes.
4. . . . what kinds of books he/she likes.
5. . . . what kinds of snack foods and beverages he/she prefers.
6. . . . whether or not he/she plays soccer (tennis, golf, etc.).
7. . . . whether or not he/she smokes.

Suggestion, Ex. FF: The scenario for this activity tries to review all of the conversational situations presented in this chapter. You may first want to work with the class as a whole, asking different students to model each section of the scenario before organizing into small groups and acting out the scene.

FLASH VOCABULAIRE

Allons à La Pizza (chez Quick, à la Crêpe Bretonne, à la Pomme de Pain). *(Let's go to . . . [name of restaurant].)*

D'accord. Allons-y! *OK. Let's go!*

Bonne idée. Allons-y! *Good idea. Let's go!*

Je veux bien! *It's fine with me!*

FF. Une rencontre en ville. *(A meeting in town.)* You and two classmates meet by chance at **Madison,** a popular music store in Paris. Act out the following conversation:

Qu'est-ce qu'on achète?

- You greet a friend and find out why he/she is at the store.
- You see a second friend, greet him/her, and then make introductions.
- The three of you discuss what you're planning to buy at **Madison.**
- One of you suggests getting something to eat and drink.
- You agree on a restaurant to go to.

Qu'est-ce qu'on mange?

- Discuss what you're going to eat and drink. Then order.
- The two people who were introduced above ask questions to find out a little about each other.
- You get your food and react to it.
- You discuss your reading preferences. (*Suggestion:* someone begins by saying **Je viens de lire...**)
- You say good-bye and leave.

MC Audio CD1, Track 16 (Ex. GG)

Answers, Ex. GG: 1. bookstore / buying a comic book and a school text   2. café / choosing food to order (cheese omelet and Badoit / quiche and tea with lemon)   3. music store / buying CDs (rap and heavy metal)   4. pizzeria / choosing food and ordering (pizza, lasagne + 2 beers [Kronenbourg]) / talking about books (history book / mystery or spy novels)

GG. Qu'est-ce qui se passe? *(What's going on?)* Listen to the four short conversations that your instructor plays for you. You won't understand every word. Try to get the gist of each conversation so that you can identify where it takes place—a music store, a bookstore, a café, a pizzeria, a fast-food restaurant—and what's going on.

HH. Un portrait. Write a short description of yourself. Give as many details as possible. Use a separate sheet of paper.

FLASH VOCABULAIRE

Je suis étudiant à l'université... *I'm a student (male) at . . .*
Je suis étudiante à l'université... *I'm a student (female) at . . .*

> Do **À faire! (1-5)** on page 42 of the **Manuel de préparation.**
> * General review of the chapter

SUGGESTED LESSON OUTLINE:
Students assigned *À faire! (1-5)* have reviewed the vocabulary, expressions, and grammar of the chapter. Ex. XX (writing about one's activities) was *not* self-correcting.

◼Lexique

Pour exprimer les préférences
> J'aime...
> J'aime beaucoup...
> J'aime bien...
> Je n'aime pas...
> Je n'aime pas beaucoup...
> Je n'aime pas tellement...
> Je n'aime pas du tout...
> Je préfère...

Pour demander ou vérifier un nom
> Comment est-ce que tu t'appelles? /
>   Comment tu t'appelles, toi?
> Je m'appelle...
> Tu t'appelles..., n'est-ce pas?

Pour commander quelque chose à boire ou à manger
> Qu'est-ce qu'on prend?
> Qu'est-ce que tu prends (vous prenez)?
> Moi, je vais prendre...
> Moi, je voudrais...
> Moi, je prends...
> Pour moi, ...

Pour hésiter
> Euh...
> Voyons...
> Je ne sais pas, moi...
> Peut-être...

Pour parler de ce que vous mangez
> C'est (très) (assez) bon!
> C'est délicieux!
> Ce n'est pas très bon.

Pour parler d'une personne que vous connaissez
> Il/Elle est très gentil(le).
>   très sympa(thique).
>   très bien.
>   très marrant(e).
> Il/Elle est vraiment casse-pieds.
>   ennuyeux(-euse).

Thèmes et contextes

Ce qu'on achète à la Fnac
> un appareil photo
> un appareil photo numérique
> un baladeur (un walkman)
> un baladeur CD
> une bande dessinée
> une calculatrice
> une cassette (vidéo)
> un CD (un disque compact)
> un CD-ROM (un cédérom)
> une chaîne hi-fi
> un DVD
> un jeu vidéo
> un lecteur CD
> un lecteur DVD
> un livre (un bouquin)
> un manuel de classe
> une mini-chaîne
> un portable
> un roman

La musique
> l'alternatif *(m.)*
> le blues
> la country
> le folk
> le funk

> le hard rock
> le heavy metal
> le jazz
> la musique classique
> la musique du monde
> la musique pop
> le R&B
> le raï
> le rap
> le reggae
> le rock
> la techno
> la variété

Les nombres de 0 à 20

0	zéro		
1	un	11	onze
2	deux	12	douze
3	trois	13	treize
4	quatre	14	quatorze
5	cinq	15	quinze
6	six	16	seize
7	sept	17	dix-sept
8	huit	18	dix-huit
9	neuf	19	dix-neuf
10	dix	20	vingt

Les livres

un livre d'art

de bandes dessinées

de cuisine

d'histoire

de philosophie

de science-fiction

un roman d'amour

d'aventures

d'espionnage

historique

d'horreur

d'imagination

policier

Des choses à manger

une crêpe au chocolat (au citron, à la confiture, au fromage, au jambon, au miel, à l'œuf, au sucre, au thon)

des frites (f.pl.)

des lasagnes (f.pl.)

une omelette au fromage (au jambon, aux fines herbes)

une pizza

une quiche

un sandwich au fromage (au jambon, au pâté, au poulet)

des spaghettis (m.pl.)

Des choses à boire

des boissons chaudes (f.pl.)

un café

un café crème

un café au lait

un chocolat

un express

un thé (nature)

un thé (au) citron

un thé au lait

des boissons froides alcoolisées (f.pl.)

une bière

un demi

un verre de vin blanc (rouge)

des boissons froides non-alcoolisées (f.pl.)

un citron pressé

un coca

un diabolo citron (fraise, menthe)

une eau minérale (une Badoit, un Perrier, une Vittel)

un jus d'abricot (d'orange)

une limonade

une menthe à l'eau

un milkshake au chocolat (à la fraise, à la vanille)

un Orangina

Vocabulaire général

Nom

un(e) étudiant(e)

Verbes

adorer

aimer

aller

boire

chercher

commander

écouter

étudier

fumer

habiter

jouer

lire

manger

parler

préférer

regarder

travailler

Autres mots et expressions

Ah, oui, assez bien.

Bonne idée. Allons-y!

C'est un (une)...

Ce sont des...

D'accord. Allons-y!

Ils/Elles sont...

Je vais acheter...

Je veux bien!

On peut acheter...

Oui, très bien.

quelque chose (de chaud, de froid)

Qu'est-ce que tu as là?

Qu'est-ce que tu vas acheter?

Qu'est-ce que... ?

Qui... ?

Branchez-vous!

The *Branchez-vous!* sections of the **Manuel de classe** and the **Manuel de préparation** provide a variety of expansion activities that can be done in or out of class, by individual students, by small groups, or by the class as a whole.

Internet

Please visit the **Je veux bien!** website at **http://jvb.heinle.com**. You'll find activities to practice the vocabulary and grammar you've learned in this chapter as well as cultural exploration activities that guide you through websites from around the French-speaking world.

Vidéo

Please visit the **Je veux bien!** website at **http://jvb.heinle.com** for the video activities that accompany this chapter. You'll get the most from watching the video for this chapter if you first visit the website and print out the video activities for this chapter. Then watch the video (in your classroom, language lab, or at home) and complete the activities for the chapter.

AU-DELÀ DU COURS: *Un CD*

Go to a local music store and look for recordings by French or Francophone artists and/or groups. If you can't find any, try a search on the Internet. If possible, bring a CD to class and play a part of it for your classmates.

CUISINE: *Une recette: des crêpes*

Suggestion, Les crêpes: This section obviously lends itself to a hands-on demonstration. If logistically feasible, organize a demonstration (with French commentary) on making **crêpes.** An alternative is to have someone videotape you at home making the **crêpes** while giving a running commentary (again in French). You can then organize a **crêpe** festival with students making **crêpes** at home and bringing in their best results.

Le matériel

Les crêpes sont originaires de la Bretagne. La Bretagne est une province qui se trouve à l'ouest de la France.

un bol

une poêle

Les ingrédients

250 grammes de farine

**¹/₂ litre de lait
(un demi litre de lait)**

2 œufs

1 cuillerée à soupe d'huile

1 pincée de sel

1 cuillerée à dessert de vanille

Dans le bol, tu mélanges bien les ingrédients.

COOKING HINT: In the interest of space and language, we have simplified the process. You will get best results by adding and mixing ingredients individually: for example, put the flour in the bowl, make a depression in the middle, break the eggs, add the salt and a small bit of milk. Mix until there are no lumps. Then add the rest of the milk and the vanilla gradually, mixing continually. Let the batter rest for as much as an hour. If you're in more of a hurry, you can mix the ingredients in a food processor.

Tu verses un peu d'huile dans la poêle. Quand l'huile est chaude, tu verses un peu de pâte.

Après une minute ou deux, tu retournes la crêpe.

Tu sers la crêpe avec du sucre, de la confiture, du miel ou du chocolat.

APERÇU CULTUREL:
PARIS

la basilique du Sacré-Cœur
(rive droite)
- style romano-byzantin
  (19ᵉ siècle)
- située sur la butte
  Montmartre
- funiculaire pour monter
  jusqu'à la basilique

l'Arc de Triomphe (rive droite)
- monument commémorant
  les victoires de Napoléon Iᵉʳ
  (19ᵉ siècle)
- célébration de la Libération
  de Paris (1944)

la tour Eiffel
(rive gauche)
- site de l'Exposition
  universelle
  de 1889
- 320 mètres
  de haut
- 746 marches
  jusqu'au
  3ᵉ étage

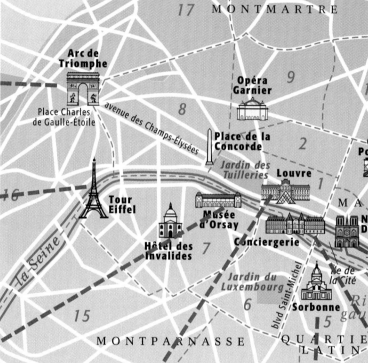

le musée d'Orsay (rive gauche)
- ancienne gare
- musée de la peinture du 19ᵉ
  siècle: les impressionnistes
  (Monet, Renoir) et les post-
  impressionnistes (Cézanne)

le Louvre (rive droite)
- le plus grand musée
  du monde occidental
- lieu où se trouve La
  Joconde de Léonard
  de Vinci (en anglais:
  Mona Lisa)

le jardin du Luxembourg
(rive gauche)
- parc
- bassin où les enfants
  jouent avec des petits
  bateaux à voile

le parc de la Villette (rive droite)
- la Cité des Sciences et de l'Industrie, le plus grand musée scientifique et technique d'Europe
- la Géode, cinéma hémisphérique

Suggestion, Paris: Assign students (individually or in small groups) the task of researching, in the library or on the Internet, information about each of the monuments and sites featured on the map. They can then share the results of their searches with their classmates.

Parc de la Villette

19

20

11

12

Seine

le Centre Pompidou (rive droite)
- s'appelle aussi Beaubourg
- exemple d'architecture moderne
- musée d'art moderne (Picasso, Braque, Miró)

la cathédrale Notre-Dame (île de la Cité)
- style gothique (12ᵉ et 13ᵉ siècles)
- lieu du roman célèbre de Victor Hugo, **Notre-Dame de Paris** (en anglais: **The Hunchback of Notre Dame)**

➤ Qu'est-ce que vous en pensez?

In spite of recent efforts toward decentralization, Paris (the capital of France) remains the political, economic, cultural and symbolic center of the country. What city (cities) play(s) these roles in the lives and minds of people in the U.S.?

Dico

ancienne gare: *former railroad station*
bassin: *pool*
butte: *hill*
de haut: *high, tall*
étage: *floor*
Exposition universelle: *World's Fair*
fin: *end*
funiculaire: *cable car*
jouent avec des petits bateaux à voile: *play with toy sailboats*
jusqu'à: *up to*
le plus grand musée: *the largest museum*
lieu: *place, setting*
marches: *steps*
monter: *to go up*
rive droite: *right bank*
rive gauche: *left bank*
se trouve: *is found, is located*

la Conciergerie (île de la Cité)
- prison de l'époque de la Révolution (fin du 18ᵉ siècle)
- prisonniers célèbres: Marie-Antoinette et Robespierre

HISTOIRE:
Paris à travers les âges

300 av. J.-C.:
Une tribu
de Gaulois,
les Parisii,
s'installent
dans les îles
de la Seine.
On appelle
une des îles
Lutèce (c'est
aujourd'hui
l'île de la
Cité).

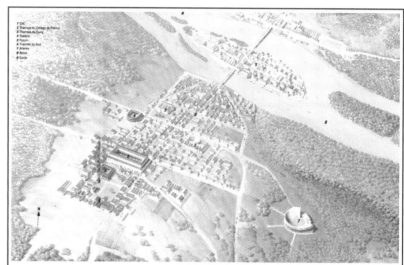

52 av. J.-C.: Les Romains et Jules César transforment Lutèce en colonie romaine.

−300	−200	−100	0	500	1000	1500

Dico

cité: *walled city*
comprend: *includes*
crée: *creates*
îles: *islands*
marchande: *commercial*
nouvelle enceinte: *new walls*
places: *squares, plazas*
premier urbaniste: *first city
    planner*
tribu de Gaulois: *tribe of Gauls*

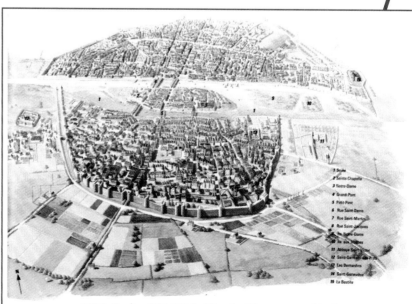

1500: Paris a 200 000 habitants. Elle comprend trois villes: la cité, la ville marchande et l'université.

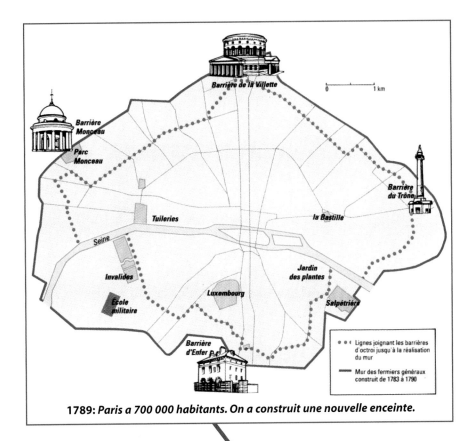

1789: Paris a 700 000 habitants. On a construit une nouvelle enceinte.

Légende de la carte :
- Lignes joignant les barrières d'octroi jusqu'à la réalisation du mur
- Mur des fermiers généraux construit de 1783 à 1790

Labels sur la carte : Barrière de la Villette, Barrière Monceau, Parc Monceau, Barrière du Trône, Tuileries, la Bastille, Seine, Invalides, Jardin des plantes, École militaire, Luxembourg, Salpêtrière, Barrière d'Enfer

0   1 km

Qu'est-ce que vous en pensez?

If you were to give an historical outline of your town or city, how far back in time would it go and what stages of development would it include?

| 1600 | 1700 | 1800 | 1900 | 2000 |

**1870: Paris a 1 700 000 habitants.
Le baron Haussmann, le premier urbaniste,
crée des places et des boulevards.**

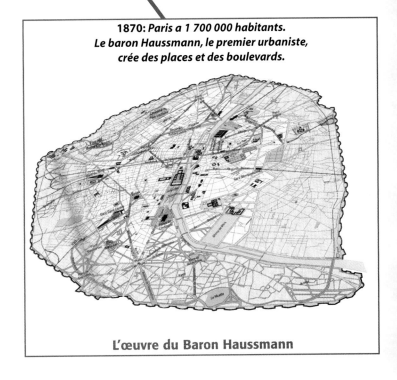

L'œuvre du Baron Haussmann

CHAPITRE 2

Dans les rues et les magasins

> In this chapter, you'll follow me around as I go to a clothing store to buy a new shirt and then go home to show it to my wife. Of course, as often happens, I get stopped a couple of times by people needing directions. "

For ideas about how to present vocabulary, grammar, culture, etc., see the "How to . . ." section in the Instructor's Guide at the front of this book.

Chapter Support Materials (Student)
MP: pp. 57–100

MP Audio CD1,
TRACKS 12–21

Chapter Support Materials
(Instructor)

http://jvb.heinle.com
Transparencies: 2-1 thru 2-3

MC Audio CD1, TRACKS 17–25

Video Tape: Acte 2

Test Bank: Chapitre 2

Syllabus: The minimum amount of time needed to cover the core material of Chapter 2 is seven class periods. The *Branchez-vous!* menu provides material for an additional one to three class periods.

SUGGESTED LESSON OUTLINE: In this segment, do *Contexte: La ville* (Ex. A, B, C, D), *Échange: Les Galeries Lafayette, s'il vous plaît?* (Ex. E, F, G).

OBJECTIVES

In this chapter, you'll learn to:
- talk about your city or town;
- give and get directions;
- make purchases in a variety of stores;
- have short conversations about clothing.

In order to perform these activities, you'll learn to use:
- the prepositions **à** and **de** with the definite article;
- the pronoun **y;**
- the numbers 21 to 1,000,000;
- the verbs **être** and **avoir;**
- adjectives of color (position and agreement).

You'll also read and/or hear about cities and towns as well as about shopping in France and in the Francophone world.

▪ Contexte: *La ville*

Qu'est-ce qu'on trouve dans une ville typique en France? Il y a souvent...

⌐ **http://jvb.heinle.com**
▪ Transparencies: 2-1A, 2-1B

Suggestion, Contexte: Give a short monologue in French about places usually found in a city. Then have students repeat the words before doing Exercises A, B, C.

... une cathédrale (et aussi des églises, un temple, une synagogue et peut-être une mosquée).

... une gare (et aussi un aéroport).

... une mairie (avec peut-être un commissariat de police).

... un bureau de poste.

... une bibliothèque.

... un hôpital.

... un musée (et aussi une salle de concerts).

... un stade (et peut-être une piscine).

... des hôtels (et des restaurants et des cafés).

... des écoles (et peut-être une université).

... des cinémas (et aussi un théâtre).

... des parcs (des jardins publics).

... des magasins (et aussi des boutiques).

Ça se dit comment?

Pour identifier les endroits publics *(To identify public places)*

un aéroport	*airport*
une bibliothèque	*library*
une boutique	*shop*
un bureau de poste	*post office*
un café	*cafe*
une cathédrale	*cathedral*
un cimetière	*cemetery*
un cinéma	*movie theater*
un collège	*junior high school*
un commissariat de police	*police station*
une école primaire	*elementary school*
une église	*church (Catholic)*
une gare	*train station*
une gare routière	*bus station*
un hôtel	*hotel*
un hôtel de ville / une mairie	*city hall*
un lycée	*high school*
un magasin	*store*
une mosquée	*mosque*
un musée	*museum*
un palais de justice	*courthouse*
un parc / un jardin public	*park*
un parking	*parking lot*
une piscine	*swimming pool*
un restaurant	*restaurant*
un stade	*stadium*
une synagogue	*synagogue*
un temple	*church (Protestant)*
un théâtre	*theater*
une université	*university*

À vous!

A. En ville. *(In town.)* Listen to each of the short conversations and write down which of the three places is NOT mentioned. Use a separate sheet of paper.

1. la bibliothèque / le jardin public / le musée
2. le cimetière / l'hôtel de ville / le palais de justice
3. le bureau de poste / le cinéma / la gare
4. le collège / l'église / le lycée
5. le cinéma / la piscine / le stade

MC Audio CD1, Track 17 (Ex. A)

Suggestion, Ex. A: Before playing the conversations, reassure students that they're *not* expected to recognize most of what's being said. The goal of this activity is to have them work on picking out words they know from a stream of utterances.

Answers, Ex. A: 1. une bibliothèque
2. un cimetière   3. le cinéma
4. le collège   5. la piscine

B. C'est quoi, ça? Identify each place or building that your partner points out.

MODÈLE: —C'est quoi, ça? (Qu'est-ce que c'est?)
—C'est une gare.

FLASH V O C A B U L A I R E

Qu'est-ce que c'est?
C'est quoi, ça? } *What's that?*

1.

2.

3.

4.

5.

6.

7.

8.

9.

10.

11.

12.

13.

14.

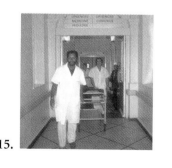

15.

16.

68 *soixante-huit* CHAPITRE 2

 **FLASH** GRAMMAIRE

The preposition **à** and the definite article

MASCULINE NOUN	**à + le = au**	**au** cinéma
FEMININE NOUN	**à + la = à la**	**à la** mairie
NOUN BEGINNING WITH A VOWEL SOUND	**à + l' = à l'**	**à l'**hôtel de ville

C. Où est-ce que tu vas? *(Where are you going?)* When your partner asks where each of the following people is going, you respond with the indicated place. Be careful to use the appropriate form of the preposition (**au, à la, à l'**). Use one of the three possible question constructions.

> MODÈLES: tu / stade
> —*Où tu vas?*
> —*Je vais au stade.*
>
> Nicole / synagogue
> —*Où va Nicole?*
> —*Elle va à la synagogue.*
>
> vous / hôpital
> —*Où est-ce que vous allez?*
> —*Nous allons à l'hôpital.*

1. tu / parc
2. Simone / gare
3. vous / église
4. Jacques et Raymond / cathédrale
5. Roger / théâtre
6. Ahmed / mosquée
7. tu / aéroport
8. Hélène et Annick / bureau de poste
9. Gérard / école
10. Mireille / restaurant

 **FLASH** GRAMMAIRE

The interrogative expression **où** *(where)*

There are several ways to form questions using the interrogative expression **où.**

Où + subject (pronoun) + verb? *(informal)*
   Où tu vas (habites, etc.)?

Où + verb + subject (noun)?
   Où va (habite, etc.) Jean-Pierre?

Où est-ce que + subject (pronoun) + verb?
   Où est-ce que vous allez (habitez, etc.)?

FLASH GRAMMAIRE

The direct object pronouns **le** and **la** with the expression **voilà**

Où est **le stade?**	Where's **the stadium?**
Le voilà.	There **it** is.
Où est **la piscine?**	Where's **the swimming pool?**
La voilà.	There **it** is.

D. Où est…? Edris and his wife, Mariam, are visiting Châlons-en-Champagne, a small city about 165 kilometers to the east of Paris. Before leaving their hotel, he shows her on the map where various places are located. Imitate their conversation.

MODÈLE: le bureau de poste
—*Où est le bureau de poste?*
—*Il est dans la rue de la Marne.*
—*Ah, oui. Le voilà.*

1. la cathédrale St-Étienne
2. l'hôtel de ville
3. le commissariat de police
4. la gare
5. le musée des Beaux-Arts
6. le stade municipal
7. la piscine
8. l'École des arts et des métiers
9. l'église Notre-Dame-en-Vaux
10. l'hôpital
11. l'hôtel Bristol
12. le restaurant Le Carillon Gourmand

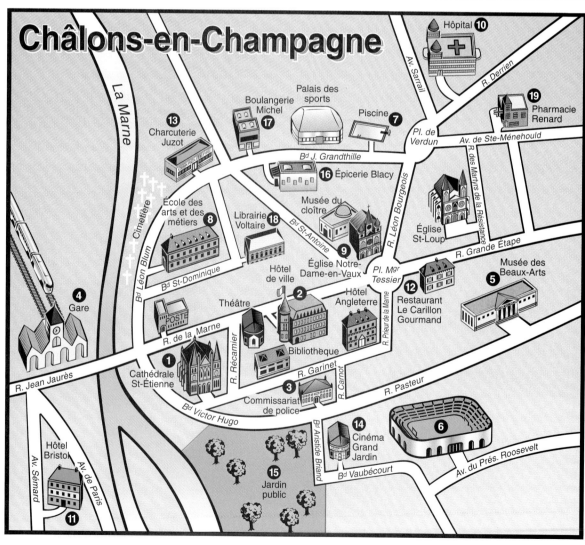

FLASH VOCABULAIRE

Où est…? *Where is…?*

Il est / Elle est… *It's…*
   dans la rue… *on…Street*
   dans l'avenue… *on…Avenue*
   sur le boulevard… *on…Boulevard*
   sur la place… *on…Square*

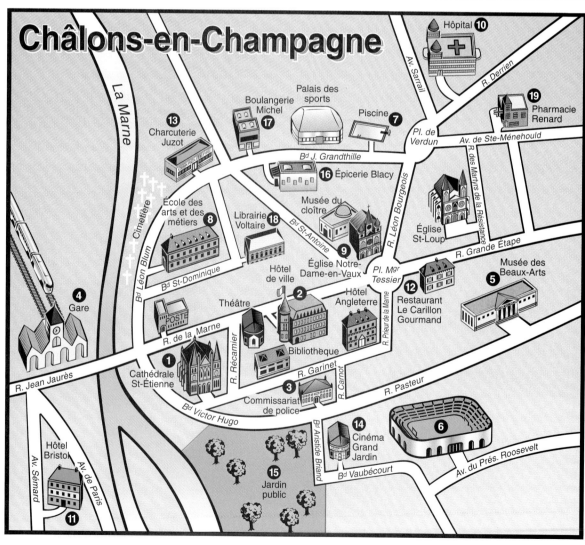
Map: Châlons-en-Champagne

■Échange: *Les Galeries Lafayette, s'il vous plaît?*

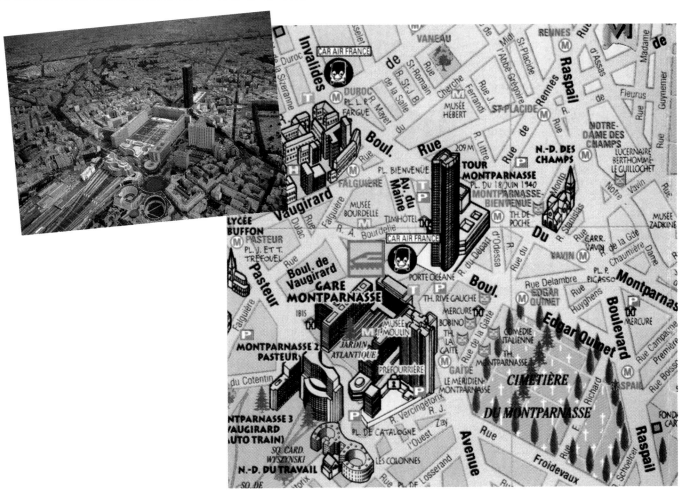

Une touriste arrête Edris dans la rue pour lui poser une question.

LA TOURISTE: Pardon, Monsieur. Les Galeries Lafayette, c'est près d'ici?

EDRIS: Oui, Madame. C'est au bout de la rue de Rennes.

LA TOURISTE: Près de la grande tour là-bas?

EDRIS: Justement. Ça, c'est la tour Montparnasse. Les Galeries Lafayette sont dans la rue du Départ, entre la grande place et la tour.

LA TOURISTE: Merci beaucoup, Monsieur.

EDRIS: Je vous en prie, Madame.

Dico

arrête: *stops*
grande: *tall, large*
les Galeries Lafayette: *large department store in Paris*
lui poser: *to ask him*
tour: *tower*

Ça se dit comment?

Pour situer quelque chose *(To indicate where something is located)*

au bout de	*at the end of*	**à côté de**	*next to*
au coin de	*at the corner of*	**(tout) près de**	*(very) near*
à droite (de)	*to the right (of)*	**loin de**	*far from*
à gauche (de)	*to the left (of)*	**entre**	*between*
de l'autre côté de	*on the other side of*	**devant**	*in front of*
en face de	*across from*	**derrière**	*behind*

Many of the prepositions used to tell where a place is located include the preposition **de:** for example, **à côté de la cathédrale, en face de l'école.** However, the prepositions **entre, devant,** and **derrière** are followed directly by the article **(le, la, l');** for example, **entre le musée et la bibliothèque.**

Ici, en France...

Cities in France normally consist of a combination of **rues** (narrow and often short streets), **avenues** (longer and somewhat wider streets), **boulevards** (longer and even wider than avenues, usually bordered by trees), and **places** (open squares surrounded by buildings and accessed by several streets or avenues). Because many cities occupy relatively small amounts of space, there tend to be a large number of small streets and a limited number of avenues and boulevards. In cities with rivers or canals, the streets along the waterways are often called **quais**.

Streets in France are usually given the name of a city (**la rue de Rennes, l'avenue de Paris**), a landmark (**la rue du Lycée, l'avenue de la Gare**), a famous person (**le boulevard Victor Hugo, la rue Pasteur**), or a historical event (**la place de la Libération, la rue du 11 Novembre**).

> ### Qu'est-ce que vous en pensez?

What combination of streets, avenues, squares, etc., is found in cities in the U.S. with which you're familiar? What factors have led to this combination?

Many cities in the U.S. use numbers to designate streets (Third Avenue, Twenty-Sixth Street); in France, numbers are never used. What might account for this difference?

FLASH GRAMMAIRE

The preposition **de** and the definite article

MASCULINE NOUN	**de + le = du**	près **du** musée
FEMININE NOUN	**de + la = de la**	en face **de la** gare
NOUN BEGINNING WITH A VOWEL SOUND	**de + l' = de l'**	à côté **de l'**église

Zoom!

Châlons-en-Champagne is a city of about 50,000 inhabitants located some 48 kilometers to the southeast of Reims. Two canals from the nearby Marne River cut through the city (until recently, its name was Châlons-sur-Marne). In the 15th century Châlons was considered by the king (Henri III) to be "the main city of Champagne." Today it is a center for agribusiness.

À vous!

E. C'est où exactement? Edris' wife, Mariam, likes to know exactly where she's going, especially when she's in a city, such as Châlons-en-Champagne, that she doesn't know very well. Imitate her conversation with Edris using the information provided.

MODÈLE: hôtel de ville / sur la place Maréchal Foch, en face de l'église St-Alpin
—*Où est-ce qu'on va?*
—*On va à l'hôtel de ville.*
—*C'est où exactement?*
—*C'est sur la rue de la Marne, à côté du théâtre.*

1. cathédrale St-Étienne / sur le boulevard Victor Hugo, près du bureau de poste
2. restaurant Le Carillon Gourmand / sur la place Tessier, à côté de l'hôtel d'Angleterre
3. commissariat de police / au coin de la rue Carnot et du boulevard Victor Hugo
4. épicerie Blacy / dans le boulevard Grandthille, près du musée
5. église Notre-Dame-en-Vaux / sur la place Tessier, en face de la fontaine *(fountain)*
6. stade / dans l'avenue du Président Roosevelt, loin du centre-ville *(center of the city)*
7. gare / dans la rue Jean Jaurès / de l'autre côté de la Marne

Ça se dit comment?

Pour identifier les bâtiments de commerce *(To identify commercial buildings)*

une banque	*bank*
une bijouterie	*jewelry store*
une boucherie	*butcher shop*
une boulangerie-pâtisserie	*bakery*
un (bureau de) tabac	*store that sells tobacco, stamps, etc.*
un centre commercial	*mall*
une charcuterie	*delicatessen*
une épicerie	*small grocery store*
une librairie	*bookstore*
un magasin de matériel électronique	*electronics store*
un magasin de musique	*music store*
un magasin de sports	*sporting goods store*
un magasin de vêtements	*clothing store*
une papeterie	*stationery store*
une pharmacie	*drugstore, pharmacy*
un salon de coiffure	*hairdresser, barber shop*
un supermarché	*supermarket*

F. Est-ce qu'il y a un(e)... à Châlons-en-Champagne? Edris and his wife are constantly asking passersby if a place can be found in Châlons-en-Champagne. The passersby answer and locate the place for them. Imitate their conversation using the information provided.

MODÈLES: boucherie / dans la rue Récamier, à côté de la banque
—*Est-ce qu'il y a une boucherie dans le quartier?*
—*Oui, il y a une boucherie dans la rue Récamier, à côté de la banque.*

magasin de sports / non
—*Est-ce qu'il y a un magasin de sports ici* (here) *à Châlons?*
—*Non, il n'y a pas de magasin de sports ici.*

1. magasin de musique / dans la rue de la Marne, en face de l'office du tourisme
2. épicerie / dans le boulevard Grandthille, à côté de la boulangerie
3. pharmacie / dans la rue Récamier, en face de la banque
4. Fnac / non
5. parking / dans la rue de la Marne, au bout du boulevard Victor Hugo
6. librairie / dans la rue Récamier, entre la pharmacie et la charcuterie
7. salon de coiffure / dans la rue Lochet, derrière l'église St-Alpin
8. aéroport / non
9. magasin de vêtements / dans la rue Garinet
10. boucherie / dans la rue Récamier, à côté de la banque

FLASH VOCABULAIRE

il y a *there is, there are*
Il y a une gare à Châlons.
Il y a des librairies à Châlons.

il n'y a pas de (d') *there isn't, there aren't*
Il n'y a pas d'aéroport à Châlons.
Il n'y a pas de centres commerciaux à Châlons.

LE FRANÇAIS PARLÉ

In informal French, **il y a** is often pronounced **«ya»** and **il n'y pas de** becomes **«ya pad»**.

👥👤 **G. S'il vous plaît, Monsieur (Madame).** Now imagine that you're visiting Châlons-en-Champagne. Following the suggestions given, stop a passerby and ask for information. In the first part of this activity, your partner will answer your questions with the help of the map on page 70.

MODÈLE: l'hôtel Bristol
—*S'il vous plaît, Monsieur (Madame). Où est l'hôtel Bristol?*
—*L'hôtel Bristol? Il est dans l'avenue Sémard, de l'autre côté de la Marne.*
—*Merci beaucoup, Monsieur (Madame).*
—*Je vous en prie.*

1. le palais des sports
2. le musée du cloître de Notre-Dame-en-Vaux
3. le cimetière
4. la gare
5. l'église St-Loup
6. la bibliothèque

In the second part of the activity, your partner will answer with the help of the map on page 70.

MODÈLE: une épicerie
—*S'il vous plaît, Madame (Monsieur). Est-ce qu'il y a une épicerie près d'ici?*
—*Oui, il y a une épicerie dans le boulevard J. Grandthille, en face de la boulangerie.*
—*Merci beaucoup, Monsieur (Madame).*
—*Je vous en prie.*

7. une librairie
8. une banque
9. un magasin de vêtements
10. un salon de coiffure
11. une charcuterie
12. un parking

SUGGESTED LESSON OUTLINE:
Students assigned *À faire! (2-1)* have practiced the vocabulary dealing with city buildings, have worked with place prepositions, and have studied the contractions of à and **de** with the definite article, and have taken *Contrôle 4.* Ex. II (Describe a town you know well) was not self-correcting.
   In this segment, do *Rappel grammatical: Les prépositions à et de avec l'article défini* (Ex. H, I), *Échange: Pour aller à l'église St-Sulpice* (Ex. J, K, L), and, if you have time, *Dossier-France: Les villes.*

Exercice de substitution

1. Je vais à la *Fnac.* (magasin de matériel électronique / librairie-papeterie / université / collège)
2. Est-ce que Jeanne va au *magasin de musique?* (bijouterie / centre commercial / aéroport / restaurant)
3. Ils ne vont pas à la *papeterie.* (magasin de vêtements / boulangerie / musée / hôtel de ville)
4. Il est en face de l'*église.* (banque / parc / épicerie / palais de justice)
5. Elle est à côté du *café.* (synagogue / lycée / église / cinéma)
6. Il est près de la *ville.* (stade / pharmacie / aéroport / salon de coiffure)

Do **À faire! (2-1)** on page 57 of the **Manuel de préparation.**
* Follow-up: city vocabulary, place prepositions
* Preparation: prepositions **à** and **de** with definite article *(Contrôle 4)*

Rappel grammatical

Les prépositions *à* et *de* avec l'article défini

MASCULIN	**au**	**du**
FÉMININ	**à la**	**de la**
DEVANT UNE VOYELLE OU UN *H* MUET	**à l'**	**de l'**

À vous!

H. D'où tu es, toi? *(Where are you from?)* Find out from a classmate where he/she is from and something about the city or town.

> MODÈLE: —D'où tu es, toi?
> —Moi, je suis de (Waterford). C'est un petit village près d'(Albany).
> —Qu'est-ce qu'il y a à Waterford?
> —À Waterford, il y a des magasins et des boutiques. Il y a une banque. Il y a...
> —Est-ce qu'il y a un cinéma à Waterford?
> —Non, il n'y a pas de cinéma.

FLASH VOCABULAIRE

C'est une (assez) grande ville.	It's a (fairly) big city.
C'est une (assez) petite ville.	It's a (fairly) small city.
C'est un (petit) village.	It's a (small) town.
Qu'est-ce qu'il y a à...?	What is there in...?
Est-ce qu'il y a un (une)...?	Is there a...?
Est-ce qu'il y a des...?	Are there (some)...?

FLASH GRAMMAIRE

Le pronom **y** *(there)*

—Tu vas souvent au théâtre?	Do you often go to the theater?
—Oui, j'**y** vais cinq ou six fois par an.	Yes, I go **(there)** five or six times a year.
—Tu vas souvent à la piscine?	Do you often go to the pool?
—Non, je n'**y** vais jamais.	No, I never go **(there)**.

I. Tu y vas souvent? *(Do you go there often?)* Find out from your classmates how frequently they go to the following places. Keep a record on a separate sheet of paper so that you can answer your instructor's questions.

> MODÈLE: au cinéma
> —Tu vas souvent au cinéma,(Jack)?
> —Oui, j'y vais souvent, deux ou trois fois par mois.
> —Et toi, (Kristen), tu vas souvent au cinéma?
> —Non, j'y vais rarement, deux ou trois fois par an.
> —Et toi, (Mark), tu vas souvent au cinéma?
> —Non, je n'y vais jamais.

1. au cinéma
2. au théâtre
3. au parc
4. à la bibliothèque
5. au Macdo
6. au centre commercial
7. au supermarché
8. à l'aéroport

Follow-up, Ex. I: Ask the class what they learned about their classmates' habits. For example: **Qui va souvent au cinéma? Cindy? Ah, bon. Combien de fois par mois? Qui ne va jamais au cinéma? Qui y va de temps en temps?**, etc.

FLASH VOCABULAIRE

une fois par semaine *once a week*
deux ou trois fois par mois *two or three times a month*
quatre ou cinq fois par an *four or five times a year*

souvent *often*
de temps en temps *from time to time*
quelquefois *sometimes*
rarement *rarely*
ne... jamais *never*

■Échange: *Pour aller à l'église Saint-Sulpice*

Edris est en route au magasin de vêtements quand une femme l'arrête pour lui demander comment aller à l'église St-Sulpice.

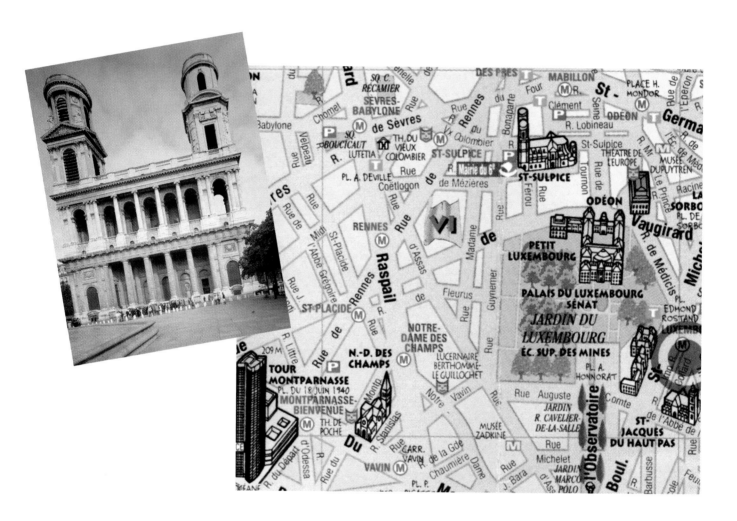

comment: *how*
demander: *to ask*
en route: *on the way*
Je vous en prie: *You're welcome*
Là: *There*
quand: *when*
Vous allez voir: *You'll see*

FEMME: Pardon, Monsieur. L'église St-Sulpice? C'est loin d'ici?

EDRIS: Non, Madame, elle n'est pas loin d'ici. Vous prenez la rue de Rennes et vous allez tout droit. Vous tournez à droite dans la rue de Vaugirard. Vous traversez la rue Madame et vous continuez jusqu'à la rue Bonaparte. Là vous tournez à gauche. Vous allez voir l'église à votre droite, de l'autre côté de la place.

FEMME: Merci beaucoup, Monsieur.

EDRIS: Je vous en prie, Madame.

Pour demander des renseignements (To ask for directions)

Pardon, Madame (Monsieur, Mademoiselle).
  La rue (l'avenue, le boulevard, la place)..., s'il vous plaît?

S'il vous plaît, Madame (Monsieur, Mademoiselle).
  La rue (l'avenue, le boulevard, la place)...

Pardon me, Ma'am (Sir, Miss). Can you please tell me where . . . Street (Avenue, Boulevard, Square) is, please?

Pour dire comment aller quelque part (To say how to go somewhere)

Vous sortez (Tu sors) de la gare (du musée, de l'hôtel)...
  You come out of the train station (museum, hotel) . . .

Vous prenez (Tu prends) le boulevard (la rue, l'avenue)...
  You take . . . Boulevard (Street, . . . Avenue).

Vous allez (Tu vas) tout droit.
  You go straight ahead.

Vous tournez (Tu tournes) à gauche (à droite) dans la rue (dans l'avenue, sur le boulevard)...
  You turn left (right) on . . . Street (Avenue, Boulevard).

Vous continuez (Tu continues) jusqu'à la rue... (jusqu'à la place..., jusqu'à l'avenue..., jusqu'au boulevard..., jusqu'au feu).
  You continue (up) to . . . Street (up to . . . Place, up to . . . Avenue, up to . . . Boulevard, up to the traffic light).

Vous traversez (Tu traverses) le boulevard (la rue, l'avenue, la place)...
  You cross . . . Boulevard (Street, Avenue, Place).

À vous!

J. Des renseignements. Use the cues to practice directions.

Le musée des Beaux-Arts, s'il vous plaît?

> MODÈLE: sortir (du restaurant)
> *Vous sortez du restaurant.*

1. sortir (de la gare / du bâtiment / de l'hôtel)
2. aller jusqu'à (la rue Pascal / la gare / le jardin public)
3. tourner (à gauche / à droite)
4. prendre (le boulevard Raspail / la rue de Vaugirard / la rue Garnier)
5. continuer jusqu'à (la rue Pompidou / le boulevard Manet / l'avenue du Cirque / la rue de la Paix)
6. traverser (la place / le boulevard / l'avenue / la rue)
7. Et voilà le musée des Beaux-Arts... (à gauche / à droite / devant vous / à côté de l'hôtel de ville)

K. Pardon, Monsieur (Madame). You're in Châlons-en-Champagne, standing in front of the **hôtel Angleterre** in the **rue Garinet**. Using the map on page 70, explain to the passersby how to get to the following places.

> MODÈLE: le musée des Beaux-Arts
> —*Pardon, Monsieur (Madame). Le musée des Beaux-Arts, s'il vous plaît?*
> —*Vous traversez la rue Garinet et vous prenez la rue Carnot. Vous continuez tout droit jusqu'à la rue Pasteur. Vous tournez à gauche et vous allez voir le musée à gauche.*

1. le bureau de poste
2. le palais des sports
3. le stade municipal
4. la gare

𝄞 L. S'il vous plaît... ? You're at the **hôtel Relais St-Jean** in Troyes, east of Paris. As you sit in the lobby, you're asked by tourists how to get to certain places. Using the map of Troyes on page 79, give them as precise directions as possible.

MODÈLE:　la gare

—*La gare, s'il vous plaît?*

—*La gare? Elle est au bout de la rue du Général de Gaulle.*

—*C'est loin d'ici?*

—*Non, non. Vous sortez de l'hôtel et vous tournez à gauche. Vous allez jusqu'au coin. C'est la rue du Général de Gaulle. Vous tournez à gauche encore une fois* (again) *et vous allez tout droit. Vous traversez le boulevard Carnot et la gare, elle est devant vous.*

—*Merci beaucoup, Madame (Monsieur).*

—*Je vous en prie.*

1. le bureau de poste
2. le restaurant Le Chanoine Gourmand
3. le stade municipal

You're now standing inside the **gare,** on the **boulevard Carnot.**

MODÈLE:　un hôtel

—*Pardon, Madame (Monsieur). Est-ce qu'il y a un hôtel près d'ici?*

—*Oui. Il y a un hôtel dans la rue Montaubert.*

—*La rue Montaubert, elle est à gauche ou à droite?*

—*Vous sortez de la gare et vous allez à droite. Vous tournez à gauche dans la rue Charbonnel. Vous continuez jusqu'à la rue Montaubert. Là vous tournez à gauche et vous allez voir le Relais St-Jean.*

—*Merci bien, Monsieur (Madame).*

—*Je vous en prie.*

4. une boulangerie
5. une synagogue
6. un cinéma

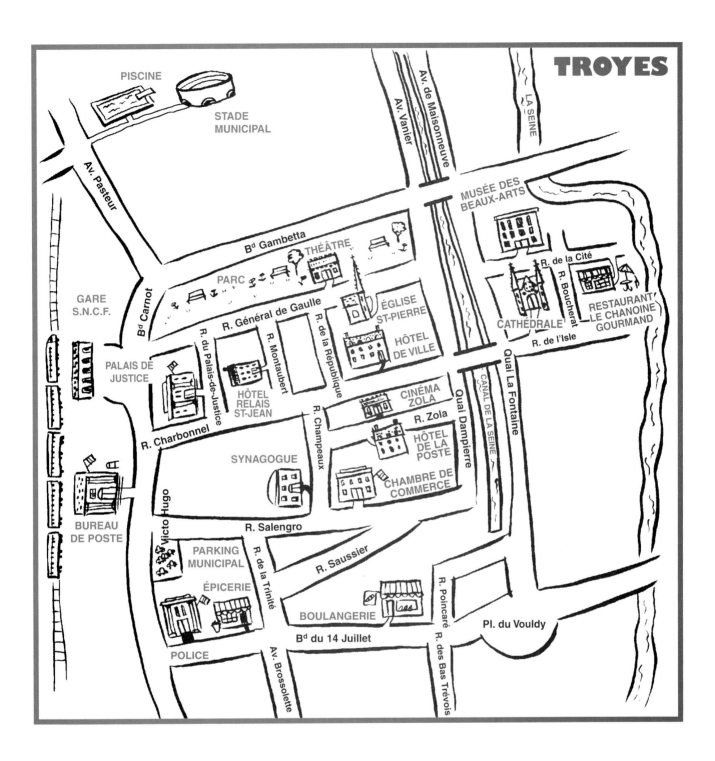

TROYES

PISCINE

STADE MUNICIPAL

Av. de Maisonneuve

Av. Vanier

LA SEINE

Av. Pasteur

MUSÉE DES BEAUX-ARTS

Bᵈ Gambetta

THÉÂTRE

PARC

R. de la Cité

R. Boucherat

GARE S.N.C.F.

Bᵈ Carnot

R. Général de Gaulle

R. Montaubert

R. de la République

ÉGLISE ST-PIERRE

CATHÉDRALE

RESTAURANT LE CHANOINE GOURMAND

R. de l'Isle

PALAIS DE JUSTICE

R. du Palais-de-Justice

HÔTEL RELAIS ST-JEAN

HÔTEL DE VILLE

CINÉMA ZOLA

R. Zola

Quai Dampierre

CANAL DE LA SEINE

Quai La Fontaine

R. Charbonnel

R. Champeaux

HÔTEL DE LA POSTE

SYNAGOGUE

CHAMBRE DE COMMERCE

Victo Hugo

BUREAU DE POSTE

R. Salengro

R. de la Trinité

PARKING MUNICIPAL

R. Saussier

ÉPICERIE

R. Poincaré

BOULANGERIE

Pl. du Vouldy

Bᵈ du 14 Juillet

R. des Bas Trévois

POLICE

Av. Brossolette

Dossier-France: Les villes françaises

Environ trois-quarts (75%) des Français habitent une région urbaine. Mais, à cause de la prépondérance de Paris (8,7 millions d'habitants dans l'agglomération parisienne), il y a peu de grandes villes: la France est un pays de villes moyennes (28 agglomérations de plus de 200 000 habitants) et petites (27 villes ayant entre 100 000 et 200 000 habitants).

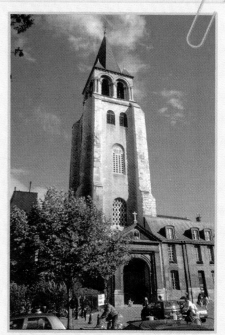

La plupart des villes en France datent du Moyen Âge. À l'origine, les cités étaient entourées de murs qui servaient de protection contre les envahisseurs.

Historiquement, beaucoup de villes se sont développées autour d'une église ou d'un château. Devant l'église ou le château se trouve souvent une grande place centrale.

Les rues qui datent du Moyen Âge sont souvent étroites et tortueuses. Il y a très peu de place pour circuler en voiture.

Dans les plus grandes villes, chaque quartier a sa place centrale (souvent avec une fontaine ou une statue), des cafés, des magasins et des immeubles résidentiels.

The **Dossier-France** feature offers a more extensive look at a given aspect of the cultural context. Unlike the **Ici, en France...**, which deal with details, the **Dossier-France** offers a broader view of the cultural topic. It makes use of charts and other visuals as well as of short informational notes written in French. Each dossier is followed by a comprehension check (**Qu'est-ce que vous avez appris?**), questions for discussion (**Qu'est-ce que vous en pensez?**) and/or observation questions (**Qu'est-ce que vous voyez?**)

Dico

ayant entre: *having between*	**immeubles:** *apartment buildings*
chaque: *each*	**La plupart:** *The majority*
entourées de: *surrounded by*	**moyennes:** *medium*
envahisseurs: *invaders*	**petites:** *small*
Environ: *About*	**peu de:** *few*
étroites: *narrow*	**tortueuses:** *winding*

Qu'est-ce que vous avez appris?

1. What was the main influence on the early development of cities?
   a. weather
   b. security
   c. chance
   d. medieval thought

2. Which of the following are most likely to be found in the center of a French city?
   a. a church
   b. a park
   c. a train station
   d. a castle

3. Which adjectives best describe French streets?
   a. long
   b. narrow
   c. winding
   d. unpaved

4. What is **un quartier?**
   a. ¼ of a city
   b. a neighborhood
   c. another name for the center of the city
   d. a protective wall

Answers, Qu'est-ce que vous avez appris? 1. b   2. a, d   3. b, c   4. b

Qu'est-ce que vous en pensez?

Many cities in the U.S. are laid out in fairly regular patterns resembling grids. Streets meet at right angles and run north/south or east/west. French cities obviously have a much different configuration. How do these differences affect how people give directions in French as opposed to English?

How is the town or city where you live laid out? Does it resemble a typical American or a typical French city or neither? Explain. What factors influenced how your town or city developed?

> Do **À faire! (2-2)** on page 65 of the **Manuel de préparation.**
> * Follow-up: asking for and giving directions
> * Preparation: the verb **être** *(Contrôle 5)*

SUGGESTED LESSON OUTLINE: Students assigned *À faire! (2-2)* have worked with the expressions of frequency and with directions as well as with the verb **être**. Ex. VII *(Vous y allez souvent?)* was not self-correcting.
In this segment, do *Rappel grammatical: Le verbe* être (Ex. M, N), *Contexte: Au magasin de vêtements* (Ex. O, P, Q), *Ici, en France...*, *Échange: Je cherche une chemise* (Ex. R, S, T, U).

Exercice de substitution
1. *Éric* est à Bordeaux. (je / Hélène et moi, nous / tu / elles)
2. *Monique* est de Paris. (Jean-Jacques / je / vous / ils / nous / tu)
3. Est-ce que *Matthieu* est au Macdo? (Monsieur et Madame Ledoux / vous / tu / Pierre)
4. *Yves et Mathilde* ne sont pas au café. (Jean-Luc / je / Denise / vous / elles / on / tu)

Rappel grammatical

Le verbe *être*

Le verbe être *(to be)*	
je **suis**	nous **sommes**
tu **es**	vous **êtes**
il/elle/on **est**	ils/elles **sont**

À vous!

M. Ils ne sont pas de Paris. Even though many of your French friends live in Paris, they were not born there. When you ask if they're from Paris, they tell you where they're originally from. Using the information provided, ask and answer questions according to the model.

MODÈLE: vous / Avignon / une petite ville / Marseille

—*Vous êtes de Paris?*

—*Non, nous ne sommes pas de Paris. Nous sommes d'Avignon. C'est une petite ville près de Marseille.*

1. vous / Libourne / une petite ville / Bordeaux

2. tu / Pont-Évêque / un petit village / Lyon

3. Étienne et Dominique / Évreux / une petite ville / Rouen

4. vous / Roubaix / une assez grande ville / Lille

5. Pierre / Chenonceaux / un petit village / Tours

6. tu / Montauban / une petite ville / Toulouse

N. Sur mon portable. *(On my cell phone.)* While shopping at **Les 4 Temps,** a large shopping mall on the western outskirts of Paris, you get separated from your friends. You call them on your cell phone to find out where they are. Use the information provided to imitate the model conversation.

MODÈLE: Jean-Luc / Navy Blue / un magasin de vêtements / dans la Rotonde des Miroirs, près de la Grand'Place

—*Allô!*

—*Jean-Luc, c'est toi? Où es-tu?*

—*Je suis à Navy Blue.*

—*C'est quoi, Navy Blue?*

—*C'est un magasin de vêtements.*

—*Où est-il?*

—*Il est dans la Rotonde des Miroirs, près de la Grand'Place.*

—*D'accord. J'arrive.*

1. Michèle / Vincara / une bijouterie / dans la rue des Arcades, en face de Bulle

2. Jean-Francis / Rodier Hommes / un magasin de vêtements / dans la rue des Arcades, en face de C & A

3. Jacqueline et Sophie / tante Julie / un fast-food / sur la place de la patinoire, à côté de la Cafétéria Casino

4. Gérard et Léon / Charles Jourdan / un magasin de chaussures *(shoes)* / près de la montée des Arcades

FLASH **VOCABULAIRE**

Où es-tu?
Où êtes-vous? } *Where are you?*
Où est...? *Where is . . .?*
D'accord. *OK.*
J'arrive! *I'll be right there!*

◾Contexte: *Au magasin de vêtements*

Chez Celio, on peut acheter des vêtements pour hommes et pour femmes.
Par exemple, on peut y acheter...

un tee-shirt 25€

un jean 39€
un blouson 45€

un pull 34€
29€

un pantalon 33€

une robe 120€

des chaussures 60€

une chemise 24€

une jupe 80€
65€

un costume 220€

➤ *Qu'est-ce que vous en pensez?*

France has traditionally been associated with high fashion (**la haute couture**) and famous designers such as Coco Chanel, Yves Saint-Laurent, Givenchy, Pierre Cardin, Balenciaga, Christian Dior, and many others. Yet some of the clothing vocabulary you just learned comes from English. What factors might explain this apparent paradox?

Ça se dit comment?

Pour identifier les vêtements (To identify items of clothing)

un anorak	winter jacket	une jupe	skirt
un blouson	jacket	un pantalon	pants
des baskets (f.pl.)	sneakers	un pull	sweater
des bottes (f.pl.)	boots	une robe	dress
des chaussettes (f.pl.)	socks	des sandales (f.pl.)	sandals
des chaussures (f.pl.)	shoes	un short	shorts
(des souliers, m.pl.)		un sweat	sweatshirt
une chemise	shirt	un tailleur	(woman's) suit
un chemisier	blouse	un tee-shirt	t-shirt
un costume	(man's) suit	des tennis (m.pl.)	sneakers
une cravate	tie	une veste	light jacket
un débardeur	tank top	les vêtements (m.pl.) pour femmes	women's clothing
un jean	jeans	les vêtements pour hommes	men's clothing
un jogging	warmup suit		

Zoom!

It was in the 10th century that shoes became popular in France. Previously, people wore sandals (which came from Egypt) and boots (which were invented by the Chinese). Today France produces about 120 million pairs of shoes each year along with 50 million pairs of slippers (**pantoufles**).

Ça se dit comment?

Pour compter de 21 à 100 (To count from 21 to 100)

21	vingt et un	41	quarante et un	61	soixante et un	81	quatre-vingt-un
22	vingt-deux	42	quarante-deux	62	soixante-deux	82	quatre-vingt-deux
23	vingt-trois	43	quarante-trois	63	soixante-trois	83	quatre-vingt-trois
24	vingt-quatre	44	quarante-quatre	64	soixante-quatre	84	quatre-vingt-quatre
25	vingt-cinq	45	quarante-cinq	65	soixante-cinq	85	quatre-vingt-cinq
26	vingt-six	46	quarante-six	66	soixante-six	86	quatre-vingt-six
27	vingt-sept	47	quarante-sept	67	soixante-sept	87	quatre-vingt-sept
28	vingt-huit	48	quarante-huit	68	soixante-huit	88	quatre-vingt-huit
29	vingt-neuf	49	quarante-neuf	69	soixante-neuf	89	quatre-vingt-neuf
30	trente	50	cinquante	70	soixante-dix	90	quatre-vingt-dix
31	trente et un	51	cinquante et un	71	soixante et onze	91	quatre-vingt-onze
32	trente-deux	52	cinquante-deux	72	soixante-douze	92	quatre-vingt-douze
33	trente-trois	53	cinquante-trois	73	soixante-treize	93	quatre-vingt-treize
34	trente-quatre	54	cinquante-quatre	74	soixante-quatorze	94	quatre-vingt-quatorze
35	trente-cinq	55	cinquante-cinq	75	soixante-quinze	95	quatre-vingt-quinze
36	trente-six	56	cinquante-six	76	soixante-seize	96	quatre-vingt-seize
37	trente-sept	57	cinquante-sept	77	soixante-dix-sept	97	quatre-vingt-dix-sept
38	trente-huit	58	cinquante-huit	78	soixante-dix-huit	98	quatre-vingt-dix-huit
39	trente-neuf	59	cinquante-neuf	79	soixante-dix-neuf	99	quatre-vingt-dix-neuf
40	quarante	60	soixante	80	quatre-vingts	100	cent

Ici, en France...

Tu as du fric? Do you have any money? The French word for money is **l'argent,** but many people use the slang expression **fric.** Since the French Revolution at the end of the 18th century, our main unit of currency had been the **franc.** However, with the creation of a common monetary system in Europe, the **franc** was replaced by the **euro** (early 2002). The main units of currency are the **euro** and the **euro cent.** When you give prices, you write **22€50** or **22,50** and you say: **vingt-deux euros cinquante.**

➤ Qu'est-ce que vous en pensez?

Imagine the effect of suddenly replacing U.S. dollars with another form of currency. What changes would occur? What problems might arise? How do you think people would feel about the change?

À vous!

O. **Qu'est-ce qu'on porte?** *(What do people wear?)* Answer the following questions about what people wear.

1. Les vêtements unisexes: que portent les hommes et les femmes?
2. Les vêtements pour femmes: que portent les femmes?
3. Les vêtements pour hommes: que portent les hommes?
4. Qu'est-ce qu'on porte pour aller dîner dans un restaurant très chic?
5. Qu'est-ce qu'on porte pour jouer au tennis?
6. Qu'est-ce qu'on porte pour aller au cinéma?
7. Qu'est-ce que tu portes aujourd'hui *(today)*?

P. **Combien?** As you listen to these short conversations, identify the price mentioned in each one.   [items 1–7]

Q. **C'est combien, un pantalon?** You and a friend are at the Celio clothing store (see page 83). As you see items that interest you, you ask each other about their prices and then react to what you hear. Select items in any order you wish.

> MODÈLES: —*C'est combien, un pantalon?*
> —*33 €. (Trente-trois euros.)*
> —*Ah, c'est un peu cher.*
>
> —*C'est combien, les chaussures?*
> —*65 €. (Soixante-cinq euros.)*
> —*Elles sont en solde* (on sale). *C'est un très bon prix.*

FLASH VOCABULAIRE

C'est (très, assez, un peu) cher.	*It's (very, fairly, a little) expensive.*
C'est un (très) bon prix.	*It's a (very) good price.*
C'est un prix intéressant.	*It's an attractive price.*
Il/Elle est (Ils/Elles sont) en solde.	*It's (They're) on sale.*

MC Audio CD1, Track 20 (Ex. P)

Suggestion, Ex. P: Before doing this exercise, have students practice the numbers. For example, have them repeat in chorus (11–20, 21–29, etc.). Then have them count: 10–100 by 10, 1–99 (odd numbers), 2–100 (even numbers). You can ask them to do simple arithmetic problems: **Combien font 25 et 35? (19 et 42, 16 et 18,** etc.). Finally, do a speed math drill. Write problems on the board such as: **6 × 10 − 9 ÷ 3 + 16 = ?** Have students give the result of each calculation: **60, 51, 17, 33.** Be careful to stay within the 0–100 range of numbers.

Alert students to the fact that they won't understand everything in the conversations for Exercise P; tell them to concentrate on picking out the numbers. Each number is mentioned twice in the conversation.

Answers, Ex. P: 1. 58 €
2. 34 €   3. 47 €   4. 29 €
5. 61 €   6. 10,50 €
7. 16,25 €

●Échange: *Je cherche une chemise*

Edris est chez Celio où il parle avec une vendeuse.

VENDEUSE: Bonjour, Monsieur. Vous cherchez quelque chose?
EDRIS: Bonjour, Madame. Oui, je cherche une chemise.
VENDEUSE: De quelle couleur?
EDRIS: Je ne sais pas... euh... bleue ou verte ou rouge.
VENDEUSE: Quelle taille?
EDRIS: 44, je pense.
VENDEUSE: Voici une chemise bleue. Elle est en solde.
EDRIS: Ah, oui? C'est combien?
VENDEUSE: 23€. Elle est très jolie.
EDRIS: Oui, elle est très bien. Bon. Je la prends.

Je ne sais pas: *I don't know*
je pense: *I think*
joli: *pretty, nice-looking*
quelque chose: *something*
vendeuse: *saleswoman*

Ça se dit comment?

Pour identifier les couleurs (To identify colors)

blanc (blanche)   bleu(e)   orange   violet(te)
noir(e)   vert(e)   rouge   mauve
gris(e)   jaune   rose   beige
brun(e) / marron

FLASH GRAMMAIRE

L'accord des adjectifs (*Adjective agreement*)

Adjectives agree with the nouns they modify.
   Le pantalon est **bleu.**   **La** chemise est **bleue.**

Most adjectives form the feminine by adding **-e** (unless they already end in **-e**).
   gris → grise   **vert → verte**
BUT: **rouge → rouge**
EXCEPTIONS: **blanc → blanche / violet → violette / marron** (which doesn't change)

La place des adjectifs (*Adjective position*)

Adjectives of color go after the noun they modify.
   un pantalon **bleu**   une chemise **bleue**

Ça se dit comment?

Pour acheter un vêtement
(To buy an item of clothing)

Je cherche...
I'm looking for...

Quelle taille?
What size?

De quelle couleur?
What color?

Je le (la) prends.
I'll take it.

Zoom!

Les tailles

Femmes: robes, tailleurs, jeans, pantalons

USA	5/6	7/8	9/10	11/12	13/14	15/16		
France	36	38	40	42	44	46		

Femmes: pulls, sweats, chemisiers

USA	30	32	34	36	38	40	42	
France	36	38	40	42	44	46	48	

Hommes: complets, pulls, sweats, chemises

USA	34	36	38	40	42	44	46	
France	44	46	48	51	54	56	59	

Hommes: jeans, pantalons

USA	26	28	30	32	34	36	38	40
France	36	38	40	42	44	46	48	50

Hommes et femmes: tee-shirts

USA	XS	S	M	L	XL	XXL		
France	1	2	3	4	5	6		

À vous!

Suggestion, Ex. R: Adjective agreement and position is being introduced incrementally, starting with adjectives of color. While doing this exercise, you may wish to point out to students that adjectives of nationality also follow the noun they modify.

R. De quelle couleur est le drapeau...? Ask your partner the colors of the flags.

> MODÈLE: le drapeau français
> —*De quelle couleur est le drapeau français?*
> —*Il est bleu, blanc et rouge.*

Algérie　　**Allemagne**　　**Brésil**

États-Unis d'Amérique　　**France**　　**Mexique**

Zoom!

Each of the colors on the Olympic flag represents one of the five continents.

le bleu = l'Europe
le noir = l'Afrique
le rouge = l'Amérique
le jaune = l'Asie
le vert = l'Australie

1. le drapeau allemand
2. le drapeau américain (des USA)
3. le drapeau mexicain
4. le drapeau algérien
5. le drapeau brésilien
6. le drapeau français

👥 **S. Qu'est-ce qu'ils portent?** Tell your classmate what each person is wearing. Don't forget to give the color.

MODÈLE: —Qu'est-ce que Jean-Pierre porte?
—Il porte un polo blanc et un pantalon noir.

Jean Pierre

1 Sylvie

2 Thomas

3 Alain

4 M. Bergerac

5 Jeanne

6 Mireille et Vincent

7 Annick

8 Et toi?

👥 **T. C'est qui?** Think of a classmate and tell your partner one item of clothing the classmate is wearing (without identifying him/her). Your partner will ask you questions until he/she can guess who the person is.

MODÈLE: —Il/Elle porte un pantalon.
—De quelle couleur est le pantalon?
—Il est noir.
—Il/Elle porte une chemise rouge?
—Oui.
—C'est John?
—Oui, c'est John.

ﭮﭮ U. Chez Celio. Edris and Mariam are at the Celio clothing store. For each item Edris or Mariam is looking to buy, imagine his or her conversation with the salesperson. Talk about colors, size, and price.

MODÈLE: un blouson / 68€
—*Bonjour, Madame. Vous cherchez quelque chose?*
—*Bonjour, Mademoiselle. Oui, je cherche un blouson.*
—*De quelle couleur?*
—*Blanc.*
—*Quelle taille?*
—*40.*
—*Voici un blouson blanc en taille 40.*
—*C'est combien?*
—*68 euros, Madame.*
—*Ah, c'est un bon prix. Je le prends.*

Pour Mariam
1. une jupe / 53€
2. un chemisier / 37€
3. un jogging / 43€
4. un pull / 50€

Pour Edris
5. un pantalon / 58€
6. une chemise / 38€
7. un jogging / 43€
8. un short / 29€

> Do **À faire! (2-3)** on page 71 of the **Manuel de préparation.**
> * Follow-up: clothing, colors
> * Preparation: agreement and position of adjectives
>   *(Contrôle 6)*

SUGGESTED LESSON OUTLINE:
Students assigned **À faire! (2-3)** have reviewed clothing, colors, and the numbers from 21–100. They have also worked with the agreement and position of adjectives of color and have taken **Contrôle 6.** Ex. XVI (create original outfits) was not self-correcting.
   In this segment, do **Rappel grammatical: L'accord et la place des adjectifs de couleur** (Ex. V, W, X, Y), **Contexte: Au magasin de matériel électronique** (Ex. Z, AA, BB, CC).

Exercice de substitution
1. *Le pantalon* est vert. (la robe / le short / la jupe / les sandales / le tee-shirt / les baskets)
2. *La chemise* est blanche. (le pantalon / la jupe / les chaussures / le tailleur / les tennis)
3. *Un pantalon* bleu. (un short / des chaussures / une robe / un costume / une jupe)
4. *Une chemise* jaune. (une jupe / un jogging / une robe / des bottes / des baskets / un short)

Rappel grammatical

L'accord et la place des adjectifs de couleur

Agreement

Adjectives of color agree in *gender* and in *number* with the nouns they modify. Note that some have the same form in the masculine and feminine. Some do not take **s** in the plural.

MASCULINE	FEMININE	PLURAL
vert	verte	verts / vertes
bleu	bleue	bleus / bleues
rouge	rouge	rouges
jaune	jaune	jaunes
noir	noire	noirs / noires
brun	brune	bruns / brunes
blanc	blan**che**	blancs / blanches
violet	viole**tte**	violets / violettes
orange	orange	orange
marron	marron	marron

Position

Adjectives of color come *after* the noun they modify.

un pantalon **bleu**	des chemisiers **blancs et rouges**
une jupe **verte**	des bottes **noires**

À vous!

V. Et eux, qu'est-ce qu'ils portent? Identify the clothing items and colors worn by each person.

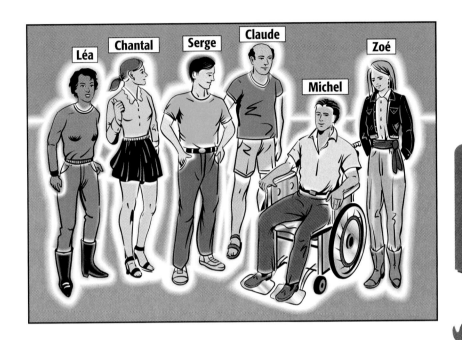

FLASH VOCABULAIRE

| clair | *light* | un pantalon **bleu clair** / une chemise **vert clair** |
| foncé | *dark* | un short **vert foncé** / des tennis **bleu foncé** |

Colors with **clair** and **foncé** are invariable; they do *not* agree with the noun they modify.

W. Qu'est-ce que je mets avec...? *(What do I wear with . . . ?)* Find out from a classmate his/her recommendations as to what to wear with these clothing items.

MODÈLE: un pantalon bleu
—*Qu'est-ce que je mets avec un pantalon bleu?*
—*Avec un pantalon bleu, tu mets une chemise blanche ou bleue et une cravate rouge ou, si tu préfères, tu mets une chemise rouge avec un pull blanc. Et tu mets des chaussures noires, bien sûr (of course).*

1. un pantalon marron
2. un tee-shirt jaune
3. un jean
4. un short vert
5. une veste violette
6. un pull blanc

FLASH VOCABULAIRE

je mets *I put on*
tu mets *you put on*

X. Quelles sont tes couleurs préférées? Find out from each of your partners what his/her favorite colors are and what clothing he/she has of those colors.

> Notice that in French, when talking *about* colors you use an article and the masculine form. **Moi, je préfère le bleu.** *(I prefer blue.)* **J'aime beaucoup les bruns et les verts de Cézanne.** *(I really like the browns and greens of Cézanne.)*

MODÈLE: —*Quelles sont tes couleurs préférées, Marie?*
—*Moi, j'aime beaucoup le bleu et le violet.*
—*Tu as des vêtements bleus?*
—*Ah, oui. J'ai trois jupes bleues, deux chemisiers bleus et des jeans bleus aussi.*
—*Et tu as des vêtements violets? etc.*

FLASH GRAMMAIRE

The demonstrative adjectives **ce, cet, cette, ces**

In French, to indicate *this* or *that,* you use **ce** or **cette**; to indicate *these* or *those,* you use **ces.**

ce pantalon	*this (that) pair of pants* (m.)
cet anorak	*this (that) winter jacket* (m., beginning with a vowel sound)
cette jupe	*this (that) skirt* (f.)
ces pulls	*these (those) sweaters* (m.pl.)
ces sandales	*these (those) sandals* (f.pl.)

Y. C'est de qui, ce tableau? *(Who did this painting?)* Read the **Zoom!** on page 93 and try to identify who did each of the paintings. Then have a short discussion about the artist's colors and your feelings about the painting.

FLASH VOCABULAIRE

le tableau	*painting*
le peintre	*painter*
utiliser...	*to use . . .*
les couleurs claires	*light colors*
les couleurs foncées	*dark colors*
les couleurs vives	*bright colors*

MODÈLE: —*C'est de qui, ce tableau?*
—*C'est un tableau de Seurat, je pense* (I think).
—*Il utilise des couleurs claires.*
—*Oui. J'aime les bleus et les verts.*
—*Moi, j'aime beaucoup Seurat. Et toi?*
—*Moi, je n'aime pas tellement Seurat. Je préfère Manet et Renoir.*

During the second half of the 19th century, France was the art capital of the world. Among the famous painters of that period are:

- **Manet** (1832–1883): precursor of the impressionists; known for his use of broad, simple color areas and vivid, bold brush technique
- **Cézanne** (1839–1906): post-impressionist, known for his landscapes and still lifes in which natural forms begin to be reduced to geometric figures
- **Monet** (1840–1926): leader of the impressionists; known for his paintings of the same scene under different light conditions
- **Renoir** (1841–1919): also an impressionist; known for his paintings of people, oftentimes enjoying themselves
- **Gauguin** (1848–1903): stockbroker who turned painter later in life, known for his paintings of Tahiti
- **Seurat** (1859–1891): known for his paintings characterized by minuscule points of pure color (**pointillisme**)

■ Contexte: *Au magasin de matériel électronique*

http://jvb.heinle.com
Transparencies 2-3A, 2-3B

Darty est un magasin d'électroménager et de matériel hi-fi et vidéo. On peut y acheter...

un moniteur

un clavier

une souris
*un ordinateur (multimédia)
(avec lecteur CD-ROM /
avec lecteur DVD) 1.270 euros*

*un ordinateur portable
1.110 euros*

une télécommande

*un téléviseur
245 euros*

des haut-parleurs

*une chaîne hi-fi
290 euros*

*un caméscope
629 euros*

Ça se dit comment?

Pour identifier le matériel électronique *(To identify electronic equipment)*

un caméscope	camcorder	un ordinateur (portable)	(laptop) computer
une chaîne hi-fi	stereo set	un portable	cell phone
un clavier	keyboard	une radiocassette laser	boombox with CD player
des haut-parleurs *(m.pl.)*	speakers	un répondeur	telephone answering machine
un lecteur DVD	DVD player	une souris	mouse
un magasin de matériel électronique	electronics store	une télécommande	remote control
un magnétoscope	VCR	un télécopieur	fax machine
un moniteur	monitor	un téléviseur	TV set

> *Qu'est-ce que vous en pensez?*

In France, as in the U.S., cell phones have become very common. How has the use of cell phones changed our behavior? Are the behavioral changes always for the better? Why or why not?

un magnétoscope
255 euros

une radiocassette laser
139 euros

un télécopieur
215 euros

un portable
85 euros

un répondeur
23 euros

Ça se dit comment?

Pour compter de 101 à 1 000 000 *(To count from 101 to a million)*

101	cent un	1 000	mille
102	cent deux	2 000	deux mille
		2 500	deux mille cinq cents
200	deux cents	1 551	deux mille cinq cent cinquante et un
201	deux cent un	1 000 000	un million
202	deux cent deux		

À vous!

Z. **Soyons précis!** As you listen to the mini-conversations, write the missing numbers on a separate sheet of paper. [items 1–16]

AA. **Lisez!** *(Read!)*

1. Read the telephone numbers (**les numéros de téléphone**) aloud in French.
   a. 05.61.83.92.42
   b. 04.98.66.54.78
   c. 01.34.52.76.97
   d. 03.84.91.71.95
   e. 02.35.78.16.49

2. Give the population of these cities in French.
   a. Lyon   422 444
   b. Lille   178 301
   c. Marseille   807 726
   d. Bordeaux   213 274
   e. Paris   2 152 423

3. In French, decimals are written with a comma; for example, **3,2** (**trois virgule deux**) = *3.2 (three point two)*. Read the following decimals in French.
   a. 9,80   g. 16,1
   b. 10,61   h. 79,81
   c. 29,72   i. 30,95
   d. 13,3   j. 31,4
   e. 253,46   k. 426,6
   f. 357,75   l. 338,94

BB. **Est-ce que tu as... ?** *(Do you have . . . ?)* Find out from your partner if he/she has each of the electronic items mentioned below.

> MODÈLE: un caméscope
> —*Est-ce que tu as un caméscope?*
> —*Oui, j'ai un caméscope.* OU *Non, je n'ai pas de caméscope. Mais je voudrais avoir un caméscope.* OU *Non, je n'ai pas de caméscope. Je n'ai pas besoin d'un caméscope.*

1. un caméscope
2. un ordinateur avec lecteur CD-ROM
3. une chaîne hi-fi
4. un téléviseur avec télécommande
5. un magnétoscope
6. une radiocassette laser
7. un portable

FLASH VOCABULAIRE

j'ai un/une (des)... *I have a (a/an, some)*
je n'ai pas de (d')... *I don't have a (an, any) . . .*
j'aimerais avoir un (une, des)... *I'd like to have a (a/an, some) . . .*
j'ai besoin d'un (d'une, de)... *I need a (a/an, some) . . .*
je n'ai pas besoin de (d')... *I don't need a (an, any) . . .*

Side notes

Suggestion, Numbers: Before doing Exercises Z, AA, BB, and CC, review the numbers from 0–100. Then introduce the new numbers by logical sets: 101–120, 200–1000 by 100s, 2000 to 3000 by 100s, 1 million. Have students count by 10s from 0 to 100; by 2s from 70–100 (even numbers) and 71–101 (odd numbers).

Answers, Ex. Z: 1. 04.94.83.92.42 2. 02.97.66.54.78   3. 01.46.53.76.98 4. 03.83.91.95.81   5. 83   6. 75   7. 350 8. 95   9. 365   10. 99   11. 889   12. 470 13. 453 187   14. 807 071   15. 218 948 16. 2 147 857

Large numbers in French are not written with commas but rather with spaces or with periods. Therefore, **2 354 780** and **2.345.780** both are the equivalents of 2,354,780 (two million three hundred fifty-four thousand seven hundred and eighty).

Suggestion, Ex. BB: The forms **j'ai, je n'ai pas de, j'aimerais avoir, je (n')ai (pas) besoin de** are presented here as fixed vocabulary items for practice. Students will learn the full conjugation of **avoir** in the next *À faire!*

In France, you can pay in cash (**en liquide, en espèces**); with a check (**par chèque**) if your purchase amounts to at least 10 euros; or with a debit/credit card (**par carte bleue, par carte de crédit**) if your purchase amounts to at least 20 euros. Most checking accounts come with a debit card that you can use at no extra cost at an ATM (**distributeur automatique de billets**). You must use your PIN number (**code confidentiel**).

CC. C'est combien, une chaîne-hi-fi? Ask a classmate how much each of the electronic items costs in France. When you hear the answer, comment on it using the expressions you learned while talking about clothing prices: **C'est (très, assez) cher. / C'est un bon prix (un prix intéressant).**

> MODÈLE: une chaîne hi-fi / 180€
> —*C'est combien, une chaîne hi-fi?*
> —*180 euros.*
> —*Ah, c'est assez cher.*

1. un téléviseur couleur / 450€
2. un magnétoscope / 120€
3. un appareil photo / 320€
4. un portable / 50€
5. un ordinateur (avec moniteur et lecteur CD-ROM) / 2.800€
6. un lecteur CD / 25€

Octante-sept euros, s'il vous plaît.

In Belgium and Switzerland, the numbers between 70 and 99 are not the same as in France.

EN BELGIQUE	EN SUISSE
70 septante	**70 septante**
80 octante	**80 huitante**
90 nonante	**90 nonante**

Do **À faire! (2-4)** on page 77 of the **Manuel de préparation.**
* Follow-up: electronics vocabulary, numbers from 70 to 1,000,000
* Preparation: the verb **avoir** *(Contrôle 7)*

SUGGESTED LESSON OUTLINE:
Students assigned *À faire! (2-4)* have written the electronics vocabulary and reviewed the numbers from 101 to 1,000,000; they have also worked with the verb **avoir** and the expressions **avoir faim, avoir soif, avoir besoin de,** and have taken *Contrôle 7.* Ex. XVII (describing clothing for different occasions) was not self-correcting.

In this segment, do *Rappel grammatical: Le verbe* avoir (Ex. DD, EE, FF), *Le monde francophone, Lecture: Deux calculatrices* (Ex. GG, HH, II).

Exercice de substitution

1. *Luc* a soif, mais il n'a pas faim. (Chantal / je / nous / Irène et Claude / tu / vous / on)
2. Est-ce que *François* a un caméscope? (tu / Mireille / Michèle et Francine / vous / Jean-Jacques)
3. *Ils* n'ont pas de téléviseur. (elle / tu / nous / je / elles / Éric)
4. *Ils* n'ont pas d'ordinateur non plus. (il / nous / vous / on / je / tu / elles)
5. *Nous* avons besoin d'*une calculatrice.* (Jacques, un ordinateur / je, un magnétoscope / vous, une chaîne hi-fi / tu, un lecteur DVD / ils, un téléviseur couleur)

MC Audio CD1, Track 23 (Ex. EE)

Answers, Ex. EE: PART 1: 1. avoir
2. aller   3. aller   4. avoir   5. avoir
6. aller   7. avoir   8. avoir   9. aller
PART 2: 1. avoir   2. avoir
3. aller   4. aller   5. avoir
6. aller   7. aller   8. avoir
9. aller   10. avoir   11. avoir
12. avoir   13. aller   14. aller
15. aller

Rappel grammatical

Le verbe *avoir*; quelques expressions avec *avoir*

Le verbe avoir *(to have)*	
j'**ai**	nous **avons**
tu **as**	vous **avez**
il/elle/on **a**	ils/elles **ont**

Elle **n'a pas de** voiture.	*She **doesn't have** a car.*
Nous **avons besoin d'**une calculatrice.	*We **need** a calculator.*
Tu **n'as pas faim,** mais tu **as soif,** c'est ça?	*You'**re not hungry,** but you'**re thirsty,** is that right?*

À vous!

DD. Une enquête. Survey several of your classmates as to what they possess in each of the following categories. Be prepared to report back to the class on the results.

Musique et audiovisuel: **cassette, CD, jeu vidéo, cassette vidéo**
Matériel électronique: **ordinateur, chaîne hi-fi, magnétoscope, lecteur DVD,** etc.
Moyens de transport: **voiture, moto, vélo, vélomoteur** *(motorbike)*
Vêtements: **jean, blouson, tee-shirt, pull, tailleur, costume,** etc.

EE. C'est *aller* ou *avoir*? In French, a single sound is often all that distinguishes two expressions with quite different meanings. This is true for certain forms of **aller** and **avoir** (e.g., **vous allez, vous avez**). Use a separate sheet of paper to do this listening exercise.   [items 1–15]

FF. Une petite discussion. Discuss the following topics with a few classmates. Find out how they feel about the topics suggested, and then talk about what they have or would like to have or don't feel they need in each category.

1. Tu aimes (Vous aimez) la musique? (une chaîne hi-fi / un lecteur DVD / un baladeur ou un walkman / une radiocassette)
2. Tu aimes (Vous aimez) les films? (un téléviseur couleur / un magnétoscope / un caméscope)
3. Tu aimes (Vous aimez) les vêtements unisexes? (un jean / un blouson / un tee-shirt / un sweat / des sandales / des tennis)

Le monde francophone

Le petit commerce
Les villes francophones ont souvent des boutiques élégantes et des centres commerciaux à l'européenne. Mais beaucoup de gens préfèrent acheter la nourriture, les vêtements, les articles ménagers, les bijoux, etc., selon les vieilles traditions.

Les souks au Maroc et en Tunisie sont toujours pleins de gens qui cherchent des objets fabriqués par les artisans. Chaque rue étroite bordée de petites boutiques a sa spécialité: tapis, objets en cuir, meubles, poterie, henné, maquillage.

Dans les marchés en plein air à Abidjan, capitale de la Côte d'Ivoire, on peut tout acheter— nourriture, fleurs, tissus, vêtements, statues en bois, instruments de musique.

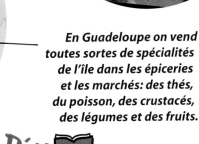

En Guadeloupe on vend toutes sortes de spécialités de l'île dans les épiceries et les marchés: des thés, du poisson, des crustacés, des légumes et des fruits.

Dico 📖

beaucoup de: *many*
bijoux: *jewelry*
bordée de: *lined with*
chaque: *each*
crustacés: *shellfish*
cuir: *leather*
en bois: *wooden*
étroite: *narrow*
fleurs: *flowers*
gens: *people*
henné: *hair- and face-dye*
maquillage: *makeup*

marchés en plein air: *outdoor markets*
ménager: *household*
meubles: *furniture*
nourriture: *food*
pleins de gens: *full of people*
poisson: *fish*
poterie: *pottery*
selon les vieilles: *according to the old*
souks: *North African commercial streets*
tapis: *rugs*
tout: *everything*

▶ Qu'est-ce que vous en pensez?

Where are the small businesses located in the area where you live? Who shops there? Why? Are there other traditional shopping sites, such as roadside farm stands, that still exist in your area? What has been the effect of malls and large chains on shopping habits?

●Lecture: *Deux calculatrices*

In France, as in the U.S., advertising (what the French call **la publicité** or **la pub**) is big business. In this reading, you'll work with ads for an item that you, as a student, might want or need.

GG. Pré-lecture. When you read an ad in a newspaper or magazine, how often do you expect to find each of the following types of information—always? usually? rarely? never?

1. type of product
2. brand name
3. name and address of manufacturer
4. price
5. materials, ingredients, and/or features
6. picture of the product
7. reasons for buying the product
8. testimonials

Pour lire

Skimming and scanning

Skimming and scanning are two techniques you use when your main concern is to get information from a document or text.

Skimming involves looking quickly over the materials to get a general idea of the type of text you're dealing with and the basic content you're likely to find. In skimming, you make use of the physical layout and design as well as of any apparent cognates. Exercise GG basically asks you to skim the ads for general information.

Scanning involves looking over the material in search of a particular piece of information. In scanning, you focus on specific details while ignoring unrelated information. Exercise II asks you to scan the calculator ads in order to answer certain questions.

Skimming and scanning usually occur simultaneously and are very useful when you have a specific need for information and are confronted with large amounts of unfamiliar vocabulary.

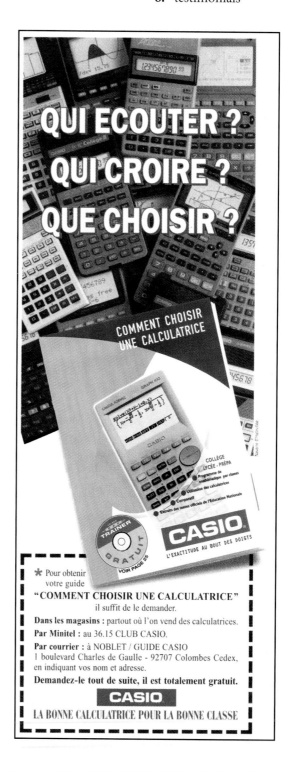

QUI ECOUTER ?
QUI CROIRE ?
QUE CHOISIR ?

COMMENT CHOISIR UNE CALCULATRICE

CASIO
L'EXACTITUDE AU BOUT DES DOIGTS

✱ Pour obtenir votre guide
"COMMENT CHOISIR UNE CALCULATRICE"
il suffit de le demander.
Dans les magasins : partout où l'on vend des calculatrices.
Par Minitel : au 36.15 CLUB CASIO.
Par courrier : à NOBLET / GUIDE CASIO
1 boulevard Charles de Gaulle - 92707 Colombes Cedex, en indiquant vos nom et adresse.
Demandez-le tout de suite, il est totalement gratuit.

CASIO
LA BONNE CALCULATRICE POUR LA BONNE CLASSE

QUE LA PUISSANCE SOIT AVEC TOI !

Plus de puissance, plus de rapidité, plus de graphisme, plus de mémoire, maintenant à portée de main.

En concevant l'outil mathématique le plus puissant du marché, Texas Instruments a révolutionné le monde des calculatrices.

Plus qu'une simple calculatrice, la **TI-92** est la première plate-forme

mathématique. Elle intègre des logiciels puissants jusqu'ici disponibles seulement sur des ordinateurs, avec une facilité d'utilisation étonnante (clavier d'ordinateur, menus déroulants, aide syntaxique, catalogue alphabétique de toutes les commandes...).

Les expressions et résultats sont affichés sous forme de symboles comme dans un livre de 1ère S ou Math. Spé.

TI-92 · 1 Mo de mémoire ROM
· 128 Ko RAM (ext. à 256 Ko)*
· Microprocesseur 68000
· Résultats symboliques
· Graphique en 3D
· Géométrie interactive
· Éditeur de texte

On a tous besoin d'une Texas Instruments.

TEXAS INSTRUMENTS

*Disponible au 1e trimestre 1996. Internet : http://www.ti.com/calc/docs/92.htm · 3615 TEXAS (2,23 F/mn)

HH. Casio et Texas Instruments. Read the two calculator ads. Then say which types of information listed in Exercise GG are contained in each ad.

II. Casio et Texas Instruments (suite). Scan the calculator ads in order to answer the following questions.

1. What's the main difference between the two ads?
2. What details are provided by the Texas Instruments ad?
3. What's the point of the Casio ad?
4. What populations are targeted by both ads?
5. How can you get more information about either of the calculators?
6. In your opinion, which ad is more effective?

> Do **À faire! (2-5)** on page 86 of the **Manuel de préparation.**
> * Vocabulary review
> * Grammar review

SUGGESTED LESSON
OUTLINE: Students assigned
À faire! (2-5) have reviewed
the vocabulary and the
grammatical structures of
this chapter and have written
a note about shopping in the
mall. Ex. XXV (a trip to the
mall) and XXVI (writing
an invitation) were not
self-correcting.

In this segment, do Ex. JJ,
KK, and LL of the *Intégration.*
If you wish, you can select one
or more of the activities in the
Branchez-vous! section.

▣Intégration

JJ. Aux Galeries Lafayette ou au Printemps. Two large French department store chains are **Les Galeries Lafayette** and **Printemps.** You and a classmate want to go shopping for clothes. On the basis of the drawings, decide which store you want to go to, then each of you goes there and buys the items in question. A third classmate plays the role of the salesperson. See page 88 for sizes.

MODÈLES:
—*Tu veux faire du shopping?*
—*Oui, j'ai besoin d'un short.*
—*Tu veux aller aux Galeries Lafayette ou au Printemps?*
—*Je préfère aller au Printemps; c'est moins cher.* OU *J'aime bien les vêtements aux Galeries Lafayette.*

Aux Galeries Lafayette OU Au Printemps
—*Bonjour, Monsieur (Madame, Mademoiselle). Vous cherchez quelque chose?*
—*Bonjour, Mademoiselle (Madame, Monsieur). Oui. J'ai besoin d'un short.*
—*Et la taille?, etc.*

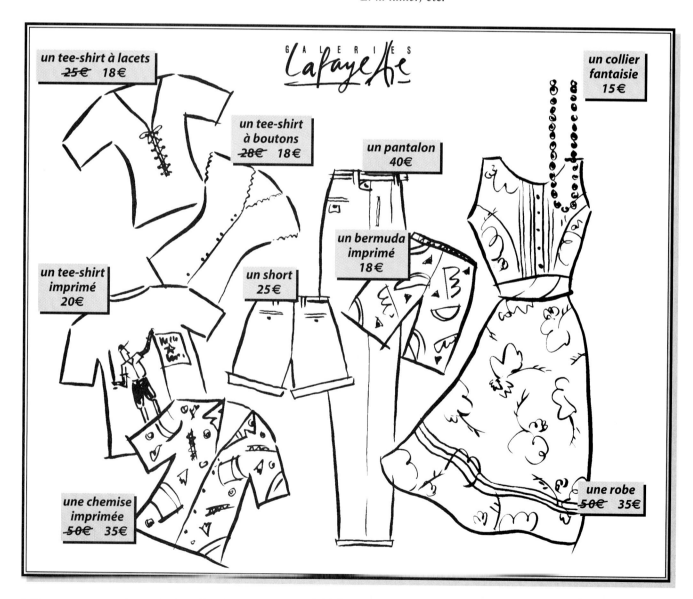

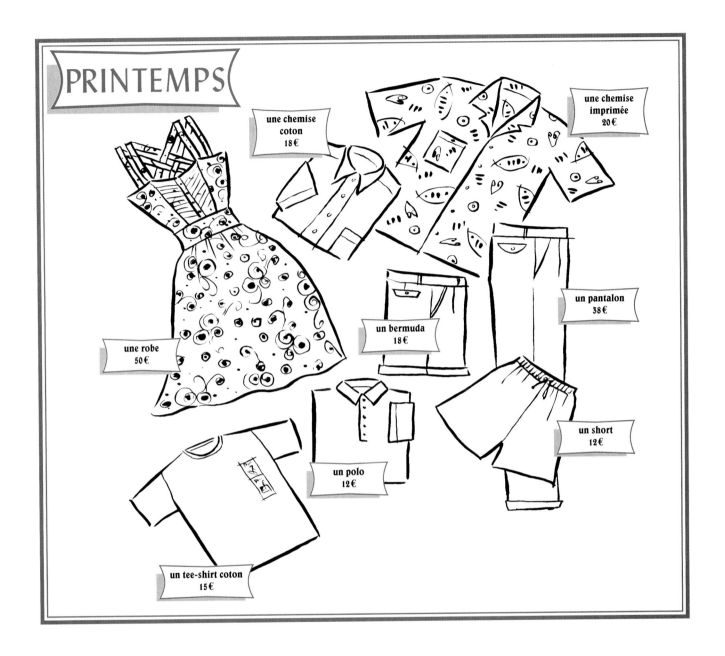

PRINTEMPS

une chemise
coton
18 €

une chemise
imprimée
20 €

un pantalon
38 €

un bermuda
18 €

une robe
50 €

un short
12 €

un polo
12 €

un tee-shirt coton
15 €

KK. **C'est quel nombre?** Write down the numbers mentioned in each of the short conversations the instructor plays for you. [items 1–10]

MC Audio CD1, TRACK 24 (Ex. KK)

Answers, Ex. KK: 1. 66   2. 72
3. 115   4. 20 995   5. 375
6. 02.74.25.03.31   7. 89   8. 42
9. 1.099   10. 56 000 000

LL. Au festival de Tarascon. Tarascon is a small town in southern France, not far from Avignon. Every year **la Fête des Fleurs** (*flowers*) is celebrated there. You're visiting Tarascon on the day of the festival, so you decide to participate in some of the activities. With the help of the festival poster and the vocabulary provided, choose at least five things you want to see or do. Then, using the map of Tarascon, write out your itinerary for the day. Include notes on directions so that you won't get lost.

VERBES: **aller / aller danser / manger / regarder / visiter**

MODÈLE: 10h30   *regarder le défilé devant l'hôtel*
11h   *aller à la place de la Mairie pour regarder les danses folkoriques (on tourne à gauche sur le boulevard Itam, on tourne à droite dans la rue du Jeu-de-Paume, on tourne à droite encore une fois et on continue jusqu'à la place de la Mairie) etc.*

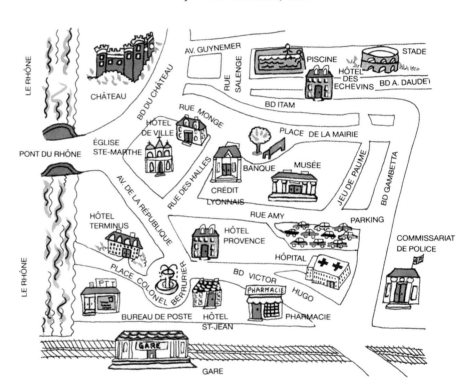

In France, most public events are listed in official time—that is, using the 24-hour clock. For times after 12 noon, subtract 12 from the official time. For example, **14h** = 2:00 in the afternoon; **19h30** = 7:30 in the evening.

FÊTE DES FLEURS

Tarascon

samedi 27 juin

10h30	Défilé[1]: la Grande Cavalcade (bd Victor Hugo, bd Gambetta, bd Itam)	16h–18h	Exposition de peintures (musée des Beaux-Arts)
11h–12h	Danses folkloriques (place de la Mairie)	19h–21h	Concert d'orgue[4] (Église Sainte-Marthe)
12h–14h	Dégustation[2]: spécialités de la région au bord du[3] Rhône	19h–21h	Dégustation: spécialités de la région (au bord du Rhône)
13h–15h	Concert de rock: Louis Bertgani et «Les Visiteurs» (place de la Mairie)	21h30	Spectacles son et lumière[5] (devant le château)
14h–18h	Sports: tennis, judo, volley-ball (stade municipal)	22h30	Feux d'artifice[6] (au bord du Rhône)
		23h	Bal[7] populaire (devant le château)

[1]*Parade*   [2]*(Food) tasting*   [3]*on the banks of*   [4]*organ*   [5]*sound and light*   [6]*Fireworks*   [7]*Dance*

Lexique

Pour se débrouiller

Pour indiquer où se trouve un bâtiment
Où est...?
Il est / Elle est...
    dans la rue...
    dans l'avenue...
    sur le boulevard...
    sur la place...

Pour situer quelque chose
au bout de
au coin de
à droite (de)
à gauche (de)
de l'autre côté de
en face de
à côté de
(tout) près de
loin de
entre
devant
derrière

Pour décrire un endroit
C'est une (assez) grande ville.
C'est une (assez) petite ville.
C'est un (petit) village.
Est-ce qu'il y a un (une)... ?
Est-ce qu'il y a des... ?
Qu'est-ce qu'il y a à... ?

Pour indiquer la fréquence
une fois par semaine
deux ou trois fois par mois
quatre ou cinq fois par an
souvent
de temps en temps
quelquefois
rarement
ne... jamais

Pour demander des renseignements
Pardon, Madame (Monsieur, Mademoiselle). La rue
    (l'avenue, le boulevard, la place)... , s'il vous
    plaît?
S'il vous plaît, Madame (Monsieur, Mademoiselle).
    La rue (l'avenue, le boulevard, la place)...

Pour dire comment aller quelque part
Vous sortez (Tu sors) de la gare (du musée, de
    l'hôtel)...
Vous prenez (Tu prends) le boulevard (la rue,
    l'avenue)...
Vous allez (Tu vas) tout droit.
Vous tournez (Tu tournes) à gauche (à droite) dans
    la rue (dans l'avenue, sur le boulevard)...
Vous continuez (Tu continues) jusqu'à la rue...
    (jusqu'à la place... jusqu'à l'avenue... , jusqu'au
    boulevard... , jusqu'au feu).
Vous traversez (Tu traverses) le boulevard (la rue,
    l'avenue, la place)...

Pour parler d'argent
un billet
un euro
un euro cent
une pièce

Pour commenter les prix
C'est (très, assez, un peu) cher.
C'est un (très) bon prix.
C'est un prix intéressant.
Il/Elle est (Ils/Elles sont) en solde.

Pour acheter un vêtement
De quelle couleur?
Je cherche...
Je le (la) prends.
Quelle taille?

Pour parler de tableaux
le peintre
le tableau
utiliser
    les couleurs claires
    les couleurs foncées
    les couleurs vives

Pour parler de ses possessions
j'ai un (une, des)...
je n'ai pas de (d')...
j'aimerais avoir un (une, des)...
j'ai besoin d'un (d'une, de)
je n'ai pas besoin de (d')...

Thèmes et contextes

Les endroits publics (m.pl.)
un aéroport
une bibliothèque
une boutique
un bureau de poste
un café
une cathédrale
un cimetière

un cinéma
un collège
un commissariat de police
une école primaire
une église
une gare
une gare routière
un hôtel

un hôtel de ville / une mairie
un lycée
un magasin
une mosquée
un musée
un palais de justice
un parc / un jardin public
un parking
une piscine
un restaurant
un stade
une synagogue
un temple
un théâtre
une université

Les bâtiments commerciaux (m.pl.)
une banque
une bijouterie
une boucherie
une boulangerie-pâtisserie
un (bureau de) tabac
un centre commercial
une charcuterie
une épicerie
une librairie
un magasin de matériel électronique
un magasin de musique
un magasin de sports
un magasin de vêtements
une papeterie
une pharmacie
un salon de coiffure
un supermarché

Les couleurs (f.pl.)

beige	mauve
blanc (blanche)	noir(e)
bleu(e)	orange
brun(e)	rose
gris(e)	rouge
jaune	vert(e)
marron	violet(te)

Pour compter de 21 à 1 000 000
See pp. 84 and 95.

Le matériel électronique
un caméscope
une chaîne hi-fi
un clavier
des haut-parleurs (m.pl.)
un lecteur DVD
un magasin de matériel électronique
un magnétoscope
un moniteur
un ordinateur (portable)
un portable
une radiocassette laser
une souris
une télécommande
un télécopieur
un téléviseur

Les vêtements (m.pl.)
un anorak
un blouson
des baskets (f.pl.)
des bottes (f.pl.)
des chaussettes (f.pl.)
des chaussures (f.pl.)
une chemise
un chemisier
un costume
une cravate
un débardeur
un jean
un jogging
une jupe
un pantalon
un pull
une robe
des sandales (f.pl.)
un short
des souliers (m.pl.)
un sweat
un tailleur
un tee-shirt
des tennis (m.pl.)
une veste
les vêtements (m.pl.) pour femmes (hommes)

Vocabulaire général

Noms
un drapeau

Verbes
avoir
être
je mets
tu mets

Autres expressions
à
ce, cet, cette, ces
clair
d'accord
de
foncé
il n'y a pas de (d')
il y a
J'arrive!
y

C'est quoi, ça?
Qu'est-ce que c'est?

Où es-tu/êtes-vous?
Où est... ?

Branchez-vous!

The *Branchez-vous!* sections of the **Manuel de classe** and the **Manuel de préparation** provide a variety of expansion activities that can be done in or out of class, by individual students, by small groups or by the class as a whole.

Internet

Please visit the **Je veux bien!** website at **http://jvb.heinle.com.** You'll find activities to practice the vocabulary and grammar you've learned in this chapter as well as cultural exploration activities that guide you through websites from around the French-speaking world.

Vidéo

Please visit the **Je veux bien!** website at **http://jvb.heinle.com** for the video activities that accompany this chapter. You'll get the most from watching the video for this chapter if you first visit the website and print out the video activities for this chapter. Then watch the video (in your classroom, language lab, or at home) and complete the activities for the chapter.

AU-DELÀ DU COURS:
Une ville où on parle français

Interview someone who comes from or has spent a lot of time in a French-speaking city (i.e., a city in France or in the Francophone world). Have this person describe the city to you in as much detail as possible. Try to determine to what degree it resembles the cities talked about in this chapter and in what ways, if any, it's different.

LECTURE:

La place Ville-Marie à Montréal

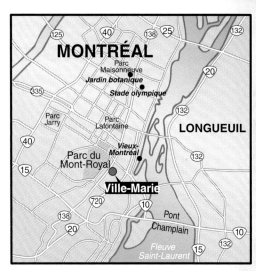

Read the following short text about one of Montreal's largest attractions, then do the reading exercise that follows.

En France, le mot «place» signifie un espace public entouré de constructions. À Montréal et au Canada en général, le mot «place» désigne souvent un bâtiment colossal où se trouvent des bureaux, des commerces, des jardins intérieurs, des restaurants et des distractions.

Construite en 1957 par l'architecte I. M. Pei (architecte aussi du nouveau Louvre à Paris), la place Ville-Marie est un exemple impressionnant de l'urbanisme montréalais, bien adapté au climat difficile de cette région située au nord du continent américain. Dans la tour, en forme de croix, il y a des bureaux. Sous la tour on trouve d'immenses parkings, un vaste centre commercial, des restaurants de toutes sortes, des agences bancaires, des cinémas, etc. Les galeries marchandes du centre commercial sont reliées au métro (la station Bonaventure), aux gares de train et d'autobus, à huit grands hôtels, au palais des Congrès, à des logements (studios et appartements), à l'université du Québec, à la place des Arts (où se trouvent des théâtres et des salles de concert) et à un autre grand centre commercial (la place Bonaventure).

En somme, les 400 000 personnes qui, chaque jour, fréquentent la place Ville-Marie y trouvent une véritable ville sous la ville.

Adapted from **Au Québec,**
Guide Hachette Visa, pp. 92–93

> ## Qu'est-ce que vous avez compris?

1. Your traveling companions, who don't speak French, see a sign for **la place Ville-Marie** and ask you what it is. Give them an explanation with as many details as you can.
2. Why might a French visitor to Montreal be somewhat confused the first time he/she saw the sign for **la place Ville-Marie?** (What would he/she be expecting to find?)

bâtiment: *building*
bureaux: *offices*
chaque jour: *each day*
croix: *cross*
entourés de: *surrounded by*
marchandes: *stores*
reliées: *connected*
sous: *under*
tour: *tower*

Carte d'identité: Le Québec

Situation: province au nord-est du Canada; à 1 heure d'avion de New York, à 7 heures d'avion de Paris

Population: 6 549 000 habitants (les Québécois)

Superficie: 1 688 000 km^2 (plus de 3 fois la superficie de la France)

Capitale: Québec

Villes principales: Montréal, Sherbrooke, Trois Rivières

Géographie: au sud, le long du fleuve Saint-Laurent, terres basses favorables à l'agriculture; au nord, forêts

Langues: français (81,2%), anglais (12%), amérindien, inuktitut (langue des Inuits)

Religion principale: catholicisme

Économie: agriculture, industries du bois (papier), métallurgie

Histoire: 1534—découverte du Saint-Laurent par l'explorateur français Cartier; 1608—fondation de la ville de Québec par Champlain; 1657—Guerre de Sept Ans entre la France et l'Angleterre; 1763— création de la province du Québec; 1791—le Bas-Canada francophone se sépare du Haut-Canada anglophone; 1840—réunion des deux Canadas avec l'anglais comme langue officielle; 1848—rétablissement du français comme langue officielle avec l'anglais; 1867—le Québec devient une province fédérée du Canada; 1968—proclamation du français comme seule langue officielle de la province

Deux villes: Québec et Montréal

Capitale de la province, Québec est la seule ville fortifiée d'Amérique du Nord. Elle est perchée sur un haut promontoire qui domine le Saint-Laurent. Beaucoup plus petite que Montréal (sa population est de 645 500 habitants), elle demeure une ville presque exclusivement francophone.

Montréal est située sur une grande île (50 km de long, 15 km de large) dans le Saint-Laurent. Ville cosmopolite de plus de 3 millions d'habitants, elle a vraiment une ambiance internationale. Francophone à l'est, anglophone à l'ouest, la ville comprend aussi des quartiers chinois, italiens, haïtiens, grecs et portugais.

Dico

ambiance: *atmosphere*
Ans: *Years*
bois: *wood*
comprend: *includes*
demeure: *remains*
fleuve: *river*
heure: *hour*
Inuits: *an Eskimo group*
promontoire: *headland*
rétablissement: *reestablishment*
seul(e): *only, single*
superficie: *area*
terres basses: *lowlands*

> ## Qu'est-ce que vous en pensez?

Founded in 1968, the **Parti Québécois** (separatist political party) continually calls for referendums on the possibility of Quebec separating from Canada and becoming an independent country with French as its sole official language. How has the history of the province contributed to this desire for independence?

Are there parts of the U.S. that seem "different" from the rest of the country? In what way(s)? Can you imagine a separatist party developing there? Why (not)?

ARCHITECTURE:
Les cathédrales

All of the major cities in France have at their center one or more cathedrals. Most of these impressive edifices date from the Middle Ages and reflect the two dominant styles of medieval architecture—the Romanesque and the Gothic.

l'église de Vézelay

L'architecture romane
(Romanesque architecture)

The 11th and 12th centuries in France saw the development of monastic orders and of a religious fervor inspired by the Crusades. Accompanying this religious revival was the construction of numerous churches in what came to be known as the Romanesque style.

Romanesque churches are characterized by the thickness of the walls, the solidity of the bell towers (**les tours clochers**), the use of buttresses (**contreforts**), and the prevalence of unbroken arches (**les arcs en plein cintre**). One of the most striking examples of Romanesque architecture is found at Vézelay, to the southeast of Paris.

une tour-clocher

des contreforts

l'arc en plein cintre

L'architecture gothique
(Gothic architecture)

Gothic architecture appeared in France toward the end of the 12th century along with the development of cities. Due to new construction techniques that allowed for more height and less weight, these cathedrals stretch up towards the sky as if a symbol of the power of faith. Gothic architecture reached its height in the 14th and 15th centuries. It is characterized by tall steeples (replacing the heavy Romanesque towers), flying buttresses (**les arcs-boutants**) that replace the earlier slab-like buttresses, broken arches (**l'arc brisé** or **l'arc en ogive**), and the use of stained glass windows (**les vitraux**). The cathedral at Reims is a wonderful example of the richness of Gothic architecture.

la cathédrale de Reims

des arcs boutants

**l'arc brisé /
l'arc en ogive**

un vitrail

On the basis of what you've learned about Gothic and Romanesque architecture, identify the style of each of the following buildings. Justify your choice by reference to some of the structural characteristics.

l'église de Notre-Dame-la-Grande (Poitiers)

la cathédrale de Chartres

la cathédrale d'Amiens

LITTÉRATURE:
« Pour toi mon amour » de Jacques Prévert

MC Audio CD1, Track 25
(«Pour toi mon amour»)

It's not at all unusual for someone to buy a small present for the person he/she is in love with. And in France one could go to an open-air market (**marché**) to find such a present. However, in this short poem by Jacques Prévert, the simple act of buying a present leads to a deeper idea about love. Listen to the poem being read aloud, then discuss the questions that follow with some of your classmates.

Pour toi mon amour

Je suis allé au marché aux oiseaux
    Et j'ai acheté des oiseaux
    Pour toi
    mon amour
Je suis allé au marché aux fleurs
    Et j'ai acheté des fleurs
    Pour toi
    mon amour
Je suis allé au marché à la ferraille
    Et j'ai acheté des chaînes
    De lourdes chaînes
    Pour toi
    mon amour
Et puis je suis allé au marché aux esclaves
    Et je t'ai cherchée
    Mais je ne t'ai pas trouvée
    mon amour.

Jacques Prévert, *Paroles*
©1949 Éditions Gallimard

> The verbs in this poem are all in the past tense. Thus, **je suis allé** means *I went*; **j'ai acheté**, *I bought*; **j'ai cherché**, *I looked for*; and **je n'ai pas trouvé**, *I didn't find*.

Dico

chercher: *to look for*
esclaves: *slaves*
ferraille: *scrap iron*
fleurs: *flowers*
lourdes: *heavy*
oiseaux: *birds*
te (t'): *you (familiar form)*
trouver: *to find*

Le sens du texte

1. Who are the two characters in the poem? Who did what? How can you tell?
2. What is the importance of the order of events? Do some or all of the presents have symbolic value?
3. What does the ending of the poem suggest about the relationship between the two characters? About love in general?

La forme du poème

Pick out all the repetitions in the poem. At what point(s) is there a break in the pattern of repetitions? What is the impact of this (these) break(s) on the visual appearance of the poem? What relationship does this impact have to the meaning(s) of the poem?

LECTURE:

Ça te branche, les maths?
(Mathématiques)

Suggestion, Ça te branche, les maths? Have several (teams of) students compare this textbook (which is very similar to the other books used at this level in France) with some texts used in different towns or cities in the U.S. Ask them to consider such questions as the topics covered, the way the lessons are presented, and the types of exercises and activities. You can also use this activity to provoke a discussion of the merits of nationalized versus state and local systems of education.

Education in France is under the direction of the **Ministère de l'Éducation Nationale.** Curricula are determined at the national level; thus, students in all schools study basically the same material in the same manner. For example, here are some excerpts from a math textbook used in **collèges** in France. **6ᵉ** is roughly the equivalent of 7th grade in the U.S. Study the table of contents, the sample, and the accompanying exercises. Then compare them with a similar textbook used in schools in your area. Report to the class on the similarities and differences you discover.

Louis CORRIEU
Chantal BATIER
Michel LABROUSSE
Jean LEBRAUD

MATH 6ᵉ

DELAGRAVE

Division

activité 6

a. Un moniteur de colonie de vacances partage (de façon équitable) un paquet de quarante-huit bonbons entre les huit enfants de son groupe. Chaque enfant reçoit six bonbons.
Pourquoi?

6 est le **quotient exact** de 48 par 8 car $48 = 8 \times 6$.
On écrit $48 : 8 = 6$.
Pour trouver le quotient de 48 par 8 tu effectues une *division*.
48 est le *dividende*, 8 est le *diviseur*.

● Remarque : *tape sur ta calculatrice*

$$\boxed{5} \boxed{\div} \boxed{0} \boxed{=}$$. *Que se passe-t-il?*

Dans une division, le diviseur ne doit pas être égal à 0.

b. Le moniteur organise ensuite un jeu de cartes. Il distribue les cartes d'un jeu de cinquante-deux à ses huit colons, de façon à ce que chacun ait le plus de cartes possible.
Combien de cartes reçoit chaque enfant? Combien reste-t-il de cartes non distribuées?

Complète :

$$52 \mid 8 \qquad\qquad 52 = (8 \times \ldots) + \ldots$$

6 est le *quotient entier* de 52 par 8.
Quel est le dividende? Quel est le diviseur?
4 est le **reste** de cette division.
Quel est le reste de la division effectuée au a.?

Dans une division, le reste est toujours inférieur au diviseur.

DIVIDENDE = DIVISEUR × QUOTIENT EXACT

Avec ta calculatrice, effectue :

$$\boxed{5} \boxed{2} \boxed{\div} \boxed{8} \boxed{=}$$.

La réponse affichée est 6,5.
6,5 est le quotient exact de 52 par 8 car on a : $8 \times 6,5 = 52$.
On écrit : $52 : 8 = 6,5$.

● Remarque : on a vu que 6 est le quotient entier de 52 par 8 mais écrire « $52 : 8 = 6$ » est faux car l'égalité « $8 \times 6 = 52$ » est fausse.

● Application :
1) *Quels sont le quotient entier et le quotient exact de 158 par 16? de 630 par 6? de 4 par 5?*
2) *Quels sont le quotient entier et le reste de la division de 432 par 7? de 432 par 6? de 432 par 10?*
Écris, pour chaque division, une égalité de la forme :

$$432 = (\ldots \times \ldots) + \ldots.$$

(Attention : le reste est inférieur au diviseur.)

45

Calcul mental :
$56 : 7$; $48 : 6$; $25 : 5$; $100 : 2$; $40 : 4$; $54 : 9$; $120 : 2$; $120 : 5$; $26 : 2$; $44 : 4$; $36 : 2$; $210 : 7$; $150 : 3$; $300 : 2$; $90 : 3$.

Quel est le quotient exact de 4 par 1? celui de 1 par 4?
Quel est le quotient exact de 5 par 2? celui de 2 par 5?
Quel est le quotient exact de 8 par 5? celui de 5 par 8?

Complète le tableau :

Dividende	Diviseur	Quotient entier	Reste
46	2		
2	46		
125		15	5
	31	29	1
274	274		

Dans cet exercice, le reste de la division de deux nombres est zéro.
1) Que devient le quotient de ces deux nombres si l'on multiplie le dividende par deux?
2) Que devient le quotient de ces deux nombres si l'on multiplie le diviseur par deux?
3) Que devient le quotient de ces deux nombres si l'on divise le diviseur par deux?

c.

On installe une clôture entre deux arbres distants de 13 m.
On plante cinq piquets.
Pour calculer la distance entre deux piquets on a divisé 13 par 6 :

```
13  | 6
10  | 2,166
 40 |
 40 |
  4 |
```

Cette distance au mètre près est : 2 mètres (par défaut).
Cette distance au décimètre près est : 2,1 mètres par défaut (elle est de
2,2 mètres par excès).
Cette distance au centimètre près est 2,16 mètres par défaut.

On dit que :
2 est le *quotient approché à 1 près par défaut* (ou quotient entier) de
13 par 6.
2,1 est le *quotient approché à 0,1 près par défaut* de 13 par 6.
2,16 est le *quotient approché au centième près par défaut* de 13 par 6.

● Remarque :

Puisque la division « ne s'arrête pas » on écrit :

$$13 : 6 = 2,166\ldots$$

2,166 n'est pas le quotient exact de 13 par 6.

● Application :
Trouve le quotient approché au dixième près par défaut de 24 par 11.
Trouve le quotient approché à 0,001 près par défaut de 3 par 7.

Avec la calculatrice, des soustractions pour
effectuer des divisions :
1) Calcule $52 - 13 - 13 - 13 - 13$ avec la
calculatrice.
Complète alors $52 = 13 \times \ldots$
2) Calcule $55 - 13 - 13 - 13 - 13$ avec la
calculatrice.
Complète alors $55 = (13 \times \ldots) + \ldots$.
3) De la même façon, trouve le reste de la
division de 75 par 31, en effectuant des
soustractions successives, puis complète :

$$75 = (31 \times ..) + \ldots$$

x	y	$x+y$	$(x+y):2$	$x:2$	$y:2$	$(x:2)+(y:2)$
16	42					
0,3	13,4					
146	352					

Une fermière a ramassé 345 œufs. Combien
peut-elle remplir de boîtes de 12 œufs ?

Un roman de 580 pages a une épaisseur de
4,7 cm (couverture non comprise).
1) Quelle est l'épaisseur d'une feuille de ce
livre (donne une valeur arrondie).
2) Le chapitre V « va » de la page 65 à la
page 124.
Quelle est environ l'épaisseur de ce chapitre ?

3 On sort ce soir?

> In this chapter, I take the **métro** (the Paris subway) home. On my way to the **métro** station, I stop to give directions to a passerby. At home, I show my wife what I bought, and then we make plans to go out for the evening.

For ideas about how to present vocabulary, grammar, culture, etc., see the "How to . . ." section in the Instructor's Guide at the front of this book.

Chapter Support Materials (Student)
MP: pp. 101–140

MP Audio CD2, TRACKS 2–11

Chapter Support Materials (Instructor)

🏳 **http://jvb.heinle.com**
▪ Transparencies: 3-1 thru 3-3

🎧 MC Audio CD2, TRACKS 2–9

📼 Video Tape: Acte 3

Test Bank: Chapitre 3

Syllabus: The minimum amount of time needed to cover the core material of Chapter 3 is six class periods. The *Branchez-vous!* menu provides material for an additional one to three class periods.

SUGGESTED LESSON OUTLINE: In this segment, do *Contexte: Les moyens de transport à Paris, Ici, en France...* (Ex. A, B, C), *Échange: Comment y aller?* (Ex. D, E)

OBJECTIVES

In this chapter, you'll learn to:

- take the subway and other means of transportation;
- make plans;
- talk about the past;
- talk about movies;
- get information;
- make comparisons.

In order to perform these activities, you'll learn to use:

- the verbs **prendre, sortir, vouloir,** and **pouvoir;**
- verbs ending in **-re;**
- the **passé composé** (past tense);
- the question words **comment, combien,** and **quand.**

You'll also read and/or hear about transportation and the movies in France and in the Francophone world.

◘Contexte: *Les moyens de transport à Paris*

Comment est-ce qu'on se déplace à Paris?

▶ http://jvb.heinle.com
■ Transparency: 3-1

Laetitia et Clarisse prennent l'autobus pour aller à l'école

M. et Mme Paillard habitent dans la banlieue. Ils prennent le RER pour aller travailler.

M. Villeminey prend sa voiture pour aller travailler.

Martine prend le métro pour aller à la fac.

Jacques et ses amis vont à l'école à pied.

Didier fait les courses à vélomoteur.

Dico

à pied: *on foot*
banlieue: *suburbs*
fait les courses: *does errands*
moyens de transport: *means of transportation*
se déplace: *get (move) around*
la fac = faculté *(part of the university)*

Les touristes visitent la ville en autocar et en bateau-mouche.

Ça se dit comment?

Pour identifier les moyens de transport (To identify means of transportation)

un **autocar (un car)**	intercity or tourist bus
un **autobus (un bus)**	city bus
un **avion**	airplane
un **car de ramassage**	school bus
le **métro**	(city) subway
une **moto(cyclette)**	motorcycle
le **RER**	subway (from suburbs to Paris)
un **taxi**	taxi
un **train**	train
un **vélo**	bike
un **vélomoteur**	motorbike
une **voiture**	car

Ici, en France...

La voiture, toujours la voiture! Paris has an extensive and very well-developed public transporation system: 14 subway lines, 56 bus routes, and 5 suburban train lines **(le RER [le Réseau Express Régional])**. Nevertheless, almost two-thirds of the people living in Paris and the surrounding region use their cars daily to get around. The result? The twin problems of congestion and pollution. Traffic jams **(les embouteillages)** are daily occurrences, and at vacation time it can take hours just to get out of the city. And because of the immense number of cars and trucks, air quality is often extremely poor, to the point that on days when there is a pollution alert, only drivers with even-numbered (or, alternately, odd-numbered) license plates are allowed to drive in the city.

> ## Qu'est-ce que vous en pensez?

What public transportation is available in your area? Do people make use of it? Why (not)? Does your area have problems with traffic congestion and air pollution? What measures have been (should be) taken?

À vous!

🎧 **A. Comment y aller?** *(How do we get there?)* Listen to the short conversations and indicate which means of transportation the people decide on.

1. à pied / en métro
2. en autobus / en voiture
3. en avion / par le train
4. en métro / en taxi
5. en autobus / à vélomoteur
6. par le train / en voiture

B. Pour aller à... Use **il (elle) prend** or **ils (elles) prennent** and an expression from each column to write a sentence that describes what people are doing in each drawing.

MODÈLE: *Pour rentrer, Jacques prend le métro.* OU
          Jacques prend le métro pour rentrer.

A	B
pour aller à...	l'avion
pour rentrer	le bus
pour visiter	le métro
	le train
	un taxi

FLASH VOCABULAIRE

il/elle/on prend	*he/she/one takes*
ils/elles prennent	*they take*

Jacques

Pierre

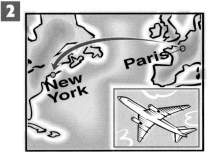

M. et Mme Polloni

Charles et Sophie

M. et Mme Tournaire

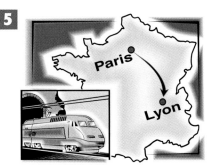

Mme Joncour

Hélène

Ça se dit comment?

Pour indiquer le moyen de transport
  (To indicate the means of transportation)

prendre l'avion (le train, le bus, le car, un taxi, etc.)
  to take the plane (train, bus, intercity bus, a taxi, etc.)
y aller en avion (en bus, en autocar, par le train, en métro, en voiture)
  to go (there) by plane (bus, intercity bus, subway, car)
y aller à pied (à vélo, à vélomoteur)
  to go (there) on foot (by bike, by motorbike)

 **C. On prend le train?** You and a classmate disagree about how to go somewhere. In each case, the second person justifies his/her preference. Alternate using the forms **prendre** and **y aller.**

FLASH VOCABULAIRE

C'est plus rapide.
  It's faster.

C'est moins cher.
  It's cheaper. (It's less expensive.)

C'est plus (moins) agréable.
  It's more (less) pleasant.

C'est plus (moins) amusant.
  It's more (less) fun.

C'est plus (moins) dangereux.
  It's more (less) dangerous.

MODÈLE: train / avion
  —*On prend le train?*
  —*Mais non. Moi, je préfère y aller en avion. C'est plus rapide.*
OU
  —*On y va par le train?*
  —*Non. Moi, je préfère prendre l'avion. C'est plus rapide.*

1. métro / à pied
2. taxi / bus
3. avion / train
4. à pied / bus

5. train / voiture
6. bus / vélo
7. voiture / métro
8. vélomoteur / métro

Sur 10 vélos vendus *(sold)* en France, 7 sont des VTT (vélos tout-terrain).

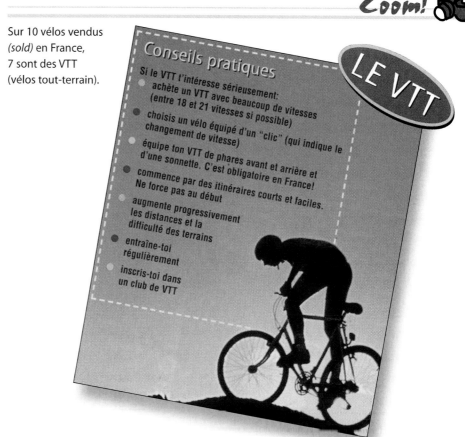

Conseils pratiques

Si le VTT t'intéresse sérieusement:
- achète un VTT avec beaucoup de vitesses (entre 18 et 21 vitesses si possible)
- choisis un vélo équipé d'un "clic" (qui indique le changement de vitesse)
- équipe ton VTT de phares avant et arrière et d'une sonnette. C'est obligatoire en France!
- commence par des itinéraires courts et faciles. Ne force pas au début
- augmente progressivement les distances et la difficulté des terrains
- entraîne-toi régulièrement
- inscris-toi dans un club de VTT

LE VTT

Échange: *Comment y aller?*

MC Audio CD2,
TRACK 3 (Échange)

Un passant nord-africain arrête Edris dans la rue.

PASSANT: Asalaam malekum.
EDRIS: Malekum salaam.
PASSANT: Excusez-moi. Je dois aller à la gare du Nord. Je peux y aller à pied?
EDRIS: Non, non. C'est trop loin.
PASSANT: Alors, comment y aller? Il y a un autobus? Je suis pressé.
EDRIS: Oui, mais l'autobus n'est pas très rapide. Vous pouvez prendre un taxi, mais c'est plus cher. Pourquoi ne pas prendre le métro? C'est une ligne directe. Et vous descendez à la gare du Nord.
PASSANT: Il faut combien de temps pour y aller?
EDRIS: Un quart d'heure... 20 minutes au maximum.
PASSANT: Merci bien.
EDRIS: Je vous en prie.
PASSANT: Jamm ag jamm.
EDRIS: Jamm rekk.

Dico

Asalaam... salaam: *traditional Arabic Muslim greetings*
Il faut... temps: *How long does it take ...*
Jamm ag jamm: *traditional Arabic Muslim expression of leave-taking;* literally: *Peace and peace*
Jamm rekk: literally: *Peace only*
Je dois: *I have to, must*
Je peux: *I can*
passant: *passerby*
pressé: *in a hurry*
Un quart d'heure: *A quarter of an hour*
Vous pouvez: *You can*

Ça se dit comment?

Pour indiquer sa destination *(To indicate where you're going)*

Je dois aller...	*I have to go ...*
Je voudrais aller...	*I'd like to go ...*

Pour apprendre les moyens de transport possibles
(To find out the possible means of transportation)

Comment y aller?	*How can I get there?*
Je peux y aller (à pied, en voiture, en bus, etc.)?	*Can I get there (on foot, by car, by bus, etc.)?*
Il y a un autobus (un train, etc.)?	*Is there a bus (a train, etc.)?*

Pour savoir la durée du trajet *(To find out how long the trip takes)*

Il faut combien de temps pour y aller?	*How long does it take to get there?*
un quart d'heure	*a quarter of an hour*
vingt minutes	*twenty minutes*
une demi-heure	*half an hour*
trois quarts d'heure	*three quarters of an hour*
une heure	*one hour*
...au maximum	*...at most*

À vous!

🚶 D. Je peux y aller à pied? When a stranger asks for help in getting somewhere, answer his/her questions using the information provided. A classmate will play the role of the stranger.

FLASH **VOCABULAIRE**

trop	*too*
trop cher	*too expensive*
trop lent	*too slow*
trop loin	*too far*

MODÈLE: la gare du Nord / à pied, trop loin / autobus, un quart d'heure ou 20 minutes

—*Excusez-moi, Madame. Je dois aller à la gare du Nord. Je peux y aller à pied?*
—*À la gare du Nord? Non, Monsieur. C'est trop loin. Prenez l'autobus, Monsieur.*
—*Il faut combien de temps pour y aller en autobus?*
—*Un quart d'heure... 20 minutes au maximum.*
—*Ah, merci beaucoup, Madame.*
—*Je vous en prie, Monsieur.*

1. au Louvre / à pied, trop loin / autobus, 20–25 minutes
2. à la Villette / en taxi, très cher / métro, une demi-heure
3. à Versailles / en autobus, trop lent / le RER, une demi-heure ou 40 minutes
4. à la place Charles de Gaulle-Étoile / en autobus, tout près / à pied, 10 minutes ou un quart d'heure
5. à Lyon / en avion, très cher / train, deux heures
6. à Rome / en voiture, très loin / avion, deux heures

Suggestion, Ex. E: If your school is in a small town, brainstorm with your students some possible cities and their transportation before having students do the activity.

🚶 E. Comment y aller? Imagine that you and a classmate are in a U.S. city with different transportation possibilities. Create a conversation in which one of you explains to the other the best way to get somewhere.

> Do **À faire! (3-1)** on page 101 of the **Manuel de préparation.**
> * Follow-up: transportation vocabulary
> * Preparation: verbs ending in **-re** and **prendre** *(Contrôle 8)*

Le monde francophone

D'autres moyens de transport

La plupart des pays francophones ont des moyens de transport modernes. Pourtant, il y a aussi des moyens originaux pour se déplacer.

SUGGESTED LESSON OUTLINE: Students assigned *À faire! (3-1)* have written the transportation vocabulary, worked with verbs ending in -re as well as with **prendre**, and taken *Contrôle 8.* All exercises were self-correcting.

In this segment, do *Le monde francophone, Rappel grammatical: Les verbes en -re et le verbe prendre* (Ex. F, G, H), and *Contexte: On prend le métro, Ici, en France...* (Ex. I, J).

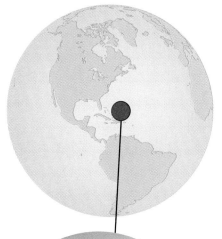

LA SUISSE

À Lausanne et dans d'autres villes en Suisse, on peut se déplacer en tramway.

LE MAROC

L'ALGÉRIE

À Haïti, on peut se déplacer en tap-tap. Ces camions transformés en mini-bus sont peints en couleurs vives et décorés d'animaux et d'autres motifs.

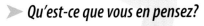

HAÏTI

Dans les déserts d'Algérie et du Maroc, on peut se déplacer à dos de chameau.

Díco

camions: *trucks*
La plupart: *The majority*
originaux: *unusual*
pays: *countries*
peints: *painted*
Pourtant: *However*
se déplacer: *to get around*
vives: *bright*

➤ Qu'est-ce que vous en pensez?

Le tramway, les chameaux et les tap-taps—are they signs of the past, of a less technologically advanced society, or of an attempt to adapt to local conditions? Explain. Are there unusual means of transportation in the U.S.? Give examples.

Rappel grammatical

Les verbes en -re et le verbe *prendre*

- Les verbes en **-re** (**descendre**: *to get off, go down* / **attendre**: *to wait for*)

descendre	attendre
je **descend<u>s</u>**	j'**attend<u>s</u>**
tu **descend<u>s</u>**	tu **attend<u>s</u>**
il/elle/on **descend**	il/elle/on **attend**
nous **descend<u>ons</u>**	nous **attend<u>ons</u>**
vous **descend<u>ez</u>**	vous **attend<u>ez</u>**
ils/elles **descend<u>ent</u>**	ils/elles **attend<u>ent</u>**

- Le verbe **prendre** (*to take, eat, get*)

je **prends**	nous **prenons**
tu **prends**	vous **prenez**
il/elle/on **prend**	ils/elles **prennent**

Exercice de substitution

1. *Il* descend toujours à Solférino. (nous / tu / ils / je / elle / vous)
2. *Nous* attendons le bus. (elle / je / ils / vous / on / tu)
3. *Marie-Hélène* prend toujours une omelette. (Jacques / tu / nous / vous / ils / je)
4. *Gérard* ne prend jamais le métro. (je / nous / Chantal / elles / tu)

À vous!

F. Prenons l'autobus! Many people take the bus in Paris. Indicate where each of the following people goes, the number of the bus (or buses) that each takes, and the stop where he/she usually gets off.

MODÈLE: Gilles / au bureau *(office)* / 38 et 72 / Pont de Grenelle
Pour aller au bureau, Gilles prend le 38 et le 72. Il descend d'habitude à Pont de Grenelle.

1. Nicole / à l'université / 48 / rue des Saints-Pères
2. André et sa femme / au bureau / 47 et 89 / rue de Vaugirard
3. nous / à la Défense / 73 / place de la Défense
4. tu / à Montmartre / 95 / boulevard de Clichy
5. moi, je / à l'aéroport / 76 et 351 / Roissy
6. vous / à la Bastille / 91 / avenue Ledru

G. Qui est-ce que tu attends? Quel train est-ce que tu prends? It's not unusual to see people you know when you're at the train station. Find out who the people are waiting for and what train they're taking. Imitate the model.

> MODÈLE: Anaïs / tu / Claire / vous / le train pour Orléans
> —*Salut, Anaïs! Qui est-ce que tu attends?*
> —*J'attends Claire.*
> —*Quel train est-ce que vous prenez?*
> —*Nous prenons le train pour Orléans.*

1. Anthony / tu / Christian / vous / le train pour Poitiers
2. Anne et Céline / vous / Élodie / vous / le train pour Valence

> MODÈLE: Nicolas / il / Paul / ils / le train pour Rennes
> —*Tiens, voilà Nicolas! Qui est-ce qu'il attend?*
> —*Il attend Paul.*
> —*Quel train est-ce qu'ils prennent?*
> —*Ils prennent le train pour Rennes.*

3. Bénédicte / elle / Catherine / elles / le train pour Versailles
4. Georges et Philippe / ils / Simon et Thomas / ils / le train pour Amiens

H. Échange. Ask a classmate the following questions.

1. Quel moyen de transport est-ce que tu prends pour aller à l'université? pour aller au travail? pour aller en ville? pour rentrer chez toi *(to go home)?*
2. Tu prends souvent l'avion?
   Oui? Combien de fois par an? Où est-ce que tu vas?
   Non? Tu voudrais le prendre plus souvent *(more often)?* Pour aller où?
3. En France, on prend souvent le train. Les Américains prennent-ils le train? Pour aller où? Et toi, tu prends le train de temps en temps?
4. En France, on prend l'autobus aussi. Est-ce que tu prends l'autobus?
   Oui? Combien de temps est-ce que tu attends le bus normalement—cinq minutes? dix minutes? un quart d'heure? une demi-heure?
   Non? Est-ce que tu préfères prendre un taxi?

Contexte: On prend le métro

http://jvb.heinle.com
Transparency: 3-2

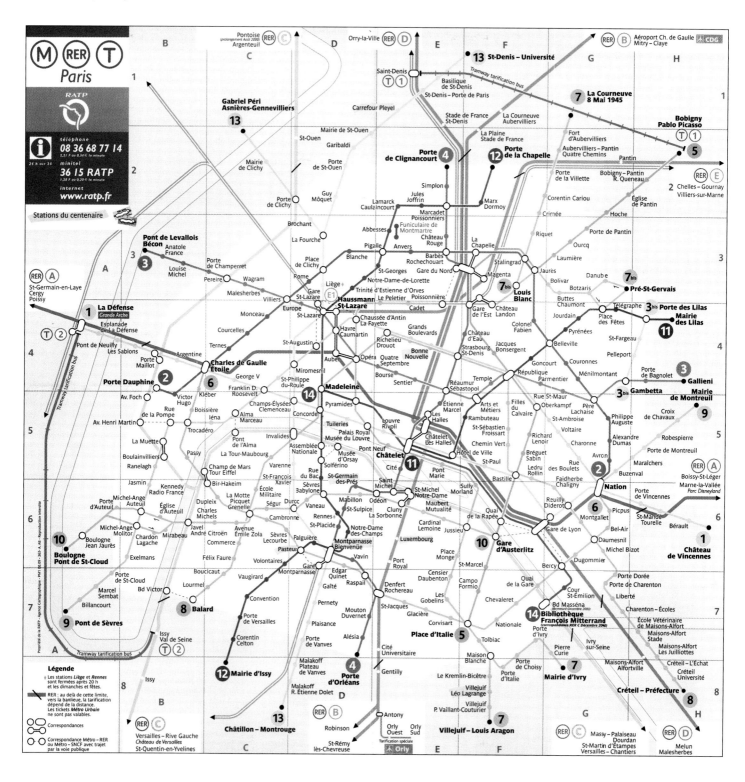

Quelle direction, s'il vous plaît?

Dans la station de métro Montparnasse Bienvenüe, un touriste demande à Edris de l'aider.

TOURISTE: S'il vous plaît, Monsieur? Je voudrais aller à la Défense.
EDRIS: Pas de problème, Monsieur. Vous prenez la direction Porte de la Chapelle. Vous changez à Concorde, direction La Défense. Et vous descendez à la Grande Arche. Vous avez un ticket?
TOURISTE: Non.
EDRIS: Bien. Vous allez là-bas et vous prenez un ticket au guichet.
TOURISTE: Merci, Monsieur.
EDRIS: Je vous en prie.

Dico

demande: *asks*
guichet: *ticket window*

Ici, en France...

The fastest way to get around Paris is on the **métro** (that's what the subway is called here). There are 14 lines covering over 200 kilometers, with 380 stations. Each line has a number, but most of the time people refer to them by the stations at either end of the line—for example, **Ligne 4** is called **Porte d'Orléans–Porte de Clignancourt.** So, to find your route, you look at **un plan de métro** like the one on page 128. On the map, you find the station where you want to get off and the station at the end of the line (for example, **la direction Porte d'Orléans).** If you need to change trains, just find a station where the two lines meet and determine the first **direction** you need to go in. When you get to the changing point (called **une correspondance),** look for signs for the second **direction.**

Be careful, however. Don't confuse the **métro** with the **RER.** The **RER (Réseau Express Régional)** refers to the regional trains that run between Paris and the suburbs. There are five lines—**A, B, C, D, E.** Line B, for example, goes out to the Charles de Gaulle airport at Roissy; line A will take you to **Marne-la-Vallée (Parc Disneyland).**

You can buy **métro** tickets singly **(un ticket)** or in books of ten **(un carnet [de dix]).** You can also buy special tickets for various periods of time; for example, **une Carte orange** is for unlimited travel for one week or one month. All of the tickets can also be used on buses.

Ça se dit comment?

Pour demander comment prendre le métro (To ask how to take the subway)

Où est-ce que j'achète un ticket?	Where do I buy a ticket?
je change?	change trains?
je descends?	get off?
Quelle direction est-ce que je prends?	What direction do I go in?

Pour expliquer comment prendre le métro (To explain how to take the subway)

Vous achetez (Tu achètes) un ticket (au guichet).	You buy a ticket (at the ticket window).
Vous prenez (Tu prends) la direction...	You go in the...direction.
Vous changez (Tu changes) à...	You change at...
Vous descendez (Tu descends) à...	You get off at...

➤ Qu'est-ce que vous en pensez?

What U.S. cities have subway systems? What form(s) of public transportation do you have where you live? Do people use these means of transportation frequently? Why (not)? What does that suggest about your area and the people who live there?

À vous!

👫 I. Quelle direction? Help some friends and strangers to get where they want to go on the **métro.** The first station indicates where the person is at the moment. The second station is where the person wants to go. Use the metro map on page 128 to figure out the itinerary for the person. (The number-letter combinations in parentheses will help you locate the station.)

MODÈLES: Alain / la place de la Bastille
St-Lazare (D4) → Bastille (F5)
—*Moi, je vais à la place de la Bastille. Quelle direction est-ce que je prends?*
—*Tu prends la direction Mairie d'Issy.*
—*Où est-ce que je change?*
—*Tu changes à Concorde, direction Château de Vincennes.*
—*Où est-ce que je descends?*
—*Tu descends à Bastille.*

M. Genois / l'Opéra
Montparnasse Bienvenüe (D6) → Opéra (D4)
—*Excusez-moi. Je voudrais aller à l'Opéra. Quelle direction est-ce que je prends?*
—*Vous prenez la direction Porte de Clignancourt.*
—*Où est-ce que je change?*
—*Vous changez à Châtelet, direction La Courneuve.*
—*Et je descends à Opéra?*
—*Oui, c'est ça.*

1. Jacqueline / le boulevard Raspail
Charles de Gaulle–Étoile (B/C4) → Raspail (D7)
2. Albert / la gare de Lyon
Gare du Nord (E/F3) → Gare de Lyon (F/G6)
3. Mme Fantout / la tour Eiffel
Louvre–Rivoli (E5) → Trocadéro (B5)
4. M. Dervelle / le Moulin Rouge
Odéon (E6) → Place de Clichy (D3)

J. Prenons le métro! Explain to each person how to take the subway. Specify the kind of ticket to buy. Consult the metro map on page 128.

MODÈLE: *Tu vas (Vous allez) à la station Monceau, tu prends (vous prenez) un carnet de dix, tu prends (vous prenez) la direction... , etc.*

1. Olga, your German friend, is in Paris for four or five days. Her hotel is near the **Odéon** station (E6). She wants to go to the church near the **Madeleine** station (D4).
2. Mr. and Mrs. Van D'Elden, Dutch friends of your family, are spending three weeks in Paris. Their hotel is near the **Palais Royal** station (D5). Their first day in the city they want to go to a store near the **Montparnasse Bienvenüe** station (D6).
3. A stranger passing through Paris is trying to get from the airline terminal at the **Porte Maillot** (B4) to the **gare du Nord** (E/F3).

The Paris **métro,** whose first line was inaugurated at the time of the 1900 World's Fair, is known throughout the world. However, several other French cities—including **Marseille, Lyon, Lille,** and **Toulouse**—have their own subway systems.

> Do **À faire! (3-2)** on page 107 of the **Manuel de préparation.**
> * Follow-up: **métro**
> * Follow-up: reading about transportation

Dossier-France: La diversité des Français

SUGGESTED LESSON OUTLINE:
Students assigned *À faire! (3-2)* have written directions for taking the **métro** and done a reading about getting from Paris airports into the city. Ex. VIII (telling people how to use the metro) was not self-correcting.

In this segment, do *Dossier-France: La diversité des Français, Lecture: «L'homme qui te ressemble»*, (Ex. K), *Échange: Qu'est-ce que tu as acheté!* (Ex. L, M, N).

Qui sont les Français? D'où viennent-ils?

Dans l'annuaire des téléphones on trouve non seulement des noms traditionnellement «français» (Dupuy, Dubois, Pommier, Lagrange, Lemoine, Cousin) mais aussi des noms d'origine étrangère—flamande (Huyghes, Mertens), allemande (Becker, Muller, Schmidt), italienne (Lombardi, Rossi), basque (Etcheverry) et bretonne (Le Goff, Kerquévec).

Les étrangers sont des immigrés qui n'ont pas la nationalité française. La majorité des immigrés viennent d'Europe (du Portugal, d'Italie, d'Espagne) et d'Afrique du Nord (d'Algérie et du Maroc).

Paris, ville multiculturelle

Dans les rues de Paris, on voit des gens de toutes les couleurs et de toutes les nationalités.

Il y a des quartiers habités principalement par des immigrés—par exemple, la Goutte d'Or et Belleville.

Les rues du Quartier latin sont bordées de restaurants ethniques—grecs, vietnamiens, tunisiens et chinois.

Dico

bordées: *lined*
fondé: *founded, established*
organisme: *organization*
réclame: *calls for*

On n'est pas tous d'accord

Le Front National est un parti politique très conservateur qui réclame l'expulsion des étrangers de France.

SOS-Racisme est un organisme fondé pour combattre le racisme et pour aider les étrangers.

➤ Qu'est-ce que vous avez appris?

Indicate whether each statement is *True* or *False*.

1. The U.S. is often called a "melting pot"; France has much less cultural diversity.
2. Most immigrants to France come from countries relatively close by.
3. Belleville and La Goutte d'Or are ethnic neighborhoods in Paris.
4. The Front National and SOS-Racisme represent opposing ends of the political spectrum.

Answers, Qu'est-ce que vous avez appris?
1. False   2. True   3. True   4. True

➤ Qu'est-ce que vous en pensez?

What similarities do you see between the ethnic and racial makeup of France and the U.S.? What differences? How might you account for both the similarities and the differences?

◼Lecture: «L'homme qui te ressemble» de René Philombe

MC Audio CD2, TRACK 4
(Lecture)

René Philombe (1930–   ) est un poète africain du Cameroun. Dans ce poème il implore le lecteur d'accepter tous les gens, peu importe leur lieu d'origine ou leur apparence.

Pour lire

Reading a poem

When reading a poem, it's not enough just to understand all of the words and expressions. You need to read aloud or listen to the poem in order to get a feel for the sounds and rhythms. You need to pay attention to words and phrases that are repeated as well as to the words and phrases in the "power" positions—i.e., beginnings and endings. Finally, you need to make connections—not only between words and phrases in the poem, but also between the poem and your own experiences.

L'homme qui te ressemble

J'ai frappé à ta porte	Pourquoi me demander
J'ai frappé à ton cœur	si je suis d'Afrique
pour avoir bon lit	si je suis d'Amérique
pour avoir bon feu	si je suis d'Asie
pourquoi me repousser?	si je suis d'Europe
Ouvre-moi mon frère!...	Ouvre-moi mon frère!...

Dico

cieux: *skies, heavens*
cœur: *heart*
dieux: *gods*
épaisseur de ma bouche: *thickness of my mouth*
feu: *fire (warmth)*
frère: *brother*
J'ai frappé à ta porte: *I knocked at your door*
je ne suis qu'un homme: *I'm only a human being*
lieu: *place*

lit: *bed*
longueur de mon nez: *length of my nose*
Ouvre-moi: *Open up (the door) to me*
peau: *skin*
peu importe: *no matter what*
repousser: *push away*
tous les gens: *all people*
tous les temps: *of all times (periods)*

Pourquoi me demander
la longueur de mon nez
l'épaisseur de ma bouche
la couleur de ma peau
et le nom de mes dieux?
Ouvre-moi mon frère!...

Je ne suis pas un noir
je ne suis pas un rouge
je ne suis pas un jaune
je ne suis pas un blanc
mais je ne suis qu'un homme.
Ouvre-moi mon frère!...

Ouvre-moi ta porte
Ouvre-moi ton cœur
car je suis un homme
l'homme de tous les temps
l'homme de tous les cieux
l'homme qui te ressemble!...

René Philombe, *Petites gouttes de chant pour créer un homme*

 K. **Qu'est-ce que tu as compris?** After having read and listened to "**L'homme qui te ressemble**," discuss with your classmates the following questions.

1. The poem has two characters: **je** (the poet, who is speaking) and **tu** (**ta porte, ton cœur**—the person to whom the poet addresses his words). What little scene is being enacted? What is the relationship between the **je** and the **tu?**
2. What phrases are repeated in the poem? What ideas is the poet stressing by means of these repetitions?
3. What phrase begins and ends the poem? What idea does this phrase reinforce?

MC Audio CD2, Track 5
(Échange)

■●Échange: *Qu'est-ce que tu as acheté?*

De retour chez lui, Edris montre la nouvelle chemise à sa femme.

Dico

ce que: *what*
c'est très gentil: *it's very nice (of you)*
De retour chez lui: *Back home*
Elle te plaît?: *Do you like it? (lit: Is it pleasing to you?)*
j'ai acheté: *I bought*
je suis allé: *I went*
Je t'en prie: *You're welcome*
montre: *is showing*
nouvelle: *new*
tu as acheté: *did you buy?*
tu l'as payée: *did you pay for it*

👄 LE FRANÇAIS PARLÉ

In spoken French, the phrase **ce n'est pas** is often shortened to **c'est pas**: C'est pas très cher. C'est pas vrai. C'est pas très intéressant comme prix.

FLASH GRAMMAIRE

je suis allé (je = male)
je suis allée (je = female) ⎫ *I went*
j'ai acheté *I bought*
j'ai payé *I paid*

👄 LE FRANÇAIS PARLÉ

In spoken French, the verb form **je suis** is often shortened to **j'suis**: J'suis allée au cinéma.

FLASH VOCABULAIRE

d'abord	*first*
ensuite / puis	*next*
enfin	*finally*

MARIAM: Qu'est-ce que tu as acheté?
EDRIS: Je suis allé chez Celio. J'ai acheté une chemise. Voilà, regarde.
MARIAM: Combien est-ce que tu l'as payée?
EDRIS: 29 euros. Ce n'est pas cher. Elle te plaît?
MARIAM: Ah, oui. Elle est très bien.
EDRIS: Je suis allé à la Fnac aussi. Regarde ce que je t'ai acheté. C'est le nouveau roman d'Aminata Sow Fall.
MARIAM: Ah, c'est très gentil. Merci beaucoup.
EDRIS: Je t'en prie.

À vous!

L. Qu'est-ce que tu as acheté? (*What did you buy?*) Léa went on a shopping spree at **Les 4 Temps** shopping center. Using the information provided, recreate her description of what she bought.

MODÈLE: d'abord / papeterie / un bloc-notes et des stylos / 6 euros
D'abord je suis allée à la papeterie où j'ai acheté un bloc-notes et des stylos. J'ai payé 6 euros.

1. ensuite / magasin de sports / une raquette de tennis et des balles de tennis / 108 euros
2. puis / magasin de vêtements / un jean et un blouson / 90 euros
3. ensuite / bijouterie / un bracelet et des boucles d'oreilles (*earrings*) / 100 euros
4. puis / magasin de musique / des CD et un magazine / 79 euros
5. ensuite / magasin de matériel électronique / un caméscope / 595 euros
6. enfin / je suis rentrée (*I came [went] home*)

M. Où... ? Qu'est-ce que... ? Combien... ? Question a classmate about his/her shopping activities. Your partner will respond, choosing a store and one of the items mentioned. Ask the following questions each time:

- **Où est-ce que tu es allé(e)?**
- **Qu'est-ce que tu as acheté?**
- **Combien est-ce que tu l'as payé(e)?**

MODÈLE: —*Où est-ce que tu es allé(e)?*
—*Je suis allé(e) à la Fnac.*
—*Qu'est-ce que tu as acheté?*
—*J'ai acheté un appareil photo.*
—*Combien est-ce que tu l'as payé?*
—*Je l'ai payé 33 euros.*

1. FNAC—appareil photo (33€) / calculatrice (15€) / cassette audio (2,50€)

2. MADISON (magasin de musique)—CD (16€) / vidéocassette (22€) / jeu vidéo (39€)

3. PLAISIR DE LIRE (librairie)—livre de bandes dessinées (12€) / roman policier (9€) / livre d'histoire (29€)

4. DARTY (magasin de matériel électronique)—téléviseur (189€) / baladeur (37€) / portable (85€)

5. LA REDOUTE (magasin de vêtements)—pantalon (39€) / tee-shirt (19€) / sweat (32€)

6. GO SPORT (magasin de sport)—raquette de tennis (68€) / ballon de foot (15€) / vélo d'appartement *(exercise bike)* (150€)

7. POP BIJOUX (bijouterie)—montre *(watch)* (36€) / boucles d'oreilles *(earrings)* (12€) / bracelet (20€)

N. Une interview. Ask a classmate about a time when he/she went shopping for clothing. Use the expressions below to find out as much as you can.

MODÈLE: où / aller
—*Où est-ce que tu es allé(e)?*
—*Je suis allé(e) à (Gap).*

1. où / aller
2. qu'est-ce que / acheter
3. combien / payer
4. qui / y aller avec toi
5. comment / y aller
6. qu'est-ce que / il (elle) acheter
7. combien / il (elle) payer

Do **À faire! (3-3)** on page 110 of the **Manuel de préparation.**
* Follow-up: talking about shopping in the past
* Preparation: the **passé composé** *(Contrôle 9)*

 **GRAMMAIRE**

tu es allé (je = male)	} *you went*
tu es allée (je = female)	
tu as acheté	*you bought*
tu as payé	*you paid*

LE FRANÇAIS PARLÉ

In spoken French, the verb forms **tu as** and **tu es** are often shortened to **t'as** and **t'es:**
Qu'est-ce que t'as acheté?
Où est-ce que t'es allé(e)?

SUGGESTED LESSON OUTLINE:
Students assigned *À faire!* (3-3)
have written postcards reviewing
vocabulary about visiting a city,
worked with the **passé composé**
of verbs conjugated with **avoir** and
with **être,** learned a few adverbs
of time associated with the past,
and taken *Contrôle 9.* Ex. XI (writing
a postcard) was not self-correcting.
In this segment, do *Rappel
grammatical: Le passé composé*
(Ex. O, P, Q, R, S, T, U, V), *Contexte:
On va au cinéma?* (Ex. W, X, Y).

Exercice de substitution

1. Qu'est-ce que *tu* as acheté?
   (vous / il / elles / tu / ils /
   elle)
2. *J'*ai regardé la télé. (nous /
   elle / tu / ils / vous / je / on)
3. *Elle* a pris le métro. (je /
   nous / elles / il / vous / tu)
4. *Je* n'ai pas travaillé samedi.
   (nous / elle / ils / vous / tu /
   il / elles)
5. Où est-ce que *tu* es
   descendu? (elle / vous /
   ils / tu / il)
6. Quand est-ce que *tu* es
   arrivé? (ils / elle / vous /
   tu / elles / il)
7. Où est-ce qu'*ils* sont allés?
   (tu / elle / vous / elles / il)
8. *Je* suis restée à la maison.
   (nous / elle / ils / on /
   elles)
9. *Nous* ne sommes pas allés
   au cinéma. (elle / je / ils /
   on / vous / elles)
10. *Elle* a écouté la radio.
    (nous / je / ils / elle /
    on / elles)
11. Quand est-ce qu'*il* est
    rentré? (tu / elles / vous /
    elle / ils)
12. *Je* n'ai pas aimé le film.
    (elle / nous / tu / ils /
    vous / il)

Rappel grammatical

Le passé composé

• Les verbes conjugués avec **avoir**

j'**ai acheté**	nous **avons acheté**
tu **as acheté**	vous **avez acheté**
il/elle/on **a acheté**	ils/elles **ont acheté**

• D'autres verbes conjugués avec **avoir**

regarder (regardé)
écouter (écouté)
aimer (aimé)
travailler (travaillé)
attendre (attendu)
prendre (pris), etc.

• Les verbes conjugués avec **être**

je **suis allé(e)**	nous **sommes allé(e)s**
tu **es allé(e)**	vous **êtes allé(e)(s)**
il/on **est allé**	ils **sont allés**
elle **est allée**	elles **sont allées**

• D'autres verbes conjugués avec **être**

arriver (arrivé)
descendre (descendu)
entrer (entré)
rentrer (rentré)
rester (resté) *(to remain, stay)*

Note that most French verbs are conjugated with **avoir.** Many of the 20 or so verbs
conjugated with **être** refer to the idea of movement.

• Le négatif du passé composé

Elle *n'*a *pas* **écouté le CD.**
Nous *ne* **sommes** *pas* **descendus à Odéon.**

À vous!

O. C'est *avoir* ou *être*? Since verbs in the **passé composé** are conjugated with **avoir** or with **être**, it's important to distinguish clearly between the forms of each auxiliary verb.

Before doing some exercises on the **passé composé,** listen to the sentences in the present tense and indicate whether the verb you hear is a form of **avoir** or of **être.**

MC Audio CD2, TRACK 6
(Ex. O)

Answers, Ex. O: 1. avoir   2. avoir
3. être   4. être   5. avoir   6. être
7. être   8. avoir   9. être   10. avoir
11. avoir   12. être

 GRAMMAIRE

Additional verbs conjugated with **avoir** (and their past participles)

faire (fait)	*to make, do, take*
réveiller (réveillé)	*to wake (someone) up*
déjeuner (déjeuné)	*to have lunch*
voir (vu)	*to see*

Additional verb conjugated with **être** (and its past participle)

retourner (retourné)	*to return, go back*

Suggestion: Flash-Grammaire:
Students will learn the present tense
of **faire** and **voir** in subsequent
chapters.

P. Jeudi dernier. *(Last Thursday.)* Edris Diallo is describing what he and his wife Mariam did last Thursday.

MODÈLE: je / regarder les actualités *(news)* à la télé
J'ai regardé les actualités à la télé.

1. je / faire du jogging
2. Mariam / rester au lit *(in bed)*
3. je / rentrer
4. je / prendre une douche *(shower)*
5. je / réveiller Mariam
6. nous / manger un petit quelque chose
7. nous / aller au travail
8. moi, je / déjeuner à la Crêpe Bretonne
9. je / attendre un quart d'heure pour avoir une table
10. je / voir mon ami Joseph au restaurant
11. nous / parler ensemble pendant quelques minutes
12. Mariam et moi, nous / rentrer à la même heure *(at the same time)*
13. nous / préparer le dîner ensemble *(together)*
14. après le dîner, je / aller au magasin de vidéos
15. moi, je / regarder un très bon film
16. Mariam / écouter un concert à la radio

Q. Une journée à Reims. *(A day in Reims.)* Your friends Marc and Pauline spent yesterday visiting the historic city of Reims. Using the 16 verbs in the drawing, describe their activities in the numbered order shown.

MODÈLE: *Hier, ils ont quitté l'hôtel Le Bon Moine tôt le matin (early in the morning).*

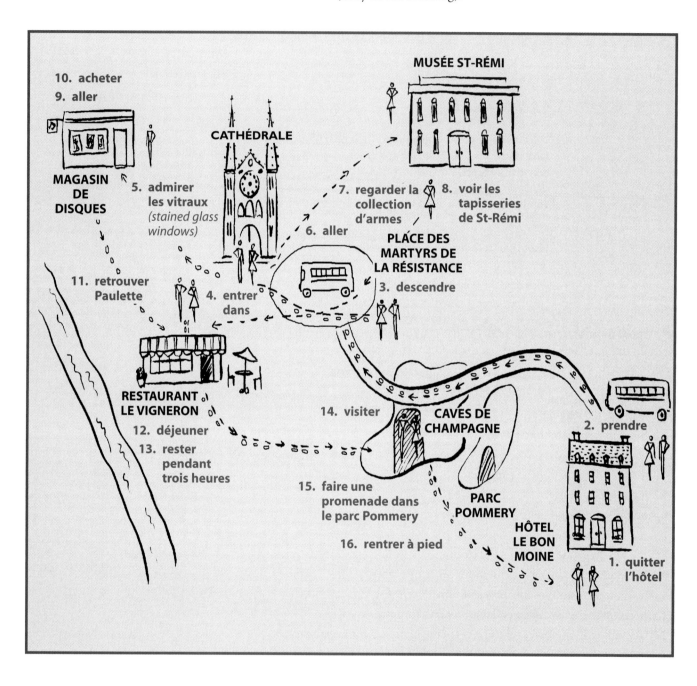

MUSÉE ST-RÉMI

10. acheter
9. aller

MAGASIN
DE
DISQUES

CATHÉDRALE

5. admirer
les vitraux
*(stained glass
windows)*

7. regarder la
collection
d'armes

8. voir les
tapisseries
de St-Rémi

6. aller

PLACE DES
MARTYRS DE
LA RÉSISTANCE

3. descendre

11. retrouver
Paulette

4. entrer
dans

RESTAURANT
LE VIGNERON

14. visiter

CAVES DE
CHAMPAGNE

2. prendre

12. déjeuner

13. rester
pendant
trois heures

15. faire une
promenade dans
le parc Pommery

PARC
POMMERY

HÔTEL
LE BON
MOINE

1. quitter
l'hôtel

16. rentrer à pied

ŤŤ R. Quinze jours en Suisse. Your good friend has just returned from a two-week trip to Switzerland. Using **quand est-ce que?,** ask him/her questions about the details of the trip. He/She will answer on the basis of the information provided on the calendar and using expressions such as **il y a quinze jours, la semaine dernière, mardi dernier.** Today is Thursday the 26th.

MODÈLE: quitter les États-Unis
—*Quand est-ce que tu as quitté les États-Unis?*
—*J'ai quitté les États-Unis il y a deux semaines.*

1. arriver à Genève
2. prendre le train pour aller à Lausanne
3. visiter Ouchy
4. voir la cathédrale
5. retourner à Genève
6. faire du shopping
7. acheter une montre *(watch)*
8. rentrer aux États-Unis

FLASH GRAMMAIRE

The interrogative **quand**

quand est-ce que? *when?*

Quand est-ce que tu as visité le Louvre?
When did you visit the Louvre?

FLASH VOCABULAIRE

lundi	*Monday*
mardi	*Tuesday*
mercredi	*Wednesday*
jeudi	*Thursday*
vendredi	*Friday*
samedi	*Saturday*
dimanche	*Sunday*
lundi dernier	*last Monday*

LUNDI	MARDI	MERCREDI	JEUDI	VENDREDI	SAMEDI	DÎMANCHE
9	**10**	**11** quitter les États-Unis	**12** arriver à Genève	**13** Genève	**14** Genève	**15** Genève
16 Genève	**17** Genève	**18** Genève	**19** prendre le train pour Lausanne	**20** visiter Ouchy	**21** voir la cathédrale	**22** retourner à Genève
23 faire des achats, acheter une montre	**24** faire des achats	**25** rentrer aux États-Unis	**26** AUJOURD'HUI	**27**	**28**	**29**

Zoom!

Ouchy is the "lake front" of Lausanne, the busiest steamer port on **Lac Léman** (Lake Geneva). Byron wrote "The Prisoner of Chillon" here. The cathedral of Lausanne (13th century) is the finest Gothic building in Switzerland.

S. Qu'est-ce que tu as fait à Paris? Find out from your classmates what they did when they were in Paris. Each student will choose *one* of the places shown below and will answer your specific questions on the basis of the information provided.

POSSIBLE QUESTIONS: **Qu'est-ce que tu as fait? Où est-ce que tu es allé(e)? Comment est-ce que tu y es allé(e)? Qu'est-ce que tu as vu? Où est-ce que tu as mangé? Qu'est-ce que tu as acheté?**

POSSIBLE VERBS AND EXPRESSIONS: **acheter / aller / descendre / déjeuner / dîner / faire une excursion** (*to go on an outing*) **/ faire une promenade** (*to take a walk*) **/ rentrer / visiter / voir**

Versailles

le palais / les jardins / le parc
le magasin de souvenirs (vidéos / photos / affiches [posters])
le train (gare de Versailles-Rive droite)
le snack-bar

Vincennes

le château / le jardin zoologique (lions, tigres, éléphants)
le magasin de souvenirs (animaux en peluche [stuffed animals] / vidéos)
le métro (château de Vincennes) / l'autobus (56)
le snack-bar

le musée Rodin

le musée / les sculptures (*le Penseur* / Balzac / *les Bourgeois de Calais*) / le jardin
le magasin de souvenirs (cartes postales / livres)
le métro (Varenne)
le snack-bar dans le jardin

l'hôtel des Invalides

le Dôme (le tombeau de Napoléon) / le musée de l'Armée / le jardin
le magasin de souvenirs (cartes postales / livres / souvenirs)
le métro (Varenne ou la tour Maubourg) / l'autobus (28 ou 49 ou 69)
les restaurants près de la Seine

🚶🏃 T. Et toi, qu'est-ce que tu as fait? Ask a classmate the following questions about a recent day when you had classes.

MODÈLE: —*Est-ce que tu as pris une douche hier (vendredi dernier)?*
—*Oui, j'ai pris une douche.* OU
Non, je n'ai pas pris de douche. Et toi?
—*Moi (aussi), j'ai pris une douche.* OU
Moi (non plus), je n'ai pas pris de douche.

1. Est-ce que tu as pris une douche hier (vendredi dernier)?
2. À quels cours *(To which courses)* est-ce que tu es allé(e)?
3. Où est-ce que tu as déjeuné?
4. Où est-ce que tu as dîné? Avec qui?
5. Qu'est-ce que tu as fait après *(after)* le dîner? (Tu as étudié? Tu as regardé la télé? Tu as écouté des CD? Tu as téléphoné à quelqu'un *(someone)*? Tu as parlé avec quelqu'un? Tu as fait une promenade? Tu as fait du sport?)

🚶🏃 U. Hier (Mercredi dernier)... Choose a recent day and describe your activities to a classmate. Use some or all of the verbs and expressions suggested.

VERBES: **prendre une douche / aller au cours de... / déjeuner / dîner / étudier / parler / téléphoner / faire une promenade / faire du sport**

🎧 V. Hier ou demain? *(Yesterday or tomorrow?)* Verbs conjugated with **avoir** and a past participle to express past time often sound like verbs constructed with **aller** and an infinitive to express future time. For example, **j'ai écouté** (past) and **je vais écouter** (future).

Listen to the sentences and indicate whether they refer to the past or the future. [items 1–14]

Follow-up, Ex. U: Have students report to others or to the whole class on what they learned from their classmate.

MC Audio CD2, TRACK 7 (Ex. V)

Answers, Ex. V: 1. past   2. future   3. future   4. past   5. future   6. past   7. past   8. future   9. future   10. past   11. past   12. future   13. future   14. past

◾Contexte: On va au cinéma?

http://jvb.heinle.com
◾Transparency: 3-3

❝❝ When you read film descriptions in movie guides like **Pariscope** and **L'Officiel des spectacles,** you'll often see the abbreviations **vo** and **vf.** That's because foreign films in France are shown both in the original language with subtitles **(vo = version originale)** and dubbed in French **(vf = version française).** It's up to you to decide which version you'd prefer to see. ❞❞

On va au cinéma?

O □**A SCENE AT THE SEA** — Japonais, coul. (91 – 1h41). Comédie dramatique, de Takeshi Kitano: Éboueur en bord de mer, Shigeru est sourd-muet de naissance, comme sa fiancée. Un jour, une planche de surf trouvée dans une poubelle de la plage lui donne une passion: devenir champion. Le silence, l'émotion et la mer... Avec Kurodo Maki, Hiroko Oshima, Sabu Kawahara. **Trois Luxembourg 6ᵉ** (vo).

J ◆**BABAR, ROI DES ÉLÉ-PHANTS** — Franç., coul. (98 – 1h16). Dessin animé, de Raymond Jalefice: Né dans la forêt, Babar, l'éléphant, est élevé en ville par une adorable vieille dame qui l'a recueilli à la mort de sa mère, tuée par un chasseur. D'après les albums de Jean et Laurent de Brunhoff. **Denfert 14ᵉ, Saint-Lambert 15ᵉ.**

C △**BOYS (LES)** — Canadien, coul. (99 – 2h). Comédie de Louis Saia: L'arrivée d'une équipe canadienne de hockey sur glace sème une joyeuse zizanie dans la station de sports d'hiver de Chamonix. Le plus gros succès de l'histoire du cinéma québécois. Avec Daniel Russo, Marc Messier, Rémy Girard, Patrick Huard, Serge Thériaut, Luc Guérin, Yvan Ponton, Roc Lafortune, Paul Houde. **Gaumont Opéra Premier 2ᵉ, Gaumont Marignan 8ᵉ, Gaumont Parnasse 14ᵉ, Gaumont Aquaboulevard 15ᵉ.**

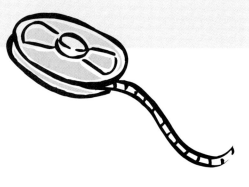

H □ **ÉLIZABETH** — Brit., coul. (98 – 2h04). Fresque historique, de Shekhar Kapur: À la mort de Marie Tudor en 1558, Élizabeth, fille d'Henri VIII, devient reine d'Angleterre. Dans un pays au bord de la ruine et refusant tout mariage d'intérêt, elle affirme sa volonté et son indépendance. Avec Cate Blanchett, Geoffrey Rush, Christopher Eccleston, Joseph Fiennes, Richard Cantona, Vincent Cassel, Jamie Foreman, James Frain, Emily Mortimer. **Cinoches 6ᵉ** (vo), **Grand Pavoir 15ᵉ** (vo).

F □ **MATRIX (La matrice)** — Amér., coul. (99 – 2h15). Science-fiction, de Andy et Larry Wachowki: Dans un espace-temps situé entre présent et futur, un pirate informatique rejoint un groupe d'insoumis qui veulent réformer le monde où la vie répond désormais à une insupportable uniformité. Avec Keanu Reeves, Laurence Fishburne, Carrie-Ann Moss, Hugo Weaving, Gloria Foster, Joe Pantoliano, Marcus Chong, Julian Arahanga. **UGC Orient- Express 1er** (vo), **UGC George V 8ᵉ** (vo), **Gaumont Opéra Français 9ᵉ, Gaumont Parnasse 14ᵉ** (vf), **Gaumont Aquaboulevard 15ᵉ, Pathé Wepler 18ᵉ.**

B △ **TEMPS RETROUVÉ (LE)** — Franç., coul. (98 – 2h42). Biographie romancée, de Raoul Ruiz: En 1922, sur son lit de mort, Marcel Proust voit les personnages de son œuvre incarner les épisodes de sa propre vie. Réalité et fiction se confondent. D'après «À la recherche du temps perdu». Avec Catherine Deneuve, John Malkovich, Emmanuelle Béart, Vincent Perez, Pascal Greggory, Édith Scob, Elsa Zylberstein, Chiara Mastroianni, Marie-France Pisier, Marcello Mazzarella. **Lucernaire Forum 6ᵉ, Trois Luxembourg 6ᵉ.**

D □ **MADAME BOVARY, de Claude Chabrol** — Franç., coul. (91 – 2h05). Drame de Claude Chabrol: Mariée à un brave médecin de campagne, Emma, par insatisfaction et vanité, fait le malheur de cet homme et le sien propre. D'après le roman de Gustave Flaubert. Avec Isabelle Huppert, Jean-François Balmer, Christophe Malavoy, Jean Yanne, Lucas Belvaux, Christiane Minnazzoli, Jean-Louis Maury, Florent Gibassier. **14 Juillet Parnasse 6ᵉ.**

C △ **MAMAN, J'AI RATÉ L'AVION!** (Home alone) — Amér., coul. (90 – 1h50). Comédie, de Chris Columbus: Oublié à Chicago, dans la fièvre du départ de la famille pour Paris, un petit garçon se fait le gardien vigilant et imaginatif de la maison menacée par d'inquiétants visiteurs. Avec Macaulay Culkin, Catherine O'Hara, John Heard, Joe Pesci, Daniel Stern, Roberts Blossom. **Saint-Lambert 15ᵉ** (vf).

EXPLICATION DES SIGNES — GENRE DES FILMS

○ Films classés X
□ Interdits aux moins de 16 ans.
△ Interdits aux moins de 12 ans.
◆ Recommandés aux très jeunes.
(vo) : version originale
(vf) : version française

A Aventure
B Biographie
C Comédie
D Drame

E Épouvante Horreur
F Fantastique Science-Fiction
G Guerre
H Historique
J Dessin animé Vie animaux
K Karaté

M Film musical
O Comédie dramatique
P Policier Espionnage
W Western
X Divers

Quel genre de films

❝ Moi, j'aime beaucoup le cinéma. Je vais au cinéma presque tous les week-ends avec des copains. J'aime toutes sortes de films: les westerns, les films d'aventures, les films de science-fiction, les films comiques... Je n'aime pas beaucoup les films de guerre ni les films d'horreur. ❞

André, Bordeaux

❝ J'aime les films comiques comme *The Mask*, et aussi les films d'aventures comme *Twister*: c'est un film particulier de suspense qui donne des sensations fortes! Alors, le fou rire et la peur: avec ça, qui n'est pas content? ❞

Raphaël, Alençon

❝ Moi, j'aime bien James Bond, mais je préfère les films qui font peur... Je pense que le genre de films qu'on aime dépend de notre caractère. ❞

Danaëlle, Marseille

❝ Moi, j'adore les films d'espionnage. Et j'aime aussi les films humoristiques. Mais les films d'action, c'est pas mon truc, et les films d'amour, c'est lassant... ❞

Caroline, Chaville

Dico

bouche: *mouth*
car: *because*
cela: *it, that*
ensemble: *together*
fortes: *strong*

fou rire: *uncontrollable laughter*
genre: *kind, type*
lassant: *tiresome*
me dérange: *bothers me*

mon truc: *my "thing"*
ne me plaît pas: *I don't like*
paroles: *words*
sous-titrés: *subtitled*

aimez-vous?

❝ Moi, j'aime tous les films. Je trouve idiot de ne pas aimer les films quand ils sont sous-titrés car c'est encore plus désagréable quand la bouche et les paroles ne vont pas ensemble. ❞

Marie, Malakoff

❝ Moi, cela ne me dérange pas si les films sont en noir et blanc. Mais ce que je regrette, c'est que maintenant il y a beaucoup trop de films violents, et cela ne me plaît pas. ❞

Frédéric, Vannes

➤ Qu'est-ce que vous en pensez?

Based on what young French people say about films, what might you conclude about the popularity of movies as a leisure-time activity in France? Do you agree or disagree with some of the opinions they voice? For example, do you find romantic movies boring? What do you think about violence in films? Does it matter to you if films are in color or in black and white? Does it bother you if a film has subtitles? What are your favorite types of films? Why?

Ça se dit comment?

Pour classer les films *(To name types of films)*

une biographie	biography
une comédie (dramatique, musicale)	(dramatic, musical) comedy
un dessin animé	cartoon
un documentaire	documentary
un film comique	comedy
un film d'action	action film
un film d'amour	love story (film)
un film d'animation	animated (cartoon) film
un film d'aventures (d'action)	adventure film
un film d'épouvante (d'horreur)	horror film
un film d'espionnage	spy film
un film de guerre	war film
un film de science-fiction	science fiction film
un film dramatique	drama
un film expérimental	experimental film
un film historique	historical film
un film policier	police (detective) drama
un western	western

Pour indiquer l'origine nationale d'un film *(To give the national origin of a film)*

C'est un film étranger.	It's a foreign film.
C'est un film allemand.	It's a (an) German film.
américain.	American film.
anglais.	English film.
espagnol.	Spanish film.
français.	French film.
italien.	Italian film.
japonais.	Japanese film.
russe.	Russian film.

À vous!

O DOUBLE VIE DE VÉRONIQUE (LA).
— Norvégien-polonais, coul. (90). Comédie dramatique, de Krzysztof Kieslowski. Deux jeunes filles en tous points semblables. L'une est polonaise, l'autre française. Elles ne se connaissent pas et cependant un lien semble les unir. Prix d'interprétation Cannes 1991. Avec Irène Jacob, Halina Gryglaszewska, Kalina Jedrusik, Aleksander Bardini, Wladyslaw Kowalski, **UGC Ciné Cité les Halles 1er** (vo), **Gaumont Opéra / Premier** (vo).

UGC CINÉ CITÉ LES HALLES, place de la Rotonde, Forum des Halles, Pte du Jour, M° Châtelet-Les Halles, 01 40 26 12 12. Pl. 8,50 €, 7,50 €, TR 6 €

1) Séances 11h40, 13h45, 15h50, 17h55, 20h, 22h05. Film 20 mn après.
LA DOUBLE VIE DE VÉRONIQUE (vo)

2) Séances 11h10, 13h45, 16h20, 18h55, 21h30. Film 15 mn après.
JUNGLE FEVER (vo)

3) Séances 11h20, 13h25, 15h30, 17h35, 19h40, 21h45. Film 25 mn après.
TOTO LE HÉROS

Variation, Ex. X: Instead of having students work in pairs, you can ask them to circulate and talk to as many other students as possible. They should take notes and be ready to report back to smaller groups or to the class.

W. Renseignons-nous! (*Let's get some information!*) Each week in Paris you can buy entertainment guides at newsstands (**kiosques**). Answer the questions about the following excerpt from one of these guides, *L'Officiel des spectacles.*

1. What kind of film is *La Double Vie de Véronique?* When was it made? Who directed it? How many movie theaters is it playing at?
2. One place where *La Double Vie de Véronique* is being shown is the **UCG Ciné Cité les Halles.** Where is this movie house located? Where do you get off the subway when you go there?
3. You're meeting a friend who is not free until after 8:30 P.M. Which showing can you attend?
4. There are usually short subjects and ads before the main feature. At what time will *La Double Vie de Véronique* actually start?
5. How much will it cost to see the film? Does everyone pay the same price?
6. Is the film dubbed or subtitled? How do you know?

X. Quel genre de films est-ce que tu aimes? Interview a classmate to find out how similar or different your tastes in films are. First, ask him/her to react to each of the following types of films. Then report to another group or to the class about the two of you.

MODÈLE: —*Est-ce que tu aimes les films d'épouvante?*
—*Oui, j'aime beaucoup ça. Et toi?*
—*Moi aussi, j'adore les films d'épouvante.*
(Later, you report . . .)
—*(John) et moi, nous aimons tous les deux les films d'épouvante.*

1. les films d'épouvante
2. les films d'amour
3. les films d'espionnage
4. les comédies musicales
5. les westerns
6. les films policiers
7. les films d'animation
8. les films de science-fiction
9. les films de guerre
10. les films dramatiques
11.–12. (*two other film types of your choice*)

Ça se dit comment?

Pour donner une réaction positive (films) (*To give a positive reaction to a film or type of film*)

J'aime (J'aime beaucoup, J'adore) les films...	*I like (like a lot, love) . . . films.*
Ça me plaît beaucoup.	*I like it a lot.*
J'ai (beaucoup) aimé...	*I (really) liked . . .*

Pour donner une réaction négative (films) (*To give a negative reaction to a film or type of film*)

Je n'aime pas (du tout) les films...	*I (really) don't like . . . films.*
(Les films d'action), c'est pas mon truc.	*(Action films), that's not my thing.*
Ça ne me plaît pas (du tout).	*I don't like it (at all).*
Je n'ai pas aimé...	*I didn't like . . .*

👥👥 **Y. Pourquoi (pas)?** Find out from your classmates how they reacted to various films that are popular now or have been popular in the past. Make sure each student justifies his/her choice.

MODÈLE: *La Guerre des Étoiles* (Star Wars)
—Est-ce que tu as aimé **La Guerre des Étoiles?**
—Oui, j'ai beaucoup aimé.
—Pourquoi?
—J'ai aimé l'intrigue et j'ai beaucoup aimé les effets spéciaux.
—Et toi, tu as aimé **La Guerre des Étoiles?**
—Moi, non. Je n'aime pas les films de science-fiction.

> Do **À faire! (3-4)** on page 117 of your **Manuel de préparation.**
> * Follow-up: the **passé composé**
> * Follow-up: movie vocabulary

Suggestion, Ex. Y: Brainstorm with the class a set of five or six recent films to serve as the basis for your survey. After a certain amount of time, bring the class back together and tally up the results.

Ça se dit comment?

Pour dire ce qu'on a aimé ou pas aimé à propos d'un film
(To say what you liked or didn't like about a movie)

J'ai aimé (Je n'ai pas aimé)...
I liked (I didn't like) . . .

les effets spéciaux	*the special effects.*
la violence	*the violence*
l'intrigue	*the plot*
l'histoire	*the story*
le décor	*the setting*
la musique	*the music*
les acteurs	*the actors*
le suspense	*the suspense*

MC Audio CD2, Track 8 (Échange)

SUGGESTED LESSON OUTLINE: Students assigned *À faire! (3-4)* have reviewed the days of the week and the **passé composé,** written about movies, and practiced pronouncing the vowels **a, i, o,** and **u.** Ex. Y (film likes and dislikes) was not self-correcting.
In this segment, do *Échange: Vous voulez aller au cinéma?* (Ex. Z, AA, BB, CC, DD, EE) *Le monde francophone,* and *Intégration* (Ex. FF, GG, HH, II)

◼️●Échange: *Vous voulez aller au cinéma?*

Mariam téléphone à leurs amis, les Dervelle, pour les inviter au cinéma. C'est Christine, la fille des Dervelle, qui répond au téléphone.

MARIAM: Allô? Bonjour, Christine. C'est Mariam Diallo. Ta maman est là?
CHRISTINE: Oui, Madame. Ne quittez pas. Je vais la chercher. Maman! Maman! C'est Madame Diallo à l'appareil.
FABIENNE: Attends, j'arrive... Bonjour, Mariam. Ça va?
CHRISTINE: Ah, oui, très bien. Et toi?
FABIENNE: Oh, oui. Ça va bien.
MARIAM: Je téléphone pour savoir si Bernard et toi, vous voulez aller au cinéma ce soir avec Edris et moi? On passe un film de Jean-Paul Rappeneau au Rex.
FABIENNE: Comment il s'appelle, le film?
MARIAM: *Le Hussard sur le toit.* On dit que c'est très bien.
FABIENNE: Bon, d'accord. On veut bien y aller avec vous. Le film est à quelle heure?
MARIAM: La séance commence à 20h30.
FABIENNE: Alors, rendez-vous à vingt heures quinze devant le cinéma?
MARIAM: D'accord. À ce soir. Allez, au revoir, Fabienne.
FABIENNE: À ce soir, Mariam.

Díco

à quelle heure: *what time*
Attends: *Wait*
fille: *daughter*
Le Hussard sur le toit: *The Horseman on the Roof*
leurs: *their*
pour savoir: *to find out*
rendez-vous: *we'll meet*
séance: *show (including previews)*

Le téléphone

En France, pour utiliser un téléphone public, on a besoin d'une télécarte. On peut acheter des télécartes dans les bureaux de poste, dans les gares, dans les kiosques à journaux, etc.

Collection Historique

Téléphone Berliner 1910

Téléphone mobile de forme pupitre, à magnéto d'appel.
Il est équipé d'un combiné dit "aérophone".
Ce modèle fut assez peu répandu.

France Telecom

Télécarte 50 unités
Cette carte ne peut être vendue que sous emballage scellé ou par distributeur automatique.

France Telecom

A 7A491047
222362255

Regie T
La Communication sur la Télécarte
133 av. des Champs-Elysées
75409 Paris Cedex 08

LES NUMÉROS IMPORTANTS

- le 12: les renseignements *(information)*

- le 15: le Samu (les secours médicaux)

- le 17: la police

- le 18: les pompiers

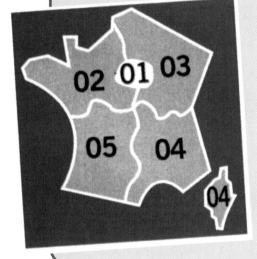

Un numéro de téléphone en France a dix chiffres. Les deux premiers chiffres représentent la région et les deux suivants représentent la ville. Les numéros de tous les portables commencent par 06.

Ça se dit comment?

Pour téléphoner (To talk on the phone)

Allô.	*Hello.*
Je voudrais parler à...	*I'd like to speak to . . .*
Est-ce que je peux parler à...	*Could I speak to . . . ?*
C'est de la part de qui?	*May I say who's calling?*
C'est... à l'appareil.	*It's . . . calling.*
Ne quittez (quitte) pas.	*Hang on.*
Je vais le (la) chercher.	*I'll go get him (her).*
Je vous (te) le (la) passe.	*Here he (she) is.*

Ici, en France...

In France, official time (I think it's called "military time" in the United States) is used for everything that's printed—movie and concert times, train schedules, school course announcements, etc. Official time is based on a 24-hour clock (beginning at 1 in the morning), and the hour is treated as a 60-minute whole: **14h15 = quatorze heures quinze; 17h30 = dix-sept heures trente; 22h45 = vingt-deux heures quarante-cinq.** If you're not used to times presented this way, here's a hint: after you get to **12h (douze heures)** (i.e., 12 noon), just subtract 12 from the 24-hour time: for example, **14h15** − 12 = 2:15 in the afternoon; **22h45** − 12 = 10:45 in the evening.

Zoom!

Les Sumériens (peuple d'Asie) sont les premiers à diviser le jour *(day)* en douze périodes et la nuit *(night)* en douze périodes, soit *(that is)* vingt-quatre heures en tout *(in all)*.

À vous!

Z. Des messages. Listen to the various messages from an answering machine and write down the five numbers you're supposed to call. [items 1–5]

AA. Allô... allô... First, call some friends. Follow the model.

MODÈLE: Véronique (sa cousine)

—*Allô? Ici* [your name]. *C'est toi, Véronique?*

—*Non, c'est sa cousine.*

—*Oh, je m'excuse. Est-ce que Véronique est là?*

—*Oui, je te la passe.*

1. Marcelle (sa sœur *[sister]*)
2. Jean-Pierre (son cousin)

Now call people you don't know very well.

MODÈLE: Lucien Péras / 01 40 22 61 03

—*Allô, allô. C'est bien le 01 40 22 61 03?*

—*Oui, Monsieur (Madame, Mademoiselle).*

—*Je voudrais parler à Lucien Péras, s'il vous plaît.*

—*C'est de la part de qui?*

—*C'est* [your name] *à l'appareil.*

—*Ne quittez pas. Je vais voir s'il est là...*

3. Michel Roux / 05 61 32 73 22
4. Anne Brisset / 01 47 42 65 39

Ça se dit comment?

Pour proposer une activité *(To suggest an activity)*

Tu voudrais (Vous voudriez)... ?	*Would you like (to) . . . ?*
Tu veux (Vous voulez... ?)	*Do you want (to) . . . ?*

Pour accepter *(To accept)*

Bien sûr.	*Certainly.*
Pourquoi pas?	*Why not?*
Oui. C'est une bonne idée.	*Yes. That's a good idea.*
Oui. Je veux bien.	*Yes. I'd like to.*

Pour refuser *(To refuse)*

Je voudrais bien, mais je ne peux pas.	*I'd like to, but I can't.*
Malheureusement je ne peux pas.	*Unfortunately, I can't.*

Pour exprimer son plaisir *(To express your pleasure)*

Chouette!	*Great!*
Super!	*Terrific!*

Pour exprimer sa déception *(To express your disappointment)*

C'est dommage.	*That's too bad.*
Une autre fois, peut-être.	*Some other time, maybe.*

Pour fixer un rendez-vous *(To arrange to meet)*

On se retrouve...	*We'll meet . . .*
Rendez-vous...	

Exercice de substitution

1. *Je* veux habiter à Paris. (nous / mes amis / Jacques / tu)
2. Est-ce que *Michel* veut aller en ville? (tu / Martine / les autres / vous)
3. *Anne-Marie* ne veut pas de frites. (je / les autres / nous / Mélanie / on)
4. *Nous* pouvons jouer au tennis. (je / elles / tu / Henri / vous)
5. *Je* ne peux pas rester. (nous / Annick / les autres / tu / on / vous)
6. Est-ce qu'*Axelle* peut y aller? (je / nous / on / Jacques et Henri / vous / tu)

Suggestion, vouloir and pouvoir: Point out the similarity between the two verbs in the singular (**veux / peux**) and that the plural forms take their consonants from the infinitive (**voulons [VouLoir] / pouvons [PouVoir]).** If students ask why they haven't been given the past participle, you can explain that the two verbs have different meanings in the **passé composé (j'ai voulu:** *I tried /* **j'ai pu:** *I managed, succeeded).*

FLASH GRAMMAIRE

Les verbes *vouloir* et *pouvoir*

vouloir *(to want, wish)*

je **veux**	nous **voulons**
tu **veux**	vous **voulez**
il/elle/on **veut**	ils/elles **veulent**

pouvoir *(to be able to, [can])*

je **peux**	nous **pouvons**
tu **peux**	vous **pouvez**
il/elle/on **peut**	ils/elles **peuvent**

BB. Malheureusement... When you inquire about whether someone is going to do something with you, your partner indicates that the person(s) would like to but can't.

MODÈLE: Yves / dîner avec nous
—*Est-ce qu'Yves va dîner avec nous?*
—*Il veut dîner avec nous, mais malheureusement il ne peut pas.*

1. Cécile / aller au cinéma avec nous
2. tu / venir au concert avec nous
3. Ahmed et Olivier / dîner avec nous
4. vous / jouer au tennis avec nous
5. Élisabeth et Fatima / venir au théâtre avec nous
6. Jacques / venir au musée avec nous

CC. Une invitation. Call up a friend and invite him/her to do something with you tonight (**ce soir**). When he/she accepts, arrange a time and place to meet.

MODÈLE: aller au cinéma / chez moi *(at my house)* / 19h
    VOUS (PATRICE): *Allô? Je voudrais parler à Isabelle. C'est Patrice...*
    CATHERINE: *Attends. Ne quitte pas. Je vais la chercher...*
        Isabelle, c'est Patrice à l'appareil.
    ISABELLE: *J'arrive. Salut. Ça va?*
    PATRICE: *Oui, ça va bien. Et toi?*
    ISABELLE: *Pas mal.*
    PATRICE: *Écoute, tu veux aller au cinéma ce soir?*
    ISABELLE: *Oui, je veux bien. Où est-ce qu'on se retrouve?*
    PATRICE: *Rendez-vous chez moi à 17 heures.*
    ISABELLE: *D'accord. À ce soir.*
    PATRICE: *À ce soir.*

1. aller au cinéma / devant le cinéma / 17h30
2. aller à un concert / au stade / 18h
3. jouer au tennis / chez moi / 16h45
4. aller à un match de foot / au stade / 19h30
5. aller à une fête *(party)* / chez moi / 21h15
6. aller au théâtre / devant le théâtre / 20h30

 **GRAMMAIRE**

Le verbe *sortir* *(to go out, leave)*

je **sors**	nous **sortons**
tu **sors**	vous **sortez**
il/elle/on **sort**	ils/elles **sortent**

PASSÉ COMPOSÉ: **sorti (être)**

DD. On sort ce soir? Ask a classmate what the following people are going to do tonight. He/She will choose an activity from the **Ça se dit comment?**

MODÈLE: Jacques / Michèle / ils
    —*Est-ce que Jacques sort ce soir?*
    —*Oui, il sort avec Michèle.*
    —*Qu'est-ce qu'ils vont faire?*
    —*Ils vont aller au cinéma.*

1. Janine / Patricia / elles
2. M. et Mme Guicheteau / ils
3. Jacqueline / moi / vous
4. tu / des copains *(pals, buddies)* / vous
5. Sylvie / Jean-Louis / ils
6. vous / Edris et Mariam / vous

EE. Des invitations. Play out the following scenes with your classmates. Make sure you use proper telephone language when you call.

1. You call a friend and invite him/her to do something with you tonight. He/She accepts, and you make arrangements to meet.
2. You call a friend and invite him/her to do something with you tonight. He/She is unable to go with you, so you call a second friend, who accepts.
3. You call some friends of your parents to invite them to a party you're organizing for your parents at a restaurant. They accept, and you arrange for them to meet at the restaurant.

USEFUL VOCABULARY: **organiser une fête pour mes parents**

Exercice de substitution

1. *Françoise* sort tous les soirs *(every evening)*. (Henri / je / nous / M. et Mme Carle / vous / Gilbert / tu)
2. Est-ce qu'*Alfred* sort ce soir? (Valentine / tu / les autres / nous / Jean-Pierre / vous)
3. *Roger* n'est pas sorti hier soir. (Chantal / nous / les autres / je / Thierry / vous / on)

Ça se dit comment?

Pour identifier des activités (To name some activities)

aller à une fête
 to go to a party
aller à un concert
 to go to a concert
aller à un match de foot (de basket)
 to go to a soccer match (a basketball game)
faire les magasins
 to go shopping
faire un pique-nique
 to go on a picnic
faire un tour à pied (à vélo)
 to go for a walk (a bike ride)
sortir dîner
 to go out for dinner

Le monde francophone

Des films d'Afrique

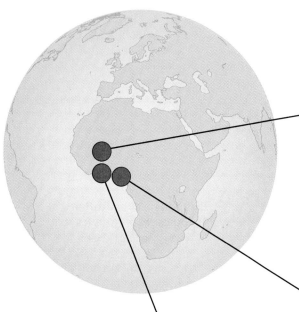

Keïta
(The Heritage of the Griot)
réalisateur: Dani Kouyaté
Burkina Faso, 1995
en jula et français
avec sous-titres en anglais
94 mn

Mélange de deux histoires: celle de l'Afrique de l'Ouest du XIIIe siècle et celle d'aujourd'hui. Les deux personnages: Mabo Keïta, adolescent du Burkina Faso, qui est en train d'apprendre l'histoire de sa famille; Sundjata, son ancêtre du 13e siècle. Ensemble ils veulent comprendre leur destin. Pour Keïta, ce qui est important pour le développement de son pays, c'est la tradition africaine plutôt que le mode de vie importé de l'Ouest.

Femmes aux yeux ouverts
(Women with Open Eyes)
Anne-Laure Folly
Togo, 1994
en français avec sous-titres en anglais
52 mn

Réalisé par une femme africaine, ce film a pour sujet les femmes africaines. Portraits contemporains de femmes du Burkina Faso, du Mali, du Sénégal et du Bénin. Le film montre comment les femmes africaines s'organisent pour revendiquer leurs droits dans quatre domaines: le mariage, la santé, les droits économiques et les droits politiques.

Afrique, je te plumerai
(Africa, I will Fleece You)
Jean-Marie Teno
Cameroun, 1992
en français avec sous-titres en anglais
88 mn

Grâce à ce film, nous comprenons un peu mieux les effets désastreux de cent ans de colonisation au Cameroun et comment les médias, les livres et les institutions européennes ont mené à la destruction des traditions camerounaises. Le message? Pour retrouver l'Afrique authentique, il faut étudier et comprendre le phénomène de la colonisation du passé et du présent et reconstruire la réalité africaine.

Sango Malo
(The Village Teacher)
réalisateur: Bassek ba Kobhio
Cameroun, 1991
en français avec sous-titres en anglais 94 mn

Ce film présente un portrait du village africain typique. Il fait le contraste entre deux sortes de formations: celle de l'instituteur traditionnel rigidement orienté vers l'Europe et celle du jeune instituteur radical (Malo) qui met l'accent sur le développement des compétences pratiques nécessaires dans une communauté rurale. Malo enseigne aux villageois à dépendre d'eux-mêmes et à construire leur propre avenir.

➤ Qu'est-ce que vous avez appris?

Choose the best answer.

1. In the film **Keïta,** what do Mabo Keïta and Sundjata have in common?
   a. They're both warriors.
   b. They both lived several centuries ago.
   c. They're relatives.

2. The film **Femmes aux yeux ouverts** can probably best be classified as a:
   a. social comedy
   b. documentary
   c. love story

3. The film **Afrique, je te plumerai** encourages its African viewers to:
   a. exploit the presence of Europeans
   b. build a new future for themselves
   c. destroy the old ways of living

4. What does Sango Malo NOT teach his students?
   a. to live in a rural setting
   b. to be self-sufficient
   c. to imitate the European way of life

➤ Qu'est-ce que vous en pensez?

What themes are prevalent in the four Francophone African films you've just read about? What would explain the importance of these themes in African cinema?

Answers, Qu'est-ce que vous avez appris? 1.c 2.b 3.b 4.c

celle: *the one*
ce qui: *what's*
comprendre: *to understand*
d'apprendre: *to find out about*
droits: *rights*
enseigne: *teaches*
Ensemble: *Together*
est en train d'apprendre: *is finding out about*
eux-mêmes: *themselves*
femme: *woman*
Grâce à: *Thanks to*
il faut étudier: *you have to study*
leur(s): *their*
Mélange: *Combination*
met l'accent sur: *stresses*
mode de vie: *way of life*
montre: *shows*
ont mené: *led*
pays: *country*
plutôt que: *rather than*
propre avenir: *own future*
réalisateur: *director*
Réalisé par: *Directed by*
reconstruire: *to reconstruct*
revendiquer: *to reclaim*
santé: *health*
siècle: *century*
un peu mieux: *a little better*
vers: *toward*
villageois: *villagers*

◼Intégration

FF. Tiens! J'ai un e-mail de... Il (Elle) est rentré(e) de Paris. One of your classmates has received an e-mail from a friend who just returned from a visit to Paris. Have a conversation about the message, using the questions suggested. Your classmate will invent answers to the questions.

QUESTIONS: **Il (Elle) a aimé Paris?**
Qu'est-ce qu'il (elle) a fait? *(What did he [she] do?)*
Comment est-ce qu'il (elle) a circulé à Paris?
Qu'est-ce qu'il (elle) a acheté?

MODÈLE: —*Tiens! J'ai un e-mail de... Il (Elle) est rentré(e) de Paris.*
—*Est-ce qu'il (elle) a aimé Paris?*
—*Oui, il (elle) a beaucoup aimé sa visite.*
—*Qu'est-ce qu'il (elle) a fait?*
—*Il (Elle) est allé(e) aux musées, il (elle) a acheté des souvenirs... etc.*
—*etc.*

Suggestion, Ex. GG: In preparation for the activity, you can ask each student to make a list of the weekend's activities and the verbs (in the **passé composé**) that they'll use in their description. Remind them that they can invent the weekend (rather than necessarily describing a real one). You can circulate and help them with this writing task. This preparatory phase should make the oral activity run more smoothly.

GG. Un week-end dont je me souviens bien. *(A weekend I remember well.)* Tell your classmates about a special weekend that you remember well. In French, describe your activities. Your classmates can ask questions for clarification.

HH. Allons au cinéma. Make arrangements with another student to go to the movies. Discuss the kind of film you would like to see (based on your statements about likes and dislikes), select a film, and arrange where and when you'll meet.

II. Pour organiser un groupe. You and several classmates want to do something together on Saturday night. However, you're having trouble getting organized because whenever an activity is suggested, there is usually someone who *doesn't want to do it*. Finally, you agree on an activity, but then you have trouble deciding on where and when to meet—i.e., there is someone who *can't meet* at that time or at that place. Keep the discussion going until your plans are completely agreed upon. Along with all the appropriate verbs, make use of the verbs **vouloir** and **pouvoir**.

Do **À faire! (3-5)** on page 123 of the **Manuel de préparation.**
* General review of chapter

SUGGESTED LESSON OUTLINE: Students assigned **À faire! (3-5)** have reviewed the vocabulary, expressions, and grammar of the chapter. Ex. XXV (Writing invitations) and XXVII (Writing about a weekend in Paris) were not self-correcting.

▪Lexique

Pour se débrouiller

Pour indiquer le moyen de transport
> prendre l'avion (le train, le bus, le car, un taxi, etc.)
> y aller en avion (en bus, en autocar, par le train, en métro, en voiture)
> y aller à pied (à vélo, à vélomoteur)

Pour comparer les moyens de transport
> C'est plus rapide.
> C'est moins cher.
> C'est plus agréable.
> C'est plus amusant.
> C'est plus (moins) dangereux.

Pour indiquer sa destination
> Je dois aller...
> Je voudrais aller...

Pour apprendre les moyens de transport possibles
> Comment y aller?
> Je peux y aller (à pied, en voiture, en bus, etc.)?
> Il y a un autobus (un train, etc.)?

Pour savoir la durée du trajet
> Il faut combien de temps pour y aller?
> un quart d'heure
> vingt minutes
> une demi-heure
> trois quarts d'heure
> une heure (au maximum)

Pour demander comment prendre le métro
> Où est-ce que j'achète un ticket?
> je change?
> je descends?
> Quelle direction est-ce que je prends?

Pour expliquer comment prendre le métro
> Vous achetez (Tu achètes) un ticket (au guichet).
> Vous prenez (Tu prends) la direction...
> Vous changez (Tu changes) à...
> Vous descendez (Tu descends) à...

Pour indiquer l'origine nationale d'un film
> C'est un film étranger.
> C'est un film allemand.
> américain.
> anglais.
> espagnol.
> français.
> italien.
> japonais.
> russe.

Pour raconter une suite d'actions
> d'abord
> ensuite / puis
> enfin

Pour donner une réaction positive (films)
> J'aime (J'aime beaucoup, J'adore) les films...
> Ça me plaît beaucoup.
> J'ai (beaucoup) aimé...

Pour donner une réaction négative (films)
> Je n'aime pas (du tout) les films...
> (Les films d'action), c'est pas mon truc.
> Ça ne me plaît pas (du tout).
> Je n'ai pas aimé...

Pour dire ce qu'on a aimé ou pas aimé à propos d'un film
> J'ai aimé (Je n'ai pas aimé)...
> les effets spéciaux (m.pl.)
> la violence
> l'intrigue (f.)
> l'histoire (f.)
> le décor
> la musique
> les acteurs (m.pl.)
> le suspense

Pour téléphoner
> Allô.
> Je voudrais parler à...
> Est-ce que je peux parler à...
> C'est de la part de qui?
> C'est... à l'appareil.
> Ne quittez (quitte) pas.
> Je vais le (la) chercher.
> Je vous (te) le (la) passe.

Pour proposer une activité
> Tu voudrais (Vous voudriez)... ?
> Tu veux (Vous voulez... ?)

Pour accepter
> Bien sûr.
> Pourquoi pas?
> Oui. C'est une bonne idée.
> Oui. Je veux bien.

Pour refuser
> Je voudrais bien, mais je ne peux pas.
> Malheureusement je ne peux pas.

Pour exprimer son plaisir
    Chouette!
    Super!

Pour exprimer sa déception
    C'est dommage.
    Une autre fois, peut-être.

Pour fixer un rendez-vous
    On se retrouve...
    Rendez-vous...

Pour identifier des activités
    aller à un concert
    aller à une fête
    aller à un match de foot (de basket)
    faire les magasins
    faire un pique-nique
    faire un tour à pied (à vélo)
    sortir dîner

Thèmes et contextes

Les moyens de transport
    un autocar (un car)
    un autobus (un bus)
    un avion
    un car de ramassage
    le métro
    une moto(cyclette)
    le RER
    un taxi
    un train (par le train)
    un vélo
    un vélomoteur
    une voiture

Les jours de la semaine
    lundi
    mardi
    mercredi
    jeudi
    vendredi
    samedi
    dimanche

Vocabulaire général

Verbes
    arriver
    attendre
    déjeuner
    descendre
    entrer
    pouvoir
    prendre
    rentrer
    rester
    retourner
    réveiller
    sortir
    voir (vu)
    vouloir

Les genres de film
    une biographie
    une comédie (dramatique, musicale)
    un dessin animé
    un documentaire
    un film comique
    un film d'action
    un film d'amour
    un film d'animation
    un film d'aventures (d'action)
    un film d'épouvante (d'horreur)
    un film d'espionnage
    un film de guerre
    un film de science-fiction
    un film dramatique
    un film expérimental
    un film historique
    un film policier
    un western

combien de... est-ce que... ?
combien est-ce que... ?
comment est-ce que... ?
quand est-ce que... ?

Branchez-vous!

The *Branchez-vous!* sections of the **Manuel de classe** and the **Manuel de préparation** provide a variety of expansion activities that can be done in or out of class, by individual students, by small groups or by the class as a whole.

Internet

Please visit the **Je veux bien!** website at **http://jvb.heinle.com.** You'll find activities to practice the vocabulary and grammar you've learned in this chapter as well as cultural exploration activities that guide you through websites from around the French-speaking world.

Vidéo

Please visit the **Je veux bien!** website at **http://jvb.heinle.com** for the video activities that accompany this chapter. You'll get the most from watching the video for this chapter if you first visit the website and print out the video activities for this chapter. Then watch the video (in your classroom, language lab, or at home) and complete the activities for the chapter.

AU-DELÀ DU COURS:

Une soirée au cinéma

Check the movie listings in your area for French or Francophone films. If you find some, organize a group to go see and then discuss the film. If there are no French films playing in your area, go to a video store and organize a French film night. Invite other students; then show and discuss the film.

LECTURE:
«Ma ville, Paris»

Mickaël, un jeune Parisien, parle de la ville où il est né.

Paris est une très belle ville. Il y a environ deux millions d'habitants à Paris (onze millions dans la région parisienne). Il y a beaucoup de choses intéressantes à voir et à faire à Paris. Il y a des monuments célèbres comme la tour Eiffel, l'Arc de Triomphe, les églises de Notre-Dame et du Sacré-Cœur, le Centre Pompidou et la Cité des Sciences à la Villette.

Il y a aussi des quartiers très intéressants: Montmartre, c'est le quartier des artistes, des peintres; le quartier des Champs-Élysées où on trouve beaucoup de magasins, de restaurants et de cafés très chics; et, le Quartier latin, le quartier des étudiants où on peut manger dans des restaurants ethniques très variés.

Mes endroits préférés pourtant sont le quartier de la Défense, avec un monument splendide—la Grande Arche—et le quartier du Trocadéro, au pied de la tour Eiffel. Il y a beaucoup de jeunes dans ces quartiers. C'est le paradis pour les «skaters» et «roller-skaters» (amateurs de patins à roulettes et de planches à roulettes).

Dans la région parisienne, il ne faut pas oublier Disneyland Paris, à Marne-la-Vallée, à trente minutes de Paris. Alors, venez vite, chers amis, pour une visite mémorable de Paris!

Avant la lecture

Which of the following words would you expect someone to use when describing the city where he/she lives?

boissons / population / monuments / crêpes / visiter / caméscope / magasins / région / ville / pâtes

Dico

Alors: *So*
au pied de: *at the foot of*
célèbres: *famous*
chers: *dear*
endroits: *places*
environ: *about*
est né: *was born*
jeunes: *young people*
patins à roulettes: *roller skates*
planches à roulettes: *skateboards*
venez vite: *come right away*

Qu'est-ce que vous avez appris?

1. What two population figures does Mickaël give? What's the difference between the two?
2. Match the photos to the places mentioned by Mickaël.
3. What are Mickaël's favorite places in Paris? Why?

Qu'est-ce que vous en pensez?

How old does Mickaël appear to be from his picture? To what degree do you think his view of Paris is a function of his age? On the basis of what you know about Paris, what might someone older choose to talk about?

If you were asked to talk about your city (or, if you're from a small town, the nearest big city), what would you choose to mention? Why?

HISTOIRE:
Le cinéma français

Le cinéma est né en France à la fin du XIXᵉ siècle et le septième art continue à jouer un rôle important dans la vie culturelle française. Voici une mini-histoire du développement du cinéma au cours du siècle dernier.

Les pionniers

*Les frères **Louis et Auguste Lumière** inventent le cinématographe. En 1895, ils présentent à Paris les premières projections animées.*

*En 1897, **Georges Méliès** construit à Montreuil le premier studio du monde. Il y invente les trucages pour son film* **Voyage dans la lune** *(1902).*

Louis et Auguste Lumière

Les années vingt: L'«avant-garde»

__Abel Gance__ invente le triple écran. Parmi ses films on compte J'accuse! *(1919, au sujet de l'affaire Dreyfus),* La Roue *(1923) et* Napoléon *(1926).*

__René Clair__ crée des films poétiques et ironiques comme Entr'acte *(1924),* Un chapeau de paille d'Italie *(1927) et* À nous la liberté *(1931).*

Les années trente: Les «classiques»

*Les films de **Jean Vigo**,* Zéro de conduite *(1932) et* L'Atalante *(1934), ont pour sujets la révolte et l'amour.*

*Fils du célèbre peintre impressionniste, **Jean Renoir** est connu pour ses films où se mélangent le réalisme et la fantaisie:* Boudu sauvé des eaux *(1932),* Le crime de M. Lange *(1935),* La grande Illusion *(1937) et* La règle du jeu *(1939).*

Jean Renoir

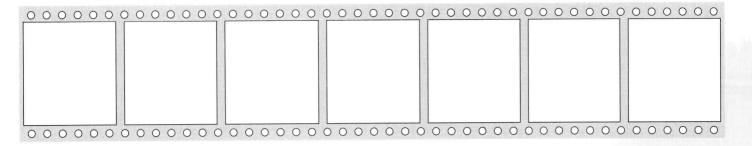

Les années cinquante et soixante:
Les «nouveaux»

Les films de Jacques Tati, Les vacances de M. Hulot *(1953)* **et Mon oncle** *(1958),* **renouvellent le cinéma comique français.**

Jean-Luc Godard fait partie de la «nouvelle vague» de cinéastes qui cherchent une plus grande liberté de style et des thèmes plus réalistes. Parmi ses films: À bout de souffle *(1960),* **Pierrot le fou** *(1965) et* **Week-end** *(1967).*

Jacques Tati

Comme Godard, représentant de la «nouvelle vague», François Truffaut crée des films mémorables tels que Les 400 Coups *(1959),* **Jules et Jim** *(1962) et* **Fahrenheit 451** *(1966).*

François Truffaut

D'autres cinéastes de renom et leurs films

Alain Resnais, *Hiroshima mon amour*
Louis Malle, *Au revoir les enfants* et *Les Amants*
Éric Rohmer, *Ma Nuit chez Maud* et *Le Genou de Claire*
Diane Kurys, *Diabolo Menthe*
Jean-Jacques Beneix, *Diva*
Claire Denis, *Chocolat*

Dico

au cours de: *during*
de renom: *well-known*
dernier: *last*
est né: *was born*
fait partie de: *belongs to*
Fils: *Son*
fin: *end*
«nouvelle vague»: *New Wave*
Parmi: *Among*
se mélangent: *are mixed*
tels que: *such as*
triple écran: *three screen*
trucages: *special effects*

➤ *Qu'est-ce que vous en pensez?*

How many of these directors and films are you familiar with? Films from the U.S. are enormously popular in France; why do you think French films are less popular in the U.S.?

How have the movies affected the way people live and think? Do you think this influence has been mainly positive or negative? Why?

ACTIVITÉ CULTURELLE:
Les Français et le petit écran

Les Français s'interrogent sur le rôle de la télévision dans la vie française: 47% le trouvent positif; 46%, négatif. Pourtant, s'ils sont partagés sur la valeur de la télévision, très peu de Français peuvent échapper à son influence.

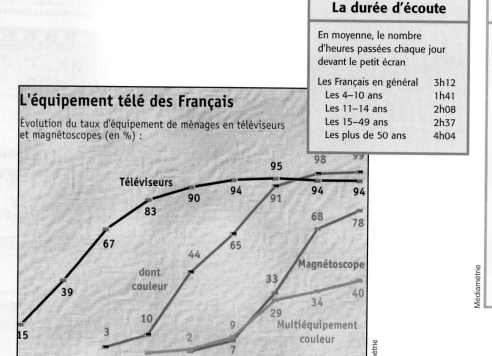

La durée d'écoute

En moyenne, le nombre d'heures passées chaque jour devant le petit écran

Les Français en général	3h12
Les 4–10 ans	1h41
Les 11–14 ans	2h08
Les 15–49 ans	2h37
Les plus de 50 ans	4h04

L'offre et la demande

Répartition de l'offe de programmes des six chaînes hertziennes et de la consommation (4 ans et plus, en %):

	TV offerte	TV consom-mée
–Films	5,2	8,0
–Fictions TV	21,5	26,5
–Jeux	4,0	7,5
–Variétés	8,4	4,6
–Journaux télévisés	5,4	14,0
–Magazines documentaires	29,8	16,7
–Sport	3,2	5,4
–Émissions jeunesse	8,1	3,2
–Publicité	7,7	9,7
–Divers	6,7	4,3

Médiamétrie

L'équipement télé des Français

Évolution du taux d'équipement de ménages en téléviseurs et magnétoscopes (en %):

Téléviseurs: 15, 39, 67, 83, 90, 94, 91, 94, 95, 98, 99, 94
dont couleur: 3, 10, 44, 65
Magnétoscope: 2, 9, 29, 68, 78
Multiéquipement couleur: 7, 33, 34, 40

Médiamétrie

1960 1965 1970 1975 1980 1985 1990 1995 1999

Qu'est-ce que vous regardez à la télé?

Olivier Chapron
«Moi, je regarde les informations et la météo. Je regarde le journal télévisé de 20h tous les soirs.»

Mathilde Hiquet
«Je ne regarde pas très souvent la télé. Quand je la regarde, je préfère les magazines et les documentaires.»

Gérard Trénois
«Moi, j'adore regarder les films télévisés. Et aussi les feuilletons.»

Qu'est-ce que vous en pensez?

In what ways do the TV pages of a French television guide look like the TV pages in a U.S. magazine? In what ways (if any) do they differ?

How do you think the statistics dealing with TV viewing in France would compare with similar statistics about the U.S.? How would you explain the similarities and/or differences?

Qu'est-ce que vous avez appris?

Indicate whether the statement is *True* or *False* and justify your answer.

1. The majority of French people are disturbed by the unhealthy influence of TV.
2. There are still a considerable number of black and white TVs in use in France.
3. A little more than ⅓ of households in France have more than one TV set.
4. Young people in France watch more TV than do their elders.
5. Programming on French TV reflects the desire on the part of viewers to watch documentaries and variety shows.

Answers, Qu'est-ce que vous avez appris?: 1. False 2. False 3. True 4. False 5. False

consommée: *consumed (watched)*
dont: *including*
durée d'écoute: *viewing time*
échapper: *to escape*
émissions jeunesse: *children's programs*
En moyenne: *On the average*
feuilleton: *soap opera*
informations: *news*
jeux: *game shows*
ménages: *households*
météo: *weather*
multiéquipement: *more than one set*
offerte: *offered (shown)*
partagés: *divided*
petit écran: *small screen (TV)*
Répartition: *Division*
s'interrogent: *are asking themselves questions*
taux d'équipement: *percentage owning a TV set*
valeur: *value*
variétés: *music and comedy show*

Jacques Guibert
«J'aime regarder les émissions musicales et les variétés.»

Béatrice Le Gall
«Moi, je regarde les séries américaines comme Seinfeld et Cosby.»

Une famille française

La ville de Reims

" Mon mari, André, et moi, nous habitons avec nos deux enfants, Benoît et Adeline, dans la banlieue (suburbs) de Reims, une ville de 180 000 habitants située à 150 km au nord-est de Paris. Reims est célèbre pour sa cathédrale gothique, où on sacrait (coronated) les rois (kings) de France. Et la ville se trouve en Champagne, région que vous connaissez sans doute (probably) à cause de son vin pétillant (sparkling). "

" Ma femme, Hélène, et moi, nous travaillons tous les deux à plein temps (full time). Par conséquent, nous avons une jeune fille au pair qui s'occupe (takes care) des enfants et aide à la maison. Cette année (This year) notre au pair s'appelle Cecilia; elle est du Portugal. "

Benoît Batailler
10 ans
écolier

Adeline Batailler
8 ans
écolière

Cecilia Dos Santos
19 ans
jeune fille au pair

Reims
Paris

André Batailler
35 ans
programmeur

Hélène Batailler
34 ans
représentante
de commerce

CHAPITRE 4

Les Batailler chez eux

" Notre maison se trouve dans la banlieue de Reims, à Cormontreuil. Notre petite maison moderne est assez typique des maisons de banlieue. **"**

For ideas about how to present vocabulary, grammar, culture, etc., see the "How to . . ." section in the Instructor's Guide at the front of this book.

Chapter Support Materials (Student)
MP: pp. 142–182

MP Audio CD2,
Tracks 12–21

Chapter Support Materials
(Instructor)

🏴 http://jvb.heinle.com
◼ Transparencies: 4-1 thru 4-3

🎧 MC Audio CD2, Tracks 10–22

▭ Video Tape: Acte 4

Test Bank: Chapitre 4

Syllabus: The minimum amount of time needed to cover the core material of Chapter 4 is six class periods. The *Branchez-vous!* menu provides material for an additional one to three class periods.

SUGGESTED LESSON OUTLINE:
Do *Contexte: La maison des Batailler* (Ex. A, B, C), *Échange: Le tour de la maison* (Ex. D, E, F).

OBJECTIVES

In this chapter, you'll learn to:

- talk about your home;
- enumerate the contents of your house;
- tell about your family and its origins;
- describe people and places;
- name professions.

In order to perform these activities, you'll learn to use:

- descriptive adjectives;
- possessive adjectives.

You'll also read and/or hear about housing in France and the Francophone world.

▢Contexte: *La maison des Batailler*

┌ **http://jvb.heinle.com**
▢ Transparencies: 4-1A, 4-1B

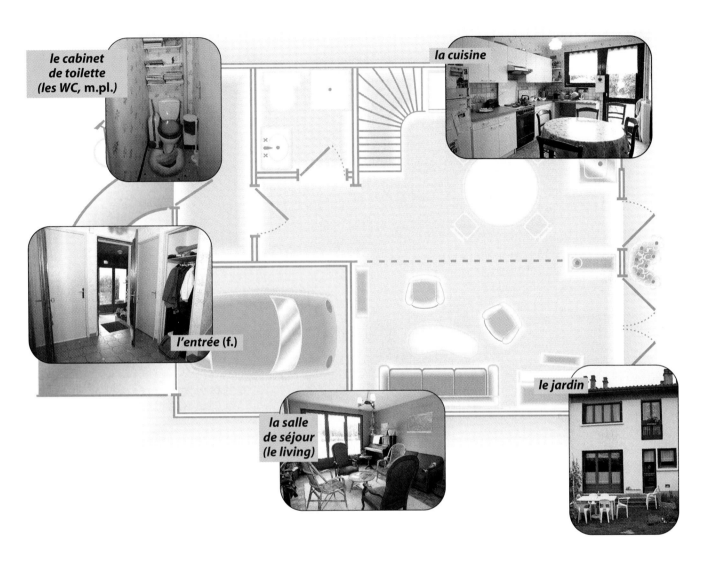

le cabinet de toilette (les WC, m.pl.)

la cuisine

l'entrée (f.)

la salle de séjour (le living)

le jardin

❝❝ Voici notre petite maison. Au rez-de-chaussée, il y a une entrée avec un cabinet de toilette, une salle de séjour et une cuisine. Nous n'avons pas de salle à manger; nous mangeons dans la cuisine. Au premier étage, il y a des chambres et une salle de bains. Derrière (*Behind*) la maison, il y a un jardin avec beaucoup de fleurs (*flowers*). ❞❞

Suggestion, Contexte: Describe your own house, drawing a sketch on the board as you talk. Then, compare your house to that of **les Batailler.** This will provide a model for students when they do Ex. A. Then have students, working in pairs, describe the house using the expression **il y a...**

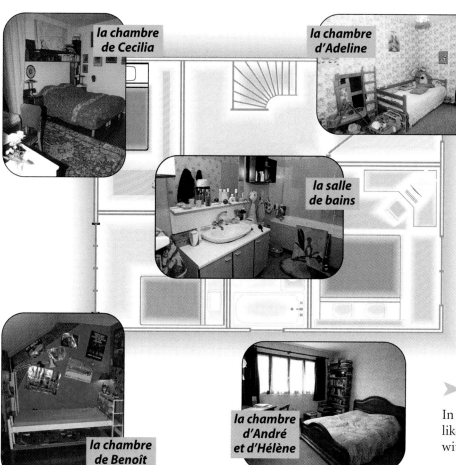

la chambre de Cecilia

la chambre d'Adeline

la salle de bains

la chambre de Benoît

la chambre d'André et d'Hélène

❝❝ Bien entendu (*Of course*), toutes les maisons françaises ne se ressemblent pas. Mes parents ont **une terrasse** derrière la maison et **une cave à vin** au sous-sol. Chez les parents d'André, il y a **des balcons** au premier étage. Ses parents ont **un bureau** et **une chambre d'amis.** ❞❞

➤ *Qu'est-ce que vous en pensez?*

In what ways does the Bataillers' house look like houses or apartments you're familiar with? In what ways is it different?

Ça se dit comment?

Pour dire où on habite (To say where one lives)
un appartement	*apartment*
une caravane	*trailer*
une maison	*house*
une résidence universitaire	*dormitory*

Pour indiquer l'étage d'un bâtiment (To indicate the floor of a building)
au sous-sol	*in the basement*
au rez-de-chaussée	*on the first (ground) floor*
au premier étage	*on the second floor*
au deuxième étage	*on the third floor*
au troisième étage	*on the fourth floor*
etc.	

Pour identifier les pièces d'une maison (To identify the rooms in a house)
un balcon	*balcony*	un garage	*garage*
un bureau	*study*	un jardin	*yard, garden*
un cabinet de toilette	*toilet, half-bath*	une salle à manger	*dining room*
une cave (à vin)	*(wine) cellar*	une salle de bains	*bathroom*
une chambre	*bedroom*	une salle de séjour	
une chambre d'amis	*guest room*	(un living) (un salon)	*living room*
un couloir	*hallway*	une terrasse	*terrace*
une cour	*courtyard*	les toilettes (f.pl.)	*ladies'/men's room, bathroom*
une cuisine	*kitchen*	une véranda	*porch*
une entrée	*entryway*	les WC (m.pl.)	*toilet, water closet*
un escalier	*stairs*		

Ici, en France...

You need to know that in France floors of a building are counted differently than in the United States. In French, the word **étage** is used only for floors above the ground level; the term for *ground floor (first floor)* is **le rez-de-chaussée** (literally, *the level of the pavement*). Consequently, each **étage** is one floor higher than its designation would suggest in English. For example:

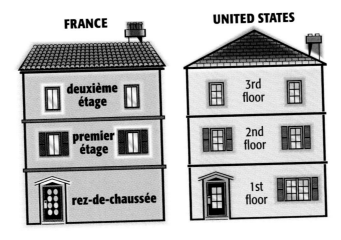

So, when someone asks you, **C'est bien le septième étage ici?**, make sure you're on the *eighth* floor (American style) before you say yes!

À vous!

A. La maison d'Éliane et l'appartement de Jean-Paul. As you listen first to Éliane and then to Jean-Paul describing where they live, write on a separate sheet of paper the number of each feature their house or apartment has.

1. un balcon
2. un bureau
3. un cabinet de toilette
4. une chambre
5. une cuisine
6. une entrée
7. un jardin
8. une salle à manger
9. une salle de bains
10. une salle de séjour

Reminder: In Unit 1, direction lines for activities were all in English. Beginning with this chapter, the English will begin to give way to French, except for (1) activities requiring more complicated directions (for example, listening exercises such as Ex. A), and (2) activities whose context makes more sense in English.

MC Audio CD2, TRACK 10 (Ex. A)

Answers, Ex. A: La maison d'Éliane—10, 8, 5, 6, 3, 4, 9, 7; l'appartement de Jean-Paul—10, 1, 5, 4, 7

B. Chez les Diallo. *(At the Diallos' place.)* Edris et Mariam Diallo habitent dans un appartement à Paris. Identifiez les pièces de leur appartement.

> MODÈLE: *Ça, c'est l'entrée.*

Ensuite, comparez la maison des Batailler (pp. 169–170) à l'appartement des Diallo, en utilisant des expressions comme: **Chez les Batailler, il y a... / Chez les Diallo, il n'y a pas de...**

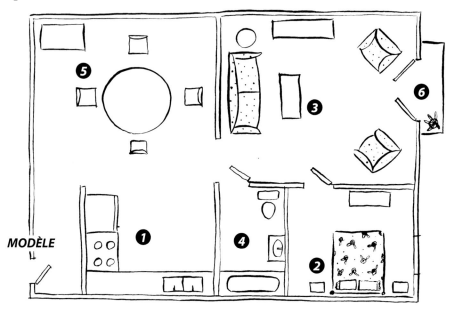

MODÈLE

C. L'immeuble. *(The apartment building.)* Indiquez à quel étage habitent les personnes indiquées.

> MODÈLES: Où habitent les Ponce?
> *Ils habitent au quatrième à droite* (on the right).
>
> Où habitent les Ouahib?
> *Ils habitent au cinquième à gauche* (on the left).

1. Où habitent les Norval?
2. Où habitent les Boschetti?
3. Où habitent les Chamoul?
4. Où habitent les Francezon?

5. Où habitent les Palito?
6. Qui habite au premier à droite?
7. Qui habite au cinquième à gauche?
8. Qui habite au troisième à gauche?

FLASH VOCABULAIRE

Les nombres ordinaux *(Ordinal numbers)*

1er	le premier (1ère la première)	*first*
2e	le (la) deuxième	*second*
3e	le (la) troisième	*third*
4e	le (la) quatrième	*fourth*
5e	le (la) cinquième	*fifth*
6e	le (la) sixième	*sixth*
7e	le (la) septième	*seventh*
8e	le (la) huitième	*eighth*
9e	le (la) neuvième	*ninth*
10e	le (la) dixième	*tenth*
11e	le (la) onzième	*eleventh*
12e	le (la) douzième	*twelfth*
13e	le (la) treizième	*thirteenth*
14e	le (la) quatorzième	*fourteenth*
15e	le (la) quinzième	*fifteenth*
16e	le (la) seizième	*sixteenth*
17e	le (la) dix-septième	*seventeenth*
18e	le (la) dix-huitième	*eighteenth*
19e	le (la) dix-neuvième	*nineteenth*
20e	le (la) vingtième	*twentieth*
21e	le (la) vingt et unième	*twenty-first*
22e	le (la) vingt-deuxième	*twenty-second*
etc.		

■Échange: *Le tour de la maison*

MC Audio CD2, Track 11 (Échange)

Hélène fait visiter la maison à la nouvelle jeune fille au pair.

MME BATAILLER: Ici, en bas, vous avez la salle de séjour, la cuisine-salle à manger—c'est là que nous mangeons... et il y a un cabinet de toilette dans l'entrée.

CECILIA: Et les chambres, elles sont en haut?

MME BATAILLER: Oui... on va monter... Voici votre chambre. Elle est petite, mais il y a un lit très confortable, une grande armoire et une petite étagère.

CECILIA: Ah, oui. Elle est très jolie. Et les enfants?

MME BATAILLER: Leurs chambres sont en face... Et voilà la salle de bains au bout du couloir.

Dico

fait visiter: *shows*
grande armoire: *large wardrobe*
jolie: *pretty*
Leurs: *Their*
lit: *bed*
monter: *to go up*
nouvelle: *new*
petite étagère: *small bookshelf*

Ça se dit comment?

Pour se situer *(In order to situate oneself)*

en bas	*downstairs*
en haut	*upstairs*
devant la maison	*in front of the house*
derrière la maison	*in back of the house*
en face	*across the way*
en face de la chambre	*across from the bedroom*
à côté	*next door*
à côté de la chambre	*next to the bedroom*
au bout	*at the end*
au bout du couloir	*at the end of the hallway*
tout près	*very nearby*
près de l'entrée	*near the entryway*
à gauche	*on the left*
à gauche de l'entrée	*to the left of the entryway*
à droite	*on the right*
à droite de l'escalier	*to the right of the stairs*
entre le living et la cuisine	*between the living room and the kitchen*

À vous!

MC Audio CD2, TRACK 12 (Ex. D)

D. Deux plans. (*Two floor plans.*) Listen again to Éliane and Jean-Paul describing the house and apartment where they live. This time make a labeled floor plan of the house and apartment. Use a separate piece of paper.

La maison d'Éliane

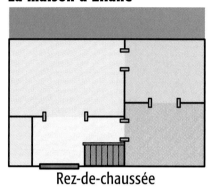

Rez-de-chaussée

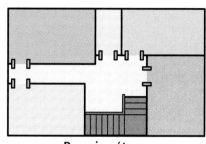

Premier étage

L'appartement de Jean-Paul

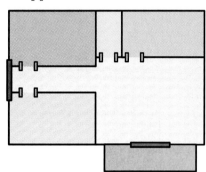

E. Chez toi. (*At your house.*) Posez des questions à un(e) camarade de classe à propos de la maison ou de l'appartement où il (elle) habite. Demandez-lui par exemple:

Est-ce que tu habites dans une maison ou dans un appartement?

une maison
Combien d'étages est-ce qu'il y a?
Qu'est-ce qu'il y a au rez-de-chaussée? au premier étage?
   (au deuxième étage?)
Est-ce qu'il y a un (une)... ?
Qu'est-ce qu'il y a en face de (la salle de bains)?
Qu'est-ce qu'il y a près de (l'entrée)?

un appartement
À quel étage est l'appartement?
Combien de pièces (*rooms*) est-ce qu'il y a?
Est-ce qu'il y a un (une)... ?
Qu'est-ce qu'il y a en face de (la salle de bains)?
Qu'est-ce qu'il y a près de (l'entrée)?

FLASH VOCABULAIRE

The general word for *room* in French is **une pièce.** The word **une chambre** refers to a specific type of room, *a bedroom.*

F. Une maison ou un appartement que je connais bien. Faites la description d'une maison ou d'un appartement que vous connaissez. Indiquez à quel étage se trouve chaque pièce. Situez les pièces les unes par rapport aux autres (*in relation to each other*).

> Do **À faire! (4-1)** on page 142 of the **Manuel de préparation.**
> * Follow-up: rooms of a house or apartment
> * Preparation: adjective agreement and placement
> *(Contrôle 1U)*

Dossier-France: Où habitent les Français?

Une maison traditionnelle. On y entre directement de la rue. Il n'y a pas de pelouse devant la maison.

SUGGESTED LESSON OUTLINE: Students assigned *À faire! (4-1)* have written the house and location vocabulary, worked with the agreement and placement of descriptive adjectives, and taken *Contrôle 10*. All exercises were self-correcting.

In this segment, do *Dossier-France: Où habitent les Français?, Rappel grammatical: Les adjectifs de description* (Ex. G, H, I, J), *Le monde francophone.*

Un immeuble parisien. En France, beaucoup de personnes achètent leur appartement. À Paris, les loyers sont très élevés.

Un pavillon. Cette maison ressemble aux maisons américaines. Il y a des espaces verts entre la maison et la rue.

Une HLM (Habitation à loyer modéré). Ces immeubles, destinés aux familles avec des ressources modestes, sont situés principalement dans les banlieues des grandes villes.

Dico

banlieues: *suburbs*
élevés: *high*
espaces verts: *green areas*
immeuble: *apartment building*
loyers: *rents*
pavillon = *maison moderne*
pelouse: *lawn*
rue: *street*

Les Français habitent...

dans des maisons individuelles	54%
dans des appartements	38%
dans d'autres logements	8%

Les Américains habitent...

dans des maisons individuelles	68%
dans des appartements	30%
dans d'autres logements	2%

QUELQUES FAITS

- 75% des Français habitent dans des zones urbaines.
- 65% des logements possèdent un jardin ou un balcon.
- 79% des maisons ont un garage.
- Seuls 1,5% des ménages français sont équipés de la climatisation.

> ### Qu'est-ce que vous avez appris?

Indicate whether each statement is *True* or *False*; justify your answers.

1. French apartment dwellers often own their apartments.
2. Most low-cost housing in France is located in the inner city.
3. People in France are more likely to live in apartments than are people in the United States.
4. A large majority of French people live in a city or the suburbs.
5. Gardens are more popular than garages in France.
6. About 1 of every 5 French houses or apartments is air-conditioned.

> ### Qu'est-ce que vous voyez?

En français, les mots **maison** et **pavillon** sont tous les deux l'équivalent du mot anglais *house*. Regardez les photos d'une maison et d'un pavillon. En quoi sont-ils différents l'un de l'autre?

Ensuite, regardez la photo de l'immeuble parisien. Ressemble-t-il à un immeuble aux États-Unis? Expliquez.

Finalement, regardez la photo d'une HLM. En quoi ressemble-t-elle au *low-income housing* aux États-Unis? En quoi est-elle différente?

Dico

climatisation: *air-conditioning*
ménages: *households*

Rappel grammatical

Les adjectifs de description

- Adjectives agree in gender and number with the nouns they modify.

La maison est verte.	*The house is green.*
Les appartements sont grands.	*The apartments are big.*

- When used with a noun, most adjectives *follow* the noun they modify.

Elle porte une jupe bleue.	*She's wearing a blue skirt.*
C'est une cuisine bien équipée.	*It's a well-equipped kitchen.*
Nous avons des meubles traditionnels.	*We have traditional-style furniture.*

- Some adjectives are placed *before* the noun they modify; for example, **grand** *(large, big, tall)*, **petit** *(small, little, short)*, **nouveau** *(new)*, **vieux** *(old)*, **joli** *(pretty)*, **beau** *(beautiful)*, **bon** *(good)*, **mauvais** *(bad)*.

C'est une vieille maison.	*It's an old house.*
Elle a un joli jardin.	*She has a pretty garden.*

- When two adjectives modify the same noun, each adjective occupies its normal position, either before or after the noun.

C'est un bel appartement moderne.	*It's a beautiful modern apartment.*
Regarde les jolies fleurs jaunes et blanches.	*Look at the pretty yellow and white flowers.*

- The adjectives **beau, nouveau,** and **vieux** have special forms.

MASCULINE SINGULAR:	**beau**	**nouveau**	**vieux**
MASCULINE SINGULAR BEFORE A VOWEL:	**bel**	**nouvel**	**vieil**
MASCULINE PLURAL:	**beaux**	**nouveaux**	**vieux**
FEMININE SINGULAR:	**belle**	**nouvelle**	**vieille**
FEMININE PLURAL:	**belles**	**nouvelles**	**vieilles**

À vous!

G. Chez nous. *(At our place.)* Listen as various people tell something about where they live, then choose the adjectives that best correspond to the description you've heard.

MODÈLE: **You hear:**   Chez nous, il y a un très grand living avec des meubles modernes. Notre living est assez joli, mais il n'est pas très ensoleillé.

You see: Le living est...
(a) ensoleillé   (b) sombre   (c) grand   (d) petit

You choose: (b) and (c)

1. La maison est... (a) nouvelle   (b) vieille   (c) bien aménagée   (d) bien équipée
2. L'appartement est... (a) nouveau   (b) vieux   (c) grand   (d) petit
3. La salle de séjour est... (a) moderne   (b) traditionnelle   (c) grande   (d) petite
4. La cuisine est... (a) moderne   (b) traditionnelle   (c) propre   (d) sale
5. Le jardin est... (a) grand   (b) petit   (c) joli   (d) laid
6. Les chambres sont... (a) grandes   (b) petites   (c) modernes   (d) confortables

Exercice de substitution

1. *La ville* est très belle. (le living / la maison / l'appartement / les garçons / les filles)
2. *L'appartement* est nouveau. (les maisons / la voiture / le living / la robe / le pantalon)
3. *Le téléviseur* est vieux. (la maison / l'appartement / les professeurs / les robes / le garage)
4. Nous avons une maison *moderne*. (grand / blanc / vieux / nouveau / petit / beau / confortable)
5. Ils habitent dans un *grand* bâtiment *(building)*. (moderne / nouveau / vieux / joli / bien équipé / beau)
6. Elle a un *petit* appartement. (très confortable / nouveau / moderne / ensoleillé / vieux / joli)

MC Audio CD2, Track 13 (Ex. G)

Answers, Ex. G: 1. b, c   2. a, d   3. a, c   4. a, c   5. b, c   6. b, d

Ça se dit comment?

Pour décrire son logement
(To describe your house or apartment)

moderne	*modern*
traditionnel / traditionnelle*	*traditional*
ancien / ancienne*	*old*
grand / grande	*large, big, tall*
petit / petite	*small, little, short*
vieux / vieille	*old*
nouveau / nouvelle	*new*
joli / jolie	*pretty*
laid / laide	*ugly*
moche	*ugly*
sombre	*dark*
ensoleillé / ensoleillée	*sunny*
sale	*dirty*
propre	*clean*
confortable	*comfortable*
bien aménagé / bien aménagée	*well laid out, fixed up*
bien équipé / bien équipée	*well-equipped*

*Note that **traditionnel** doubles the **l** and **ancien** doubles the **n** before adding **-e** in the feminine.

H. Comment est... ? Répondez aux questions en choisissant dans la liste des adjectifs qui décrivent l'image.

grand / petit / moderne / traditionnel / propre / sale / ensoleillé / sombre / confortable / pratique / joli / laid / blanc / noir / gris / brun / marron / bleu / vert / jaune / orange / rouge / rose / violet

MODÈLE: Comment est la maison des Goidin?

> *Elle est petite. Elle est blanche et grise.*
> *C'est une petite maison blanche et grise.*

1. Comment est la maison des Poujouly?
2. Comment est la maison des Schmitt?
3. Comment est l'appartement de Dominique?
4. Comment est la chambre de Julie?
5. Comment est la cuisine des Potain?
6. Comment est le jardin des Adejès?
7. Comment sont les meubles des Thouron?
8. Comment sont les vêtements de Marie-Hélène?
9. Comment est la maison (l'appartement) où vous habitez?

Ça se dit comment?

Pour identifier les meubles
(To identify furniture)

une armoire	*wardrobe, free-standing closet*
un bureau	*desk*
un canapé (un sofa)	*couch, sofa*
une chaise	*chair*
une commode	*chest of drawers, dresser*
une étagère	*bookshelf*
un fauteuil	*armchair*
une lampe	*lamp*
un lit	*bed*
une table	*table*

I. Les meubles des Batailler. Faites la description des meubles chez les Batailler en utilisant les adjectifs suggérés.

Qu'est-ce qu'il y a dans la salle de séjour chez les Batailler?

joli   **confortable**

Qu'est-ce qu'il y a dans la cuisine?

3

moderne

Qu'est-ce qu'il y a dans la chambre de M. et Mme Batailler?

4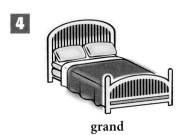

grand

5

vieux

6

nouveau

Qu'est-ce qu'il y a dans la chambre d'Adeline?

7

beau

8

petit

Qu'est-ce qu'il y a dans la chambre de Benoît?

9

moderne

10

assez *(rather)* laid

Suggestion, Ex. J: Have students who live in a dormitory room talk about the house (apartment) of their family or of some friends.

Follow-up, Ex. J: Have students ask you about *your* house or apartment, using **vous.** When appropriate, give them the possessive adjective **votre.** They will formally learn all of the possessive adjectives later in this chapter.

J. **Où est-ce que tu habites? Qu'est-ce qu'il y a dans ta maison (dans ton appartement)?** Posez les questions suivantes pour apprendre quelque chose au sujet de la maison ou de l'appartement d'un(e) camarade de classe.

- Est-ce que tu habites dans une maison? dans un appartement?
- Comment est ta maison (ton appartement)?
- De quelle couleur est la maison (l'immeuble [*apartment building*])?
- Combien de pièces est-ce qu'il y a?
- Qu'est-ce qu'il y a dans (la salle de séjour, ta chambre, etc.)?
- Est-ce que tu as... ?
- Comment est (sont)... ?

FLASH GRAMMAIRE

mon / ma *my*
 mon appartement
 ma maison

ton / ta *your (familiar)*
 ton vélo
 ta voiture

Le monde francophone

Le logement
Voici des exemples de vieux et de nouveaux logements dans des régions francophones.

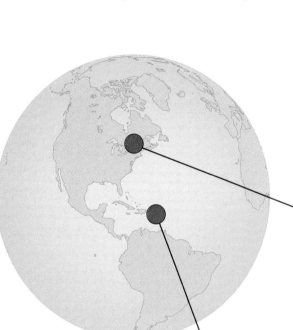

Maison typique dans l'île d'Orléans

Vieille maison de la ville de Québec

LE QUÉBEC

LA MARTINIQUE

Maison coloniale près de Fort-de-France

Case typique de Saint-Pierre

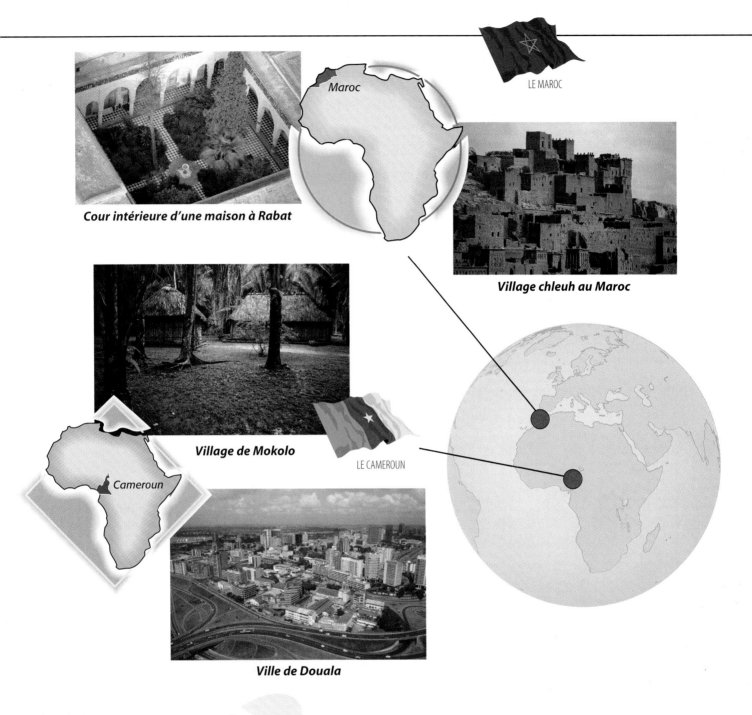

Cour intérieure d'une maison à Rabat

LE MAROC

Village chleuh au Maroc

Village de Mokolo

LE CAMEROUN

Ville de Douala

> ## Qu'est-ce que vous en pensez?

Quelles différences est-ce qu'il y a entre les deux photos de chaque région? Est-ce qu'il y a les mêmes différences dans votre région? Pourquoi ou pourquoi pas? Quelles différences est-ce qu'il y a entre votre région et la Martinique, le Maroc et le Québec?

Have students answer in French and/or English.

Do **À faire!** (4-2) on page 149 of the **Manuel de préparation.**
* Follow-up: descriptive adjectives, furniture
* Follow-up: reading and writing (apartment ad)

◼️●Contexte: *La famille Batailler*

SUGGESTED LESSON OUTLINE:
Students assigned *À faire! (4-2)* have reviewed descriptive adjectives and furniture as well as read and written about housing ads. Ex. X (creating an apartment ad) was not self-correcting.

In this segment, do *Contexte: La famille Batailler* (Ex. K, L, M), *Échange: La famille de Cecilia* (Ex. N, O, P, Q) and *Ici, en France...*

🖝 http://jvb.heinle.com
◼️ Transparency: 4-2

🎧 MC Audio CD2, TRACK 14 (Contexte)

Suggestion, Contexte: Have students look at the photos as they listen to Benoît's description of his family.

❞❞ Bonjour. Je m'appelle Benoît Batailler. Benoît, c'est mon prénom. Batailler, c'est mon nom de famille. Comme vous le savez déjà, nous sommes quatre dans ma famille. J'ai un père, une mère et une sœur. Ma sœur s'appelle Adeline. Elle a huit ans. Moi, j'ai dix ans. Nous habitons à Reims, en Champagne.

Nous avons aussi de la famille qui n'habite pas à Reims. Mes grands-parents paternels habitent à Poitiers avec mon oncle Gérard et mon oncle Thierry. Mon père a deux frères, mais il n'a pas de sœurs. Mon oncle Gérard est marié avec ma tante Élise. Ils ont deux enfants—un fils, Pierre, et une fille, Jacqueline. Ce sont mes cousins. Jacqueline a 16 ans; Pierre a 12 ans. Mon oncle Thierry n'est pas marié; il est divorcé.

Mon père est d'une famille nombreuse, mais pas ma mère. Elle est fille unique—pas de sœurs, pas de frères. Ma grand-mère maternelle est décédée en 1991. Mon grand-père habite près de chez nous. ❞❞

Mes parents, ma sœur et moi— chez nous

Mémère et Pépère à Poitiers—1998

Oncle Gérard, Tante Élise, en visite chez nous

Díco 📖

avoir... ans: *to be . . . years old*
Comme vous le savez: *As you know*
est décédée: *died, passed away*
famille nombreuse: *large family*
fille (fils) unique: *only child*
nom de famille: *last name*
prénom: *first name*

Jacqueline—
en visite chez nous

Pierre—
en visite chez nous

Oncle Thierry—
à Perros-Guirec

Pépé—chez nous

Ça se dit comment?

Pour identifier les membres de la famille
(To identify family members)

les parents *(m.pl.)*	*parents, relatives*
un père	*father*
une mère	*mother*
un beau-père	*stepfather, father-in-law*
une belle-mère	*stepmother, mother-in-law*
les enfants *(m.pl.)*	*children*
un fils	*son*
une fille	*daughter*
un fils unique (une fille unique)	*only child*
un frère	*brother*
une sœur	*sister*
un demi-frère	*half-brother, stepbrother*
une demi-sœur	*half-sister, stepsister*
les grands-parents *(m. pl.)*	*grandparents*
un grand-père *(pl. des grands-pères)*	*grandfather*
une grand-mère *(pl. des grand[s]-mères)*	*grandmother*
un oncle	*uncle*
une tante	*aunt*
un cousin	*(male) cousin*
une cousine	*(female) cousin*
un neveu *(pl. des neveux)*	*nephew*
une nièce	*niece*
une femme	*wife*
un mari	*husband*

À vous!

Ça se dit comment?

Pour donner son âge (To give your age)

avoir... ans	to be . . . years old

Quel âge as-tu?	Quel âge a ton frère?
Quel âge tu as? *(familier)*	Quel âge il a, ton frère? *(familiar)*
J'ai dix-neuf ans.	Il a onze ans.

Pour décrire sa famille (To describe your family)

avoir (être d') une famille nombreuse	to have (be from) a large family
il y a... personnes dans (ma) famille	there are . . . people in (my) family
être fils (fille) unique	to be an only son (daughter)
être l'aîné(e)	to be the eldest
être marié(e) avec	to be married to
être divorcé(e)	to be divorced
être décédé(e)	to be deceased
être vivant(e)	to be alive
être d'origine...	of . . . background

FLASH GRAMMAIRE

My (with a plural noun)

mes *my*	**mes cousins**
tes *your* (familiar)	**tes parents**

K. La famille d'Edris et de Mariam. As you listen to Edris and Mariam Diallo describe their families, take notes so that you can report to the class on what you've understood.

Note culturelle

In West Africa, polygamy was the rule for centuries. The head of the family would construct adjoining huts for each of his wives and their children. In exchange for the moral and physical protection he afforded them, he gained access to a large work force. While examples of this system are still prevalent among older generations (and talked about in many novels written by female writers from the region), there seems to be a tendency among young people to prefer monogamy, and in some countries (such as the Ivory Coast), polygamy is forbidden by law. Nevertheless, habits and traditions evolve slowly. Young men, especially those with money, still take up with multiple women, often very young ones. However, with monogamy the official social policy, the males no longer feel obligated to care for and protect their women. The streets of Abidjan and other African cities are full of young women, without education and without regular jobs—victims of social change.

MC Audio CD2, Track 15 (Ex. K)

Answers, Ex. K: Edris—du Sénégal, habite en France; 27 ans; le 3ᵉ de 6 enfants; parents et grands-parents paternels habitent dans un petit village au sud du Sénégal; 2 frères, 3 sœurs; tous mariés; beaucoup de neveux et de nièces.   Mariam—du Sénégal, habite en France; 26 ans; sa famille habite à Saint-Louis (au nord-ouest du Sénégal); son père a deux femmes (polygamie); 2 sœurs (la grande est mariée, un fils qui a 3 ans; la petite est toujours à la maison)

L. Ma famille... et la tienne. *(My family . . . and yours.)* Ask a classmate questions about his/her family. Depending on the general age of your classmate, some of the questions (e.g., age) may not be appropriate. Decide which questions to ask and not to ask.

1. Moi, je m'appelle... Et toi?
2. Mon prénom, c'est... Et ton prénom?
3. Mon nom de famille, c'est... Et ton nom de famille?
4. Moi, j'ai... ans. Et toi, quel âge as-tu?
5. Nous sommes... dans ma famille: j'ai... Et vous êtes combien dans ta famille?
6. Mon père s'appelle... Comment s'appelle ton père?
7. Ma mère s'appelle... Comment s'appelle ta mère?
8. J'ai ... frère(s). Il(s) s'appelle(nt)... Il a (Ils ont)... ans. (Je n'ai pas de frères.) (Je suis fils [fille] unique.) Et toi?
9. J'ai... sœur(s). Elle(s) s'appelle(nt)... Elle a (Elles ont)... ans. (Je n'ai pas de sœurs.) (Je suis fils [fille] unique.) Et toi?

M. Du côté maternel... Du côté paternel... *(On your mother's side . . . On your father's side . . .)* Posez des questions à un(e) camarade de classe au sujet de sa famille éloignée *(extended).*

1. Est-ce que ta mère est d'une famille nombreuse?

2. Combien d'oncles est-ce que tu as du côté maternel? Comment est-ce qu'ils s'appellent? Est-ce qu'ils sont mariés? Est-ce qu'ils ont des enfants? des fils? des filles?

3. Comment s'appellent tes cousins? Quel âge ont-ils? Où est-ce qu'ils habitent?

4. Est-ce que ta mère a des sœurs? Comment est-ce qu'elles s'appellent? Est-ce qu'elles sont mariées? Est-ce qu'elles ont des enfants?

5. Tes grands-parents maternels, ils sont toujours *(still)* vivants ou est-ce qu'ils sont décédés?

6. Et ton père, il est d'une famille nombreuse?

7. Tu as des oncles et des tantes du côté de ton père? Comment est-ce qu'ils s'appellent? Ils sont mariés?

8. Comment s'appellent tes cousins du côté de ton père? Quel âge ont-ils? Où est-ce qu'ils habitent?

9. Et tes grands-parents paternels, ils sont toujours vivants? Ils habitent avec ta famille?

La cathédrale de Reims et les rois de France

In the year 498, the bishop Rémi baptized Clovis, the leader of the Franks. Thus, the union of the Franks and Christianity was made official. In memory of that event, between 1223 and 1825, the cathedral of Reims was the site of the coronation **(le sacre)** of many of the kings of France.

French kings (the first was named in 987 and the last was removed from the throne in 1848) belonged to five families. These families and their most famous representatives were:

les Capétiens	Hugues Capet (987–996)
	Louis IX (Saint Louis) (1226–1270)
les Valois	Louis XI (1461–1483)
les Valois-Orléans	Louis XII (1498–1515)
les Valois-Angoulême	François Ier (1515–1547)
	Henri II (1547–1559)
les Bourbons	Henri IV (1589–1610)
	Louis XIV [le Roi Soleil] (1643–1715)
	Louis XVI (1774–1792)

●Échange: *La famille de Cecilia*

Mme Batailler interroge Cecilia au sujet de sa famille.

aîné: *older*
font: *do*
industrie alimentaire: *food business*
représentant de commerce:
salesman
sa: *her*

MME BATAILLER:	Et vos parents, qu'est-ce qu'ils font?
CECILIA:	Eh bien, mon père est représentant de commerce; il travaille dans l'industrie alimentaire. Ma mère, elle est à la maison avec les enfants.
MME BATAILLER:	Vous êtes combien dans votre famille?
CECILIA:	J'ai deux frères et deux sœurs. Mon frère aîné est ingénieur à Bruxelles; sa femme est belge. Mes deux sœurs vont au lycée et mon autre frère est tout petit.

Ça se dit comment?

Pour identifier les professions (To identify professions)

un acteur / une actrice	*actor/actress*	**un(e) fonctionnaire**	*civil servant*
un agriculteur / une agricultrice } **un fermier / une fermière**	*farmer*	**un homme d'affaires / une femme d'affaires**	*businessman (woman)*
un(e) architecte	*architect*	**un homme politique / une femme politique**	*politician*
un(e) artiste	*artist*		
un(e) assistant(e)	*teaching assistant*	**un infirmier / une infirmière**	*nurse*
un athlète professionnel / une athlète professionnelle	*professional athlete*	**un ingénieur / une femme ingénieur**	*engineer*
un avocat / une avocate	*lawyer*	**un(e) journaliste**	*journalist, reporter*
un cadre / une femme cadre	*business executive*	**un mécanicien / une mécanicienne**	*mechanic*
un chanteur / une chanteuse	*singer*		
un commerçant / une commerçante	*shopkeeper*	**un médecin / une femme médecin**	*doctor*
un commercial / une commerciale	*traveling salesperson*		
un(e) comptable	*accountant*	**un musicien / une musicienne**	*musician*
un(e) dentiste	*dentist*	**un ouvrier / une ouvrière**	*factory worker*
un(e) élève	*elementary, middle-school, high school student*	**un pharmacien / une pharmacienne**	*pharmacist*
		un(e) prof, un professeur	*teacher, professor*
		un programmeur / une programmeuse	*computer programmer*
un employé de maison / une employée de maison	*housekeeper*	**un représentant de commerce / une représentante de commerce**	*sales representative*
un étudiant / une étudiante	*university student*	**un(e) secrétaire**	*secretary*
une femme au foyer	*housewife*	**un vendeur / une vendeuse**	*salesperson (in a store)*

Ça se dit comment?

Pour identifier les nationalités *(To identify nationalities)*

allemand / allemande	*German*	japonais / japonaise	*Japanese*
américain / américaine	*American*	marocain / marocaine	*Moroccan*
anglais / anglaise	*English*	mexicain / mexicaine	*Mexican*
belge	*Belgian*	portugais / portugaise	*Portuguese*
canadien / canadienne	*Canadian*	québécois / québécoise	*Quebecker*
chinois / chinoise	*Chinese*	russe	*Russian*
égyptien / égyptienne	*Egyptian*	sénégalais / sénégalaise	*Senegalese*
espagnol / espagnole	*Spanish*	suisse	*Swiss*
français / française	*French*	vénézuélien / vénézuélienne	*Venezuelan*
italien / italienne	*Italian*	vietnamien / vietnamienne	*Vietnamese*

À vous!

N. Les professions. Identifiez leurs professions.

MODÈLES:

Voilà M. Chevalier.
Il est avocat.

M. Chevalier

Voilà M. et Mme Richard.
Ils sont pharmaciens.

M. et Mme Richard

 **FLASH** GRAMMAIRE

When identifying someone's profession, use **être** + the name of the profession *without* an article.

Elle **est avocate.**	She**'s a lawyer.**
Ils **sont ouvriers.**	They**'re factory workers.**

In French, adjectives of nationality are NOT capitalized.

Il est **italien.**	He's **Italian.**
Nous avons une voiture **italienne.**	We have an **Italian** car.

1

M. Aubert

2

M. et Mme Forrestier

3

Mme Longin

4

M. Cordier

5

M. Dumoulin

6

Nicole et Suzanne Martineau

7

Patrick Desnoyers

8

Georges Denis

9

Mme Férenczi

10

Mlle Jacquier

11

Antoine Assayas

12

Jean Raymond et Catherine Jagege

♟ O. Les nationalités. You're with a group of people from all over the world. Find out their nationalities by making the indicated assumption and then correcting your mistake.

MODÈLE: Marguerite—portugais / New York
—*Marguerite est portugaise?*
—*Mais non, elle est de New York.*
—*Ah, bon. Elle est américaine.*
—*Oui, c'est ça.* (That's right.) *Elle est américaine.*

1. Monique—suisse / Paris
2. Lin-Tao (*m.*)—japonais / Beijing
3. Francesca—mexicain / Rome
4. Jean-Pierre—belge / Vancouver
5. Verity (*f.*)—américain / Londres (*London*)
6. Fumiko et Junko (*f.*)—égyptien / Tokyo
7. Carlos et Pablo—espagnol / Guadalajara
8. Natasha et Svetlana (*f.*)—canadien / Moscou
9. Eberhard (*m.*) et Heidi—suisse / Berlin
10. Gina et Sofia—vénézuélien / Madrid
11. Edris et Dovi—marocain / Dakar
12. Janine et Françoise—français / Bruxelles

Ici, en

Chez vous, vous parlez souvent de vos origines étrangères—par exemple, *My mother's family is Norwegian. I'm Italian and Swiss.* En France, on a tendance à s'identifier à la région d'où vient sa famille—par exemple, **Je suis champenois (de Champagne)** ou **breton (de Bretagne)** ou **provençal (de Provence)** ou **auvergnat (d'Auvergne)**.

➤ *Qu'est-ce que vous en pensez?*

Comment expliquez-vous les différentes façons dont les Français et les Américains parlent de leurs origines?

P. Quelle profession? Quelle nationalité? Identifiez la *profession* et la *nationalité* de chaque personne qui parle. [items 1–8]

MC Audio CD2, TRACK 17 (Ex. P)

Answers, Ex. P: 1. commercial / italienne   2. vendeuse, architecte / québécois   3. agriculteurs / belges   4. japonais / avocats   5. espagnol / ingénieur   6. mécanicienne / marocain   7. allemand(e) / cadre, femme au foyer   8. médecin / chinois, vietnamien

Q. Ma famille. Faites la description de votre famille proche en adaptant le modèle suivant à votre cas particulier.

MODÈLE: *Il y a... personnes dans ma famille. J'ai... frères et... sœurs. (Je n'ai pas de... / Je suis... unique.) Mon père est d'origine... Il est... Il travaille à... Ma mère est d'origine... Elle est... Elle travaille à... Mon frère est... Il habite à... Ma sœur est... Elle va à...*

Ensuite, faites la description de votre famille éloignée (*extended*).

VOCABULAIRE

être d'origine + adjectif féminin = *to be of . . . background*

Il est italien.
He's Italian (i.e., from Italy).

Il est d'origine italienne.
He's Italian (i.e., his ancestors were from Italy; he lives here and may have been born elsewhere).

SUGGESTED LESSON OUTLINE: Students assigned *À faire! (4-3)* have written the vocabulary (family, professions, nationalities), have worked with possessive adjectives, and have taken *Contrôle 11.* All exercises were self-correcting.
   In this segment, do *Rappel grammatical: Les adjectifs possessifs* (Ex. R, S, T), *Contexte: Nos voisins, les Kambouta* (Ex. U, V, W), *Échange: Et les enfants?* (Ex. X, Y, Z, AA).

Do **À faire! (4-3)** on page 152 of the **Manuel de préparation.**
* Follow-up: family, professions, nationalities
* Preparation: possessive adjectives **(Contrôle 11)**

Rappel grammatical

Les adjectifs possessifs

	MASCULIN SINGULIER	FÉMININ SINGULIER	PLURIEL	
je	mon	ma	mes	*my*
tu	ton	ta	tes	*your*
il/elle/on	son	sa	ses	*his, her, one's*
nous	notre	notre	nos	*our*
vous	votre	votre	vos	*your*
ils/elles	leur	leur	leurs	*their*

Exercice de substitution
1. Voilà mon *vélo.* (crayon / immeuble / maison / clés / amis / résidence / baladeur)
2. Où est ta *résidence?* (maison / chemise / cahier / sac à dos / bloc-notes / calculatrice / CD / amis / stylos)
3. Nous aimons notre *maison.* (voiture / ordinateur / professeurs / caméscope / amis / résidence)
4. Est-ce que vous avez votre *stylo?* (calculatrice / cahiers / carnet / blouson / voiture / clés)
5. Où est David? Voici son *crayon.* (maison / appartement / ami / amie / cassettes / amis / chaîne hi-fi / cahier)
6. Où est Chantal? Voici son *baladeur.* (livre / appartement / maison / voiture / clés / amis / téléviseur / jean)
7. Voilà leur *appartement.* (chambre / voiture / clés / amis / tee-shirts / livres / caméscope)

À vous!

R. Des réponses logiques. Choose the logical answer to each question that you hear, paying close attention to the possessive adjectives.

MODÈLE: **You hear:**   Tu vas téléphoner à ton frère?
          You see: **a.** Oui, je vais téléphoner à ton frère.
                          b. Oui, je vais téléphoner à mon frère.
          You choose: b

1. a. Non, je n'aime pas mon cours d'anglais.
   b. Non, je n'aime pas ton cours d'anglais.

2. a. Oui, je connais tes cousins.
   b. Oui, je connais mes cousins.

3. a. Non, nous n'habitons pas avec vos parents.
   b. Non, nous n'habitons pas avec nos parents.

4. a. Oui, nous allons dîner avec notre fils.
   b. Oui, nous allons dîner avec votre fils.

5. a. Oui, je voudrais parler avec ton père.
   b. Oui, je voudrais parler avec mon père.

6. a. Non, il ne cherche pas ma femme.
   b. Non, il ne cherche pas ta femme.

7. a. Oui, elle va téléphoner à vos amis.
   b. Oui, elle va téléphoner à nos amis.

8. a. Non, il ne va pas acheter ma maison.
   b. Non, il ne va pas acheter ta maison.

S. Non, ce n'est pas... You and several classmates are trying to figure out the owner of certain objects. Each group member denies ownership and attributes it to *one or two* other students in the group. Finally, the questioner realizes that it belongs to him/her.

MODÈLE: livre

JEAN: (looking at Marie) *C'est ton livre?*
MARIE: *Non, ce n'est pas mon livre.* (pointing to Renée) *C'est son livre.*
RENÉE: *Mais non, ce n'est pas mon livre.* (pointing to Jacques et Hélène) *C'est leur livre.*
JACQUES (or HÉLÈNE):   *Non, ce n'est pas notre livre.* (looking at Jean) *C'est ton livre.*
JEAN: *Oui, c'est vrai. C'est mon livre.*

OBJECTS: **un cahier / une calculatrice / un ordinateur / des cassettes / une montre** *(watch)* **/ un appartement / un ami / une amie / des tee-shirts / un pantalon**

T. Nos familles. Posez des questions à un(e) camarade de classe à propos de sa famille. Ensuite, décrivez la famille de votre camarade à d'autres étudiants.

QUESTIONS POSSIBLES:

Il y a combien de personnes dans ta famille?

Combien de frères (sœurs) est-ce que tu as?

Comment s'appelle ton frère (aîné *[older]*/cadet *[younger]*)?

Quel âge a ta sœur (aînée/cadette)?

Où est-ce que ta famille habite?

Est-ce que ton frère (ta sœur) travaille?

Est-ce que ton père est d'origine (italienne)?, etc.

◧Contexte: *Nos voisins, les Kambouta*

http://jvb.heinle.com
Transparency: 4-3

❝❝ Je voudrais vous parler de nos voisins, les Kambouta. Ils sont burkinabés— c'est-à-dire qu'ils sont du Burkina, un petit pays africain. La famille habite en France depuis cinq ans. ❞❞

Zoom! 📷

Le Burkina (appelé aussi le Burkina Faso) est un petit pays en Afrique occidentale. Sa capitale est Ouagadougou.

M. Kambouta a 42 ans. Il est homme d'affaires. Il est grand et il a les cheveux noirs.

Mme Kambouta a 40 ans. Elle est femme au foyer—c'est-à-dire qu'elle s'occupe de la famille et de la maison. Elle est petite. Elle a les cheveux longs. Elle est très belle.

Be careful not to confuse **cheveux** *(hair)* and **chevaux** *(horses).*

Rachid a 16 ans. Il est assez costaud. Il a les cheveux courts. Il aime beaucoup les livres et les ordinateurs.

Nikiéma a 10 ans. Il est mince. Il a les cheveux courts comme son père. C'est un bon copain. Il aime beaucoup le football. Un jour il voudrait retourner en Afrique pour représenter son pays dans des compétitions internationales.

Dico 📖

Marianne a 14 ans. Elle est mince. Elle a les yeux verts comme sa mère. Elle adore les chevaux. Elle participe aux concours hippiques au centre d'équitation.

Freida a 7 ans. Elle est petite. Elle a les cheveux frisés. Elle aime beaucoup la musique et la danse.

assez costaud: *fairly stocky*
chevaux: *horses*
cheveux: *hair*
concours hippiques: *horse shows*
courts: *short*
habite en France depuis cinq ans: *have been living in France for five years*
pays: *country*
s'occupe: *takes care of*
Un jour: *Someday*
voisins: *neighbors*
yeux: *eyes*

You can qualify your descriptions by adding **assez** (fairly) and **plutôt** (rather) to an adjective:

Il est assez grand.
He's fairly tall.
Elle est plutôt mince.
She's rather thin.

Ça se dit comment?

Pour décrire le physique d'une personne (To give someone's physical description)

Il/Elle est jeune.
     assez âgé(e).
Il/Elle a les cheveux blonds.
       noirs.
       bruns, châtains, marron *(brown)*.
       gris *(gray)*.
       roux *(red)*.
Il/Elle a les cheveux longs.
       courts *(short)*.
       frisés *(curly)*.
       raides *(straight)*.
Il/Elle est chauve *(bald)*.
Il/Elle a les yeux bleus.
      bruns, marron *(brown)*.
      verts.
Il/Elle est grand(e).
    petit(e).
    mince *(thin)*.
    maigre *(skinny)*.
Il est costaud *(stocky)*.
Il est beau *(handsome)*.
Elle est belle *(beautiful)*.
   jolie *(pretty)*.

À vous!

MC Audio CD2, Track 19 (Ex. U)

Réponses, Ex. U: 1. Mme Pégard et Jean-Pierre 2. Sylviane 3. Mme Pégard et Jean-Pierre 4. M. Pégard 5. Mme Pégard et Jean-Pierre 6. M. Pégard et Sylviane 7. Mme Pégard et Jean-Pierre 8. M. Pégard 9. Mme Pégard, Jean-Pierre et Sylviane 10. M. et Mme Pégard

U. C'est qui? Identify which of the following has (have) the physical characteristics mentioned in the questions you hear. [items 1–10]

M. Pégard

Mme Pégard

Jean-Pierre

Sylviane

👫👫 V. Comment est (ton frère)? *(What's [your brother] like?)* Faites la description de plusieurs personnes (membres de votre famille, amis) en choisissant les adjectifs et les expressions appropriés.

MODÈLE: —*Comment est ton frère (ta mère, ton ami[e], etc.)?*
—*Il (Elle) est... Il (Elle) a...*

Suggestion, Ex. V: Encourage students to take notes in preparation for Ex. Y, for which students should be paired with different partners.

👫👫 W. Des comparaisons. Utilisez ce que vous avez appris en faisant l'exercice V pour faire des comparaisons.

MODÈLE: *Mon frère est grand; le frère de Jacqueline est petit. Mon frère a les cheveux blonds; le frère de Jacqueline a les cheveux noirs. Mais ils ont tous les deux les yeux bruns.*

FLASH **V O C A B U L A I R E**

Use the expressions **tous les deux** or **toutes les deux** to express the idea of *both:*

Ils (s)ont tous les deux...
Elles (s)ont toutes les deux...

●Échange: *Et les enfants?*

 MC Audio CD2, TRACK 20 (Échange)

M. et Mme Batailler font la description de leurs enfants à leur nouvelle jeune fille au pair, Cecilia.

MME BATAILLER:	Benoît a dix ans. Il est plutôt sérieux. Il travaille bien à l'école.
M. BATAILLER:	Mais il est sportif aussi. Il adore le rugby et le foot.
CECILIA:	Et la petite?
MME BATAILLER:	Adeline? Elle a huit ans. Elle est très bavarde. Elle parle sans arrêt.
M. BATAILLER:	Mais elle est très, très gentille... et marrante comme tout.
MME BATAILLER:	Elle aime beaucoup la musique. Elle joue du violon.

Dico 📖

bavarde: *talkative*
comme tout: *as anything*
gentille: *nice*
joue: *plays*
marrante: *funny*
sans arrêt: *nonstop*

Ça se dit comment?

Pour identifier les traits de caractère *(To identify personality traits)*

actif / active	*active*	**indépendant / indépendante**	*independent*
ambitieux / ambitieuse	*ambitious*	**intellectuel / intellectuelle**	*intellectual*
bavard / bavarde	*talkative*	**intelligent / intelligente**	*intelligent*
courageux / courageuse	*courageous, brave*	**malhonnête**	*dishonest*
cruel / cruelle	*cruel*	**marrant / marrante**	*funny*
de bonne humeur	*good-humored, in a good mood*	**naïf / naïve**	*naive, innocent*
de mauvaise humeur	*ill-humored, in a bad mood*	**optimiste**	*optimistic*
discret / discrète	*discreet*	**paresseux / paresseuse**	*lazy*
dynamique	*dynamic*	**pessimiste**	*pessimistic*
égoïste	*self-centered, selfish*	**réaliste**	*realistic*
frivole	*frivolous, flighty*	**réservé / réservée**	*reserved*
généreux / généreuse	*generous*	**sérieux / sérieuse**	*serious*
gentil(le)	*nice*	**sportif / sportive**	*likes sports*
honnête	*honest*	**sympathique (sympa)**	*nice*
idéaliste	*idealistic*	**timide**	*shy*
impatient / impatiente	*impatient*	**travailleur / travailleuse**	*hard-working*

À vous!

MC Audio CD2, TRACK 21
(Ex. X)

Réponses, Ex. X: 1. m 2. f 3. m
4. mf 5. m 6. f 7. f 8. f 9. f
10. m 11. mf 12. m 13. m
14. mf 15. m 16. mf

X. Masculin ou féminin? Indicate whether the adjectives you hear are masculine (**m**), feminine (**f**), or both masculine and feminine (**mf**). [items 1–16]

Y. Benoît et Adeline. Répondez aux questions à propos des traits de caractère des enfants Batailler.

1. Benoît aime jouer au rugby. Est-ce qu'il est dynamique ou réservé?

2. Adeline partage *(shares)* toujours son pain au chocolat avec son amie Martine. Est-ce qu'elle est généreuse ou égoïste?

3. Benoît travaille bien à l'école. Il ne regarde pas souvent la télé. Est-ce qu'il est sérieux ou paresseux?

4. Adeline a trouvé 250€ dans la rue. Elle les a donnés *(gave them)* à la police. Est-ce qu'elle est honnête ou malhonnête?

5. Benoît aime les livres classiques et les films historiques. Est-ce qu'il est sérieux ou frivole?

6. Adeline joue du violon et du piano. Est-ce qu'elle est active ou paresseuse?

7. Benoît voudrait être un joueur de rugby professionnel, mais il comprend qu'il est nécessaire d'étudier aussi. Est-ce qu'il est réaliste ou naïf?

8. Adeline parle sans arrêt et elle dit bonjour à tout le monde *(everybody)*. Est-ce qu'elle est bavarde ou timide?

9. Benoît n'aime pas attendre *(to wait)*. Est-ce qu'il est patient ou impatient?

10. Adeline est toujours de bonne humeur. Est-ce qu'elle est optimiste ou pessimiste?

Z. Les Kambouta. Lisez les descriptions de la famille Kambouta, puis proposez au moins trois adjectifs ou expressions pour décrire chaque membre de la famille.

1. M. Kambouta travaille 10 à 12 heures par jour *(hours a day)*. Au Burkina il s'est opposé au *(opposed)* dictateur du pays. Il pense *(thinks)* qu'il est possible de trouver des solutions aux problèmes du monde.
2. Mme Kambouta s'occupe de sa famille et de la maison. Elle est aussi membre d'un organisme qui aide les pauvres *(poor)* et les handicapés. Elle sourit *(smiles)* beaucoup.
3. Rachid passe des heures et des heures *(hours)* devant son ordinateur. Il étudie le latin et le grec. Il regarde les actualités *(news)* à la télévision. Il trouve qu'il y a beaucoup de problèmes dans le monde.
4. Nikiéma joue au football tous les jours *(every day)*. Il voudrait représenter le Burkina dans des compétitions internationales. C'est un très bon copain de Benoît.
5. Marianne sourit beaucoup comme sa mère. Mais elle ne parle pas beaucoup. Les autres membres de la famille n'aiment pas les chevaux. Mais elle continue de participer aux concours hippiques au centre d'équitation.
6. Freida parle beaucoup. Ce qu'elle dit *(What she says)* est souvent très amusant. Mais elle n'aime pas tellement l'école et elle ne travaille pas beaucoup. Elle préfère regarder la télé ou jouer avec Adeline.

AA. Une description. Faites la description d'un(e) ami(e) ou d'un membre de votre famille. Précisez son âge et parlez de son apparence physique et de ses traits de caractère.

Do **À faire! (4-4)** on page 162 of the **Manuel de préparation.**
* Follow-up: describing people
* Preparation: irregular descriptive adjectives
   (Contrôle 12)

Rappel grammatical

Les adjectifs de description (formes irrégulières)

-f	changes to	**-ve**	sportif	→	**sportive**
-n	changes to	**-nne**	bon	→	**bonne**
-el	changes to	**-elle**	intellectuel	→	**intellectuelle**
-il	changes to	**-ille**	gentil	→	**gentille**
-x	changes to	**-se**	sérieux	→	**sérieuse**
-et	changes to	**-ète**	discret	→	**discrète**
-er	changes to	**-ère**	cher	→	**chère**

REMINDER: **beau (bel, belle, beaux, belles)**
nouveau (nouvel, nouvelle, nouveaux, nouvelles)
vieux (vieil, vieille, vieux, vieilles)

SUGGESTED LESSON OUTLINE:
Students assigned *À faire! (4-4)* have written and read descriptions of people, have worked with some irregular descriptive adjectives, and have taken *Contrôle 12*. All exercises were self-correcting.
   In this class period, do *Rappel grammatical: Les adjectifs de description (formes irrégulières)* (Ex. BB, CC, DD), *Dossier-France: La famille française,* and *Lecture: Ma famille* (including *Pour lire* and Ex. EE, FF), and *Intégration* (Ex. GG, HH, II, JJ, KK).

Exercice de substitution
1. *Pierre et Henri* sont très sportifs. (Hélène et sa sœur / Jacques / Marie et son frère / Isabelle)
2. *Marielle* est plutôt sérieuse. (Hervé / mes frères / mes sœurs / mes parents / Jacqueline)
3. *Les sandwichs* sont très bons. (les omelettes / la pizza / le vin rouge / les croissants)
4. *Michel* est très discret. (Martine / nos professeurs / nos amies / Jean-Jacques)
5. *Sa mère* est très gentille. (son père / ses sœurs / sa famille / ses grands-parents / son frère)
6. Qu'est-ce que *Georges* est beau! (Sylvie / tes sœurs / tes frères / Martin)
7. *Mon jean* est nouveau. (ma chemise / mon short / mes stylos / mon ordinateur / mes cassettes)
8. *Mon grand-père* est assez vieux. (ma grand-mère / notre maison / nos livres / notre immeuble / notre voiture / mes tantes)

À vous!

BB. Tiens, voilà...! Vous montrez des photos à des camarades de classe qui donnent leurs réactions en utilisant les adjectifs proposés.

MODÈLE: notre cuisine (bien équipé / grand / beau / spacieux)
—*Tiens, voilà notre cuisine!*
—*Elle a l'air* (looks like it's) *bien équipée!*
—*Qu'est-ce qu'elle est grande!* (Wow, is it ever big!)
—*Elle est belle, votre cuisine!*
—*Oui, et elle est spacieuse aussi.*

1. la maison de Nicolas (petit / laid / vieux)
2. l'appartement de Catherine (grand / joli / neuf [*brand-new*] / spacieux)
3. la cathédrale de Reims (grand / beau / ancien)
4. le château de Chenonceaux (grand / beau / ancien)
5. la voiture de Jean-Alex (neuf / joli / pas cher)
6. le père et la mère de Didier (vieux / gentil / pas sportif / intellectuel)
7. les cousines d'Évelyne (grand / sportif / paresseux)
8. la sœur de Paulette (mince / gentil / discret / actif)

CC. Mon ami(e) et moi. Faites une comparaison entre vous et un(e) ami(e). SUJETS POSSIBLES: âge, apparence physique, traits de caractère, famille. Puis demandez à un(e) camarade de classe de se comparer (*compare him or herself*) à vous et à votre ami(e).

MODÈLE: *Mon ami(e) s'appelle... Il (Elle) habite à... Il (Elle) a... ans. Il (Elle) a les yeux... Il (Elle) est très... , mais il (elle) n'est pas... , etc. Moi, je suis (je ne suis pas) comme mon ami(e). Je suis... , mais je ne suis pas... J'ai... , mais je n'ai pas... , etc. Et toi, tu es comme nous? Toi et ton ami(e), vous êtes... ? vous avez... ?, etc.*

Suggestion, Ex. DD: Give students time to think and jot down a few notes before beginning the activity.

DD. Quelqu'un d'exceptionnel. (*Somebody special.*) Choisissez quelqu'un d'exceptionnel (un membre de votre famille, un[e] ami[e]) et faites sa description à des camarades de classe qui vous poseront des questions au sujet de cette personne.

MODÈLE: *Je vais parler de quelqu'un d'exceptionnel (d'intéressant, de bizarre, d'amusant, de célèbre [famous], etc.). Il (Elle) est... Il (Elle) a... , etc.*

●Lecture: Ma famille

Suggestion, Prereading: Have students mention what types of information they would include in a short portrait of themselves and their families.

Pour lire

Words of the same family

Another reading strategy you can use to develop your French vocabulary is to guess the meaning of words belonging to a family of words that you already know. For example:

If you know	You can guess that	Means
arriver	**l'arrivée**	*arrival*
écouter	**un exercice d'écoute**	*listening exercise*
un ami	**un match amical**	*friendly match*
la cuisine	**un cuisinier**	*cook*

Isabelle Amblard, a French student spending a year in the United States, wrote the following description of herself and her family. Although there are numerous words you've never seen before, you should be able, with the help of your reading strategies, to get the gist of her description.

Bonjour, je m'appelle Isabelle Amblard. Je suis française et j'ai vingt-deux ans. J'ai fait mes études primaires et secondaires en Gironde (dans la région de Bordeaux) où je suis née, mais je suis allée à l'Université Catholique de l'Ouest à Angers dans le Maine-et-Loire. J'ai une licence d'anglais et j'ai obtenu un diplôme de traductrice trilingue l'année dernière. Je suis maintenant assistante de français dans une université américaine.

J'ai un frère et une sœur qui sont tous les deux plus âgés que moi. Mon frère s'appelle Jean-Marie et il a vingt-neuf ans. Il est militaire de rang et il habite à Strasbourg avec sa femme Gabie, qui est alsacienne. Ils sont mariés depuis deux ans et ils n'ont pas d'enfants. Gabie a trente ans et elle travaille comme comptable à Auchan Strasbourg.

Ma sœur Sylvie a vingt-cinq ans. Elle est comptable chez Elf Aquitaine. C'est une grande entreprise pétrolière française. Elle s'est fiancée avec Franck, son petit ami, l'été dernier et ils vont se marier en juillet. Franck travaille pour un cabinet d'ingénieurs qui conçoit des prototypes électroniques. Ils vivent actuellement à Saint-Nazaire, dans le nord-ouest de la France.

Mon père Michel a quarante-neuf ans. Il est contremaître chez Elf Aquitaine, c'est-à-dire qu'il contrôle la production d'essence d'une unité de cette usine et en vérifie la qualité. Ma mère, qui a aussi quarante-neuf ans, est femme au foyer. Elle a arrêté de travailler pour élever ses enfants. De temps en temps, elle garde les enfants des voisins. Mes parents habitent à Bourg-sur-Gironde, un petit village situé à trente-neuf kilomètres de Bordeaux, dans le sud-ouest de la France.

EE. Les mots. Work with the following reading strategies designed to help you better understand the vocabulary that Isabelle uses.

Cognates

1. Give the English meaning of the following cognates found in paragraph 1:
   un diplôme, trilingue, assistante.
2. Find as many cognates as you can in the other paragraphs and give their English meaning.

False cognates

3. In paragraph 1, the word **licence** does not mean *license.* On the basis of the context, what would be another possible meaning?
4. In paragraph 4, the word **contrôle** does not mean *controls* (in the sense of *in charge of, directs*). If you know that when you arrive in France from the United States, you have to go through the **contrôle des passeports** and if you've noticed that in the **Manuel de préparation** you do a **Contrôle** for each grammar topic, what meaning might you guess for the verb **contrôler** in the phrase **contrôler la production d'essence** *(gas)?*

Words of the same family

5. You already know the words **étudier, âge,** and **élève.** In the passage, find words that come from the same families. What is the meaning of each word?

FF. Isabelle et sa famille. Imagine that as part of Isabelle's year abroad, she is going to be staying with you. Explain to your family and friends as much as you can about Isabelle and her family background.

◨•Intégration

GG. Je suis... Présentez-vous *(Introduce yourself)* à la classe. Parlez de votre famille, de votre maison, de vos activités et de vos traits de caractère.

HH. L'arbre généalogique. À l'aide de votre arbre généalogique et de photos (si vous en avez), décrivez votre famille à des camarades de classe. Donnez plusieurs renseignements *(several pieces of information)* sur les membres de votre famille: si vous n'avez pas de photos, décrivez l'aspect physique de chaque personne, puis parlez de son travail, de ses activités, de son caractère. Vos camarades de classe peuvent vous poser des questions.

II. Un(e) invité(e). Un(e) ami(e) francophone vient *(comes)* pour passer quelques jours avec vous et votre famille. Vous allez le (la) chercher à l'aéroport. En rentrant chez vous, vous parlez de ce qu'il (elle) va trouver *(find)* chez vous.

1. Faites la description de votre maison (appartement).
2. Faites la description de la chambre que votre ami(e) va occuper.
3. Parlez du matériel (téléviseur, chaîne hi-fi, etc.) que vous avez chez vous.

JJ. Un(e) nouvel(le) ami(e). Vous venez de *(have just)* faire la connaissance d'un(e) nouvel(le) étudiant(e). Décrivez son aspect physique et quelques *(a few)* traits de caractère.

MC Audio CD2, Track 22 (Ex. KK)

Suggestions Ex. KK: Some possible comprehension questions to ask —
(1) Faites la description de sa famille. (2) Décrivez sa maison et sa chambre. (3) Qu'est-ce qu'elle aime faire? (4) Qu'est-ce qu'elle aime étudier? Qu'est-ce qu'elle n'aime pas étudier? You should feel free to ask these questions in English if your main goal is to check comprehension.

SUGGESTED LESSON OUTLINE: Students assigned *À faire! (4-5)* have done a reading, have worked with pronunciation, have done a writing activity, and done a general review of the grammatical structures of the chapter. Ex. XXII (a descriptive e-mail) was not self-correcting.

KK. Claire Turquin. Écoutez une jeune Française parler de sa famille, de sa maison et de ses intérêts *(interests)*. Répondez aux questions que votre professeur vous pose.

Do **À faire! (4-5)** on page 169 of the **Manuel de préparation.**
* Follow-up: family
* Pronunciation (vowels) and writing
* General review of the chapter

▣Lexique

Pour se débrouiller

Pour se situer
à côté (de)
à droite (de)
à gauche (de)
au bout (de)
au (premier) étage
au rez-de-chaussée
au sous-sol
devant
derrière
en bas
en haut
en face (de)
entre
(tout) près de

Pour décrire une maison
être ancien(ne)
beau (belle/bel)
bien aménagé(e)
bien équipé(e)
confortable
ensoleillé(e)
grand(e)
joli(e)
laid(e)
moche
moderne
nouveau (nouvelle/nouvel)
petit(e)
propre
sale
sombre
traditionnel(le)
vieux (vieille/vieil)

Pour parler de son âge
avoir... ans
Quel âge as-tu (avez-vous)?
Quel âge tu as?
J'ai (dix-neuf) ans.

Pour décrire sa famille
avoir (être d') une famille nombreuse
il y a... personnes dans (ma) famille
être fils (fille) unique
être l'aîné(e)
être marié(e) avec
être divorcé(e)
être décédé(e)
être vivant(e)

Pour parler de ses origines
être d'origine + adjectif au féminin

Pour décrire le physique d'une personne
avoir les cheveux blonds (bruns [châtains, marron], gris, noirs, roux)
avoir les cheveux longs (courts, frisés, raides)
être chauve
avoir les yeux bleus (bruns, marron, verts)
être (assez) âgé(e)
beau (belle)
costaud
grand(e)
jeune
joli(e)
maigre
mince
petit(e)

Pour identifier les traits de caractère
être actif (active)
ambitieux (ambitieuse)
bavard(e)
courageux (courageuse)
cruel(le)
de bonne (mauvaise) humeur
discret (discrète)
dynamique
égoïste
frivole
généreux (généreuse)
gentil(le)
honnête
idéaliste
impatient(e)
indépendant(e)
intellectuel(le)
intelligent(e)
malhonnête
marrant(e)
naïf (naïve)
optimiste
paresseux (paresseuse)
pessimiste
réaliste
réservé(e)
sérieux (sérieuse)
sportif (sportive)
sympathique (sympa)
timide
travailleur (travailleuse)

Thèmes et contextes

Le logement
- un appartement
- une caravane
- une maison
- une résidence universitaire

La maison
- le balcon
- le bureau
- le cabinet de toilette
- la cave (à vin)
- la chambre (d'amis)
- le couloir
- une cour
- la cuisine
- l'entrée (f.)
- l'escalier (m.)
- le garage
- le jardin
- une pièce
- la salle à manger
- la salle de bains
- la salle de séjour / le living / le salon
- la terrasse
- la véranda
- les WC (m.pl.) / les toilettes (f.pl.)

Les meubles (m.pl.)
- une armoire
- un bureau
- un canapé / un sofa
- une chaise
- une commode
- une étagère
- un fauteuil
- une lampe
- un lit
- une table

Les membres de la famille
- les parents (m.pl.)
  - la femme
  - le mari
  - la mère
  - le père
- les enfants (m.pl.)
  - la fille
  - le fils
  - le fils (la fille) unique
  - le frère
  - la sœur
  - le demi-frère
  - la demi-sœur
- les grands-parents (m.pl.)
  - la grand-mère
  - le grand-père
- l'oncle (m.) / la tante
- le cousin / la cousine
- le neveu / la nièce
- la belle-mère / le beau-père

Les professions
- un acteur / une actrice
- un agriculteur / une agricultrice
- un(e) architecte
- un(e) artiste
- un(e) assistant(e)
- un(e) athlète professionnel(le)
- un(e) avocat(e)
- un cadre / une femme cadre
- un chanteur / une chanteuse
- un(e) commerçant(e)
- un(e) commercial(e)
- un(e) comptable
- un(e) dentiste
- un(e) élève
- un(e) employé(e) de maison
- un(e) étudiant(e)
- une femme au foyer
- un fermier / une fermière
- un(e) fonctionnaire
- un homme (une femme) d'affaires
- un homme (une femme) politique
- un infirmier / une infirmière
- un ingénieur / une femme ingénieur
- un(e) journaliste
- un(e) mécanicien(ne)
- un médecin / une femme médecin
- un(e) musicien(ne)
- un ouvrier / une ouvrière
- un(e) pharmacien(ne)
- un(e) prof, un professeur
- un programmeur / une programmeuse
- un(e) représentant(e) de commerce
- un(e) secrétaire
- un vendeur / une vendeuse

Les nationalités (f.pl.)
- allemand(e)
- américain(e)
- anglais(e)
- belge
- canadien(ne)
- chinois(e)
- égyptien(ne)
- espagnol(e)
- français(e)
- italien(ne)
- japonais(e)
- marocain(e)
- mexicain(e)
- portugais(e)
- québécois(e)
- russe
- sénégalais(e)
- suisse
- vénézuélien(ne)
- vietnamien(ne)

Vocabulaire général

Noms
- une jeune fille au pair
- une fleur

Verbes
- avoir l'air
- monter

Autres expressions
- chez
- tous (toutes) les deux

Branchez-vous!

The *Branchez-vous!* sections of the **Manuel de classe** and the **Manuel de Préparation** provide a variety of expansion activities that can be done in or out of class, by individual students, by small groups or by the class as a whole.

Internet

Please visit the **Je veux bien!** website at **http://jvb.heinle.com.** You'll find activities to practice the vocabulary and grammar you've learned in this chapter as well as cultural exploration activities that guide you through websites from around the French-speaking world.

Vidéo

Please visit the **Je veux bien!** website at **http://jvb.heinle.com** for the video activities that accompany this chapter. You'll get the most from watching the video for this chapter if you first visit the website and print out the video activities for this chapter. Then watch the video (in your classroom, language lab, or at home) and complete the activities for the chapter.

Suggestion, Au-delà du cours:
If you have a course web page, have students post their portraits on it. If not, organize a small "poster session" during which students present what they've learned.

AU-DELÀ DU COURS:
Une famille francophone

Find a Francophone individual or family that you can interview (in French or in English) and about whom you can report to your class and/or your instructor. If there are no Francophones in your community, make use of the Internet to help you in your search for information.

LITTÉRATURE:
«Familiale» de Jacques Prévert

This poem was published shortly after the end of World War II. Read the poem, with the help of the vocabulary provided, then answer the questions that follow.

Familiale

La mère fait du tricot
Le fils fait la guerre
Elle trouve ça tout naturel la mère
Et le père qu'est-ce qu'il fait le père?
Il fait des affaires
Sa femme fait du tricot
Son fils la guerre
Lui des affaires
Il trouve ça tout naturel le père
Et le fils et le fils
Qu'est-ce qu'il trouve le fils?
Il ne trouve rien absolument rien le fils
Le fils sa mère fait du tricot son père des affaires lui la guerre
Quand il aura fini la guerre
Il fera des affaires avec son père
La guerre continue la mère continue elle tricote
Le père continue il fait des affaires
Le fils est tué il ne continue plus
Le père et la mère vont au cimetière
Ils trouvent ça naturel le père et la mère
La vie continue la vie avec le tricot la guerre les affaires
Les affaires la guerre le tricot la guerre
Les affaires les affaires et les affaires
La vie avec le cimetière.

Jacques Prévert, *Paroles*
© 1946, Éditions Gallimard

Dico

affaires: *business*
aura fini: *will finish*
   (will have finished)
cimetière: *cemetery*
fait: *does*
fera: *will do*
guerre: *war*
ne... plus: *no longer*
ne... rien: *nothing*
tricot: *knitting*
trouve: *finds, thinks*
tué: *killed*
vie: *life*

Analyse

1. Who are the members of this family? What does each one do?

2. How does the poet feel about each of the following? Explain your answer by referring to the poem.

   a. knitting   b. business   c. war

3. Read the poem aloud. Often a poet makes use of a sound or a series of sounds to tie together some of the key words of the poem. List the important words of this poem that are linked together by sound (i.e., they rhyme). The words **fils** and **vie** do not fit in this group. Why not?

Carte d'identité: Le Burkina

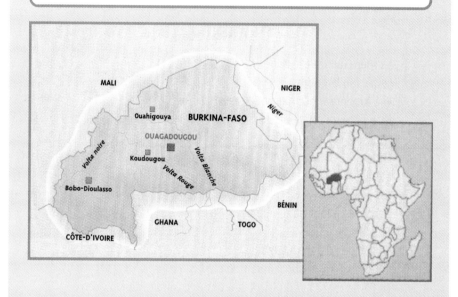

Ancien *(former)* **nom:** la Haute-Volta

Situation: en Afrique occidentale; le Burkina est entouré du Mali, du Niger, du Bénin, du Togo, du Ghana et de la Côte d'Ivoire

Population: 10 000 000 d'habitants

Géographie: pays assez plat *(flat)* traversé par trois fleuves—la Volta Noire, la Volta Rouge et la Volta Blanche

Capitale: Ouagadougou

Langues: français, dioula et plus de 60 autres langues tribales

Religion: religions traditionnelles (53%), Islam (36%), catholicisme (11%)

Économie: agriculture

Histoire: au XIIe siècle, les Mossi (le groupe dominant aujourd'hui) et les Gourmantché fondent des royaumes guerriers; au XVIIIe siècle les Dioula unifient l'ouest du pays; 1919—colonisée par les Français, la Haute-Volta fait partie du Haut-Sénégal-Niger; 1932—partagée *(divided)* entre le Soudan, la Côte d'Ivoire et le Niger; 1960 indépendance; 1983—le capitaine Thomas Sankara prend le pouvoir et change le nom du pays en Burkina

Les jeunes d'Ouagadougou

Nom, prénom: Boukary, Djima
Âge: 21 ans
Il aime: le lycée, le football et le jardinage qui lui permet de payer sa scolarité

«Je compte être professeur parce que ça me plaît d'être à l'école. J'aimerais enseigner à mon tour, ou bien être médecin pour pouvoir aider les gens.»

Nom, prénom: Diarra, Moussa
Âge: 24 ans
Il aime: le cinéma, la musique

«Je ne me proclame pas réalisateur *(film director)*, je fais petit à petit. Je prépare un second projet, j'en suis à la relecture du scénario, je le fais lire autour de moi et après j'entamerai *(will undertake)* la recherche de financement et ça c'est pas facile.»

Nom, prénom: Diallo Adja, Marianne
Âge: 23 ans
Elle aime: se distraire et œuvrer à la promotion de la culture et du sport au Burkina

«Notre groupe ("Les Amazones", des majorettes féministes) est présent à toutes les grandes manifestations du pays, c'est important de donner une image dynamique au public.»

Nom, prénom: Ouédrago, Ben Hamed, dit Big Ben
Âge: 27 ans
Il aime: son travail d'animateur TV, radio ou fêtes, sortir et rencontrer des gens, la musique qu'il pratique en amateur comme guitariste ou batteur *(drummer)*.

«Je suis jeune et ma plus grande joie, c'est d'être avec des jeunes. Ils sont les bâtisseurs de demain *(builders of tomorrow)*.»

➤ Qu'est-ce que vous en pensez?

1. On vous demande: C'est quoi, le Burkina? Qu'est-ce que vous répondez? Qu'est-ce que vous pouvez dire pour aider quelqu'un à connaître un peu le Burkina?
2. Ouagadougou, c'est la capitale cinématographique de l'Afrique. Depuis 1969, tous les deux ans on y organise un Festival de film panafricain; on passe une centaine de films africains. Est-ce que vous avez vu un film africain? Oui? Parlez-en à vos camarades de classe. Non? Allez au magasin de vidéos louer *(to rent)* un film africain.

HISTOIRE ET ARCHITECTURE:
Le palais de Versailles

L'architecture classique
Le palais de Versailles est un bel exemple de l'architecture classique du XVIIᵉ et du XVIIIᵉ siècles. Ce style est caractérisé par la symétrie et par la simplicité des lignes.

Louis XIV—roi de France (1661–1715)—appelé «Le Roi Soleil», symbole de la monarchie absolue.

Louis XIV y organise réceptions et fêtes, cérémonies et jeux pour occuper les nobles et maintenir son pouvoir. C'est un grand privilège d'être invité à assister au lever et au coucher du roi.

Sous Louis XIV, le gouvernement de la France quitte Paris pour se fixer à Versailles. Le roi dirige lui-même la construction d'un magnifique palais entouré de jardins. 20 000 personnes—nobles, serviteurs, soldats, etc.— habitent à Versailles à l'époque de Louis XIV.

Dico

à la française: *very symmetrical*
coucher: *going to bed*
galerie des Glaces: *Hall of Mirrors*
«Le Roi Soleil»: *The Sun King*
lever: *getting up*
pouvoir: *power*
Première Guerre mondiale: *World War I*

Grands Appartements du Roi et de la Reine, galerie des Glaces

Versailles

C'est dans la galerie des Glaces qu'on a signé le traité de Versailles, mettant fin à la Première Guerre mondiale.

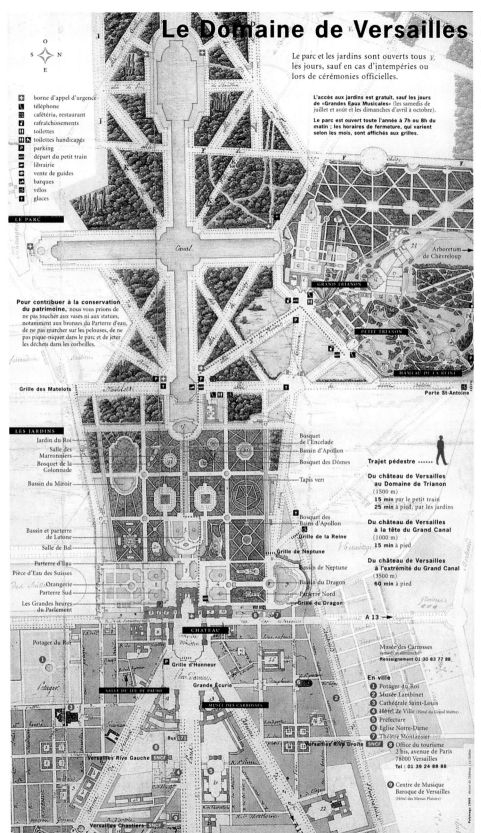

Le Domaine de Versailles

Le parc et les jardins sont ouverts tous les jours, sauf en cas d'intempéries ou lors de cérémonies officielles.

L'accès aux jardins est gratuit, sauf les jours de «Grandes Eaux Musicales» (les samedis de juillet et août et les dimanches d'avril à octobre).

Le parc est ouvert toute l'année à 7h ou 8h du matin ; les horaires de fermeture, qui varient selon les mois, sont affichés aux grilles.

Le parc de Versailles comprend non seulement le palais mais aussi des jardins à la française, deux «petits» châteaux (le Grand et le Petit Trianon) et un petit village rustique (le Hameau), créé pour la reine Marie-Antoinette, femme de Louis XVI.

borne d'appel d'urgence
téléphone
cafétéria, restaurant
rafraîchissements
toilettes
toilettes handicapés
parking
départ du petit train
librairie
vente de guides
barques
vélos
glaces

LE PARC

Pour contribuer à la conservation du patrimoine, nous vous prions de ne pas toucher aux vases ni aux statues, notamment aux bronzes du Parterre d'eau, de ne pas marcher sur les pelouses, de ne pas pique-niquer dans le parc et de jeter les déchets dans les corbeilles.

Canal

Arboretum de Chèvreloup →

GRAND TRIANON

PETIT TRIANON

HAMEAU DE LA REINE

Grille des Matelots

Porte St-Antoine

LES JARDINS
Jardin du Roi
Salle des Marronniers
Bosquet de la Colonnade
Bassin du Miroir

Bassin et parterre de Latone
Salle de Bal
Parterre d'Eau
Pièce d'Eau des Suisses
Orangerie
Parterre Sud
Les Grandes heures du Parlement

Bosquet de l'Encelade
Bassin d'Apollon
Bosquet des Dômes

Tapis vert

Bosquet des Bains d'Apollon
Grille de la Reine

Grille de Neptune

Bassin de Neptune
Bassin du Dragon
Parterre Nord
Grille du Dragon

A 13 →

Trajet pédestre ......

Du château de Versailles au Domaine de Trianon
(1500 m)
15 min par le petit train
25 min à pied, par les jardins

Du château de Versailles à la tête du Grand Canal
(1000 m)
15 min à pied

Du château de Versailles à l'extrémité du Grand Canal
(3500 m)
60 min à pied

Potager du Roi

CHÂTEAU
Grille d'Honneur
Grande Écurie

SALLE DU JEU DE PAUME

MUSÉE DES CARROSSES

Versailles Rive Gauche SNCF

Versailles Rive Droite SNCF

Versailles Chantiers SNCF

Musée des Carrosses
samedi et dimanche
Renseignement 01 30 83 77 88

En ville
1 Potager du Roi
2 Musée Lambinet
3 Cathédrale Saint-Louis
4 Hôtel de Ville (Hôtel du Grand Maître)
5 Préfecture
6 Église Notre-Dame
7 Théâtre Montansier
8 Office du tourisme
2 bis, avenue de Paris
78000 Versailles
Tel : 01 39 24 88 88

9 Centre de Musique Baroque de Versailles
(Hôtel des Menus Plaisirs)

Paysage 1999, droits de Château / Le Guides

➤ Qu'est-ce que vous en pensez?

It's been said that "Versailles taught Europe the art of living, good manners and well-bred behaviour . . . a love of beauty and of work well-done . . ." On the basis of what you've read and seen here, what support can you give to this idea? Can you at the same time see how Versailles may well have contributed, some 130 years after its construction, to the French Revolution?

APERÇU CULTUREL:
La famille française

La vie en famille

Comme dans beaucoup de pays, la famille en France est en train de se transformer. Voici quelques statistiques qui montrent plusieurs aspects de cette transformation.

	1970/1980	1996/1997
nombre de mariages	6,2 pour 1 000 habitants	4,9 pour 1 000 habitants
nombre de divorces	22 pour 1 000 mariages	42 pour 1 000 mariages
nombre de couples vivant en union libre	6,3% des couples	12,4% des couples
nombre de mariages mixtes— avec un(e) étranger(-ère)	6,2% des mariages	8,4% des mariages
nombre moyen d'enfants	2,47 par femme	1,72 par femme
nombre de femmes au foyer	60% des femmes entre 20 et 59 ans	30% des femmes entre 20 et 59 ans
nombre d'enfants (20–24 ans) habitant chez leurs parents	51% des hommes 38% des femmes	60% des hommes 49% des femmes

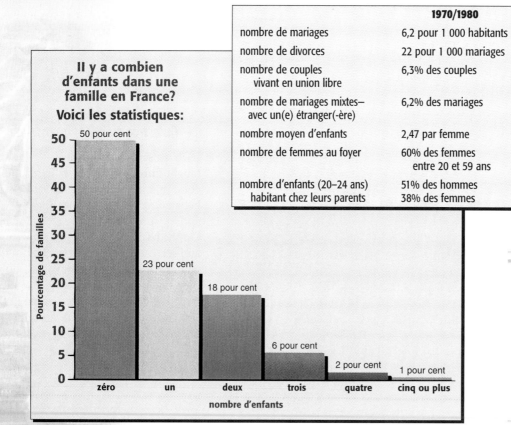

Il y a combien d'enfants dans une famille en France?
Voici les statistiques:

Pourcentage de familles

- zéro: 50 pour cent
- un: 23 pour cent
- deux: 18 pour cent
- trois: 6 pour cent
- quatre: 2 pour cent
- cinq ou plus: 1 pour cent

nombre d'enfants

Dico

animaux familiers: *pets*
au moins: *at least*
en train de: *in the process of*
étranger(-ère): *foreigner*
femmes au foyer: *housewives*
foyers: *households*
montrent: *show*
moyen: *average*
plusieurs: *several*
vivant en union libre: *living together without being married*

Les animaux familiers

Quelques faits

- 52% des foyers en France possèdent un animal familier.
- La France est en Europe l'un des pays qui compte le plus d'animaux familiers: 16,3 millions de chiens et de chats en France, 14 millions au Royaume-Uni, 12 millions en Italie.
- 81% des agriculteurs ont au moins un chien ou un chat; 65% des commerçants, 57% des ouvriers, 47% des employés, 44% des professions intermédiaires et 37% des cadres supérieurs et professions libérales.

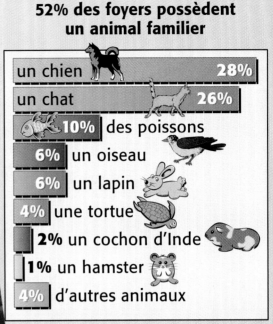

52% des foyers possèdent un animal familier

un chien	28%
un chat	26%
10% des poissons	
6% un oiseau	
6% un lapin	
4% une tortue	
2% un cochon d'Inde	
1% un hamster	
4% d'autres animaux	

➤ Qu'est-ce que vous avez appris?

Indicate whether each statement about families or pets in France is *True* or *False*. Justify your answers.

1. More and more people are getting married.
2. More and more couples are living together.
3. More and more mariages are breaking up.
4. More and more children are being born.
5. More and more women are working rather than staying home.
6. More and more older children are living at home.
7. About 25% of French families can be called "large" (3 or more children).
8. The French in general like pets.
9. Doctors and lawyers have more pets than factory and office workers.
10. Farmers are more likely to have pets than any other group.

➤ Qu'est-ce que vous en pensez?

1. Which of the trends revealed by these statistics are also found in the United States? Which ones are not?
2. In the United States, job, friends, income, and neighborhood tend to define who a person is; in France, social and geographical origins, family background, and culture play a greater role in defining one's sense of identity. As a result, the French tend to have a strong sense of belonging to an "inner" circle of relatives and friends who provide their basic support group; they generally respect, are patient with, and help those inside this circle. On the other hand, they don't necessarily feel the same obligation toward people on the "outside." Does the inner/outer distinction play a role in your experience? What factors might contribute to a difference between French and Americans concerning attitudes toward family and strangers? Might these differences contribute to the creation of stereotypes, such as "the rude and unfriendly Frenchman" and "the superficially friendly American?"

CHAPITRE 5

Une journée chargée

> Oh là là! Nous avons vraiment des journées très chargées *(very busy days)*! Hélène et moi, nous allons au travail tous les jours. Benoît et Adeline vont à l'école. Et il y a beaucoup de choses à faire à la maison. Heureusement *(Fortunately)* que Cecilia est là pour nous aider et nous avons une employée de maison qui vient une fois par semaine pour faire le ménage *(to do the housework).*

Chapter Support Materials (Student)
MP: pp. 183–224

MP Audio CD3, TRACKS 2–8

Chapter Support Materials
(Instructor)

http://jvb.heinle.com
Transparencies: 5-1 thru 5-4

MC Audio CD2, TRACKS 23–28

Video Tape: Acte 5

Test Bank: Chapitre 5

Syllabus: The minimum amount of time needed to cover the core material of Chapter 5 is six class periods. The *Branchez-vous!* menu provides material for an additional one to three class periods.

SUGGESTED LESSON OUTLINE: In this segment do *Contexte: La journée des enfants Batailler* (Ex. A, B, C, D), *Échange: Les questions de Cecilia* (Ex. E, F), *Ici, en France...*

OBJECTIVES

In this chapter, you'll learn to:

- talk about daily routine;
- talk about your household responsibilities;
- situate events in time;
- ask questions about dates and times.

For ideas about how to present vocabulary, grammar, culture, etc., see the "How to ..." section in the Instructor's Guide at the front of this book.

In order to perform these activities, you'll learn to use:

- the present and **passé composé** of pronominal verbs;
- the verbs **partir, quitter, faire, mettre,** and **devoir.**

You'll also read and/or hear about daily life in France and in the Francophone world.

◼Contexte: *La journée des enfants Batailler...*

❝ Pendant l'année scolaire, la journée de Benoît et d'Adeline est assez chargée. Ils se lèvent de bonne heure et ils ont un emploi du temps rempli d'activités. ❞

⌐ **http://jvb.heinle.com**
◼ Transparencies: 5-1A, 5-1B

Adeline se lève toujours la première à 6h30. «Tu as passé une bonne nuit?»

Elle prend sa douche tout de suite.

Benoît, lui, se lève vers 7h.

Il fait sa toilette.

Dico

année scolaire: *school year*
au dernier moment: *at the last minute*
«Bonne journée!»: *"Have a nice day!"*
chargée: *busy*
de bonne heure: *early*
emploi du temps: *schedule*
fait sa toilette: *washes up*
rempli de: *full of*
se lèvent: *get up*
tout de suite: *immediately, right away*
«Tu as passé une bonne nuit?»: *"Did you sleep well?"*

Il s'habille.

La famille Batailler prend le petit déjeuner entre 7h15 et 7h45. Benoît arrive toujours au dernier moment.

À 8h Benoît et Adeline quittent la maison pour aller à l'école. «Bonne journée!»

**Benoît et Adeline rentrent
de l'école vers 4h30.**

**Ils prennent
un goûter.**

**Ils font leurs devoirs
tout de suite.**

**Avant le dîner, ils jouent
avec leurs copains.**

**La famille Batailler dîne
vers 8h. «Tu as passé
une bonne journée?»**

**Après le dîner, s'ils n'ont
plus de devoirs, ils
regardent un peu la télé.**

**Adeline se couche vers
9h et son frère se couche entre
9h30 et 10h. «Bonne nuit!»**

➤ Qu'est-ce que vous en pensez?

When you were the age of Benoît and Adeline, was
your daily schedule similar to or different from
theirs? Explain.

Dico

après: *after*	**se couche:** *goes to bed*
avant: *before*	**s'ils n'ont plus de devoirs:**
«Bonne nuit!»: *"Good night!"*	*if they don't have any*
font leurs devoirs: *do their*	*more homework*
homework	**«Tu as passé une bonne**
goûter: *snack*	**journée?»:** *"Did you*
quittent: *leave*	*have a nice day?"*
rentrent: *come home*	

Ça se dit comment?

Pour décrire sa journée *(To describe your day)*

se coucher	*to go to bed*	**se lever**	*to get up*
dîner	*to have dinner*	**prendre une douche**	*to take a shower*
faire sa toilette	*to wash up, brush teeth, etc.*	**prendre un goûter**	*to have a snack*
faire ses devoirs	*to do one's homework*	**prendre le petit déjeuner**	*to have breakfast*
s'habiller	*to get dressed*	**quitter la maison**	*to leave the house*
jouer avec ses copains	*to play with one's pals*	**rentrer (à la maison)**	*to come home*

Ça se dit comment?

Pour demander et dire l'heure *(To ask and tell the time)*

Quelle heure est-il? *What time is it?*
Vous avez (Tu as) l'heure, s'il vous (te) plaît? *Do you have the time?*

**Il est
une heure.**

**Il est
deux heures.**

**Il est deux
heures dix.**

**Il est deux
heures et quart.**

**Il est deux
heures et demie.**

**Il est trois heures
moins le quart.**

**Il est trois
heures moins dix.**

Il est midi.

**Il est minuit
et demi.**

Notice that in conversational time you use the expressions **et quart, et demi(e)** and **moins le quart.** And, since conversational time is based on a twelve-hour clock, if you need to distinguish between A.M. and P.M., you simply add the expression **du matin, de l'après-midi,** or **du soir.**

du matin *in the morning*
neuf heures douze du matin = 9:12 A.M.

de l'après-midi *in the afternoon*
deux heures et demie de l'après-midi = 2:30 P.M.

du soir *in the evening*
huit heures moins vingt du soir = 8:40 P.M.

Since the word **heure** is feminine, you add **-e** to **demi** (**quatre heures et demie**) in all cases except **midi et demi** (12:30 P.M.) and **minuit et demi** (12:30 A.M.).

À vous!

A. Vrai ou faux? Indiquez si les phrases sont vraies ou fausses. Si la phrase est fausse, corrigez-la.

> MODÈLE: Benoît se lève toujours le premier.
>
> *Faux. Adeline se lève toujours la première.* OU
> *Faux. Benoît se lève après* (after) *Adeline.*

1. Adeline prend sa douche après le petit déjeuner.
2. Benoît fait sa toilette après 7h.
3. Benoît n'a pas beaucoup de temps pour son petit déjeuner.
4. Adeline quitte la maison avant *(before)* Benoît.
5. Benoît et Adeline prennent un goûter après l'école.
6. Benoît et Adeline jouent au rugby ensemble *(together).*
7. Benoît et Adeline font leurs devoirs avant le dîner.
8. D'habitude *(Usually),* Benoît et Adeline dînent avec leurs parents et Cecilia.
9. Après le dîner, ils regardent la télé.
10. Benoît se couche avant Adeline.

FLASH GRAMMAIRE

Le verbe **faire**	(3ᵉ personne)
il/elle fait	*he/she does*
ils/elles font	*they do*

Answers, Ex. A: 1. Faux. Elle prend sa douche tout de suite. 2. Vrai 3. Vrai 4. Faux. Elle quitte la maison avec Benoît. 5. Vrai 6. Faux. Benoît joue au rugby avec ses copains. 7. Vrai 8. Vrai 9. Vrai (s'il n'ont plus de devoirs) 10. Faux. Benoît se couche après Adeline.

FLASH VOCABULAIRE

quand? *when?*

avant (l'école) *before (school)*

après (l'école) *after (school)*

à quelle heure? *(at) what time?*

à (8h) *at (8 o'clock)*

vers (8h) *about (around) (8 o'clock)*

entre (8h) et (9h) *between (8 o'clock) and (9 o'clock)*

Answers, Ex. B: 1. Adeline se lève à 6h30. 2. Benoît se lève vers 7h. 3. La famille Batailler prend le petit déjeuner entre 7h15 et 7h45. 4. Ils quittent la maison à 8h. 5. Ils rentrent de l'école vers 4h30. 6. Ils font leurs devoirs avant le dîner. 7. Ils jouent avec leurs copains avant le dîner. 8. Ils regardent la télé après le dîner. 9. Benoît se couche après Adeline. 10. Benoît se couche entre 9h30 et 10h. Adeline se couche vers 9h.

MC Audio CD2, Track 23 (Ex. C)

Answers, Ex. C: 1. 11h15 2. 6h30 3. 2h50 4. 12h 5. 5h 6. 8h45 7. 4h23 8. 7h–7h30

B. Quand? À quelle heure? Répondez aux questions à propos de Benoît et d'Adeline.

1. À quelle heure est-ce qu'Adeline se lève?
2. À quelle heure est-ce que Benoît se lève?
3. À quelle heure est-ce que la famille Batailler prend le petit déjeuner?
4. À quelle heure est-ce que Benoît et Adeline quittent la maison pour aller à l'école?
5. Quand est-ce qu'ils rentrent de l'école?
6. Quand est-ce qu'ils font leurs devoirs—avant ou après le dîner?
7. Quand est-ce qu'ils jouent avec leurs copains?
8. Quand est-ce qu'ils regardent la télévision?
9. Quand est-ce que Benoît se couche—avant ou après Adeline?
10. À quelle heure est-ce qu'Adeline se couche? Et Benoît?

C. C'est à quelle heure? Write down the time you hear mentioned in each of the short conversations. Use French notation—for example, **6h15.** [items 1–8]

D. Quelle heure est-il, s'il vous plaît? Vous demandez l'heure à quelqu'un qui vous répond en utilisant les heures suggérées.

MODÈLE: 2h20
—*Quelle heure est-il, s'il vous plaît?* OU
Vous avez l'heure, s'il vous plaît?
—*Oui, bien sûr (certainly). Il est deux heures vingt.*

1. 8h20
2. 10h25
3. 10h55
4. 3h10
5. 7h45
6. 4h15
7. 12h *(midnight)*
8. 1h30
9. 11h45 (du matin)
10. 6h35

Zoom!

La journée des Français

22% se lèvent avant 6h.
33% se couchent après minuit.
87% regardent la télé.
70% écoutent la radio.
55% font des courses *(errands)*.
52% lisent *(read)* des magazines.
45% vont au travail.
9% utilisent un ordinateur au travail.
7% utilisent un ordinateur à la maison.

Cecilia, la nouvelle jeune fille au pair, pose des questions à Mme Batailler sur l'emploi du temps des enfants.

CECILIA:	À quelle heure est-ce que les enfants vont à l'école?
MME BATAILLER:	Ils partent vers 8h.
CECILIA:	Est-ce qu'ils rentrent pour déjeuner?
MME BATAILLER:	Non, non. Ils déjeunent à l'école.
CECILIA:	Et ils rentrent vers quelle heure l'après-midi?
MME BATAILLER:	Entre 4h30 et 5h. Normalement ils ont très faim... surtout Adeline. Elle prend toujours un bon goûter.
CECILIA:	Ah, oui? Qu'est-ce qu'elle mange?
MME BATAILLER:	Un yaourt et un fruit.
CECILIA:	Et Benoît?
MME BATAILLER:	Il mange une tartine et commence tout de suite ses devoirs. Comme ça, il peut jouer au rugby avec ses copains.

Dico

Comme ça: *That way*
commencer: *to begin*
partent: *leave*
surtout: *especially*
tartine: *bread with butter and/or jam*
yaourt: *yogurt*

À vous!

E. L'emploi du temps de Matthieu Briceno. Matthieu Briceno a 13 ans. Il va au collège *(junior high)*; par conséquent, sa journée est un peu différente de celle de Benoît et d'Adeline. Étudiez son emploi du temps, puis répondez aux questions en transformant l'heure officielle en heure de conversation.

FLASH GRAMMAIRE

Les verbes *partir* (to leave) et *quitter* (to leave)

partir	**quitter**
je **pars**	je **quitte** (la maison)
tu **pars**	tu **quittes** (la maison)
il/elle/on **part**	il/elle/on **quitte** (la maison)
nous **partons**	nous **quittons** (la maison)
vous **partez**	vous **quittez** (la maison)
ils/elles **partent**	ils/elles **quittent** (la maison)
PASSÉ COMPOSÉ: **parti (être)**	PASSÉ COMPOSÉ: **quitté (avoir)**

The verb **partir** can be used alone or with a preposition (such as **à** *[to, for]* or **pour** *[for]*).

Je pars à 8h.
Elle part à l'université.
Ils sont partis à (pour) New York.

The verb **quitter** *must* have a direct object.

Je quitte la maison à 8h.
Nous quittons l'université après notre dernier cours.
Ils ont quitté l'hôtel hier matin.

6h15	*se lever*
6h30	*faire sa toilette*
6h45	*s'habiller*
7h15	*petit déjeuner*
7h45	*quitter la maison*
8h30 – 16h30	*école*
17h	*rentrer de l'école*
17h15	*goûter*
17h30 – 19h30	*temps libre*
19h45	*dîner*
20h30 – 22h30	*devoirs*
22h30	*télé*
23h – 23h30	*se coucher*

1. À quelle heure est-ce que Matthieu se lève?
2. Qu'est-ce qu'il fait le matin avant l'école?
3. À quelle heure est-ce qu'il part pour l'école?
4. Combien d'heures est-ce qu'il passe à l'école?
5. À quelle heure est-ce qu'il rentre à la maison?
6. Quand est-ce qu'il a du temps libre?
7. À quelle heure est-ce qu'il dîne?
8. Qu'est-ce qu'il fait après le dîner?
9. À quelle heure est-ce qu'il se couche?
10. Environ *(Approximately)* combien d'heures est-ce qu'il dort *(sleeps)* la nuit?

F. La journée de... Posez les questions à un(e) camarade de classe à propos de l'emploi du temps d'un membre de sa famille ou d'un(e) ami(e).

1. À quelle heure est-ce que ton frère (ton ami[e], etc.) se lève normalement?
2. Est-ce qu'il (elle) prend le petit déjeuner?
3. À quelle heure est-ce qu'il (elle) quitte la maison (l'appartement, la résidence) pour aller en cours?
4. À quelle heure est-ce qu'il (elle) déjeune?
5. À quelle heure est-ce qu'il (elle) rentre de l'université?
6. À quelle heure est-ce qu'il (elle) dîne d'habitude?
7. Qu'est-ce qu'il (elle) fait après le dîner?
8. À quelle heure est-ce qu'il (elle) se couche normalement?

Ici, en France...

C'est quoi, une journée typique en France? Eh bien, elle commence entre 6h30 et 7h30—sauf le mercredi pour les petits. Ah, vous ne le saviez pas (*You didn't know*)? En France, souvent, on ne va pas à l'école le mercredi, mais il y a alors des cours le samedi matin. (Pour les enfants plus âgés, c'est souvent le contraire: ils ont des cours au lycée le mercredi matin, mais pas le samedi.) De toute façon, la majorité des gens quittent la maison avant 8h30 après un petit déjeuner traditionnel—un café au lait (ou un express, si on préfère) et une ou deux tartines au beurre et à la confiture (*bread with butter and jam*).

Autrefois (*In the past*), les magasins et les bureaux fermaient (*closed*) entre 12h et 2h. Les gens rentraient à la maison ou allaient au restaurant pour déjeuner. Mais la France commence à adopter le système de la journée continue: les enfants mangent à l'école, les employés déjeunent à la cafétéria au travail, au café ou dans un fast-food.

Les enfants rentrent de l'école entre 4h et 5h. Les bureaux ne ferment pas avant 6h. Beaucoup de gens prennent l'apéritif (*have a drink*) avant de manger. Par conséquent, le dîner n'est pas servi avant 8h.

Quand est-ce qu'on se couche? Ça dépend. Mais il est intéressant de noter que les émissions télévisées (*TV shows*) les plus populaires commencent après 9h et que, si vous voulez regarder les dernières actualités (*the late news*), il faut souvent attendre minuit.

> ## Qu'est-ce que vous en pensez?

Would you like to have a daily schedule that follows more closely the French model? Why or why not?

Do **À faire! (5-1)** on page 183 of the **Manuel de préparation.**
* Follow-up: time and daily routine
* Preparation: pronominal verbs **(Contrôle 13)**

Exercice de substitution

1. *Je* me repose. (Jeanne / nous / vous / les autres / tu)
2. *Ils* se téléphonent souvent. (vous / mes sœurs / on / nous / nos cousins)
3. Est-ce que *tu* t'amuses bien? (vous / elles / Patrick / on)
4. *Elle* ne se promène jamais à vélo. (nous / je / tu / vous / mes parents)
5. À quelle heure est-ce qu'*ils* vont se coucher? (tu / nous / vous / on / Mireille)

Rappel grammatical

Les verbes pronominaux

je m'habille	nous nous habillons
tu t'habilles	vous vous habillez
il/elle/on s'habille	ils/elles s'habillent

je ne me lève pas   je vais me coucher

REFLEXIVES: s'amuser / se coucher / s'habiller / se préparer (pour) / se promener (à vélo, en voiture) / se reposer

RECIPROCALS: se parler / se retrouver / se téléphoner / se voir

À vous!

G. La journée de Cecilia. Cecilia décrit sa journée chez les Batailler à un membre de sa famille. En utilisant les éléments suggérés, recréez sa description.

1. je / se lever / à 7h15
2. M. Batailler et Adeline / se lever / avant moi
3. je / faire sa toilette / et / je / s'habiller
4. M. Batailler, Adeline et moi, nous / prendre notre petit déjeuner
5. M. et Mme Batailler / quitter la maison / entre 8h et 8h30
6. les enfants et moi, nous / se préparer pour aller à l'école
7. les enfants / partir à l'école / vers 9h
8. moi, je / aller en ville / à 10h
9. les enfants / rentrer / entre 4h30 et 5h
10. avant le dîner / les enfants et moi, nous / vérifier *(to check)* leurs devoirs
11. pendant le dîner / on / parler de la journée
12. après le dîner / la famille / regarder la télévision / et / moi, je / téléphoner à des amis
13. les enfants / se coucher / entre 9h et 10h
14. je / se coucher / entre 11h et 11h30

H. Notre journée. Un(e) camarade de classe et vous parlez d'une journée typique. Indiquez:

- à quelle heure vous vous levez
- ce que vous faites le matin
- quand et où vous déjeunez
- à quelle heure vous rentrez
- ce que vous faites le soir
- à quelle heure vous vous couchez

1. en semaine *(during the week)*
2. le week-end
3. pendant les vacances *(during vacation)*

Le monde francophone

La vie quotidienne
Hanoi est la capitale du Viêt Nam (l'ancienne colonie française d'Indochine). Voici deux jeunes d'Hanoi— Quynh et Tinh—qui parlent de leur emploi du temps.

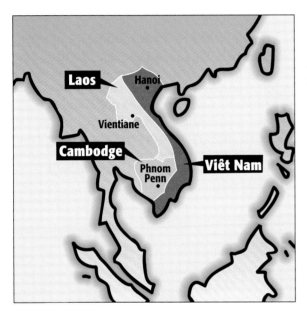

VIÊT NAM

ancienne: *former*
attire: *attracts*
concours d'entrée:
    entrance exam
digue: *dike*
durent: *last*
emportons: *bring*
fleuve: *river*
prix: *prize*
promenades en barque:
    boating outings
soirée: *evening*

Quynh et sa copine
sur une moto

Bonjour. Je m'appelle Quynh. J'ai 18 ans. Je suis élève au lycée et je prépare le concours d'entrée à l'université. Je voudrais faire des études de commerce international. L'année dernière j'ai eu le 3ème prix d'anglais de tous les lycées de Hanoi. J'aimerais voyager un jour et je crois qu'une carrière en commerce international me permettrait de voyager. La Chine, avec ses sites historiques et ses 40 siècles de civilisation, est un pays qui m'intéresse. La France m'attire aussi.

Mon emploi du temps? Vers 6h30, je me lève pour le petit déjeuner. À 7h30 c'est le début des cours officiels qui durent jusqu'à 12h. L'après-midi, les élèves d'une autre section viennent dans la même classe car il n'y a pas beaucoup de place dans notre école. Après le déjeuner, mes copines et moi, nous suivons des cours supplémentaires. Je rentre à la maison vers 5h. Je fais mes devoirs et j'aide ma mère à préparer le repas du soir pour toute la famille: ma sœur, mon oncle, mon grand-père et mes parents. Le soir, je reprends les devoirs.

Le week-end, avec des amis, je fais des promenades en barque sur le lac de l'Ouest ou nous partons à vélo ou en moto pour pique-niquer sur la digue du fleuve Rouge. Nous emportons une guitare et nous revenons en soirée.

Tinh au travail

Bonjour. Je m'appelle Tinh. J'ai 17 ans. J'ai quitté l'école et mon village à 14 ans. Je suis travailleur à la journée ici à Hanoi. Ça veut dire que je vais tous les matins au boulevard Kim Ma où j'attends qu'on vienne chercher les ouvriers. J'ai du travail tous les jours. On fait appel à nous pour des déménagements, des transports, des chargements ou déchargements. Quelquefois je travaille dans un chantier de construction.

Nous travaillons du lundi au samedi de 7h à 17h, parfois jusqu'à 21h. Après le déjeuner, nous faisons la sieste. Par conséquent, cela fait 10 ou 11 heures de travail par jour. Tous les soirs, après le travail je retrouve mon frère et des garçons de mon village qui travaillent aussi à Hanoi. Nous allons dormir dans une cabane. Nous y dormons à dix par terre sur une natte pour 2 000 dongs (15 euro cents). Pour 5 000 dongs on peut manger. Pendant la semaine nous allons parfois regarder un match de foot à la télé. La semaine dernière, j'ai vu la finale du championnat vietnamien entre l'équipe de l'armée et celle de Saigon. Celle de l'armée est ma favorite, alors je suis content qu'elle ait gagné! Le dimanche, je retourne au village voir ma famille et jouer au foot.

Díco 📖

à la journée: *day (i.e., one day at a time)*
cabane: *shack*
Ça veut dire: *That means*
celle: *the one (here: team)*
chantier: *building site*
chargements: *loading*
déchargements: *unloading*
déménagements: *moving (from one house to another)*
dormir: *to sleep*
équipe: *team*
fait appel à: *calls on*
natte: *mat*
parfois: *sometimes*
par terre: *on the ground*
qu'on vienne: *for someone to come*

➤ Qu'est-ce que vous avez appris?

Indicate whether the statements are true or false; justify your answers.

1. Quynh is a student at the university in Hanoi.
2. She has classes only in the morning.
3. She's very studious.
4. She spends weekends with her family.
5. Tinh has a regular job.
6. He does different types of manual labor.
7. He often works nonstop from 7 in the morning until 9 at night.
8. His sleeping conditions are less than ideal.

➤ Qu'est-ce que vous en pensez?

How are the daily lives of Quynh and Tinh different from those of young people in the United States?

Would it surprise you to know that both Quynh and Tinh are very optimistic about the future? Why (not)? Discuss.

Zoom!

Ancien *(Former)* protectorat français, le Viêt Nam faisait partie *(belonged),* avec le Laos et le Cambodge, de l'Union indochinoise. Après la guerre d'Indochine (1946–1954) le pays fut *(was)* divisé entre la république démocratique du Viêt Nam au nord et la république du Viêt Nam au sud. Cette division mena *(led)* à la guerre du Viêt Nam dans laquelle les États-Unis jouèrent *(played)* un rôle principal.

❝❝ Est-ce que Benoît et Adeline aident à la maison? Bien sûr. Ils ont chacun certaines choses qu'ils sont obligés de faire régulièrement.

❝❝

▶ http://jvb.heinle.com
■ Transparency: 5-2

Dico 📖

chacun: *each*

Le matin, ils font leur lit avant d'aller à l'école.

Quand Benoît rentre de l'école, il donne à manger au chien et au chat.

Ensuite il promène le chien.

Le soir, Adeline met la table.

Et après le dîner, Benoît débarrasse la table.

Après le dîner, Adeline vide la poubelle.

Et Benoît aide à faire la vaisselle.

En général, le samedi, ils rangent leur chambre.

Qu'en pensent Benoît et Adeline?

❝❝ Je n'aime pas aider à faire le ménage. Heureusement, notre employée de maison, Mme Aubain, vient une fois par semaine. Et ma chambre, maman insiste pour que je la range régulièrement. Mais je ne comprends pas pourquoi. C'est ma chambre et moi, j'aime bien un certain désordre!**❞❞**

❝❝ Moi, j'aime bien aider à la maison: mettre la table, la débarrasser, faire la vaisselle, ranger ma chambre. Mais c'est du travail, ça! Pourquoi est-ce qu'on n'est pas payés, Benoît et moi? J'ai demandé ça à papa, mais il a dit que c'est notre responsabilité de faire les tâches ménagères.**❞❞**

Dico

Heureusement: *Fortunately*
vient: *comes*

➤ Qu'est-ce que vous en pensez?

Did you help out at home when you were little? What kinds of chores were you required to do? What things did you do voluntarily?

Do you agree with Adeline that children should be paid for doing chores? Why (not)?

Ça se dit comment?

Pour parler des tâches domestiques *(To talk about household chores)*

débarrasser la table	*to clear the table*
donner à manger aux animaux	*to feed the animals (pets)*
faire son lit	*to make one's bed*
faire le ménage	*to do housework*
faire la vaisselle	*to do the dishes, load and unload the dishwasher*
mettre la table	*to set the table*
nettoyer la maison	*to clean the house*
promener le chien	*to walk the dog*
ranger sa chambre	*to pick up one's room*
vider la poubelle	*to take out the garbage*

À vous!

I. Vrai ou faux? En vous basant sur le ***Contexte,*** indiquez si les phrases sont vraies ou fausses. Si la phrase est fausse, corrigez-la.

1. Le matin, avant l'école, Benoît et Adeline font leur lit.
2. L'après-midi, après l'école, Adeline donne à manger au chien et au chat.
3. L'après-midi, après l'école, Benoît promène le chien et le chat.
4. Adeline met la table et Benoît la débarrasse.
5. Après le dîner, Benoît vide la poubelle et Adeline aide à faire la vaisselle.
6. Le samedi, généralement, les enfants Batailler rangent leur chambre.

J. Que font les enfants à la maison? L'employée de maison, Mme Aubain, pose des questions à Hélène Batailler à propos des enfants Batailler. En jouant le rôle d'Hélène, répondez aux questions de Mme Aubain.

1. Est-ce que les enfants font leur lit le matin?
2. Qui donne à manger aux animaux?
3. Qui promène le chien?
4. Qui met la table?
5. Qui la débarrasse?
6. Qui vide la poubelle?
7. Qui aide à faire la vaisselle?
8. Est-ce que les enfants rangent leur chambre tous les jours *(every day)*?

 **GRAMMAIRE**

The verb *faire* *(to do, to make)*

je **fais**	nous **faisons**
tu **fais**	vous **faites**
il/elle/on **fait**	ils/elles **font**

PASSÉ COMPOSÉ: **fait (avoir)**

 **GRAMMAIRE**

The verb *mettre* (to put [on], to set [the table])

je **mets**	nous **mettons**
tu **mets**	vous **mettez**
il/elle/on **met**	ils/elles **mettent**

PASSÉ COMPOSÉ: **mis (avoir)**

Exercice de substitution
1. *Jean-Jacques* fait la vaisselle. (Béatrice / nous / les amis de Sylvie / je / vous / tu)
2. *Marie-Claire* ne fait pas le ménage. (Stéphane / je / vous / mon ami / tu / nous / mes camarades de chambre)
3. Qu'est-ce que *Pierre* a fait? (tu / vous / les autres / on / nous / Chantal)

Exercice de substitution
1. *Je* mets la table? (nous / Sylviane / les petits / tu / vous / on)
2. Où est-ce que *tu* mets la lampe? (Maman / je / nous / vous / les autres)
3. *Il* a mis un pull-over. (nous / elle / les garçons / je / on)

K. Et toi? Posez des questions à votre camarade de classe au sujet des tâches ménagères chez lui (elle).

1. Est-ce que tu fais ton lit tous les jours?
2. Est-ce que tu ranges régulièrement ta chambre?
3. Qui met la table chez toi?
4. Qui la débarrasse?
5. Est-ce que tu fais la vaisselle?
6. Tu as un chien? Qui promène le chien? Qui donne à manger au chien?
7. Tu as un chat? Qui donne à manger au chat?
8. Qui vide la poubelle chez toi?

Suggestions, Ex. K and L: If most students live in a dorm, you can have them answer the questions as if they were at home or, if you prefer, you can do this exercise with the class and help them with the answers (for example, **les serveurs et les serveuses** ou **les employés de cuisine,** etc.).

L. Et toi (suite)? Posez des questions à un(e) autre camarade de classe à propos des tâches ménagères chez lui (elle) récemment. Attention: les verbes sont au passé composé!

1. Est-ce que tu as fait ton lit ce matin?
2. Est-ce que tu as rangé ta chambre récemment?
3. Qui a mis la table pour le dîner hier soir?
4. Qui a débarrassé la table?
5. Qui a fait la vaisselle?
6. Qui a vidé la poubelle?

Zoom!

81% des Français de 10–18 ans déclarent ranger leur chambre toujours ou de temps en temps, 91% mettent la table, 78% la débarrassent, 42% font les courses *(do the shopping)*, 42% préparent les repas, 38% font le ménage, 33% vident la poubelle.

Do **À faire!** (5-2) on page 191 of the **Manuel de préparation.**
* Follow-up: pronominal verbs, chores, **faire,** and **mettre**

■●Contexte: *Et les adultes, que font-ils?*

⌐ http://jvb.heinle.com
■ Transparencies: 5-3A, 5-3B

SUGGESTED LESSON OUTLINE:
Students assigned *À faire! (5-2)* have reviewed pronominal verbs and daily routine, worked with the vocabulary of chores, and written the forms of **faire** and **mettre.** Ex. IX (describing daily routine), XI (comparing schedules), and XIII (making lists of home chores) were *not* self-correcting. In this segment, do **Contexte: Et les adultes, que font-ils?** (Ex. M, N, O) and **Contexte: L'année des Français** (Ex. P, Q, R, S, T, U).

❝❞ Chez nous, comme dans toutes les familles, il y a beaucoup de travail à faire. Nous avons une employée de maison, Mme Aubain, qui vient une fois par semaine pour faire le ménage. **❞❞**

L'employée de maison vient une fois par semaine.

Elle nettoie la cuisine et la salle de bains.   ***Elle passe l'aspirateur.***   ***Elle fait la lessive.***

➤ *Qu'est-ce que vous en pensez?*

How does your family compare to the Batailler family when it comes to household chores?

To what extent have gender roles changed as far as the type of household chores men and women do? Are there still some tasks reserved primarily for one gender or the other? Discuss.

Ça se dit comment?

Pour parler des tâches domestiques (suite) *(To talk about household chores [continued])*

aider... à	*to help . . . (to do something)*
amener... à	*to take (a person somewhere)*
bricoler	*to tinker, do odd jobs*
faire des petites réparations	*to make small repairs*
faire du jardinage	*to work in the garden*
faire la cuisine	*to do the cooking*
faire la lessive	*to do the laundry*
faire le barbecue	*to barbecue*
faire les courses	*to do the shopping, run errands*
nettoyer	*to clean*
s'occuper de	*to take care of*
passer l'aspirateur	*to vacuum*
préparer les repas	*to prepare meals*

Ma femme s'occupe des repas et du jardin.

Elle fait les courses.

Elle fait la cuisine.

Elle aime aussi faire du jardinage.

Moi, je travaille à la maison aussi.

Je fais souvent la vaisselle.

J'aime bricoler et faire des petites réparations.

Et c'est moi qui fais le barbecue.

Enfin, nous avons notre jeune fille au pair, Cecilia.

Elle s'occupe des enfants avant et après l'école.

Elle les aide à faire leurs devoirs.

Elle les amène au parc ou au cinéma.

C'est moi qui: *I'm the one who*
vient: *comes*

À vous!

M. Qui fait quoi chez Vanessa Baudry? Vanessa Baudry est une jeune lycéenne qui fait quelquefois du baby-sitting chez les Batailler. À l'aide des renseignements donnés, répondez aux questions sur les responsabilités des différents membres de sa famille.

Vanessa:
faire la vaisselle
faire la lessive
nettoyer la salle de bains
donner à manger au chat
nettoyer les chambres
débarrasser la table
passer l'aspirateur

sa petite sœur Micheline:
faire la vaisselle
ranger la salle de séjour
donner à manger au chien
mettre la table
vider la poubelle

sa mère:
préparer les repas le week-end
faire la lessive
promener le chien le matin
nettoyer la cuisine
travailler dans le jardin
bricoler

son beau-père *(step-father):*
faire les courses
faire la cuisine en semaine
travailler dans le jardin
vider la poubelle
faire des petites réparations
passer l'aspirateur
amener Micheline et Vanessa à l'école

Answers, Ex. M: 1. Le beau-père de Vanessa fait les courses. 2. Son beau-père fait la cuisine en semaine et sa mère fait la cuisine le week-end. 3. Sa sœur Micheline met la table. 4. Vanessa la débarrasse. 5. Vanessa et sa mère nettoient la maison. 6. Vanessa et Micheline s'occupent des animaux. 7. Sa mère et son beau-père bricolent et font des petites réparations. 8. Micheline et son beau-père sortent la poubelle. 9. Micheline, sa mère et son beau-père font du jardinage. 10. Leur beau-père amène les enfants à l'école.

Tu sais d'où vient le mot «poubelle»? La poubelle tient son nom d'un certain M. Poubelle. M. Poubelle était un administrateur dans la région parisienne. En 1884, il a imposé l'usage de la boîte à ordures *(trash can)* aux gens de sa région.

1. Qui fait les courses chez Vanessa?
2. Qui prépare les repas?
3. Qui met la table?
4. Qui la débarrasse?
5. Qui nettoie la maison?
6. Qui s'occupe des animaux?
7. Qui bricole et fait des petites réparations?
8. Qui sort la poubelle?
9. Qui fait du jardinage?
10. Qui amène les enfants à l'école?

N. Qui fait quoi chez les Jacquemart? Les Jacquemart habitent à Saint-Germain-en-Laye, dans la banlieue parisienne. Écoutez le fils cadet, Philippe, parler des tâches domestiques chez lui. Puis indiquez qui fait quoi en cochant *(by checking off)* les cases appropriées.

	M. Jacquemart	Mme Jacquemart	Philippe	François	l'employée de maison
1. faire les courses					
2. faire la cuisine					
3. mettre la table					
4. débarrasser la table					
5. nettoyer la salle de bains					
6. nettoyer les chambres					
7. nettoyer la cuisine					
8. passer l'aspirateur					
9. ranger les chambres					
10. faire les lits					
11. faire la lessive					
12. faire des petites réparations					
13. bricoler					
14. s'occuper des animaux					
15. travailler dans le jardin					
16. vider la poubelle					
17. faire la vaisselle					

Suggestion, Ex. N: To facilitate this exercise, photocopy the chart and give one to each student as an answer sheet.

Answers, Ex. N: 1. faire les courses: M. et Mme Jacquemart   2. faire la cuisine: M. et Mme Jacquemart   3. mettre la table: François   4. débarrasser la table: François   5. nettoyer la salle de bains: l'employée de maison (Mme Palisse)   6. nettoyer les chambres: Mme Palisse   7. nettoyer la cuisine: Mme Palisse   8. passer l'aspirateur: Mme Palisse   9. ranger les chambres: Philippe, François   10. faire les lits: Philippe, François   11. faire la lessive: Mme Palisse, Mme Jacquemart   12. faire des petites réparations: Mme Jacquemart   13. bricoler: M. Jacquemart   14. s'occuper des animaux: Philippe   15. travailler dans le jardin: M. Jacquemart   16. vider la poubelle: François, Mme Palisse   17. faire la vaisselle: M. Jacquemart, Philippe, François

O. Qui fait quoi chez toi? Interviewez un(e) camarade de classe pour apprendre *(to find out)* qui fait quoi chez lui (elle). Ensuite résumez ce que vous avez appris pour vos camarades de classe.

Suggestion, Ex. O: For students living in a dormitory, tell them to talk about chores they do (or don't do) when they're home; students living in apartments or houses can answer according to their current situation. When interviews are complete, survey the class about the results.

FLASH VOCABULAIRE

chez lui	*at his house*
chez elle	*at her house*
chez eux	*at their house* (masculine or masculine-feminine combination)
chez elles	*at their house* (feminine)

▇◖Contexte: *L'année des Français*

▌ http://jvb.heinle.com
■ Transparencies: 5-4A, 5-4B

❝❝ Pour nous, l'année est rythmée par les fêtes et les vacances—c'est-à-dire, les moments de l'année où nous ne travaillons ni n'allons à l'école. Il y a trois fêtes que nous aimons particulièrement. ❞❞

Le Carnaval, c'est la période qui précède le temps de carême en février et en mars. (Le carême, ce sont les 46 jours d'abstinence entre le mardi gras et le jour de Pâques.) À Nice, il y a de grands défilés de chars décorés de fleurs.

Le 14 juillet, c'est la fête nationale française. La nuit du 13, il y a des bals populaires où on danse dans les rues. Le matin il y a des défilés militaires partout en France; le plus grand est sur l'avenue des Champs-Élysées, à Paris. Le soir, il y a des feux d'artifice.

Dico

allument: *light*
«Bonne Année!»: *"Happy New Year!"*
carême: *Lent*
chance: *luck*
chars: *floats*
congés payés: *paid vacation*
défilés: *parades*
droit à: *right to*
été: *summer*
fêtes: *holidays*
feux d'artifice: *fireworks*
fève: *bean*
fleurs: *flowers*
galette: *flat cake*
hiver: *winter*
Juifs: *Jews*
messe: *mass*
ne... ni n': *neither . . . nor*
ouvrent leurs cadeaux: *open their presents*
Pâques: *Easter*
parc de loisirs: *amusement park*
partout: *all over*
rendre visite à: *to visit (a person)*
repas: *meal*
roi ou reine: *king or queen*
vacances: *vacation*

La fête de Noël commence le 24 décembre, avec la messe de minuit et le réveillon, un repas traditionnel. Le jour de Noël (le 25 décembre) les enfants ouvrent leurs cadeaux. Les fêtes de fin d'année continuent: le premier janvier (le Jour de l'An), on se dit: «Bonne année!» et le 6 janvier (la Fête des Rois ou l'Épiphanie), on mange en famille la galette des Rois et la personne qui trouve la fève dans sa part de galette est couronnée roi ou reine du jour.

Les Juifs français célèbrent la fête de Hanoukka pendant huit jours à la fin de décembre. Chaque soir ils allument la menora et dînent en famille ou avec des amis.

▶ *Qu'est-ce que vous en pensez?*

What similarities and differences do you see between holidays in France and in the United States?

Would you rather be a student under the French calendar or the U.S. calendar? Why?

> Nous avons de la chance en France. La grande majorité des gens qui travaillent ont droit à cinq semaines de congés payés pendant l'année. Pour cette raison, les vacances jouent un rôle très important pour nous.

D'AUTRES FÊTES

le 1er mai	la Fête du Travail
le 15 août	l'Assomption
le 1er et 2 novembre	la Toussaint et le Jour des Morts

Supplementary information: The vacation dates in the chart are provided to give students an example of what French young people typically have for vacations. Obviously, the exact dates vary each year. In addition, vacations for elementary and **lycée** students are often staggered according to regions of the country in order to reduce travel congestion.

VACANCES SCOLAIRES

	Universités	Écoles
NOËL	22 décembre–7 janvier	22 décembre–7 janvier
HIVER	23 février–4 mars	13 février–11 mars
PRINTEMPS	13 avril–29 avril	13 avril–29 avril
ÉTÉ	5 juillet–16 octobre	25 juin–5 septembre

Normalement, nous ne partons pas en vacances en décembre. Nous préférons célébrer les fêtes de fin d'année chez nous. Si nous voyageons, c'est pour rendre visite à des membres de la famille.

Nous aimons passer les vacances d'hiver dans les Alpes. Toute la famille adore le ski.

Pour les vacances de printemps, nous faisons souvent du tourisme. Hélène et moi, nous aimons visiter des sites ou des monuments historiques. Les enfants préfèrent visiter un parc de loisirs, comme Disneyland Paris ou le Futuroscope.

En été, nous partons toujours pour un mois. Quelquefois nous allons au bord de la mer; Hélène et Adeline adorent nager et faire du ski nautique. Quelquefois nous allons à la montagne parce que Benoît et moi, nous aimons faire de la randonnée et du camping.

Pour indiquer les mois de l'année *(To name the months of the year)*

janvier	avril	juillet	octobre
février	mai	août	novembre
mars	juin	septembre	décembre

en (au mois de) juin *in (in the month of) June*

Pour demander et donner la date *(To ask for and give the date)*

Nous sommes le combien aujourd'hui?
Quelle est la date aujourd'hui?   } *What's today's date?*
Quel jour sommes-nous?

Nous sommes le 5 (avril).
Aujourd'hui c'est le 5 (avril).   } *Today is April 5. (It's the 5th [of April].)*
C'est aujourd'hui le 5 (avril).

le 5 avril 1995 (dix-neuf cent quatre-vingt-quinze)   *April 5, 1995*
le premier mars 2003 (deux mille trois)   *March 1, 2003*

Pour parler des fêtes et des vacances *(To talk about holidays and vacations)*

aller à la campagne	*to go to the country*
passer le mois de (juillet)	*to spend the month of (July)*
dans sa maison de campagne	*at one's country house*
aller au bord de la mer (à la plage)	*to go to the seashore (to the beach)*
nager	*to swim*
faire de la voile	*to sail*
faire de la planche à voile	*to windsurf*
aller à la montagne	*to go to the mountains*
faire du camping	*to camp*
faire de la randonnée	*to hike*
faire du tourisme	*to be a tourist*
visiter	*to visit (a place)*
passer le mois de... en famille	*to spend the month of . . . with one's family*
rendre visite à...	*to visit (a person)*

À vous!

P. Quand est-ce qu'on célèbre...? Indiquez en quel mois on célèbre les fêtes suivantes.

MODÈLE: Quand est-ce qu'on célèbre la fête nationale française?
En (Au mois de) juillet.

1. Quand est-ce qu'on célèbre Noël et Hanoukka?
2. C'est quand, la fête de l'Assomption?
3. Quand est-ce qu'on célèbre le Jour de l'An et la Fête des Rois?
4. C'est quand, la fête de Pâques? (deux possibilités)
5. Quand est-ce qu'on célèbre la fête nationale américaine?
6. C'est quand, le Carnaval de Nice?
7. C'est quand, la Toussaint et le Jour des Morts?
8. Quand est-ce qu'on célèbre la Fête du Travail en France?
9. Quand est-ce qu'on célèbre la Fête du Travail aux États-Unis?
10. C'est quand, la Fête des Mères? Et la Fête des Pères?

Q. Quel âge a... ? Quand on vous demande l'âge d'une célébrité, vous répondez avec sa date de naissance et son âge.

FLASH VOCABULAIRE

il est né / elle est née *he was born / she was born*

MODÈLE: —*Quel âge a Céline Dion?*
          —*Elle est née le 30 mars 1969 (dix-neuf cent soixante-neuf).*
          Elle a donc (therefore)... ans.

Yannick Noah
joueur de tennis français
d'origine camerounaise
(18 mai 1960)

Mel Gibson
acteur australien
(3 janvier 1956)

Alain Prost
coureur automobile français
(24 février 1955)

Yves Saint-Laurent
couturier français d'origine algérienne
(1er août 1936)

MC Solaar
(Claude M'Barali)
rappeur français d'origine tchadienne
(5 mars 1969)

Claire Bretécher
dessinatrice et éditrice française
(17 avril 1940)

Michel Polnareff
auteur et compositeur français
(3 juillet 1944)

Patrick Bruel
chanteur et acteur français
(14 mai 1959)

Patricia Kaas
chanteuse française
(5 décembre 1966)

Jean-Jacques Goldman
chanteur français
(11 octobre 1951)

Brigitte Bardot
actrice française
(26 septembre 1934)

Isabelle Adjani
actrice française
(27 juin 1955)

Martina Navratilova
championne de tennis américaine
d'origine tchèque
(18 octobre 1956)

R. Quelle est la date de votre anniversaire? Trouvez la date de naissance de vos camarades de classe.

MODÈLE: —*Quelle est la date de ton (votre) anniversaire?*
          —*Mon anniversaire, c'est le 23 mars.* OU
          Je suis né(e) le 23 mars.

⚹⚹⚹ **S. Quand est-ce qu'ils arrivent? Quand est-ce qu'ils partent?** Les parents de Francine Ardent ont une maison de campagne près des Sables d'Olonne sur la côte Atlantique. Chaque été, des membres de la famille leur rendent visite. Avec l'aide du calendrier et des renseignements donnés, répondez aux questions de Francine.

MODÈLE: l'oncle Bernard / 4 juillet—15 juillet
—*Quand est-ce qu'il arrive, l'oncle Bernard?*
—*Il arrive le 4 juillet. C'est un samedi.*
—*Et quand est-ce qu'il part?*
—*Il part le 15. C'est un mercredi.*
—*[to someone else] C'est bien, ça. Tu as entendu?*
(*Did you hear that?*) *L'oncle Bernard arrive le samedi 4 juillet et il part le mercredi 15.*
—*Et la tante Élise, quand est-ce qu'elle arrive?*, etc.

1. la tante Élise / 12 juillet—28 juillet
2. l'oncle Pierre / 26 juillet—10 août
3. mémé et pépé / 1ᵉʳ août—27 août
4. Jean-Jacques et Fabrice / 17 juillet—20 juillet
5. l'oncle Henri / 19 août—2 septembre
6. la tante Antoinette / 5 septembre—16 septembre

⚹⚹⚹ **T. Ce qu'on a fait pendant les vacances.** Demandez à un(e) camarade de classe comment les personnes suivantes ont passé les vacances. Il (Elle) va répondre avec l'aide des suggestions.

MODÈLE: vacances de printemps: les Pernelet / aller au parc du Futuroscope (Poitiers) / y passer trois jours
—*Qu'est-ce que les Pernelet ont fait pendant les vacances de printemps?*
—*Ils sont allés au parc du Futuroscope, à Poitiers. Ils y ont passé trois jours.*

1. vacances de Noël: Patricia et sa sœur / le week-end de Noël: passer en famille / le week-end du Jour de l'An: aller rendre visite à leurs grands-parents (Nantes)
2. vacances d'hiver: Gilles / aller dans les Alpes avec des amis / faire du ski
3. vacances de Pâques: Sandra et sa famille / aller en Italie / passer 2 jours à Venise / passer 2 jours à Florence
4. vacances d'été: Bernard et sa famille / aller au bord de la mer / nager / faire de la planche à voile
5. vacances d'été: Marie-Hélène et son fiancé / aller à la montagne / faire du camping / faire de la randonnée
6. vacances d'été: Bruno et sa famille / aller à la campagne / passer trois semaines avec la famille de son oncle

♟♟ U. Et vous? Interviewez un(e) camarade de classe à propos des vacances.

(1) **Des vacances récentes**: Où est-ce qu'il (elle) est allé(e)? Avec qui? Combien de temps est-ce qu'il (elle) y a passé? Qu'est-ce qu'il (elle) a fait? Est-ce qu'il (elle) s'est bien amusé(e)?

(2) **Des vacances futures**: Où est-ce qu'il (elle) va? Quand est-ce qu'il (elle) va partir? Combien de temps est-ce qu'il (elle) va y passer? Quand est-ce qu'il (elle) va rentrer? Qu'est-ce qu'il (elle) va faire?

Do **À faire! (5-3)** on page 195 of the **Manuel de préparation.**
* Follow-up: holidays, dates, and vacation vocabulary
* Preparation: pronunciation (the letter **l**), **passé composé** of pronominal verbs *(Contrôle 14)*

Rappel grammatical

Le passé composé des verbes pronominaux

se lever *(to get up)*	
je **me suis levé(e)**	nous **nous sommes levé(e)s**
tu **t'es levé(e)**	vous **vous êtes levé(e)(s)**
il **s'est levé**	ils **se sont levés**
elle **s'est levée**	elles **se sont levées**

Je **ne** me suis **pas** levée très tôt.
Ils **ne** se sont **pas** amusés.

• Pronominal verbs (direct object pronoun)

s'amuser
se coucher
se disputer *(to argue with)*
s'ennuyer *(to be bored)*
s'habiller
se lever
se préparer
se promener
se reposer
se retrouver

• Pronominal verbs (indirect object pronoun)

se parler
se téléphoner

Suggestion, Ex. U: Encourage students to talk about vacations when they went somewhere unusual and/or did something special. While doing part 2, if the vacation time is imminent, students can use the present tense: **Quand est-ce que tu pars? Quand est-ce que tu reviens?**

SUGGESTED LESSON OUTLINE: Students assigned *À faire! (5-3)* have written dates and vacation vocabulary, practiced the pronunciation of the letter **l**, worked with the **passé composé** of pronominal verbs, and taken *Contrôle 14.* Ex. XX (questions about vacation and leisure time in the U.S.) was not self-correcting.

In this segment, do *Rappel grammatical: Le passé composé des verbes pronominaux* (Ex. V, W, X), *Échange: La journée de Cecilia* (Ex. Y, Z, AA, BB), *Dossier-France.*

Exercice de substitution

1. *Je* me suis bien amusé hier soir. (Marie / nous / les garçons / vous / tu / on)
2. *Elle* ne s'est pas couchée de bonne heure. (tu / les enfants / je / vous / Henri / nous)
3. *Ils* se sont disputés? (vous / elles / les autres / Jeanne et ses parents)
4. *Elles* ne se sont pas téléphoné. (nous / vous / Michel et son frère / les étudiants)
5. Quand est-ce qu'*ils* se sont vus? (vous / nous / elles)

À vous!

V. Le présent, le passé ou le futur? Indiquez si le verbe de chaque phrase est au présent, au passé composé ou au futur immédiat.   [items 1–15]

W. Les jeunes mariés. Gaëlle et François Lasnier se sont mariés récemment. Après leur lune de miel *(honeymoon)*, ils sont de retour. Racontez ce qu'ils ont fait hier en mettant les verbes au passé composé.

FLASH VOCABULAIRE

avoir juste le temps de *to just have time to*
[PASSÉ COMPOSÉ: **eu (avoir)**]
s'installer devant *to sit down at*
[**se** = direct object]
retourner *to go back*
[PASSÉ COMPOSÉ: **retourné (être)**]

1. Gaëlle: se lever à 7h / prendre une douche / s'habiller / prendre le petit déjeuner traditionnel
2. François: rester au lit jusqu'à 7h45 / faire rapidement sa toilette / s'habiller / avoir juste le temps de boire un café
3. Gaëlle et François: quitter l'appartement ensemble à 8h15 / aller à l'arrêt d'autobus / attendre dix minutes / prendre le 75
4. François: descendre le premier, à la place Galliéni / aller à son bureau / se préparer pour un voyage qu'il va faire
5. Gaëlle: continuer jusqu'à la place de la République / aller à son travail / s'installer devant son ordinateur
6. François et Gaëlle: se retrouver à 12h30 au restaurant pour déjeuner / se promener au jardin public / retourner à leur travail
7. Gaëlle: rentrer vers 6h / se reposer un petit moment / manger une omelette et une salade / passer l'aspirateur dans l'appartement / regarder un film à la télé
8. François: ne pas dîner à la maison / sortir avec des clients / rentrer vers 11h
9. François et Gaëlle: se parler de la journée / se coucher à minuit

X. Hier... samedi dernier... Posez des questions à un(e) camarade de classe à propos de ce qu'il (elle) a fait: (a) hier (ou un autre jour de la semaine dernière) et (b) samedi ou dimanche derniers.

EXPRESSIONS INTERROGATIVES UTILES: **À quelle heure... ? / Quand... ? / Qu'est-ce que... / Où... ? / Combien de temps est-ce que tu as (vous avez) passé... / Avec qui... ?**

▪Échange: *La journée de Cecilia*

Mme Batailler parle avec Cecilia de ses responsabilités en tant que jeune fille au pair.

CECILIA: Alors, qu'est-ce que je dois faire?

MME BATAILLER: Bon, l'essentiel c'est que tu t'occupes des enfants. Voyons... tu les réveilles entre 7h et 7h30, tu leur prépares un petit déjeuner et tu organises le départ à l'école. Puis, quand ils rentrent vers 4h30, tu leur donnes un petit goûter et tu les surveilles jusqu'au dîner.

CECILIA: Ah, je suis libre après le dîner?

MME BATAILLER: Oui, sauf le mercredi soir. Mon mari et moi, nous dînons en ville ce soir-là. Alors tu dois rester à la maison avec les enfants.

CECILIA: Est-ce que je dois faire le ménage?

MME BATAILLER: Non, non. Ce n'est pas nécessaire. Nous avons une employée de maison. Elle vient le vendredi.

Le soir, Mme Batailler pose des questions à Cecilia sur sa première journée avec les enfants.

MME BATAILLER: Alors, la journée s'est bien passée?

CECILIA: Oh, oui... oui.

MME BATAILLER: Tu n'as pas eu de problème pour réveiller les enfants?

CECILIA: Je ne les ai pas réveillés, ils se sont réveillés tous seuls. Adeline s'est réveillée à 7h15 et Benoît, dix minutes après. Ils se sont habillés, ils ont mangé une tartine et ils sont partis à l'école. Ils sont rentrés vers 4h30, ils ont pris leur goûter. Benoît a commencé ses devoirs et Adeline a joué avec ses copines. Tout s'est très bien passé.

MME BATAILLER: Ah, c'est formidable. Merci, Cecilia.

Dico

dois: *have to*
formidable: *terrific, great*
la journée s'est bien passée?: *did the day go OK?*
les réveilles: *wake them up*
les surveilles: *look after them*
leur: *(to) them*
libre: *free*
sauf: *except*
tartine: *bread with butter and/or jam*
tous seuls: *all by themselves*
Tout: *Everything*

⚡*FLASH* VOCABULAIRE

réveiller: *to wake up* (someone else)
se réveiller: *to wake up* (oneself)
> **Elle a réveillé les enfants.** *She woke the kids up.*
> **Elle s'est réveillée à 6h.** *She woke up at six.*

coucher: *to put to bed* (someone else)
se coucher: *to go to bed* (literally: *to put oneself to bed*)
> **Elle a couché le bébé.** *She put the baby to bed.*
> **Elle s'est couchée à 11h.** *She went to bed at eleven.*

retrouver: *to meet* (someone)
se retrouver: *to meet* (each other; subject = always plural)
> **Il a retrouvé son ami au café.** *He met his friend at the cafe.*
> **Jacques et son ami se sont retrouvés au café.** *Jacques and his friend met at the cafe.*

À vous!

Answers, Ex. Y: 1. Parce qu'ils se sont réveillés tous seuls. 2. Elle s'est réveillée à 7h15 et Benoît s'est réveillé à 7h25. 3. Ils se sont habillés. 4. Ils ont mangé une tartine. 5. Ils sont rentrés vers 4h30. 6. Ils ont pris leur goûter. 7. Benoît a commencé ses devoirs et Adeline a joué avec ses copines. 8. Oui, tout s'est très bien passé.

Y. La journée de Cecilia. Répondez aux questions à propos de la première journée de Cecilia avec les enfants Batailler.

1. Est-ce que Cecilia a réveillé les enfants entre 7h et 7h30? Pourquoi pas?
2. À quelle heure est-ce qu'Adeline s'est réveillée? Et son frère?
3. Qu'est-ce que les enfants ont fait avant de manger?
4. Qu'est-ce qu'ils ont mangé?
5. À quelle heure est-ce qu'ils sont rentrés?
6. De retour à la maison (*Back at the house*), qu'est-ce qu'ils ont fait d'abord?
7. Ensuite, qu'est-ce que Benoît a fait? Et sa sœur?
8. La première journée s'est bien passée?

Follow-up, Ex. Z: Talk about what you did yesterday, and then have students talk about their activities.

Z. La soirée chez les Batailler. Répondez aux questions sur la soirée chez les Batailler.

1. Qui a préparé le dîner? (Mme Batailler)
2. À quelle heure est-ce qu'on a dîné? (à 8h)
3. Qui a fait la vaisselle? (M. Batailler)
4. Est-ce que les enfants l'ont aidé? (oui)
5. À quelle heure est-ce que M. Batailler est sorti? (vers 9h)
6. Où est-ce qu'il a retrouvé son ami Denis? (au café Mably)
7. Qu'est-ce que Mme Batailler et Cecilia ont regardé à la télé? (un film)
8. Est-ce que Cecilia a couché les enfants? (non... tous seuls)
9. À quelle heure est-ce qu'Adeline s'est couchée? (à 9h) Et Benoît? (à 9h45)
10. Est-ce que Cecilia s'est couchée avant ou après M. et Mme Batailler? (avant)

 GRAMMAIRE

Le verbe *devoir*

je **dois**	nous **devons**
tu **dois**	vous **devez**
il/elle/on **doit**	ils/elles **doivent**

PASSÉ COMPOSÉ: **dû (avoir)**

The verb **devoir** in the present tense has several meanings:

- owing (money) — **Je dois 20 euros à ma sœur.**
  I owe my sister 20 euros.

- obligation — **Je dois retrouver Jean au café.**
  I'm supposed to meet Jean at the cafe.

- probability — **Suzanne n'est pas là? Elle doit être malade.**
  Suzanne's not here? She must be (is probably) sick.

The verb **devoir** also has multiple meanings in the **passé composé**:

- necessity/obligation — **Ils ont dû aller en ville.**
  They had to go into town.

- probability/speculation — **Où est Francine? Elle a dû oublier.**
  Where's Francine? She must have forgotten.

Exercice de substitution

1. *Elle* doit beaucoup d'argent. (tu / Jacques / je / nous / vous / mes frères)
2. *Nous* devons rentrer bientôt. (mes parents / ma sœur / Jules / je / tu / vous)
3. *Il* a dû aller en ville. (Marcelle / tu / ils / vous / je / nous)

AA. D'abord... Avant de faire certaines choses, il est parfois nécessaire de faire d'autres choses. Donnez ces précisions avec le présent de **devoir**.

MODÈLE: Je vais aller au cinéma. (faire tes devoirs)
D'abord tu dois faire tes devoirs.

1. Ils vont regarder la télé. (faire les courses)
2. Simone va aller au centre commercial. (manger quelque chose)
3. Je vais aller au café. (aider ta mère)
4. Nous allons nous promener. (faire vos devoirs)
5. Jacqueline va faire du ski. (parler à son père)
6. Je vais écouter mes CD. (préparer un goûter pour ton frère)

BB. Mes obligations. Expliquez à un(e) camarade de classe ce que vous avez dû faire la semaine dernière et ce que vous devez faire la semaine prochaine *(next week)*. Utilisez le passé composé et le présent du verbe **devoir**.

SUGGESTIONS: **faire mes devoirs / travailler / téléphoner à / rendre visite à / aller / parler à / acheter / faire /** etc.

MODÈLE: *La semaine dernière, j'ai dû aller chez le dentiste.*
La semaine prochaine, je dois me préparer pour un examen de chimie.

Une journée typique chez les Français

6h30–7h

On se lève... Le père se lève souvent le premier parce qu'il veut la salle de bains pour se raser. Pendant ce temps-là, la mère prépare le petit déjeuner dans la cuisine. Pour le petit déjeuner, on prend un bol de café au lait ou une tasse de café noir et une tartine (du pain avec du beurre et de la confiture).

8h–8h30

C'est l'heure où il faut être à l'école ou au travail. Les enfants arrivent à l'école à pied, en car de ramassage, en autobus ou à vélo. Quelquefois ils sont conduits en voiture par un de leurs parents, qui continue jusqu'à son travail. D'autres parents prennent le train, le métro ou l'autobus pour aller à leur travail.

12h–13h

Aujourd'hui, avec le système de la journée continue dans les villes, beaucoup d'enfants et de parents ne rentrent pas à la maison pour le déjeuner. Les enfants déjeunent à la «cantine» de l'école. Au lycée, ils peuvent quitter l'école pour manger quelque chose dans un fast-food ou un café. Les parents mangent dans un «restaurant d'entreprise» ou dans un restaurant près de leur travail.

16h–19h

Quand les jeunes enfants rentrent de l'école, ils aiment bien prendre un goûter: du pain, de la confiture ou du chocolat, un fruit ou quelque chose d'autre.

18h–19h

Toute la famille est maintenant rentrée de l'école et du travail. Les enfants font leurs devoirs, les parents rangent la maison et préparent le dîner.

20h–20h30

Le dîner est prêt et on se met à table. C'est l'heure où on peut regarder les informations à la télé. On finit de manger vers 21h. Il faut débarrasser la table et faire la vaisselle.

 **Dico**

car de ramassage: *school bus*
conduits: *driven*
il faut: *it's necessary*
se raser: *to shave*

22h–minuit

On regarde la télé, les enfants finissent leurs devoirs, on parle au téléphone avec des amis, on écoute la radio ou on bricole. Les enfants se couchent vers 21h ou 21h30. Les adolescents se couchent un peu plus tard, entre 22h et minuit. Les parents aussi.

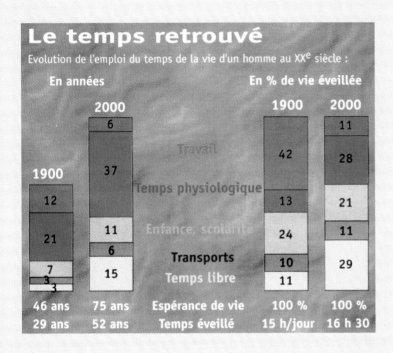

Le temps retrouvé

Evolution de l'emploi du temps de la vie d'un homme au XXᵉ siècle :

En années			En % de vie éveillée	
1900	2000		1900	2000
	6	Travail	42	11
12	37			28
21	11	Temps physiologique	13	21
	6	Enfance, scolarité	24	11
7	15	Transports	10	29
3		Temps libre	11	
3				
46 ans	75 ans	Espérance de vie	100 %	100 %
29 ans	52 ans	Temps éveillé	15 h/jour	16 h 30

Dico

espérance de vie: *life expectancy*
scolarité: *school*
temps éveillé: *waking time*
temps physiologique: *time spent eating, sleeping, bathing, etc.*

➤ *Qu'est-ce que vous avez appris?*

1. What differences can you point out between the typical French day described here and a typical day in your family? Be as specific as possible.

2. Which of the following have *increased* between the years 1900 and 2000?
   a. life expectancy
   b. waking time
   c. work time
   d. free time
   e. school time
   f. travel time
   g. physiological time

3. Which of the above have decreased?

Answers, Qu'est-ce que vous avez appris?: 1. Answers will vary
2. a, b, d, e, f, g   3. c

➤ *Qu'est-ce que vous en pensez?*

Of course, there is no such thing as a "typical" French day; each individual and family have their own variations. What factors contribute to this variety of schedules?
  Which, if any, of the statistics presented in the chart surprised you? Why? Do you think that a chart based on a person from the U.S. would be similar? Why (not)? To what extent do you think that people in France (and the United States) are putting the new balance of time to good use? Explain.

Do **À faire! (5-4)** on page 204 of your **Manuel de préparation.**
* Follow-up: **devoir,** review of vocabulary and grammar from Chapter 5

The **Alliance française** is an official French organization that was created in 1883. Its goal is to spread the French language and culture around the world. With its headquarters in Paris, the **Alliance française** has 1,098 committees or affiliate groups in 137 countries and 800 centers where students of all ages go to study the French language. It's very possible that your town (or a neighboring one) has an **Alliance française** that organizes a variety of activities where French is spoken.

▣ Intégration

CC. Le samedi de Clotilde. Écoutez Clotilde Vautier, qui parle de ce qu'elle a fait samedi dernier. Ensuite répondez aux questions.

1. Qui est Clotilde?
2. Qu'est-ce qu'elle a fait samedi matin?
3. Pourquoi est-ce qu'elle s'est levée de si bonne heure (*so early*)?
4. Est-ce que les autres membres de sa famille se sont levés avec elle? Expliquez.
5. Qu'est-ce qu'elle a fait samedi après-midi?
6. Qu'est-ce qu'elle a fait samedi soir?

DD. La famille «idéale». Avec un(e) camarade de classe, préparez la description d'une journée typique dans une famille «idéale». Parlez de leur emploi du temps, des tâches domestiques et de leurs activités. Vous pouvez traiter ce sujet sérieusement (i.e., imaginez la famille «parfaite») ou bien, si vous préférez, de façon comique (i.e., imaginez une famille qu'on ne voudrait pas imiter).

EE. Un personnage de télévision ou de cinéma. Présentez à des camarades de classe le portrait que vous avez préparé pour l'exercice XXV du **Manuel de préparation.** Ils peuvent vous faire des suggestions.

FF. Hier. Racontez à un(e) camarade de classe toutes vos activités d'hier. Commencez au moment où vous vous êtes réveillé(e) et continuez jusqu'au moment où vous vous êtes couché(e). Mentionnez aussi ce que vous avez fait avec d'autres personnes (ma [mon] camarade de chambre et moi / mes enfants et moi / etc.).

GG. Un message électronique. Vous passez six mois en France chez des amis français de vos parents qui habitent à Lille, dans le nord de la France. Vous étudiez le français à l'Alliance française. Après quelques semaines, vous envoyez (*send*) un message électronique à votre professeur. Vous parlez de:

1. votre nouvel emploi du temps
   se lever: 7h30
   petit déjeuner
   cours à l'Alliance: 9h–12h
   déjeuner
   cours à l'Alliance: 2h–5h
   dîner: 8h
   télévision
   se coucher: 11h30

2. vos activités du week-end dernier—excursion à Calais / aller à la plage / nager / se coucher tard / bien s'amuser
3. vos projets pour ce week-end—rester au lit / se lever tard / se reposer

▪Lexique

Pour se débrouiller

Pour demander et donner la date

Nous sommes le combien aujourd'hui?
Quelle est la date aujourd'hui?
Quel jour sommes-nous?
Nous sommes le 5 (avril).
Aujourd'hui c'est le 5 (avril).
C'est aujourd'hui le 5 (avril).
le 5 avril 1995 (dix-neuf cent
    quatre-vingt-quinze)
le premier mars 2003 (deux mille trois)

Pour demander et dire l'heure

Quelle heure est-il?
Vous avez (Tu as) l'heure, s'il vous (te) plaît?
Il est une heure.
Il est deux heures.
Il est deux heures dix.
Il est deux heures et quart.
Il est deux heures et demie.
Il est trois heures moins le quart.
Il est trois heures moins dix.
Il est midi.
Il est minuit et demi.

Thèmes et contextes

Les activités quotidiennes

se coucher
dîner
faire sa toilette
faire ses devoirs
s'habiller
jouer avec ses copains
se lever
prendre une douche
prendre un goûter
prendre le petit déjeuner
quitter la maison
rentrer (à la maison)

Les tâches domestiques

aider... à
amener... à
bricoler
débarrasser la table
donner à manger aux animaux
faire des petites réparations
faire du jardinage
faire la cuisine
faire la lessive
faire la vaisselle
faire le barbecue
faire le ménage
faire les courses
faire son lit
mettre la table
nettoyer (la maison)
s'occuper de
passer l'aspirateur
préparer les repas
promener le chien
ranger sa chambre
vider la poubelle

Les mois de l'année

janvier
février
mars
avril
mai
juin
juillet
août
septembre
octobre
novembre
décembre

Les fêtes et les vacances

aller à la campagne
    passer le mois de (juillet)
        dans sa maison de campagne
aller au bord de la mer (à la plage)
    nager
    faire de la voile
    faire de la planche à voile
aller à la montagne
    faire du camping
    faire de la randonnée
faire du tourisme
    visiter
passer le mois de... en famille
    rendre visite à...

Vocabulaire général

Nom

l'emploi du temps *(m.)*

Verbes

s'amuser
avoir juste le temps de
devoir
se disputer (avec)
s'ennuyer
faire
s'installer devant
mettre
se parler
partir
se préparer (pour)
se promener (à vélo, en voiture)
quitter
se reposer
retourner
(se) retrouver
(se) réveiller
(se) téléphoner
(se) voir

Autres mots et expressions

à
après
avant
chez lui
chez elle
chez eux (elles)
entre
de l'après-midi
du matin
du soir
vers

quand?   *when?*
à quelle heure?   *at what time?*

Branchez-vous!

The *Branchez-vous!* sections of the **Manuel de classe** and the **Manuel de préparation** provide a variety of expansion activities that can be done in or out of class, by individual students, by small groups or by the class as a whole.

Internet

Please visit the **Je veux bien!** website at **http://jvb.heinle.com**. You'll find activities to practice the vocabulary and grammar you've learned in this chapter as well as cultural exploration activities that guide you through websites from around the French-speaking world.

Vidéo

Please visit the **Je veux bien!** website at **http://jvb.heinle.com** for the video activities that accompany this chapter. You'll get the most from watching the video for this chapter if you first visit the website and print out the video activities for this chapter. Then watch the video (in your classroom, language lab, or at home) and complete the activities for the chapter.

AU-DELÀ DU COURS:
Interview d'un chef

Champagne is just one of the many wines for which France is justly famous. Go to a restaurant in your town or city and interview a chef about the uses of wine. What role does wine play in the preparation of food? in the serving and enjoyment of food? How does the chef feel about French wines compared to wines from California or from other countries? Report back to your instructor and/or the class about what you learned.

HISTOIRE:
La prise de la Bastille

La fête nationale française, le 14 juillet, commémore un événement-clé au début de la Révolution française. Voici quelques moments importants de 1789.

La France en 1789

À la fin du XVIIIᵉ siècle la France est toujours une monarchie. Mais le peuple commence à critiquer les vices et les abus des nobles. En même temps, quelques intellectuels contestent le principe même de l'absolutisme royal et de l'inégalité des impôts. En plus, il y a une crise économique. La récolte de 1788 est mauvaise, le blé commence à manquer et le prix du pain monte rapidement. En même temps, la France a dépensé beaucoup d'argent en aidant les Américains dans leur révolte contre les Anglais. Le roi décide donc de convoquer les États-Généraux (pour la première fois depuis 1614)— une assemblée de représentants des trois ordres ou états: le clergé, les nobles et le tiers état (les bourgeois, les ouvriers, les commerçants, les agriculteurs, etc.).

Les événements

5 mai: Le roi Louis XVI ouvre les États-Généraux, mais on se dispute immédiatement au sujet de la manière de voter: par ordre (i.e., le clergé, la noblesse et le tiers état ont chacun un vote) ou par tête (chaque député a un vote).

17 juin: Les députés du tiers-état se proclament Assemblée nationale, se séparant ainsi du clergé et des nobles et affirmant le principe de la souveraineté nationale.

20 juin: Le roi fait fermer les portes de la salle de réunion, mais les députés du tiers état s'installent dans une salle voisine, la salle du Jeu de Paume, et font serment de ne pas se séparer avant d'avoir donné une constitution à la France.

23 juin: Le roi annule les décisions de l'assemblée du tiers état et ordonne à chaque ordre de travailler séparément.

27 juin: Le roi accepte l'idée d'une seule assemblée comprenant les trois états; on commence à écrire une constitution.

11 juillet: Influencé par ses deux frères et par la reine Marie-Antoinette, le roi place 20 000 soldats autour de Versailles et de Paris. Puis il renvoie son ministre réformateur Necker et le remplace par des ministres réactionnaires.

13 juillet: Les Parisiens forment un nouveau conseil et créent la Garde nationale. Mais les miliciens n'ont pas d'armes. Accompagnés d'une grande foule ils attaquent le couvent de Saint-Lazare, les Halles et l'Arsenal. Ils trouvent de la nourriture, mais les armes ont été transportées aux Invalides (fusils) et à la prison de la Bastille (poudre).

14 juillet: Une foule va aux Invalides et prend 32 000 fusils et 20 canons. Puis elle se dirige vers la Bastille. Après quatre heures de combat, le peuple prend possession de la prison, massacre le gouverneur de la forteresse et ses officiers et libère les sept prisonniers politiques.

16 juillet: On décide la destruction complète de la Bastille.

> ### Qu'est-ce que vous en pensez?

What similarities and what differences do you see between the beginnings of the French and American Revolutions?

La signification

Pour le peuple français, la Bastille est le symbole de l'absolutisme du roi; les événements du 14 juillet symbolisent donc la victoire sur la tyrannie. La prise et la destruction de la Bastille marquent l'entrée des Parisiens dans la Révolution. L'exemple de Paris est suivi en province. Six semaines après, l'Assemblée va adopter la Déclaration des Droits de l'homme et du citoyen, qui proclame l'égalité des droits et la liberté individuelle, la liberté de pensée et d'expression tout en posant le principe de la séparation des pouvoirs exécutif, législatif et judiciaire.

blé: *wheat*
chacun / chaque: *each*
donc: *therefore*
En plus: *In addition*
événement-clé: *key event*
fait fermer les portes: *has the doors closed*
font serment: *swear*
foule: *crowd*
fusils: *rifles*
impôts: *taxes*
Jeu de Paume: *Tennis or Handball Court*
manquer: *to lack, be in short supply*
même: *very*
miliciens: *militiamen*
ouvre: *opens*
poudre: *gunpowder*
pouvoirs: *powers*
récolte: *harvest*
renvoie: *dismisses*
suivi: *followed*
tout en posant: *while at the same time establishing*

APERÇU CULTUREL:
La Champagne

Carte d'identité: La Champagne

La Champagne est surtout connue pour son vin pétillant appelé le champagne. Selon la tradition, à la fin du XVIIe siècle, Dom Pérignon, moine bénédictin, a découvert la méthode de double fermentation essentielle à la fabrication de ce vin célèbre dans le monde entier. La plupart des vignobles se trouvent dans la région de Reims.

Situation: à l'est de Paris, entre l'Île-de-France et la Lorraine

Population: 1 046 000 (les Champenois)

Villes principales: Reims, Troyes, Châlons-en-Champagne

Économie: vin (mousseux), céréales, élevage laitier, industrie textile et mercantile

QUELQUES DATES:

496: Clovis, roi des Francs, est baptisé par saint Rémi, évêque de Reims; Au Moyen Âge, le comté de Champagne est une des régions les plus prospères de l'Europe;

1284: le mariage du roi Philippe le Bel à Jeanne de Champagne rattache le comté au royaume de France;

1429: Jeanne d'Arc fait sacrer Charles VII roi de France à Reims;

1914: les Français arrêtent l'invasion allemande lors de la bataille de la Marne;

1970: mort du général de Gaulle à Colombey-les-Deux-Églises

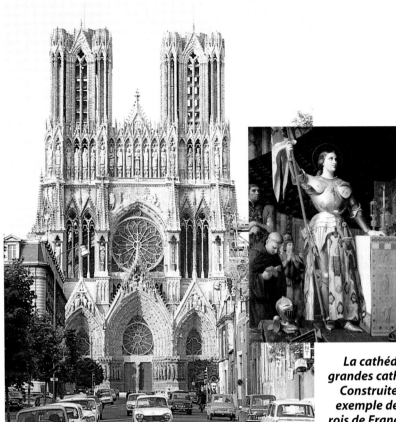

> **Qu'est-ce que vous en pensez?**

Champagne is a region that has given its name to its most famous product. What other French products that you know bear the name of their place of origin?

Do we find the same phenomenon in the United States? If so, name the product(s); if not, discuss why not.

La cathédrale de Reims est une des grandes cathédrales du monde chrétien. Construite au XIIIᵉ siècle, c'est un bel exemple de style gothique. Vingt-cinq rois de France y furent sacrés entre 1223 (Louis VIII) et 1825 (Charles X).

Ancienne capitale de la Champagne, Troyes est une ville riche en églises, en musées et en vieilles maisons à colombage.

Díco

à colombage: *half-timbered*	**moine:** *monk*
élevage laitier: *dairy farming*	**mousseux:** *sparkling (wine)*
évêque: *bishop*	**pétillant:** *bubbly*
fait sacrer: *has crowned*	

ÉCOLOGIE:

La randonnée

La marche est aujourd'hui la réponse des amoureux de la nature aux rythmes frénétiques des grandes villes.

Près de deux Français sur trois marchent. Et pas seulement pour aller à leur bureau ou pour faire les courses! Un sac à dos, des grosses chaussures... et voilà nos randonneurs (c'est ainsi qu'on les appelle) partis à l'aventure l'espace de quelques heures, d'un week-end ou de plusieurs jours.

La randonnée pédestre est très populaire en France où l'on compte 180 000 kilomètres de sentiers balisés. Chemins de forêt, le long des rivières, à travers champs ou en moyenne montagne, ces circuits—rigoureusement interdits aux voitures—offrent aux marcheurs des itinéraires d'une durée variable: de quelques heures de marche pour les sentiers de promenade (PR, balisés en jaune) à plusieurs jours pour les sentiers de grande randonnée (GR, balisés en rouge).

La marche est un art de vivre où l'effort physique s'accompagne d'une véritable passion pour la nature. 6 000 bénévoles entretiennent chaque année leurs sentiers qui, laissés à eux-mêmes, disparaîtraient rapidement des cartes et des mémoires. Pour fêter le cinquantième anniversaire de la création des premiers GR, la Fédération française de la randonnée pédestre a donné rendez-vous à Paris à 30 000 randonneurs provenant de toutes les régions de France. Ils ont défilé dans les rues de la capitale pour témoigner de leur passion pour la marche et demander aux pouvoirs publics qu'ils les soutiennent dans leur effort de conservation des innombrables sites naturels de la France.

sauvons les chemins et sentiers de France

Les amis de la nature peuvent aider à nettoyer et à préserver les sentiers de randonnée.

Le Parc national de la Vanoise dans les Alpes (500 kilomètres de sentiers, 42 refuges)

Le GR20 en Corse (le sentier le plus dur d'Europe: 200 km, 6 à 8 heures de marche pendant 15 jours)

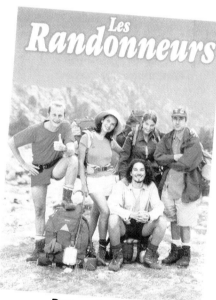

Des randonneurs

Dico

▶ Qu'est-ce que vous en pensez?

How does the popularity of hiking in France compare to that of hiking in the United States? Are there similar efforts made by cities and counties to facilitate this activity?

What other physical activities combine exercise, fun, and environmental concerns?

à travers champs: *through fields*
balisés: *marked*
bénévoles: *volunteers*
cartes: *maps*
chemins: *paths, lanes*
Corse: *Corsica*
durée: *length of time*
entretiennent: *keep up, take care of*
Ils ont défilé: *They paraded*
innombrables: *numerous*
interdits: *forbidden*

laissés... disparaîtraient: *left to themselves would disappear*
l'espace de: *within the space (here, time) of*
les soutiennent: *support them*
marche: *walking*
moyenne montagne: *medium-sized mountain*
pédestre: *on foot*
pouvoirs publics: *government*
provenant de: *coming from*
quelques: *a few*
sentiers: *paths*
témoigner: *to bear witness*

APERÇU CULTUREL:
Le Maroc

La ville de Marrakech date du Moyen Âge. Elle est particulièrement belle, avec des remparts et des quartiers anciens. Elle est entourée de palmeraies.

Carte d'identité: Le Maroc

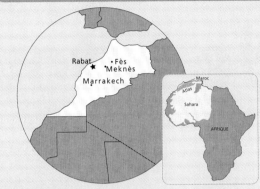

Situation: Le Maroc est situé à l'extrémité nord-ouest de l'Afrique, sur l'océan Atlantique et la mer Méditerranée, dans la région appelée par les Arabes *le Maghreb*.

Population: 27 560 000 habitants (les Marocains)

Géographie: dans le nord, montagnes (le Rif et les Atlas); dans le sud, désert (le Sahara)

Capitale: Rabat

Autres villes importantes: Casablanca, Marrakech, Fès

Langue officielle: arabe

Autres langues: berbère, français, hassania, espagnol

Religion: musulmans (95,95%)

Économie: agriculture, tourisme, artisanat

Histoire: d'abord sous l'influence des Espagnols et des Portugais, ensuite colonie française (1912–1956); proclame son indépendance en 1956

Gouvernement: monarchie constitutionnelle

La religion officielle du Maroc est l'Islam. Le roi du Maroc est un descendant du prophète Mahomet. Fès est un centre religieux musulman très important. Sa mosquée est la plus grande du Maghreb. Un rayon laser indique où est la Mecque. À Fès on trouve aussi la plus importante médina (quartier musulman, par opposition au quartier européen) d'Afrique du Nord.

Toutes les villes du Maroc ont un souk, un marché couvert avec des petites rues où l'on peut acheter des fruits, des légumes, des épices, des objets de toutes sortes... On doit marchander pour avoir un bon prix. Fès est aussi le centre artisanal du pays. 30 000 familles sont occupées par

le travail du cuir, le tissage de la soie, la broderie et la céramique.

Dico

artisanat: *crafts*
broderie: *embroidery*
cuir: *leather*
entourée: *surrounded*
épices: *spices*
légumes: *vegetables*
marchander: *to bargain*
marché couvert: *covered market*
Mecque: *Mecca (holy site of Islam)*
palmeraies: *groves of palm trees*
rayon laser: *laser beam*
remparts: *ramparts (fortress walls)*
roi: *king*
tissage de la soie: *silk weaving*

▶ Qu'est-ce que vous en pensez?

Although the language spoken in most Moroccan homes is Arabic, many schools use French, and many Moroccan students eventually go to France to study. In addition, large numbers of immigrant workers in France come from Morocco. What do you imagine to be the most difficult adjustments for Moroccans studying and working in France?

Would you want to study and/or work in Morocco? Why (not)? What adjustments do you think you would have to make?

Un voyage de retour

Jeannette Bragger
professeur de français
préférences: romans policiers,
cuisine française, reggae et
musique classique,
chats, voyager

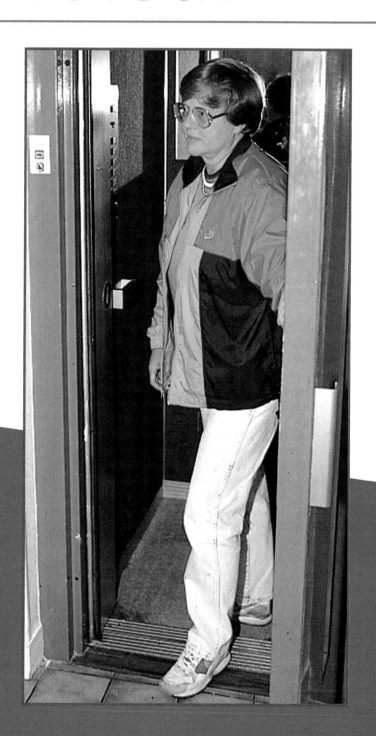

> Bonjour. Je m'appelle Jeannette Bragger. Je suis née en Suisse, mais j'habite aux États-Unis depuis quarante ans. J'ai des frères, des neveux et des nièces en Californie, mais les autres membres de ma famille habitent en France (ma mère était française, mon père suisse). Mes oncles, tantes et cousins habitent un petit village en Franche-Comté (dans l'est de la France) qui s'appelle Calmoutier. Dans cette unité, je vais leur rendre visite, nous allons fêter mon retour avec un grand repas et nous allons voir ce qu'on peut faire pendant une journée de pluie. "

CHAPITRE 7   Un repas de fête

CHAPITRE 6   De Washington à Paris

Paris
Calmoutier

CHAPITRE 8   Après la pluie, le beau temps

CHAPITRE 6
De Washington à Paris

"Après un vol de nuit qui n'a pas été très confortable (je dors très mal dans les avions), je suis arrivée à l'aéroport Charles de Gaulle près de Paris. Je suis d'abord passée au contrôle des passeports; ensuite j'ai récupéré mes bagages; et enfin j'ai passé la douane *(customs)*. Ça a été très vite fait parce qu'on ne m'a pas demandé d'ouvrir mes valises *(suitcases)*. Je suis sortie de l'aéroport et j'ai pris l'autocar Air France pour aller à Paris. Je suis arrivée à l'hôtel vers 11h. J'étais contente d'être enfin à Paris, une de mes villes préférées!"

Chapter Support Materials (Student)
MP: pp. 225–270

MP Audio CD3, TRACKS 9–15

Chapter Support Materials
(Instructor)

http://jvb.heinle.com
Transparencies: 6-1 thru 6-3

MC Audio CD3, TRACKS 2–9

Vidéo: Acte 6

Test Bank: Chapitre 6

Syllabus: The minimum amount of time needed to cover the core material of Chapter 6 is seven class periods. The *Branchez-vous!* menu provides material for an additional one to four class periods.

SUGGESTED LESSON OUTLINE: In this segment, do *Contexte: À l'hôtel Chaplain* (Ex. A, B, C) and *Échange: L'arrivée à l'hôtel* (Ex. D, E, F).

OBJECTIVES

In this chapter, you'll learn to:

- get and pay for a hotel room;
- get a train ticket;
- name and talk about geographical areas;
- ask questions.

In order to perform these activities, you'll learn to use:

- the question words **quel** and **quelle;**
- prepositions with geographical names;
- the infinitive and the subjunctive with expressions of necessity and volition.

You'll also read and/or hear about hotels, train travel, and the village of Calmoutier.

For ideas about how to present vocabulary, grammar, culture, etc., see the "How to . . ." section in the Instructor's Guide at the front of this book.

252

●Contexte: *À l'hôtel Chaplain...*

http://jvb.heinle.com
Transparencies: 6-1A, 6-1B

Suggestion: Ask questions about the name of the hotel, its location, prices for various types of rooms, etc. As you do the price list, be sure to use the indefinite articles to familiarize students with the gender of the words (**Combien coûte une chambre avec une douche et les WC?**). Then do the **Ici, en France...** followed by Ex. A.

Hôtel Chaplain ★★

**11ᵇⁱˢ, RUE JULES-CHAPLAIN
75006 PARIS**

☎ **01 43 26 47 64**
Télex : 203191 F
Fax : 01 40 51 79 75

Métro : VAVIN - N.-D. DES CHAMPS
RER : PORT ROYAL

Bain - Douche - W.C. - Téléphone direct - Télévision dans toutes les chambres

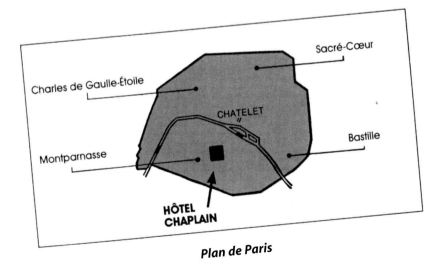

Plan de Paris

*Si vous m'emportez par mégarde,
jetez-moi dans une boîte à lettres. Merci.*
*(If you take me with you by mistake,
please drop me in a mailbox. Thanks.)*

Une chambre à l'hôtel Chaplain

Suggestion, Prix des chambres: Explain to students that there are still some small hotels with rooms where the bathroom is at the end of the hallway **(salle de bains au bout du couloir)** and is shared by the occupants of several rooms. Often these rooms have only a sink. It's noteworthy that even two-star hotels have individual bathrooms in only 30% of the rooms. Since this is a highly unlikely situation in the United States (even in bed-and-breakfast establishments) it's something important to point out. Many small hotels in France, particularly those in very old buildings, simply do not have the space to put a bathroom in each room.

PRIX DES CHAMBRES

Douche + WC	75 €
Baignoire + WC	75 €
Twin Baignoire + WC	85 €
Triple Douche + WC	92 €
Triple Baignoire + WC	98 €
Télévision couleur et téléphone direct dans toutes les chambres	
Petit déjeuner	6 €

- **Hôtels de grand luxe**—des salles de bains et des WC dans toutes les chambres
- **Hôtels **** (quatre étoiles)**—hôtels de première classe; la plupart des chambres avec salle de bains et WC privés
- **Hôtels *** (trois étoiles)**—très confortables; un grand nombre de chambres ont une salle de bains; ascenseur, téléphone
- **Hôtels ** (deux étoiles)**—confortables; 30% des chambres avec salle de bains
- **Hôtels * (une étoile)**—bonne qualité, confort moyen; au moins dix chambres avec lavabo; cabine téléphonique

Ça se dit comment?

Pour parler de l'hôtel (To talk about the hotel)

un ascenseur	elevator
une baignoire	bathtub
un balcon	balcony
une chaise	chair
une chambre	room
une clé	key
la climatisation	air conditioning
une douche	shower
un escalier	stairs
un fauteuil	armchair
l'heure (f.) de fermeture	closing time
un lavabo	sink
un lit	bed
le petit déjeuner	breakfast
la réception	hotel registration desk
une salle de bains	bathroom
un téléphone direct	direct-line telephone
des WC (m. pl.)	toilet

 **Dico**

au moins: *at least*
cabine téléphonique: *phone booth*
étoiles: *stars*
moyen: *average*
la plupart des: *most of the*
privés: *private*
toutes: *all*

Ici, en France...

Avant de visiter la France, consultez le **Guide Michelin Rouge** des hôtels et restaurants. Vous y trouverez tous les hôtels importants dans chaque ville et les renseignements qu'il vous faut pour prendre une décision (prix, niveau de confort, aménagement *[furnishings]* des chambres, etc.). À part ces hôtels, la France a aussi des petites auberges *(inns)* et des chambres d'hôtes *(bed-and-breakfasts)* qui ont souvent beaucoup de charme et qui sont pour la plupart moins chères que les hôtels.

Voici quelques tuyaux *(hints)* si vous voulez voyager en France:

- *Faites vos réservations avant d'arriver (par l'intermédiaire d'une agence de voyages, sur Internet ou par fax).*
- *Si vous arrivez sans réservation, consultez un* **Accueil de France,** *situé dans les aéroports et les gares principales.*
- *N'oubliez pas que les étages sont comptés de façon différente en France. Par exemple,* **une chambre au premier étage** *en France est au deuxième étage aux États-Unis.*
- *Chaque fois que vous quittez votre hôtel en France, on vous demande de laisser votre clé à la réception. Les employés savent ainsi que vous n'êtes pas dans votre chambre et qu'ils peuvent donc la nettoyer (clean it). Voici, par exemple, ce qui est écrit à la réception de l'hôtel Chaplain:* **En sortant, remettez la clé à la réception. Merci.**
- *Beaucoup d'hôtels ferment leurs portes après 10h ou 11h du soir. Pas de panique si vous rentrez très tard et ne pouvez pas entrer. Appuyez tout simplement sur la sonnette (ring the doorbell). Quelqu'un vous laissera entrer et vous donnera votre clé.*

▶ Qu'est-ce que vous en pensez?

Est-ce que vous êtes jamais descendu(e) dans un hôtel aux États-Unis? Quelle sorte d'hôtel? Quels services est-ce que cet hôtel vous a offerts? Est-ce que vous connaissez des hôtels en France ou dans d'autres pays étrangers? Quelles sont les différences et les similarités entre les hôtels que vous connaissez? À votre avis, est-ce que les différences sont culturelles? Expliquez.

Zoom!

Le mot «hôtel» vient du latin **hospitale,** qui veut dire «auberge». Le mot «auberge» vient du mot **héberger** *(to lodge, to house, to put up).* Autrefois les voyageurs étaient hébergés dans des auberges simples et sans luxe. Ces auberges se trouvaient à la campagne et les voyageurs payaient une somme modique *(modest)* pour avoir un lit et quelque chose à manger. Aujourd'hui, ce même concept existe encore, mais les hôtels sont maintenant des établissements commerciaux bien plus chers que les petites auberges de campagne.

Comprenez-vous maintenant d'où vient le mot anglais **hospitality** et comment il est lié au mot **hôtel**?

À vous!

MC Audio CD3, TRACK 2 (Ex. A)

Answers, Ex. A: *Conversation 1*
1. un hôtel 3 étoiles   2. pour 4 nuits   3. 1 chambre   4. 1 lit   5. un ascenseur   6. 70 euros   *Conversation 2*   1. un hôtel 2 étoiles   2. pour 5 nuits   3. 2 chambres   4. 2 lits dans une chambre; 1 lit dans l'autre   5. pas d'ascenseur   6. 40 euros   *Conversation 3*   1. un hôtel 4 étoiles   2. pour 5 nuits   3. 1 chambre   4. 1 lit   5. un ascenseur   6. 120 euros   *Conversation 4*   1. un hôtel 3 étoiles   2. pour 7 nuits   3. 10 chambres   4. 2 lits dans chaque chambre   5. un ascenseur   6. 36 euros (18 euros par élève)

A. Des chambres d'hôtel. Pour chacune des conversations, notez les renseignements suivants sur une feuille de papier.

1. nombre d'étoiles de l'hôtel
2. pour combien de nuits
3. nombre de chambres
4. nombre de lits dans chaque chambre
5. ascenseur (oui ou non)
6. prix de la chambre (en euros)

B. À l'hôtel. Vous êtes à l'hôtel Chaplain. Vous téléphonez à un(e) ami(e) aux États-Unis qui va vous retrouver à Paris. Avec un(e) camarade de classe, répétez le début du dialogue et répondez ensuite à ses questions à propos de l'hôtel.

Au téléphone
—Allô, allô!
—(Nom de votre camarade)? C'est (votre nom) à l'appareil.
—Salut, (votre nom). Ça va?
—Oui, ça va bien. Je te téléphone de l'hôtel Chaplain à Paris. Tu viens mercredi?
—Absolument! J'arrive à 11h. L'hôtel est bien?
—Oui, c'est très confortable.
—Alors, tu peux me donner quelques renseignements *(information)*?
—Oui, bien sûr.

FLASH VOCABULAIRE

il me faut *I need*

ils vont me retrouver
   they're going to meet me

je vais t'attendre
   I'm going to wait for you

1. Si je prends le métro, à quelle station est-ce que je descends pour l'hôtel Chaplain?
2. Comment est-ce que je viens à l'hôtel?
3. Quelle est l'adresse de l'hôtel?
4. Quel est le nom du grand boulevard près de l'hôtel?
5. Quel est le numéro de téléphone de l'hôtel?
6. Combien coûte une chambre avec douche et WC?
7. Et si je veux prendre le petit déjeuner, c'est combien?
8. J'ai des amis qui vont me retrouver à l'hôtel. C'est combien pour une chambre pour trois personnes avec bain et WC?

—Bon, je pense que j'ai tout ce qu'il me faut. À mercredi, alors.
—D'accord. Je vais vérifier ta réservation et je vais t'attendre à l'hôtel. À bientôt. Au revoir.
—Au revoir, (votre nom).

Suggestion, Ex. C: To do this exercise, have one student look at the hotel information in the book while the second student has the book closed. If you prefer, you can copy the hotel information on sheets of paper, cut them up, and distribute them. This closed textbook approach should prevent students from interrupting the exercise to search for information in various parts of the book.
   Since the Michelin Red Guide (2001) still lists all prices in francs, you might use this as an opportunity to practice numbers and conversions from francs to euros. If you have students divide the francs by 7 (approximately 7 francs = 1 euro), they'll arrive at the approximate prices in euros.

C. Quel hôtel préfères-tu? Votre camarade et vous allez visiter Avignon, dans le Midi de la France. C'est votre camarade qui est chargé(e) de trouver l'hôtel. Posez-lui des questions selon les indications données.

J'ai trouvé deux bons hôtels à Avignon. Le premier n'est pas trop loin du palais des Papes, l'autre est plus loin du centre-ville.

Ibis Centre Gare, 42 bd St-Roch ℰ 04 90 85 38 38, *Fax 04 90 86 44 81* – ⬛ ▦ 📺 ⅃. – ♨ 15. ㏂ ⑩ ㏈ 📇
Repas *(75)* - 95 ⅃, enf. 39 – ⬜ 35 – **98 ch** 390/450
EZ   r

Médiéval sans rest, 15 r. Petite Saunerie ℰ 04 90 86 11 06, *Fax 04 90 82 08 64* – cuisi-nette 📺. ㏈
fermé 7 au 27 janv. – ⬜ 38 – **34 ch** 250/360
FY   e

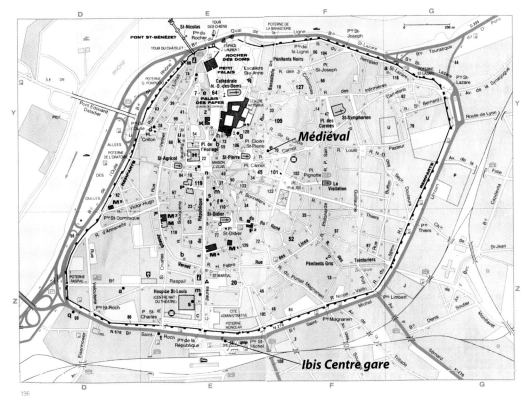

Médiéval

Ibis Centre gare

196

Answers, Ex. C: 1. C'est l'hôtel Médiéval. 2. L'hôtel se trouve 15, rue Petite Saunerie. 3. Le numéro de téléphone est le 04 90 86 11 06. 4. Une chambre coûte entre 250 et 360 francs. 5. Il n'y a pas d'ascenseur. 6. Il n'y a pas de petit déjeuner parce qu'il n'y a pas de restaurant. 7. C'est l'hôtel Ibis Centre Gare. 8. L'hôtel se trouve 42 bd St-Roch. 9. Le numéro de téléphone est le 04 90 85 38 38. 10. Une chambre coûte entre 390 et 450 francs. 11. Oui, il y a un ascenseur. 12. Le petit déjeuner coûte 35 francs.

D'abord, demandez à votre camarade:

1. le nom de l'hôtel près du palais des Papes
2. l'adresse de l'hôtel
3. le numéro de téléphone
4. le prix d'une chambre
5. s'il y a un ascenseur
6. le prix du petit déjeuner
7. le nom du deuxième hôtel
8. l'adresse de cet hôtel
9. le numéro de téléphone
10. le prix d'une chambre
11. s'il y a un ascenseur
12. le prix du petit déjeuner

Maintenant, posez d'autres questions sur les hôtels et la ville d'Avignon qui vous semblent importantes ou intéressantes. Par exemple, est-ce que l'hôtel a un garage? Est-ce qu'il y a une télévision dans la chambre? Qu'est-ce qu'il y a dans le quartier? Qu'est-ce qu'on peut voir à Avignon?, etc.

Enfin, décidez ensemble quel hôtel vous préférez et pourquoi.

FLASH GRAMMAIRE

Quel est... ?
  Quel est le nom de... ?
    What's the name of . . . ?
  Quel est le numéro de téléphone de... ? *What's the phone number of . . . ?*
  Quel est le prix de...
    What's the price of . . . ?

Quelle est... ?
  Quelle est l'adresse de... ?
    What's the address of . . . ?

Quel + *nom*
  Quel hôtel est-ce que tu préfères? *What (Which) hotel do you prefer?*

Zoom!

Au début du XIVe siècle, Rome, la ville pontificale, était déchirée *(was torn apart)* par les conflits entre les partis politiques. Le pape *(pope)* Clément V a donc décidé de quitter Rome et d'installer la cour pontificale à Avignon. De 1309 à 1377, sept papes français ont résidé à Avignon, dans la résidence qui s'appelle le palais des Papes: Clément V (1305–1314), Jean XXII (1316–1334), Benoît XII (1334–1342), Clément VI (1342–1352), Innocent VI (1352–1362), Urbain V (1362–1370), Grégoire XI (1370–1378).

◼Échange: *L'arrivée à l'hôtel*

Jeannette arrive à l'hôtel Chaplain à Paris et va à la réception.

Dico

compris: *included*
est en panne: *is broken down*
il faut payer: *you have to pay*
il faut que vous preniez: *you have to take*
Je vous en prie.: *You're welcome.*
Je vous remercie.: *Thank you.*
la nuit: *per night*

JEANNETTE: Bonjour, Madame. J'ai réservé au nom de Bragger.
EMPLOYÉE: Voyons... Ah oui. Une chambre avec un lit, douche et WC. C'est 75 euros la nuit.
JEANNETTE: Très bien. Est-ce que le petit déjeuner est compris?
EMPLOYÉE: Non, Madame. Il faut payer un supplément de 6 euros.
JEANNETTE: D'accord.
EMPLOYÉE: Voilà votre clé. Vous êtes dans la chambre 20. C'est au deuxième étage. Je regrette... l'ascenseur est en panne. Il faut que vous preniez l'escalier. Vous voulez qu'on vous aide avec les valises?
JEANNETTE: Merci, ça va. Je vous remercie, Madame.
EMPLOYÉE: Je vous en prie, Madame.

Ça se dit comment?

Pour demander une chambre d'hôtel *(To ask for a hotel room)*

Est-ce que vous avez une chambre pour (deux personnes / ce soir / etc.)?	*Do you have a room for (two people / tonight / etc.)?*
Je voudrais une chambre...	*I'd like a room . . .*
J'ai réservé une chambre au nom de...	*I reserved a room in the name of . . .*
Il me faut une chambre...	*I need a room . . .*

Pour préciser le type de chambre *(To specify the type of room)*

Une chambre pour une (deux, trois) personne(s)	*A room for one (two, three) person (people)*
avec un grand lit (deux lits)	*with one large bed (two beds)*
avec (une) douche ([une] baignoire)	*with (a) shower ([a] bathtub)*
avec (les) WC	*with (a) toilet*
avec (sans) salle de bains	*with (without) a bathroom*
au premier (deuxième, etc.) étage, si possible	*on the second (third, etc.) floor, if possible*
avec (un) balcon	*with (a) balcony*
qui donne sur la cour	*that overlooks the courtyard*
qui ne donne pas sur la rue	*that doesn't overlook the street*

Pour se renseigner à l'hôtel *(To get information at the hotel)*

C'est à quel étage?	*What floor is it on?*
C'est combien, la chambre? (Quel est le prix de la chambre?)	*How much is the room? (What's the price of the room?)*
Le petit déjeuner est compris?	*Is breakfast included?*
Est-ce qu'il y a un téléviseur dans la chambre?	*Is there a TV in the room?*
Et le téléphone, est-ce qu'il est direct? (Est-ce que c'est une ligne directe?)	*Is it a phone with a direct outside line? (as opposed to having to go through the hotel operator)*
Vous fermez à quelle heure, le soir?	*(At) what time do you close in the evening?*
Est-ce qu'il y a un ascenseur?	*Is there an elevator?*

À vous!

MC Audio CD3, Track 4 (Ex. D)

Answers, Ex. D: 1. c   2. b   3. a   4. d

D. Au sujet des hôtels. Choisissez l'idée principale qui s'associe à chaque conversation.

1. Le sujet principal de la première conversation:
   a. l'ascenseur
   b. le petit déjeuner (compris ou non)
   c. le nombre de lits dans la chambre
   d. le prix de la chambre

2. Le sujet principal de la deuxième conversation:
   a. les services
   b. les prix des chambres
   c. l'étage où se trouvent les chambres
   d. le petit déjeuner

3. Le sujet principal de la troisième conversation:
   a. les services
   b. le nombre de personnes
   c. l'adresse de l'hôtel
   d. le prix de la chambre

4. Le sujet principal de la quatrième conversation:
   a. le prix de la chambre
   b. le nombre de personnes
   c. le nombre de lits dans la chambre
   d. le petit déjeuner

E. Quelle sorte de chambre? Utilisez les renseignements donnés pour dire quelle sorte de chambre vous voulez. Un(e) camarade de classe va jouer le rôle de l'employé(e).

MODÈLE: 2 personnes / 50€–60€ (52€ sans salle de bains / petit déjeuner 7€)

—*Bonjour, Monsieur (Madame). Vous avez une chambre pour deux personnes, entre 50 et 60 euros?*
—*J'ai une chambre sans salle de bains pour 52 euros.*
—*Très bien. Et le petit déjeuner, c'est combien?*
—*Il faut que vous payiez un supplément de 7 euros.*

1. 2 personnes / 70–80€ (78€ avec douche ou avec baignoire / petit déjeuner 4€)
2. 3 personnes / 80–90€ (89€ avec douche / petit déjeuner 7€)
3. 1 personne / 40–60€ (52€ avec baignoire et WC / petit déjeuner 6€)
4. 1 personne / 50–60€ (60€ sans douche, avec baignoire et WC / petit déjeuner 5€)

F. Oui, j'ai réservé. You arrive at a hotel where you've made a reservation. Go to the front desk and talk to the employee.

- Greet the person.
- Say that you reserved a room for two people in your name.
- Confirm that the room costs 73 euros.
- Ask if breakfast is included.
- Ask if there is an elevator.
- Thank the employee.

Do **À faire! (6-1)** on page 226 of the **Manuel de préparation.**
* Follow-up: hotel vocabulary, **quel**
* Preparation: the infinitive and the subjunctive with expressions of necessity and volition *(Contrôle 15)*

SUGGESTED LESSON OUTLINE:
Students assigned *À faire! (6-1)*
have practiced the hotel vocabulary,
have followed up on the question
word **quel,** and have done the
initial work on the infinitive and
subjunctive with expressions of
necessity and volition. Ex. V
(preparing for activities) was not
self-correcting.

In this segment, do the *Rappel
grammatical: L'emploi de l'infinitif
et du subjonctif avec les
expressions de nécessité et de
volonté* (Ex. G, H, I) and the *Dossier-
France: Voyager en France* (Ex. J, K).

Suggestion, Rappel grammatical:
You may wish to point out that **il
faut** changes in meaning when used
in the negative. While **il faut**
expresses the idea of necessity, **il ne
faut pas** implies that something is
not allowed (i.e., it's forbidden).

Exercice de substitution

1. Il faut que *je* révise mon français avant l'examen. (vous / elle / tu / nous / ils)
2. *Il est nécessaire d'*étudier à l'université. (il faut que tu / il vaut mieux / je veux que)
3. *Il est nécessaire de* prendre des vacances. (il vaut mieux / il faut que vous / il est préférable de)
4. *Il vaut mieux qu'elle* fasse les devoirs. (il est nécessaire de / il faut qu'ils / nous préférons que)
5. Elle préfère que *tu* ailles au supermarché. (nous / il / vous / elles / je)
6. *Il faut* apprendre le subjonctif. (je veux que vous / il vaut mieux / il faut que tu / il est nécessaire qu'ils)
7. Il faut que *tu* te lèves très tôt demain matin. (vous / nous / je / elle / ils)

Rappel grammatical

L'emploi de l'infinitif et du subjonctif avec les expressions de nécessité et de volonté

L'emploi de l'infinitif avec les expressions de nécessité et de volonté

- **Expressions**

il faut	*it's necessary, you have to*
il est nécessaire de	*it's necessary*
il vaut mieux	*it's better*
vouloir	*to want*
préférer	*to prefer*

- **Making generalizations**

  Il faut toujours faire attention en classe.
  You always have to pay attention in class.
  Il est nécessaire de faire ses devoirs.
  It's necessary to do one's homework.

- **No change in subject**

  Je veux aller en France cet été.
  I want to go to France this summer.
  Elle préfère descendre à l'hôtel Mercure Palais des Papes.
  She prefers to stay at the hotel Mercure Palais des Papes.

L'emploi du subjonctif avec les expressions de nécessité et de volonté

- **Expressions**

il faut que	*it's necessary that*
il est nécessaire que	*it's necessary that*
il vaut mieux que	*it's better that*
vouloir que	*to want that*
préférer que	*to prefer that*

- **The present subjunctive**

  Endings: **-e, -es, -e, -ions, -iez, -ent**
  Formation: drop the **-ons** from the **nous** form of the present tense and then add the endings

	parler	attendre
il faut...	**que je parle**	**que j'attende**
	que tu parles	**que tu attendes**
	qu'il/elle/on parle	**qu'il/elle/on attende**
	que nous parlions	**que nous attendions**
	que vous parliez	**que vous attendiez**
	qu'ils/elles parlent	**qu'ils/elles attendent**

- **The subjunctive of irregular verbs**

aller	prendre	faire
que j'aille	**que je prenne**	**que je fasse**
que tu ailles	**que tu prennes**	**que tu fasses**
qu'il/elle/on aille	**qu'il/elle/on prenne**	**qu'il/elle/on fasse**
que nous allions	**que nous prenions**	**que nous fassions**
que vous alliez	**que vous preniez**	**que vous fassiez**
qu'ils/elles aillent	**qu'ils/elles prennent**	**qu'ils/elles fassent**

À vous!

G. À mon avis... (*In my opinion . . .*) Utilisez les expressions de nécessité et de volonté pour encourager un(e) camarade de classe à faire quelque chose qu'il (elle) ne veut pas faire.

> MODÈLE: Je ne veux pas aller en ville; je vais regarder la télé.
>
> > KYLE: *Je ne veux pas aller en ville; je vais regarder la télé.*
> > VOUS: *Il vaut mieux que tu ailles en ville.* (subjonctif)
> > SANDY: *(votre nom) a raison. Il vaut mieux aller en ville.*
> > (infinitif)

1. Je ne veux pas étudier; je vais jouer au football.
2. Nous n'allons pas attendre le bus; nous allons prendre un taxi.
3. Nous ne voulons pas faire les devoirs; nous allons regarder un match à la télé.
4. Je ne vais pas téléphoner à mes grands-parents; je vais sortir avec mes copains.
5. Je ne veux pas manger de fruits; je vais manger une glace.
6. Je ne vais pas aller à la bibliothèque; je vais aller au cinéma.
7. Nous ne voulons pas apprendre le subjonctif; nous préférons aller à la fête.
8. Je ne veux pas parler français en classe; je préfère parler anglais.

H. Des différends. (*Disagreements.*) Les membres de la famille Batailler s'entendent (*get along*) normalement très bien. Mais de temps en temps ils ne sont pas d'accord. Utilisez l'infinitif ou le subjonctif avec les expressions données pour exprimer leurs différends.

> MODÈLE: BENOÎT: J'aime... , mais ma mère veut que...
> > (jouer avec mes copains / faire d'abord mes devoirs)
>
> > *J'aime jouer avec mes copains, mais ma mère veut que je fasse d'abord mes devoirs.*

1. M. BATAILLER: J'aime... , mais ma femme préfère que...
(dîner à la maison le vendredi soir / aller au restaurant)
2. ADELINE: Maman veut que... , mais moi, je préfère...
(l'aider à faire la vaisselle / jouer avec mes copines)
3. BENOÎT ET ADELINE: Maman et papa veulent que... , mais nous aimons...
(se coucher avant 10h / regarder un film à la télé)
4. MME BATAILLER: Benoît veut... , mais moi, je voudrais que...
(aller au concert avec ses copains / y aller avec nous)
5. ADELINE: J'aime... pour aller en ville, mais papa veut toujours que...
(prendre mon vélo / prendre l'autobus)
6. CECILIA: Mme Batailler ne veut pas que... , mais moi, j'aime beaucoup...
(faire le ménage / passer l'aspirateur)

I. J'aimerais bien... , mais... Terminez les phrases suivantes en indiquant ce que vous aimeriez faire. Ensuite utilisez les expressions de nécessité et de volonté pour dire ce qui vous empêche de faire ce que vous voulez.

> MODÈLE: J'aimerais bien (*I'd like*) prendre un cours de...
>
> > *J'aimerais bien prendre un cours d'art, mais il faut que je prenne un cours de statistiques et mes parents veulent que je travaille.*

1. J'aimerais bien prendre un cours de...
2. Ce week-end, je voudrais...
3. J'aimerais bien voir le nouveau film de...
4. Cet été (*This summer*), je veux aller...
5. Un jour, je voudrais...

La circulation aux heures de pointe

Étymologiquement, le mot «vacance» vient du latin *vacuum*, qui signifie «vide».

La durée moyenne des séjours a diminué.

Paris: la gare de Lyon

Les visites à la famille et aux amis représentent la moitié des séjours.

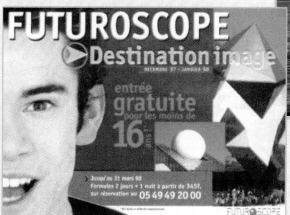

Loeb & Associés

Les parcs à thème sont plus visités que les sites traditionnels.

Paris: l'aéroport Charles de Gaulle

à l'étranger: *abroad, to foreign countries*
atteint: *reaches*
au moins: *at least*
contre: *against*
déplacements: *trips*
durée moyenne: *average duration*
estivale: *summer (adj.)*
heures de pointe: *rush hour*
jours ouvrables: *workdays*
taux de départ: *rates of departures*
une fois: *once*
vacances itinérantes: *tours*
vide: *empty*

Un peu moins de deux Français sur trois partent en vacances.

59% des Français sont partis en vacances au cours des douze derniers mois en 1999, contre 63% en 1997, 64% en 1996 et 66% en 1995 (mais 65% en 1994 et 61% en 1993). La proportion de personnes qui partent de leur domicile atteint 77% si l'on inclut les déplacements pour d'autres raisons que les vacances (professionnelles, médicales, scolaires...).

La grande majorité des vacanciers (90%) partent en été, mais plus de la moitié (57%) partent à d'autres moments de l'année. Sur quatre ans, entre 1992 et 1995, 75% des Français sont partis au moins une fois pendant l'été et 25% ne sont pas partis du tout. Un sur trois part à la fois en été et à d'autres moments de l'année. La montagne est la destination la plus souvent choisie par ceux qui partent en dehors de la période estivale (38% des vacanciers), devant les vacances itinérantes (20%), la mer (17%), la campagne (17%) et la ville (8%).

Cinq semaines et demie

Durée légale et contractuelle des vacances dans les pays européens et taux de départ (1994) :

Moyenne annuelle en 1993	Selon la loi	Selon les conventions collectives	Taux de départ en 1994
• Allemagne	- 18 jours ouvrables (20 dans les nouveaux Länder)	- 31 jours	78,2
• Danemark	- 30 jours de calendrier	- 5 semaines	71,0
• Belgique	- 24 jours ouvrables	- 5 semaines	63,2
• Espagne	- 30 jours de calendrier	- 23,5 jours	44,0
• Grèce	- 22 jours ouvrables	- 5 semaines	48,0
• FRANCE	- 5 semaines de calendrier	- 5,5 semaines	68,7
• Irlande	- 15 jours ouvrables	- 4 semaines	60,0
• Italie	-	- 22,7 jours	54,0
• Luxembourg	- 25 jours ouvrables	- 28 jours	n.c.
• Pays-Bas	- 4 semaines de calendrier	- 4,5 semaines	69,0
• Portugal	- 22 jours ouvrables	- 4,75 semaines	29,0
• Royaume-Uni	-	- 5 semaines	60,0

Maison de la France

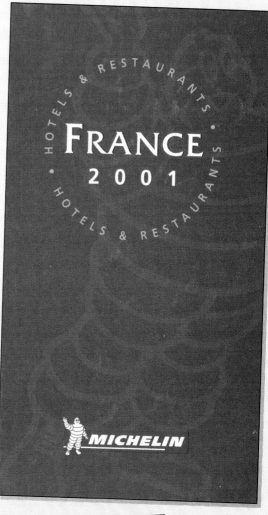

Les week-ends sont de plus en plus l'occasion de courtes vacances.

Les jeunes sont les plus nombreux à partir.

550 € la semaine au Maroc vol compris

Offrez 7 jours de vacances à votre anorak.

Club Med

0 801 802 803

Quand on aime... on compte quand même.
Devarieuxvillaret

Les séjours à l'étranger représentent 9% de l'ensemble.

Le palmarès des parcs

Fréquentation des principaux parcs de loisirs (1996, en milliers d'entrées):

	1996
• Disneyland Paris, Marne-la-Vallée	11 700
• Parc Futuroscope, Poitiers	2 800
• Parc Aquaboulevard, Paris	2 200
• Parc Astérix, Plailly	1 700
• Parc Marineland, Antibes	1 200
• Jardin d'acclimatation, Paris	1 000
• Parc floral de Paris	1 000
• Parc animalier de Vincennes, Paris	950

A deux heures d'ici !

Tunisie
Une envie de sérénité

Partir, une façon de se découvrir.
Newton 21

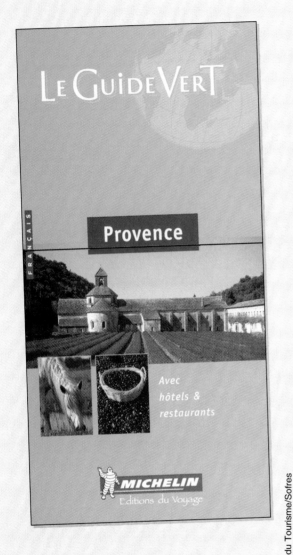

LE GUIDE VERT

Provence

Avec
hôtels &
restaurants

MICHELIN
Éditions du Voyage

- *Les Français ont effectué 151,5 millions de séjours en France en 1996.*
- *Les Français représentent 1,8% des touristes qui se rendent aux États-Unis.*
- *Parmi ceux qui sont partis au moins une fois en vacances d'été entre 1996 et 1999, 65% ont effectué au moins un séjour à la mer, 33% à la montagne, 27% à la campagne, 15% en circuit itinérant, 7% à la ville (certains ayant effectué plusieurs types de séjours).*
- *Le prix moyen d'une chambre dans un hôtel sans étoile était de 143F en 1997, contre 181F pour une étoile, 280F pour deux étoiles, 411F pour trois étoiles, 874F pour quatre étoiles.*
- *Michelin vend chaque année environ 400 000 exemplaires des Guides Rouges et près de 2 millions d'exemplaires de ses Guides Verts.*

En train, en avion, mais surtout en voiture

Evolution des modes de transport utilisés pour les voyages personnels* (en % des séjours effectués) :

	1994	1995	1996
Voiture particulière	77,4	77,7	77,0
Voiture de location	0,4	0,5	0,6
Minibus, camping-car	1,3	1,0	1,1
Avion	4,8	5,4	5,9
Train	11,2	11,0	11,2
Autocar	3,5	3,0	2,9
Autre	1,4	1,4	1,3

* Voyages d'agrément (vacances, tourisme, manifestations culturelles ou sportives, salons, foires...), visites à la famille ou aux amis, séjours linguistiques, cures, thalassothérapie... avec au moins une nuit passée hors de chez soi.

Ministère du Tourisme/Sofres

GRANDES LIGNES

Calendrier voyageurs

Juin / Février

SNCF
GRANDES LIGNES

Document SNCF

> **Qu'est-ce que vous avez appris?**

1. Quelle est la durée légale des vacances en France? Comment est-ce que cette durée se compare aux vacances d'autres pays?
2. En général, quel est le moyen de transport le plus utilisé par les Français?
3. Selon les informations dans ce Dossier, qu'est-ce que vous pouvez dire sur les vacances/voyages des Français? Par exemple, quelles sont leurs destinations préférées? À quel moment de l'année partent-ils? Vont-ils souvent à l'étranger? Qui voyage le plus?
4. Quelle est l'origine du mot «vacances»? Quels mots anglais ont la même origine?

Dico

ont effectué: *made*
Parmi ceux: *Among those*
séjours: *trips*
se rendent: *go*

Aucun autre lieu au monde ne permet de se familiariser en une seule visite avec les procédés d'images les plus-avant-gardistes :
Le Kinémax (un écran géant de 600 m²),
le Tapis Magique (1400 m² d'images sur deux écrans, l'un devant vous, l'autre sous vos pieds, donnant l'impression de flotter au-dessus des paysages).

Dans la plupart des salles, la frontière entre les spectateurs et l'écran disparaît : c'est en particulier le cas du Solido qui combine pour la première fois effet de relief et écran sphérique (800 m²) grâce à des lunettes à cristaux liquides.

> ## Qu'est-ce que vous en pensez?

1. Aux États-Unis, nous n'avons pas de durée légale des vacances. À votre avis, quel système est préférable, celui de la France (durée légale) ou celui des États-Unis?
2. En général, est-ce que les vacances sont vraiment une période «vide» où les gens ne font rien? Expliquez votre réponse.
3. Quelles similarités et différences est-ce que vous trouvez entre les vacances des Français et les vacances des Américains? Avant de répondre à cette question, vous pouvez surfer sur le net pour trouver des statistiques sur les vacances des Américains.

◖Lecture: *Le Guide Michelin*

Si vous voyagez en France, il est très utile d'avoir un *Guide Michelin Rouge* (guide des hôtels et des restaurants). Ce guide utilise un système un peu différent du classement officiel français des étoiles.

Voici ce que dit le *Guide Michelin* pour l'hôtel Lion à Vesoul (à dix kilomètres de Calmoutier).

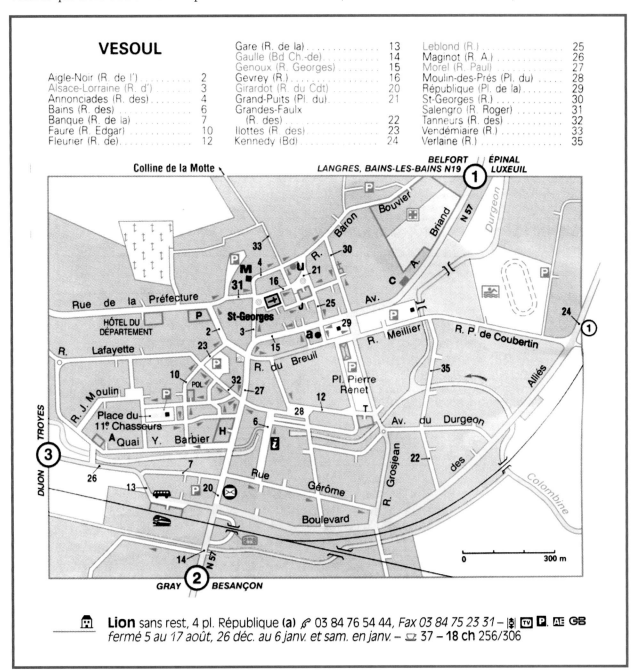

VESOUL

Aigle-Noir (R. de l')	2
Alsace-Lorraine (R. d')	3
Annonciades (R. des)	4
Bains (R. des)	6
Banque (R. de la)	7
Faure (R. Edgar)	10
Fleurier (R. de)	12

Gare (R. de la)	13
Gaulle (Bd Ch.-de)	14
Genoux (R. Georges)	15
Gevrey (R.)	16
Girardot (R. du Cdt)	20
Grand-Puits (Pl. du)	21
Grandes-Faulx (R. des)	22
Ilottes (R. des)	23
Kennedy (Bd)	24

Leblond (R.)	25
Maginot (R. A.)	26
Morel (R. Paul)	27
Moulin-des-Prés (Pl. du)	28
République (Pl. de la)	29
St-Georges (R.)	30
Salengro (R. Roger)	31
Tanneurs (R. des)	32
Vendémiaire (R.)	33
Verlaine (R.)	35

🏠 **Lion** sans rest, 4 pl. République **(a)** ℰ *03 84 76 54 44, Fax 03 84 75 23 31* – 🛗 📺 🅿. AE GB
fermé 5 au 17 août, 26 déc. au 6 janv. et sam. en janv. – 🍽 *37* – **18 ch** 256/306

Le Lion est un hôtel à Vesoul. Situé sur la place République, c'est un hôtel «assez confortable». Le numéro de téléphone est le 03 84 76 54 44 et le numéro de fax est le 03 84 75 23 31. Il y a une télévision dans chaque chambre mais il n'y a pas de téléphone direct avec l'extérieur. Il y a un ascenseur. Un parking est réservé aux clients. Le Lion accepte deux cartes de crédit (American Express et Carte Bancaire). Il n'y a pas de restaurant. Pour le petit déjeuner, il faut payer un supplément de 37F. Le Lion a 18 chambres. Une chambre coûte entre 256 et 306F. L'hôtel est fermé du 5 au 17 août, du 26 décembre au 6 janvier et le samedi en janvier.

À vous!

J. Les hôtels de Besançon. Some friends of yours are planning to visit Besançon, the largest city in the region of Franche-Comté. Because they don't speak French, they ask for your help in finding a hotel. Read the following excerpts from the *Guide Michelin* using the reading strategy of scanning for details. Then answer their questions.

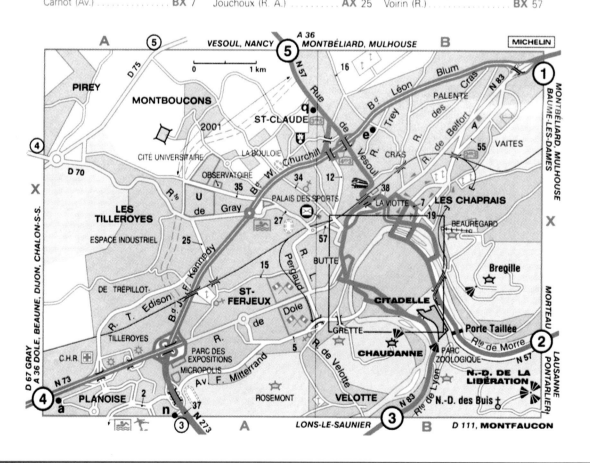

BESANÇON **P** 25000 Doubs 66 ⑮ *G. Jura* – 113 828 h Agglo. 122 623 h alt. 250 – Casino BY.

Voir *Site*★★★ – *Citadelle*★★ : *musée d'Histoire naturelle*★ **M³**, *musée comtois*★ **M²**, *musée de la Résistance et de la Déportation*★ **M⁴** – *Vieille ville*★★ **ABYZ** : *Palais Granvelle*★, *cathédrale*★ *(Vierges aux Saints*★*)*, *horloge astronomique*★, *façades des maisons du 17ᵉ s.*★ – *Préfecture*★ **AZ P** – *Bibliothèque municipale*★ **BZ B** – *Grille*★ *de l'Hôpital St-Jacques* **AZ** – *Musée des Beaux-Arts et d'Archéologie*★★.

🛈 *Office de Tourisme 2 pl. 1ère Armée Française* 📞 *03 81 80 92 55, Fax 03 81 80 58 30.*

Paris 405 ④ – *Basel 168* ⑤ – *Bern 156* ② – *Dijon 92* ④ – *Lyon 225* ④ – *Nancy 207* ⑤.

BESANÇON

Allende (Bd S.) .... **AX** 2	Chaillot (R.) .... **BX** 12	Lagrange (Av. Léo) .... **AX** 27
Belfort (R. de) .... **BX**	Clemenceau (Av. Georges) ..... **AX** 15	Montrapon (Av. de) .... **AX** 34
Brulard (R. Gén.) .... **AX** 5	Clerc (R. F.) .... **BX** 16	Observatoire (Av. de l') ..... **AX** 35
Carnot (Av.) .... **BX** 7	Fontaine-Argent (Av. de) ..... **BX** 19	Ouest (Bd) .... **AX** 37
	Jouchoux (R. A.) ...... **AX** 25	Paix (Av. de la) .... **BX** 38
		Vaite (R. de la) .... **BX** 55
		Voirin (R.) .... **BX** 57

🏨	**Castan** ⌂ sans rest, 6 square Castan ☎ 03 81 65 02 00, *art@hotelcastan.fr,* Fax 03 81 83 01 02, « Hôtel particulier du 17° », ⚘ – 📺 📞 AE GB	BZ t
	fermé 23 déc. au 4 janv. et 31 juil. au 21 août – 🍴 65 – **10 ch** 580/980	
🏨	**Novotel** ⌂, 22 bis r. Trey ☎ 03 81 50 14 66, *h0400@accor-hotels.com,* Fax 03 81 53 51 57, ☂, ⊿, ⚘ – 🛗 ✈ 📧 📺 📞 ♿ 🅿 – 🔔 200. AE ⓞ GB JCB	BX e
	Repas *(90)* · 110 ♀, enf. 50 – 🍴 63 – **107 ch** 505/575	
🏨	**Nord** sans rest, 8 r. Moncey ☎ 03 81 81 34 56, Fax 03 81 81 85 96 – 🛗 📺 📞 🚗 🅿. AE ⓞ	BY r
	GB JCB	
	🍴 35 – **44 ch** 210/330	
🏨	**Relais Mercure Hôtel des Bains** sans rest, 4 av. Carnot ☎ 03 81 80 33 11, *h0598@acc* *or-hotels.com,* Fax 03 81 88 11 14 – 🛗 ✈ 📺 📞 ♿ 🅿 – 🔔 60. AE ⓞ GB	BY a
	fermé 14 déc. au 6 janv. – 🍴 68 – **67 ch** 395/500	
🏠	**Siatel Châteaufarine** Ⓜ, 6 r. L. Aragon, zone commerciale de Châteaufarine ☎ 03 81 41 12 22, Fax 03 81 41 12 22 – 🛗, 📧 rest, 📺 📞 ♿ 🅿 – 🔔 80. GB	AX a
	Repas 78/118 ♀, enf. 39 – 🍴 35 – **30 ch** 295/305 – ½ P 215	
🏠	**Ibis Centre** Ⓜ sans rest, 21 r. Gambetta ☎ 03 81 81 02 02, *ibis-besancon-centre@wanad* *oo.fr,* Fax 03 81 81 89 65 – 🛗 ✈ 📧 📺 📞 ♿ 🅿 – 🔔 25. AE ⓞ GB	BY k
	🍴 37 – **49 ch** 330/375	
🏠	**Siatel**, 3 chemin des Founottes par N 57 : 3 km ☎ 03 81 80 41 41, Fax 03 81 80 41 41 – ✈, 📧 rest, 📺 📞 ♿ 🅿 – 🔔 40. GB	AX q
	Repas 69/118 ♀, enf. 39 – 🍴 35 – **36 ch** 295/305 – ½ P 215	
🏠	**Relais des Vallières**, 3 r. P. Rubens par bd de l'Ouest : 4 km ☎ 03 81 52 02 02, Fax 03 81 51 18 26 – ✈ 📺 ♿ 🅿 – 🔔 15. AE ⓞ GB	AX n
	Repas *(fermé dim. soir de nov. à avril)* *(75)* · 95/165 ♀ – 🍴 37 – **49 ch** 275/345 – ½ P 240/270	
🏠	**Régina** sans rest, 91 Grande Rue ☎ 03 81 81 50 22, Fax 03 81 81 60 20 – 📺. AE ⓞ GB	BY e
	fermé 24 déc. au 2 janv. – 🍴 35 – **20 ch** 189/250	

1. Which is the largest hotel in Besançon?
2. Which is the most expensive? Does the high price seem justified?
3. Which hotels have elevators?
4. Which hotels have restaurants?
5. Which hotel is the least expensive?
6. Which hotels have access for the disabled?
7. How much extra does breakfast cost at the **hôtel Novotel?**
8. In your opinion, which hotel should we choose? Why?

K. Je voudrais réserver une chambre. You're going to be in Besançon. Before you get there, you call the hotel to reserve a room. With a classmate (who plays the role of the hotel employee), simulate the phone conversation. Be sure to explain:

- what kind of room you want
- for how many people
- for how many nights
- what dates

Also ask about meals, breakfast, television, phone, and anything else you want to know.

> Do **À faire! (6-2)** on page 236 of the **Manuel de préparation.**
> * Follow-up: the infinitive and subjunctive with expressions of necessity and volition; travel

■ Contexte: *Paris-Vesoul par le train*

http://jvb.heinle.com
Transparencies: 6-2A, 6-2B, 6-2C

SUGGESTED LESSON OUTLINE:
Students assigned *À faire!* (6-2) have continued to practice the infinitive and the subjunctive with expressions of necessity and volition, and have done an additional reading on travel **(TGV).** Ex. IX (assigning household tasks), Ex. X (proposing solutions to problems), Ex. XI (giving advice), and Ex. XII (making a reservation) were not self-correcting.

In this segment, do the ***Contexte: Paris-Vesoul par le train*** (Ex. L, M, N), ***Échange: À la gare*** (O, P, Q), and ***Lecture: «Les trains de la Gare du Nord»*** (Ex. R).

❝❝ Pour aller de Paris à Vesoul, je peux prendre un express (train direct) qui s'arrête très peu. Je pourrais aussi prendre le TGV (Train à grande vitesse) jusqu'à Besançon où je changerais de train pour aller à Vesoul. Mais cette fois-ci, je vais prendre la route la plus directe parce que, avec toutes mes valises, je n'ai pas envie de changer de train.

En France, voyager par le train est très efficace. La SNCF (Société Nationale des Chemins de Fer Français) gère le système ferroviaire français. Son centre géographique et administratif est à Paris. La capitale a six gares, chacune desservant une région délimitée du pays et de l'Europe. Par conséquent, quand vous voulez prendre le train à Paris, il faut savoir non seulement votre destination mais aussi la gare d'où partent les trains pour cette région. **❞❞**

Suggestion, Contexte: As you work with the photos and the train schedule, make sure that some of the key words from the ***Ça se dit comment?*** are incorporated into your questions. Then continue to Ex. L, M, and N.

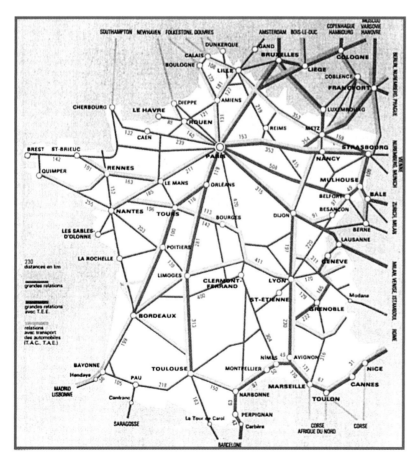

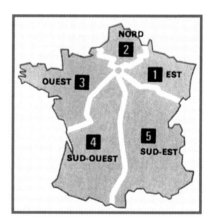

Gare du Nord: région nord (Lille, la Belgique, l'Angleterre; le TGV Nord Europe, l'Eurostar)

Gare de l'Est: région est (Strasbourg, la Suisse, l'Allemagne)

Gare de Lyon: région sud-est (Lyon, Grenoble, Marseille, la Côte d'Azur, l'Italie; le TGV Midi-Méditerranée)

Gare d'Austerlitz: région sud-ouest (Orléans, Tours, Toulouse, Bordeaux, l'Espagne)

Gare Saint-Lazare: région ouest (la Normandie—Rouen, Le Havre)

Gare Montparnasse: région ouest (Nantes; la Bretagne—Saint-Malo, Rennes, Brest; le TGV Atlantique sud-ouest; le TGV Atlantique ouest)

Le train pour Vesoul part de la gare de l'Est.

Extérieur de la gare de l'Est

Intérieur de la gare de l'Est

Díco

cette fois-ci: *this time*
chemins de fer: *railroads*
desservant: *serving*
efficace: *efficient*
ferroviaire: *rail, train*
gère: *runs*
je changerais: *I would change*
je n'ai pas envie de changer:
I don't feel like changing
valises: *suitcases*

Annonce du train pour Vesoul

Symboles

A	Arrivée	![couchettes]	Couchettes	&#9855;	Facilités handicapés
D	Départ		Voiture-lits		
		✗	Voiture-restaurant		
		⊗	Grill-express		Vélo
		▣	Restauration à la place	#	Train à supplément modulé
	Eurocity	♈	Bar		
	Cabine 8		Vente ambulante		

Remarque

Les trains circulant tous les jours ont leurs horaires indiqués en gras
Tous les trains offrent des places assises en 1ʳᵉ et 2ᵉ classe, sauf indication contraire dans les notes.

Numéro de train		68133	66231	68135	113	1743	1745	1847	1747	1945	115	66435	394/5	1947	117	66349	1749	66349	1169	469	469	1949
Notes à consulter		1	2	3	3	4	5	6	7	8	9	10		11	12	13	14	15	16	17	18	19
								#		#	#			#								
Paris-Est	D				07.30	08.37	11.52	13.30	13.42	16.09	17.01			18.09	18.57		18.57		22.12	22.40	22.40	23.29
Troyes	D					10.16		14.56		17.39				19.45	20.25		20.26			00.23	00.23	01.13
Chaumont	D					11.09		15.46		18.34				20.40			21.17			01.37	01.37	02.18
Vesoul	A				10.35	12.13	14.54	16.46	16.49	19.37	20.06			21.44	22.16		22.19			02.55	02.55	03.36
Vesoul	D				10.36	12.16	14.56	16.48	16.51	19.39	20.07			21.45	22.17		22.20			03.01	03.01	03.38
Lure	A					12.36	15.13	17.07						22.06			22.41			03.25	03.25	03.58
Belfort	A				11.10	12.59	15.34	17.29	17.27	20.18	20.41			22.30	22.54	23.00	23.04	23.09	02.28	03.56	03.56	04.24
Mulhouse	A				11.39	13.33	16.09	17.59	17.59	20.49	21.11			23.05	23.23	23.32	23.33	23.39	03.06	06.23	04.44	05.10
Mulhouse	D	05.54	06.30	06.51	11.47	13.40	16.11	18.09	18.09		21.16	21.25	22.08		23.39		23.39	03.07			05.04	
St-Louis (Haut-Rhin)	A	06.24	06.52	07.24	12.04	13.57	16.27	18.25	18.25		21.55				00.00		00.00				05.21	
Basel (Bâle)	A	06.32	07.00	07.33	12.13	14.06	16.36	18.34	18.34		21.40		22.30		00.08		00.08	03.30			05.30	

Notes :

1. Circule : tous les jours sauf les dim et sauf le 8 juin 92- ␍.
2. Circule : tous les jours sauf les sam, dim et sauf le 8 juin 92- ␍.
3. Circule : tous les jours sauf les dim et sauf le 8 juin 92- ⟊- ♈.
4. ♈.
5. Circule : jusqu'au 4 juil 92 : les ven et sam;du 6 juil au 5 sept 92 : tous les jours;à partir du 11 sept 92 : les ven et sam- ♈.
6. Circule : les sam, dim et fêtes sauf le 14 juil 92;Circule le 13 juil 92- ♈- ♿.
7. Circule : tous les jours sauf les sam, dim et sauf les 8 juin et 13 juil 92- ♈.
8. Circule : les ven- ◁.
9. ⟊- ✗-▣1reCL-◁.

Nota : A Paris-Est, l'office de tourisme de Paris assure un service d'information touristique et de réservation hotelière.

10. ␍.
11. Circule : jusqu'au 10 juil 92 : les ven, dim et fêtes sauf le 7 juin 92;Circule du 17 juil au 4 sept 92 : les ven;à partir du 6 sept 92 : les ven et dim- ♈- ♿.
12. Circule : jusqu'au 10 juil 92 : les ven, dim et fêtes sauf le 7 juin 92;Circule du 17 juil au 4 sept 92 : les ven;à partir du 6 sept 92 : les ven et dim.
13. Circule : jusqu'au 10 juil 92 : les ven, dim et fêtes sauf le 7 juin 92;Circule du 17 juil au 4 sept 92 : les ven;à partir du 6 sept 92 : les ven et dim- ␍.
14. Circule tous les jours sauf les ven et sauf le 31 mai, 8, 14, 21, 28 juin, 5 juil, 6, 13 et 20 sept92. ▣1ereCL - ◁ assurée certains jours ♿.
15. Circulation périodique- ␍.
16. Circule : du 3 juil au 28 août 92 : les ven- 2eCL- ◁2e-◁.
17. Conditions spéciales d'admission pour ce train-Places couchées uniquement- ◁.
18. Conditions spéciales d'admission pour ce train- ◁-◁-␏2eCL.

Documents SNCF

TUYAUX POUR PRENDRE LE TRAIN EN FRANCE
(Hints for taking the train in France)

- Acheter un billet et réserver une place bien à l'avance, surtout pendant la haute saison touristique.
- Obtenir les billets et les réservations à une agence de voyage aux États-Unis ou en France, au guichet d'une gare, à un distributeur à la gare.
- À Paris, savoir de quelle gare part le train.
- Arriver à la gare au moins une demi-heure avant le départ du train.
- Regarder le panneau pour trouver la voie de départ du train.
- Composter le billet au composteur avant d'aller au quai de départ.
- Aller sur le quai et monter dans le train (le billet indique le numéro de la voiture).
- Trouver sa place dans le wagon (les places sont numérotées).

▶ Qu'est-ce que vous en pensez?

Quelles sont les différences entre la façon de se déplacer en France et aux États-Unis? Est-ce que vous prenez le train quand vous voyagez? Pourquoi (pas)? Quelles régions des États-Unis sont le mieux desservies par un système ferroviaire? Pourquoi? À votre avis, pourquoi est-ce qu'il y a moins de trains aux États-Unis qu'en Europe?

Ça se dit comment?

Pour voyager par le train (To travel by train)

un arrêt	stop
l'arrivée *(f.)*	arrival
un billet (aller simple, aller-retour)	(one-way, round-trip) ticket
un composteur	ticket validation machine
une couchette	sleeping berth
le départ	departure
un distributeur (de billets)	automatic ticket machine
fumeur, non-fumeur	smoking, non-smoking
une gare	train station
un guichet	ticket window
l'heure *(f.)* de départ (d'arrivée)	departure (arrival) time
l'horaire *(m.)* des trains	train schedule
une place	seat (place) in a train
première (deuxième) classe	first (second) class
un quai	train departure/arrival platform
le TGV (train à grande vitesse)	high-speed train
une voie	train track
une voiture	train car
un wagon-lit	train car with individual sleeping compartments

Pour voyager par le train (verbes) (To travel by train [verbs])

acheter un billet	to buy a ticket
(s')arrêter	to stop
arriver	to arrive
attendre	to wait for
changer de train	to change trains
composter (le billet)	to validate (the ticket)
faire une réservation	to make a reservation
partir	to leave

À vous!

Suggestion, Ex. L: If you wish, you can have students do the exercise in French.

L. Je ne comprends pas. You're traveling with a friend who doesn't speak French. Answer his/her questions about train travel in France.

1. Which Paris station do I have to go to if I want to take the train to Rennes? What about to Spain? And Lille? What about Marseille?
2. What does SNCF stand for and what does it do?
3. What choices do I have if I want to travel from Paris to Vesoul? What train station do I need to go to?
4. What steps are involved in taking the train in France?
5. I heard that I have to do something to the ticket before I get on the train. What is it?
6. How do I know which train car to get on?

Suggestion, Ex. M: If you're short of time, you may want to do this exercise in English in order to simply ascertain comprehension of the *Contexte* materials.

M. L'horaire des trains Paris-Bâle. Pour aller à Vesoul, Jeannette prend un train sur la ligne Paris-Bâle *(Basel, Switzerland)*. Répondez aux questions selon l'horaire des trains. N'oubliez pas que les heures des trains sont indiquées selon le système de 24 heures. Par exemple, **17.01** veut dire *5:01 P.M.* en anglais.

1. De quelle gare est-ce qu'il faut partir pour aller à Vesoul?
2. Sur l'horaire, que veut dire le symbole «**D**»? Et le symbole «**A**»?
3. Quelle est la signification des horaires indiqués **en caractères gras** *(in boldface)*?
4. Combien de fois est-ce que le train de 8h37 s'arrête avant Vesoul? Quand est-ce qu'il arrive à Vesoul?
5. Quelles sont les heures de départ des quatre trains directs Paris-Vesoul, sans arrêt? Quand est-ce qu'ils arrivent à Vesoul?
6. Pour prendre le train de 13h42, quels jours est-ce qu'on peut voyager?
7. Quel est le seul train qui circule tous les jours et qui ne s'arrête pas entre Paris et Vesoul? Quels services sont offerts dans ce train?
8. Quels sont les trains avec des facilités pour les handicapés?

N. Hélène a pris le train. Hélène Batailler est allée à Strasbourg rendre visite à sa cousine. Voici ce qu'Hélène a fait pour se préparer à voyager par le train. Rétablissez la chronologie de ses activités et utilisez les expressions **d'abord, ensuite (puis)** et **enfin.**

a. Elle a regardé le tableau général des trains et elle a vu que son train allait partir de la voie G.
b. Elle a fait une réservation pour le 22 avril.
c. Elle a trouvé sa place (n° 66).
d. Elle a consulté un horaire.
e. Elle a composté son billet.
f. Elle est montée dans le train.
g. Elle a pris un taxi pour arriver à la gare une demi-heure avant le départ de son train.
h. Elle a acheté son billet.
i. Quand le train est entré en gare, elle a cherché la voiture 17.

Zoom!

Depuis 1981, la SNCF modernise le réseau ferroviaire en mettant en service des lignes régulières de turbo-trains. Le TGV, qui représente en 1999 20% de la totalité du trafic ferroviaire national, offre au voyageur la possibilité de voyages rapides et très confortables.

■Échange: *À la gare*

MC Audio CD3, Track 5
(Échange)

Jeannette va à la gare de l'Est pour acheter un billet et réserver sa place dans le train pour Vesoul, une ville qui se trouve à dix kilomètres de Calmoutier.

Questions:
1. Où va Jeannette?   2. Pourquoi est-ce qu'elle y va?   3. Où se trouve Calmoutier?   4. Est-ce qu'il y a une gare à Calmoutier?   5. Est-ce qu'elle achète un billet de première ou de deuxième classe?   6. À quelle heure part le train qu'elle veut prendre?   7. Est-ce qu'elle achète un aller simple ou un aller-retour?   8. Quel jour est-ce qu'elle veut partir?   9. Quel jour est-ce qu'elle revient à Paris?   10. Est-ce qu'elle veut être dans un wagon fumeur?   11. Combien est-ce qu'elle paie le billet?

JEANNETTE: Un billet de deuxième classe pour Vesoul, s'il vous plaît. De préférence le train de 13h42.
EMPLOYÉ: Pour Vesoul. Aller simple ou aller-retour?
JEANNETTE: Aller-retour. Je peux réserver?
EMPLOYÉ: Oui, bien sûr. C'est pour quand?
JEANNETTE: Départ le 10 juin, retour le 25 juin par le train de 9h44.
EMPLOYÉ: Fumeur ou non-fumeur?
JEANNETTE: Non-fumeur.
EMPLOYÉ: Voilà, Madame. Votre billet avec la réservation. C'est 73 euros.
JEANNETTE: Merci bien, Monsieur.

▌Ça se dit comment?

Pour réserver sa place dans le train *(To reserve a place in the train)*

Je voudrais acheter (Il me faut) deux billets pour Vesoul.	*I'd like to buy (I need) two tickets for Vesoul.*
aller simple / aller-retour	*one way / round trip*
première classe / deuxième classe	*first class / second class*
une couchette	*a sleeping berth*
un wagon-lit	*a sleep compartment (sleeping-car of a train)*
Je voudrais réserver (J'ai besoin de) trois places pour Bâle.	*I'd like to reserve (I need) three seats for Bâle.*
fumeur / non-fumeur	*smoking / non-smoking*
Est-il possible d'avoir une place dans le train de 14h35?	*Is it possible to get a place in the 2:35 P.M. train?*
Il y a encore des places dans le train de 14h35?	*Is there still room in the 2:35 P.M. train?*

Ici, en France...

Quand je suis en France, je n'ai pas de voiture et le train est donc le moyen de transport le plus efficace. Mais les Français utilisent aussi beaucoup leur voiture et la France a le réseau routier (*road network*) le plus dense d'Europe. Il y a plus de 700 000 kilomètres de routes rurales qui lient (*connect*) les villages et les communautés agricoles.

En 1958, on a commencé la construction des grandes routes et aujourd'hui, il y a à peu près 8 000 kilomètres d'autoroutes à péage (*four-lane toll highways*), qui ont des aires de repos (*rest stops*) et des stations-service (*gas stations*) tous les quinze kilomètres. La limite de vitesse sur les autoroutes est de 130 km (*80 miles*) à l'heure.

Avec ces autoroutes à péage, il y a aussi les grandes routes nationales (désignées par **N** et un nombre) où la limite de vitesse est de 110 km (*70 miles*) à l'heure. Et enfin, il y a aussi les routes départementales (**D** plus nombre) où la limite de vitesse est de 90 km (*55 miles*) à l'heure.

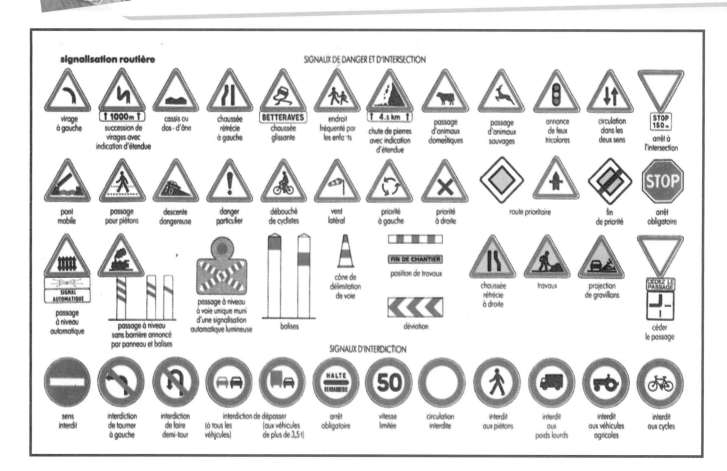

Quand on est en France, on remarque tout de suite que les Français aiment la vitesse *(speed)* et il n'est pas rare qu'ils reçoivent des contraventions *(traffic tickets)*. Même sur les routes départementales comme la **D100** qui traverse le village de Calmoutier, les villageois ont l'habitude de circuler très vite… mais ils font toujours attention aux enfants et aux animaux!

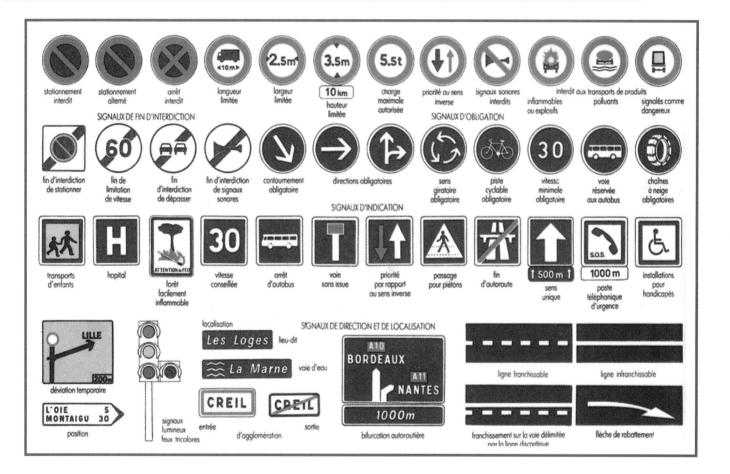

➤ Qu'est-ce que vous en pensez?

Quels problèmes est-ce que les Français pourraient *(could)* avoir sur les routes aux États-Unis? Quels problèmes est-ce que les Américains pourraient avoir sur les routes en France?

À vous!

MC Audio CD3, Track 6
(Ex. O)

Suggestion, Ex. O: You can hold a competition in which the group with the highest number of accurate and complete answers wins a prize (or extra points on an exam, or extra credit, or doesn't have to take a quiz, etc.).

Answers, Ex. O:
Conversation 1 1. le 3 septembre, Bordeaux 2. départ: 10h10, arrivée: 12h30 3. aller simple, première classe, non-fumeur 4. 166,80 euros (55,60 euros par billet)
Conversation 2 1. le 12 juin et le 23 juin, Strasbourg 2. départ: 16h45, arrivée à Strasbourg 20h13/départ Strasbourg: 9h15, arrivée: 11h48 3. aller-retour, deuxième classe, fumeur 4. 33,80 euros

O. Au guichet. Écoutez les conversations au guichet d'une gare. Pour chaque conversation, notez les renseignements suivants.

1. les dates du voyage et la destination
2. les heures de départ et d'arrivée
3. les particularités des billets (par exemple, aller-retour, aller simple, non-fumeurs, etc.)
4. le prix des billets

P. Au guichet. Achetez des billets de train en utilisant les renseignements donnés. Un(e) de vos camarades va jouer le rôle de l'employé(e).

MODÈLE: 4 / Genève / aller-retour / 2ᵉ

—*Je voudrais (Il me faut / J'ai besoin de) quatre billets pour Genève.*
—*Aller simple ou aller-retour?*
—*Aller-retour.*
—*Première ou deuxième classe?*
—*Deuxième, s'il vous plaît.*

1. 1 / Reims / simple / 1ᵉʳᵉ
2. 3 / Lille / aller-retour / 2ᵉ
3. 2 / Bordeaux / aller-retour / 2ᵉ
4. 4 / Cannes / simple / 1ᵉʳᵉ

Q. Réservons nos places! Faites des réservations en utilisant les renseignements donnés. Un(e) de vos camarades va jouer le rôle de l'employé(e).

MODÈLE: 3 / départ (18 sept., 13h25) / non-fumeur / retour (30 sept., 9h)

—*Je voudrais réserver trois places, s'il vous plaît.*
—*Quand est-ce que vous voulez partir?*
—*Le 18 septembre. Est-il possible d'avoir des places dans le train de 13h25?*
—*Voyons... oui. Fumeur ou non-fumeur?*
—*Non-fumeur.*
—*Et pour le retour?*
—*Retour le 30 septembre, le train de 9h, si c'est possible.*

1. 2 / départ (18 août, 8h45) / non-fumeur / retour (4 sept., 10h15)
2. 4 / départ (12 juin, 11h25) / non-fumeur / retour (19 juin, 15h30)
3. 1 / départ (3 avril, 22h, couchette) / non-fumeur / retour (31 avril, 21h, couchette)
4. 3 / départ (25 mai, 12h05) / non-fumeur / retour (10 juin, 18h30)
5. 2 / départ (13 oct., 21h29, wagon-lit) / fumeur / retour (26 oct., 10h12)

Lecture: «Les trains de la Gare du Nord» (Jacques Charpentreau)

Prereading: Have students discuss what they remember about the Paris train stations and how they're organized. Where would they go if they left from the **Gare du Nord**? What's the weather often like in the northern regions of Europe?

Les trains de la Gare du Nord

En passant
Par la Gare du Nord,
Attention! Le vent,
Le vent souffle fort!

Quand arrive le train d'Anvers
Avec la bise de l'hiver
Mets ton pull-over!

Quand vient le train des Pays-Bas
Ah! Mon Dieu! Mon Dieu qu'il fait froid!
Cache bien tes doigts!

Quand vient le train de la Norvège
Le vent sent la glace et la neige
Manteau te protège!

Le train de Suède est arrivé
Givre grésil crème glacée!
Mets tes gants fourrés!

C'est le rapide de Moscou
Si blanc qu'on n'y voit rien du tout
Couvre bien ton cou!

Arrive le train d'Helsinki
Ses wagons glissent sur des skis
L'hiver est ici!

Quand le train arrive du Pôle
Les flocons frôlent tes épaules
L'hiver est si drôle!

En passant
Par la Gare du Nord,
Attention! Le vent,
Le vent souffle fort!

Jacques Charpentreau, *Paris des enfants*
(L'École, 1978)

 MC Audio CD3, TRACK 7 (Lecture)

Dico

bise: *north wind*
Cache: *Hide*
cou: *neck*
Couvre: *Cover*
crème glacée: *ice cream*
doigts: *fingers*
drôle: *funny/amusing*
gants fourrés: *fur gloves*
givre: *frost*
grésil: *sleet/hail*
glace: *ice*
glissent: *glide*
Les flocons frôlent tes épaules: *Snowflakes brush against your shoulders*
rapide: *express train*
Le vent souffle fort!: *The wind blows hard! (A strong wind blows!)*
vient: *comes/arrives*

R. Interprétation du poème. Answer the questions to arrive at an interpretation of the poem.

1. What are the countries from which trains arrive at the **Gare du Nord,** as mentioned in the poem?
2. The **Gare du Nord** is located in Paris. However, the word **nord** has many connotations. Find all the words and phrases in the poem that can be connected by word association to the idea of **nord.**
3. Poetry is often based on sounds. What patterns of sound repetitions can you hear in this poem?
4. While also enjoyed by adults, this poem was written for a children's poetry collection. Why might this poem appeal to children? What would they learn from it?

Do **À faire! (6-3)** on page 243 of the **Manuel de préparation.**
* Follow-up: train information
* Preparation: prepositions with geographical names
(Contrôle 16)

Answers, Ex. R: 1. Belgium (Anvers), Holland, Norway, Sweden, Russia (Moscou), Finland (Helsinki).
2. le vent, le vent souffle fort, la bise de l'hiver, pull-over, il fait froid, le vent sent la glace, la neige, le manteau, givre, grésil, glacée, gants, blanc, skis, l'hiver, Pôle, flocons.
3. Identify the sounds in each stanza, both at the end of each verse and internal to the verses. 4. It would appeal to children because of the repetitions of words and sounds (i.e., it sounds like a song), because it associates places and weather with concrete things that kids know about (i.e., sweater, coat, gloves, skiing, cold, etc.). The poem also uses simple, everyday words and the stanzas are structured so that they're easy to repeat and memorize. This poem could easily be turned into a geography lesson for kids. They can be asked to look up the places mentioned, find out about the climates in these places, and do a cultural study of each country and city.

Le monde francophone

SUGGESTED LESSON OUTLINE:
Students assigned *À faire! (6-3)* have followed up on the information about train travel in France, have worked with prepositions with geographical names, and have taken *Contrôle 16.* All exercises were self-correcting.

In this segment, do *Le monde francophone,* the *Rappel grammatical: Les prépositions avec les noms géographiques* (Ex. S, T, U, V), *Contexte: Le village de Calmoutier* (Ex. W, X, Y), and *Échange: C'est comment chez toi?* (Ex. Z, AA).

Comment se déplacent-ils?

L'eau, les montagnes, les déserts... voilà bien des obstacles qu'il faut franchir pour se déplacer dans les différentes régions francophones du monde. Dans certains cas, les moyens de transport les plus pratiques continuent à être les plus traditionnels. Dans d'autres cas, il faut avoir recours à des moyens de transport moins ordinaires pour pouvoir découvrir des coins fascinants du monde francophone.

Au Maroc et dans beaucoup de pays d'Afrique, le désert est extrêmement difficile à traverser. Le moyen de transport le plus utilisé par les habitants du désert continue donc à être le chameau. Mais la voiture et la bicyclette sont aussi parfois utilisées pour traverser le Sahara.

LE MAROC

Dico

attrayants: *attractive*
bateau à rames: *rowboat*
bateaux: *boats, ships*
beaucoup de monde: *many people*
centaines: *hundreds*
chameau: *camel*
coins: *corners*
franchir: *overcome*
lancement: *introduction*
navette: *ferry*
pirogue: *canoe*
prend le dessus: *gets the upper hand*
se déplacer: *get around*

LE SÉNÉGAL

Au Sénégal, près de Ziguinchor en Basse-Casamance, le transport en commun le plus pratique, c'est la pirogue.

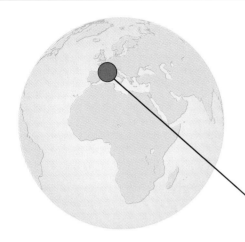

LA SUISSE

En Suisse, le projet Train 2000 de la CFF (Chemins de fer fédéraux), dont la devise est «Fréquence, rapidité, continuité et confort», a été adopté en 1987 pour rendre plus attrayants les transports publics.

Un chic design pour la nouvelle locomotive Rail 2000, pesant 84 t.

Avec ses centaines de lacs, les bateaux représentent un moyen de transport important en Suisse, pour les touristes aussi bien que pour les habitants de ce pays montagneux.

Le Sacré Cœur de Balata: Et on circule en taxi.

En Martinique, sur la rivière Madame, on se déplace en bateau à rames.

LA MARTINIQUE
(DÉPARTEMENT
DE LA FRANCE)

La navette de la Pointe-du-Bout est utilisée par beaucoup de monde.

Exercice de substitution

1. Je vais au *Mexique.*
   (Allemagne / Vénézuela /
   Suisse / Pays-Bas / France /
   États-Unis)
2. Il vient d'*Israël.* (Brésil /
   Belgique / États-Unis /
   Mexique / Autriche /
   Danemark)
3. Quelle langue est-ce qu'on
   parle à *Vienne?* (Le Caire /
   Genève / Zurich / Besançon /
   Rome / Le Havre /
   La Nouvelle-Orléans /
   Montréal / Dakar)
4. Est-ce que tu viens de *Berne?*
   (Le Havre / Québec / Berlin /
   Le Caire / Bruxelles /
   Calmoutier)

Rappel grammatical

Les prépositions avec les noms géographiques

	FEMININE COUNTRY OR MASCULINE COUNTRY BEGINNING WITH VOWEL	MASCULINE COUNTRY BEGINNING WITH CONSONANT	PLURAL COUNTRY	CITY
to, in, at	en	au	aux	à
from	de (d')	du	des	de

Note: For cities that have a definite article, the prepositions **de** and **à** may contract with the definite article:

La Nouvelle-Orléans   à La Nouvelle-Orléans   de La Nouvelle-Orléans
Le Havre   au Havre   du Havre

À vous!

S. Un petit test. Expliquez où se trouve la ville mentionnée et quelle langue on y parle.

MODÈLE: Berlin

       —*Où se trouve Berlin?*
       —*En Allemagne.*
       —*Quelle langue est-ce qu'on parle à Berlin?*
       —*On y parle allemand.*

1. Londres
2. Bruxelles
3. Munich
4. Genève
5. Florence
6. Madrid
7. Lisbonne
8. Marseille
9. Dakar
10. Casablanca

T. D'où vient ta famille? Demandez à deux camarades de classe d'où vient la famille de leur père et de leur mère. Ensuite, expliquez à un(e) autre étudiant(e) ce que vous avez appris.

MODÈLE: —*D'où vient ta famille?*
       —*La famille de mon père vient d'Angleterre et la famille de ma mère vient de Belgique.*

       (À un[e] autre étudiant[e]):
       —*(Nom de votre camarade) est d'origine anglaise et belge.*

U. **Des itinéraires.** Utilisez les renseignements donnés pour décrire les itinéraires des personnes suivantes.

MODÈLE: Itinéraire pour M. Farid
Paris / matin du 4 / train / Toulouse / 1 nuit
5 / Carcassonne / 2 jours
train / 7 / Montpellier / 3 jours
Paris / soir du 10

M. Farid est parti de Paris le matin du 4. Il a pris le train jusqu'à Toulouse. Il a passé une nuit à Toulouse. Il est reparti le 5. Il a passé deux jours à Carcassonne. Il a repris le train le 7 pour aller à Montpellier. Il a passé trois jours à Montpellier. Il est rentré à Paris le soir du 10.

1. Itinéraire pour Mme Lissieux
Le Havre / après-midi du 15 / train / Caen / 2 nuits
17 / Le Mans / 1 nuit
train / matin du 18 / Tours / 4 jours
Le Havre / soir du 22

2. Itinéraire pour Léa Jozat
Rouen / après-midi du 22 / train / Paris / 1 nuit
matin du 23 / avion / Paris-New York / 3 jours
avion / après-midi du 26 / Boston / 5 jours
avion / 1 / New York / 1 jour
France / matin du 3

3. Itinéraire pour Éric Johnson
soir du 14 / avion / New York-Genève / 2 jours
train / 17 / Lausanne / 4 jours
voiture / 21 / Berne / 1 nuit
voiture / 22 / Lausanne / 2 nuits
train / matin du 24 / Genève / avion / Genève-New York
États-Unis / après-midi du 24

4. Itinéraire pour Alejandro Martínez
matin du 17 / avion / Madrid-Bruxelles / 1 nuit
avion / 18 / Bruxelles-Montréal / 8 jours
voiture / 26 / Trois-Rivières / 2 nuits
voiture / 28 / Québec / 3 jours
voiture / 30 /Montréal
le soir du 30 / avion Montréal-Bruxelles
Madrid / soir du 31

Suggestion, Ex. V: This is a three-stage exercise: (1) in class, pairs make the basic decisions about the places they'll visit during the two-week vacation and the transportation they'll use; (2) at home, they get on the Internet to research the details of the trip and they write up the itinerary; (3) they present the itinerary to the class (if you're short on time, they simply turn it in as an additional homework assignment). The language of the project is French.

V. **C'est les vacances!** Votre ami(e)—un(e) camarade de classe—et vous allez faire un voyage de quinze jours. Parce que vous avez beaucoup d'argent, vous pouvez aller où vous voulez. En classe, définissez les grandes lignes de votre itinéraire (par exemple, endroits que vous voulez visiter, moyens de transport). Ensuite, surfez sur le Web et créez votre itinéraire avec autant de détails que possible (par exemple, dates, pays et villes, durée de chaque séjour, hôtels, etc.). Quand vous aurez terminé votre itinéraire, présentez-le à vos camarades de classe.

Ça se dit comment?

Pour parler d'un itinéraire

partir	**On part** le matin du 4.
prendre	**On prend** le train jusqu'à Toulouse.
coucher	**On couche** la première nuit à Toulouse.
repartir	**On repart** le lendemain matin *(the next morning)*.
passer	**On passe** deux jours à Carcassonne.
reprendre	**On reprend** le train pour aller à Montpellier.
rentrer	**On rentre** à Paris le soir du 8.

■ Contexte: *Le village de Calmoutier*

❝ En attendant que ma tante Jeannette arrive, me voilà pour vous présenter mon village, Calmoutier. La famille Buhler habite Calmoutier depuis des générations. Notre village est très petit, mais pour nous, il représente des journées relax, le jardin, les bons repas, les amis et la famille. Vous allez voir que nous n'avons pas de magasins au village. Pour faire du shopping, pour aller au cinéma ou à un concert... il faut qu'on aille à Vesoul. Voici donc le village de Calmoutier. ❞

http://jvb.heinle.com
Transparencies: 6-3A, 6-3B, 6-3C, 6-3D

Le village

Calmoutier est à dix kilomètres de Vesoul, sur la route nationale 19 (RN 19). Pour arriver à Calmoutier de l'autoroute, on prend la route départementale 100. Le village est situé dans une petite vallée bordée de pentes abruptes qui aboutissent à des plateaux.

Calmoutier

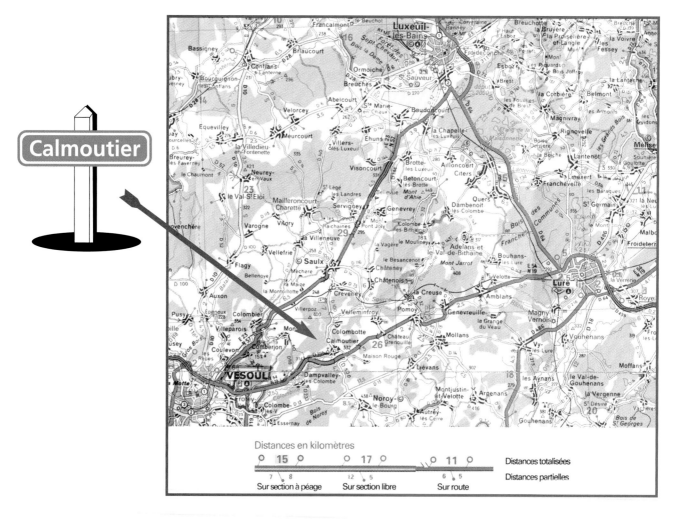

L'église de Calmoutier

L'intérieur de l'église

L'église de Calmoutier a une façade du XVᵉ siècle. Pour nous, cette petite église est très importante. On y célèbre la messe irrégulièrement parce que nous n'avons pas de prêtre au village. Mais nous, les villageois, nous nettoyons l'église de temps en temps et surtout pour Noël.

La maison dite «le château» à Calmoutier

Une maison moderne à Calmoutier

Au Moyen Âge, Calmoutier était le centre d'une communauté de prêtres qui s'occupaient de tous les villages de la région. Au sud de l'église, il y a encore les restes d'un couvent. Dans le village, nous avons aussi de belles maisons, comme «le château», qui ont été construites entre le XVIᵉ et le XVIIIᵉ siècles. Le «château» appartient à ma famille mais, pour l'instant, personne n'y habite.

    Aujourd'hui, nous avons aussi quelques maisons modernes qui ont été construites dans les vingt dernières années. Ces maisons appartiennent à des gens qui ont quitté les villes pour trouver le calme de la vie de campagne. D'autres ont une maison de campagne ici et ils viennent au village seulement pendant les grandes vacances.

Le lavoir de Calmoutier

La chapelle qui domine le village

Dico

Ce lavoir à arcades date du XVIIIᵉ siècle. Autrefois, le lavoir était la seule source d'eau au village. Tout le monde y allait pour chercher de l'eau pour la maison. Dans le passé, les femmes allaient aussi au «lavoir» pour laver les vêtements (faire la lessive). Aujourd'hui, ce lavoir pittoresque est intéressant du point de vue historique mais il n'a plus de fonction pratique.

    Au nord-ouest du village, il y a une petite chapelle qui date du XIXᵉ siècle et qui domine une immense carrière. Les villageois ont construit cette chapelle après l'épidémie de choléra de 1854. Aujourd'hui, on monte à la chapelle pour se promener ou pour des célébrations commémoratives.

 **Dico**

basse: *lower*
cataclysme: *disaster*
emportant: *washing away*
faisant écrouler: *caving in*
1 404 hectares: *3,468 acres*
410 hectares: *1,013 acres*
ménages: *households*
noyant: *drowning*
ont recouvert: *covered*
ponts: *bridges*
sous-sol: *subsoil*
trombe d'eau: *torrential rain*

Calmoutier:

Département: Haute-Saône

Superficie totale: 1 404 hectares

Superficie des bois: 410 hectares

Démographie:

1614 • 78 ménages	1881 • 587 habitants	1968 • 241 habitants
1790 • 808 habitants	1906 • 455 habitants	1975 • 174 habitants
1815 • 834 habitants	1936 • 287 habitants	1992 • 220 habitants
1841 • 895 habitants	1962 • 237 habitants	2000 • 230 habitants
1861 • 779 habitants		

Les villageois

Calmoutier

On fait du calcul

Mme David avec ses élèves

On dessine

Maurice Baptizet et Simone et Fernand Laurent qui scient le bois

Renseignements

Événement historique: Les particularités du sous-sol ont été la cause d'un cataclysme provoqué par une trombe d'eau le 9 août 1832: les eaux ont recouvert toute la partie basse du village, emportant les ponts, faisant écrouler trois maisons et noyant cinq habitants. Après ce cataclysme, quelques habitants se sont exilés aux États-Unis où ils ont fondé le village de Calmoutier en Ohio. Aujourd'hui ce village n'existe plus; mais il en reste un cimetière dans la paroisse de Calmoutier, USA.

▶ *Qu'est-ce que vous en pensez?*

Aujourd'hui, beaucoup de jeunes quittent les villages pour aller vivre dans les villes. Cela est vrai aussi pour le village de Calmoutier. À votre avis, pourquoi est-ce que les jeunes Français ont tendance à quitter la campagne pour s'installer dans les villes?

Thérèse Roblin et sa petite fille Amandine cueillent des fraises au jardin

Simone Buhler dans la cuisine

Marcel Buhler travaille au jardin

Autrefois, la maison Buhler était une laiterie: on y fabriquait du fromage, du beurre et d'autres produits laitiers

Mémé plume un canard (plucking a duck)

«Les Louis» à la fenaison (haymaking)

Célébration de la messe à la petite chapelle

On fait la lessive; est-ce qu'il va pleuvoir (rain)**?**

Marcel s'occupe de ses lapins (rabbits)

Christian fait du jus de pomme

En France, un village est une communauté de moins de 2 000 habitants.

Suggestion, Qu'est-ce que vous avez appris?: At this point in their learning, it will still be easier for students to have a meaningful conversation in English about village life. They should be noting the differences (or things that are unknown) and the similarities between daily life in Calmoutier and their own experiences.

➤ *Qu'est-ce que vous avez appris?*

À partir des photos, quelles observations est-ce que vous pouvez faire sur la vie quotidienne du village. Si vous faisiez un collage de votre ville/village, quelles photos est-ce que vous choisiriez? Pourquoi?

Ça se dit comment?

Pour décrire un village (To describe a village)

agricole	*agricultural*
un agriculteur	*farmer*
l'agriculture (f.)	*agriculture*
un champ	*field*
une église	*church*
un endroit	*place*
le paysage	*countryside*
une place	*(town) square*
un pont	*bridge*
une rivière	*river*
une rue	*street, road*
rural(e)	*rural, country*
une vallée	*valley*
un village	*village*
les villageois (m.pl.)	*villagers*

À vous!

W. **Ce que je sais sur Calmoutier.** Some residents of Calmoutier, Ohio, who don't speak French ask you to tell them about Calmoutier, France. Use the information you've learned in this *Contexte* and from other parts of the chapter to answer their questions about the village.

1. In what part of France is Calmoutier located (region, department)?
2. What people formed the core of the original community?
3. What's the nearest large town and how far away is it?
4. What do you know about the church?
5. During what time were many of the houses built? Are there houses being built in Calmoutier today?
6. One of the houses, owned by the Buhler family, is locally called the "château." What does that suggest about the house?
7. Overlooking Calmoutier is a small chapel that was built after the cholera epidemic of 1854. Why do you think the villagers built this chapel dedicated to the Virgin Mary?
8. Look at the demographic changes that have occurred over the centuries. Why do you think there was a steady decline in the number of inhabitants between 1861 and 1992? What does that suggest about French villages today?
9. Why and when did some villagers move from Calmoutier to Ohio? What traces of these villagers are left in Ohio today?
10. What kinds of things about everyday village life seem unusual to you? Why do they seem unusual or different?

X. **Anne-Marie Buhler nous corrige.** Anne-Marie Buhler passe beaucoup de temps à faire de la publicité pour Calmoutier. C'est elle qui réunit les villageois quand il faut nettoyer l'église et la décorer pour une fête; et c'est elle qui est l'historienne du village. Jouez le rôle d'Anne-Marie et corrigez les idées que vous entendez; ajoutez un ou deux renseignements.

> MODÈLE: Calmoutier est plus près de Lure que de Vesoul.
> *Non, Calmoutier est plus près de Vesoul. Vesoul est seulement à dix kilomètres du village.*

1. Il y a une épicerie à Calmoutier.
2. Il y a plus d'habitants à Calmoutier aujourd'hui qu'en 1841.
3. Calmoutier se trouve sur la RN 100.
4. Les villageois continuent à utiliser le lavoir pour faire la lessive.
5. Certains villageois sont partis pour les États-Unis à cause d'une épidémie de choléra.
6. À Calmoutier, la messe est célébrée tous les dimanches.
7. Il n'y a pas de maisons modernes au village.
8. Calmoutier est situé sur un plateau dans la banlieue de Vesoul.

Y. **Un village francophone.** Utilisez Internet pour trouver un village dans une région francophone. Ensuite, faites la description de ce village à un(e) de vos camarades de classe. Par exemple, est-ce que le village se trouve dans une région agricole? dans une vallée ou dans un paysage montagneux? Comment est le village? Quels bâtiments est-ce qu'il y a? Est-ce qu'il y a un bâtiment religieux? une école? des magasins? Est-ce qu'il y a une rivière et des ponts?, etc. Utilisez le vocabulaire de *Ça se dit comment?* (page 288) pour guider votre description.

La Franche-Comté
- Une région dans l'est de la France.
- Préfecture de la région: Besançon.
- Départements: Doubs, Haute-Saône, Territoire de Belfort.
- 1 097 185 habitants (1990).
- 16 202 km² (3% du territoire national).
- Le climat est humide et froid dans les montagnes; tempéré dans les plaines.
- Les villes principales sont Besançon, Lons-le-Saunier, Vesoul, Belfort.

Answers, Ex. X: 1. Non, il n'y a pas de magasins à Calmoutier; il faut aller à Vesoul pour faire du shopping. 2. Non, il y avait plus d'habitants en 1841 (895 habitants); le nombre d'habitants a beaucoup diminué entre 1841 et 2000. 3. Non, Calmoutier se trouve sur la route nationale 19 et sur la route départementale 100. 4. Non, aujourd'hui, le lavoir est intéressant du point de vue historique, mais n'a plus de fonction pratique. 5. Oui, les villageois sont partis après le cataclysme provoqué par une trombe d'eau le 9 août 1832; ils se sont installés en Ohio. 6. Non. La messe est célébrée irrégulièrement parce qu'il n'y a pas de prêtre au village; mais les villageois nettoient l'église de temps en temps, et surtout pour Noël. 7. Si, il y a des maisons modernes et des maisons traditionnelles; il y a des gens qui se sont installés au village pour trouver le calme de la campagne; d'autres y ont une résidence secondaire et viennent pendant les grandes vacances. 8. Non. Calmoutier est situé dans une petite vallée, à côté d'une carrière, dans une région agricole; c'est un endroit rural avec des bois et des champs.

Suggestion, Ex. Y: If you hold class in a technology classroom, you can give students time to try some Internet sites and begin Ex. Y. If not, give the Internet portion of the exercise as an assignment and have students report on the results in class. This can be done any time and need not be done in the order presented in the book.

▪Échange: *C'est comment, chez toi?*

Isabelle, Christine et Anne interrogent leur tante sur l'endroit où elle habite.

Christine Buhler

Anne Buhler

Isabelle Buhler

Questions:
1. Où habite Jeannette?   2. Quelle est la population de la ville de Washington?   3. Est-ce que Washington est plus ou moins grande que Lyon?   4. Où habitent beaucoup des fonctionnaires qui travaillent à Washington?

◡LE FRANÇAIS PARLÉ

- dropping a word
  Ce n'est pas étonnant. =
    C'est pas étonnant.
  Ce n'est pas trop loin. =
    C'est pas trop loin.
  il y a = **ya (Ya aussi des
    quartiers résidentiels.)**
  il n'y a pas = **ya pas
    (Ya pas que ça.)**

Dico

environ: *about*
étonnant: *surprising*
fonctionnaires: *public servants*
il n'y a pas que ça: *that's not all
    there is*
pauvres: *poor*

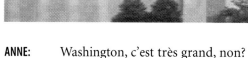

ANNE: Washington, c'est très grand, non?
JEANNETTE: Oui, c'est assez grand... il y a environ 500 000 habitants.
ISABELLE: Mais c'est énorme, ça! C'est plus grand que Lyon et Lyon est une des plus grandes villes de France!
JEANNETTE: Ce n'est pas étonnant. Aux États-Unis, Washington est la 23ème ville, du point de vue de la population.
CHRISTINE: Washington, c'est près de New York?
JEANNETTE: Ce n'est pas trop loin. C'est à 328 km au sud.
CHRISTINE: Je trouve que c'est très loin.
ANNE: Il y a beaucoup d'édifices publics.
JEANNETTE: Oui, mais il n'y a pas que ça. Il y a aussi des quartiers résidentiels. Il y en a qui sont très élégants et d'autres qui sont plutôt pauvres. En plus, il y a beaucoup de fonctionnaires qui habitent dans la banlieue, dans les états de Virginie et du Maryland.

Ça se dit comment?

Pour décrire une ville *(To describe a city)*

une agglomération	urban area	un immeuble	apartment building
une autoroute périphérique	beltway (around a city)	industriel(le)	industrial
la banlieue	suburbs	un magasin	store
un bâtiment	building	la périphérie	city limits, outskirts (of a city)
un (grand) boulevard	(major) boulevard	un quartier (résidentiel,	(residential, rich, poor)
une boutique	small shop, boutique	élégant, pauvre)	neighborhood
un centre urbain	urban center	un réseau routier	road network
le centre-ville	downtown, city (town) center	un supermarché	supermarket
les citadins *(m.pl.)*	city people	urbain(e)	urban
un embouteillage	traffic jam	une (petite / grande) ville	(small / large / mid-size) city
les faubourgs *(m.pl.)*	outskirts (of a city)	(moyenne)	
un gratte-ciel	skyscraper		

À vous!

ŤŤŤ Z. Les villes françaises. Utilisez la carte de France et le tableau des distances pour comparer les villes. Suivez le modèle.

MODÈLE: Marseille / Paris-Toulouse

—*Marseille a 807 071 habitants. Paris a 2 147 857 habitants. Marseille est moins grande que Paris (Paris est plus grande que Marseille).*

—*Marseille est à 403 kilomètres à l'est de Toulouse. Paris est à 699 kilomètres au nord de Toulouse. Paris est plus loin de Toulouse que Marseille (Marseille est moins loin de Toulouse que Paris).*

FLASH VOCABULAIRE

- **Pour situer un endroit à l'aide d'une boussole** *(To situate a place using a compass)*
  à (dans) l'est (de)
  au (dans le) nord (nord-est, nord-ouest) (de)
  à (dans) l'ouest (de)
  au (dans le) sud (sud-est, sud-ouest) (de)
  au centre

- **Pour situer un endroit en calculant la distance**
  à... km de...
  à une distance de...

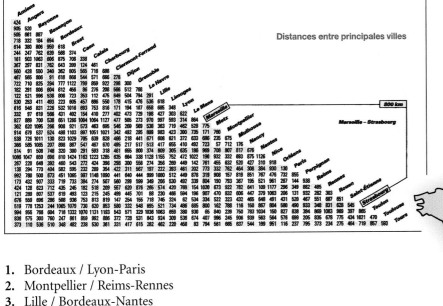

1. Bordeaux / Lyon-Paris
2. Montpellier / Reims-Rennes
3. Lille / Bordeaux-Nantes
4. Toulouse / Poitiers-Nice
5. Strasbourg / Dijon-Tours
6. Montpellier / Grenoble-Strasbourg

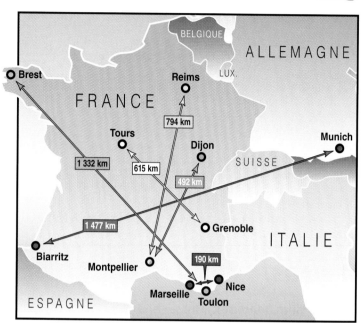

Les distances aux États-Unis et en France

Quand les Européens visitent les États-Unis, ce qui les étonne toujours, ce sont les énormes distances qu'il faut couvrir pour aller d'un endroit à l'autre. Pour comprendre un peu la différence dans les perceptions des distances, notez les exemples suivants:

Boston–New York = 214 miles (344 km)
Philadelphie–Pittsburgh = 306 miles (492 km)
San Francisco–Los Angeles = 382 miles (615 km)
Los Angeles–San Diego = 120 miles (193 km)
Dallas–Chicago = 968 miles (1 558 km)
Miami–Minneapolis = 1 832 miles (2 948 km)

La plus grande distance entre deux villes principales en France est de 1 332 km (entre Brest et Toulon), une distance qui ne couvre qu'un tiers (⅓) des États-Unis.

AA Ma ville. Avec vos camarades, faites la description de votre ville. Consultez *Ça se dit comment* pour le vocabulaire qu'il vous faut.

En classe:

- situez la ville géographiquement de façon très détaillée
- faites une première description de la ville
- décidez quels endroits dans la ville sont les plus importants/intéressants
- décidez qui va faire quelles recherches comme devoirs
    1. trouver un plan de la ville
    2. trouver des statistiques (population, etc.)
    3. trouver la description des centres culturels (musées, opéra, etc.)
    4. trouver la description des endroits pittoresques
    5. trouver la description des bâtiments et monuments historiques
    6. faire une liste des bons restaurants
    7. faire la description des fêtes et festivals

Comme devoirs:

- faites les recherches à la bibliothèque ou sur Internet
- créez une brochure ou une affiche *(poster)* sur votre ville et présentez-la à vos camarades de classe

Do **À faire!** (6-4) on page 252 of the **Manuel de préparation**
* Follow-up: countries and cities
* Pronunciation (nasal vowels)
* General review of the chapter

◼Intégration

⃰⃰ BB Encore des projets de voyage. Votre ami(e) et vous passez l'année à Lausanne où vous faites des études à l'université. Entre les deux semestres, vous décidez de faire le tour de l'Europe. Établissez l'itinéraire du voyage: où est-ce que vous allez, combien de temps vous allez passer dans chaque endroit, les moyens de transport, les hôtels, les activités, etc. (**où, combien de temps, comment, qu'est-ce que,** etc.). Quand vous aurez établi tous les détails, imaginez que vous êtes maintenant de retour.

Racontez à un(e) autre camarade les détails du voyage que **vous avez fait.**

⃰⃰⃰ CC Découvrons les États-Unis! Parlez à vos camarades d'un voyage que vous avez fait dans un autre état des États-Unis. Situez l'état géographiquement et décrivez votre voyage et vos activités.

🎧 DD Au guichet de la gare. Deux amis se trouvent au guichet d'une gare à Paris. Ils discutent un moment et ensuite ils achètent leurs billets. Écoutez la conversation et répondez ensuite aux questions.

Véronique

1. Où est-ce qu'elle va?
2. Combien de personnes vont l'accompagner?
3. Combien de temps est-ce qu'elle va y passer?
4. Quand est-ce qu'elle va partir? Quand est-ce qu'elle va rentrer à Paris?
5. Quelle sorte de billet Véronique prend-elle?
6. Est-ce qu'elle paie par chèque?

Jean-Pierre

7. Où va-t-il?
8. Combien de temps est-ce qu'il va y passer?
9. Combien de personnes vont l'accompagner?
10. Qui va l'accompagner?
11. Quand est-ce qu'ils vont partir? Par quel train?
12. Est-ce qu'il a droit à une réduction de tarif? Pourquoi?

⃰⃰ EE Des réservations. You're going to be in Paris with a friend.

- First, call the hotel Chaplain and make reservations. You're going to be in Paris for a week. Get as much information as possible about cost, facilities, breakfast, etc.
- Now you're in Paris and you're planning to travel to another city. Go to the right train station, go to the ticket window, and get the tickets (round-trip) for you and your friend.

SUGGESTED LESSON OUTLINE:
Students assigned *À faire! (6-4)* have done a reading, have worked with pronunciation, have done a writing activity, and have done a general review of the grammatical structures of this chapter. Ex. XIX (a country to visit), XXI (a description of a hometown), and XXIII (a trip to Europe) were not self-correcting.

In this segment, do *Intégration* (Ex. BB, CC, DD, EE). If you wish, you can select one or more of the activities in the *Branchez-vous!* section.

🎧 MC Audio CD3, TRACK 9 (Ex. DD)

Answers, Ex. DD:
Véronique: 1. Elle va à Chartres. **2.** Une personne. **3.** Deux jours. **4.** Vendredi en fin d'après-midi. Dimanche soir. **5.** Elle prend un billet deuxième classe, non-fumeurs. **6.** Non, elle paie en espèces.
Jean-Pierre: 7. Il va à Nîmes (dans le Midi). **8.** Deux semaines. **9.** Quatre personnes. **10.** Sa femme et ses trois enfants. **11.** Ils vont partir le vendredi trois juillet par le train de huit heures trente. **12.** Oui, il a droit à une réduction de tarif pour famille nombreuse (parce qu'il a trois enfants).

Suggestion, Ex. EE: Before beginning the activity, brainstorm possible questions that might be asked at the front desk of a hotel.

De Washington à Paris   *deux cent quatre-vingt-treize*   **293** ●

FF **Est-ce que vous préférez la ville ou la campagne?** Lisez ce que disent les deux jeunes au sujet de leurs préférences. Ensuite expliquez que vous préférez habiter soit la ville soit la campagne et donnez des raisons concrètes.

66 Bonjour! Moi, c'est Amina Nogodour et je suis d'origine marocaine. Ma famille et moi, nous habitons à Nice depuis dix ans. Nice est une des plus grandes villes du midi de la France. J'adore habiter la ville. J'ai beaucoup d'amis et nous sortons souvent ensemble parce qu'il y a beaucoup de choses à faire ici. Nous allons à la plage, nous faisons du shopping, nous allons au cinéma, nous nous promenons. Bref, pour moi, habiter la ville, c'est le paradis. **99**

Données géographiques: Nice
- 345 892 habitants (1999)
- au sud (dans le midi) de la France
- sur la côte méditerranéenne
- à 930 km de Paris
- à 190 km de Marseille
- tout près de la frontière italienne

66 Moi, je suis Gilles Kervennec et je viens d'un petit village breton qui s'appelle Locronan. Au village, tout le monde se connaît assez bien parce qu'il y a des familles qui habitent ici depuis des générations. Mes amis et moi, nous nous retrouvons sur la place centrale du village ou dans les cafés. En été, il y a des touristes qui viennent chez nous pour visiter l'église St-Ronan et la chapelle du Penity. Moi, je n'aime pas beaucoup les grandes villes. Il y a trop de bruit et de pollution. Ce que je préfère, c'est le calme de la vie au village. **99**

Données géographiques: Locronan
- 882 habitants
- à l'ouest de la France, en Bretagne
- sur la baie de Douarnenez
- à 560 km à l'ouest de Paris
- à 260 km de Rennes
- à 16 km au nord de Quimper

■Lexique

Pour se débrouiller

Pour demander une chambre d'hôtel

Est-ce que vous avez une chambre pour (deux personnes / ce soir / etc.)?
Je voudrais une chambre...
J'ai réservé une chambre au nom de...
Il me faut une chambre...

Pour préciser le type de chambre

Une chambre
pour une (deux, trois) personne(s)
avec un grand lit (deux lits)
avec (une) douche ([une] baignoire)
avec (des) WC
avec (sans) salle de bains
au premier (deuxième, etc.) étage, si possible
avec (un) balcon
qui donne sur la cour
qui ne donne pas sur la rue

Pour se renseigner à l'hôtel

C'est à quel étage?
C'est combien, la chambre? (Quel est le prix de la chambre?)
Le petit déjeuner est compris?
Est-ce qu'il y a un téléviseur dans la chambre?
Et le téléphone, est-ce qu'il est direct? (Est-ce que c'est une ligne directe?)
Vous fermez à quelle heure, le soir?
Est-ce qu'il y a un ascenseur?

Pour réserver sa place dans le train

(Je voudrais acheter / Il me faut) deux billets pour...
aller simple / aller-retour
première classe / deuxième classe
une couchette
un wagon-lit
Je voudrais réserver (J'ai besoin de) trois places pour...
fumeur / non-fumeur
Est-il possible d'avoir une place dans le train de 14h35?
(Il y a encore des places dans le train de 14h35?)

Pour situer un endroit à l'aide d'une boussole

à (dans) l'est (de)
au (dans le) nord (nord-est, nord-ouest) (de)
à (dans) l'ouest (de)
au (dans le) sud (sud-est, sud-ouest) (de)
au centre

Pour situer un endroit en calculant les distances

à... km de...
à une distance de...

Thèmes et contextes

L'hôtel *(m.)*

un ascenseur
une baignoire
un balcon
une chaise
une chambre
une clé
la climatisation
une douche
un escalier
un fauteuil
l'heure *(f.)* de fermeture
un lavabo
un lit
le petit déjeuner
la réception
une salle de bains
un téléphone direct
les WC *(m. pl.)*

L'itinéraire *(m.)*

coucher
partir
passer
prendre
rentrer
repartir
reprendre

Le train *(noms)*

un arrêt
l'arrivée *(f.)*
un billet (aller simple, aller-retour)
un composteur
une couchette
le départ
un distributeur (de billets)
fumeur, non-fumeur
une gare

un guichet
l'heure (f.) de départ (d'arrivée)
l'horaire (m.) des trains
une place
première (deuxième) classe
un quai
le TGV (train à grande vitesse)
une voie
une voiture
un wagon-lit

Le train (verbes)
acheter un billet
(s')arrêter
arriver
attendre
changer de train
composter (le billet)
faire une réservation
partir

Un village
agricole
un agriculteur
l'agriculture (f.)
un champ
une église
un endroit
le paysage
une place
un pont

une rivière
une rue
rural(e)
une vallée
un village
les villageois (m.pl.)

Une ville
une agglomération
une autoroute périphérique
la banlieue
un bâtiment
un (grand) boulevard
une boutique
un centre urbain
le centre-ville
les citadins (m.pl.)
un embouteillage
les faubourgs (m.pl.)
un gratte-ciel
un immeuble
industriel(le)
un magasin
la périphérie
un quartier (résidentiel, élégant, pauvre)
un réseau routier
un supermarché
urbain(e)
une (petite / grande) ville (moyenne)

Vocabulaire général

Autres expressions
il est nécessaire (de, que)
il faut (que)
il me faut
il vaut mieux (que)
ils vont me retrouver
je vais t'attendre
Quel(le) est... ?

Branchez-vous!

The *Branchez-vous!* sections of the **Manuel de classe** and the **Manuel de Préparation** provide a variety of expansion activities that can be done in or out of class, by individual students, by small groups or by the class as a whole.

Internet

Please visit the **Je veux bien!** website at **http://jvb.heinle.com.** You'll find activities to practice the vocabulary and grammar you've learned in this chapter as well as cultural exploration activities that guide you through websites from around the French-speaking world.

Vidéo

Please visit the **Je veux bien!** website at **http://jvb.heinle.com** for the video activities that accompany this chapter. You'll get the most from watching the video for this chapter if you first visit the website and print out the video activities for this chapter. Then watch the video (in your classroom, language lab, or at home) and complete the activities for the chapter.

AU-DELÀ DU COURS:

Une ligne aérienne

Suggestion, Au-delà du cours:
If you have a class web page, have students post their findings on it. If not, organize a small "poster session" during which students describe what they've learned from one another.

Do some research on the Internet on an airline from France or a French-speaking country (e.g., Air France, Air Inter, Swissair, etc.). Find out as much as you can about the airline. For example, is it state or privately owned, what are its major routes, is it a carrier that travels internationally, what kinds of airplanes does it use, what is its history, etc.? Based on what you learn, what types of travelers are most likely to use this airline (commuters? business people? tourists?) and why?

LITTÉRATURE:

«Le géographe» de Saint-Exupéry

*Dans cet extrait du **Petit Prince** d'Antoine de Saint-Exupéry, le petit prince raconte à l'aviateur son expérience sur la planète du géographe. Pendant cette visite, il apprend ce que fait un géographe et la différence entre un géographe et un explorateur. Est-ce que vous êtes d'accord avec les définitions données par Saint-Exupéry?*

le petit prince

le géographe

Le 20 juillet 1969, les cosmonautes américains Neil Armstrong et Edwin Aldrin se posent sur la Lune.

La sixième planète [...] était habitée par un vieux Monsieur qui écrivait d'énormes livres:

—Tiens! voilà un explorateur! s'écria-t-il, quand il aperçut le petit prince.

Le petit prince s'assit sur la table et souffla un peu. Il avait tant voyagé!

—D'où viens-tu? lui dit le vieux Monsieur.

—Quel est ce gros livre? dit le petit prince. Que faites-vous ici?

—Je suis géographe, dit le vieux Monsieur.

—Qu'est-ce qu'un géographe?

—C'est un savant qui connaît où se trouvent les mers, les fleuves, les villes, les montagnes et les déserts.

—Ça c'est bien intéressant, dit le petit prince. Ça, c'est enfin un véritable métier! Et il jeta un coup d'œil autour de lui sur la planète du géographe. Il n'avait jamais vu encore une planète aussi majestueuse.

—Elle est bien belle, votre planète. Est-ce qu'il y a des océans?

—Je ne puis pas le savoir, dit le géographe.

—Ah! (Le petit prince était déçu.) Et des montagnes?

—Je ne puis pas le savoir, dit le géographe.

—Et des villes et des fleuves et des déserts?

—Je ne puis pas le savoir non plus, dit le géographe.

—Mais vous êtes géographe!

—C'est exact, dit le géographe, mais je ne suis pas explorateur. Je manque absolument d'explorateurs. Ce n'est pas le géographe qui va faire le compte des villes, des fleuves, des montagnes, des mers, des océans et des déserts. Le géographe est trop important pour flâner. Il ne quitte pas son bureau. Mais il reçoit les explorateurs. Il les interroge, et il prend en note leurs souvenirs. Et si les souvenirs de l'un d'entre eux lui paraissent intéressants, le géographe fait faire une enquête sur la moralité de l'explorateur.

—Pourquoi, ça?

—Parce qu'un explorateur qui mentirait entraînerait des catastrophes dans les livres de géographie. Et aussi un explorateur qui boirait trop.

—Pourquoi ça? fit le petit prince.

—Parce que les ivrognes voient double. Alors le géographe noterait deux montagnes, là où il n'y en a qu'une seule.

[...] Donc, quand la moralité de l'explorateur paraît bonne, on fait une enquête sur sa découverte.

—On va voir?

s'écria-t-il: *he cried out* / **aperçut:** *noticed*

s'assit: *sat* / **souffla un peu:** *slightly out of breath*

savant: *scholar*

véritable métier: *real profession* / **jeta un coup d'œil autour de lui:** *glanced around him*

Je ne puis pas le savoir: *I can't know* / **était déçu:** *was disappointed*

C'est exact: *That's true* / **Je manque:** *I don't have*

faire le compte: *do the tally*

mers: *seas*

flâner: *stroll around*

les interroge: *interviews them*

lui paraissent intéressants: *seem interesting to him* / **fait faire une enquête:** *has an investigation done*

mentirait: *would lie* / **entraînerait:** *would lead to*

boirait: *would drink*

ivrognes: *drunkards*

—Non. C'est trop compliqué. Mais on exige de l'explorateur qu'il fournisse des preuves. S'il s'agit par exemple de la découverte d'une grosse montagne, on exige qu'il en rapporte de grosses pierres.

Le géographe soudain s'émut.

—Mais toi, tu viens de loin! Tu es explorateur! Tu vas me décrire ta planète!

[...]

—Oh! chez moi, dit le petit prince, ce n'est pas très intéressant, c'est tout petit. J'ai trois volcans. Deux volcans en activité, et un volcan éteint. Mais on ne sait jamais.

—On ne sait jamais, dit le géographe.

—J'ai aussi une fleur.

—Nous ne notons pas les fleurs, dit le géographe.

—Pourquoi ça! c'est le plus joli!

—Parce que les fleurs sont éphémères.

—Qu'est-ce que signifie: "éphémère"?

—Les géographies, dit le géographe, sont les livres les plus sérieux de tous les livres. Elles ne se démodent jamais. Il est très rare qu'une montagne change de place. Il est très rare qu'un océan se vide de son eau. Nous écrivons des choses éternelles.

—Mais les volcans éteints peuvent se réveiller, interrompit le petit prince. Qu'est-ce que signifie: "éphémère"?

—Que les volcans soient éteints ou soient éveillés, ça revient au même pour nous autres, dit le géographe. Ce qui compte pour nous, c'est la montagne. Elle ne change pas.

—Mais qu'est-ce que signifie "éphémère"? répéta le petit prince qui, de sa vie, n'avait renoncé à une question, une fois qu'il l'avait posée.

—Ça signifie "qui est menacé de disparition prochaine."

—Ma fleur est menacée de disparition prochaine?

—Bien sûr.

Ma fleur est éphémère, se dit le petit prince, et elle n'a que quatre épines pour se défendre contre le monde! Et je l'ai laissée toute seule chez moi!

Ce fut là son premier mouvement de regret. Mais il reprit courage:

—Que me conseillez-vous d'aller visiter? demanda-t-il.

—La planète Terre, lui répondit le géographe. Elle a une bonne réputation...

Et le petit prince s'en fut, songeant à sa fleur.

on exige: *one demands*
fournisse des preuves: *furnish (provide) proof /* **pierres:** *rocks*
s'émut: *got excited*

éteint: *dormant (volcano)*
on ne sait jamais: *you never know*

Pourquoi ça: *Why not?*

ne se démodent jamais: *never go out of date*
se vide: *empties itself*

ça revient au même pour nous autres: *it's all the same to us*

menacé de disparition prochaine: *threatened with imminent extinction*

épines: *thorns*

Ce fut là: *That was /* **reprit:** *took*

s'en fut: *left /* **songeant à:** *thinking about*

➤ Qu'est-ce que vous en pensez?

Why do you think that the little prince is impressed at first with the job the geographer does? But why is he disappointed later on? According to the geographer, what's the difference between a geographer and an explorer? Do you agree with the definitions? Why or why not? Why is the morality of an explorer very important? The geographer gives an example of the kind of proof an explorer might bring back. What do you think of that proof? When the little prince talks about his planet, what seems to be most important to him? Is it also important to the geographer? Why or why not? What are the geographer's definitions of **éternel** and **éphémère**? Do you agree with the definitions? Do you have better ones? What lesson do you think the author is trying to teach in this passage?

Carte d'identité: La France

ANGLETERRE
BELGIQUE
LUXEMBOURG
ALLEMAGNE
FRANCE
SUISSE
ESPAGNE
ITALIE

Nom: France

Forme: hexagonale

Situation: à mi-chemin du pôle Nord et de l'équateur avec vue exceptionnelle sur quatre mers: la mer du Nord, la Manche, l'océan Atlantique et la Méditerranée

Taille: 550 000 km²

Nombre d'habitants: 60 millions

Signes particuliers: a un grand nez formé par la Bretagne; a également une île, la Corse, qui est séparée de l'hexagone

Relations personnelles: accueille 52 millions de touristes étrangers chaque année, un record mondial

Capitale: Paris

Monnaie: le franc (jusqu'au 31 décembre 2001); l'euro (monnaie européenne à partir du 1er janvier 2002)

Drapeau: tricolore (bleu, blanc, rouge)

Hymne: *La Marseillaise*

Devise: Liberté, Égalité, Fraternité

La France en Europe

La France occupe une situation géographique unique en Europe. Souvent appelé «l'hexagone» à cause de sa forme, situé à l'extrémité ouest de l'Europe occidentale, ce pays offre une grande variété de climats et de paysages. Ses voisins sont la Belgique et l'Allemagne au nord, la Suisse à l'est, l'Italie et l'Espagne au sud. Et au nord-ouest, il y a l'Angleterre qui est aujourd'hui reliée à la France par le tunnel ferroviaire sous la Manche («le Chunnel»).

➤ Qu'est-ce que vous avez appris?

France is often referred to as the crossroads of Europe. What have you learned about France that supports this notion? What have you learned about France that you didn't already know?

Aux quatre coins du globe

La France est en Europe. Toute entière? Non, car des petits morceaux de France sont dispersés un peu partout dans le monde. On les appelle les départements et territoires d'outre-mer: les DOM-TOM. Le plus grand est la terre Adélie, un désert de glace près du pôle Sud où ne vit qu'une mission de savants. Presque tous les autres sont des îles: la Martinique, la Guadeloupe, la Réunion, la Nouvelle-Calédonie, Wallis-et-Futuna, Saint-Pierre-et-Miquelon, Mayotte, Tahiti. La base de lancement de la fusée Ariane est à Kourou en Guyane, un autre département français.

accueille: *receives, welcomes*
à mi-chemin: *half-way between*
base de lancement: *launch pad*
car: *because*
d'outre-mer: *overseas*
est reliée à: *is connected to*
ferroviaire: *railway*
fusée: *rocket*
glace: *ice*
îles: *islands*
Manche: *English Channel*
mission de savants: *research team*
mondial: *world*
morceaux: *pieces*
occidentale: *western*
paysages: *landscapes*
Toute entière?: *Entirely?*
vit: *lives*
voisins: *neighbors*

Le grand puzzle de la France

La France est découpée en 22 grands morceaux, les régions (autrefois appelées les «provinces»), et en 96 petits morceaux, les départements.

22 régions

Il y a 22 régions en France, et chacune regroupe plusieurs départements. De nombreux Français disent: «je suis breton, je suis basque, je suis corse», selon leur région d'origine. Autrefois, on appartenait d'abord à sa province: on parlait la langue de sa province, on observait des coutumes différentes d'une province à l'autre. Aujourd'hui, ces différences sont moins importantes mais elles existent toujours: dans le Nord ou en Lorraine, on ne vit pas exactement de la même façon qu'en Provence ou dans les Alpes.

Nous sommes normandes.

96 départements et 4 DOM

Les départements sont des petits bouts de territoire découpés comme un puzzle. Il y en a 96 plus 4 avec les DOM. À la tête de chaque département se trouve un préfet nommé par le gouvernement et un conseil général élu par les habitants.

Nous sommes franc-comtois.

Quelques chiffres des régions

- **La plus grande:** Midi-Pyrénées = 45 350 km^2
- **La plus petite:** l'Alsace = 8 300 km^2
- **La plus peuplée:** l'Île-de-France = 10 500 000 habitants ($\frac{1}{5}$ de la population française)
- **La moins peuplée:** la Corse = 240 000 habitants

Nous sommes alsaciens.

> ## Qu'est-ce que vous en pensez?

Do the French still have a tendency to identify with their province (region)? What makes you think so? How do people in the United States tend to identify themselves (by geographic region? by state? in some other way?)? How does this compare to what you know about France?

Je suis bretonne.

Je suis basque.

Je suis provençale.

Les langues de France

En 1539, le français devient l'idiome national, la langue officielle imposée par le roi de France François Ier à tous les habitants de France. Dès lors, chacun—écrivains, poètes, politiciens, etc.—sent le besoin de fortifier et d'enrichir cette langue. Mais, à partir de 1970, avec la création des régions, il y a une renaissance de l'intérêt des Français pour leur langue d'origine. C'est ainsi que dans les lycées, par exemple, les élèves peuvent choisir une langue régionale comme langue étrangère.

Les langues régionales

Aujourd'hui, on compte sept langues régionales en France:

1. ***l'occitan:*** *plus de 8 millions de Français le comprennent ou le parlent. C'est une langue romane, très proche du latin, parlée dans le sud de la France—de la Gironde aux Hautes Alpes.*
2. ***l'alsacien et le lorrain:*** *plus de 1,5 millions de Français le comprennent ou le parlent. C'est un dialecte de l'allemand.*
3. ***le breton:*** *plus de 1 million de Français le comprennent ou le parlent. C'est une langue celtique d'origine gauloise—les Bretons se sont installés en Gaule au Ve siècle.*
4. ***le corse:*** *plus de 200 000 Français le comprennent ou le parlent. C'est un dialecte de l'italien, donc d'origine latine. Il est parlé en Corse par la majorité des habitants de l'île.*
5. ***le catalan:*** *plus de 200 000 Français le comprennent ou le parlent. C'est un dialecte proche du latin. Il est parlé dans la partie orientale des Pyrénées.*
6. ***le basque:*** *plus de 100 000 Français le comprennent ou le parlent. Il est parlé dans la partie occidentale des Pyrénées, en France et en Espagne.*
7. ***le flamand:*** *plus de 100 000 Français le comprennent ou le parlent. C'est un dialecte du néerlandais, apparenté à l'allemand et à l'anglais.*

Dico

bouts: *pieces*	**orientale:** *eastern*
chacune: *each one*	**préfet:** *prefect*
découpée en: *cut into*	(*government official*)
Dès lors: *Since (then)*	**proche:** *close to*
élu: *elected*	**regroupe:** *includes*
façon: *way*	**renaissance:** *recurring, revival*
imposée: *enforced*	**roi:** *king*
occidentale: *western*	**selon:** *according to*
on appartenait:	**sent le besoin:** *feels the need*
one belonged to	**seule:** *alone, by itself*
on compte: *there are*	**vit:** *lives*

La mosaïque France

La France a de tout temps été une terre d'accueil. Un Français sur six a un parent ou un grand-parent d'origine étrangère. Actuellement, la crise économique rend plus difficile l'intégration des nouveaux venus.

Un brassage de population ancien

Depuis le XIXe siècle, la France fait appel à des travailleurs étrangers. À partir de 1890, Belges et Italiens viennent travailler dans l'agriculture et l'industrie. Après la Première Guerre mondiale, le pays manque de bras; des Polonais, des Russes et des Espagnols s'installent en France. Entre 1950 et 1973, la France recrute massivement des étrangers pour l'industrie. Depuis le début de la crise économique, en 1974, les frontières sont fermées et l'immigration presque arrêtée.

Horizons multiples

Les Européens du Sud (Italie, Espagne, Portugal) se sont installés dans les années 1950 et 1960. Les Maghrébins (Algériens, Marocains, Tunisiens), arrivés dix ans plus tard, ont ensuite été rejoints par leurs familles. Les arrivants les plus récents viennent d'Afrique noire, d'Asie et d'Europe de l'Est.

Une mosaïque de traditions

La majorité des enfants d'immigrés deviennent français mais restent liés à leur groupe d'origine. Africains comme Antillais se disent «blacks», les Maghrébins «beurs». Beaucoup oublient la langue de leur famille mais demeurent attachés aux traditions religieuses, musicales ou gastronomiques.

Des conditions de vie difficiles

De nombreux migrants sont aujourd'hui frappés par le chômage et la pauvreté. Membres de familles nombreuses, souvent dans des cités délabrées, ils sont les premières victimes de la crise économique.

Dico

Actuellement: *Currently*
arrivants: *arrivals*
ayant acquis: *having acquired*
brassage: *mixing*
chômage: *unemployment*
cités délabrées: *dilapidated housing projects*
demeurent: *remain*
de tout temps: *always*
devenir: *become*
familles nombreuses: *large families*
frappés par: *struck by*
hors de: *outside of*
manque de bras: *lacks workers*
nouveaux venus: *new arrivals*
pauvreté: *poverty*
rejoints par: *joined by*
restent liés à: *remain connected to*
se disent: *call themselves*
terre d'accueil: *land of welcome*
vivant: *living*

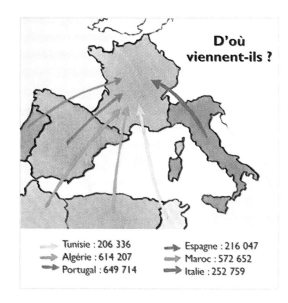

D'où viennent-ils ?

Tunisie : 206 336
Algérie : 614 207
Portugal : 649 714
Espagne : 216 047
Maroc : 572 652
Italie : 252 759

▶ Qu'est-ce que vous en pensez?

In your opinion, is this a balanced view of immigrants in France? What are the negative and positive aspects of immigration that are represented in this reading? Do we have the same kind of ambiguous relationship with certain immigrant groups in the United States? Can you give some examples of the political, social, linguistic impacts of these U.S. immigrant groups?

Sur 100 arrivés en 1994:

15 demandent l'asile politique,

60 viennent retrouver leur famille,

25 ont un travail permanent.

Qu'est-ce qu'un immigré?

Les immigrés sont des personnes nées hors de France, étrangères ou ayant acquis la nationalité française pendant leur vie. La France compte 4,31 millions d'immigrés en 1999, soit 7,4% de la population totale.

Comment devient-on français?

Avant 18 ans, il faut être né en France d'un parent français. Les jeunes nés en France de parents étrangers ou vivant en France depuis plus de cinq ans peuvent, entre 16 et 21 ans, devenir français, s'ils le demandent.

Ils sont devenus des gloires françaises

Marie Curie (1867–1934), née en Pologne, prix Nobel de physique

Marc Chagall (1887–1985), né en Russie, peintre

Yves Montand (1921–1991), né en Italie, chanteur et acteur

Yannick Noah, né en 1960 au Cameroun, joueur de tennis

MC Solaar, né en 1969 au Tchad, chanteur

APERÇU CULTUREL:

La Suisse

Carte d'identité: La Suisse

Nom officiel: la Confédération helvétique

Situation: en Europe; frontières avec l'Italie, la France, l'Allemagne, l'Autriche et le Liechtenstein

Population: 6 871 500 habitants (1991) Suisses (Suissesses)

Superficie: 41 293 km²

Capitale: Berne

Divisions administratives: 23 cantons

Villes principales: Zurich, Genève, Lausanne, Lucerne, Bâle, Winterthur, St-Gall, Bienne, Fribourg, Thoune, Neuchâtel, Lugano

Langues officielles: allemand, français, italien

Langues nationales: allemand, français, italien, romanche

Dialectes: 6 dialectes franco-suisses, 12 dialectes germano-suisses (alémaniques)

Religions: catholiques (47,9%), protestants (44,3%), autres (7,8%)

Date d'indépendance: le 1er août 1291

Unité monétaire: le franc suisse (1$ = 1,5FS)

Climat: grande diversité climatique à cause du relief accidenté *(rugged)*; au-dessus de 2 500 ou 3 000m d'altitude, la neige ne disparaît jamais (même climat que la zone polaire); dans les montagnes et les vallées, quatre saisons très distinctes (jamais excessivement chaud), climat tempéré; dans le sud du pays, climat plus chaud, étés plus longs et hivers moins rigoureux

Tourisme: stations de ski, alpinisme, villes pittoresques, palais des Nations unies à Genève, lacs, musées, monument de Guillaume Tell

Économie: très pauvre en matières premières; une industrie de transformation, de production et de services: alimentation, textiles, construction, machines, horlogerie, chimie, chocolat, fromage, hôtellerie, tourisme

Histoire: 1291—alliance perpétuelle de trois cantons (Uri, Schwyz et Unterwald); 1307—épisode de Guillaume Tell; 1815—pacte fédéral—tous les cantons alliés à la Confédération, reconnaissance de la neutralité suisse; 1978—création du canton francophone, le Jura

Château de Chillon, Montreux (Vaud)

Gruyères (Fribourg)

Boueresse (Neuchâtel)

Palais des Nations unies, Genève

Genève

La Suisse est un pays très montagneux; les Alpes occupent 60% du territoire. Berne est la capitale. Les plus grandes villes sont Zurich, Bâle et Genève.

La ville principale de la Suisse française est Genève, à l'extrémité sud-ouest du lac Léman.

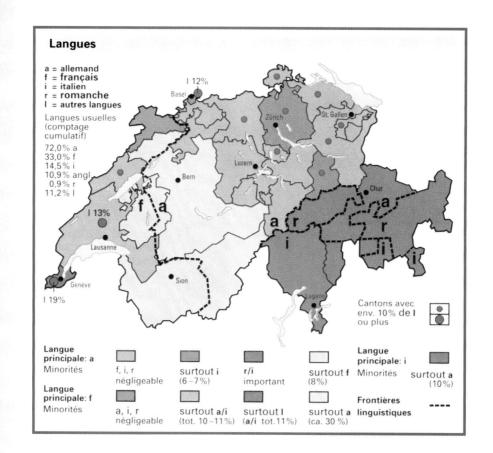

> ➤ *Qu'est-ce que vous en pensez?*

Quelle image les films et les livres pour enfants donnent-ils de la Suisse? Dans quelle mesure croyez-vous que cette image corresponde à la réalité?

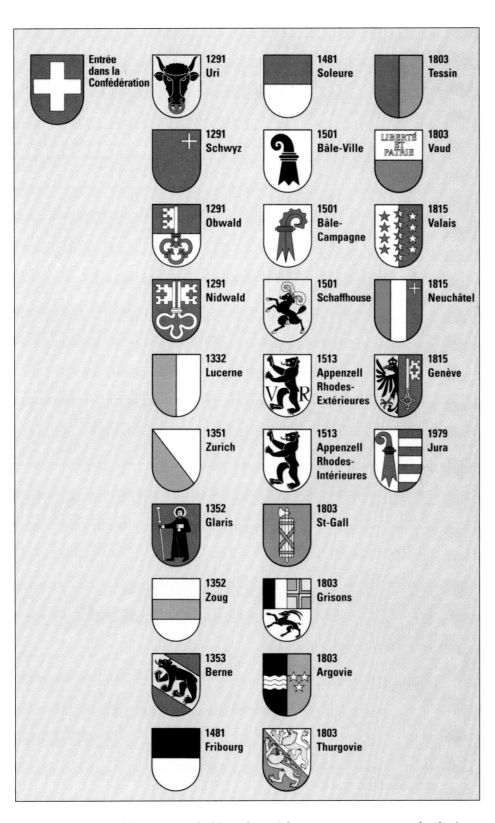

La Suisse comprend des cantons indépendants (chacun a sa propre constitution) formant ensemble un état fédératif: la Confédération helvétique (d'où les initiales que l'on voit sur les voitures suisses). Il y a quatre langues nationales—l'allemand (parlé par 65% des habitants), le français (18%), l'italien (10%) et le romanche (moins de 1%).

7 Un repas de fête

> Eh bien, nous voilà à Calmoutier! Et toute la famille Buhler s'est réunie (*got together*) pour fêter ma visite. Ça fait du bien de retrouver mes tantes, mes oncles, mes cousins et mes cousines. Et aussi leurs enfants qui sont déjà des adolescents. Pour notre repas de fête, ma tante Simone va préparer un repas exceptionnel. On va se régaler! (*We're going to enjoy ourselves!*)

LA FAMILLE BUHLER

Chapter Support Materials (Student)
MP: pp. 271–319

 MP Audio CD4, TRACKS 2–11

Chapter Support Materials (Instructor)

 http://jvb.heinle.com
■ Transparencies: 7-1 thru 7-3

🎧 MC Audio CD3, TRACKS 10–14

▯ Vidéo: Acte 7

Test Bank: Chapitre 7

Syllabus: The minimum amount of time needed to cover the core material of Chapter 7 is eight or nine class periods. The *Branchez-vous!* menu provides material for an additional one to four class periods.

SUGGESTED LESSON OUTLINE:
In this segment, do *Contexte: On se met à table* (Ex. A, B, C, D, E, F) and *Échange: Bon appétit!* (Ex. G, H).

OBJECTIVES

In this chapter, you'll learn to:

- identify foods;
- use expressions of politeness;
- talk about sports and other leisure activities;
- express likes and preferences.

In order to perform these activities, you'll learn to use:

- the partitive;
- the expressions of quantity and the pronoun **en;**
- the verb **lire** (*to read*);
- the conditional;
- the imperfect tense.

You'll also read and/or hear about food and leisure-time activities in France and in the Francophone world.

For ideas about how to present vocabulary, grammar, culture, etc., see the "How to . . ." section in the Instructor's Guide at the front of this book.

▛ http://jvb.heinle.com
■ Transparencies: 7-1A, 7-1B

Suggestion, Contexte: Have students go through the various phases of the meal, starting with the preparation and then moving to **apéritif** and then the parts of the meal. As you go through the various dishes, ask students questions about their likes. For example, for the photo of green beans, ask **Est-ce que vous aimez les haricots verts?** and then introduce some other vegetables: **Est-ce que vous aimez les carottes (les brocolis, les oignons, les petits pois, les pommes de terre),** etc. This is a way to begin the familiarization with food terms.

D'abord, on prend l'apéritif. Peut-être un martini, un pastis, un scotch ou un whisky. À votre santé!

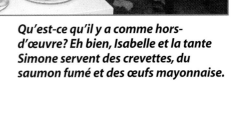

Qu'est-ce qu'il y a comme hors-d'œuvre? Eh bien, Isabelle et la tante Simone servent des crevettes, du saumon fumé et des œufs mayonnaise.

À table tout le monde! Bon appétit!

À votre santé: *To your health!*
crevettes: *shrimp*
martini: *sweet vermouth*
œufs mayonnaise: *hard-boiled eggs with mayonnaise*
pastis: *anise-based drink*
saumon fumé: *smoked salmon*

Plat principal: un gigot d'agneau

Comme légumes, des haricots verts.

Dico

chèvre: *goat cheese*
gigot d'agneau: *leg of lamb*

Le plat des fromages: du brie, du camembert, du gruyère, du chèvre.

Et comme dessert? Une tarte aux fraises et un gâteau alsacien qui s'appelle un «kouglof».

Ça se dit comment?

Pour identifier les parties d'un repas et les plats (To identify the parts of a meal and dishes)

l'apéritif (m.)
- **la bière**
- **le champagne**
- **le martini** (sweet vermouth)
- **le pastis** (an anise-based alcoholic beverage served with water)
- **le scotch**
- **le vin blanc**
- **le (vin) rosé**
- **le vin rouge**
- **le whisky**

le pain (bread)
- **une baguette** (long, crusty French bread)
- **un pain de campagne** (round country loaf)
- **des petits pains** (m.pl.) (rolls)

un hors-d'œuvre (l'entrée, f.)
- **les crevettes** (f.pl.) (shrimp)
- **une assiette de crudités** (various raw vegetables with vinaigrette)
- **le jambon** (ham)
- **les œufs mayonnaise** (m.pl.) (hard-boiled eggs with mayonnaise)
- **le pâté**
- **la salade de concombres**
- **la salade de thon**
- **la salade de tomates**
- **le saucisson** (salami)
- **le saumon fumé** (smoked salmon)

le plat principal (le plat de résistance)
- **la viande** (meat) **et le poisson** (fish)
  - **un bifteck (un steak)**
  - **une côtelette de porc** (pork chop)
  - **de la dinde** (turkey)
  - **un gigot d'agneau** (leg of lamb)
  - **du poulet** (chicken)
  - **des saucisses** (f.pl.) (sausages)
  - **un filet de sole**
  - **une truite** (trout)

les légumes (m.pl.) (vegetables)
- **des brocolis** (m.pl.)
- **des carottes** (f.pl.)
- **des haricots verts** (m.pl.)
- **des oignons** (m.pl.)
- **des petits pois** (m.pl.) (peas)
- **des pommes de terre** (f.pl.) (potatoes)

la salade
- **une salade verte**
- **de la vinaigrette**

les fromages (m.pl.) (cheeses)
- **le brie**
- **le camembert**
- **le chèvre** (goat cheese)
- **le gruyère** (Swiss cheese)

les desserts (m.pl.)
- **un gâteau (au chocolat)** ([chocolate] cake)
- **de la glace**
- **une pâtisserie** (pastry)
- **des petits gâteaux (des biscuits)** (m.pl.) (cookies)
- **une tarte aux pommes (aux fraises, aux abricots)**

les fruits (m.pl.)
- **une banane**
- **des fraises** (f.pl.) (strawberries)
- **des framboises** (f.pl.) (raspberries)
- **une orange**
- **une pêche** (peach)
- **une poire** (pear)
- **une pomme** (apple)

Ici, en France...

Ici, en France, la cuisine est considérée comme une activité culturelle de première importance. Si la préparation des repas de tous les jours (cuisine-devoir) se transforme de plus en plus en cuisine rapide, la cuisine de fête (cuisine-loisir), par contre, continue la tradition des repas à plusieurs plats. Ce sont des repas faits avec amour, plaisir et patience. Le temps ne compte ni dans les préparatifs ni dans la consommation. Si on passe toute la journée à élaborer des chefs-d'œuvre, on passe également des heures à les apprécier. Et ce n'est pas le moment de se préoccuper de diététique!

La cuisine de fête est souvent basée sur des recettes traditionnelles et régionales transmises de génération en géneration. Par exemple, en Alsace, la choucroute; dans le Midi, les variétés du cassoulet (un ragoût *[stew]* de haricots et de viande); en Provence, la bouillabaisse (un plat à base de poissons divers dans du vin blanc). Mais la cuisine-loisir d'aujourd'hui est aussi plus variée qu'autrefois. Sous l'influence des cultures étrangères, la cuisine devient plus «exotique» (menus mexicains, marocains, chinois, japonais, antillais...).

Les Français boivent 66 litres de lait frais par personne et par an.

Les Français mangent 35 kg de pommes de terre par personne et par an.

Les Français mangent 8,5 kg de sucre par personne et par an.

Qu'est-ce que vous en pensez?

Suggestion, Qu'est-ce que vous en pensez?: If students have difficulty sustaining a reasonably detailed conversation about this topic, you may wish to give them the opportunity to express their ideas in English.

Les repas de fête en France se composent d'un hors-d'œuvre, d'un plat principal (viande, poisson, légumes), d'une salade, du fromage et du dessert. Et, bien sûr, le tout est accompagné de pain et de vin. Qu'est-ce qui constitue un repas de fête typique chez vous? Comment est-ce que ce repas est différent du repas de fête en France?

Les Français mangent 110 kg de viande par personne et par an.

Les Français mangent 4,5 kg de plats surgelés par personne et par an.

Les Français boivent 100 litres de boissons non alcoolisées par personne et par an.

À vous!

A. Qu'est-ce qu'ils aiment manger ou boire? Identifiez ce que les membres de la famille Buhler aiment manger ou boire.

MODÈLES:

Marcel aime manger de la dinde.

Marcel

Simone aime boire du vin rouge.

Simone

FLASH GRAMMAIRE

Partitive articles: **du, de la, de l', des** *(some)*

du pain *(some)* bread
de la confiture *(some)* jam
de l'eau *(some)* water
des tomates *(some)* tomatoes

Tu achètes **du** pain?
Oui, **j'**achète **du** pain.
Non, je **n'**achète **pas de** pain.

Tu veux **de la** viande?
Oui, je veux **de la** viande.
Non, je **ne** veux **pas de** viande.

Vous avez **des** sardines?
Oui, nous avons **des** sardines.
Non, nous **n'**avons **pas de** sardines.

1

Annie

2

Christian

3

Isabelle

4

Jacky

5

Yves

6

Aurore

7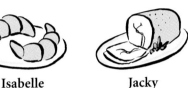

Valérie

8

Josette

9

Noëlle

10

Anne

11

Christine

12

Alain

B. Qu'est-ce qu'il y a à manger? Regardez le dessin pour dire ce qu'on a apporté au pique-nique.

MODÈLE: *Nous avons apporté* (We brought) *de l'eau minérale.*

FLASH VOCABULAIRE

la **boucherie** *butcher shop*
la **boulangerie-pâtisserie** *bakery*
la **charcuterie** *delicatessen*
l'**épicerie** *(f.) general store*
le **supermarché** *supermarket*

C. Je suis allé(e)..., j'ai acheté... Utilisez les éléments donnés pour indiquer dans quel magasin vous êtes allé(e) et ce que vous avez acheté. Faites attention au partitif!

> MODÈLE: épicerie / fruits, mayonnaise, gruyère
> *Je suis allé(e) à l'épicerie. J'ai acheté des fruits,*
> *de la mayonnaise et du gruyère.*

1. boulangerie-pâtisserie / croissants, petits pains
2. charcuterie / jambon, salade de thon, saucisson
3. boucherie / biftecks, saucisses
4. épicerie / concombres, lait, mayonnaise, bananes
5. épicerie / moutarde, raviolis
6. supermarché / œufs, pain, fraises, dinde

Do you see how the partitive works? Whenever you can say *some* of anything, you use the partitive. So if you'd like some jam for your toast, you'd say **Je voudrais de la confiture, s'il vous plaît** *(I'd like some jam, please)*. But be careful. In English, it doesn't make much sense to say "I bought some melon." Instead, you'd say "I bought *a* melon." The same thing happens in French, where you use the indefinite articles **(un, une, des)** with many nouns **(J'ai acheté *un* melon)**. Chances are that if you can count something, you'll use the indefinite articles.

D. Qu'est-ce que tu as acheté? Répondez aux questions en utilisant les mots entre parenthèses.

> MODÈLE: Qu'est-ce que tu as acheté à la boulangerie?
> (pain de campagne, petits pains)
> *J'ai acheté un pain de campagne et des petits pains.*

1. Qu'est-ce que tu as acheté à la boucherie? (poulet, biftecks)
2. Qu'est-ce que tu as acheté à l'épicerie? (pêches, glace, brie)
3. Qu'est-ce que tu as acheté à la charcuterie? (saucisson, pâté, saumon fumé)
4. Qu'est-ce que tu as acheté au supermarché? (petits pains, melon, framboises)
5. Qu'est-ce que tu as acheté à la boulangerie-pâtisserie? (baguette, gâteau au chocolat, tarte aux abricots, pâtisseries)

Zoom!

Voici une histoire qui montre que, chez les Français, la cuisine se lie à l'honneur *(cuisine and honor are linked)*. C'est l'histoire de la mort tragique de Vatel. Au XVIIᵉ siècle, il était le maître d'hôtel du Grand Condé. À un dîner que Condé offrait à Louis XIV à Chantilly, le poisson n'est pas arrivé à temps pour le repas. Vatel se crut *(believed he was)* déshonoré et se perça la poitrine de son épée (il s'est suicidé). Heureusement, aujourd'hui les conséquences d'un faux pas culinaire ne sont pas si sérieux!

E. Oui et non. Vous allez préparer un repas avec votre ami(e). D'abord, pour faire l'inventaire de ce que vous avez dans le frigo, vous répondez aux questions de votre ami(e). Dites que vous avez le premier article et que vous n'avez pas le deuxième. N'oubliez pas que le partitif et l'article indéfini deviennent **de** après le négatif (**pas de**).

MODÈLE: jambon / pâté

—*Est-ce que tu as du jambon?*
—*Oui, j'ai du jambon.*
—*Est-ce que tu as du pâté?*
—*Non, je n'ai pas de pâté.*

1. oignons / poulet
2. mayonnaise / crevettes
3. petits pains / carottes
4. œufs / concombres
5. melon / gigot d'agneau
6. moutarde / saucisson
7. fromage / haricots verts
8. baguette / framboises
9. glace / fruits
10. fraises / dinde
11. thon / choucroute
12. vin rouge / tomates

F. Qu'est-ce que tu préfères? Parlez de certains aliments avec votre camarade. Utilisez des verbes comme **préférer, adorer, aimer (beaucoup, un peu, bien), ne... pas aimer, détester** et utilisez l'article défini.

MODÈLE: Voici des légumes. Quelles sont vos préférences?
(les carottes, les petits pois, les haricots verts, les brocolis, les oignons, les pommes de terre, les tomates, les concombres)

—*J'aime bien les petits pois, et j'adore les carottes. Je déteste les oignons, mais j'aime beaucoup les pommes de terre. etc.*
—*Eh bien, moi, j'adore les oignons. J'aime bien les haricots verts, mais je préfère les petits pois. etc.*

Quelles sont vos préférences?

1. Voici des viandes. (le bifteck, le poulet, les côtelettes de porc, la dinde, le gigot d'agneau, le jambon)
2. Voici des poissons et des crustacés. (le saumon, la truite, la sole, les crevettes, les huîtres [*oysters, f.pl.*], le homard [*lobster*])
3. Voici des fruits. (les bananes, les framboises, les fraises, les oranges, les pêches, les poires, les pommes, le raisin [*grapes*])
4. Voici des apéritifs. (la bière, le vin [rouge, blanc, rosé], le champagne, le martini, le scotch)
5. Voici d'autres boissons. (le coca, l'eau, le lait, le jus d'orange)
6. Voici des hors-d'œuvre. (les crudités, le pâté, la salade de tomates, la salade de concombres, le saumon fumé, le jambon, les crevettes, les œufs mayonnaise)
7. Voici des fromages. (le brie, le camembert, le gruyère, le chèvre, le gouda, le fromage américain)
8. Voici des desserts. (la glace, la tarte aux pommes [aux fraises, aux abricots], les pâtisseries, le gâteau [au chocolat], les biscuits)
9. Voici des pains. (les baguettes, le pain de campagne, les petits pains)

Zoom!

Il y a plus de 300 fromages français. Les plus connus sont le brie, le camembert, le roquefort, le bleu d'Auvergne et le gruyère.

To indicate that you generally like or prefer something, use the definite article.
J'aime le café. / Je n'aime pas la viande. / Je préfère les légumes. / J'aime beaucoup le poulet.

▪ Échange: *Bon appétit!*

Après l'apéritif, la famille Buhler se met à table. C'est une belle journée et on mange dehors.

SIMONE: C'est prêt. Mettez-vous à table! Jeannette, assieds-toi à côté de ton oncle Yves. Voilà.

Les hors-d'œuvre sont servis.

MARCEL: Bon appétit, tout le monde!

ANNIE: Maman, elles sont délicieuses, les crevettes! C'est pas tous les jours qu'on en mange.

SIMONE: Eh, c'est pas tous les jours qu'on a Jeannette avec nous!

MARCEL: Tu me passes le pain, s'il te plaît?... Merci.

Ensuite la tante Simone sert le plat principal, un gigot d'agneau.

MARCEL: Il sent bon, ton gigot!

SIMONE: Oui, mais tu sais, je le trouve un peu sec.

JEANNETTE: Mais pas du tout! Il est parfait!

ANNIE: Tu me passes les haricots, papa?

MARCEL: Voilà. Tu veux du vin?

ANNIE: Oui, pourquoi pas. Je prendrais bien une petite goutte... Arrête... ça va... merci.

La tante Simone commence à débarrasser la table.

JEANNETTE: Attends! Je te donne un coup de main.

SIMONE: Mais non! Reste là. Les enfants vont m'aider. Allez, les enfants, on débarrasse et on sert le dessert.

Dico

assieds-toi: *sit down*
Attends!: *Wait! / Hold on!*
dehors: *outside*
Il sent bon: *It smells good*
Je te donne un coup de main.: *I'll give you a hand.*
petite goutte: *drop*
prêt: *ready*
sec: *dry*
se met à table: *sits down*
tout le monde: *everybody*

L'abc du «savoir se tenir à table» *(table manners)*
Il vaut mieux...
tenir le couteau *(knife)*
dans la main droite
pour couper *(cut)*
la viande, et éviter
(avoid) **de reprendre**
(changing) **la fourchette**
(fork) **dans cette main**
pour porter le morceau
(piece) **à sa bouche**

ne pas «saucer», c'est-à-dire essuyer
(wipe) **la sauce avec un morceau de pain**

Ça se dit comment?

Pour offrir à boire ou à manger *(To offer something to drink or to eat)*
Vous voulez (Tu veux) boire quelque chose?
Qu'est-ce que je peux vous (t')offrir?
Servez-vous, je vous en prie. (Sers-toi, je t'en prie.)   *Please help yourself.*
Encore un peu de... ?   *Would you like more . . . ?*

Pour accepter l'offre *(To accept the offer)*
Oui, je veux bien.   *Yes, I wouldn't mind.*
Oui, merci.   *Yes, thank you.*

Pour refuser l'offre *(To refuse the offer)*
Pas pour moi, merci.   *Thanks, not for me.*
Merci, (non).   *No, thank you (thanks).*

Pour trinquer *(To make a toast)*
À votre (ta) santé!   *To your health!*
À la vôtre! (À la tienne!)   *To your health!*
Tchin-tchin!   *Cheers!*

Pour inviter quelqu'un à s'asseoir *(To invite someone to sit down)*
Asseyez-vous, s'il vous plaît!   *Please sit down!*
Assieds-toi, s'il te plaît!

Pour demander quelque chose *(To ask for something)*
Vous me passez (Tu me passes) le pain?
Vous pourriez (Tu pourrais) me passer le pain?

Pour faire un compliment *(To pay a compliment)*
Ça sent très bon.
C'est délicieux.
C'est parfait.
C'est très bon.

Pour remercier *(To say "thank you")*
Je vous remercie, Madame (Monsieur, Mademoiselle).
Je te remercie, Simone.
Merci bien.

Pour répondre aux remerciements *(To respond to the thanks)*
(Il n'y a) pas de quoi.   *You're welcome.*
De rien.   *You're welcome.*

Zoom!

In France, if someone pays you a compliment, you don't respond with "thank you," the way you would in the United States. Instead, you behave as if you didn't deserve the compliment or, at the very least, you minimize it. For example, if someone says: **«C'était un excellent repas.»**, you might say **«Oh, ce n'était pas grand-chose.»** *(It was no big deal.)*. If someone pays you a compliment about an article of clothing **(Ce pull est très beau.),** you could say **«Tu trouves? Il est très vieux.»** *(You think so? It's very old.)*. While the French indicate that they don't deserve the praise, it's nevertheless understood that they're pleased by a compliment.

Zoom!

poser les mains (et non les coudes) sur le bord *(edge)* **de la table**

Avec plaisir, s'il vous plaît.

Merci!

rompre (casser) *(break)* **son morceau de pain; ne pas le couper au couteau**

À vous!

G. Les formules de politesse. Qu'est-ce vous dites dans les circonstances suivantes?

Qu'est-ce que vous dites si...

1. on vous offre quelque chose à boire ou à manger (positif, négatif)?
2. vous voulez trinquer?
3. vous voulez offrir quelque chose à boire?
4. vous voulez inviter quelqu'un à s'asseoir?
5. vous voulez demander quelque chose à boire ou à manger?
6. vous voulez faire un compliment à quelqu'un?
7. on vous remercie?
8. vous voulez remercier quelqu'un?
9. on vous fait un compliment?

H. Un dîner. Un(e) de vos camarades vous a invité(e) à dîner. Vous arrivez, on vous demande de vous asseoir, on vous offre quelque chose à boire, on vous offre à manger et on vous sert. Pendant le dîner, vous parlez d'un voyage que vous avez fait. N'oubliez pas d'utiliser des phrases de politesse *(Ça se dit comment?, p. 321)* pendant le repas.

Do **À faire! (7-1)** on page 271 of the **Manuel de préparation.**
* Follow-up: food vocabulary, the partitive
* Preparation: expressions of quantity and the pronoun **en** *(Contrôle 17)*

Le monde francophone

Manger au Sénégal

Voici la recette préférée de Marie-Thérèse Zobo, une jeune Sénégalaise.

SUGGESTED LESSON OUTLINE:
Students assigned *À faire! (7-1)*
have practiced the food vocabulary,
have followed up on the partitive,
and have done the preliminary work
on the expressions of quantity and
the pronoun **en**. All exercises were
self-correcting.
  In this segment, do *Le monde
francophone, Rappel grammatical:
Les expressions de quantité et le
pronom **en*** (Ex. I, J, K, L), and *Dossier-
France: Qu'est-ce qu'ils mangent,
les Français?*

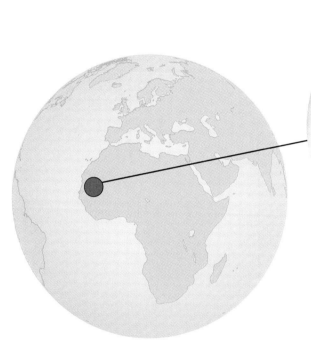

LE SÉNÉGAL

Recette **Ndomba**

Ingrédients:

1 kg de poisson frais	1 gousse d'ail
3 belles tomates	1 bouquet garni (persil, céleri, basilic)
2 oignons moyens	Sel, 1 bouillon cube

Nettoyer les poissons, les couper en morceaux s'ils sont gros. Nettoyer les
condiments, les écraser et les mélanger aux poissons. Mélanger le tout et vérifier
l'assaisonnement. Mettre dans une assiette creuse supportant la chaleur, couvrir
et faire cuire au bain-marie pendant ¾ d'heure. Retirer du feu, servir chaud. Ce
plat se sert accompagné de macabo, d'igname, de pommes de terre et, bien sûr,
avec du pain. Bon appétit!

Marie-Thérèse Zobo
Dakar, Sénégal

Dico

assaisonnement: *seasoning*
assiette creuse: *deep dish*
au bain-marie: *in a double boiler*
écraser: *crush*
gousse d'ail: *clove of garlic*
igname: *yam*
macabo: *plant with large leaves
    grown in Central Africa*
manioc: *cassava (a root vegetable)*
Mélanger: *Stir into*
morceaux: *chunks*
Nettoyer: *Clean*
Retirer du feu: *Take it off the heat*

Les produits du jardin

Dans les pays africains, comme dans les autres pays du monde, les gens aiment les produits du jardin. Ils cultivent des légumes et des fruits qu'ils utilisent souvent dans la cuisine de la région.

le palmier

le cocotier

les noix de coco

les dattes

le manguier

les mangues

l'oranger

les oranges

le citronnier

les citrons

le bananier

le papayer

les bananes

les papayes

l'ananas

les arachides

le manioc

l'igname

la patate douce

➤ Qu'est-ce que vous en pensez?

- Comparez les produits du jardin typiques de votre région à ceux qu'on cultive dans les pays d'Afrique. Quels produits est-ce qu'on trouve en Afrique qu'il n'y a pas chez vous et vice versa?
- Est-ce que vous avez une recette préférée? Laquelle? Trouvez les mots dans un dictionnaire pour écrire la recette et la partager avec vos camarades de classe.

Rappel grammatical

Les expressions de quantité et le pronom *en*

General quantities

beaucoup de / ne... pas beaucoup de / un peu de / très peu de

Specific quantities

un kilo de / une livre de / 500 grammes de / un litre de / une bouteille de /
une douzaine de / un morceau de / un bout de / une tranche de

Expressions of sufficiency

trop de / assez de / ne... pas assez de

Comparison of nouns

plus de... que / moins de... que / autant de... que

The pronoun en

Tu as un stylo?
   Oui, j'**en** ai **un.**
   Non, je n'**en** ai pas.

Tu as acheté du pain?
   Oui, j'**en** ai acheté.
   Non, je n'**en** ai pas acheté.

Tu vas chercher de la bière?
   Oui, je vais **en** chercher.
   Non, je ne vais pas **en** chercher.

À vous!

1. À l'épicerie. Utilisez les éléments donnés pour répondre aux questions de l'employé.

> MODÈLE: Qu'est-ce que je peux faire pour vous?
> (1 kilo, abricots / 1 livre, salade de tomates)
>
> *Il me faut* (I need) *un kilo d'abricots et une livre de salade de tomates.*

1. Qu'est-ce que je peux faire pour vous? (1 litre, vin rouge / 8 tranches, saucisson)
2. Qu'est-ce qu'il vous faut? (1 bouteille, Perrier / 2 kilos, pommes)
3. Qu'est-ce que je vous donne? (50 grammes, pâté / 1 morceau, saucisson)
4. Qu'est-ce que vous désirez? (une douzaine, abricots / 1 livre, salade de thon)
5. Et pour vous? (un bout, gruyère / 1 livre, jambon)

Exercice de substitution

1. J'ai *trop de* patience. (assez de / trop de / pas assez de)
2. Il a *trop d'*argent. (assez de / pas assez de / trop de)
3. Nous avons *assez de* pâtisseries pour quatre personnes. (trop de / pas assez de / assez de)
4. Tu as *trop de* jambon pour deux personnes. (pas assez / assez de / trop de)

Ajoutez les expressions entre parenthèses à chaque phrase et faites les changements nécessaires.

5. Nous avons des amis. (pas beaucoup / très peu / beaucoup)
6. Elles ont des CD. (beaucoup / très peu / pas beaucoup)
7. Mon père a de la patience. (pas beaucoup / beaucoup / peu)
8. Il a du tact. (peu / beaucoup / pas beaucoup)

Utilisez les éléments donnés et des expressions de comparaison pour faire des phrases.

MODÈLE: je / + / livres / Marie
J'ai plus de livres que Marie.

9. nous / – / CD / nos amis
10. ils / = / vidéos / nous
11. elle / + / patience / moi
12. il / – / tact / toi
13. je / = / argent / mon frère
14. tu / + / DVD / nous

Répondez deux fois (affirmatif et négatif) aux questions en utilisant le pronom **en.**

15. Tu as assez d'argent?
16. Elle a acheté des crevettes?
17. Ils ont un ordinateur?
18. Vous avez apporté du vin?
19. Tu as mangé des légumes?
20. Elles ont acheté un gâteau?
21. Vous avez visité beaucoup de monuments?
22. Tu vas manger de la salade?
23. Il va acheter des framboises?

Zoom!

Beaucoup de Français préfèrent les marchés en plein air *(open-air markets)* où l'on vend des aliments et d'autres marchandises une ou deux fois par semaine. On y trouve une grande variété de légumes et de fruits frais, ainsi que des spécialités de la région comme des champignons *(mushrooms)*, des épices *(herbs/spices)*, des fromages et aussi des fleurs. Quand on fait ses courses au marché, on met généralement ses achats dans un panier *(basket)* ou un filet *(net bag)*. Si vous avez l'occasion d'aller en France ou dans un autre pays francophone, n'oubliez pas de visiter des marchés en plein air. Ils sont toujours très pittoresques.

J. Combien tu en as? Utilisez les éléments donnés pour poser une question à un(e) camarade de classe. Il/Elle va vous répondre affirmativement ou négativement en utilisant une expression de quantité. Utilisez **tu** ou **vous** selon la façon dont vous vous adressez à vos camarades d'habitude.

MODÈLE: avoir / DVD / beaucoup

—*Tu as (Vous avez) beaucoup de DVD?*
—*Oui, j'ai beaucoup de DVD.* OU
—*Non, j'ai très peu de DVD.*

1. acheter / CD / beaucoup
2. avoir / romans / beaucoup
3. avoir / argent / assez pour acheter une voiture
4. manger / viande / beaucoup
5. boire / bière / beaucoup
6. avoir / argent / assez pour acheter un ordinateur
7. acheter / magazines / beaucoup
8. avoir / argent / assez pour aller souvent au restaurant

K. J'en ai... je n'en ai pas... Maintenant, refaites l'*exercice J* en utilisant le pronom **en** dans la réponse.

MODÈLE: —*Tu as (Vous avez) beaucoup de DVD?*
—*Oui, j'en ai beaucoup.* OU
—*Non, j'en ai très peu.*

L. Échange. Posez les questions suivantes à un(e) camarade, qui va vous répondre en utilisant le pronom **en**.

La famille
1. Combien de frères est-ce que tu as? Et de sœurs?
2. Et combien d'oncles et de tantes est-ce que tu as? Et combien de cousins? Et de cousines?

Les loisirs
3. Combien de films est-ce que tu as vus le mois dernier? Et de matchs sportifs?
4. Tu as des CD? Combien? Et des DVD? Combien?
5. Tu as des jeux vidéo? Combien?
6. Tu envoies *(send)* beaucoup de messages électroniques?

La nourriture
7. Tu manges des œufs? Combien par semaine?
8. Est-ce que tu manges du chocolat? Combien de fois par semaine?
9. Tu manges souvent de la pizza? Combien de fois par mois?

La France gastronomique

bêtises de Cambrai

quiche lorraine

crêpes bretonnes

escargots

bonbons des Vosges

fruits de mer

port-salut

moutarde de Dijon, pain d'épice, cassis

rillettes de Tours

emmenthal

pruneaux d'Agen

nougat de Montélimar

roquefort

saucisses de Toulouse

salade niçoise

jambon de Bayonne

anchois de Collioure

➤ Qu'est-ce que vous avez appris?

Lesquelles de ces spécialités est-ce que vous avez déjà goûtées (*tasted*)? Lesquelles est-ce que vous aimeriez goûter? Faites une liste des spécialités de votre région (état) ou d'autres régions des États-Unis. Faites des recherches sur Internet pour établir votre liste et utilisez un dictionnaire pour trouver les équivalents français.

Dico

anchois: *anchovies*
bêtises: *mint candy*
bonbons: *candy*
cassis: *black currant syrup*
emmenthal: *Swiss cheese*
escargots: *snails*
fruits de mer: *seafood*
pain d'épice: *gingerbread*
port-salut: *soft, creamy-textured cheese*
pruneaux: *prunes*
rillettes: *minced meat*
salade niçoise: *salad made of tomatoes, cucumbers, artichokes, green peppers, onions, hard-boiled eggs, anchovies or tuna, and black olives*

Une journée alimentaire

Petit déjeuner. 36% des Français boivent du café noir, 23% du café au lait, 14% du thé, 11% du jus de fruits. 59% mangent du pain ou des biscottes avec du beurre, 25% du pain ou des biscottes avec de la confiture ou du miel, 7% du fromage ou un yaourt, 7% des céréales, 5% des fruits. 6% ne prennent pas de petit déjeuner.

Déjeuner. 73% le prennent chez eux en semaine, 81% le week-end. 66% mangent de la viande, 38% des légumes, 29% des pommes de terre, 19% du riz, des pâtes ou de la semoule, 9% du poisson,

3% un sandwich. Les trois quarts mangent du pain. Au restaurant, 60% commandent une entrée (dans la moitié des cas, des crudités), 59% un dessert.

Dîner. 27% mangent de la viande, 23% de la soupe (43% des plus de 50 ans), 17% des pommes de terre, 9% du jambon, 9% des œufs, 6% d'autres charcuteries. 71% prennent du fromage.

Aujourd'hui, les Français ne mangent plus comme leurs grands-parents. Par exemple, ils mangent...

—

→ **moins de pain**
→ **moins de pommes de terre**
→ **moins de légumes**

→ **plus de sucre**
→ **plus de viande**
→ **plus de fromage**

Dico

beurre: *butter*
biscottes: *melba toast*
boivent: *drink*
charcuterie: *cold cuts*
chez eux: *at home*
commandent: *order*
dans la moitié des cas: *in half the cases*
ne mangent plus: *no longer eat*
pâtes: *pasta*
semoule: *couscous, semolina*

> **Qu'est-ce que vous en pensez?**

Comparez vos repas d'une journée typique aux repas des Français. Quelles sont les différences entre vos habitudes alimentaires et celles des Français? Ensuite comparez vos habitudes à celles des personnes plus âgées dans votre famille. Est-ce que vous mangez plus ou moins de sucre, de sel, de fast-foods, de viande, de légumes, etc.? À votre avis, est-ce que vous êtes plus conscient(e) des questions de santé (en ce qui concerne les aliments) que les personnes plus âgées? Pourquoi (pas)?

L'ère du grignotage

[...] 42% des Français mangent ou boivent au moins occasionnellement entre le petit déjeuner et le déjeuner, 49% entre le déjeuner et le dîner, 36% après le dîner. Aux heures des repas, les *snacks* constituent de véritables substituts aux menus traditionnels. Les plus concernés sont les hommes de 30 à 40 ans, cadres ou employés, mais aussi les enfants (36% mangent le matin en dehors du petit déjeuner). Les quantités moyennes correspondant au grignotage sont encore quatre à cinq fois moins importantes en France qu'aux États-Unis, mais deux fois plus qu'en Italie ou en Espagne.

Cofremca-Sociovision, 1998

Les horaires et les menus sont plus flexibles.

Le nomadisme alimentaire se généralise

Les Français prennent de plus en plus l'habitude de manger n'importe où: voiture; lieu de travail; rue; transports en commun; lieux publics... 32% prennent leur repas de midi sans se mettre à table. 37% mangent ou boivent dans la rue au moins une fois par mois. 32% des Français consomment parfois des produits amenés sur leur lieu de travail (26% en 1992); 27% ont mangé au moins une fois dans les transports en commun au cours de la semaine écoulée. [...]

Le petit déjeuner devient un véritable repas.

Plaisirs de la table

Avec 18% des suffrages, la table arrive en troisième position dans la hiérarchie des plaisirs, derrière l'amour (30%) et les sorties avec les amis (26%), mais devant les livres ou les films (14%), le sport (7%) et le sommeil (4%). Les goûts culinaires sont éclectiques: 39% des Français disent préférer les plats traditionnels, 23% les plats raffinés, 20% les plats simples, 18% les plats originaux.

Leur menu idéal serait composé d'un avocat aux crevettes en entrée (28%), d'une blanquette de veau en plat de résistance (28%) et d'une tarte Tatin en dessert (33%). Parmi les plats régionaux, les préférés sont la choucroute (28%), le cassoulet (23%), la fondue savoyarde (18%), la bouillabaisse (16%) et les escargots de Bourgogne (15%). Parmi les plats étrangers, le couscous est le plus apprécié (44%), devant la paella (26%), la pizza (15%) et les pâtés impériaux (12%). Seuls 2% des Français disent aimer les hamburgers, mais 70% fréquentent au moins occasionnellement les fast-foods qui en servent.

Familles de France, 1999

amenés: *brought*
au cours de: *during*
blanquette de veau: *veal in white wine sauce*
grignotage: *snacking*
lieu(x): *place(s)*
n'importe où: *anywhere*
pâtés impériaux: *spring rolls*
semaine écoulée: *the previous week*
sommeil: *sleep*
tarte Tatin: *apple tart*
transports en commun: *public transportation*

Un an de nourriture

Évolution des quantités moyennes consommées par personne (en kg ou en litres):

	1990	1997
• Pain	63,3	59,6
• Pommes de terre	62,4	69,3
• Légumes frais	88,3	89,2
• Bœuf	17,6	15,3
• Volailles	22,2	23,8
• Œufs	14,3	14,9
• Poissons, coquillages, crustacés	14,7	14,8
• Lait entier	68,1	67,6
• Fromage	17,1	18,2
• Yaourts	16,3	19,0
• Huile alimentaire	11,4	13,1
• Sucre	10,0	8,1
• Vins courants	45,9	37,1
• Vins AOC	23,5	26,0
• Bière	39,7	35,2
• Eaux minérales et de source	92,4	124,6

INSEE

90% des foyers achètent au moins une bouteille de vin ou de spiritueux par an. La moyenne est de 12 bouteilles par foyer, une par mois.

Callegari Berville

Le champagne, symbole de la fête... et de la France

coquillages / crustacés: *shellfish*
(eau) de source: *bottled spring water*
foyers: *households*
Lait entier: *Whole milk*
Vins AOC (Appellation d'Origine Contrôlée): *Quality wines*
Vins courants: *Ordinary wines*
Volailles: *Poultry*

Rapidité et exotisme, deux attentes croissantes en matière alimentaire

Le roi hamburger

Le succès du hamburger ne doit rien au hasard. Il est d'abord lié au produit lui-même. Rond, chaud, mou et doux, le hamburger répond aux goûts contemporains.

On trouve le hamburger dans des lieux de convivialité où les «tribus» modernes baignent dans une ambiance internationale et «branchée». Leurs membres ont la possibilité de consommer de façon nomade, en emportant les produits. Enfin le rapport prix/plaisir est jugé favorable. Ainsi, l'«indice Big Mac» utilisé par les économistes (comparaisons des prix pratiqués par les restaurants McDonald's dans le monde) ne permet pas seulement de mesurer les différences de pouvoir d'achat entre les pays. Il montre aussi ce qu'ont en commun les civilisations.

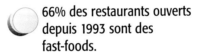
58% des Français aiment manger avec les doigts.

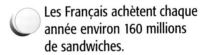
66% des restaurants ouverts depuis 1993 sont des fast-foods.

Les Français achètent chaque année environ 160 millions de sandwiches.

Les grandes surfaces développent des rayons de produits «prêts-à-manger» pour répondre à la demande de rapidité des ménages qui cherchent des idées de menus et ne veulent pas consacrer du temps à la préparation de leurs repas.

➤ Qu'est-ce que vous avez appris?

- Selon les renseignements donnés, quelles généralités est-ce que vous pouvez faire sur les habitudes culinaires des Français?
- Quelles statistiques est-ce que vous trouvez les plus intéressantes? Pourquoi?
- Est-ce que vous avez trouvé certaines contradictions dans les habitudes culinaires des Français dans les informations présentées?
- Quel est votre menu idéal et comment est-il différent du menu idéal des Français?
- Quelles spécialités régionales américaines est-ce que vous aimez particulièrement?
- Quelles cuisines étrangères est-ce que vous préférez? Comparez vos goûts à ceux des Français.
- Qu'est-ce que c'est que l'«indice Big Mac» et comment est-ce qu'il est utilisé par les économistes? Est-ce que vous êtes d'accord que cet indice montre «ce qu'ont en commun les civilisations»?

Do **À faire! (7-2)** on page 282 of the **Manuel de préparation.**
* Follow-up: expressions of quantity and the pronoun **en**
* Preparation: the sounds **c, g, s, ch**; the verb **lire**

attentes: *expectations*
croissantes: *growing*
mou: *soft*
pouvoir d'achat: *buying power*
«tribus»: *lit."tribes" = cliques*

■ Contexte: *Qu'est-ce que vous faites comme sports?*

Qu'est-ce que vous faites comme sports?

MARIANNE
«À l'université, je fais partie de l'équipe interuniversitaire de volley. Je joue au volley-ball presque tous les jours.»

SERGE
«Moi, je fais partie de l'équipe interuniversitaire de tennis. Je joue au tennis trois fois par semaine.»

CÉDRIC
«Je suis fana de sports. Je fais du canoë (du kayak) avec un club, je fais du jogging tous les jours et j'apprends à jouer au golf.»

SUZANNE
«Moi, mon sport préféré, c'est la natation. Je vais souvent à la piscine avec mes amis et je nage pendant des heures. J'adore aussi l'équitation. Je fais du cheval le mercredi et le samedi après-midi.»

SUGGESTED LESSON OUTLINE: Students assigned *À faire! (7-2)* have continued the practice of expressions of quantity and the pronoun **en**, have read a text by Émilie Carles about bread, have written a paragraph about a special meal they're planning to prepare, and have practiced the sounds **c, g, s, ch.** Ex. XI (planning a dinner) was not self-correcting.

In this segment, do *Contexte: Qu'est-ce que vous faites comme sports?* (Ex. M, N, O, P), *Échange: On se détend* (Ex. Q, R, S), and *Ici en France...*

Suggestion, Contexte: First, ask yes/no questions about the people featured (**Est-ce que Marianne joue au tennis? Non, elle joue au [fait du] volley.**). You can vary the order and the questions (**Qui joue au volley? Marianne joue au volley.**). Then have students initiate the questions and the answers (to practice questions), also using the vocabulary from the *Ça se dit comment?* section. Then personalize by having them enumerate the sports they like or don't like. This can include statements like **Je ne joue pas au tennis mais je regarde le tennis à la télévision.**

Et quels sports est-ce qu'ils pratiquent?

M. Jadot fait du judo.

Virginie fait du ski (alpin).

Richard fait du patinage.

Yvonne Leblanc fait de la planche à voile.

Roland Mercier fait du ski nautique.

Mlle Ferey fait de la voile.

M. Arnaud fait de la luge.

Jean et Annick font de la randonnée.

To say "to play" or "to participate in" a sport, you can use the verb **faire** with the partitive **(du, de la, de l')**: **Nous faisons de l'alpinisme.** With any sport that is also a game, you can use the verb **jouer à** *(to play)*: **Ils jouent au hockey.**

> ## Qu'est-ce que vous avez appris?

Dites quel sport pratique chaque personne dans le ***Contexte.*** Par exemple, «Mlle Ferey fait de la voile.» Ensuite, choisissez les sports que vous préférez.

Ça se dit comment?

Pour identifier d'autres sports (To identify other sports)

faire de l'alpinisme (m.)	to go mountain climbing	faire du ski de fond	to cross-country ski
faire de l'athlétisme (m.)	to do track and field	faire du squash	to play squash
faire de la boxe	to box	faire du surf	to surf
faire de la gym	to work out	faire du surf des neiges	to snowboard
faire de la gymnastique	to do gymnastics	(du snowboard)	
faire de la planche à	to skateboard	jouer au (faire du) base-ball	to play baseball
roulettes (du skate-board)		jouer au (faire du) basket	to play basketball
faire de la plongée sous-marine	to scuba dive	jouer au (faire du) foot(ball)	to play soccer
faire du cyclisme (du vélo)	to do cycling	jouer au (faire du) football	to play (American) football
faire du hockey	to play hockey	américain	
faire du karaté	to do karate	jouer au frisbee	to play frisbee
faire du roller(blade)	to rollerblade		

À vous!

MC Audio CD3, Track 11 (Ex. M) **M. Les activités de Marie-Jeanne.** Écoutez Marie-Jeanne parler des sports qu'elle aime et qu'elle n'aime pas. Pour chaque sport indiqué, dites si elle l'aime ou pas et si elle le pratique fréquemment ou pas (**souvent, pas souvent, rarement, ne… jamais, tout le temps**).

> You've already learned to use the partitive (**du, de la, de l', des**) with foods. Now you'll use it again with the verb **faire** and sports (**Je fais de la gymnastique**). Remember that the partitive becomes **de** in a negative statement (**Je ne fais pas de gymnastique**).

MODÈLE: faire du golf

Marie-Jeanne n'aime pas faire du golf. Elle ne fait jamais de golf.

1. faire de la randonnée
2. faire du ski nautique
3. faire du cheval
4. faire du roller
5. faire de la voile
6. faire du tennis
7. faire du jogging
8. faire de la planche à voile
9. faire du judo
10. faire de la natation

Answers, Ex. M: 1. Elle ne fait pas souvent de la randonnée. 2. Elle ne fait jamais de ski nautique. 3. Elle ne fait jamais de cheval (d'équitation). 4. Elle fait du roller tout le temps. 5. Elle fait rarement de la voile. 6. Elle fait rarement du tennis. 7. Elle ne fait pas souvent du jogging. 8. Elle fait rarement de la planche à voile. 9. Elle fait souvent du judo. 10. Elle fait souvent de la natation.

N. Quels sports est-ce qu'ils aiment?

MODÈLES: *Laetitia aime faire du ski.*   *Olivier aime jouer au golf.*

Laetitia

Olivier

Janine

Isabelle

Kévin

Sandrine

Frédéric

Hélène

Nicolas

Cédric

Alain

Zoé

O. On bouge. *(You move around.)* Dites à quels sports on associe les mouvements suivants.

> MODÈLE: Quels sont les sports où l'on court *(you run)*.
> *l'athlétisme, le basket,* etc.

Quels sont les sports...

1. où l'on court?
2. où l'on glisse *(you glide)*?
3. où l'on grimpe *(you climb)*?
4. où l'on roule *(you move on wheels)*?
5. où l'on frappe une balle *(you hit a ball)*?
6. où l'on lance une balle *(you throw a ball)*?
7. où l'on marche *(you walk)*?
8. où l'on pivote *(you pivot, twirl)*?
9. où l'on utilise un ballon *(a ball)*?
10. où l'on saute *(you jump)*?

P. J'aime... je n'aime pas... Utilisez les expressions pour réagir de façon positive ou négative à une variété de sports.

> MODÈLE: *Moi, j'aime assez le tennis mais je n'aime pas du tout faire du squash. Je préfère aller à la piscine parce que j'adore nager. La natation, c'est ma passion. Je fais partie de l'équipe de natation de l'université.*

Remember to use a definite article with the noun when you express likes and dislikes (**Moi, j'adore le squash mais je n'aime pas du tout le tennis**).

Zoom!

Le VTT

Ce sport est né à la fin des années 70 aux États-Unis. Aujourd'hui, c'est un sport qui a beaucoup de succès en France, surtout pour les amateurs de nature et d'aventure. Avec ses nombreuses vitesses *(speeds)* et ses grosses roues *(wheels)* solides, le VTT est pratiqué partout *(everywhere)*. C'est pour ça qu'en France, on appelle ce sport le vélo tout terrain *(all terrain)*. VTT, c'est à la fois le nom de la bicyclette et du sport.

■Échange: *On se détend*

Questions: 1. Qu'est-ce qu'Annie adore faire?   2. Et Jacky, qu'est-ce qu'il aime faire quand il a du temps libre?   3. Pourquoi est-ce que Jacky joue au foot?   4. Selon Simone, qui sait vraiment se détendre? 5. Qu'est-ce que Marcel aime faire?

Au milieu du repas, Annie se lève pour prendre des photos de la famille.

a toujours l'air: *always looks*
Au milieu du: *In the middle of*
Ça n'a pas toujours été: *It wasn't always*
C'est pas pareil!: *It's not the same thing!*
dada: *obsession*
du matin au soir: *from morning till night*
fanas: *short for* **fanatiques**
me détendre: *relax*
On se détend: *They relax*
passais: *spent*
sait vraiment: *really knows*
terrain: *field*
tous les deux: *both*
travaillais: *worked*

JACKY: Regarde Annie. Voilà notre photographe amateur. Faire des photos, c'est son dada.

ANNIE: Arrête! Et toi, alors? Tu passes tout ton temps libre sur un terrain de foot!

JACKY: C'est pas pareil! Je joue au foot pour me détendre. Quand tu prends des photos, tu as toujours l'air stressé.

SIMONE: Vous êtes tous les deux des fanas. Dans la famille, c'est votre père qui sait vraiment se détendre.

JACKY: C'est vrai. Il est dans son jardin du matin au soir. Et il est toujours très calme!

MARCEL: Ça n'a pas toujours été comme ça. Quand je travaillais, je passais beaucoup moins de temps dans le jardin.

Ça se dit comment?

Pour parler des loisirs (*To talk about leisure activities*)

se détendre (je me détends, tu te détends, il/elle/on se détend, nous nous détendons, vous vous détendez, ils/elles se détendent)
se passionner pour (le tennis, etc.)
s'intéresser à
s'amuser à + *infinitif*

passer son temps à + *infinitif*
être amateur de (jazz, peinture) / faire de la peinture (de la photo) en amateur
être (un[e]) fana de (foot, volley, etc.)
le temps libre
pratiquer un sport

Pour identifier d'autres activités (*To identify other activities*)

aller au cinéma
bavarder en ligne
bricoler (faire du bricolage) (*to putter around*)
collectionner les timbres (*to collect stamps*)
écouter la radio (de la musique)
être membre d'un club
faire de la couture (*to sew*)
faire de la danse
faire de la peinture
faire du jardinage (*to work in the garden*)
faire du théâtre
faire la cuisine

faire ses devoirs (*m.pl.*)
faire une balade (*to take a walk*)
jouer aux cartes
jouer du piano (de la guitare, du violon, etc.)
lire
parler (bavarder) au téléphone
se promener
regarder la télé
sortir avec des copains (des amis)
surfer sur Internet
tricoter (*to knit*)

À vous!

Q. **Qui fait quoi?** *(Who is doing what?)* Dites ce que font les jeunes sur le dessin.

MODÈLE: Qui lit un livre?

Dorothée lit un livre.

FLASH GRAMMAIRE

Le verbe *lire* *(to read)*

je lis	nous lisons
tu lis	vous lisez
il/elle/on lit	ils/elles lisent

PASSÉ COMPOSÉ: **lu (avoir)**

1. Qui fait ses devoirs?
2. Qui prend le dîner?
3. Qui écoute de la musique?
4. Qui regarde la télé?
5. Qui joue au ping-pong?
6. Qui fait de la peinture?
7. Qui fait des photos?
8. Qui joue au foot?
9. Qui joue au basket?
10. Qui lit un magazine?

Zoom!

D'où vient le tennis? Les Grecs et les Romains se renvoyaient déjà *(were already returning)* une balle au-dessus d'un filet *(over a net)* avec leurs mains. En France, ce sport était très populaire au Moyen Âge. Il s'appelait le «jeu de paume *(palm)*», en raison de la paume de la main qui servait de raquette.

R. **Vos loisirs.** Exprimez votre opinion sur les activités suivantes ou dites quand vous les faites.

MODÈLE: faire du (jouer au) golf

Je fais souvent du golf. OU
Je voudrais faire du golf un jour. OU
J'ai fait du golf hier après-midi. OU
Je n'ai jamais fait de golf. OU
J'aime beaucoup le golf et j'en fais souvent. etc.

1. faire du jogging
2. faire de la natation
3. faire du cheval
4. faire de la randonnée
5. faire du ski (alpin, de fond)
6. faire de la planche à voile
7. surfer sur Internet
8. faire du ski nautique
9. faire de la voile
10. lire des romans
11. lire le journal
12. faire de la couture
13. faire des photos
14. collectionner des timbres
15. bavarder au téléphone
16. écouter de la musique
17. faire du VTT
18. regarder la télé

S. **Pour me détendre...** Parlez avec vos camarades de ce que vous et vos amis (ou les membres de votre famille) aimez faire pour vous détendre. Utilisez les expressions et le vocabulaire pour parler des loisirs.

MODÈLE: *Moi, je me passionne pour les timbres. Les timbres de France et du monde francophone sont ma spécialité. Je passe presque tous les dimanches à travailler sur ma collection. J'aime aussi lire, surtout les romans. Je préfère les activités calmes. Par contre, mon frère, il préfère bouger tout le temps. C'est un fana de foot et de basket. Ma mère, son dada, c'est la photo. Elle fait aussi de la peinture en amateur. Elle est artiste. Mon amie Becky...*

Ici, en France...

En France, comme dans d'autres pays, les activités qui occupent le temps libre varient selon les individus, les groupes différents et selon les cultures régionales. Si le base-ball et le football américain ont un certain «standing» aux États-Unis, les Français, eux, sont des fanas de football et de cyclisme. La Coupe du monde et le Tour de France sont donc des événements qui engagent l'attention de tout le pays. Mais les Français s'intéressent aussi à une grande variété de loisirs qui ne dépendent pas forcément des sports. Regardons ce que nous ʀent les statistiques au sujet des loisirs en France.

Une année de loisirs

Activités pratiquées au cours des douze derniers mois par sexe (1997, en % de la population de 15 ans et plus):

	Ensemble		Hommes		Femmes	
	Ont pratiqué	dont réguliè-rement	Ont pratiqué	dont réguliè-rement	Ont pratiqué	dont réguliè-rement
- Faire du tricot	12	6	0	0	24	11
- Faire de la broderie, du crochet, de la tapisserie	11	5	1	0	20	9
- Faire des mots croisés	32	18	24	13	39	23
- Faire de «bons plats» ou essayer de nouvelles recettes	50	29	32	16	66	40
- Faire des travaux de bricolage	50	23	66	36	35	12
- S'occuper de la voiture, la moto	39	22	55	35	24	11
- S'occuper d'un jardin potager	21	15	25	19	17	11
- S'occuper d'un jardin d'agrément	40	27	38	28	42	26
- Jouer aux cartes ou à des jeux de société	53	21	51	20	54	21
- Jouer au PMU	8	3	11	5	5	2
- Jouer au Loto, Tac-o-Tac, Morpion...	30	12	30	12	31	11
- Jouer à des jeux électroniques sur une mini-console	16	6	18	7	14	5
- Jouer aux boules	20	3	27	4	14	2
- Aller à la pêche	14	4	20	6	8	1
- Aller à la chasse	4	2	6	3	1	0
- Se promener dans un espace vert	70	30	68	29	72	32
- Faire une randonnée à pied ou à vélo	34	11	37	12	32	10
- Faire du yoga ou de la relaxation	4	3	4	2	5	3
- Faire du footing ou du jogging	18	9	23	12	13	6
- Faire de la gymnastique ou de l'éducation physique	19	12	16	10	21	14
- Pratiquer une autre activité physique ou sportive	23	16	29	22	17	11

Ministère de la Culture et de la Communication

> ## Qu'est-ce que vous en pensez?

- Selon les statistiques, quelles semblent être les activités de loisir les plus pratiquées en France?
- Quels sports ont vu leur popularité augmenter considérablement en France entre 1980 et 1998?
- À votre avis, quelles activités de loisir sont les plus populaires ici aux États-Unis? Faites des recherches sur Internet pour soutenir votre hypothèse. D'après vos recherches, quelles sont les différences entre la France et les États-Unis en ce qui concerne les loisirs?

Do **À faire! (7-3)** on page 288 of the **Manuel de préparation.**
* Follow-up: the verb **lire;** vocabulary for leisure-time activities (including sports)
* Preparation: the conditional *(Contrôle 18)*

Foot toujours

Évolution du nombre des licenciés des principales disciplines:

	1980	1998*
- Football	1 554 069	2 034 085
- Tennis	786 811	1 039 013
- Judo	351 888	552 689
- Pétanque	426 282	442 667
- Basket-ball	304 375	427 007
- Équitation	133 740	388 614
- Rugby	208 913	277 880
- Golf	38 718	268 630
- Voile	85 383	245 899
- Ski**	544 270	234 930
- Handball	149 109	226 137
- Karaté, arts martiaux	—	202 003

*Estimations.

**Hors snowboard pour 1998.

Ministère de la Jeunesse et des Sports

■● Contexte: *Rêves et aspirations*

Comme tous les jeunes, Christine et Isabelle Buhler ont beaucoup de projets pour l'avenir. Lesquels vont se réaliser? Impossible de le savoir. Mais les deux adolescentes ont beaucoup d'énergie et de détermination. Il ne serait donc pas étonnant de les voir atteindre leurs buts.

... à un voyage au
Japon avec son copain.

Christine rêve...

Buhler et Vuillemin AVOCATS

... d'être avocate.

... à un bel appartement
luxueux à Paris.

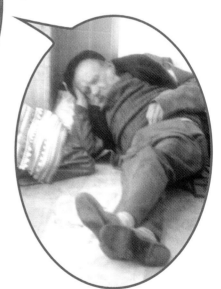

... de travailler
avec les sans-abri.

SUGGESTED LESSON OUTLINE: Students assigned *À faire! (7-3)* have followed up on the vocabulary for leisure-time activities, have reviewed the verb **lire**, have done the initial work with the conditional, and have taken the practice test *(Contrôle 18).* Ex. XV (describing favorite leisure-time activities) was not self-correcting.

In this segment, do *Contexte: Rêves et aspirations* (Ex. T, U, V), *Rappel grammatical: Le conditionnel* (Ex. W, X, Y), *Monologue: Je suis assez ambitieuse* (Ex. Z, AA, BB, CC), *Le monde francophone: Élève journaliste à Lagos.*

◖ Ambitions

Les jeunes ne veulent plus choisir entre le travail et la famille. Même pour les étudiants de l'enseignement supérieur, la réussite passe à la fois par un travail intéressant (83%) et une vie de famille heureuse (77%). Le temps libre (33%) est jugé plus important que le fait d'avoir beaucoup d'argent (21%). Enfin, la possibilité d'aider les autres est considérée comme aussi nécessaire que celle de disposer de beaucoup d'argent (23%).

L'Express/L'Étudiant, octobre 1999

Qu'est-ce que vous en pensez?

Dans quelle mesure les rêves et les aspirations de Christine et d'Isabelle correspondent-ils aux ambitions d'autres jeunes Français? À votre avis, les jeunes Américains ont-ils des rêves et des aspirations semblables *(similar)*? Comparez vos propres rêves à ceux des jeunes en France? En quoi est-ce que vous êtes semblable ou différent(e)?

Isabelle s'imagine...

Isabelle Buhler Pédiatre

... dans une petite maison en banlieue avec son mari et ses deux enfants.

... médecin.

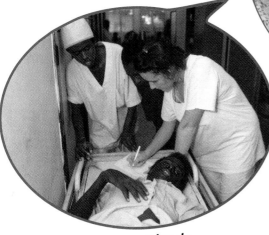

... membre de Médecins sans frontières.

... avec une voiture de sport.

Dico 📖

buts: *goals*
celle: *that (the possibility)*
choisir: *to choose*
Comme: *Like*
copain: *boyfriend*
fait: *fact*
Il ne serait donc pas étonnant:
   It therefore wouldn't be surprising

Lesquels: *Which ones*
luxueux: *luxurious, expensive*
Médecins sans frontières:
   Doctors Without Borders
   (Doctors who volunteer
   their time to provide
   medical assistance in
   disaster situations)

projets pour l'avenir:
   plans for the future
réussite: *success*
sans-abri: *homeless*
se réaliser: *to be realized,*
   to happen
temps libre: *free time*

À vous!

T. Quels sont leurs rêves et leurs aspirations? Répondez aux questions selon ce que vous avez appris dans le *Contexte* à propos de Christine et d'Isabelle.

Christine
1. À quel voyage rêve Christine? Avec qui est-ce qu'elle veut voyager?
2. Dans quelle sorte de logement est-ce qu'elle rêve d'habiter?
3. Dans quelle profession est-ce qu'elle se voit?
4. Avec qui est-ce qu'elle veut travailler pendant son temps libre?

Isabelle
5. Dans quelle sorte de logement est-ce qu'elle se voit?
6. Avec combien d'enfants est-ce qu'elle s'imagine?
7. À quelle sorte de situation professionnelle est-ce qu'elle rêve?
8. Dans quelle partie du monde est-ce qu'elle veut travailler? Avec qui?
9. Qu'est-ce qu'elle veut s'acheter?

Des comparaisons
10. Qu'est-ce que Christine et Isabelle ont en commun?
11. En quoi sont-elles différentes?
12. En quoi Christine et Isabelle sont-elles semblables aux jeunes français? En quoi sont-elles différentes?

U. Et vous? Voici la liste des aspirations de Christine et d'Isabelle. Pour chacune des aspirations, donnez votre réponse personnelle.

MODÈLE: Christine rêve de faire un voyage au Japon. Et vous, où est-ce que vous rêvez de faire des voyages?

Moi, je rêve de faire un voyage (en Australie, au Maroc, etc.).

1. Christine rêve de faire un voyage au Japon. Et vous, où est-ce que vous rêvez de faire des voyages?
2. Elle veut habiter un ou deux ans au Japon. Et vous, est-ce que vous aimeriez habiter dans d'autres pays? Lesquels? Pour combien de temps?
3. Elle rêve à un appartement luxueux à Paris. Et vous, à quel type de logement est-ce que vous rêvez?
4. Elle veut être avocate. Et vous, qu'est-ce que vous voudriez faire dans votre vie professionnelle? (Si vous avez déjà une profession, qu'est-ce que vous faites?)
5. Elle voudrait travailler avec les sans-abri. Et vous, est-ce que vous voudriez participer à des œuvres humanitaires?
6. Isabelle s'imagine avec deux enfants. Est-ce que vous vous voyez avec des enfants? Combien? (Est-ce que vous avez des enfants? Combien?)
7. Elle veut travailler dans un pays d'Afrique. Et vous, est-ce que vous voudriez travailler dans un pays étranger *(foreign country)*?
8. Elle rêve à une voiture de sport. Et vous, à quoi rêvez-vous?

Suggestion, Ex. V: Form new groups of three (different from Ex. U) for Ex. V.

Follow-up, Ex. V: Create new groups and have students talk about the plans and dreams of their previous conversation partners.

Rappel grammatical

Le conditionnel

Verbes en -er, -ir, -re

arriver	partir	prendre
arriver-	partir-	prendr-
j'arriverais	je partirais	je prendrais
tu arriverais	tu partirais	tu prendrais
il/elle/on arriverait	il/elle/on partirait	il/elle/on prendrait
nous arriverions	nous partirions	nous prendrions
vous arriveriez	vous partiriez	vous prendriez
ils/elles arriveraient	ils/elles partiraient	ils/elles prendraient

Verbes irréguliers

aller	ir-	j'irais, nous irions	pouvoir	pourr-	tu pourrais, vous pourriez
avoir	aur-	tu aurais, vous auriez	savoir	saur-	ils sauraient, nous saurions
être	ser-	elle serait, nous serions	venir	viendr-	je viendrais, vous viendriez
faire	fer-	je ferais, nous ferions	voir	verr-	tu verrais, nous verrions
falloir	faudr-	il faudrait	vouloir	voudr-	elle voudrait, ils voudraient

Phrases conditionnelles

si + *imparfait* + *conditionnel*   *conditionnel* + si + *imparfait*

Si j'avais le temps, j'irais à la piscine.   **J'irais à la piscine si j'avais le temps.**

À vous!

W. **Que feriez-vous?** Indiquez ce que vous feriez dans les quatre situations suivantes. Mettez les verbes au conditionnel.

1. Matthieu dîne dans un restaurant avec son amie Marie-Jo. Ils commandent tous les deux le menu à 20€. À la fin du repas, Matthieu se rend compte *(realizes)* qu'il n'a que 30€ dans son portefeuille *(wallet)*. Marie-Jo a laissé son sac à la maison. Que feriez-vous à la place de Matthieu?
   a. vous excuser, aller aux toilettes et vous sauver *(to run away)*
   b. vous excuser, aller aux toilettes et téléphoner à un(e) ami(e)
   c. demander à Marie-Jo d'aller chercher son sac chez elle
   d. appeler le garçon et commander le menu à 15€
   e. autres solutions???
2. Demain, Marine doit passer un examen dans son cours le plus difficile, les maths. Son petit ami Cédric, qu'elle n'a pas vu depuis deux mois, téléphone pour lui dire qu'il arrivera ce soir mais qu'il sera obligé de repartir demain matin. Que feriez-vous à la place d'Annick?
   a. demander à un(e) ami(e) de passer la soirée avec Roger et étudier jusqu'à 10h ou 11h
   b. demander à Roger de ne pas venir
   c. passer la soirée avec Roger au risque de rater l'examen
   d. sortir avec Roger et inventer une excuse pour votre professeur
   e. autres solutions???

Exercice de substitution
1. *J'irais en Australie.* (nous / vous...? / elle / tu...? / ils)
2. *Nous ferions mieux de ne pas sortir ce soir.* (on / tu / vous / elles / il)
3. *Si tu allais en France, tu visiterais Cannes?* (vous / ils / elle / nous / on)
4. *Elle voudrait aller avec nous?* (vous / tu / ils / nous)
5. *Si j'avais de l'argent, je partirais pour Tahiti.* (nous / elle / ils / vous...?)
6. *Est-ce qu'ils seraient contents de ce job?* (vous / elle / tu / nous / elles)
7. *Nous prendrions volontiers un petit café.* (je / elle / ils / on)
8. *Si on était en France, on s'amuserait beaucoup.* (je / tu / elles / vous / nous)

Suggestion, Ex. W: Have different students give their answers to each item and then ask others to contribute other possible solutions.

3. François a invité ses amis Martin et Chantal à dîner chez lui. Il a oublié le rôti dans le four *(oven);* il est brûlé et immangeable. Ses amis vont arriver dans quelques minutes. Que feriez-vous à la place de François?
   a. sortir de l'appartement et aller au cinéma
   b. attendre vos amis dehors *(outside)* et proposer qu'on dîne au restaurant
   c. leur servir des pizzas surgelées *(frozen)*
   d. préparer une sauce à la moutarde à servir avec la viande brûlée
   e. autres solutions???

4. Anne-Marie vient de se fiancer avec Jean-Claude. Les parents de Jean-Claude, qui habitent en Algérie, lui rendent visite. Ils partent demain matin et ils veulent faire la connaissance de la fiancée de leur fils. Ils ont donc invité Anne-Marie à dîner dans le restaurant le plus élégant de la ville. Hélas, Anne-Marie tombe malade; elle a de la fièvre et mal à la gorge. Que feriez-vous à sa place?
   a. prendre deux cachets d'aspirine et aller au restaurant
   b. aller au restaurant, mais ne rien manger
   c. téléphoner aux parents de Jean-Claude pour faire vos excuses
   d. aller chez le médecin et lui demander de vous faire une piqûre *(injection)*
   e. autres solutions???

X. Sur une île de ton choix. Demandez à un(e) camarade de classe ce qu'il (elle) ferait s'il (si elle) devait passer quelques mois sur une île de son choix. Ensuite changez de rôle. Utilisez le conditionnel dans vos réponses.

MODÈLE: Combien de temps est-ce que tu voudrais y passer?

Je voudrais y passer deux mois (six mois, un an, etc.).

1. Combien de temps est-ce que tu voudrais y passer?
2. Comment est-ce que tu ferais le voyage—en avion ou en bateau?
3. Qui est-ce que tu inviterais à t'accompagner?
4. Où serait l'île de ton choix—dans l'océan Atlantique, dans l'océan Pacifique, etc.?
5. Qu'est-ce qu'il y aurait sur cette île?
6. Quel animal domestique est-ce que tu aimerais emmener avec toi?
7. Qu'est-ce que tu mettrais dans ta valise *(suitcase)*?
8. Qu'est-ce que tu apporterais à manger?
9. Comment est-ce que ton camarade et toi, vous passeriez votre temps sur cette île?
10. Qu'est-ce que vous apprendriez à faire sur cette île?
11. Est-ce que tu serais content(e) de rentrer chez toi?

Y. Si tu étais riche... Utilisez les éléments donnés pour poser des questions à un(e) camarade au sujet de ce qu'il (elle) ferait s'il (si elle) était riche. Utilisez le conditionnel.

MODÈLE: où / habiter

—*Où est-ce que tu habiterais si tu étais riche?*
—*J'habiterais en Floride (à Paris, etc.).*

1. où / habiter
2. dans quelle sorte de logement / habiter
3. qu'est-ce que / acheter
4. avec qui / sortir
5. où / faire des voyages
6. quelle voiture / acheter
7. qui / aider
8. comment / passer le temps (réponse = **passer le temps à** + infinitif)
9. quel travail / faire
10. quels vêtements / porter

■Monologue: *Je suis assez ambitieuse*

Comme j'ai déjà dit, je voudrais bien un jour faire un voyage au Japon. Je rêve même d'y habiter pendant un an ou deux. Pour le moment, je suis encore au lycée où j'étudie le japonais et l'anglais. Mon anglais, ça va assez bien mais mon japonais n'est pas encore au point. Je pense que ces deux langues vont me servir dans mon métier d'avocate dans le domaine international.

Mes copains disent que je suis très ambitieuse et je pense qu'ils ont raison. J'ai l'intention de continuer mes études, de gagner pas mal d'argent, de voyager, d'habiter un appartement luxueux de préférence à Paris. C'est vrai que je suis assez ambitieuse. Mais je travaille très dur à l'école. J'ai déjà fait un stage dans un cabinet d'avocats pour avoir une idée de ce qui m'attend dans l'avenir. Et je ne suis pas du tout égoïste. Je sais que j'ai toujours eu de la chance dans la vie et que j'ai donc la responsabilité de rendre quelque chose à la société. Le week-end je travaille déjà dans une agence qui s'occupe des sans-abri et un jour je compte faire davantage, surtout pour les jeunes qui se trouvent sans ressources et sans famille. C'est en partie pour ça que je veux gagner beaucoup d'argent. Ça me donnera les moyens d'être plus généreuse avec les autres.

Mes parents me demandent si je pense me marier. Je ne sais pas. Tout d'abord je voudrais poursuivre mes rêves et réaliser mes aspirations. Un mari et des enfants, ce n'est pas, pour le moment, dans mes projets d'avenir. Et une chose est sûre: même si j'ai des enfants, je n'ai aucune intention d'abandonner ma carrière. Je ne vais pas choisir entre le travail et la famille.

Christine Buhler

cabinet d'avocats: *attorneys' office*
ce qui: *what*
davantage: *more*
déjà: *already*
dur: *hard*
gagner: *earn, make*
ils ont raison: *they're right*
j'ai toujours eu de la chance: *I've always been lucky*
je n'ai aucune intention: *I have no intention*
métier: *job, profession*
moyens: *means*
n'est pas encore au point: *isn't great yet*
rendre: *to give back*
stage: *internship*
vie: *life*

À vous!

Z. Les projets de Christine. Décidez si les phrases suivantes sont vraies ou fausses. Si une phrase est fausse, corrigez-la en vous basant sur le monologue.

1. Christine aimerait faire un voyage au Japon mais elle n'a pas l'intention d'y habiter.
2. Elle étudie le japonais et l'anglais.
3. Elle parle bien le japonais mais son anglais n'est pas au point.
4. Elle veut être médecin.
5. Elle est assez ambitieuse.
6. Elle travaille dur et elle a déjà travaillé dans un cabinet d'avocats.
7. Elle veut gagner beaucoup d'argent parce qu'elle est très matérialiste.
8. Elle a l'intention de se marier.
9. Elle ne veut pas sacrifier sa carrière pour avoir une famille.
10. Christine semble être une personne assez équilibrée.

Answers, Ex. Z: 1. Faux. Elle rêve d'y habiter pendant un an ou deux. 2. Vrai 3. Faux. Son anglais, ça va assez bien mais son japonais n'est pas encore au point. 4. Faux. Elle veut être avocate. 5. Vrai 6. Vrai 7. Faux. Elle veut gagner beaucoup d'argent pour aider les autres. 8. Faux. Elle ne sait pas si elle va se marier. 9. Vrai 10. Vrai

Ça se dit comment?

Pour utiliser des expressions négatives (To use negative expressions)

ne... pas	*not*	Je ne parle pas japonais.
le contraire:	l'affirmatif	Je parle japonais.
ne... aucun(e)	*not any*	Je n'ai aucune intention d'abandonner ma carrière.
le contraire:	l'affirmatif	J'ai l'intention d'abandonner ma carrière.
ne... jamais	*never*	Nous n'avons jamais visité le Japon.
le contraire:	**souvent, toujours, quelquefois**	Nous avons souvent visité le Japon.
ne... pas encore	*not yet*	Mon japonais n'est pas encore au point.
le contraire:	**déjà** *(already)*	Mon japonais est déjà au point.
ne... rien	*nothing*	Je n'ai rien acheté.
le contraire:	**quelque chose** *(something)*	J'ai acheté quelque chose.
rien ne...	*nothing*	Rien ne le choque.
le contraire:	**quelque chose, tout**	Tout le choque.
ne... personne	*no one*	Nous n'avons vu personne.
le contraire:	**quelqu'un** *(someone)*	Nous avons vu quelqu'un.
personne ne...	*no one*	Personne n'a téléphoné.
le contraire:	**quelqu'un**	Quelqu'un a téléphoné.
ne... plus	*no (any) longer (more)*	Il n'est plus en France.
le contraire:	**encore, toujours** *(still)*	Il est toujours en France.

AA. Le contraire. Donnez le contraire de chacune des idées suivantes. Utilisez une expression négative ou le contraire d'une expression négative.

MODÈLES: Elle ne fait jamais d'exercice.
Elle fait toujours (souvent) de l'exercice.

Quelqu'un a téléphoné.
Personne n'a téléphoné.

1. J'ai téléphoné à quelqu'un hier soir.
2. Il n'est plus jeune.
3. Elle a l'intention de poursuivre ses études.
4. Tu fais quelquefois du tennis?
5. Vous n'êtes pas encore arrivés?
6. Elle ne fait jamais rien le week-end.
7. Quelqu'un est venu te voir.
8. Rien n'est important.

BB. Il a le cafard. *(He's very depressed.)* Vous avez un ami qui a le cafard. Sa famille s'inquiète et vous pose des questions. Vous dites la vérité, c'est-à-dire que vous répondez toujours à la forme négative. Utilisez les expressions négatives que vous avez apprises.

MODÈLE: Il sort avec quelqu'un?

Non, il ne sort avec personne.

1. Mais il voit encore sa petite amie Nicole, n'est-ce pas?
2. Mais il va souvent au cinéma, n'est-ce pas?
3. Alors, qu'est-ce qu'il fait le week-end?
4. À qui est-ce qu'il parle?
5. À quoi est-ce qu'il s'intéresse?
6. Qui lui téléphone?
7. À qui est-ce qu'il téléphone?
8. Mais il fait toujours ses devoirs, non?
9. Il a déjà parlé à ses professeurs?

CC. Une interview catastrophique. Vous avez eu une interview particulièrement mauvaise avec un certain M. Garnet et vous êtes de très mauvaise humeur *(bad mood)*. Quand vos amis vous interrogent, vous répondez toujours à la forme négative.

MODÈLE: Est-ce que tu as déjà trouvé un job?

Non, je n'ai pas encore trouvé de job.

1. Qu'est-ce que M. Garnet t'a demandé?
2. Et qu'est-ce que tu as dit?
3. À qui est-ce que tu as demandé des références?
4. Qui va t'écrire des lettres de référence?
5. Est-ce que tu as apporté ton CV?
6. Qu'est-ce que tu as donné à M. Garnet?
7. Est-ce que M. Garnet veut te revoir? (Utilisez le verbe **voir**.)
8. Est-ce que tu as déjà préparé tes documents pour ta prochaine interview?
9. Est-ce que tu as souvent ce genre d'expérience?

> Remember to use the invariable **de** after a negative expression (you already learned this rule with the negative **ne... pas**). For example, **Je n'ai plus d'examens.**

Le monde francophone

Élève Journaliste à Lagos

Partout dans le monde les jeunes, garçons et filles, ont des aspirations communes. Ils rêvent de devenir chefs d'entreprises (petites ou grandes), ingénieurs, professeurs, médecins, artistes, avocats. Voilà, par exemple, Bernice Sarpong, élève-journaliste à Lagos, au Nigeria.

Le monde francophone: Note that **Nigeria** does not have an accent, but **les Nigérians (les Nigérianes)** as well as the adjective **nigérian(e)** do.

Nigeria
Lagos

Les jeunes de Lagos, "giga" city

Lagos est la ville principale du Nigeria, un pays de 120 millions d'habitants à l'ouest du Cameroun. Les langues principales du Nigeria, ancienne colonie anglaise, sont l'anglais, le haoussa, l'ibo et le yoruba. Mais le français est devenu récemment une langue officielle.

Bernice Sarpong
Élève journaliste

J'e m'appelle Bernice. J'ai vingt ans. Depuis l'école primaire, je rêve de devenir journaliste. J'ai toujours voulu écrire pour donner mon point de vue. En attendant de me consacrer à plein temps à ma passion, je passe mes journées à lire. Je me jette sur tous les journaux qui passent à portée de ma main. Mon père est professeur dans une école secondaire. Maman est au foyer. Mes parents me donnent un peu d'argent pour acheter la presse mais je ne peux pas en acheter tous les jours; on n'est pas très riche. Alors je plonge dans les romans ou même la Bible. Il faut que je lise en permanence, c'est vital.

dictature, la presse n'a jamais renoncé à faire son travail. Beaucoup de journalistes ont été emprisonnés. Mais cela ne les a jamais empêchés de critiquer la dictature militaire et de dénoncer tous ses crimes. Quand les habitants du quartier savent que vous êtes journaliste, ils viennent vous demander conseil.

J'écris déjà des articles pour le plus ancien quotidien de Lagos, le Daily Times. Je m'occupe de la chronique judiciaire. Je vais au palais de justice pour faire des compte-rendus de procès. À chaque fois qu'un de mes articles est publié, mon père est si fier qu'il le montre à tous ses amis.

À Lagos, il y a plus d'une vingtaine de quotidiens. La compétition est féroce. Si on veut survivre dans cette profession, on ne peut pas se permettre d'être paresseux. C'est aussi ça que j'aime dans cette activité, il faut toujours se lancer des défis, se remettre en cause.

nous battre contre les préjugés des hommes, nous avons les moyens de réussir. Moi même, j'espère diriger un jour un grand journal.

Tout en travaillant au Daily Times, je suis inscrite en deuxième année à l'Institut nigérian de journalisme dans le quartier d'Ikeja, qui se trouve à proximité de mon domicile. Dans chaque rédaction, il y a au moins un journaliste qui passe par cette école. La plupart des étudiants travaillent déjà à temps partiel dans des rédactions. Ce qui nous permet d'avoir des contacts et aussi un peu d'argent, car la vie à Lagos est vraiment chère.

J'ai aussi choisi la profession de journaliste parce que je ne suis pas matérialiste. L'argent n'est pas ma priorité. À Lagos, les journalistes sont presque toujours mal payés. Nous avons même du mal à obtenir un défraiement pour nos reportages. À chaque fois que je vais au palais de justice, je suis obligée de payer le déplacement de ma poche. À l'école de journalisme, nous souffrons de la faiblesse de nos moyens. Nous avons un seul ordinateur pour 2000 étudiants. Nous attendons toujours une connection internet...

Planète Jeunes, n° 48, décembre 2000–janvier 2001, p. 6

Un vrai défi pour une femme

Au Nigeria, le journalisme est un métier très prestigieux. Pendant les années de

Un métier ouvert aux femmes

Plusieurs Nigérianes ont réussi à devenir rédactrices en chef. Même si nous devons encore

Dico

à portée de ma main: *within reach*	**empêché:** *prevented*	**nous battre contre:** *to fight against*
compte-rendus de procès: *summaries of trials*	**en attendant:** *while waiting*	**plupart:** *majority*
conseil: *advice*	**faiblesse:** *weakness, small quantity*	**quotidien:** *daily (newspaper)*
défi: *challenge*	**fier:** *proud*	**rédaction:** *editorial staff*
défraiement: *reimbursement for expenses*	**foyer:** *home*	**rédactrices:** *editors*
déplacement: *trip*	**me consacrer à:** *to dedicate myself to*	**seul:** *single*
dictature: *dictatorship*	**me jette:** *throw myself*	**se remettre en cause:** *to question oneself*
diriger: *to direct*	**moyens de réussir:** *means to succeed*	
du mal: *difficulty*		

> Qu'est-ce que vous en pensez?

In what ways are Bernice Sarpong's life, plans, and dreams similar to those of people you know? In what ways are they different?

How might Bernice's story oblige people to examine stereotypes they might have about people in Africa and in other parts of the world?

Do **À faire! (7-4)** on page 296 of the **Manuel de préparation**.
* Follow-up: dreams and aspirations, the conditional
* Preparation: the imperfect tense *(Contrôle 19)*

Rappel grammatical

L'imparfait

IMPERFECT TENSE FORMS	
parler	
je **parlais**	nous **parlions**
tu **parlais**	vous **parliez**
il/elle/on **parlait**	ils/elles **parlaient**
faire	
je **faisais**	nous **faisions**
tu **faisais**	vous **faisiez**
il/elle/on **faisait**	ils/elles **faisaient**
être	
j'**étais**	nous **étions**
tu **étais**	vous **étiez**
il/elle/on **était**	ils/elles **étaient**

Uses of the imperfect tense
1. Habitual actions (**Autrefois, nous allions au bord de la mer tous les ans.**)
2. Actions that were going on simultaneously (**Pendant que nous parlions, elle regardait la télé.**)
3. Physical attributes (**Elle avait les cheveux blonds.**)
4. Age (**Il avait trois ans.**)
5. Background for a story (**Il était neuf heures. J'étais en visite à Paris...**)

Expressions that often accompany the imperfect tense
autrefois
d'habitude
fréquemment
quelquefois
souvent
toujours
tous les jours (mois, ans, lundis, etc.)
une (deux, etc.) fois par jour (semaine, mois, an, etc.)
le lundi (le mardi, etc.)
le matin (l'après-midi, le soir)

Exercice de substitution
1. *Elle* aimait danser. (nous / tu / vous / ils / je)
2. *Je* ne faisais pas attention en classe. (nous / tu / elles / vous / il)
3. *Ils* se promenaient à pied tous les jours. (elle / nous / tu / je / vous / on)
4. Est-ce que *tu* avais de l'argent? (vous / elle / ils / on)
5. *Il* était très fatigué. (je / nous / elles / vous / on / tu)
6. *J'*étais malade. (elle / nous / ils / tu / vous)

À vous!

DD. Quand tu avais dix ans... Posez des questions à un(e) camarade de classe pour apprendre ce qu'il (elle) faisait quand il (elle) avait dix ans. Ne vous limitez pas aux expressions suggérées.

MODÈLE: où / habiter

—Où est-ce que tu habitais quand tu avais dix ans?
—J'habitais à Grand Forks.
—Ta famille avait une grande maison?
—Non, à cette époque-là (at that time), nous habitions dans un appartement.

1. où / habiter
2. avec qui / jouer
3. qu'est-ce que / aimer manger
4. à quelle heure / se lever / se coucher
5. tes parents / travailler
6. où / aller à l'école
7. tes grands-parents / être vivants
8. être heureux (heureuse)

EE. Quand ils étaient jeunes... En vous basant sur de vieilles photos que vous avez vues, décrivez à deux camarades de classe quelques membres de votre famille quand ils étaient jeunes. Vos camarades vont vous poser des questions supplémentaires.

MODÈLE: votre père

—Quand mon père était jeune, il avait les cheveux blonds et il ne portait pas de lunettes. Il était très beau. Il aimait jouer au base-ball et au football américain.
—Qu'est-ce qu'il faisait comme travail?
—Il travaillait pour le gouvernement. Il était comptable.

FF. Mon enfance. (My childhood.) Parlez de votre enfance avec vos camarades. Où est-ce que vous habitiez? Quelle était votre routine pendant la semaine? Qu'est-ce que vous faisiez le week-end? Comment est-ce que vous passiez votre temps libre? Qu'est-ce que vous faisiez en famille? etc.

Le jeu de boules (La pétanque)

Le jeu de boules or **la pétanque** is very popular in France, particularly in southern France. It's played on flat, often sandy, ground. One of the players throws the small wooden ball **(le cochonnet)** a distance from the players. The game then consists of each player throwing or rolling metal balls **(les boules)** toward the **cochonnet** with the goal of coming as close to the wooden ball as possible and/or knocking the opponent's ball away. The person or team with the balls closest to the wooden ball wins the game.

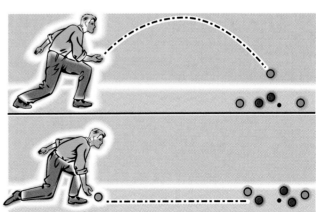

■●Lecture: *La vie active*

Prereading: Have students talk about the outdoor activities that can be done in your region. By this time, they should be able to do this in French. The pretext can be that someone from another country is visiting and they put together a list of activities.

Reading: Have students skim the ads and determine first what the main topic is. Then have them look at the details of the ads and do Ex. GG and HH to work with cognates, false cognates, and the meaning of the texts.

Découvrez le monde secret des gorges du Verdon, en raft sur un spectaculaire parcours de randonnée aquatique, ou en canyoning dans les cluses chaudes des Alpes du sud.

AVRIL A OCTOBRE
DESCENTES

RAFT
Castellane à Chasteuil   PRIX **25€**
CANYONING
Descente d'initiation   PRIX **30€**

JOURNEES

INTÉGRALES RAFT
VERDON : Castellane au Point Sublime, 1ᵉʳ du Grand-Canyon
HAUT-VAR : Gorges de Daluis
PRIX (déjeuner inclus)   **25€**

DESCENTE DE CANYONS
Exploration engagée des cluses particulièrement profondes des affluents du Verdon : Festival de cascades, plongeons et spéléo à ciel ouvert
PRIX (déjeuner inclus)

1 jour randonnée aquatique   **40€**
1 jour canyoning   **50€**

Guides, équipement de sécurité, combinaisons isothermiques, transfers en bus, inclus.

RESERVATIONS

AN RAFTING
Le Moulin de la Salaou (Route des gorges) - 04120 CASTELLANE

CANOE KAYAK

NOUVEAU !!!

: PLAN D'EAU DU SAVE

Ouverture pour la saison d'un plan d'eau d'un hectare en bordure du Var à 1 km de Puget-Théniers.

Sur le site vous trouverez :

- Location de bateaux

- Moniteurs pour l'initiation en eau calme et en eau vive.

- Accueil, Animations, Aire de picnic et de détente. Jeux pour enfants.

à PUGET-THENIERS

****

accès

Village de PUGET-THENIERS

1 km

Plan d'eau du Savé

Chemin de Fer de Provence

RN 202

Depuis plusieurs années Puget-Théniers est un des seuls lieux des Alpes-Maritimes à proposer une initiation au Canoë Kayak.

Le Var se prête en effet merveilleusement à cette initiation de la Citadelle d'Entrevaux au village perché de Touët/Var.

Cette année, nous complètons cette initiation aux joies de l'eau vive par un plan d'eau aménagé pour répondre aux aspirations de tout ceux qui préfèrent la sérénité des eaux dormantes.

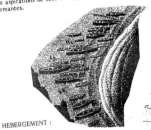

TARIFS

- Location : Bateau + Matériel sur plan d'eau :   3€ /heure
- Leçons : sur plan d'eau   20€/heure
- Descente en eau vive : ½ journée : moniteur + matériel   60€
- Stage : 1 semaine : - leçons sur plan d'eau + descente de rivière   100€ Moniteur + Matériel

Hébergement en pension complète au Gîte de Puget-Théniers. Tout compris = 300€ Réduction pour les groupes et les familles.

- Tarif Groupes et Collectivités : (8 personnes Minimun) :
  . Descente : 30€/personne/½ journée

****

S.I. de la moyenne Vallée du Var B.P. 7 PUGET-THENIERS 06 260

HEBERGEMENT :

- Gîte de Puget-Théniers :
  30 places.   10€/personne/ nuit. Tarif groupes.
  Repas sur place

- Camping caravaning de Puget-Théniers :

GG. Les «amis» et les «faux amis». In previous chapters, you worked on recognizing cognates to help you understand the ideas in a text. You also know that French has a number of "false cognates" (words that *look* like English but have a different meaning). First, look through the four brochures and find at least five French/English cognates in each. Then look through the brochures again and try to guess the meanings of the following *false cognates*: **stage, affluent, forfait, location, pension, moniteur.**

HH. Du temps libre. You and your traveling companions have some free time in Nice. Skim the four brochures again and suggest a possible activity for each person. Be as precise as possible in describing the activity, the amount of time, the price, and where one must go to do the activity.

1. John and Cliff are avid tennis players.
2. Mary Ellen likes to live dangerously.
3. Bob and Helen love winter sports.
4. Jack, Nancy, and Susan have always wanted to go canoeing.

Intégration

II. Qu'est-ce qu'ils mangent? When you listen to other people talk, it's sometimes very important to listen for details. For example, if you're inviting someone to your house for dinner and you want to know what foods the person won't eat, you have to listen carefully to the foods the person mentions. You wouldn't want to serve a steak to a vegetarian!

Listen to Zoé, Jean-Luc, Marie-France, and Hervé talk about the foods they like and dislike, and what they eat for different meals. On a piece of paper, write down the information for each person.

FLASH VOCABULAIRE

Le petit déjeuner

le pain	le café (au lait)	les œufs
le pain au chocolat	le thé	le bacon
le croissant	le lait	le jambon
la confiture	le jus d'orange	les saucisses
le beurre		
le toast (le pain grillé)		
les céréales		

JJ. Ce que je mange. Parlez à vos camarades de ce que vous mangez en général aux trois repas (**petit déjeuner, déjeuner, dîner**). Expliquez vos choix. Vous pouvez utiliser le verbe **manger** ou le verbe **prendre** avec des expressions pour indiquer vos préférences. Utilisez **je bois** avec les boissons.

MODÈLE: *Moi, pour le petit déjeuner, je mange des œufs, du bacon et du pain. Je ne prends pas de jambon parce que je n'aime pas du tout le jambon. Je bois du jus d'orange mais je ne bois jamais de café. Je déteste le café. Quelquefois je bois du thé. etc.*

👥 **KK. J'ai des courses à faire!** Trois de vos amis viennent passer le week-end chez vous. Vous allez faire les courses pour acheter ce qu'il vous faut pour le repas. Faites une liste et allez ensuite dans les magasins pour faire vos achats. Pour vous aider à négocier avec les commerçants, lisez d'abord la conversation entre Mme Thibaudet et Mme Fernand à la charcuterie.

MODÈLE:

MME FERNAND:	Bonjour, Madame Thibaudet. Comment allez-vous aujourd'hui?
MME THIBAUDET:	Bonjour, Madame Fernand. Ça va pas mal, et vous?
MME FERNAND:	Assez bien, merci. Qu'est-ce que vous désirez aujourd'hui?
MME THIBAUDET:	D'abord, il me faut du pâté—assez pour trois personnes.
MME FERNAND:	Très bien. Voilà. Et avec ça?
MME THIBAUDET:	Donnez-moi six tranches de jambon.
MME FERNAND:	C'est tout?
MME THIBAUDET:	Je voudrais aussi une douzaine de tranches de saucisson. Des tranches très fines. C'est tout.
MME FERNAND:	Bon. Le pâté, 3,50 euros; le jambon, 3 euros; et le saucisson, 2,75 euros. Ça fait 9,25 euros. Merci bien et au revoir, Madame.
MME THIBAUDET:	Au revoir, Madame. Bonne journée.

👥 **LL. Mes rêves.** Most of us have dreams and fantasies. Discuss with a group of classmates what you would do if circumstances were different. Use the following phrases as possible points of departure for your conversation: **Si j'avais le temps...** / **Si j'avais les moyens...** *(means—i.e., money)* / **Si j'étais plus (moins) âgé(e)...** / **Si j'habitais...**

👥 **MM. Les loisirs.** Faites des comparaisons entre ce que vous faisiez pendant votre temps libre quand vous étiez beaucoup plus jeune et ce que vous faites aujourd'hui. Si vous avez moins de temps libre aujourd'hui, expliquez pourquoi. Vos camarades vont vous poser des questions supplémentaires.

MODÈLE:
—*Quand j'étais petit(e), je passais presque toutes mes heures de loisir avec mes copains. On s'amusait tous les jours après l'école, on se voyait le week-end et on passait même les vacances ensemble. Maintenant, j'ai très peu de temps libre parce que j'ai des cours, je travaille...*
—*Qu'est-ce que vous faisiez comme activités quand vous étiez petit(e)? etc.*

Do **À faire! (7-5)** on page 302 of the **Manuel de préparation**.
* Follow-up: imperfect tense
* General review of the chapter

Suggestion, Ex. KK: Preparation for the exercise:
(1) Divide the class into four groups and have each one prepare a price list for one of four stores (**épicerie, charcuterie, boulangerie-pâtisserie, boucherie**). The list should include appropriate foods (with amounts) with prices in euros. Example: **pommes (un kilo) = 3,50 euros.** You should remind students about the $ / € exchange so that they come up with reasonable prices.
(2) Select four students to serve as the shopkeepers and have them set up shop in four different parts of the room. Give them the price list that was created earlier.
(3) After having created their individual shopping lists, the rest of the students should now move from one shop to the other, buying whatever they need. By the time they're done, they should know how much each item costs and what the total of their bill is.
(4) Select some students to report back to the whole class: **J'ai acheté du jambon, assez pour quatre personnes. J'ai payé... J'ai aussi acheté... En tout, j'ai dépensé...**

SUGGESTED LESSON OUTLINE:
Students assigned *À faire! (7-5)* have reviewed the imperfect tense as well as the vocabulary, expressions, and grammar of the chapter. Exercises XXIV, XXVI, and XXVII were not self-correcting.

Lexique

Pour se débrouiller

Pour offrir à boire ou à manger
> Vous voulez (Tu veux) boire quelque chose?
> Qu'est-ce que je peux vous (t') offrir?
> Servez-vous, je vous en prie. Sers-toi, je t'en prie.
> Encore un peu de… ?

Pour accepter l'offre
> Oui, je veux bien.
> Oui, merci.

Pour refuser l'offre
> Merci, (non).
> Pas pour moi, merci.

Pour trinquer
> À la vôtre! (À la tienne!)
> À votre (ta) santé!
> Tchin-tchin!

Pour inviter quelqu'un à s'asseoir
> Asseyez-vous, s'il vous plaît!
> Assieds-toi, s'il te plaît!

Pour demander quelque chose
> Vous me passez (Tu me passes) le pain?
> Vous pourriez (Tu pourrais) me passer le pain?

Pour faire un compliment
> Ça sent très bon.
> C'est délicieux.
> C'est parfait.
> C'est très bon.

Pour remercier
> Je te remercie, Simone.
> Je vous remercie, Madame (Monsieur, Mademoiselle).
> Merci bien.

Pour répondre aux remerciements
> De rien.
> (Il n'y a) pas de quoi.

Pour indiquer des quantités
> beaucoup de / ne… pas beaucoup de /
>   un peu de / très peu de
> un kilo de / une livre de / 500 grammes de /
>   un litre de / une bouteille de / une douzaine de /
>   un morceau de / un bout de / une tranche de
> trop de / assez de / ne… pas assez de
> plus de… que / moins de… que / autant de… que

Pour dire ce qu'on aime
> j'aime (beaucoup, assez)
> j'adore
> … , c'est ma passion
> … me passionne
> je suis (un[e]) fana de
> je suis fou (folle) de
> je n'aime pas (du tout)
> je déteste

Pour parler des loisirs
> être amateur de (jazz, peinture) / faire de la
>   peinture (de la photo) en amateur
> être (un[e]) fana de (foot, volley, etc.)
> passer son temps à + *infinitif*
> pratiquer un sport
> le temps libre
> s'amuser à + *infinitif*
> se détendre (je me détends, tu te détends,
>   il/elle/on se détend, nous nous détendons,
>   vous vous détendez, ils/elles se détendent)
> s'intéresser à
> se passionner pour (le tennis, etc.)

Pour exprimer ses rêves et ses aspirations
> rêver à + *nom*
> rêver de + *infinitif*
> se voir comme (dans, avec)
> s'imaginer comme (dans, avec)

Pour utiliser des expressions négatives
> ne… pas (le contraire: l'affirmatif)
> ne… aucun(e) (le contraire: l'affirmatif)
> ne… jamais (le contraire: souvent, toujours,
>   quelquefois)
> ne… pas encore (le contraire: déjà [already])
> ne… rien (le contraire: quelque chose [something])
> rien ne… (le contraire: quelque chose)
> ne… personne (le contraire: quelqu'un [someone])
> personne ne… (le contraire: quelqu'un)
> ne… plus (le contraire: encore, toujours [still])

Thèmes et contextes

Les magasins (m.pl.)
la boucherie
la boulangerie-pâtisserie
la charcuterie
l'épicerie (f.)
le marché (en plein air)
le supermarché

Les repas (m.pl.)
le petit déjeuner
le déjeuner
le dîner

L'apéritif (m.)
la bière
le champagne
le martini
le pastis
le scotch
le vin blanc
le (vin) rosé
le vin rouge
le whisky

Le pain
une baguette
un croissant
un pain de campagne
des petits pains (m.pl.)

Un hors-d'œuvre (l'entrée, f.)
les crevettes (f.pl.)
une assiette de crudités
   (des crudités, f.pl.)
le jambon
les œufs mayonnaise (m.pl.)
le pâté
la salade de concombres
la salade de thon
la salade de tomates
le saucisson
le saumon fumé

Le plat principal (Le plat de résistance)
la viande et le poisson
   un bifteck (un steak)
   une côtelette de porc
   de la dinde
   un gigot d'agneau
   du poulet
   des saucisses (f.pl.)
   un filet de sole
   une truite

les légumes (m.pl.)
des brocolis (m.pl.)
des carottes (f.pl.)
des haricots verts (m.pl.)
des oignons (m.pl.)
des petits pois (m.pl.)
des pommes de terre (f.pl.)

La salade
une salade verte
de la vinaigrette

Les fromages (m.pl.)
le brie
le camembert
le chèvre
le gruyère

Les desserts (m.pl.)
un gâteau (au chocolat)
de la glace
une pâtisserie
des petits gâteaux (m.pl.) (des biscuits, m.pl.)
une tarte aux pommes
   (aux fraises, aux abricots)

Les fruits (m.pl.)
une banane
des fraises (f.pl.)
des framboises (f.pl.)
une orange
une pêche
une poire
une pomme

Le petit déjeuner
le bacon
le beurre
le café (au lait)
les céréales (f.pl.)
la confiture
le croissant
le jambon
le jus d'orange
le lait
les œufs (m.pl.)
le pain
le pain au chocolat
les saucisses (f.pl.)
le thé
le toast (le pain grillé)

Les sports (m.pl.)

faire de l'alpinisme (m.)
faire de l'athlétisme (m.)
faire de la boxe
faire de l'équitation (f.) (du cheval)
faire de la gym
faire de la gymnastique
faire de la luge
faire de la natation
faire de la planche à roulettes
   (du skate-board)
faire de la plongée sous-marine
faire de la randonnée
faire de la voile
faire du canoë (du kayak)
faire du cyclisme (du vélo)
faire du hockey
faire du jogging
faire du judo

faire du karaté
faire du patinage
faire de la planche à voile
faire du roller(blade)
faire du ski (alpin)
faire du ski de fond
faire du ski nautique
faire du squash
faire du surf
faire du surf des neiges (du snowboard)
jouer au (faire du) base-ball
jouer au (faire du) basket
jouer au (faire du) foot(ball)
jouer au (faire du) football américain
jouer au frisbee
jouer au (faire du) golf
jouer au (faire du) tennis
jouer au (faire du) volley(-ball)

Activités de loisir

aller au cinéma
bavarder en ligne
bricoler (faire du bricolage)
collectionner les timbres
être membre d'un club
écouter la radio (de la musique)
faire de la couture
faire de la danse
faire de la peinture
faire du jardinage
faire du théâtre
faire la cuisine

faire ses devoirs
faire une balade
jouer aux cartes
jouer du piano (de la guitare, du violon, etc.)
lire
parler (bavarder) au téléphone
regarder la télé
se promener
sortir avec des copains (des amis)
surfer sur Internet
tricoter

Branchez-vous!

The *Branchez-vous!* sections of the **Manuel de classe** and the **Manuel de préparation** provide a variety of expansion activities that can be done in or out of class, by individual students, by small groups, or by the class as a whole.

Internet

Please visit the **Je veux bien!** website at **http://jvb.heinle.com.** You'll find activities to practice the vocabulary and grammar you've learned in this chapter as well as cultural exploration activities that guide you through websites from around the French-speaking world.

Vidéo

Please visit the **Je veux bien!** website at **http://jvb.heinle.com** for the video activities that accompany this chapter. You'll get the most from watching the video for this chapter if you first visit the website and print out the video activities for this chapter. Then watch the video (in your classroom, language lab, or at home) and complete the activities for the chapter.

AU-DELÀ DU COURS:

Sondage sur les sports

Do a survey of as many people (friends, classmates, family members, etc.) as possible to find out what the most popular sports are. Keep track of the number of people you interviewed, list the favorite spectator sports, and list the favorite participant sports. Based on the number of people interviewed, determine the percentage for each sport in each category (spectator, participant). Finally, write up the results in French as follows:

1. Make a chart (with percentages) of popularity of sports for the people you interviewed.
2. Write a short paragraph summarizing your findings.
3. Use the Internet and/or the library to find information on the popularity of sports in France. Compare the results to the data you gathered. (If you're linked to a keypal in France or another French-speaking country, you can ask your keypal to do the survey and you can then compare your data to his/hers.)

LITTÉRATURE:
«Au marché» de Marie-Angèle Kingué

Marché à Yaoundé

Couleurs vives, boubous bigarrés, étalages débordant d'objets divers, soleil, lumière, odeurs familières et fruitées, appels des marchands, rires et discussions sont le propre des marchés africains. Quand j'étais petite, je détestais aller au marché avec ma mère. Je trouvais qu'elle s'attardait trop longtemps devant les étalages à discuter le prix d'une marchandise. Aujourd'hui, cependant, je comprends que les marchés africains ne pourraient exister sans le marchandage. Dans ma famille, on me considère comme la reine du marchandage; je suis persuadée que ce sont les nombreuses heures passées dans les marchés avec ma mère qui ont contribué à ma formation. Marchander n'est pas seulement le désir de voir réduire le prix d'une marchandise, c'est surtout et avant tout le jeu de la communication, la célébration de la parole. Le client et le vendeur se délectent à ce jeu: c'est à qui usera des mots les plus convaincants, les plus persuasifs.

J'ai rencontré Mamoudou il y a plusieurs années, un soir où je me baladais au marché d'artisanat de Yaoundé. J'étais à la recherche de bijoux. Comme je passais devant un étalage en y jetant un rapide coup d'œil, une voix m'interpella:

—Hé! Ne partez pas!
  J'ai de nouveaux bracelets!
—Ils coûtent combien?
—Cinq mille francs.*
—Tu rigoles
  ou quoi?
—Mais ce sont de bons bracelets! Ce n'est pas comme ceux que tu achètes n'importe où!
—Ah non, non,
  c'est trop cher!

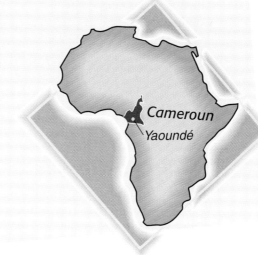

Cameroun
Yaoundé

bigarrés: *colorful*
bijoux: *jewelry*
boubous: *long tunics worn by men and women in western Africa*
cependant: *however*
débordant: *overflowing*
en y jetant un rapide coup d'œil: *quickly glancing at it*
étalages: *shelves, displays*
formation: *education*
marchandage: *bartering*
Marchander: *Bartering*
m'interpella: *called to me*
n'importe où: *just anywhere*
parole: *word*
reine: *queen*
s'attardait: *lingered*
se délectent à: *enjoy*
Tu rigoles ou quoi?: *You must be kidding!*

*__Cinq mille francs__ refers to 5,000 francs CFA (**Communauté financière africaine**), the monetary unit of many African countries (former French colonies). **Cinq mille francs** equals approximately $6.75.

—Alors, propose ton prix...

—Mille cinq cents.

—Kaï, aïe, non, ah non, non, sois sérieuse! Parle bien!

—Je t'ai dit que j'avais mille cinq cents.

—Comment mille cinq cents? Même moi j'ai payé plus de mille cinq cents! Donne-moi quatre mille!

—Pourquoi veux-tu me faire parler pour rien? Tu crois que je n'ai rien d'autre à faire, je t'ai déjà dit que je n'avais que mille cinq cents.

Comme Mamoudou ne répondait pas, je redéposai les bracelets et fis mine de partir l'air dégoûté. Il me retint par le bras:

—Non, sérieusement, mille cinq cents est trop bas! Donne-moi ton dernier prix!

—Bon, je te donne deux mille.

—Ajoute sept cents. Je ne bouge plus.

—Bon, j'ajoute cinq cents, dernier prix.

—Hmm! D'accord, mais c'est seulement parce que c'est toi. J'espère que tu vas revenir la semaine prochaine, j'aurai d'autres nouveaux modèles.

Mamoudou devint ainsi mon vendeur attitré. Je n'allais chez les autres que s'il était absent ou s'il n'avait pas ce que je recherchais. Il me raconta plus tard qu'il venait du Nord, qu'il était allé à l'école coranique et plus tard au lycée, mais qu'il avait décidé d'interrompre ses études pour vendre les objets d'art que son père fabriquait. Dans sa famille, on était artisan de père en fils. Il m'avoua qu'il aurait aimé poursuivre ses études, mais la tradition voulait que le fils aîné prît la succession de son père.

Je me demande à présent s'il y avait une note de regret dans sa voix. Il avait l'air très calme, jovial et serein. C'était un bon commerçant et chaque fois que je retourne à Yaoundé, je passe au marché lui dire bonjour, même si je n'ai besoin de rien.

Angèle M. Kingué, Texte inédit.

Dico

attitré: *regular*
bas: *low*
coranique: *Koranic (based on the Koran, sacred book of the Moslems)*
fabriquait: *made*
fis mine de: *pretended*
Il me retint par le bras: *He held me back by the arm*
Je ne bouge plus.: *No higher.*
l'air dégoûté: *looking disgusted*
m'avoua: *admitted to me*
prît: *take*

Suggestion, Qu'est-ce que vous en pensez? If students have difficulty discussing the text in French, you should give them the chance to do so in English.

▶ *Qu'est-ce que vous en pensez?*

Qu'est-ce que vous avez appris sur le marchandage dans ce texte? Est-ce qu'il y a des contextes dans lesquels on peut marchander aux États-Unis? Lesquels? À part le marchandage, qu'est-ce qui vous semble important dans le texte? Justifiez vos réponses.

La Haute-Saône en Franche-Comté

Carte d'identité: La Franche-Comté

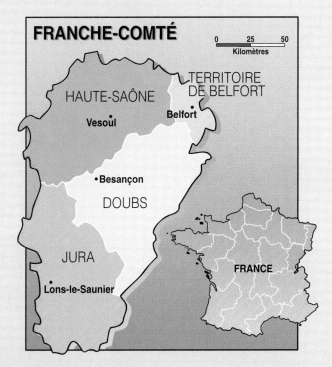

Situation: dans l'est de la France

Départements: Haute-Saône, Doubs, Jura, le Territoire de Belfort

Population: 1 119 730 (1998)

Superficie: 16 202 km² (3% du territoire national)

Climat: humide et froid dans les montagnes; tempéré dans les plaines

Villes principales: Besançon, Lons-le-Saunier, Vesoul, Belfort

Sites touristiques: Forêt de La Joux (la plus importante forêt de sapins [pines] de France) et d'autres forêts; le Lion de Belfort (monument); Notre-Dame du Haut (chapelle construite en 1955 par l'architecte Le Corbusier); vallées et plateaux pittoresques; musées, villages

Histoire: conquise par les Romains en 53 avant Jésus-Christ; 475–80: occupation des Burgondes, venus de la Suisse; 1556: tombe sous l'autorité de l'Espagne; 1665: le roi Louis XIV revendique (claims) la Franche-Comté pour la France; 1668: rendue à l'Espagne; 1678: annexée définitivement à la France

Commentaire: La Franche-Comté est une région agricole et industrielle importante. Une usine Peugeot se trouve à Sochaux et des 128 832 des salariés de la région, 35 723 d'entre eux travaillent dans l'industrie auto-cycle.

Le département de la Haute-Saône

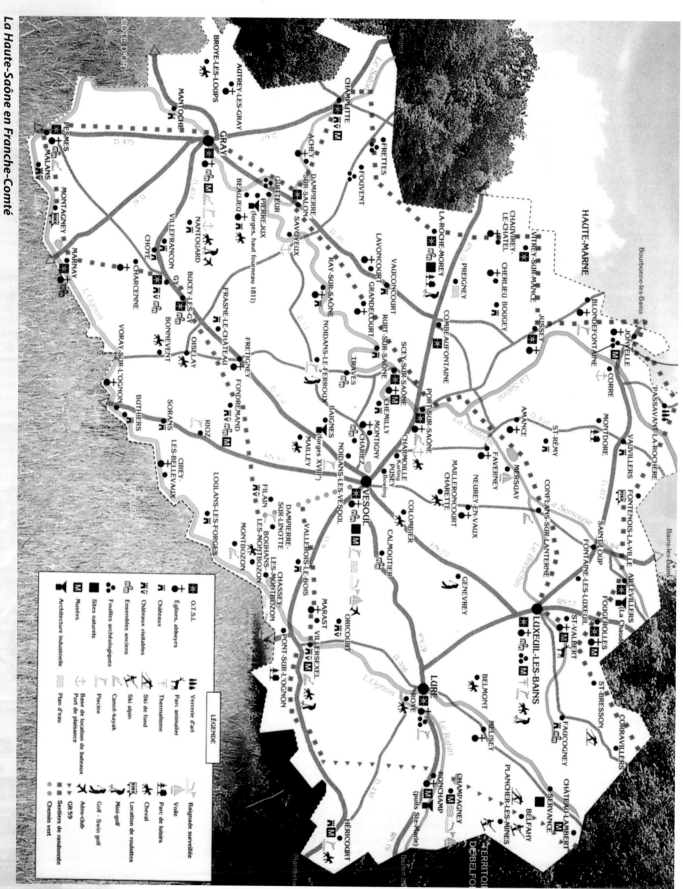

La Haute-Saône en Franche-Comté

Les monuments

le Château de Villersexel

Vesoul: la Motte (colline) avec la chapelle construite en 1857 pour remercier la Vierge d'avoir épargné la ville du choléra en 1854

Notre-Dame du Haut est la chapelle de Ronchamp construite en 1955 par l'architecte Le Corbusier. C'est un endroit qui attire beaucoup de touristes.

La nature

Moissons (Harvest)

Cheval de race comtoise

Étang (Pond) de la région dite «La petite Finlande»

Le martin-pêcheur qui visite les rivières

L'eau fraîche qui descend des Vosges

La randonnée équestre

La randonnée en vélo tout-terrain

Danse folklorique dans les cerisiers en fleurs

Les gens

La poterie à Ronchamp, depuis l'époque gallo-romaine

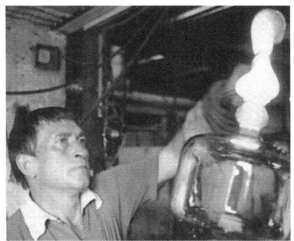

Le verre travaillé comme autrefois à la Rochère, la plus ancienne verrerie d'art de France (fondée en 1475)

Christine Laure, le prêt-à-porter made in Haute-Saône

▶ Qu'est-ce que vous avez appris?

- D'après ce que vous avez appris, comment est-ce que vous pouvez décrire la région de la Franche-Comté et le département de la Haute-Saône?
- Regardez la carte de la Haute-Saône et tracez un itinéraire de vacances que vous proposez à un(e) camarade de classe. En utilisant la légende de la carte et les photos, indiquez pourquoi vous voulez vous arrêter à ces endroits.
- PROJET: Faites des recherches sur Internet ou à la bibliothèque sur un des sujets suivants et présentez-le à vos camarades de classe. Sujets: la Haute-Saône, Besançon, Forêt de la Joux, Le Corbusier, Peugeot, les musées de la Franche-Comté.

APERÇU CULTUREL:
La Guadeloupe

Carte d'identité: La Guadeloupe

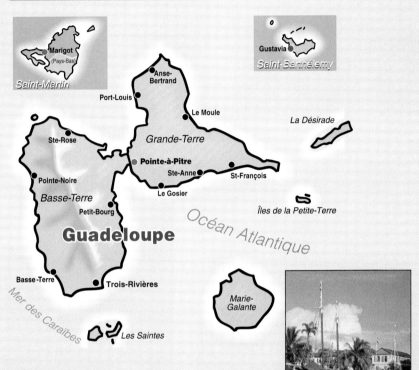

Le port à Pointe-à-Pitre, Basse-Terre

Nom: Le nom vient de Notre-Dame de Guadeloupe d'Estremadure (donné par Christophe Colomb pour remercier Notre-Dame de l'avoir sauvé d'une tempête); les indigènes l'appelaient *Calouacaera* ou *Karukera*

Situation: archipel de 6 îles qui fait partie des Petites Antilles

Sous-préfecture *(departmental seat):* Pointe-à-Pitre

Superficie: 1 705 km²

Villes principales: Le Moule, Basse-Terre, Trois-Rivières, Sainte-Rose

Dépendances: Les Saintes, Marie-Galante, La Désirade, St-Barthélemy, St-Martin

Population: 422 496 habitants (1999) (Guadeloupéens)

Langue officielle: français

Autre langue: créole

Religions: catholique, quelques sectes protestantes

Climat: tropical adouci par les alizés *(trade winds)* (température moyenne 24° C), plus frais sur les hauteurs; pluies abondantes et cyclones entre juillet et octobre

Histoire: découverte par Christophe Colomb le 4 novembre 1493; un département d'outre-mer (DOM) de France depuis 1946

Sites touristiques: marchés et vieilles maisons coloniales à Pointe-à-Pitre; plages magnifiques; village du Gosier; restaurants de cuisine créole; la station touristique de Saint-François; la Soufrière *(volcano)*

Marché en plein air à Pointe-à-Pitre

La fête des cuisinières

Le port à Deshaies

Une rue à Pointe-à-Pitre

Une plage

> ## Qu'est-ce que vous en pensez?

- À votre avis, pourquoi est-ce que la Guadeloupe attire beaucoup de touristes?
- La Guadeloupe est un département français d'outre-mer. À votre avis, quelles sont les répercussions de ce statut national?
- Imaginez que vous allez passer vos vacances à la Guadeloupe. Faites des recherches sur ce département français (sur Internet ou à la bibliothèque), décidez d'un itinéraire, et expliquez à vos camarades ce que vous allez faire pendant vos quinze jours de vacances et pourquoi. Donnez autant de détails sur l'île que possible.

ARCHITECTURE:
Notre-Dame du Haut à Ronchamp

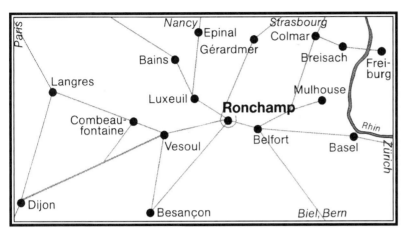

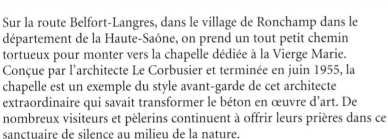

Sur la route Belfort-Langres, dans le village de Ronchamp dans le département de la Haute-Saône, on prend un tout petit chemin tortueux pour monter vers la chapelle dédiée à la Vierge Marie. Conçue par l'architecte Le Corbusier et terminée en juin 1955, la chapelle est un exemple du style avant-garde de cet architecte extraordinaire qui savait transformer le béton en œuvre d'art. De nombreux visiteurs et pèlerins continuent à offrir leurs prières dans ce sanctuaire de silence au milieu de la nature.

Dico

béton: *concrete*
chemin: *road*
Conçue: *Conceived*
dédiée: *dedicated*
œuvre: *work*
pèlerins: *pilgrims*
savait: *knew how to*

ŒUVRE DE NOTRE-DAME DU HAUT
RONCHAMP (Haute-Saône)
(Association loi 1901)

La chapelle, fruit de l'initiative privée, demeure territoire privé. Sa construction et l'aménagement de la colline n'ont été subventionnés ni par l'État ni par l'Église, ni par la commune de Ronchamp. Tout le financement a été assuré sur place grâce à la participation des visiteurs et des pèlerins. Dans leur immense majorité ils ont compris qu'une contribution directe et modeste était préférable à une quête permanente et à toutes formes d'exploitation commerciale.

Les valeurs architecturales et spirituelles de ce lieu sont mondialement reconnues. Nous devons en assurer le fonctionnement, l'entretien et l'équipement. Nous le faisons sans mendier ni commercer. Mais il incombe aux usagers d'en alimenter le budget. Dans ce but nous proposons une carte d'entrée d'UN EURO par personne. Participation modeste, mais suffisante, dont le montant est entièrement affecté au sanctuaire pour le bien commun. Nul, ici, n'en tire profit dans notre association sans but lucratif.

Nous gardons le droit du propriétaire et la mission de protéger cet espace sacré des incursions malveillantes et de toutes formes de massacre touristique. Comptant sur la bienveillance des esprits avertis pour protéger le lieu, son silence, son recueillement et son environnement. Merci.

Abbé R. BOLLE-REDDAT
Chapelain

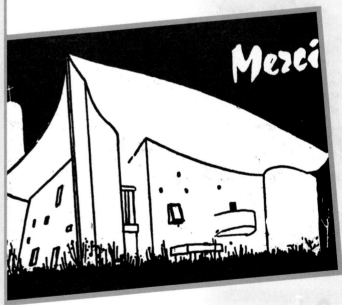

Pour comprendre l'importance de cet endroit, suivons son histoire. Le plus ancien document note déjà la présence des pèlerins au Moyen Âge, ou plus précisément en 1271.

RONCHAMP

Le passé...

Chapelle en 1857; clocher du XVIIIe, centre du XVe, cinq tours de droite du XIXe siècle.
Détruite par la foudre en 1913

Projet, décembre 1913

Reconstruction de 1923 à 1936 (clocher), le chantier dure 13 années.
Détruite par l'artillerie en 1944

Un projet de 1950

Maquette de plâtre de Le Corbusier, en juin 1950. Projet retenu par quelques hommes décidés

... Les étapes

De haut en bas: L'architecte au travail. Deux maquettes d'exécution. Une photo de chantier. Début des travaux: Octobre 1953, bénédiction et ouverture au culte: 25 Juin 1955. Durée des travaux: 18 mois

Le campanile: 1975, architecte Jean Prouvé

Allocution de Le Corbusier à Mgr Dubois, archevêque de Besançon, le 25 Juin 1955:

Excellence,
En bâtissant cette chapelle, j'ai voulu créer un lieu de silence, de prière, de Paix, de joie intérieure. Le sentiment du sacré anima notre effort. Des choses sont sacrées, d'autres ne le sont pas, qu'elles soient religieuses ou non.
Nos ouvriers, ... Maisonnier, ... les ingénieurs, ... , d'autres ouvriers et des entreprises, ... , ont été les réalisateurs de cette œuvre difficile, minutieuse, rude, forte dans les moyens mis en œuvre, mais sensible, mais animée d'une mathématique totale créatrice de l'espace indicible.
Quelques signes dispersés, et quelques mots écrits, disent la louange à la Vierge. La croix — la croix vraie du supplice — est installée dans cette arche; le drame chrétien a désormais pris possession du lieu.
Excellence, je vous remets cette chapelle de béton loyal, pétrie de témérité peut-être, de courage certainement, avec l'espoir qu'elle trouvera en vous comme en ceux qui monteront sur la colline, un écho à ce que tous nous y avons inscrit.

Détails

PETITE CHAPELLE DE L'EST, AU SOLEIL LEVANT.

QUELQUES MOTS ÉCRITS SUR LE VERRE.

Chapelle de pèlerinage comprenant une église de plein air pour les rassemblements de plusieurs milliers de personnes. Une chapelle intérieure pour 200 à 300 fidèles; trois petites chapelles secondaires pour les messes privées, ou avec quelques assistants. La troisième des chapelles est sous la chaire; elle est belle surtout le matin; vers midi, quand le soleil a tourné, elle s'endort. La couleur rouge apporte une variante; elle est dédiée à la Paix, à la fois joyeuse et dramatique comme un matin de Pâques!

Les vitres sont très petites, les murs très épais; voyez pourtant comme une belle lumière est distribuée. Ces fenêtres ne sont pas jetées au hasard. Elles obéissent à une ordonnance autre que la symétrie [...] La demeure est à la fois forte et légère, éclairée, mais d'une certaine qualité de lumière.

Dico

chaire: *pulpit*
comprenant: *that includes*
demeure: *building*
éclairée: *lighted*
épais: *thick*
fidèles: *faithful*
forte: *strong*
jetées au hasard: *distributed randomly*
légère: *light*
murs: *walls*
obéissent: *obey*
Paix: *Peace*
Pâques: *Easter*
rassemblement: *gathering*
s'endort: *goes to sleep*
vitres: *stained-glass window*

➤ Qu'est-ce que vous en pensez?

- Where did the money come from to build the chapel and who provides the money to maintain it?
- The opening ceremony for the chapel was held on June 25, 1955, about 50 years ago. What was probably considered so unusual about the chapel at that time? Would this type of architecture seem unusual today? Why, or why not?
- What are the main architectural characteristics of the chapel? What seems to be Le Corbusier's architectural style?
- Do some research on Le Corbusier (Internet, library) and find out what other buildings he built. Share the information with your classmates. If possible, include some photos and sketches in your presentation.

LITTÉRATURE:
«Culture et camembert» de Guillaume Oyono-Mbia

Pré-lecture

What foods and drinks are considered a sign of sophistication in U.S. society? What might a cultural snob offer people to eat at a party, for example?

The following reading is taken from a play by the Cameroonian writer Guillaume Oyono-Mbia. As you read the excerpt, focus on the reason Colette wants her son to eat camembert cheese. Paying particular attention to the many cognates will help you understand the basic meaning of the text.

Dico

à la rigueur: *if need be*
ananas: *pineapples*
brousse: *bush (country)*
couvert: *table setting*
criant: *yelling*
crois: *think*
D'ailleurs: *Besides*
doucement: *softly*
éclatent de rire: *burst out laughing*
gorgée: *mouthful*
grands: *adults*
Il ne s'agit pas: *It's not about*
ingénument: *ingenuously (naïvely)*
le faisant asseoir: *making him sit down*
L'entraînant: *Dragging him*
mangues: *mangos*
ne boivent que: *drink only*
nous avons entamée: *we opened*
pleurer: *to cry*
se hâte: *hurries*
s'étrangle: *chokes*
soupir: *sigh*
têtu: *stubborn*
toussé: *coughed*
Viens!: *Come!*
Zut!: *Darn!*

Le deuxième acte se passe à Yaoundé et nous sommes ici chez les Atangana, couple moderne dont la femme, Colette, se révèle complètement acculturée. Elle bavarde au salon avec son amie Charlotte. Son fils Jean-Pierre, dix ans, parle étonnamment comme un «petit Parisien».

COLETTE. —C'est vrai que tu refuses de manger ton camembert, chéri?

JEAN-PIERRE. —Je n'aime pas le camembert!

COLETTE. —La question n'est pas là! Il ne s'agit pas d'aimer le camembert: il s'agit de le manger comme un bon petit garçon! *(L'entraînant de force vers la table)* Viens!

JEAN-PIERRE, *qui commence à pleurer.* —J'aime pas le camembert!

COLETTE, *tendre mais ferme, le faisant asseoir.* —Il faut le manger, chéri! Apprends à manger le camembert pendant que tu es encore jeune! C'est comme cela qu'on acquiert du goût!... Onambelé!

ONAMBELÉ, *se précipitant.* —Madame?

COLETTE. —Apporte-nous un couvert! Apporte aussi la bouteille de Châteauneuf-du-Pape que nous avons entamée! *(Onambelé obéit.)*

JEAN-PIERRE, *pleurant toujours.* —J'veux pas manger de camembert!

COLETTE, *toujours tendre et ferme.* —Il faut vouloir le manger, chéri! C'est la culture!

JEAN-PIERRE, *têtu.* —J'veux pas manger de culture! *(Tous les grands éclatent de rire. Puis Colette dit, pensive.)*

COLETTE. —Dis donc, Charlotte! Pourquoi est-ce qu'il n'a pas de goût, cet enfant? Dieu sait pourtant que je fais de mon mieux pour lui apprendre à vivre! Le chauffeur va le déposer à l'école urbaine chaque matin pour éviter que les autres enfants ne lui parlent une langue vernaculaire. J'ai déjà renvoyé trois ou quatre maîtres d'hôtel parce qu'ils lui servaient des mangues, des ananas et d'autres fruits du pays au lieu de ne lui donner que des produits importés d'Europe, ou, à la rigueur, des fruits africains mis en conserves en Europe, et réimportés. Je ne l'autorise presque jamais à aller rendre visite à la famille de son père, parce que les gens de la brousse ne boivent que de l'eau non filtrée. D'ailleurs, j'ai horreur des moustiques. Enfin, je fais tout ce qu'une Africaine moderne devrait faire pour éduquer son enfant, et il refuse de manger du camembert! *(Un autre soupir.)* Écoute, mon chéri! Tu vas manger ton camembert!

JEAN-PIERRE, *criant.* —Mais puisque je te dis que j'aime pas le camembert!

COLETTE, *doucement.* —Je te répète qu'on ne te demande pas de l'aimer. On te demande de le manger!... Comme ceci, regarde! *(Elle prend un peu de camembert et de pain, et commence à le manger.)* Je le mange! Je le... *(Elle s'étrangle un peu, et dit.)* Zut!... Donne-moi un verre de vin, Onambelé! *(Onambelé se hâte d'obéir. Colette boit le vin et dit, après avoir un peu toussé.)* Tu as vu? *(Une autre gorgée de vin, et elle ajoute.)* Tu crois que j'aime le camembert, moi?

JEAN-PIERRE, *ingénument.* —Pourquoi tu le manges alors?

Guillaume Oyono-Mbia. *Notre fille ne se mariera pas.*

A. Les mots apparentés. This text contains many cognates (words that are similar to English) that reveal the attitudes of the people in the play. First, give the English meaning of each word; then answer the question associated with the word.

1. **de force**
   What does this action reveal about Colette's attitude toward her son?
2. **se précipitant**
   What does this action reveal about Onambelé's relationship with Colette?
3. **obéit**
   How does this word reinforce what we already know about Onambelé's relationship with Colette?
4. **tendre et ferme**
   What do these words reveal about Colette's idea of how a mother should deal with her child?
5. **pensive**
   What does this descriptive word say about Colette?

B. Appréciation du texte. Reread the text and, based on your understanding, answer the questions.

1. What does camembert cheese represent in this scene?
2. What does Europe represent in this scene?
3. What kinds of things does Colette do to make sure that Jean-Pierre is "properly" raised?
4. Why do you think Colette is trying to remove Jean-Pierre as much as possible from his African surroundings?
5. What does this say about her attitude toward Africa?
6. Do you know anyone who tries to deny his/her heritage? How does this person do it? Why do you think the person is doing it? If you don't know anyone, imagine how and why someone might want to deny his/her heritage?
7. What message is the author trying to convey to the reader?
8. In what way could this message have meaning today in the United States?

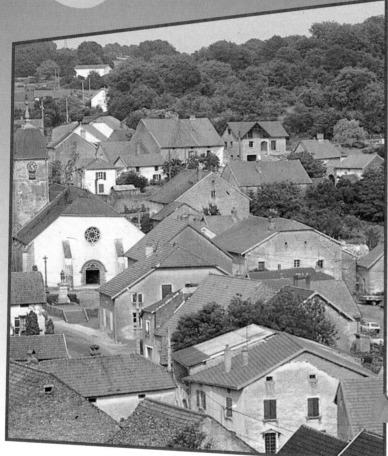

CHAPITRE 8

Après la pluie, le beau temps

❝ Le jour après le repas de fête, il fait gris et il pleut *(it's gray and rainy)*. Ça ne me gêne pas parce que j'aime bien passer une journée à la maison et avoir des nouvelles de tous les membres de la famille. On parle aussi du temps *(weather)*, de la santé et des activités physiques. Nous sommes tous un peu préoccupés par la forme... c'est donc un sujet de conversation assez populaire. ❞

Chapter Support Materials (Student)
MP: pp. 321–366

MP Audio CD4, Tracks 12–22

Chapter Support Materials
(Instructor)

⬛ http://jvb.heinle.com
⬛ Transparencies: 8-1 thru 8-3

🎧 MC Audio CD3, Tracks 15–20

▢ Vidéo: Acte 8

Test Bank: Chapitre 8

Syllabus: The minimum amount of time needed to cover the core material of *Chapter 8* is seven class periods. The *Branchez-vous!* menu provides material for an additional one to four class periods.

SUGGESTED LESSON OUTLINE:
In this segment, do *Contexte: Quel temps fait-il en France?* (Ex. A, B, C, D, E), *Échange: Un jour de pluie* (Ex. F, G, H, I), and *Le monde francophone*.

OBJECTIVES

In this chapter, you'll learn to:

● talk about the weather;
● talk about accidents and illnesses;
● talk about health and physical fitness.

In order to perform these activities, you'll learn to use:

● the comparative and the superlative;
● the imperfect (contrasted with the **passé composé**);
● verbs ending in **-ir;**
● the verb **venir.**

You'll also read and/or hear about weather and the environment in France and in the Francophone world.

● **374**

◻Contexte: *Quel temps fait-il en France?*

http://jvb.heinle.com
Transparencies: 8-1A, 8-1B, 8-1C, 8-1D

Suggestion, Contexte: Have students practice the weather expressions in the present tense and repeat superlatives with the weather. You should also introduce Celsius temperatures and their conversions from Fahrenheit.

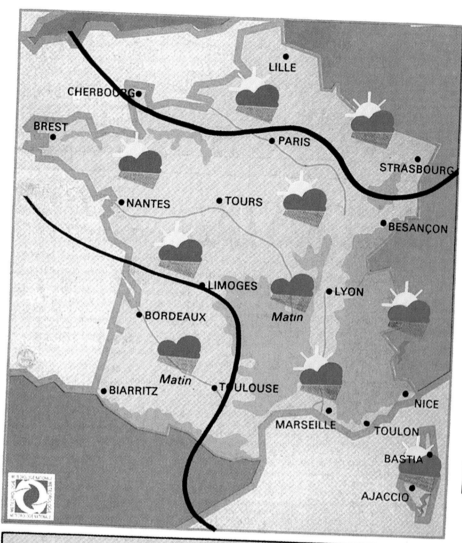

Qu'est-ce qui précède toujours un coup de tonnerre?

Où fait-il le plus chaud: au pôle Nord ou au pôle Sud?

Qu'est-ce qui détermine les saisons?

Dans quelle direction regardez-vous pour voir un lever de soleil?

Combien de temps faut-il aux rayons de soleil pour atteindre la terre?

Le soleil est-il constitué de roches chaudes, de gaz chauds ou de liquides chauds?

Answers to weather questions: Qu'est-ce qui précède toujours un coup de tonnerre? (un éclair) Où fait-il le plus chaud: au pôle Nord ou au pôle Sud? (au pôle Nord) Qu'est-ce qui détermine les saisons? (la position de la Terre par rapport au soleil) Dans quelle direction regardez-vous pour voir un lever de soleil? (l'est) Le soleil est-il constitué de roches chaudes, de gaz chauds ou de liquides chauds? (de gaz chauds) Combien de temps faut-il aux rayons de soleil pour atteindre la terre? (8 minutes)

Pour parler du temps *(To talk about weather)*

Quel temps fait-il? *What's the weather like?*

Il fait (très) chaud.

Il fait (très) froid.
Il gèle.

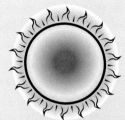

Il fait du soleil.
Il fait beau.

Il y a un orage.
Il fait mauvais.
Il y a des risques d'éclairs
et de tonnerre.

Il pleut.
Il y a une averse
de pluie.

Il fait bon.
Le ciel est bleu.
Pas trop froid, pas trop chaud.
Il y a quelques nuages.

Il neige.

Le ciel est couvert.
Le temps est nuageux.
Il y a des nuages.

Il fait du vent.
(Il y a du vent.)
Il fait frais.

Il y a une averse de grêle.
Il y a du verglas (sur les routes).

Il fait du brouillard.

Il fait (un temps)
humide.

Savez-vous donner les températures?

Les températures en degrés Celsius
(centigrades) et en degrés Fahrenheit

C:	30°	25°	20°	15°	10°	5°	0°	–5°
F:	86°	77°	68°	59°	50°	41°	32°	23°

100°C / 212°F = point d'ébullition *(boiling point)*
0°C / 32°F = point de congélation *(freezing point)*

Le Chat Météo

Si ton chat,
Par trois fois,
Éternue.
Au réveil,

Pollens en vue
Pour les abeilles.

Si ton chat,
Au lever,
A le nez
En rosée.
Matin lilas,
Jolie journée.

Si le soir,
Ton chat noir
Se tripote
Les oreilles,

Bonjour, la flotte!
Adieu, soleil!

Pierre Coran,
Chats qui riment et rimes à chats

abeilles: *bees*
doux: *mild*
emporte les ponts:
    carries away bridges
en courroux: *angry*
En rosée: *Wet with dew*
Éternue: *Sneezes*
fait la mine: *makes a face*
flotte: *water*
lilas: *lilac*
partout: *everywhere*
pluvieux: *rainy*
présage: *omen*
sage: *calm*
sec: *dry*
Se tripote: *Fiddles with*
tarit: *dries up*

QUELQUES DICTONS

JANVIER sec et sage
Est un bon présage.

FÉVRIER trop doux,
Printemps en courroux.

Si MARS est beau,
AVRIL fait la mine.

Froid MAI et
    chaud JUIN
Donnent pain et vin.

JUILLET sans orage,
Famine au village.

Soleil rouge en AOÛT,
C'est de la pluie partout.

SEPTEMBRE emporte les ponts
    ou tarit les fontaines.

Brouillards d'OCTOBRE et
    pluvieux NOVEMBRE
Font bon DÉCEMBRE.

Faites les conversions!

La température est de 5 degrés (Celsius)
$°C \rightarrow °F$
$°C \div 5 \times 9 + 32 = °F$
$5°C \div 5 = 1 \times 9 = 9 + 32 = 41°F$

La température est de 41 degrés (Fahrenheit)
$°F \rightarrow °C$
$°F - 32 \times 5 \div 9 = °C$
$41°F - 32 = 9 \times 5 = 45 \div 9 = 5°C$

Records météorologiques

Brouillards maritimes les plus longs (visibilité inférieure à 1 km) = 120 jours/an à Terre-Neuve (Canada)

Ensoleillements les plus longs = 97% de l'année au Sahara; 91% à Yuma (Arizona)

Température la plus basse

Ensoleillements les moins longs = 176 jours au pôle Nord; 182 jours au pôle Sud

Température la plus élevée

Orages: Le plus grand nombre d'impacts en France = 62 000 le 22-9-1992 (cellules de 2 à 10 km de diamètre, chacune avec une durée de vie moyenne d'une heure)

Qu'est-ce que vous avez appris?

Utilisez les expressions pour parler du temps pour faire des commentaires sur la carte météorologique à la page 375. Par exemple, quel temps fait-il à Lille? Et à Bordeaux?

- dans le monde, –89°C à Vostok (Antarctique) en 1983

- en France, –40°C à Mouthe (Doubs) en 1879

- dans le monde, +58°C à El Azizia (Libye) en 1922

- en France, +44°C à Toulouse en 1923

Qu'est-ce que vous en pensez?

- Les records météorologiques ont toujours des conséquences très importantes sur les populations des régions touchées. En français ou en anglais, parlez des conséquences possibles de quelques records cités dans le *Contexte.*
- Plus généralement, le climat d'une région détermine la vie des populations de cette région. En vous basant sur le climat dans votre région, expliquez comment vous vous adaptez au temps qu'il fait. Vous pouvez discuter de ce sujet en français ou en anglais.

À vous!

A. Quel temps fait-il? Utilisez les expressions que vous avez apprises pour indiquer quel temps il fait.

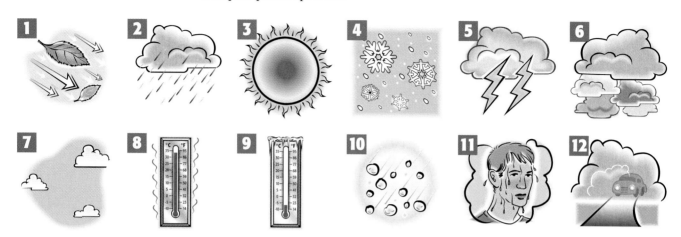

B. De ville en ville. Regardez les photos des villes et faites une description du temps qu'il y fait. Vous pouvez aussi indiquer quels vêtements portent les gens par ce temps.

la ville de Québec, Canada

Bruxelles, Belgique

Pointe-à-Pitre, Guadeloupe

Fès, Maroc · Montana-Vermala, Suisse · Paris, France

Fès, Maroc

Montana-Vermala, Suisse

Paris, France

Seattle, Washington

Vous voulez savoir *(to know)* à quelle distance est l'orage? C'est facile. Calculez le temps qui passe entre l'éclair et le tonnerre; divisez le nombre de secondes par trois, le résultat est la distance approximative en kilomètres. Exemple: Éclair → 12 secondes → tonnerre ÷ 3 = 4 km de vous. C'est intéressant, n'est-ce pas?

C. Je sais faire les calculs. *(I know how to do the math.)* Utilisez les formules de conversion (page 377) pour donner les températures en Celsius ou en Fahrenheit.

MODÈLE: 59°F
La température est de 15 degrés (Celsius).

1. 121°F	54°F	105°F	45°F	62°F
79°F	28°F	80°F	38°F	98°F
2. 3°C	8°C	13°C	19°C	−4°C
44°C	35°C	27°C	22°C	29°C

D. C'est la canicule! *(It's a heat wave!)* Regardez les températures en Celsius et dites s'il fait très chaud, s'il fait chaud, s'il fait bon, s'il fait frais, s'il fait froid ou s'il fait très froid.

Suggestion, Ex. D: Perhaps the most important aspect of learning the Celsius temperatures is that students be able to figure out *generally* what the weather is like (e.g., to determine appropriate clothing and activities). Unless they work in the sciences, it would be unusual for them to need the exact numerical conversions. Ex. D is designed to give students practice with the ranges suggested by the various Celsius temperatures.

Zoom!

Comment est-ce que vous pouvez vous protéger contre le soleil?

Soleil faible

Soleil modéré

Soleil fort

Soleil très fort

Soleil extrême

Mettez des lunettes de soleil

Mettez-vous à l'ombre

Mettez de la crème solaire

Mettez un chapeau

Mettez un T-shirt

👂 **E.** **La météo.** Écoutez la météo pour différents endroits en Europe. Ensuite répondez aux questions.

Première annonce

1. Quel temps fait-il en Espagne?
2. Quel temps fait-il sur la France et la Belgique?
3. Est-ce qu'il va pleuvoir aujourd'hui?
4. Quel temps fait-il en Angleterre?

Deuxième annonce

5. Quelles vont être les températures demain?
6. Quel temps est-ce qu'il va faire en montagne?
7. Est-ce qu'il va y avoir des routes bloquées?

Troisième annonce

8. Quel temps fait-il généralement en France?
9. Quel temps fait-il en Bretagne?
10. Et en Normandie?
11. Quelles sont les températures dans le Centre?

Quatrième annonce

12. Quel temps va-t-il faire en France?
13. Quelles vont être les températures?

Cinquième annonce

14. Quel temps va-t-il faire en Europe?
15. Quel temps va-t-il faire en Espagne?
16. Et en Allemagne et en Suisse?
17. Quelles vont être les températures?

Ici, en France...

En France, comme dans les autres pays européens, la question de l'environnement devient de plus en plus importante. La pollution de l'air est un souci particulièrement important, surtout que les effets de la pollution s'intensifient selon le temps qu'il fait. Ainsi, quand il fait très chaud, les grandes villes françaises se trouvent souvent dans un état d'alerte en ce qui concerne la pollution de l'air.

L'État français a pris un certaine nombre de mesures pour avertir les Français des dangers de la pollution. Tout d'abord, en 1996, c'est la définition officielle et légale de la pollution atmosphérique:

> • Constitue une ***pollution atmosphérique*** l'introduction par l'homme, directement ou indirectement, dans l'atmosphère et les espaces clos, de substances ayant des conséquences préjudiciables de nature à mettre en danger la santé humaine, à nuire aux ressources biologiques et aux écosystèmes, à influer sur les changements climatiques, à détériorer les biens matériels, à provoquer des nuisances olfactives excessives.
>
> Art. 2, loi n°96–1236 du
> 30 décembre 1996 sur l'air
> et l'utilisation rationnelle
> de l'énergie.

Avec ça, on a aussi introduit la mascotte **«Atmo»** qui renseigne les gens sur le niveau des polluants présents à chaque instant.

Atmo, c'est une sympathique mascotte qui donne en un clin d'œil une information sur la qualité de l'air d'une agglomération, grâce aux mesures et analyses de quatre polluants. Résultat de la réflexion menée par le Ministère de l'Environnement, l'indice Atmo est une information fiable, compréhensible par tous. Atmo, c'est une réponse à la préoccupation d'une majorité de Français concernant la qualité de la vie et de l'environnement.

Atmo commente l'indice

L'indice représente en un chiffre synthétique la qualité de l'air.
Il est construit à partir de l'analyse de quatre polluants: SO2, NO2, ozone et poussières.

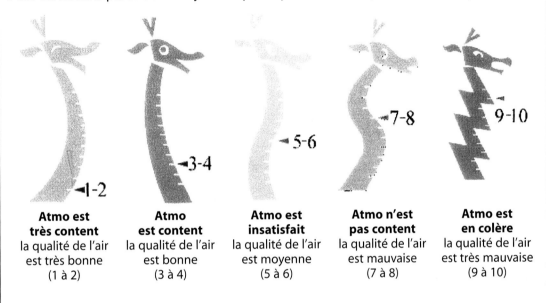

| **Atmo est très content** la qualité de l'air est très bonne (1 à 2) | **Atmo est content** la qualité de l'air est bonne (3 à 4) | **Atmo est insatisfait** la qualité de l'air est moyenne (5 à 6) | **Atmo n'est pas content** la qualité de l'air est mauvaise (7 à 8) | **Atmo est en colère** la qualité de l'air est très mauvaise (9 à 10) |

Qu'est-ce que tout ça veut dire? Eh bien, vous pouvez regarder sur Internet et trouver les indications atmosphériques pour différentes villes de France. Par exemple, voici la qualité de l'air pour la ville de Thionville pour le mercredi 3 janvier et le jeudi 4 janvier 2001.

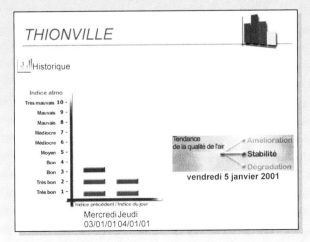

◼Échange: *Un jour de pluie*

C'est le lendemain du grand repas. Jeannette et sa cousine Annie prennent leur café du matin.

Le Lion de Belfort

Questions:
1. Qui parle dans cette *Échange*?
2. Quel temps fait-il le lendemain du grand repas? 3. Quel temps est-ce qu'il a fait hier? 4. Quel temps est-ce qu'on annonce pour le week-end?
5. Annie et Jeannette, qu'est-ce qu'elles vont faire dimanche?
6. Pourquoi est-ce qu'il faut rentrer assez tôt de cette excursion?
7. Quel jour est-ce que Jeannette part pour les États-Unis? 8. Qu'est-ce qu'elle va faire avant son départ?
9. Quel temps est-ce qu'il va faire dans la région parisienne?

ANNIE: Quel temps affreux! Heureusement qu'il n'a pas plu hier.
JEANNETTE: Oui, on a eu de la chance. Il a vraiment fait très beau pour le repas. Qu'est-ce qu'on annonce pour le week-end?
ANNIE: On dit qu'il va faire chaud. Si tu veux, dimanche on pourrait donc aller à Belfort se promener sur les remparts.
JEANNETTE: Bonne idée! J'aimerais bien voir *le Lion*. Mais il ne faut pas rentrer trop tard. Il faut que je fasse mes valises. Je prends le train de 8h lundi matin.
ANNIE: Oui, pas de problème. Tu repars quand pour les États-Unis?
JEANNETTE: Jeudi. Je vais passer trois jours à Paris. J'espère qu'il va faire beau. Je veux faire un tas de choses avant mon départ.
ANNIE: Selon la météo, il va faire très beau dans la région parisienne.

Ça se dit comment?

Pour parler du temps dans le passé

Quel temps a-t-il fait (est-ce qu'il a fait) hier?
  Il a fait beau (du soleil, mauvais, etc.).
  Il a plu.
  Il a neigé.
  On a eu un orage (une tempête de neige, etc.).
  Il a fait très humide (sec).

Pour parler du temps au futur

Quel temps va-t-il faire (est-ce qu'il va faire) demain?
  Il va faire beau (du vent, du brouillard, etc.).
  Il va pleuvoir. / On va avoir de la pluie.
  Il va neiger. / On va avoir de la neige.
  On va avoir un orage (une averse de grêle, etc.).
  Il va faire très humide (sec).

À vous!

F. Quel temps est-ce qu'il a fait hier?

Indiquez à quel gros titre (*headline*)
correspond chacune des descriptions
suivantes.

1. Il a fait du vent.
2. Il a fait du brouillard.
3. Il y a eu un orage.
4. Il a fait chaud.
5. Il a neigé.
6. Il a plu.
7. Le temps a été nuageux.

Joie chez les agriculteurs

Trois maisons inondées!

Aéroport fermé

Accident de bateau à voile

35°! La France transpire!

Les skieurs se réjouissent!

Pas de soleil depuis 15 jours

G. Quel temps est-ce qu'il a fait? Regardez la carte
et dites quel temps il a fait dans les villes suivantes.
Suivez le modèle et faites attention au temps du verbe.

> MODÈLE: Berlin
>
> —*Quel temps est-ce qu'il a fait à Berlin hier?*
> —*Hier, il a fait beau à Berlin.*

In your descriptions of
weather, you can add **assez**
(fairly) and **très** *(very)* to
mauvais, chaud, frais, and
froid. For example, you
might say: **Il a fait assez
froid hier.**

1. Genève
2. Bonn
3. Barcelone
4. Séville
5. Milan
6. Bordeaux
7. Paris
8. Lisbonne
9. Bruxelles
10. Marseille
11. Madrid
12. Rome

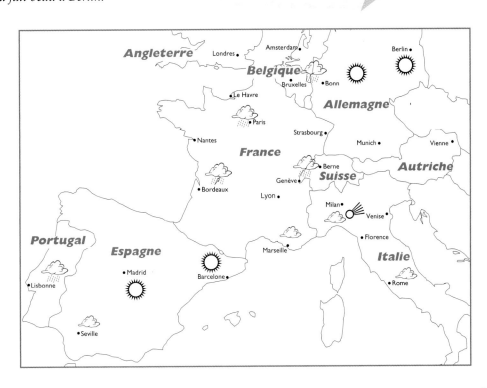

H. Quel temps va-t-il faire demain (le 16 février)? Regardez les prévisions météorologiques dans le journal pour dire quel temps il va faire demain.

MODÈLE: Bordeaux

Demain, il va faire frais à Bordeaux. La température maximum va être de 14 degrés.

Mardi 16 février

TEMPÉRATURES (le premier chiffre indique le maximum pour la journée du 16 février, le second le minimum dans la nuit du 16 au 17 février):

Ajaccio, 14 et 5 degrés; **Biarritz,** 20 et 11; **Bordeaux,** 14 et 7; **Bréhat,** 7 et 4; **Brest,** 7 et 4; **Cannes,** 14 et 7; **Cherbourg,** 5 et 2; **Clermont-Ferrand,** 12 et 4; **Dijon,** 2 et 0; **Dinard,** 8 et 2; **Embrun,** 9 et -1; **Grenoble,** 11 et 1; **La Rochelle,** 12 et 5; **Lille,** 2 et -4; **Limoges,** 10 et 5; **Lyon,** 8 et 2; **Marseille,** 12 et 8; **Nancy,** 1 et -5; **Nantes,** 10 et 4; **Nice,** 13 et 7; **Paris,** 6 et 1; **Pau,** 17 et 7; **Perpignan,** 15 et 4; **Rennes,** 6 et 3; **Rouen,** 6 et 2; **Saint-Étienne,** 10 et 3; **Strasbourg,** 0 et 6; **Toulouse,** 15 et 2; **Tours,** 6 et 3.

TEMPÉRATURES RELEVÉES À L'ÉTRANGER:

Alger, 21 et 11; **Genève,** 4 et 0; **Lisbonne,** 15 et 9; **Londres,** 2 et 0; **Madrid,** 14 et 3; **Rome,** 12 et 1; **Stockholm,** -6 et -16.

1. Cannes
2. Alger
3. Lille
4. Rennes
5. Toulouse
6. Strasbourg
7. Lisbonne
8. Dijon
9. Biarritz
10. Stockholm

FLASH VOCABULAIRE

au (dans le) nord
au (dans le) nord-est
à (dans) l'est
au (dans le) sud-est
au (dans le) sud
au (dans le) sud-ouest
à (dans) l'ouest
au (dans le) nord-ouest

I. Hier et demain. Décrivez le temps qu'il a fait hier et le temps qu'il va faire demain. La première carte météo est pour hier, la deuxième est pour demain.

MODÈLE: *Hier, il a fait beau à Marseille.*
Demain, il va pleuvoir dans le sud-est.

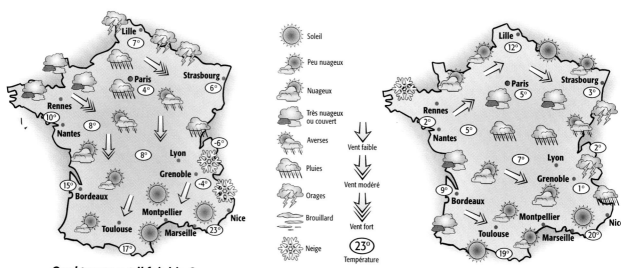

Quel temps a-t-il fait hier?

Quel temps va-t-il faire demain?

Le monde francophone

Un cataclysme naturel: L'éruption de la montagne Pelée en Martinique

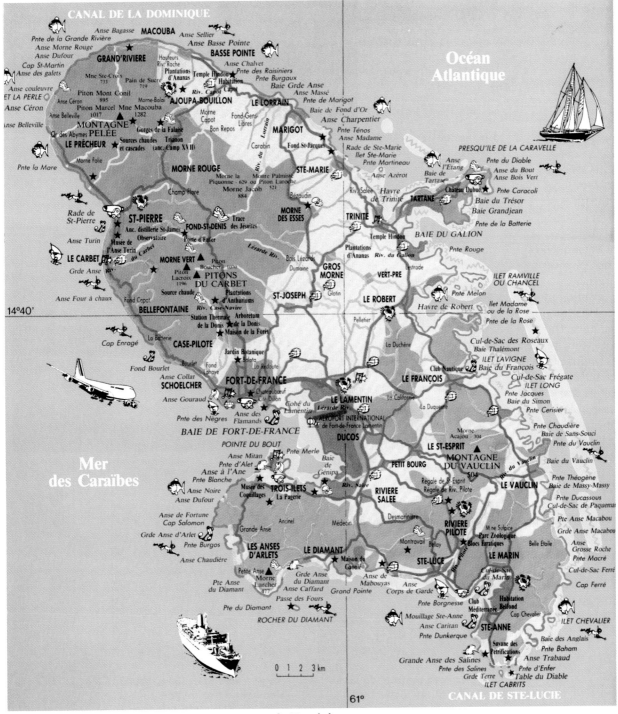

la Martinique

Dico

cendres: *ashes*
donnent le ton: *set the tone*
éclatante: *spectacular*
le malheur: *misfortune*
malheureuses:
   unfortunate women
panaches de fumée:
   plumes of smoke
ponceuse: *sandpaper like*
pour avertir: *to warn*
renommée mondiale:
   international reputation
s'abattait: *fell*
soufre: *sulfur*
source: *spring (water)*

➤ *Qu'est-ce que vous en pensez?*

When specialists estimate disaster losses, they focus their attention on the types of consequences of a particular disaster. They therefore determine the consequences (deaths, injuries, physical damage, emergency operations, disruption to economy, social disruption, environmental impact), the numbers associated with the consequences (number of dead, number and severity of injuries, inventories of physical damage, resources needed, number of displaced persons, severity of impact, etc.), the tangible losses and the costs, and the intangible losses (social, psychological, future health risks, etc.).

Based on these inventories and your knowledge of what happened to the city of Saint-Pierre, what specific impact (both human and material) did the volcanic eruption have on Martinique in general?

La ville de Saint-Pierre... avant

Depuis plusieurs siècles l'administration centrale de la Martinique est fixée à Fort-de-France, mais en 1902, la ville de Saint-Pierre continue à être la «capitale» intellectuelle, commerciale et industrielle. Une population de 30 000 habitants, gaie, laborieuse et fière de sa ville, le courant électrique, le tramway, le téléphone, l'eau courante captée de la source Morestin, deux câbles transatlantiques, vingt distilleries, six consulats, trois journaux, plusieurs banques, une quinzaine d'églises et de chapelles, un théâtre et un jardin botanique de renommée mondiale, ce sont les Pierrotins qui font la mode et qui donnent le ton. Quelle autre ville aux Caraïbes peut chanter une réussite aussi éclatante?
   Depuis trois siècles, Saint-Pierre joue et gagne...

Un volcan, dites-vous. Allons donc!...

Aucune attention n'avait jamais été prêtée à une suite d'observations faites par les randonneurs de la montagne Pelée. La nature ponceuse du terrain, la découverte de soufre dans une gorge et la présence d'un lac au sommet du massif dont la forme caractéristique pourrait bien rappeler celle d'un cratère... Tout cela, on voulait l'ignorer.
   Les habitants de la ville de Saint-Pierre, les Pierrotins, étaient heureux en ce début de l'année 1902.

30 000 habitants, la capitale intellectuelle et économique des Petites Antilles *(Lesser Antilles)*

Et le matin du 8 mai 1902, le malheur s'abattait sur la ville. La montagne avait pourtant fait tout ce qu'elle pouvait pour avertir la population.

Le trafic maritime est intense devant la ville...

L'artère centrale de la ville, la rue Victor Hugo.

La place du Marché en 1900. Combien de ces malheureuses trouveront la mort dans la catastrophe deux ans plus tard?

... après

Des fumerolles sont apparues sur les hauteurs en 1889 et ne cessent depuis de s'épaissir...

En avril 1902, plusieurs séismes secouent la ville dans son confort...

Le 2 mai, des matières incandescentes et des panaches de fumée illuminent et assombrissent tour à tour le sommet de la Pelée tandis qu'une pluie de cendres tombe sur Saint-Pierre...

Le 3 mai, la ville est totalement recouverte d'un manteau de cendres grises, les sources tarissent...

Le 5 mai, ... une coulée de boue fumante dévale la montagne et engloutit l'usine Guérin en faisant vingt-cinq victimes, un raz de marée malmène la baie et les pluies de cendres redoublent d'intensité...

Pour rassurer les populations, le Gouverneur Mouttet et son épouse viennent en personne s'établir à Saint-Pierre. En réalité, personne ne croit en l'imminence d'une catastrophe [...] Chacun rassure les parents de l'extérieur, certains même partent faire du tourisme vers le cratère...

Le 7 mai, des rejets de lave sont observés au sommet de la Pelée.

Pendant la nuit du 7 au 8 mai, des pluies torrentielles engendrent des coulées de boues dévastatrices qui atteignent, de l'autre côté de la montagne, les villages de Grand'Rivière, Macouba et Basse-Pointe.

Le cataclysme est pour huit heures

8 heures, fin du suspense, c'est l'enfer. Les parois du cratère explosent, un nuage de gaz, de roches et de cendres en fusion s'échappe du volcan et s'abat avec une foudroyante rapidité sur les 30 000 malheureux Pierrotins. Les bateaux alignés dans la rade, les maisons de pierre, les arbres et les gens, rien ne peut résister aux 2 000 degrés de cette pluie de feu.

Un seul bateau réussit à échapper au déluge, le navire britannique «Roddam», qui était ancré plus au large que les autres. Sur terre, la ville n'est que morts et désolation. Trois moribonds sont retirés des cendres par les premiers secouristes débarqués d'un navire français. Deux meurent aussitôt, le seul survivant du cataclysme s'appelle Cylbaris, un ivrogne.

Quinze jours plus tard, la montagne Pelée continue à vomir d'énormes volutes de cendres et de fumée. En novembre, une gigantesque aiguille de lave se met à pousser au sommet du volcan et se minéralise une fois atteinte la hauteur de 250 mètres, pour s'écrouler en définitive l'année suivante.

Dico

aiguille de lave: *lava spike*
atteignent: *reach*
coulée de boue fumante:
    flow of smoking mud
dévale: *hurtles down*
enfer: *hell*
engloutit: *engulfs*
explosent: *explode*
feu: *fire*
foudroyante rapidité:
    lightning speed
fumerolles: *smoke and gas*
    (emanating from a volcano)
hauteurs: *heights*
illuminent et assombrissent:
    illuminate and darken
incandescentes: *white-hot*
ivrogne: *drunk*
malmène: *roughens up*
moribonds: *dying people*
morts: *dead people*
navire: *ship*
nuée ardente: *glowing cloud*
parois: *sides*
rade: *harbor*
raz de marée: *tidal wave*
rejets de lave:
    spewing out of lava
s'abat: *falls*
secouent: *shake*
secouristes:
    emergency workers
séismes: *earthquakes*
sources tarissent:
    springs (water) dry up
volutes: *columns*

Les ruines de la rue Victor-Hugo après le déluge de feu.

La nuée ardente. L'activité de la Pelée sema la mort jusqu'au 30 août.

La place du Marché en 1902.

Dico

balaie: *sweeps through*
bâti de bric et de broc:
  built any old way
bourgade: *village*
bouts: *pieces*
cachot: *hiding place*
canotiers: *boaters*
dentelles: *filigree*
  (lace-like architecture)
en clamant: *proclaiming*
machines à tuer:
  killing machines
ne fait qu'alourdir:
  only increases
ombre: *shadow*
peur: *fear*
quintes de toux:
  coughing fits
se figea: *froze*
vedettes: *most popular*

**Vue générale des ruines,
un seul survivant, un ivrogne**

**Une horrifiante découverte
parmi les cendres de la place Bertin.**

Le 20 mai, une seconde nuée ardente balaie la ville. Jusqu'au 30 août des nuages de feu sèment la mort sur tout le nord de la Martinique. La montagne présente de nouvelles quintes de toux en 1929, puis en 1932, mais cette fois, plus de peur que de mal.

Saint-Pierre aujourd'hui

Quelle leçon tirer de la catastrophe?

Une grande leçon d'humilité pour les hommes, bien sûr. [...]

Une leçon de vulcanologie surtout. La découverte d'un nouveau type de volcan dans le catalogue des dragons géologiques. Une connaissance plus approfondie, aussi, de la plus horrible des machines à tuer, la nuée ardente, un nuage de gaz incandescent mêlé de poussières en fusion...

Ce qui subsiste aujourd'hui de la ville

[...] Une partie de la ville a été reconstruite sur les ruines et de nombreux Pierrotins sont revenus, mais même en clamant bien haut sa volonté de vivre, le souvenir entretenu du désastre ne fait qu'alourdir l'ombre toujours présente de la montagne. Tous les axes économiques de l'île sont désormais tournés vers la région de Fort-de-France...

Aussi la ville «reine des Antilles», avec ses dentelles et ses canotiers, n'est plus. Un village de 6 500 habitants, bâti de bric et de broc sur des bouts de murs calcinés, tel est le Saint-Pierre que l'on visite maintenant... Sujets vedettes des photographes: les ruines de l'église du Fort, celles du théâtre, le cachot de Cylbaris et les bombes volcaniques placées çà et là dans la bourgade.

Le théâtre

**Le cône du Mont-Pelée s'éleva sur
250 mètres et se figea vers le ciel...**

**La rade de St-Pierre, aujourd'hui. Toujours
sous la menace de la montagne Pélée.**

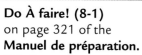

Do À faire! (8-1)
on page 321 of the
Manuel de préparation.
* Follow-up: weather
* Preparation: the
  comparative and
  the superlative
(Contrôle 20)

Rappel grammatical

Le comparatif et le superlatif

SUGGESTED LESSON OUTLINE:
Students assigned *À faire! (8-1)* have practiced the weather vocabulary, have done the initial work on the comparative and the superlative, and have taken *Contrôle 20.* Ex. V (writing about weather conditions) was not self-correcting.

In this segment, do *Rappel grammatical: Le comparatif et le superlatif* (Ex. J, K, L), *Contexte: Accidents et maladies* (Ex. M, N, O, P, Q, R), and *Échange: Je ne me sens pas bien* (Ex. S, T, U).

• **Le comparatif avec adjectifs et adverbes**

Elle est **plus grande que** son frère.

Il est **aussi ambitieux que** sa sœur.

Il est **moins intelligent que** son père.

Mes tartes sont **meilleures que** les tartes de Marie.

Il parle **mieux que** moi.

*She's **taller than** her brother.*

*He's **as ambitious as** his sister.*

*He's **less intelligent than** his father.*

*My pies are **better than** Marie's pies.*

*He speaks **better than** I (do).*

• **Le comparatif avec noms**

Nous avons eu **plus d'orages que** l'année dernière.

Nous avons eu **moins de neige que** l'hiver dernier.

Nous avons eu **autant de pluie que** l'été dernier.

*We had **more storms than** last year.*

*We had **less snow than** last winter.*

*We had **as much rain as** last summer.*

• **Le superlatif**

Solange est **l'étudiante la plus intelligente de** la classe.

Son frère Marc est **l'étudiant le moins sérieux de** la classe.

Solange a **les meilleures notes.**

De tous ses amis, elle a **le moins de temps libre.**

C'est elle qui parle **le mieux** le français.

*Solange is **the most intelligent student in** the class.*

*Her brother Marc is **the least serious student** in the class.*

*Solange has **the best grades.***

*Of all of her friends, she has the **least free time.***

*She's the one who speaks French **the best.***

Faites les comparaisons.

1. Marie est intelligente. (Marc +)
2. Nous sommes heureux. (Elles −)
3. Les notes de Philippe sont bonnes. (Les notes de Jacques +)
4. Henri parle bien français. (Éric +)
5. Ma mère est patiente. (Mon père =)
6. Elle travaille bien. (Son amie +)
7. Les bananes sont bonnes. (Les oranges +)
8. Serge est grand. (Micheline +)
9. Thomas est ambitieux. (Annick −)
10. Suzy est gentille. (Hervé =)

Exercice de substitution

1. *Georges* est l'étudiant le plus sérieux de la classe. (Monique / Alain et Robert / Martine et Christine)
2. Hervé est l'étudiant le *plus optimiste* de la classe. (plus sportif / moins sérieux / plus jeune / moins honnête)
3. Voilà *l'étudiant* le plus intelligent. (la jeune fille / les étudiantes / le garçon)
4. Nathalie travaille *le mieux* de tous. (le moins bien)
5. Elle a les meilleures *notes* de toute la classe. (note / examen / devoirs / réponses / compositions)
6. *Grégoire* est l'étudiant le plus ambitieux. (Marie / André et Marc / Sylvie et Anne)
7. Nous avons plus d'*argent* que vous. (patience / tact / vidéos)
8. Il a *plus de* patience que toi. (moins de / autant de)

À vous!

J. Géographie humaine: Les régions. Comparez les régions suivantes en fonction de leur superficie (area) et de leur population.

MODÈLES: (grand) l'Europe et l'Asie
L'Europe est moins grande que l'Asie.

(habitants) l'Océanie et le Canada
L'Océanie a plus d'habitants que le Canada.

(habitants au km²) le Canada et l'Océanie
Le Canada a moins d'habitants au kilomètre carré que l'Océanie.

Régions	Superficie (km²)	Population (millions)	Densité (hab./km²)
Afrique	30 310 000	720	23,7
Amérique	42 000 000	774	18,4
Asie	44 000 000	3 600	81,8
Europe	10 500 000	715	68,1
Océanie	9 000 000	32	31,1
Canada	9 975 000	30	30,1

1. (grand) l'Amérique et l'Océanie / le Canada et l'Afrique / l'Asie et l'Europe / l'Asie et l'Amérique / l'Océanie et l'Europe
2. (habitants) l'Asie et le Canada / l'Europe et l'Amérique / l'Afrique et l'Amérique / l'Europe et l'Océanie
3. (habitants au km²) l'Europe et l'Asie / l'Amérique et l'Afrique / l'Océanie et le Canada / l'Amérique et le Canada

K. Quel est le meilleur vin? Faites les comparaisons entre ces vins français en utilisant les mots et expressions suivants: **cher, vieux, jeune, moins bon, meilleur, un peu plus (moins).** Le nombre de «E» (euros) donne une idée approximative du prix.

MODÈLE: *Le Côte du Rhône 1989 est moins cher que le Saint-Émilion 1981, mais il est moins bon.*

Nom du vin	Année	Qualité	Prix
Côte du Rhône	1989	☆☆☆	EE
Château Margaux	1985	☆☆☆☆	EEEE
Corbières Rouge	1994	☆☆	E
Provence Rosé	1996	☆☆	EE
Riesling	1993	☆☆☆	EE
Saint-Émilion	1981	☆☆☆☆☆	EEE
Côte de Bourg	1992	☆☆☆	EE
Cahors Noir	1995	☆☆☆	EEE

L. Vous et... Comparez-vous aux membres de votre famille (frères, sœurs, mère, père, mari, femme, enfant) et à vos amis. Utilisez les éléments donnés avec le comparatif ou le superlatif. N'oubliez pas que les adjectifs s'accordent en genre et en nombre avec les noms et les pronoms qu'ils modifient.

1. être âgé(e)
2. être intelligent(e)
3. avoir des ami(e)s
4. avoir du temps libre
5. bien jouer au tennis (ou à un autre sport)
6. bien changer
7. être un(e) bon(ne) étudiant(e)
8. être ambitieux(se)
9. dépenser de l'argent
10. avoir de l'imagination
11. être optimiste (pessimiste)
12. avoir du tact

http://jvb.heinle.com
Transparencies 8-2A, 8-2B, 8-2C

Accidents

Qu'est-ce qui t'est arrivé?

J'ai eu un accident de voiture. Je me suis cassé
la jambe. On m'a mis la jambe dans le plâtre.

Dico

cheville: *ankle*
course à pied: *racing, running*
Pas de chance!: *No luck!*
plâtre: *cast*

**Pas de chance! J'adore la course à pied,
mais je me suis foulé la cheville.**

Aïe! Je me suis coupé au doigt!

**C'est pas possible! Je suis tombée et je me suis fait
mal au dos. Et les championnats sont dans huit jours!**

**Je n'ai pas fait attention et je me suis brûlé
à la main. Qu'est-ce que ça fait mal!**

Les parties du corps

l'œil (m.)
les yeux (m. pl.)
la bouche
le cou
les cheveux (m. pl.)
le cœur
le nez
les dents (f. pl.) (teeth)
l'oreille (f.)
la gorge (throat)
les doigts (m. pl.)
le coude
le poignet
le ventre
la main
le genou
la jambe
la cheville
le pied
la tête
le visage
les épaules (f. pl.)
le dos
la poitrine
le bras
la cuisse
le doigt de pied

Suggestion, Contexte: You may wish to do Ex. M, N, and O at this point, before doing the second part of the *Contexte.*

Ça se dit comment?

Pour parler des accidents

Qu'est-ce qui s'est passé?	*What happened?*
Qu'est-ce qui t'est (vous est) arrivé?	*What happened to you?*
J'ai eu un accident.	*I had an accident.*
Je suis tombé(e).	*I fell.*
se casser le bras	*to break one's arm*
la jambe	*leg*
le nez	*nose*
se fouler la cheville	*to sprain one's ankle*
se faire mal au dos	*to hurt one's back*
être blessé(e) au pied	*to have an injured foot*
se couper au doigt	*to cut one's finger*
se brûler (à la main)	*to burn oneself (one's hand)*

Attention! In English, you indicate whose arm or leg or head has been injured by using a possessive adjective: *I broke MY leg. She hurt HER back.* In French, since the pronouns that go with the verb (**je me, tu te,** etc.) tell you whose part of the body it is, you use the definite article (**le, la, l', les**) or the preposition **à** + definite article (**au, à la, à l', aux**) with the body part: **Je me suis cassé LA jambe. Elle s'est fait mal AU dos.**

Les maladies

Qu'est-ce que tu as?

Qu'est-ce qu'il y a, Céline? Tu n'as pas bonne mine. Voyons... est-ce que tu as de la fièvre?

C'est la récré. Tous mes amis s'amusent, mais moi, je dois rester au lit. J'ai la varicelle. Je ne peux pas aller à l'école. Heureusement je peux communiquer avec les copains par téléphone et par e-mail!

Quel sale temps! Et moi, j'ai peut-être une bronchite. Je tousse constamment et des fois j'ai du mal à respirer.

Pauvre Papa! Il est comme ça depuis une heure. Il a le mal de l'air. On aurait dû prendre le train!

Dico

avoir du mal (à): *to have trouble (doing something)*
On aurait dû: *We should have*
Quel sale temps!:
What lousy weather!

Ça se dit comment?

Pour parler de son état physique

Qu'est-ce qui ne va pas? } *What's the matter?*
Qu'est-ce qu'il y a?
Qu'est-ce que tu as (vous avez)? *What's wrong? (What's the matter with you?)*
Tu n'as pas (Vous n'avez pas) bonne mine. *You don't look good.*
Tu as (Vous avez) l'air malade. *You look sick.*

Je ne me sens pas très bien. *I don't feel very good.*
Je ne suis pas en forme. *I'm not feeling great.*
Je suis malade. *I'm sick.*
Je me sens un peu faible. *I feel a little weak.*
        un peu fatigué(e). *a bit tired.*
Je suis mal fichu(e). *(familier)* *I feel lousy. (I'm a mess.)*
Je souffre de migraines. *I have migraines.*

Pour énumérer les maladies

une angine	*tonsillitis*	une pneumonie	*pneumonia*
une bronchite	*bronchitis*	un rhume	*cold*
une crise d'appendicite	*appendicitis attack*	le rhume des foins	*hay fever*
une grippe	*flu*	la rougeole	*measles*
le mal de l'air	*air sickness*	la rubéole	*German measles*
le mal de mer	*sea sickness*	une sinusite	*sinus infection*
la migraine	*migraine headache*	une streptococcie	*strep infection*
les oreillons *(m.pl.)*	*mumps*	la varicelle	*chickenpox*

Suggestion, Qu'est-ce que vous en pensez?: Rather than asking students to use the vocabulary, these thought questions focus on the contexts in which they might talk to someone (other than a family member or a doctor) about how they're feeling. If necessary, this segment can be done in English to prompt more of a discussion. For example, they might talk about the fact that they have to let their instructor know if they're sick or have had an accident and explain why that's important (missed classes, make-up exams, late homework, etc.). They might have to let their boss know that they'll be missing a couple of days of work (consequences: catch up when they get back, rearrange meetings, work on the computer at home, communicate via e-mail, etc.). They might have to explain to a coach that they're sick (i.e., miss a sporting event, miss practice, practice more when they get healthy, etc.). The students are likely to come up with a variety of contexts in which one talks to someone about one's state of health.

For the discussion of some or all of the proverbs, it might again be better to use English. You might also ask students if they can think of any English equivalents for the proverbs. For example: **Si on avait toujours des cerises et des raisins, on pourrait se passer de médecin.** is analogous to *An apple a day keeps the doctor away.*

➤ Qu'est-ce que vous en pensez?

- Dans quelles circonstances est-ce qu'il est important de dire à quelqu'un que vous avez eu un petit accident ou que vous ne vous sentez pas bien?
- Voici une série de proverbes qui ont pour sujet le corps, la santé et les maladies. À votre avis, quelle est la signification de chacun de ces proverbes?

> **Quand on regarde quelqu'un, on n'en voit que la moitié.**
> **Grosse tête, peu de sens.**
> **On ne doit pas avoir les yeux plus grands que le ventre.**
> **Loin des yeux, loin du cœur.**
> **On se heurte toujours où l'on a mal.**
> **Paris appartient à ceux qui se lèvent tôt.**
> **Qui a la santé a tout. Qui n'a pas la santé n'a rien.**
> **Les maladies viennent à cheval et s'en retournent à pied.**
> **Il vaut mieux prévenir que guérir.**
> **Si on avait toujours des cerises et des raisins, on pourrait se passer de médecin.**

Zoom!

La première greffe d'organe *(organ transplant)* date de 1954. Une équipe sous la direction du docteur américain Joseph Murray a transplanté un rein *(kidney)*. Treize ans plus tard, le médecin sud-africain Christiaan Barnard (1922–2001) a tenté la première greffe du cœur.

À vous!

M. Qu'est-ce qui lui (leur) est arrivé?

Utilisez les dessins pour répondre aux questions.

MODÈLE: Oh, le pauvre Éric!
Qu'est-ce qui lui est arrivé?

Il s'est fait mal à la jambe.

Did you notice the questions in this exercise? **Qu'est-ce qui *lui* est arrivé? Qu'est-ce qui *leur* est arrivé?** *(What happened to him/her? What happened to them?)* The pronoun **lui** is the equivalent of *to him* or *to her,* and the pronoun **leur** is the equivalent of *to them.* There is no distinction between the feminine and the masculine of these indirect object pronouns.

Oh, la pauvre Catherine!
Qu'est-ce qui lui est arrivé?

Mais regarde M. Viossat!
Qu'est-ce qui lui est arrivé?

Ta pauvre mère! Qu'est-ce qui lui est arrivé?

Pourquoi il pleure, ton frère? Qu'est-ce qui lui est arrivé?

Pourquoi ils ne jouent pas, Jean et Olivier? Qu'est-ce qui leur est arrivé?

Oh, ta pauvre cousine!
Qu'est-ce qui lui est arrivé?

Le pauvre Daniel! Qu'est-ce qui lui est arrivé?

Laure et Virginie, pourquoi est-ce qu'elles ne dansent pas?

N. Et toi? Est-ce que tu es prédisposé(e) aux accidents? Posez les questions à un(e) camarade de classe.

MODÈLE: *Est-ce que tu t'es déjà (ever) cassé le bras? Combien de fois? À quel âge? Sous quelles circonstances?*

Oui, je me suis cassé le bras une fois... quand j'avais neuf ans. Je faisais du ski et je suis tombé(e). OU
Non, je ne me suis jamais cassé le bras.

Combien de fois? À quel âge? Dans quelles circonstances?

1. Est-ce que tu t'es déjà cassé le bras?
2. Est-ce que tu t'es déjà cassé la jambe?
3. Est-ce que tu t'es déjà cassé le nez?
4. Est-ce que tu t'es déjà foulé la cheville?
5. Est-ce que tu t'es déjà fait mal à la tête?
6. Est-ce que tu t'es déjà fait mal au dos?
7. Est-ce que tu t'es déjà coupé(e) au doigt ou au pied?
8. Est-ce que tu t'es déjà brûlé(e) (à la main, au bras, à la jambe, etc.)?

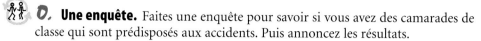 **O. Une enquête.** Faites une enquête pour savoir si vous avez des camarades de classe qui sont prédisposés aux accidents. Puis annoncez les résultats.

MODÈLE: *Je pense que (Bernie) et (Carol) sont prédisposés aux accidents. Il s'est cassé le bras deux fois et le nez une fois. C'est parce qu'il fait du hockey. Il s'est fait mal à la tête quand il avait cinq ans et il s'est cassé une dent quand il avait huit ans. Carol, elle s'est foulé la cheville quatre fois...*

P. Qu'est-ce qu'il (elle) a? Répondez aux questions sur les problèmes de santé des personnes suivantes.

MODÈLE: Qu'est-ce qu'il a, François?

Il a une sinusite.

Qu'est-ce qu'elle a, Céline?

Qu'est-ce qu'elle a, ta mère?

Qu'est-ce qu'il a, ton petit frère?

Qu'est-ce qu'il a, Fred?

Qu'est-ce qu'elle a, Nadine?

Qu'est-ce qu'elle a, ta sœur?

Qu'est-ce qu'il a, ton père?

Qu'est-ce qu'elle a, Mme Gontier?

Le médecin anglais Edward Jenner a réalisé la première vaccination contre la variole en 1797.

Le médecin français René Laennec a inventé le stéthoscope en 1815.

Le médecin anglais Sir Alexander Fleming a découvert la pénicilline en 1928.

Q. Et toi? Posez les questions suivantes à un(e) camarade de classe.

1. Est-ce que tu as déjà eu la rougeole? (Quand?)
2. Est-ce que tu as déjà eu les oreillons? (Quand?)
3. Est-ce que tu as déjà eu une crise d'appendicite? (Quand?)
4. Est-ce que tu as déjà été opéré(e) à l'hôpital? (Quand?)
5. Est-ce que tu as des allergies? À quoi est-ce que tu es allergique? (aux poils d'animaux? aux plantes? aux produits laitiers? aux œufs? aux champignons?)
6. Est-ce que tu souffres de migraines?
7. Est-ce que tu souffres souvent de rhumes ou de grippes?
8. Est-ce que tu as déjà eu le mal de mer ou le mal de l'air?

R. Une enquête. Faites une enquête pour savoir combien de vos camarades de classe...

- ont déjà eu une maladie contagieuse telle que la rougeole, la rubéole, la varicelle ou les oreillons.
- ont été opéré(e)s de l'appendicite.
- ont déjà eu le mal de mer.
- ont déjà eu le mal de l'air.
- sont allergiques aux plantes.
- sont allergiques aux poils d'animaux.
- souffrent d'allergies alimentaires.
- sont allergiques aux pollens.

Le dossier médical de Christine Buhler

Quand j'étais petite, j'ai été vaccinée contre la rougeole et les oreillons. Par conséquent, je n'ai jamais eu ces deux maladies.

Quand j'avais sept ans, j'ai eu une crise d'appendicite et j'ai été opérée à l'hôpital.

Quand j'avais dix ans, j'ai eu la varicelle.

De temps en temps, j'ai un rhume ou une grippe. Pourtant, ce sont mes allergies qui me rendent folle.

Les armoires à pharmacie sont pleines

L'astronome italien Galilée a perfectionné le thermomètre en 1592.

■Échange: *Je ne me sens pas bien*

Il est évident qu'Anne ne se sent pas très bien. Simone l'interroge pour savoir ce qui ne va pas.

Questions:
1. Qui ne se sent pas bien?   2. Quels sont ses symptômes?   3. Que pense Simone?   4. Quel médicament est-ce qu'il faut?   5. Où est-ce qu'elles vont aller le chercher?
6. Quel conseil donne Simone?
7. Qu'est-ce qu'il ne faut pas manger?

 *Dico*

éviter: *avoid*
Fais voir: *Let me see*
Je n'ai plus: *I don't have any more*
nez qui coule: *runny nose*
tousse: *cough*

SIMONE: Qu'est-ce qu'il y a, ma petite Anne? Tu as les yeux tout rouges.
ANNE: J'sais pas, mémé. J'ai le nez qui coule et j'ai un peu mal à la gorge. Mais je ne tousse pas.
SIMONE: Fais voir si tu as de la fièvre... Non, non. C'est peut-être tes allergies. On va aller à la pharmacie te chercher quelque chose. Je n'ai plus d'antihistaminiques.
ANNE: Mais, mémé...
SIMONE: En plus, tu feras attention à ce que tu manges. Il faut éviter les produits laitiers.
ANNE: D'accord, mémé.

Ici, en France...

Quand je suis en France et que je ne me sens pas bien, je consulte un pharmacien avant d'aller voir un médecin. En France, les pharmaciens jouent un rôle très important parce qu'ils peuvent faire des recommandations pour les petits «bobos» et les maladies ordinaires (rhume, grippe).

Qu'est-ce que c'est qu'un petit «bobo»? Un «bobo», c'est tout normalement un petit accident qui n'est pas très grave et qui ne demande que du secourisme *(first aid)* de base. Pour vous soigner vous-même (même avant de consulter un pharmacien), voici quelques conseils.

Ça peut être une bosse...

Tu t'es cogné, tu as une bosse au front. Que faire? Mets aussitôt une poche de glace, puis applique une pommade. Le pharmacien t'indiquera laquelle acheter.

Ou une écharde...

Une écharde est pénétrée sous ta peau. Que faire? Enlève-la tout de suite avec une aiguille stérilisée à la flamme ou avec une pince à épiler. Désinfecte.

Ou une coupure...

Tu t'es coupé. Que faire? Désinfecte bien et fais un pansement de gaze retenu par du sparadrap.

Ou une éraflure...

Tu es tombé de ton vélo, ton genou est éraflé. Que faire? Lave la plaie à l'eau et au savon, désinfecte et mets un pansement.

Le secourisme, Les éditions Milan, pp. 18–19

Voilà. C'est facile. Mais ça vaut toujours la peine de consulter le pharmacien qui donnera des conseils sur la meilleure façon de désinfecter une éraflure, par exemple, ou qui dira quelle pommade acheter. Et en France, on peut toujours trouver une pharmacie qui est ouverte.

> ## Qu'est-ce que vous avez appris?

Grâce à la familiarité du sujet, vous avez sûrement pu deviner un grand nombre de mots même si vous ne les avez jamais encore vus. Utilisez les dessins et les stratégies de la lecture pour donner l'équivalent français des mots suivants.

1. a cut   2. a bandage   3. knee   4. wash with soap and water   5. a bump
6. tape   7. scraped   8. an ice pack   9. a splinter   10. take out, remove
11. a needle   12. forehead   13. an ointment   14. a minor injury

Ça se dit comment?

Pour énumérer les symptômes

avoir mal à la tête	to have a headache
à la gorge	a sore throat
à l'oreille (aux oreilles)	an earache
à l'estomac	a stomachache
avoir de la fièvre	to have a fever
avoir le nez bouché	a stuffy nose
avoir le nez qui coule	a runny nose
tousser	to cough
éternuer	to sneeze
avoir mal au cœur	to feel nauseated
avoir des taches (de rougeole)	to have spots (measles)
avoir une inflammation des ganglions	to have swollen glands
avoir du mal à dormir	to have trouble sleeping
avoir des vertiges	to be dizzy
avoir des courbatures	to have sore muscles
avoir mal partout	to hurt all over
avoir chaud	to be (feel) hot
avoir froid	to be (feel) cold
vomir	to vomit, to throw up

Pour demander un médicament dans une pharmacie

J'ai besoin de quelque chose pour la gorge (pour le nez, pour les yeux, pour l'estomac).
J'ai besoin de quelque chose contre *(against)* la toux.

le rhume des foins.
la migraine.
la grippe.
le mal de mer.
le mal de l'air.

Pour énumérer les remèdes

boire des jus de fruits	to drink fruit juices
prendre de l'aspirine (des cachets d'aspirine)	to take aspirin (aspirin tablets)
un sirop contre la toux	cough syrup
des pastilles pour la gorge	throat lozenges
des gouttes pour le nez (pour les yeux)	nosedrops (eyedrops)
des antihistaminiques	antihistamines
des comprimés pour l'estomac	antacids
rester au lit	to stay in bed
se reposer	to rest

> Notice that **rester** is a false cognate and does not mean *to rest* but rather *to stay (to remain)*. If you want to talk about "resting," use the verb **se reposer.**

Zoom!

La température normale du corps est de 37°C ou de 98, 6°F.

À vous!

S. Qu'est-ce que vous avez? Choisissez les expressions de la liste pour donner les symptômes qui correspondent à chaque situation.

1. Vous avez un rhume.
2. Vous avez trop mangé.
3. Vous avez la grippe.
4. Vous êtes en vacances au bord de la mer.
5. Vous avez un examen très important et vous êtes très stressé(e).

T. Des plaintes. *(Complaints.)* Vous jouez le rôle du (de la) pharmacien(ne). En utilisant **prendre, aller** ou le verbe donné ainsi que les expressions entre parenthèses, faites des recommandations à vos clients.

MODÈLE: J'ai mal à la tête. (cachets d'aspirine)

Prenez deux cachets d'aspirine.

1. J'ai le nez bouché. (antihistaminiques)
2. J'ai une grippe. (cachets d'aspirine)
3. Je tousse. (sirop)
4. J'ai mal à la gorge. (pastilles)
5. Je suis toujours fatigué(e). (se reposer)
6. J'ai de la fièvre. (cachets d'aspirine, rester au lit)
7. J'ai mal au ventre. (thé)
8. J'ai mal partout. (chez le médecin)

U. À la pharmacie. Expliquez au (à la) pharmacien(ne) que vous avez les symptômes qui accompagnent normalement les problèmes médicaux suivants. Il (Elle) vous recommandera les médicaments donnés entre parenthèses.

MODÈLE: une indigestion (comprimés pour l'estomac)

—*Bonjour, Monsieur (Madame). Je peux vous aider?*
—*Oui. Je ne me sens pas très bien. J'ai mal à l'estomac et un peu mal au cœur. Qu'est-ce que vous pouvez me recommander comme remède?*
—*Vous avez peut-être une petite indigestion. Je vais vous donner des comprimés pour l'estomac.*
—*Merci bien, Monsieur (Madame).*
—*De rien, Monsieur (Madame).*

1. un rhume (gouttes pour le nez, sirop contre la toux)
2. une grippe (aspirine, pastilles pour la gorge)
3. le rhume des foins (antihistaminiques, gouttes pour les yeux)
4. une migraine (un tube d'aspirines / aller voir le médecin)
5. la toux (pastilles pour la gorge)

Do **À faire! (8-2)** on page 331 of the **Manuel de préparation.**
* Follow-up: comparative and superlative; accidents and illnesses
* Preparation: the imperfect and the **passé composé** (contrasting the two tenses) *(Contrôle 21)*

SUGGESTED LESSON OUTLINE:
Students assigned *À faire! (8-2)*
have followed up on the comparative
and the superlative as well as on
the vocabulary for accidents and
illnesses. They've also done the initial
work on the contrasts between the
use of the imperfect and the **passé
composé** and taken *Contrôle 21*.
Ex. X (comparing two professors),
Ex. XV (giving your medical history),
and Ex. XVII (writing about people
who are sick) were not self-correcting.
   In this segment, do *Rappel
grammatical: L'imparfait et le passé
composé* (Ex. V, W, X), and *Contexte:
Des fanas de la forme physique*
(Ex. Y, Z, AA, BB).

Complétez les phrases avec l'imparfait ou le passé composé des verbes entre parenthèses.

1. Il (faire) ... très beau quand je (sortir) ... ce matin. Mais soudain il (commencer) ... à pleuvoir.
2. Autrefois, nous (aller) ... souvent à la plage. Nous (être) ... toujours contents d'être en vacances. Mais mon père (changer) ... de job, nous (faire) ... moins de voyages.
3. Qu'est-ce que tu (dire) ... quand elle (raconter) te/t' ... cette histoire? Je (ne... rien dire) ... parce que (être) je/j' ... trop choquée.
4. —Est-ce que vous (finir) ... vos devoirs?
   —Non. Nous (ne... pas comprendre) ... les exercices. Ils (être) ... trop difficiles.
5. Hier, il (neiger) ...; je (partir) ... en voiture et je (tomber) ... en panne. Ce (ne... pas être) ... une très bonne journée.
6. Quand elle (être) ... petite, elle (avoir) ... un chien et un chat.
7. En 1988, mes parents et moi, nous (visiter) ... la Grèce. Nous y (passer) ... un mois. Ensuite, nous (aller) ... en Italie et en France.
8. Ils (finir) ... de faire la vaisselle quand le téléphone (sonner) ...
9. Je (bavarder) ... avec mes amis quand ma mère (appeler) me/m'...
10. Elles (manger) ... quelque chose parce qu'elles (avoir) ... très faim.

Rappel grammatical

L'imparfait et le passé composé

SUMMARY OF USES	
IMPERFECT	**PASSÉ COMPOSÉ**
DESCRIPTION **Elle était** très fatiguée.	
HABITUAL ACTION **Il parlait** français tous les jours.	SINGLE OCCURRENCE Ce matin, **j'ai pris** un bon petit déjeuner.
INDEFINITE PERIOD OF TIME Quand **j'étais** jeune, **j'avais** un chien.	DEFINITE PERIOD OF TIME En 1998, **j'ai passé** deux mois au Portugal.
Il faisait très beau.	Hier, **il a fait** très beau.
ACTION REPEATED AN UNSPECIFIED NUMBER OF TIMES **Nous allions** souvent au parc.	ACTION REPEATED A SPECIFIED NUMBER OF TIMES **Nous sommes allés** au parc trois fois le mois dernier.

À vous!

V. Une mauvaise journée. Utilisez les dessins et les indications données pour décrire la journée de Catherine. Choisissez l'imparfait ou le passé composé selon le contexte.

MODÈLE: *Catherine s'est réveillée à 6h mais elle est restée au lit jusqu'à 6h30.*

*se réveiller
rester au lit*

*se lever
être fatiguée
s'habiller*

*quitter la maison
pleuvoir
se dépêcher pour aller en classe*

attendre (elle a attendu)
monter dans
ne pas y avoir de place

entrer dans
être en retard
avoir une mauvaise note
être malheureuse

rentrer chez elle

manger quelque chose
regarder la télé
étudier

se coucher

W. Un hold-up. Utilisez l'imparfait et le passé composé des verbes pour raconter l'histoire suivante. Un verbe peut être utilisé plus d'une fois.

VERBES: arriver / avoir / demander / entrer / être / faire / prendre / raconter / sonner *(to sound)* / sortir / tenir / vouloir

Vendredi dernier je/j' ... témoin d'un hold-up. Vers 14 heures, deux hommes et une femme ... dans la banque où je travaille. Moi, je/j' ... à mon guichet. Le plus grand des deux hommes ... les cheveux noirs et une barbe. Il ... un pistolet dans la main. Il me/m' ... de lui donner 8 000 euros. Son compagnon, qui ... très gros, ... les montres et les portefeuilles des clients. Nous ... tous très nerveux et nous ... peur. C'est pourquoi nous ... tout ce qu'ils .... La femme ... la première de la banque, suivie de ses deux compagnons. Dès leur départ, je/j' ... l'alarme et la police ... quelques minutes plus tard. Mais les voleurs ne/n' ... plus là. Je/j' ... mon aventure à tous mes amis. Ils ... très impressionnés.

X. Je ne me sentais pas bien. Parlez à vos camarades d'un accident ou d'une maladie que vous avez eus dans le passé. Expliquez ce qui est arrivé et ce que vous avez fait pour vous remettre *(to get better)*. Par exemple, quels étaient vos symptômes? Est-ce que vous êtes resté(e) à la maison? Est-ce que vous avez pris des médicaments? Est-ce que vous étiez absent(e) en cours? etc.

❝❝ Je ne suis pas la seule de ma famille à faire de l'exercice. Nous sommes tous des fanas de la gym. Mais pour maintenir une bonne forme physique, il faut aussi faire attention à ce qu'on mange. Les bonnes habitudes alimentaires sont donc très importantes. ❞❞

Mon frère fait de l'exercice tous les soirs après le travail. À la maison il a aménagé une salle d'exercice où il a un vélo d'intérieur et un stepper.

Ma belle-sœur, Noëlle, adore faire du jogging. Hiver et été, elle fait ses 5 kilomètres chaque jour.

Mon cousin Alain et ma nièce Isabelle vont deux fois par semaine au centre sportif à Vesoul. Lui, il s'entraîne pour la lutte et fait donc de la musculation. Elle, elle fait de l'aérobic.

Ma cousine Jeannette, elle fait de la natation. Elle se lève tous les matins à 6h pour faire 20 ou 30 longueurs de piscine.

Mes parents font de la marche à pied tous les week-ends. Ils aiment aussi se promener dans le village et parler aux voisins.

Et ma nièce, Anne, est inscrite à un cours de gymnastique. On peut toujours la trouver sur le tapis de course ou en train de faire des redressements assis ou d'autres formes d'exercice.

Ça se dit comment?

Pour parler de l'exercice physique

faire des pompes	*to do pushups*
faire des tractions	*to do pullups or pushups*
faire des redressements	*to do situps*
faire de la musculation	*to do weightlifting*
faire de la marche à pied	*to go walking (hiking)*

Pour identifier les appareils de fitness

un vélo d'intérieur	*exercise bike*
un rameur	*rowing machine*
un stepper	*step machine*
un tapis de course	*treadmill*
une presse	*weight machine*

Choisissez votre sport	Marche	Danse	Gym douce	Stretching	Aérobic	Bicyclette	Rameur	Jogging	Golf	Ski	Tennis	Natation
Endurance cardio-vasculaire	●	●			●	●	●	●			●	●
Résistance	●	●			●		●	●		●		●
Musculation		●	●	●	●			●				●
Souplesse		●	●	●				●				●
Équilibre-agilité		●		●					●	●	●	
Améliore les problèmes circulatoires	●				●	●						●
Déconseillé si problèmes de dos importants				●	●			●	●	●	●	
Déconseillé si problèmes de cœur graves					●			●			●	

À quoi servent les aliments?

Une partie des aliments qu'on mange sont utilisés comme matériaux de construction nécessaires à la croissance. Ainsi, les enfants doivent manger afin de fournir à leur corps les «briques» et le «ciment» avec lesquels ils construisent leur matière vivante.

D'autres constituants sont utilisés comme «carburant» et fournissent l'énergie nécessaire au fonctionnement du corps. Ainsi il faut manger pour fournir au corps «l'essence» qui fait «marcher la machine».

Les aliments fournissent aussi certains constituants qui ne sont ni des matériaux de construction ni du carburant. C'est le cas des vitamines, substances chimiques indispensables au bon fonctionnement du corps.

Díco

amidon: *starch*
au moins: *at least*
carburant: *fuel*
chacun: *each*
croissance: *growth*
crus: *raw*
cuits: *cooked*

essence: *gas*
fournir: *to furnish*
matière vivante: *living matter*
matières grasses: *fats*
ne... ni... ni: *neither . . . nor*
protides: *proteins*

Que faut-il manger chaque jour?

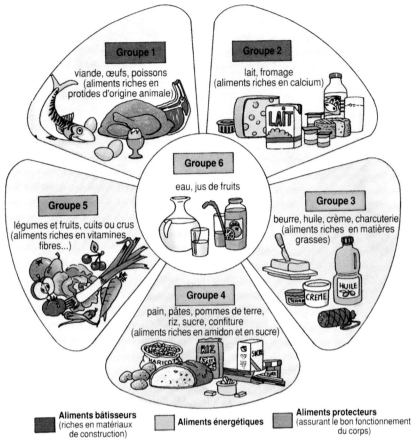

Les repas d'une journée doivent obligatoirement fournir au moins un aliment de chacun de ces six groupes.

Les promesses des alicaments

Le mot «alicament» (inventé par le signataire de l'ouvrage en 1996 et entré dans l'édition 2000 du dictionnaire Larousse) désigne les produits alimentaires ayant des vertus thérapeutiques ou préventives: laits survitaminés; jus de fruits enrichis en calcium; eaux minérales aux caractéristiques spécifiques (magnésium, par exemple); yaourts survitaminés, boissons au ginseng, au guarana...

Leur objectif est de compenser les déséquilibres nutritionnels, de contribuer à la prévention de certaines maladies. [...] Ils traduisent le souci d'une alimentation non seulement inoffensive mais bonne pour la santé.

Ça se dit comment?

Pour parler du régime

être au régime / suivre un régime	*to be on (follow) a diet*
faire attention à ce qu'on mange	*to watch what you're eating*
garder la ligne	*to stay in shape*
grandir	*to get taller, to grow up*
grossir / prendre du poids	*to gain weight*
maigrir / perdre du poids	*to lose weight*
manger tout ce qu'on veut	*to eat anything you want*

▶ Qu'est-ce que vous en pensez?

- À votre avis, qu'est-ce qu'on devrait faire avant de commencer un régime ou avant de se lancer dans l'exercice physique?
- Est-ce qu'il est prudent de manger des alicaments sans consulter un médecin? Pourquoi, pourquoi pas?

Ici, en France...

Quand vous arriverez en France (ou dans d'autres pays de l'Europe continentale), vous noterez tout de suite que tout fonctionne selon le système métrique. Ainsi, quand les Français parlent de la taille ou du poids, ils utilisent des mètres et des kilos (kilogrammes). **Un mètre** est l'équivalent de 3.281 pieds. Par contre, un pied égale 0.305 mètres, et un pouce *(inch)* égale 2.539 centimètres. **Un kilo** égale 2.2 livres américaines. Ainsi, pour décrire une personne de 5'10" et de *160 lbs*, les Français diraient: **Il (Elle) fait un mètre soixante-quinze et pèse** *(weighs)* **soixante-treize kilos.** Voilà quelques équivalents approximatifs pour vous aider.

Tailles			Poids		
5'0"	=	1,53 m	100 lbs.	=	45 kilos
5'5"	=	1,65 m	120 lbs.	=	55 kilos
5'10"	=	1,78 m	140 lbs.	=	64 kilos
6'0"	=	1,83 m	160 lbs.	=	73 kilos
6'2"	=	1,88 m	180 lbs.	=	82 kilos
6'6"	=	1,98 m	200 lbs.	=	91 kilos

Les Américains s'imaginent souvent que les Français sont de petite taille. Il est vrai qu'en moyenne les Français et les Françaises sont plus petits et pèsent moins que les Américains: le Français moyen mesure 1,72 mètres et pèse 75 kilos et la Française moyenne mesure 1,60 mètres et pèse 60 kilos. Mais ne vous étonnez pas si vous trouvez des gens de toutes les tailles en France.

➤ Qu'est-ce que vous en pensez?

- À votre avis, quels sont probablement la taille et le poids moyens d'un Américain? d'une Américaine? Comparez vos hypothèses à celles de vos camarades de classe.
- Faites des recherches sur Internet pour vérifier vos hypothèses et partagez le résultat de vos recherches avec d'autres étudiants.

À vous!

Y. Qu'est-ce que tu recommandes? En vous inspirant du tableau «Choisissez votre sport» (page 407) faites des recommandations aux personnes suivantes.

MODÈLE: Je veux entraîner mes muscles, mais j'ai toujours mal au dos.
Fais de la marche ou de la natation. OU
Tu peux faire de la danse ou du vélo, mais ne fais pas d'aérobic.

1. J'ai besoin de m'assouplir *(loosen up)*.
2. Je ne suis pas en bonne forme.
3. Je suis toujours malade; je souffre fréquemment de rhumes et de grippes.
4. J'ai eu un accident et je me suis fait mal au dos. Je veux retrouver ma forme et ma souplesse.
5. Le médecin m'a dit d'améliorer mon endurance.
6. J'ai eu une crise cardiaque et je viens de sortir de l'hôpital. Je veux recommencer à faire de l'exercice.
7. J'ai toujours froid aux mains et aux pieds.
8. Je suis très maladroit(e) *(clumsy)*.

Z. Lesquels des aliments suivants... ? *(Which of the following foods...?)* Choisissez les bonnes réponses selon ce que vous avez appris dans le *Contexte*.

Lesquels des aliments suivants...

1. sont riches en calcium—le fromage, le lait, la viande, le yaourt?
2. sont riches en protides—le bœuf, les œufs, le poisson, le pain?
3. sont riches en matières grasses—le beurre, les tomates, l'huile, les saucisses?
4. sont riches en vitamines et fibres—les carottes, le riz, la salade, les pommes?
5. sont riches en amidon et en sucre—les pommes de terre, le fromage, la confiture, le pain?
6. fournissent de l'énergie—le beurre, le sucre, les haricots, le poulet?
7. aident à construire le corps—le lait, le bœuf, les légumes, le poisson?
8. aident le corps à fonctionner—les poires, les pommes de terre, les tomates, le fromage?

Suggestion, Ex. AA: Since there's not necessarily a correct answer to why the various people do their particular exercises, you can have students work in pairs and then compare answers with other groups or the whole class.

AA. Qu'est-ce qu'ils font? Où? Pourquoi? Décrivez les activités des personnes sur les dessins en utilisant les expressions suggérées.

MODÈLE: *Guillaume fait des tractions (pompes) à la maison (dans sa chambre) pour s'entraîner (se relaxer / se tenir en forme).*

Guillaume Vignaud

FLASH VOCABULAIRE

Où?	Pourquoi?
au stade	pour se relaxer
à la piscine	pour s'entraîner
à la campagne	pour s'amuser
à l'école	pour perdre
au gymnase	du poids
au centre sportif	pour maintenir
à la maison	sa forme
	physique
	pour
	impressionner
	les autres

1 **Fabien Chevreau**

2 **Aurélie Prunet**

3 **les parents de Mickaël Brunelot**

4 **Nicolas Treyvaud**

5 **Éric Irastorza**

6 **Claire Rabille**

7 **l'oncle de Pierre Ghossaub**

8 **la mère d'Anne Ducoussot**

9 **Pierre Maury et ses copains**

10 **Et vous? Qu'est-ce que vous faites comme exercice? Où? Pourquoi?**

BB. Une enquête. Posez les questions suivantes à vos camarades de classe pour apprendre ce qu'ils font comme exercice et ce qu'ils mangent pour rester en bonne santé.

MODÈLES: *Est-ce que tu fais régulièrement de l'exercice?*
Oui: Quel exercice? Combien de fois par semaine? Où? Avec qui? Pourquoi?
Non: Pourquoi pas? Qu'est-ce que tu voudrais faire comme exercice?

Est-ce que tu fais attention à ce que tu manges?
Oui: Quels aliments des différents groupes est-ce que tu manges pendant une journée typique?
Non: Quels sont tes aliments préférés? Qu'est-ce que tu manges pendant une journée typique?

> Do **À faire! (8-3)** on page 340 of the **Manuel de préparation.**
> * Follow-up: physical activities
> * Preparation: verbs ending in **-ir** and the verb **venir** *(Contrôle 22)*

Exercice de substitution

1. *Elle* ne réfléchit pas assez. (je / tu / ils / nous / il / vous)
2. *Tu* grossis. (vous / elle / je / nous / ils / elles)
3. *Ils* finissent toujours leurs devoirs. (tu / nous / elles / vous / je)
4. *J'*ai réussi à l'examen. (nous / vous / il / elles / tu)
5. Est-ce que *tu* as fini l'exercice? (vous / elles / il / elle / ils)
6. *Nous* venions de rentrer quand le téléphone a sonné. (je / elle / ils / on / vous)
7. *Vous* venez avec nous? (elles / tu / elle / ils)
8. Il faut que *tu* finisses les légumes. (vous / je / elle / ils / nous)
9. *Tu* viens quand? (vous / elles / il / ils / nous)
10. *Il* revient demain. (je / nous / elles / on / tu / vous)
11. *Vous* vous souvenez de mon frère? (ils / elle / tu / nous)
12. *Elle* est devenue architecte? (tu / vous / elles / il)

Rappel grammatical

Les verbes en *-ir* et le verbe *venir*

- **Les verbes en *-ir***

  stem + endings (-is, -is, -it, -issons, -issez, -issent)

finir *(to finish)*	**choisir** *(to choose)*
je finis	je choisis
tu finis	tu choisis
il/elle/on finit	il/elle/on choisit
nous finissons	nous choisissons
vous finissez	vous choisissez
ils/elles finissent	ils/elles choisissent
PASSÉ COMPOSÉ: **j'ai fini**	PASSÉ COMPOSÉ: **j'ai choisi**
IMPARFAIT: **je finissais**	IMPARFAIT: **je choisissais**
SUBJONCTIF: **que je finisse**	SUBJONCTIF: **que je choisisse**

Other verbs in **-ir:**
agir *(to act)* / **grandir** *(to grow [taller])* / **grossir** *(to gain weight)* / **maigrir** *(to lose weight)* / **réfléchir (à)** *(to think, reflect [about something])* / **réussir à un examen** *(to pass an exam)*

- **Le verbe *venir*** *(to come)*

je viens	nous venons
tu viens	vous venez
il/elle/on vient	ils/elles viennent

PASSÉ COMPOSÉ: **venu (être)**
IMPARFAIT: **je venais**

SUBJONCTIF:	que je vienne	que nous venions
	que tu viennes	que vous veniez
	qu'il/elle/on vienne	qu'ils/elles viennent

Other verbs conjugated like **venir:**
devenir *(to become)* / **revenir** *(to come back, to return)* / **se souvenir de** *(to remember)*

- **Le verbe *venir de*** *(to have just)*

| Je **viens de finir** mes devoirs. | *I've just finished* my homework. |
| Je **venais de finir** mes devoirs quand Laurent est arrivé. | *I had just finished* my homework when Laurent arrived. |

À vous!

 CC. Des questions. Utilisez chaque phrase pour poser quatre questions (**tu, vous, il/elle, ils/elles**) à vos camarades de classe.

1. réussir au dernier examen de français
2. finir les devoirs pour aujourd'hui
3. réfléchir toujours avant d'agir
4. maigrir

DD. D'où venez-vous? Utilisez le verbe **venir** et les éléments entre parenthèses pour répondre aux questions.

> MODÈLE: Elle est française? (Paris)
> *Oui, elle vient de Paris.*

1. Ils sont canadiens? (Montréal)
2. Vous êtes suisses? (Berne)
3. Elle est belge? (Bruxelles)
4. Tu es sénégalais? (Dakar)
5. Elles sont marocaines? (Rabat)
6. Vous êtes français? (Caen)

EE. Une réunion de famille. Quand votre famille se réunit, vos parents *(relatives)* veulent toujours savoir ce que tout le monde fait. Utilisez les éléments donnés pour poser des questions et donner des réponses. Un(e) de vos camarades de classe va jouer le rôle de la personne qui pose les questions.

> MODÈLE: tu / revenir nous voir la semaine prochaine
> *—Est-ce que tu reviens nous voir la semaine prochaine?*
> *—Oui, je reviens vous voir la semaine prochaine.*

1. vous / se souvenir de votre cousin
2. tu / maigrir
3. qu'est-ce que / tu / vouloir devenir plus tard
4. il / venir chez nous à Noël
5. elle / venir de se marier
6. quand / elles / revenir de France
7. elle / se souvenir de cet accident
8. tu / réussir à tes examens
9. ta cousine / finir ses études
10. vous / devenir moins paresseux

FF. Les deux dernières années. Vous rencontrez un(e) ami(e) que vous n'avez pas vu(e) depuis deux ans. Racontez ce que vous avez fait pendant les deux dernières années. Utilisez des verbes en **-ir (réussir, maigrir, grossir, choisir, finir)**, les verbes **venir, devenir, revenir, se souvenir de, venir de** et d'autres verbes.

> MODÈLE: —*Tiens! Bonjour. Ça fait deux ans qu'on ne s'est pas vu(e)s.*
> *Comment ça va?*
> —*Ça va bien, et toi?*
> —*Ça va. Dis, qu'est-ce que tu as fait pendant*
> *les deux dernières années?*
> —*Je suis allé(e) en Californie et j'ai pris un job*
> *dans une banque.*
> —*Moi, j'ai fini mes cours et je vais commencer*
> *un job à New York dans un mois.*
> —*Quelle sorte de job? etc.*

GG. Vous et votre famille. Faites une description des membres de votre famille. Insistez sur leur taille, leurs activités et les changements qui se sont produits. Si vous voulez, vous pouvez inventer certains détails.

> MODÈLE: *Mon frère Michael est très grand et très fort. Il mange bien et*
> *il fait du sport. Il a beaucoup grandi récemment. Maintenant*
> *il fait un mètre quatre-vingt-dix et il pèse quatre-vingt-huit*
> *kilos. etc.*

Follow-up, Ex. GG: Have students describe their partner's family to another student.

Dossier-France: Défense de boire, défense de fumer!

L'alcool et le tabac, sont-ils des drogues? Bien sûr! Un alcoolique a besoin de prendre chaque jour une certaine quantité d'alcool. Un gros fumeur a besoin de nicotine. Ces deux produits détériorent la santé et entraînent des maladies graves. L'alcool (40 000 morts par an) est à l'origine de nombreux accidents de la route [...] Le tabac conduit aux maladies pulmonaires ou cardiaques et aux cancers. Il est responsable de la mort de 50 000 personnes par an.

Francis Curtet, *La Drogue.*
Les Essentiels Milan, p. 10

DDB & Co.

Une trop forte consommation d'alcool augmente le risque d'avoir des rapports sexuels non protégés.
Et vous, avec l'alcool vous en êtes où?

Un problème à la fois culturel et personnel

LES ACCIDENTS ÇA N'ARRIVE QU'AUX AUTRES. VOUS AVEZ DE LA CHANCE, CE SOIR C'EST VOUS.

CELUI QUI CONDUIT C'EST CELUI QUI NE BOIT PAS.

FCA! BMZ

Les rappels à la prudence sont nécessaires

Les Français (un peu) plus sobres

Evolution de la consommation de vin, bière, spiritueux (en litres):

	Vin	Bière	Spiritueux
1970	105	41,2	4,3
1990	69	41,5	5,1
1998	60	38	5

SCEES

La consommation d'alcool est en baisse, mais elle reste élevée.
La consommation globale d'alcool a diminué d'un tiers (35%) entre 1960 et 1995, passant de 17,7 à 11,4 litres d'équivalent alcool pur par personne. Mais la baisse est désormais plus lente et les Français détiennent toujours le record parmi les peuples de l'Union européenne, devant les Portugais, les Allemands et les Espagnols. Les plus sobres sont les Suédois (6,4 litres), devant les Finlandais, les Britanniques et les Italiens.

Dico

à la fois: *both*
désormais: *from then on*
digestifs: *after-dinner drinks (alcoholic drinks, such as cognac, that are supposed to aid in digestion)*

d'un tiers: *by a third*
entourage: *surrounding people*
entraînent: *bring about*
est en baisse: *is down*
fumeur: *smoker*

gros: *big*
hausse: *increase*
hors du foyer: *away from home*
lors: *during*
qu'elle véhicule: *that it represents*

que fait peser l'alcool: *that alcohol has*
recherche de l'ivresse: *intentional intoxication*
tabagisme passif: *second-hand smoke*

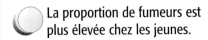 La proportion de fumeurs est plus élevée chez les jeunes.

○ Un fumeur sur trois, chaque année, essaie de s'arrêter, contre 15% en 1981.

○ La proportion de fumeurs continue de baisser globalement...
La moitié des Français n'ont jamais fumé. 29% des adultes déclarent fumer des cigarettes en paquet contre 34% en 1990. Les autres (environ un Français sur cinq) ont arrêté. La consommation moyenne n'est plus que de

1 400 cigarettes par habitant, contre 1 700 en 1990. Dans l'Union européenne, les Grecs sont les plus gros fumeurs, avec 3 000 cigarettes par personne et par an, le minimum étant de 900 pour les Suédois.

La baisse constatée depuis quelques années est sans doute liée en partie aux campagnes anti-tabac qui ont fait prendre conscience des risques pour la santé des fumeurs et pour celle de leur entourage (tabagisme passif). Mais elle est due pour une large part à la hausse continue des prix des produits. Le prix du paquet de cigarettes a doublé entre septembre 1991 et début 1997 [...].

Un homme sur trois, une femme sur cinq

Proportion de fumeurs réguliers* par âge et par sexe (1998, en %) :

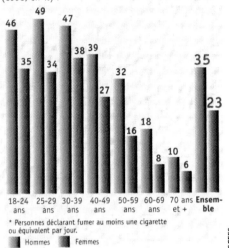

* Personnes déclarant fumer au moins une cigarette ou équivalent par jour.
■ Hommes ■ Femmes
SCEES

○ Les taxes représentent 76% du prix de vente des cigarettes en France.

Pour arrêter de fumer, j'ai mon petit secret.

NICORETTE®
VOUS AIDE A ARRETER DE FUMER

| Un Français sur cinq a arrêté de fumer

Culture, statut et consommation

Le fait de boire de l'alcool n'est pas seulement conditionné par le goût personnel. Dans l'inconscient collectif national, l'alcool a toujours été associé à la fête, au plaisir et à la convivialité. Dans certains groupes sociaux, la capacité des hommes à boire était même considérée comme une marque de virilité. Mais les modes de vie et les systèmes de valeurs ont changé. Les Français sont plus conscients des risques que fait peser l'alcool sur la santé. Leur consommation globale diminue et elle se concentre sur la fin de semaine.

Le choix de l'alcool consommé n'est pas non plus innocent. Les jeunes (surtout les hommes, urbains, célibataires) sont souvent attirés par le whisky, associé à la culture américaine et aux mythes qu'elle véhicule. La tendance est aussi aux alcools blancs, qui empruntent au monde latin (Amérique du Sud, Cuba...). Les apéritifs et les digestifs sont moins fréquents, notamment lors des repas hors du foyer. Les Français apprécient plus les long drinks que les cocktails forts. Cependant, on observe une progression de la recherche de l'ivresse dans certains groupes sociaux.

➤ Qu'est-ce que vous en pensez?

Comment est-ce que les renseignements dans ce *Dossier* confirment ou contredisent ce que vous saviez déjà sur l'alcool et le tabac? À votre avis, est-ce que les statistiques françaises sont comparables aux statistiques des États-Unis? Si le sujet vous intéresse, faites des recherches sur Internet ou à la bibliothèque pour comparer les deux pays.

SUGGESTED LESSON OUTLINE:
Students assigned *À faire! (8-4)* have
followed up on the vocabulary for
physical fitness, -**ir** verbs and **venir**.
They've worked on intonation and
word groups, have done some
review activities, and reviewed the
grammar for the chapter. Ex. XXXVIII
(writing about health and physical
fitness) was not self-correcting.
   In this segment, do *Intégration*
(Ex. HH, II, JJ, KK).

Do **À faire! (8-4)** on page 350 of the **Manuel de préparation**
* Follow-up: vocabulary for physical fitness,
  -**ir** verbs, **venir**
* Pronunciation: intonation and word groups
* General review of the chapter

◼•Intégration

MP Audio CD3,
TRACK 18 (Ex. HH)

HH. **Vous êtes témoin** *(witness)* **d'un accident.** Vous êtes un(e) des quatre témoins d'un accident. Quand la police arrive, les trois autres témoins expliquent ce qui s'est passé. Mais leurs histoires se contredisent. Comparez les trois témoignages au dessin ci-dessous et décidez quel témoin a donné la description de l'incident la plus proche de la réalité. Il y a des mots que vous ne comprendrez pas, mais vous arriverez tout de même à identifier le bon témoin pour la police.

👫 II. Le week-end dernier. Décrivez vos activités du week-end dernier. Expliquez ce que vous avez fait, quel temps il a fait, et comment vous vous sentiez. Utilisez l'imparfait ou le passé composé selon le contexte. Votre camarade va vous poser des questions pour avoir des détails supplémentaires.

> MODÈLE: *Le week-end dernier, je n'ai pas fait grand-chose. J'étais assez fatigué(e) et je suis resté(e) au lit jusqu'à dix heures samedi matin. Je me suis levé(e), j'ai pris une douche et j'ai mangé une tartine avec du café. Je me sentais un peu mieux et j'ai voulu aller à la piscine.* etc.

👫 JJ. J'ai eu un accident. Souvenez-vous d'un petit accident que vous avez eu. Imaginez que cet accident vient de se produire. Quand un(e) camarade de classe vous téléphone, racontez-lui ce qui s'est passé. (Quand a eu lieu l'accident? Où? Qu'est-ce que vous faisiez? Avec qui est-ce que vous étiez? Est-ce que vous vous êtes fait mal? Qu'est-ce que vous avez fait pour soulager la douleur?)

Suggestion, Ex. JJ: Have students practice in pairs. Then have them "phone" members of other groups to hear about their accidents.

👫👫 KK. Un(e) ami(e) vous aide. Vous êtes malade et vous ne pouvez pas quitter votre maison. Téléphonez à un(e) ami(e) (votre camarade de classe) et demandez-lui d'aller à la pharmacie pour vous. Décrivez vos symptômes. Votre ami(e) parle au (à la) pharmacien(ne), décrit vos symptômes et écoute les recommandations, puis il (elle) revient, vous donne les médicaments et les recommandations.

▪Lexique

Pour se débrouiller

Pour parler du temps au présent
Quel temps fait-il?
Il fait beau.
Il fait bon.
Il fait (très) chaud.
Il fait du brouillard.
Il fait du soleil.
Il fait du vent. (Il y a du vent.)
Il fait frais.
Il fait (très) froid.
Il fait mauvais.
Il fait (un temps) humide.
Il gèle.
Il neige.
Il pleut.
Il y a des (quelques) nuages.
Il y a du verglas (sur les routes).
Il y a une averse de grêle.
Il y a une averse de pluie.
Il y a des risques d'éclairs et de tonnerre.
Il y a un orage.
La température est de... degrés.
Le ciel est bleu.
Le ciel est couvert.
Le temps est nuageux.
Pas trop froid, pas trop chaud.

Pour parler du temps dans le passé
Quel temps a-t-il fait (est-ce qu'il a fait) hier?
Il a fait beau (du soleil, mauvais, etc.).
Il a fait très humide (sec).
Il a plu.
Il a neigé.
On a eu un orage (une tempête de neige, etc.).

Pour parler du temps au futur
Quel temps va-t-il faire (est-ce qu'il va faire) demain?
Il va faire beau (du vent, du brouillard, etc.).
Il va faire très humide (sec).
Il va pleuvoir. / On va avoir de la pluie.
Il va neiger. / On va avoir de la neige.
On va avoir un orage (une averse de grêle, etc.).

Pour parler des accidents
Qu'est-ce qui s'est passé?
Qu'est-ce qui t'est (vous est) arrivé?
    J'ai eu un accident.
    Je suis tombé(e).

être blessé(e) au pied
se brûler (à la main)
se casser le bras
        la jambe
        le nez
se couper au doigt
se faire mal au dos
se fouler la cheville

Pour parler de son état physique
Qu'est-ce qui ne va pas?
Qu'est-ce qu'il y a?
Qu'est-ce que tu as (vous avez)?
Tu n'as pas (Vous n'avez pas) bonne mine.
Tu as (Vous avez) l'air malade.
Je ne me sens pas très bien.
Je ne suis pas en forme.
Je suis malade.
Je me sens un peu faible (fatigué[e]).
Je suis mal fichu(e).
Je souffre de migraines.

Pour énumérer les symptômes
avoir mal à la tête
        à la gorge
        à l'oreille (aux oreilles)
        à l'estomac
avoir de la fièvre
avoir le nez bouché
avoir le nez qui coule
tousser
éternuer
avoir mal au cœur
avoir des taches (de rougeole)
avoir une inflammation des ganglions
avoir du mal à dormir
avoir des vertiges
avoir des courbatures
avoir mal partout
avoir chaud
avoir froid
vomir

Pour demander un médicament dans une pharmacie
J'ai besoin de quelque chose pour la gorge
(pour le nez, pour les yeux, pour l'estomac).
J'ai besoin de quelque chose
contre la toux.
le rhume des foins.
la migraine.
la grippe.
le mal de mer.
le mal de l'air.

Pour énumérer les remèdes
boire des jus de fruits
prendre de l'aspirine (des cachets d'aspirine)
un sirop contre la toux
des pastilles pour la gorge
des gouttes pour le nez (pour les yeux)
des antihistaminiques
des comprimés pour l'estomac
se reposer
rester au lit

Pour parler de l'exercice physique
faire de la marche à pied
faire de la musculation
faire des pompes
faire des redressements
faire des tractions

Pour identifier les appareils de fitness
une presse
un rameur
un stepper
un tapis de course
un vélo d'intérieur

Pour parler du régime
être au régime / suivre un régime
faire attention à ce qu'on mange
garder la ligne
grandir
grossir / prendre du poids
maigrir / perdre du poids
manger tout ce qu'on veut

Thèmes et contextes

Les parties du corps
la bouche
le bras
les cheveux *(m.pl.)*
la cheville
le cœur
le cou
le coude
la cuisse
les dents *(f.pl.)*
le doigt de pied
les doigts *(m.pl.)*
le dos
les épaules *(f.pl.)*

le genou
la gorge
la jambe
la main
le nez
l'œil *(m.)* (les yeux)
l'oreille *(f.)*
le pied
le poignet
la poitrine
la tête
le ventre
le visage

Les maladies

une angine
une bronchite
une crise d'appendicite
une grippe
le mal de l'air
le mal de mer
la migraine
les oreillons *(m.pl.)*
une pneumonie
un rhume
le rhume des foins
la rougeole
la rubéole
une sinusite
une streptococcie
la varicelle

Les points de la boussole

au (dans le) nord
au (dans le) nord-est
à (dans) l'est
au (dans le) sud-est
au (dans le) sud
au (dans le) sud-ouest
à (dans) l'ouest
au (dans le) nord-ouest

Vocabulaire général

Verbes

agir
choisir
devenir
finir
grandir
grossir

maigrir
réfléchir (à)
réussir à un examen
revenir
se souvenir de
venir (de)

Branchez-vous!

The *Branchez-vous!* sections of the **Manuel de classe** and the **Manuel de préparation** provide a variety of expansion activities that can be done in or out of class, by individual students, by small groups, or by the class as a whole.

Internet

Please visit the **Je veux bien!** website at **http://jvb.heinle.com.** You'll find activities to practice the vocabulary and grammar you've learned in this chapter as well as cultural exploration activities that guide you through websites from around the French-speaking world.

Vidéo

Please visit the **Je veux bien!** website at **http://jvb.heinle.com** for the video activities that accompany this chapter. You'll get the most from watching the video for this chapter if you first visit the website and print out the video activities for this chapter. Then watch the video (in your classroom, language lab, or at home) and complete the activities for the chapter.

AU-DELÀ DU COURS:
Les produits de beauté

France has always been and continues to be famous for high fashion and the beauty products associated with it. In fact, French clothing designers often have their own lines of perfume, cologne, cosmetics, and after-shave lotions that are often as well known as their fashion creations. The influence of France and the French language in this industry is pervasive. Even U.S. cosmetic companies often give French names to their beauty products, thus giving them a special «caché». In order to learn more about this topic, consider doing one of the following research projects (Internet, library).

- Identify some French beauty products and find out how they are marketed in the U.S.
- Do a biographical sketch of a French fashion designer (past or present) who also markets a line of beauty products.
- Find advertisements or the actual packaging for U.S. beauty products that use France or the French language as a marketing gimmick and explain how the ads are designed to appeal to consumers.

LITTÉRATURE:

«La nuit la mère et l'enfant» d'André Verdet

MC Audio CD3, Track 19, «La nuit la mère et l'enfant» d'André Verdet

Ami de Jacques Prévert, André Verdet a écrit des poèmes qui ont pour sujet la vie quotidienne.

Prereading: Have students brainstorm vocabulary about simple everyday events. As they do so, you might contribute some of the happenings in the poem such as **quelqu'un tousse, quelqu'un ronfle, on s'inquiète, c'est le jour, c'est la nuit.** Ask them if it's possible to write poems about ordinary, daily events and if they know of anyone who has written such poetry. You might remind them of Prévert and some of his poems.

Postreading: For more creative students, you may wish to assign them the following task: *The poetry of Verdet could be described as minimalist, that is, it uses simple language and few words and details to suggest a great deal of feeling. Write a poem in French that imitates minimalist style. Suggestion: choose as your point of departure a common, everyday occurrence or situation.*

La nuit la mère et l'enfant

Je te dis que le gosse tousse
Je te dis que le gosse a toussé

Mais le père ronfle et ne
Répond pas et la mère s'affole

Je te dis que le gosse tousse toujours
Je te dis que le gosse a toussé

Demain ce sera le grand jour le
Règne du soleil et des hommes

Mais maintenant c'est la nuit
La grande nuit silencieuse

Et la mère sait et la mère veille encore
Un peu derrière les vitres

André Verdet, reproduced in Rousselot,
Poètes d'aujourd'hui, Éditions Seghers, 1959

 Dico

gosse: *kid, child*
Règne: *Reign*
ronfle: *snores*
s'affole: *panics*
sait: *knows*
veille: *watches*
vitres: *windowpanes*

Exercice de compréhension. Analyze the poem using the following ideas as a guide.

1. This poem evokes a mini-drama. Recount the situation, actions, and feelings suggested by the poem.
2. This poem includes certain fundamental contrasts. Point out these basic oppositions and explain what they add to the feeling and meaning of the poem.

MC Audio CD3, TRACK 20

LITTÉRATURE:
«Une consultation gratuite»
Extrait de «Knock» par Jules Romains

Le docteur Knock est nouvellement arrivé à la commune (le petit village) de Saint-Maurice. Son prédécesseur était vieux et n'avait pas beaucoup de patients. Le docteur Knock est beaucoup plus ambitieux. Il commence par annoncer des consultations gratuites.

KNOCK: C'est vous qui êtes la première, Madame? *(Il fait entrer la dame en noir et referme la porte.)* Vous êtes bien du canton?

LA DAME EN NOIR: Je suis de la commune.

KNOCK: De Saint-Maurice même?

LA DAME: J'habite la grande ferme qui est sur la route de Luchère.

KNOCK: Elle vous appartient?

LA DAME: Oui, à mon mari et à moi.

KNOCK: Si vous l'exploitez vous-même, vous devez avoir beaucoup de travail?

LA DAME: Pensez, Monsieur! Dix-huit vaches, deux bœufs, deux taureaux, six chèvres, une bonne douzaine de cochons, sans compter la basse-cour.

KNOCK: Je vous plains. Il ne doit guère vous rester de temps pour vous soigner.

LA DAME: Oh! non.

KNOCK: Et pourtant vous souffrez.

LA DAME: Ce n'est pas le mot. J'ai plutôt de la fatigue.

KNOCK: Oui, vous appelez ça de la fatigue. *(Il s'approche d'elle.)* Tirez la langue. Vous ne devez pas avoir beaucoup d'appétit.

LA DAME: Non.

KNOCK: Vous êtes constipée.

LA DAME: Oui, assez.

KNOCK: *(Il l'ausculte.)* Baissez la tête. Respirez. Toussez. Vous n'êtes jamais tombée d'une échelle, étant petite?

LA DAME: Je ne me souviens pas.

KNOCK: *(Il lui palpe le dos, lui presse brusquement les reins.)* Vous n'avez jamais mal ici le soir en vous couchant?

LA DAME: Oui, des fois.

KNOCK: Essayez de vous rappeler. Ça devait être une grande échelle.

LA DAME: Ça se peut bien.

KNOCK:	C'était une échelle d'environ trois mètres cinquante, posée contre un mur. Vous êtes tombée à la renverse. C'est la fesse gauche, heureusement. Vous vous rendez compte de votre état?
LA DAME:	Non.
KNOCK:	Tant mieux. Vous avez envie de guérir, ou vous n'avez pas envie?
LA DAME:	J'ai envie.
KNOCK:	Ce sera long et très coûteux. On ne guérit pas en cinq minutes un mal qui traîne depuis quarante ans.
LA DAME:	Depuis quarante ans?
KNOCK:	Oui, depuis que vous êtes tombée de votre échelle.
LA DAME:	Et combien que ça me coûterait?
KNOCK:	Qu'est-ce que valent les veaux actuellement?
LA DAME:	Ça dépend... quatre ou cinq cents francs.
KNOCK:	Et les cochons gras?
LA DAME:	Plus de mille francs.
KNOCK:	Ça vous coûtera à peu près deux cochons et deux veaux... Mais ce que je puis vous proposer, c'est de vous mettre en observation. Ça ne vous coûtera presque rien. Au bout de quelques jours vous vous rendrez compte par vous-même de votre état, et vous vous déciderez... Bien. Vous allez rentrer chez vous. Vous êtes venue en voiture?
LA DAME:	Non, à pied.
KNOCK:	Il faut trouver une voiture. Vous vous coucherez en arrivant. Une chambre où vous serez seule, autant que possible. Faites fermer les volets et les rideaux. Aucune alimentation solide pendant une semaine. Un verre d'eau de Vichy toutes les deux heures et, à la rigueur, une moitié de biscuit. À la fin de la semaine, si vos forces et votre gaieté sont revenues, c'est que le mal est moins sérieux qu'on ne pouvait croire. Si, au contraire, vous éprouvez une faiblesse générale, nous commencerons le traitement. C'est convenu?
LA DAME:	*(soupirant)* Comme vous voudrez.

Jules Romains, *Knock*

Appréciation du texte. Answer the following questions about the scene from the play.

1. What is Knock's objective in this consultation?
2. What is his strategy for attaining this goal?
3. How does the woman react to the doctor?
4. In your opinion, which of her symptoms are real and which ones are imagined?
5. What do you think of Knock's "prescription" for the woman.
6. What are the results of the "prescription" likely to be and what will she then have to do?
7. Do you think there are doctors who deal with their patients the way Knock does? What are the consequences of this type of behavior for the patients, the doctor, the drug companies? Would this be considered medically unethical behavior?

à la rigueur: *if need be*
Aucune: *No*
autant que: *as much as*
basse-cour: *poultry yard (chickens)*
canton: *district*
Ça se peut bien.: *It's possible.*
C'est convenu?: *Agreed?*
chèvres: *goats*
cochons: *pigs*
Comme vous voudrez.:
    As you wish.
échelle: *ladder*
faiblesse: *weakness*
**Faites fermer les volets et les
    rideaux.:** *Have someone
    close the shutters and curtains.*

ferme: *farm*
fesse: *buttock*
gras: *fattened*
gratuites: *free*
Je vous plains.: *I feel sorry for you.*
l'ausculte: *listens to the heart
    and lungs*
palpe: *feels*
**Qu'est-ce que valent les veaux
    actuellement?:** *How much
    are calves worth these days?*
qu'on ne pouvait croire: *than
    one might have believed*
reins: *kidneys*
Respirez: *Breathe*

soupirant: *sighing*
Tant mieux.: *That's just as well.*
taureaux: *bulls*
Tirez la langue!: *Stick out
    your tongue!*
traîne: *has been dragging on*
vaches: *cows*
vous appartient: *belongs to you*
Vous avez envie de guérir:
    Do you really want to be cured
**Vous vous rendez compte de
    votre état?:** *Are you aware
    of your condition?*
vous vous rendrez compte:
    you'll realize (become aware)

This text on the environment comes from a book intended for a French audience. You're being asked to read it without a **Dico.** Use the reading strategies you've learned to understand the main ideas and some of the details of each section. You may wish to read the questions in the **Qu'est-ce que vous en pensez?** on page 427 before you begin to read the text.

ÉCOLOGIE:
L'impact humain sur l'environnement

Depuis la Révolution industrielle des XVIIIe et XIXe siècles, l'impact de l'homme sur l'environnement a été considérable. L'usage de combustibles fossiles a pollué des régions étendues et sensiblement dégradé l'atmosphère. La technologie industrielle a attiré des millions de ruraux vers les nouvelles villes, et les progrès de la mécanisation ont sévèrement réduit le nombre des personnes vivant de l'agriculture. L'utilisation d'engrais et de pesticides a fait augmenter la production agricole et permis de nourrir la pupulation croissante, mais ces produits ont aussi eu des effets négatifs. Les conséquences de ces rapides changements ne pouvaient être prévues. Aujourd'hui, l'écologie permet de savoir comment l'homme influe sur son environnement et de rechercher les moyens de réparer les dégâts causés jusque-là.

Précaution

Dans certaines villes, les cyclistes et les piétons éprouvent déjà le besoin de se protéger contre la pollution atmosphérique. Ce masque protecteur s'applique aux effets des problèmes d'environnement mais les causes mêmes de nombre de ces problèmes, telle la quantité excessive de véhicules en circulation au même endroit, sont beaucoup plus délicates à maîtriser.

Pollution de l'air

Les cheminées et les tours de refroidissement crachant des panaches de fumée et de vapeur issues de l'industrie, des usines chimiques et des centrales, sont de nos jours une image traditionnelle des régions industrielles. Les atteintes à l'environnement qui en résultent ne sont, hélas! que trop bien connues.

Les excès de la pêche industrielle risquent d'entraîner la disparition de certaines espèces de poissons.

Des comportements à courte vue

Les besoins alimentaires accrus et les progrès technologiques en matière de pêche font peser une énorme pression sur les populations de poissons. La surpêche a causé la perte de certaines pêcheries, comme celles des harengs en mer du Nord ou des anchois au large des côtes péruviennes. Les écologues insistent pourtant sur la nécessité pour les poissons de se reproduire en nombre suffisant pour garantir leur survie. Malheureusement, la valeur des prises passe souvent avant la nécessité de préserver l'avenir. Ceci peut aboutir à un désastre pour les poissons et ceux qui en vivent. La solution consisterait à ne prélever que le surplus disponible.

Fixer des limites

Supprimer les jeunes individus d'une population avant même qu'ils aient pu se reproduire peut aboutir à l'extermination de cette population. Afin d'éviter cela, des lois internationales fixent la taille minimale des poissons pêchés. Des contrôles sur les marchés permettent de vérifier le respect des règlements en vigueur.

En 1979, James Lovelock, chercheur anglais mais non écologue, a proposé une théorie de la vie à laquelle il a donné le nom de la déesse grecque de la Terre, Gaia.

L'homme est à présent l'être vivant dont l'impact sur la planète est le plus important. Nos activités, de l'utilisation de l'énergie et de l'extraction de minerais à l'agriculture, l'industrie et l'urbanisation, ont pris une telle ampleur que l'environnement en est sérieusement affecté.

La composition de l'atmosphère change. L'eau est polluée à tous les stades du cycle hydrologique. Des produits chimiques, souvent toxiques, sont utilisés dans l'agriculture et dans d'innombrables activités industrielles. Les animaux marins sont chassés ou pêchés malgré leur diminution. De précieuses ressources sont emmagasinées dans des produits de grande consommation dont bien peu sont recyclés. Les effets des activités humaines sont multiples et variés mais ont tous un point commun. Leurs conséquences à long terme ne peuvent être déterminées sans une exacte compréhension des modes complexes de fonctionnement de la biosphère. Bien que l'écologie ne soit pas initialement destinée à résoudre les problèmes d'environnement, son but est néanmoins de parfaire notre connaissance des relations existant entre les êtres vivants et entre ceux-ci et le monde physique. Les écologues proposent déjà des moyens pour rendre les besoins de l'humanité compatibles avec l'environnement et, en considérant les implications écologiques liées au fait que l'homme fait tout sauf résoudre ces problèmes, nous devons mettre à profit ce savoir.

La théorie de Gaia
Cette théorie repose sur l'idée que la Terre est un organisme autorégulé capable de s'adapter aux changements pour assurer sa survie. Cela sous-entend que la vie sur Terre continuera, quoi qu'y fasse l'homme. Le problème est que l'homme pourrait bien ne pas faire partie des formes de vie subsistantes.

Danger à l'air libre
De nombreux produits de l'industrie chimique, dont les plastiques et certains métaux, ne peuvent être détruits par les décomposeurs. Ils subsistent dans l'environnement. Encore plus grave est le rejet de toxiques chimiques et les décharges sauvages dangereuses pour l'environnement et l'homme. Beaucoup pensent que, tant que l'on ne sait pas les éliminer, ces produits chimiques ne devraient pas être fabriqués.

> ## Qu'est-ce que vous en pensez?

- À votre avis, quels sont les problèmes principaux qui mettent en danger l'environnement?
- Est-ce que la théorie de Gaia est une théorie optimiste pour les êtres humains?
- Qu'est-ce qu'on devrait faire pour protéger l'environnement?
- Qu'est-ce que vous faites personnellement pour aider à protéger l'environnement?
- Si ce sujet vous intéresse, faites des recherches sur Internet ou à la bibliothèque pour en apprendre davantage. Vous pouvez choisir un thème en particulier comme la pollution de l'eau ou faire un bilan plus général des problèmes de l'environnement. Partagez les résultats de vos recherches avec vos camarades de classe.

CONJUGAISON DES VERBES

CONJUGAISON DES VERBES

INFINITIF	PRÉSENT	PASSÉ COMPOSÉ	IMPARFAIT
Verbs in -er, -ir, -re			
chercher	je cherche tu cherches il cherche nous cherchons vous cherchez ils cherchent	j'ai cherché tu as cherché il a cherché nous avons cherché vous avez cherché ils ont cherché	je cherchais tu cherchais il cherchait nous cherchions vous cherchiez ils cherchaient
finir	je finis tu finis il finit nous finissons vous finissez ils finissent	j'ai fini tu as fini il a fini nous avons fini vous avez fini ils ont fini	je finissais tu finissais il finissait nous finissions vous finissiez ils finissaient
attendre	j'attends tu attends il attend nous attendons vous attendez ils attendent	j'ai attendu tu as attendu il a attendu nous avons attendu vous avez attendu ils ont attendu	j'attendais tu attendais il attendait nous attendions vous attendiez ils attendaient
Reflexive verbs			
se coucher	je me couche tu te couches il se couche nous nous couchons vous vous couchez ils se couchent	je me suis couché(e) tu t'es couché(e) il s'est couché nous nous sommes couché(e)s vous vous êtes couché(e)(s) ils se sont couchés	je me couchais tu te couchais il se couchait nous nous couchions vous vous couchiez ils se couchaient
Verbs with spelling changes in the stem			
acheter (like **acheter:** **se lever,** **se promener**)	j'achète tu achètes il achète nous achetons vous achetez ils achètent	j'ai acheté	j'achetais
préférer (like **préférer:** **espérer**)	je préfère tu préfères il préfère nous préférons vous préférez ils préfèrent	j'ai préféré	je préférais
appeler	j'appelle tu appelles il appelle nous appelons vous appelez ils appellent	j'ai appelé	j'appelais

FUTUR	SUBJONCTIF	CONDITIONNEL	IMPÉRATIF
	que (qu')		
je chercherai	je cherche	je chercherais	cherche
tu chercheras	tu cherches	tu chercherais	cherchons
il cherchera	il cherche	il chercherait	cherchez
nous chercherons	nous cherchions	nous chercherions	
vous chercherez	vous cherchiez	vous chercheriez	
ils chercheront	ils cherchent	ils chercheraient	
je finirai	je finisse	je finirais	finis
tu finiras	tu finisses	tu finirais	finissons
il finira	il finisse	il finirait	finissez
nous finirons	nous finissions	nous finirions	
vous finirez	vous finissiez	vous finiriez	
ils finiront	ils finissent	ils finiraient	
j'attendrai	j'attende	j'attendrais	attends
tu attendras	tu attendes	tu attendrais	attendons
il attendra	il attende	il attendrait	attendez
nous attendrons	nous attendions	nous attendrions	
vous attendrez	vous attendiez	vous attendriez	
ils attendront	ils attendent	ils attendraient	
	que (qu')		
je me coucherai	je me couche	je me coucherais	couche-toi
tu te coucheras	tu te couches	tu te coucherais	couchons-nous
il se couchera	il se couche	il se coucherait	couchez-vous
nous nous coucherons	nous nous couchions	nous nous coucherions	
vous vous coucherez	vous vous couchiez	vous vous coucheriez	
ils se coucheront	ils se couchent	ils se coucheraient	
	que (qu')		
j'achèterai	j'achète	j'achèterais	achète
	tu achètes		achetons
	il achète		achetez
	nous achetions		
	vous achetiez		
	ils achètent		
je préférerai	je préfère	je préférerais	préfère
	tu préfères		préférons
	il préfère		préférez
	nous préférions		
	vous préfériez		
	ils préfèrent		
j'appellerai	j'appelle	j'appellerais	appelle
	tu appelles		appelons
	il appelle		appelez
	nous appelions		
	vous appeliez		
	ils appellent		

INFINITIF	PRÉSENT	PASSÉ COMPOSÉ	IMPARFAIT
payer (like **payer**: s'ennuyer, essayer)	je paie tu paies il paie nous payons vous payez ils paient	j'ai payé	je payais
commencer	je commence tu commences il commence nous commençons vous commencez ils commencent	j'ai commencé	je commençais
manger (like **manger**: exiger, voyager)	je mange tu manges il mange nous mangeons vous mangez ils mangent	j'ai mangé	je mangeais

Other verbs

aller	je vais tu vas il va nous allons vous allez ils vont	je suis allé(e)	j'allais
avoir	j'ai tu as il a nous avons vous avez ils ont	j'ai eu	j'allais
boire	je bois tu bois il boit nous buvons vous buvez ils boivent	j'ai bu	je buvais
connaître (like **connaître**: reconnaître)	je connais tu connais il connaît nous connaissons vous connaissez ils connaissent	j'ai connu	je connaissais
devoir	je dois tu dois il doit nous devons vous devez ils doivent	j'ai dû	je devais
dire	je dis tu dis il dit nous disons vous dites ils disent	j'ai dit	je disais

FUTUR	SUBJONCTIF	CONDITIONNEL	IMPÉRATIF
je paierai	je paie tu paies il paie nous payions vous payiez ils paient	je paierais	paie payons payez
je commencerai	je commence tu commences il commence nous commencions vous commenciez ils commencent	je commencerais	commence commençons commencez
je mangerai	je mange tu manges il mange nous mangions vous mangiez ils mangent	je mangerais	mange mangeons mangez

	que (qu')		
j'irai	j'aille tu ailles il aille nous allions vous alliez ils aillent	j'irais	va allons allez
j'aurai	j'aie tu aies il ait nous ayons vous ayez ils aient	j'aurais	aie ayons ayez
je boirai	je boive tu boives il boive nous buvions bous buviez ils boivent	je boirai	bois buvons buvez
je connaîtrai	je connaisse tu connaisses il connaisse nous connaissions vous connaissiez ils connaissent	je connaîtrais	connais connaissons connaissez
je devrai	je doive tu doives il doive nous devions vous deviez ils doivent	je devrais	dois devons devez
je dirai	je dise tu dises il dise nous disions vous disiez ils disent	je dirais	dis disons dites

FUTUR	SUBJONCTIF	CONDITIONNEL	IMPÉRATIF

CONJUGAISON DES VERBES

INFINITIF	PRÉSENT	PASSÉ COMPOSÉ	IMPARFAIT
écrire (like **écrire**: **décrire**)	j'écris tu écris il écrit nous écrivons vous écrivez ils écrivent	j'ai écrit	j'écrivais
être	je suis tu es il est nous sommes vous êtes ils sont	j'ai été	j'étais
faire	je fais tu fais il fait nous faisons vous faites ils font	j'ai fait	je faisais
lire	je lis tu lis il lit nous lisons vous lisez ils lisent	j'ai lu	je lisais
mettre (like **mettre**: **permettre, promettre**)	je mets tu mets il met nous mettons vous mettez ils mettent	j'ai mis	je mettais
ouvrir (like **ouvrir**: **offrir**)	j'ouvre tu ouvres il ouvre nous ouvrons vous ouvrez ils ouvrent	j'ai ouvert	j'ouvrais
partir (like **partir**: **dormir, sentir, servir, sortir**)	je pars tu pars il part nous partons vous partez ils partent	je suis parti(e)	je partais
pouvoir	je peux tu peux il peut nous pouvons vous pouvez ils peuvent	j'ai pu	je pouvais
prendre (like **prendre**: **apprendre, comprendre**)	je prends tu prends il prend nous prenons vous prenez ils prennent	j'ai pris	je prenais

FUTUR	SUBJONCTIF	CONDITIONNEL	IMPÉRATIF
j'écrirai	j'écrive tu écrives il écrive nous écrivions vous écriviez ils écrivent	j'écrirais	écris écrivons écrivez
je serai	je sois tu sois il soit nous soyons vous soyez ils soient	je serais	sois soyons soyez
je ferai	je fasse tu fasses il fasse nous fassions vous fassiez ils fassent	je ferais	fais faisons faites
je lirai	je lise tu lises il lise nous lisions vous lisiez ils lisent	je lirais	lis lisons lisez
je mettrai	je mette tu mettes il mette nous mettions vous mettiez ils mettent	je mettrais	mets mettons mettez
j'ouvrirai	j'ouvre tu ouvres il ouvre nous ouvrions vous ouvriez ils ouvrent	j'ouvrirais	ouvre ouvrons ouvrez
je partirai	je parte tu partes il parte nous partions vous partiez ils partent	je partirais	pars partons partez
je pourrai	je puisse tu puisses il puisse nous puissions vous puissiez ils puissent	je pourrais	(n'existe pas)
je prendrai	je prenne tu prennes il prenne nous prenions vous preniez ils prennent	je prendrais	prends prenons prenez

INFINITIF	PRÉSENT	PASSÉ COMPOSÉ	IMPARFAIT
savoir	je sais tu sais il sait nous savons vous savez ils savent	j'ai su	je savais
suivre	je suis tu suis il suit nous suivons vous suivez ils suivent	j'ai suivi	je suivais
venir (like **venir:** **devenir, revenir**)	je viens tu viens il vient nous venons vous venez ils viennent	je suis venu(e)	je venais
voir (like **voir: croire**)	je vois tu vois il voit nous voyons vous voyez ils voient	j'ai vu	je voyais
vouloir	je veux tu veux il veut nous voulons vous voulez ils veulent	j'ai voulu	je voulais

FUTUR	SUBJONCTIF	CONDITIONNEL	IMPÉRATIF
je saurai	je sache tu saches il sache nous sachions vous sachiez ils sachent	je saurais	sache sachons sachez
je suivrai	je suive tu suives il suive nous suivions vous suiviez ils suivent	je suivrais	suis suivons suivez
je viendrai	je vienne tu viennes il vienne nous venions vous veniez ils viennent	je viendrais	viens venons venez
je verrai	je voie tu voies il voie nous voyions vous voyiez ils voient	je verrais	vois voyons voyez
je voudrai	je veuille tu veuilles il veuille nous voulions vous vouliez ils veuillent	je voudrais	

LEXIQUES:
FRANÇAIS — ANGLAIS
ANGLAIS — FRANÇAIS

LEXIQUE: FRANÇAIS – ANGLAIS

A

à at, in, to; — **bientôt** see you soon; — **la vôtre!/— la tienne! à votre (ta) santé!** Your (good) health! — **tout à l'heure** see you later

d'abord first

abri shelter; **les sans-**— the homeless

abricot *m* apricot

accepter to accept

accident *m* accident

accord *m* agreement; **d'**— okay; **être d'**— to agree

achat *m* purchase; **faire des** —**s** to go shopping

acheter to buy

acteur *m*, **actrice** *f* actor

actif(-ive) active

adorer to love

aéroport *m* airport

affiche *f* poster

Afrique *f* Africa

âge *m* age; **quel** — **as-tu (avez-vous)?/ quel** — **tu as?** how old are you?

âgé(e) old

agglomération *f* urban area

agir to act

agneau *m* lamb; **gigot d'**— *m* leg of lamb

agréable pleasant

agricole agricultural

agriculteur(-trice) *m (f)* farmer

agriculture *f* agriculture

aider to help; — **à faire quelque chose** to help to do something **Je peux vous** — **?** Can I help you?

aimer to like, to love; **j'aimerais** I would like

aîné(e) eldest

air: avoir l'— to seem

ajouter to add

alcoolisé(e) *adj* alcoholic

allemand: —(e) German; *m* German (language)

aller to go; — **à** to go to, by; — **à pied** to walk, to go on foot; — **simple** one way; — **-retour** round trip; **s'en** — to leave

allez so long

allô hello (on the phone)

alpinisme *m:* **faire de l'**— to go mountain climbing

amateur: être — **de ...,** **faire ... en** — to be an amateur

ambitieux(-euse) ambitious

aménagé(e) well laid up/set up (of a house)

amener to take (a person somewhere)

américain(e) American

ami(e) *m (f)* friend

amour *m* love; **roman d'**— *m* love story

amusant(e) funny, amusing

s'amuser to have a good time; — **à faire quelque chose** to have fun doing something

an *m* year; **j'ai ... —s** I'm . . . years old

ancien(ne) old

angine tonsilitis

anglais: —(e) English; *m* English (language)

animal (*pl* **animaux**) *m* animal; **donner à manger aux** — to feed the animals

année *f* year

anorak *m* winter jacket

anthropologie *f* anthropology

antihistaminique *m* antihistamine

août August

apéritif *m* before–dinner drink

appareil *m:* — **photo** camera; — **photo numérique** digital camera; **c'est ... à l'**— it's . . . calling

les appareils *m pl* equipment

appartement *m* apartment

appeler to call; **je m'appelle** my name is

après after

après-midi *m* afternoon; **l'**— in the afternoon; **les** — every afternoon

arabe Arabic; *m* Arabic *(language)*

architecte *m* or *f* architect

argent *m* money

armoire *f* free–standing closet, wardrobe

arrêt *m* stop

arrivée *f* arrival

arriver to arrive

art *m* art; — **dramatique** drama, dramatic arts; **beaux**— -**s** *pl* fine arts

artiste *m* or *f* artist

ascenseur *m* elevator

aspirateur *m* vacuum; **passer l'**— to vacuum

aspiration *f* aspiration

aspirine *f* aspirin; **cachet d'aspirine** *m* aspirin tablet

s'asseoir to sit down

assez enough, fairly

assiette *f:* — **de crudités** raw vegetables with vinaigrette

assistant(e) *m f* teaching assistant

astronomie *f* astronomy

athlète *m* or *f* athlete

athlétisme *m:* **faire de l'**— to do track and field

attendre to wait (for)

attention *f:* **faire** — à to pay attention to

au revoir good-bye, so long

au rez-de-chaussée on the first (ground) floor

aujourd'hui today

autant de as much as

autobus *m* city bus

autoroute périphérique *f* beltway (around a city)

autre other

autrefois in the past

avant before

avec with

avenue *f* avenue

averse *f:* — **de grêle** hailstorm

avion *m* airplane, plane

avocat(e) *m (f)* lawyer

avoir to have; — **... ans** to be . . . years old; — **l'air** to appear/to look/to seem

avril April

B

bacon *m* bacon

Badoit *f* Badoit brand mineral water

baguette *f* long French loaf

baignoire *f* bathtub

bain *m* bath; **salle de** —**s** *f* bathroom

baiser *m* kiss

balade *f:* **faire une** — to go for a walk, to hike

baladeur *m* portable cassette player; — **CD** portable CD player

balcon *m* balcony

banane *f* banana

bande dessinée *f* comic book

banlieue *f* suburbs

banque *f* bank

bas: en — downstairs

base-ball *m:* **jouer au (faire du)** — to play baseball

basket *f* sneaker

basket *m:* **jouer au (faire du)** — to play basketball

bâtiment *m* building
bavard(e) talkative
bavarder to chat; **— en ligne** to chat on the computer
beau (belle/bel) beautiful; **beau-père** *m* father–in–law, stepfather; **belle-mère** *f* mother–in–law, stepmother
beaucoup a lot, very much; **— de** many, much
beige beige
belge Belgian
besoin: avoir — de to need
beurre *m* butter
bibliothèque *f* library
bien well; **— sûr** certainly; **assez —** well enough
bienvenue welcome
bière *f* beer
bijou *m* jewel
bijouterie *f* jewelry store
billet *m* bill (money), ticket; **distributeur de —s** automatic ticket machine
biographie *f* biography
biologie *f* biology
biscuit *m* cookie
blanc (blanche) white
blessé(e) injured
bleu(e) blue
blond(e) blond
blouson *m* jacket
blues *m sing* blues
boire to drink
boisson *f* beverage, drink
bonjour hello
bon(ne) good, nice; **assez —** pretty good
botanique *f* botany
botte *f* boot
bouche *f* mouth; **— de métro** entrance to subway station
boucherie *f* butcher shop
boucle d'oreille *f* earring
boulangerie-pâtisserie *f* bakery
boulevard *m* boulevard; **grand —** major boulevard
boum *f* party
bouquin *m (slang)* book
boussole *f* compass
bout *m* end, piece; **au — (de)** to the end (of)
bouteille *f* bottle
boutique *f* boutique, shop
bras *m* arm
bricolage *m:* **faire du —** to putter around
bricoler to do odd jobs, to putter around
brie *m* brie
brocolis *m pl* broccoli
bronchite *f* bronchitis
brouillard *m* fog; **il fait du —** it's foggy

brûler to burn; **se —** to burn oneself
brun(e) brown
bureau *m* desk, office; **— de poste** post office; **— de tabac** *m* tobacco store
bus *m* city bus

C

ça it; that; **— va?** how are things?
cachet *m* tablet
cadre *m*/**femme cadre** *f* business executive
café *m* cafe, coffee; **— au lait** coffee with hot milk; **— crème** coffee with cream
calculatrice *f* calculator
calculer to calculate
camembert *m* camembert
caméscope *m* camcorder
campagne *f* country
canadien(ne) Canadian
canapé *m* couch, sofa
car *m* intercity or tourist bus; **— de ramassage** school bus
caravane *f* trailer
carotte *f* carrot
carte *f:* **jouer aux —s** to play cards
casse-pieds a pain (of a person)
casser to break; **se — le/la ...** to break one's ...
cassette *f* cassette; **— vidéo** videocassette
cathédrale *f* cathedral
cave *f* cellar; **— à vin** *f* wine cellar
CD *m* compact disc (CD)
CD: lecteur — *m* CD player
CD-ROM *m* CD–ROM
ce, cet, cette this, that
ce que what
cédérom *m* CD–ROM
cela it
centre *m* center; **— -ville** city/town center, downtown; **— commercial** mall; **— urbain** urban center
céréales *f pl* cereal
ces these, those
c'est it's
chaîne hi-fi *f* stereo system
chaise *f* chair
chambre *f* bedroom; **— d'amis** guest bedroom; **chambre d'hôtel** hotel room
champ *m* field
champagne *m* champagne
changer to change; **— de train** to change trains
chanteur(-euse) *m (f)* singer
charcuterie *f* delicatessen
châtains chestnut (of hair)
chaud(e) hot; **avoir chaud** to be (feel) hot

chaussette *f* sock
chaussure *f* shoe
chauve bald
chemise *f* shirt
chemisier *m* blouse
cher (chère) expensive
chercher to look for
cheval *m:* **faire du —** to go horseback riding
cheveux *m pl* hair
cheville *f* ankle
chèvre *m* goat cheese
chez at the home of, at the place of; **— lui (elle)** at his (her) house
chien *m:* **promener le —** to walk the dog
chimie *f* chemistry
chinois(e) Chinese; **chinois** *m* Chinese (language)
chocolat *m* chocolate; **— chaud** hot chocolate
choisir to choose
chouette! great!
chose *f* thing
ciao bye
ciel *m* sky
cimetière *m* cemetery
le cinéma film studies
cinéma *m* cinema, movie theater
cinq five
citadin *m* city dweller
citron *m* lemon; **— pressé** *m* lemonade; **diabolo —** *m* lemon flavoring mixed with limonade
clair light (of colors)
classe *f* class; **manuel de —** *m* textbook; **première —** first class
clavier *m* keyboard
clé *f* key
climatisation *f* air conditioning
club *m* club; **être membre d'un —** to belong to a club
coca *m* Coke
coin *m* corner; **au — de** at the corner of
collectionner les timbres to collect stamps
collège *m* junior high school
combien? how much?
combien: — de? how much/how many?
comédie *f* comedy; **— dramatique** dramatic comedy; **— musicale** musical comedy
commander to order
comment how, what; **— ça va?** how are you?
commenter to comment on
commerçant(e) *m (f)* shopkeeper

commerce *m* business
commercial *m* sales representative
commode *f* chest of drawers/dresser
comparer to compare
composter to validate; **— le billet** to validate the ticket
comprimé *m* tablet
compris(e) included
comptabilité *f* accounting
comptable *m* or *f* accountant
concert *m* concert
concombre *m*: **salade de —s** *f* cucumber salad
confiture *f* jam
confortable comfortable
congé *m* leave; **prendre —** to say good–bye
connaître to know (someone)
continuer to continue
contre against
copain *m* friend; **copine** *f* friend
corps *m* body
costaud stocky
costume *m* (man's) suit
côté *m* side; **à — de** next to; **de l'autre — de** on the other side of
côtelette de porc *f* pork chop
cou *m* neck
coucher to spend the night
se coucher to go to bed
couchette *f* sleeping berth (train)
coude *m* elbow
couler: nez qui coule *m* runny nose
couleur *f* color; **— claire** light color; **— foncée** dark color; **— vive** bright color
couloir *m* hallway
country *f* country and western (music)
couper to cut; **se couper** to cut oneself
cour *f* courtyard
cœur *m* heart; **avoir mal au —** to feel nauseated
courageux(-euse) brave, courageous
courbatures *f pl* sore muscles
courier *m* mail
cours *m* course
courses *f pl*: **faire les —** to do the shopping
court(e) short
cousin *m*/**cousine** *f* cousin
couture *f*: **faire de la —** to sew
couvert overcast
cravate *f* tie
crêpe *f* crepe
crevette *f* shrimp
crise d'appendicite *f* appendicitis attack
croissant *m* croissant
crudités *f pl*: **assiette de —** *f* raw vegetables platter

cruel(le) cruel
cuisine *f* kitchen; **faire la —** to do the cooking; **livre de —** *m* cookbook
cuisse *f* thigh
cyclisme *m*: **faire du —** to go cycling

D

d'accord OK
dangereux(-euse) dangerous
dans in, on (a street/boulevard)
danse *f*: **faire de la —** to dance
date *f* date; **quelle est la —?** what is the date?
de of; from
débardeur *m* tank top
débarrasser: — la table to clear the table
se débrouiller to get along, to manage to do something
décédé(e) deceased
décembre December
déception *f* disappointment
décor *m* setting
décrire to describe
degré *m* degree
déjà already
déjeuner to have lunch or breakfast; *m* lunch; **petit —** *m* breakfast
délicieux(-euse) delicious
demain tomorrow; **après —** the day after tomorrow
demander to ask
déménager to move
demi: — - heure *f* half hour; **— -frère** *m* half–brother/stepbrother; **— -sœur** *f* half–sister/stepsister; **deux heures et —e** half–past two; *m* half; *m* draught beer
dent *f* tooth
dentiste *m* or *f* dentist
départ *m* departure
derrière *prep* behind
de(s) some
descendre to go down; **— (du train)** to get off (a train)
dessert *m* dessert
dessin *m* drawing; **— animé** cartoon
se détendre to relax
détester to hate
deux two
devant in front of
devenir to become
devoir must, to have to; *m* homework
dimanche *m* Sunday
dinde *f* turkey
dîner to have dinner, to dine; *m* dinner
dire to say
direct(e) direct; **ligne —e** direct line
direction *f* direction

discipline *f* field of study
discret(-ète) discreet
se disputer (avec) to argue (with)
disque compact (CD) *m* compact disc (CD)
distance *f* distance
divorcé(e) divorced
dix ten; **—-huit** eighteen; **—-neuf** nineteen; **—-sept** seventeen
documentaire *m* documentary
doigt *m* finger; **— de pied** toe
domestique domestic
dommage too bad
donner to give; **— sur** to overlook (have a view of)
dormir to sleep; **avoir du mal à —** to have trouble sleeping
dos *m* back
douche *f* shower; **prendre une —** to take a shower
douzaine *f* dozen
douze twelve
drapeau *m* flag
droit *m* law
droit: tout — straight ahead
droit(e) right; **à —** (**de**) to the right (of)
durée *f* duration
DVD *m* DVD; **lecteur —** DVD player
dynamique dynamic

E

eau *f* water; **— minérale** *f* mineral water
éclair *m* lightning
école *f* school; **— primaire** elementary school
écouter to listen (to)
écrire to write
effet *m* effect; **—s spéciaux** *pl* special effects
église *f* church
égoïste selfish, self–centered
égyptien(ne) Egyptian
élégant(e) elegant
élève *m f* student
elle it, she
embouteillage *m* traffic jam
emploi du temps *m* schedule
employé(e) *m (f)*: **— de maison** housekeeper
encore more; **pas —** not yet; **— une fois** once more
endroit *m* place; **— public** public place
enfant *m f* child
enfin finally
ennuyeux(-euse) bothersome
ensoleillé(e) sunny

ensuite next
entre between
entrée *f* appetizer/entryway
entrer to enter
énumérer to list
épaule *f* shoulder
épicerie *f* grocery store
équipé(e) equipped
équitation *f:* faire de l'— to go
  horseback riding
escalier *m* stairs
Espagne *f* Spain
espagnol(e) Spanish; *m* Spanish
  (language)
essayer to try (on)
est *m* east
estomac *m* stomach; mal à l'estomac
  stomachache
et and
étage *m* floor; au premier — on the
  second floor
étagère *f* bookshelf
état *m* condition, state; — physique
  physical condition
États-Unis *m pl* United States
éternuer to sneeze
étranger(-ère) foreign
être to be
étudiant(e): *m (f)* — en troisième année
  junior; en quatrième année senior
  étudiant(e) en deuxième année
  sophomore
étudier to study
euro *m* euro; — cent euro cent
exercice *f* exercise; les appareils d'— *m pl*
  exercise equipment
expliquer to explain
express *m* espresso
exprimer to express

F

face: en — de across from
faible weak
faire to do/to make; — de la boxe to box;
  — de la danse to dance; — de la gym to
  work out; — du base-ball to play
  baseball; — du basket to play basketball;
  — du camping to camp; — du canoë to
  go canoeing; — du hockey to play
  hockey; — du judo to do judo; — du
  karaté to do karate; — du kayak to go
  kayaking; — du squash to play squash;
  — du théâtre to act (in a play); — le
  barbecue to barbecue; — le ménage to
  do housework; — les courses to run
  errands; — ses devoirs to do one's
  homework; — son lit to make one's bed
falloir to require, to need; il me faut I need

famille *f* family; — nombreuse large
  family; en — with one's family
fana *m* or *f* fan
fatigué(e) tired
fauteuil *m* armchair
femme *f* wife/woman; — au foyer
  housewife; — cadre business executive;
  — d'affaires businesswoman; —
  ingénieur engineer; — médecin doctor;
  — politique *f* politician
fermer to close; l'heure *f* de fermeture
  closing time
fermier(-ière) *m (f)* farmer
fête *f* holiday, party
février February
fièvre *f* fever
fier(-ère) proud
file queue
filet de sole *m* filet of sole
fille *f* daughter/girl; jeune — au pair au
  pair girl
film *m* film/movie; — comique comedy;
  — d'amour love story; — d'animation
  animated film/cartoon; — d'aventures/
  d'action adventure film; — de guerre
  war film; — de science-fiction
  science–fiction film; — d'épouvante
  horror film; — d'horreur horror film;
  — dramatique drama; — expérimental
  experimental film; — historique
  historical film; — policier police
  (detective) drama
fils *m* son
finir to finish
fixer to arrange
fleur *f* flower
fois *f* time; à la — at the same time; des
  — sometimes; une — once
folk *m* folk music
foncé dark (of colors)
fonctionnaire *m f* civil servant
fond *m:* faire du ski de — to go
  cross–country skiing
football américain *m:* jouer au (faire du)
  — to play (American) football
foot(ball) *m* soccer; faire du — to play
  soccer; jouer au — to play soccer;
  match de — soccer match
fou (folle) crazy
se fouler: — le/la ... to sprain one's . . .
foyer *m:* femme au — *f* housewife
frais (fraîche) *adj* fresh; il fait — it's cool
fraise *f* strawberry
framboise *f* raspberry
français(e) French; *m* French (language)
fréquence *f* frequency
frère *m* brother
frisbee: jouer au — to toss a frisbee

frisé(e) curly
frite *f* French fry
frivole flighty, frivolous
froid(e) cold; avoir froid to be (feel) cold
fromage *m* cheese
fumer to smoke
fumeur smoking; non — non smoking
funk *m* funk

G

gagner to win
ganglion *m* gland; inflammation des —s
  f swollen glands
garage *m* garage
garder: — la ligne to stay in shape
gare train station; — routière *f* bus
  station
gâteau *m* cake; — au chocolat *m*
  chocolate cake
gauche left; à — (de) to the left (of)
geler to freeze
généreux(-euse) generous
genou *m* knee
genre *m* type
gentil(le) nice
géographie *f* geography
géologie *f* geology
gestion *f* management
glace *f* ice cream
golf *m:* jouer au (faire du) — to golf
gorge *f* throat; mal à la — sore throat
goûter *m* snack; prendre un — to have a
  snack
goutte *f:* des —s pour le nez nosedrops
gramme *m* gram
grand(e) big, tall
grand: — -mère *f* grandmother; — -
  parent *m* grandparent; — -père *m*
  grandfather; — boulevard *m* major
  boulevard; —(e) large; grand(e) big *adj*
grandir to grow up
gratte-ciel *m* skyscraper
grêle *f* hail; averse de — *f* hailstorm
grippe *f* flu
gris(e) gray
grossir to gain weight
gruyère *m* Swiss cheese
guichet *m* ticket window
guitare *f* guitar; jouer de la — to play the
  guitar
gymnastique *f:* faire de la — to do
  gymnastics

H

habiller to dress; s'— to get dressed
habiter to live
habitude: d'— usually
hard rock *m* hard rock (music)

haricot *m* bean; — **vert** green bean
en haut upstairs
haut-parleur *m* speaker
heavy metal *m* heavy metal (music)
herbe *f* herb; **omelette aux fines —s** *f* herb omelet
hésiter to hesitate
heure *f* hour; **à quelle — ?** at what time? **à tout à l'—** (see you later); **demi- —** *f* half hour; **il est une —** it's one o'clock; **— d'arrivée** arrival **l'— de fermeture** closing time; **—s de pointe** rush hour
histoire *f* history, story
hockey *m:* **faire du —** to play hockey
homme *m* man; **— politique** politician; **— d'affaires** businessman
honnête honest
horaire *m* schedule; **— des trains** train schedule
hors-d'œuvre *m* appetizer
hôtel *m* hotel; **chambre d'—** *f* hotel room; **— de ville** *m* city hall/town hall
huit eight
humeur *f* humor; **de bonne (mauvaise) —** in a good (bad) mood
humide humid

I

ici here
idéaliste idealistic
idée *f* idea
il he, it
ils (elles) they
s'imaginer avec/comme/dans to imagine oneself with/as/in
impatient(e) impatient
indépendant(e) independent
indiquer to indicate
infirmier(-ière) *m (f)* nurse
informatique *f* computer science
ingénieur *m*/**femme —** *f* engineer
s'installer devant to settle down at
intellectuel(le) intellectual
intelligent(e) intelligent
intéressant(e) attractive (price), interesting
s'intéresser à to be interested in
intrigue *f* plot
italien *m* Italian (language); **—(ne)** Italian
itinéraire *m* itinerary

J

jambe *f* leg
jambon *m* ham
janvier January

japonais(e) Japanese; *m* Japanese (language)
jardin *m* garden, yard; **faire du jardinage** to work in the garden; **— public** *m* park
jaune yellow
jazz *m* jazz
je I
jean *m* jeans
jeu vidéo *m* video game
jeudi Thursday
jeune young; **— fille au pair** *f* au pair girl
jogging: faire du — to go jogging
joli(e) pretty
jouer to play; **— au base-ball** to play baseball; **— au basket** to play basketball; **— au foot(ball)** to play soccer; **— au football américain** to play (American) football; **— au tennis** to play tennis; **— au volley(ball)** to play volleyball; **— aux cartes** to play cards; **— de la guitare** to play the guitar; **— du piano** to play the piano; **— du violon** *m* to play the violin
jour *m* day; **quel — sommes-nous?** what day is it?
journalisme *m* journalism
journée *f* day; **toute la —** all day
journaliste *m* or *f* journalist/reporter
judo *m:* **faire du —** to do judo
juillet July
juin June
jupe *f* skirt
jus *m* juice; **— d'abricot** apricot nectar; **— d'orange** orange juice
jusqu'à until
juste: avoir — le temps de to have just enough time to

K

karaté *m:* **faire du —** to do karate
kayak *m:* **faire du —** to go kayaking
kilo *m* kilo
kilomètre (km) *m* kilometer

L

laid(e) ugly
lait *m* milk
lampe *f* lamp
langue *f* language; **— morte** classical language
lasagnes *f pl* lasagna
lavabo *m* sink
lecteur *m:* **— CD** CD player
légume *m* vegetable
lessive *f:* **faire la —** to do the laundry
les lettres *f pl* humanities
lever to raise; **se —** to get up; **— du soleil** *m* sunrise

librairie *f* bookstore
libre free
ligne *f:* **— directe** direct line; **garder la —** to stay in shape
limonade *f* citrus–flavored carbonated drink
linguistique *f* linguistics
lire to read
lit *m* bed; **faire son —** to make one's bed
litre *m* liter
littérature *f* literature; **— comparée** *f* comparative literature
living *m* living room
livre *f* pound
livre *m* book; **— d'art** art book; **— de cuisine** cookbook; **— de science-fiction** science fiction book; **— d'histoire** history book
logement *m* housing
logis *m* dwelling; **sans- —** homeless
loi *f* law
loin far
loisirs *m pl* leisure activities
long(-ue) long
luge *f:* **faire de la —** to do luge
lundi *m* Monday
lycée *m* high school

M

Madame Ma'am
Mademoiselle Miss
magasin *m* store; **— de matériel électronique** electronics store; **— de musique** music store; **— de sports** sporting goods store; **— de vêtements** clothing store
magnétoscope *m* VCR
mai May
maigre skinny
maigrir to lose weight
main *f* hand
mairie *f* city hall, town hall
maison *f* house; **— de campagne** country house; **employé(e) de —** *m (f)* housekeeper
mal: — à la gorge sore throat; **— à l'oreille** *m* ear ache; **— de l'air** *m* air sickness; **— de mer** *m* seasickness; **— fichu(e)** a mess (of a person), feeling lousy; **avoir — au cœur** to feel nauseated; **avoir — partout** to hurt all over; **avoir du — à dormir** to have trouble sleeping; **(se) faire —** to hurt (oneself)
malade sick
maladie *f* illness
malheureusement unfortunately
malhonnête dishonest

manger to eat; — **tout ce qu'on veut** to eat anything you want; **donner à — aux animaux** to feed the animals; **faire attention à ce qu'on mange** to watch what you're eating; **salle à —** *f* dining room

manuel de classe *m* textbook

marché *m* market; — **en plein air** open–air market

mardi *m* Tuesday

mari *m* husband

marier to marry; **être —é(e) avec** to be married to

marketing *m* marketing

Maroc *m* Morocco

marocain(e) Moroccan

marrant(e) amusing, funny

marron brown; chestnut

mars March

match de basket *m* basketball game

matériel électronique *m* electronic equipment

mathématiques *f pl* mathematics

matière *f* discipline, material, subject

matin *m* morning; **le matin** in the morning; **les —s** every morning

mauvais(e) bad; **il fait mauvais** the weather's bad

mauve mauve

maximum *m* maximum

mécanicien(ne) *m (f)* mechanic

médecin *m*, **femme —** *f* doctor

médecine *f* medicine

médicament *m* medicine

meilleur better

membre *m* member; **être — d'un club** to belong to a club

ménage: faire le — to do housework

menthe *f* mint; **— à l'eau** mint syrup mixed with water; **diabolo — ** *m* mint flavoring mixed with limonade

mer *f*: **bord de —** *m* seashore; **mal de —** *m* seasickness

merci thank you; **— bien** thank you very much

mercredi *m* Wednesday

mère *f* mother; **belle- —** mother–in–law

métro *m* subway

mettre to put (on), to wear; **— la table** to set the table

meubles *m pl* furniture

mexicain(e) Mexican

midi *m* noon

miel *m* honey

mieux better; **il vaut — (que)** it's better (that)

migraine *f* migraine

milkshake *m* milkshake

mince thin

mine *f* appearance; **tu n'as pas bonne —** you don't look good

mini-chaîne *f* boombox

minuit *m* midnight

moche ugly

moderne modern

moi me

moins less

mois *m* month

moniteur *m* monitor

Monsieur Sir

montagne *f* mountain

morceau *m* piece

mosquée *f* mosque

moto(cyclette) *f* motorcycle

moyen *m* means/method; **— de transport** means of transportation

moyen(ne) mid–size

musculation *f*: **faire de la —** to do weightlifting

musée *m* museum

musicien(ne) *m (f)* musician

musique *f* music; **— classique** classical music; **— du monde** world music; **— pop** popular music

N

nager to swim

naïf (naïve) naïve

natation *f*: **faire de la —** to go swimming

ne... aucune not any

ne... jamais never

ne... pas not

ne... pas encore not yet

ne... personne no one

ne... plus not any more/no longer

ne... rien nothing

nécessaire necessary

neige *f* snow; **tempête de —** snowstorm

neiger to snow

nettoyer to clean

neuf nine

neveu *m* nephew

nez *m* nose; **— bouché** stuffy nose; **— qui coule** runny nose; **des gouttes pour le —** *f pl* nosedrops

nièce *f* niece

niveau *m* college year

noir(e) black

nom *m* name

non no

non-alcoolisé(e) non–alcoholic

non-fumeur non–smoking

nord *m* north; **— -est** northeast; **— -ouest** northwest

nourriture *f* food

nous we

nouveau (nouvelle/nouvel) new

novembre November

nuage *m* cloud

nuit *f* night

nuageux(-euse) cloudy

O

obéir to obey

objet *m* thing

s'occuper de to take care of

octobre October

offrir to offer

oignon *m* onion

œil *m* (**yeux** pl) eye(s)

omelette *f* omelet; **— aux fines herbes** *f* herb omelet

on one, you (people in general)

oncle *m* uncle

onze eleven

optimiste optimistic

orage *m* storm

orange *adj* orange; *f* orange (fruit)

Orangina orange soda (brand)

ordinateur *m* computer

oreille *f* ear; **mal à l'—** *m* earache

oreillons *mpl* mumps

origine *f* origin; **— nationale** national origin; **être d'— ...** (+ *adj f*) to be of . . . background

où where

où est-ce que... ? where . . . ?

ouest *m* west

œuf *m* egg; **les —s mayonnaise** *pl* hard–boiled eggs with mayonnaise

oui yes

ouverture *f* opening

ouvrier *m*, **ouvrière** *f* factory worker

P

pain *m* bread; **— au chocolat** chocolate croissant; **— de campagne** *m* round country loaf; **— grillé** toast

palais de justice *m* courthouse

pantalon *m sing* pants

papeterie *f* stationery store

par per

parc *m* park

pardon pardon

parents *mpl* parents, relatives

paresseux(-euse) lazy

parfait(e) perfect

parking *m* parking lot

parler to speak, to talk; **se —** to speak to each other, to speak to oneself

partout everywhere

pas not; **— du tout** not at all; **(il n'y a) — de quoi** you're welcome

passé *m* past

passer to spend (time), to pass; **— l'aspirateur** to vacuum; **— le temps à faire quelque chose** to pass time doing something; **je vous (te) passe...** here's . . . (on the phone)

passion *f*:**..., c'est ma —** I'm crazy about . . .

se passionner pour to be crazy about

pastilles *f pl*: **des — pour la gorge** throat lozenges

pastis *m* anise–flavored beverage (alcoholic)

pâté *m* liver spread, meat spread, pâté

patinage *m*: **faire du —** to skate/to go skating

pâtisserie *f* pastry

pauvre poor

paysage *m* countryside

pêche *f* peach

peintre *m* painter

peinture *f* painting; **faire de la —** to paint

penser to think

perdre to lose; **— du poids** to lose weight

père *m* father

périphérie *f* city limits, outskirts

Perrier *m* Perrier brand mineral water

personne: **— ne...** no one; *f* person; **—s** *f pl* people

pessimiste pessimistic

petit: **— déjeuner** *m* breakfast; **gâteau m** cookie; **— pain** *m* roll; **— pois** *m* pea; **(e)** *adj* little/small; **prendre le — déjeuner** *m* to have breakfast; **— pain** *m* roll

petit(e) small

peu: un — (de) a little

peut-être maybe, perhaps

pharmacie *f* drugstore, drugstore/pharmacy

pharmacien(ne) *m (f)* pharmacist

philosophie *f* philosophy; **roman de — m** philosophy book

photographie *f* photography

physique *f* physical description, physics

piano *m* piano; **jouer du —** to play the piano

pièce *f* coin, room

pied *m* foot; **à —** on foot; **aller à —** to walk; **faire de la marche à —** to go for a walk, to hike

pique-nique *m*: **faire un —** to have a picnic

piscine *f* swimming pool

pizza *f* pizza

place *f* place (in a train), seat, town square

plage *f* beach

plaire to please; **ça me plaît** I like it

plaisir *m* pleasure

planche *f*: **faire de la — à roulettes** to skateboard; **faire de la — à voile** to windsurf

plat *m* dish; **— de résistance** main dish; **— principal** main dish

pleuvoir to rain; **il pleut** it's raining

plongée sous–marine *f*: **faire de la —** to scuba dive

pluie *f* rain; **averse de —** *f* rainstorm

plus more; **ne... —** not any more

pneumonie *f* pneumonia

poids *m* weight; **perdre du —** to lose weight

poignet *m* wrist

point *m* point

poire *f* pear

pois *m*: **petit —** pea

poisson *m* fish

poitrine *f* chest

police *f* police; **commissariat de — m** police station

pomme apple *f*; **— de terre** *f* potato

pompe *f*: **faire des —s** to do pushups

pont *m* bridge

porc *m* pork

portable *m* mobile phone

portugais(e) Portuguese; *m* Portuguese (language)

possession *f* possession

possible possible

poste *f*: **bureau de — m** post office

poubelle *f* garbage can; **vider la —** to take out the garbage

poulet *m* chicken

pour for, in order to

pourquoi why; **— est-ce que?** why?

pouvoir can, to be able to

pratiquer practice

préférer to prefer

premier(-ière) first; **le premier mars** the first of March; **première classe** *f* first class

prendre to eat, to get, to have (food); **— congé m** to say good–bye; **— du poids** to gain weight; **— une douche** to take a shower

préparer to prepare

se préparer (pour) to get ready (for)

près de near; **tout —** very near

présenter to introduce

presse *f* weight machine

prie: je t'en prie please (informal); **je vous en prie** please (formal)

prix *m* price

prof *m* or *f* professor

professeur *m* professor

profession *f* profession

professionnel(le) professional

programmeur(-euse) *m (f)* computer programmer

promener le chien to walk the dog

proposer to suggest

propre clean

psychologie *f* psychology

puis next

pull *m* sweater

Q

quai *m* train platform

quand when; **— est-ce que?** when?

quantité *f* quantity

quart *m* quarter; **deux heures et —** quarter after two; **deux heures moins le —** quarter to two; **quart d'heure** quarter hour

quartier *m* neighborhood

quatorze fourteen

quatre four

que what; **qu'est-ce que... ?** what?

québécois(e) Quebecker

quel(le) what/which; **— est... ?** what's?

quelque chose something

quelque part somewhere

quelquefois sometimes

quelqu'un someone

qui who; **— est-ce que... ?** who?; **c'est de la part de —?** may I say who's calling?

quiche *f* cheese pie

quinze fifteen

quitter to leave; **ne quittez (quitte) pas** hang on

quoi what; **(il n'y a) pas de —** you're welcome

quotidien(ne) daily

R

radio *f* radio; **—cassette laser** *f* boombox with CD player

raï *m* mix of traditional Arabic music, rap & funk

rameur *m* rowing machine

randonnée *f*: **faire de la —** to hike

ranger to straighten up; **— sa chambre** to pick up one's room

rap *m* rap

rapide fast

rarement rarely

R&B *m* R&B

réalisateur(-trice) movie/video producer

réaliste realistic

réception *f* hotel registration desk

recevoir to receive

redressements *m pl*: **faire des —** to do situps

réfléchir to reflect; **— (à)** to think (about)

refuser to refuse

regarder to look at, to watch; **— la télé** to watch TV

reggae *m* reggae

régime *m* diet; **être au —/suivre un —** to be on a diet

remède *m* remedy

remerciement *m* thank you

remercier to thank

remplacer to replace

rencontrer to meet, run into; **se —** to run into each other

rendez-vous *m* meeting

rendre visite à to visit (a person)

renseignements *m pl* directions

rentrer (à la maison) to come home

réparation *f* repairs; **faire des petites —s** to make small repairs

repartir to leave again

repas *m* meal

répondre to respond; **— à** to respond to

réponse *f* answer, response

se reposer to rest

reprendre to pick up again, to resume

représentant(e) de commerce *m (f)* sales representative

RER *m* city subway

réseau *m* network; **— routier** road network

réservé(e) reserved

réserver to reserve

résidence universitaire *f* dormitory

résidentiel(le) residential

responsabilité *f* responsibility

restaurant *m* restaurant

rester to stay; **— au lit** to stay in bed

retourner to go back, to return

retrouver: se — to meet each other

réussir to succeed; **— à un examen** to pass an exam

réussite *f* success

rêve *m* dream

réveiller to wake (someone) up

se réveiller to wake up

revenir to come back

rêver to dream; **— à** (+ noun) to dream about, **— de** (+ inf.) to dream of

rez-de-chaussée: *m* ground (first) floor

rhume *m* cold (sickness); **— des foins** hay fever

rien nothing; **de —** you're welcome

risque *m* chance

rivière *f* river

riz *m* rice

robe *f* dress

rock *m* rock (music)

roller(blade) *m*: **faire du —** to rollerblade

roman *m* novel; **— d'amour** love story, romance novel; **— d'aventure** adventure novel; **— de philosophie** philosophy book; **— d'espionnage** spy novel; **— d'horreur** horror novel; **— d'imagination** fantasy novel; **— historique** historical novel; **— policier** detective (mystery) novel

rose pink

rosé *m* rosé

rouge red

routier: réseau — *m* road network

roux (rousse) redhead

rubéole *f* German measles

rue *f* road, street

rural(e) country

russe Russian; *m* Russian (language)

S

sa his, her, its

sac *m* bag; **— à dos** backpack

salade *f* salad; **— de concombres** cucumber salad; **— verte** green, leafy salad

sale dirty

salle *f*: **— à manger** dining room; **— de séjour** living room

salon *m* living room; **— de coiffure** barber shop, hairdresser

saluer to greet

salut bye, hi

samedi *m* Saturday

s'amuser to have a good time

sandale *f* sandal

sandwich *m* sandwich

santé *f* health

(s')arrêter to stop

saucisse *f* sausage

saucisson *m* salami

saumon fumé *m* smoked salmon

savoir to know

science *f* science; **—s économiques** *pl* economics; **—s exactes** *pl* hard sciences; **—s humaines** *pl* applied sciences; **—s naturelles** *pl* natural sciences; **—s politiques** *pl* political science

scotch *m* scotch

sculpture *f* sculpture

se promener to go for a walk

sec (sèche) dry

secrétaire *m* or *f* secretary

s'écrire to spell; **comment s'écrit... ?** how do you spell . . . ?

seize sixteen

semaine *f* week

sénégalais(e) Senegalese

s'ennuyer to be bored

sentir to smell

se sentir to feel

sept seven

septembre September

sérieux(-ieuse) serious

ses his, her, its

short *m sing* shorts

si if, yes (postiive response to negative question); **s'il te plaît** please (informal); **s'il vous plaît** please (formal)

simple: aller — one–way

sinusite *f* sinus infection

sirop *m* syrup; **— contre la taux** cough syrup

situer to situate; **se —** to situate oneself

six six

skateboard *m*: **faire du —** to skateboard

ski *m*: **faire du —** (alpin) to go downhill skiiing; **faire du — de fond** to go cross–country skiing; **faire du — nautique** to waterski

snowboard *m*: **faire du —** to snowboard

s'occuper de to take care of

sociologie *f* sociology

sofa *m* couch, sofa

soir *m* evening; **le soir** in the evening; **les soirs** every evening

en solde on sale

sole: filet de — *m* filet of sole

sombre dark

son his, her, its

sortir to leave/to go out

sœur *f* sister

soleil *m* sun; **il fait du —** it's sunny

souffir to suffer

souris *f* mouse

sous-sol *m* basement; **au —** in the basement

se souvenir de to remember

souvent often

spaghettis *mpl* spaghetti

sport *m* sport

sportif (sportive) likes sports

squash *m*: **faire du —** to play squash

stade *m* stadium

stage *m* internship

station *f* station; **— balnéaire** seaside resort; **— de métro** subway station; **— service** gas station

statistique *f* statistics

steak *m* steak

stepper *m* step machine

streptococcie *f* strep infection

sucre *m* sugar

sucré(e) sweet

sud *m* south; **— -est** southeast; **— -ouest** *m* southwest

Suède *f* Sweden; **suédois(e)** Swedish

Suisse *f* Switzerland

suivant(e) following
super terrific
supermarché *m* supermarket
sur on, on (a boulevard), about; **— la place** at the square
sûr(e) sure; **bien sûr** of course
surf des neiges *m:* **faire du —** to snowboard
surfer sur Internet to surf the Net
surtout especially
suspense *m* suspense
sweat *m* sweatshirt
sympa(thique) nice
symptôme *m* symptom
synagogue synagogue *f*
système *m* system, policy

T

tabac *m*, **bureau de —** tobacco store
table *f* table; **debarrasser la —** to clear the table; **mettre la —** to set the table
tache *f* spot
tâche *f* chore
taches de rougeole *f pl* measles
taille *f* size (clothing)
tailleur *m* (women's) suit
tandis: — que while
tant: en — que as
tante *f* aunt
tapis de course *m* treadmill
tarif *m* fare
tarte *f* pie; **— aux pommes** apple pie
taxi *m* taxi
tasse *f* cup
tchin-tchin! cheers!
tee-shirt *m* t-shirt
techno (music) **techno** *f*
tel(le) such; **— que** such as
télé *f* TV set
télécommande *f* remote control
télécopieur *m* fax machine
téléphone *m.* telephone; **— direct** direct line telephone
téléphoner to call, to talk on the phone, to (tele)phone; **se —** to phone each other
téléviseur *m* TV set
tellement really
température *f* temperature
tempête *f* storm; **— de neige** snowstorm
temple *m* Protestant church
temps *m* weather; **avoir juste le — de** to have just enough time to; **quel — fait-il?** what's the weather like? **de — en —** from time to time
tennis *f* sneaker, tennis; **jouer au (faire du) —** to play tennis

terrasse *f* terrace
tête *f* head; **mal à la —** headache
TGV *m* **train à grande vitesse** high-speed train
thé *m;* **— au citron** tea with lemon; **— au lait** tea with milk; **—nature** plain tea
théâtre *m* theater
thon *m* tuna; **salade de —** *f* tuna salad
tienne: à la —! to your health!
timbre *m:* **collectionner les —s** to collect stamps
timide shy, timid
tissu *m* material, fabric, cloth
titre *m* title
toilette: faire sa — brush teeth, etc., to wash up; **toilettes** *f pl* toilet; **cabinet de —** *m* wc; half-bath
tomate *f* tomato; **salade de —** tomato salad
tomber to fall; **— malade** to become sick
tonnerre *m* thunder
tort: avoir — to be wrong
tôt early
toujours always
tour *m:* **faire un — à vélo** *m* to go for a bike ride
tourisme *m:* **faire du —** to be a tourist
tourner to turn
tousser to cough
tout: — droit straight ahead; **à — à l'heure** (see you later); **pas du —** not at all
tout(e) every; **— le monde** everybody
toux *f* cough; **sirop contre la —** *m* cough syrup
traction *f:* **faire des —s** to do pullups/pushups
traditionel(le) traditional
traduction *f* translation
traduire to translate
train *m* train; **— à grande vitesse** (TGV) high-speed train
trait *m* trait; **— de caractère** *m* personality trait
trajet *m* trip
tranche *f* slice
tranquille calm, quiet
transport *m* transportation
travail (*pl* **travaux**) work
travailler *to* work
travailleur(-euse) hard-working
traverser to cross
treize thirteen
très very
tricoter to knit
triste sad
trois three
trop too much

trottoir *m* sidewalk
trou *m* hole
trouver to find; **se —** to be located
truc *m* thing; **pas mon —** not my thing
truite *f* trout
tu *sing,* you (informal)
tuer to kill

U

un(e) a, an, one; **un** one
unique only
université *f* college, university
urbain(e) urban
usine *f* factory
utile useful
utiliser to use

V

vacances *f pl* vacation
vache *f* cow
vaisselle *f sing* dishes; **faire la —** to do the dishes
valise *f* suitcase
vallée *f* valley
vanille *f* vanilla
varicelle *f* chicken pox
variété *f* light music
vélo *m* bike; **— d'appartement** exercise bike; **à —** by bike; **faire du —** to go cycling; **faire un tour à —** to go for a bike ride; **se promener à —** to go for a bike ride
vélomoteur *m* motorbike; **à —** by motorbike
vendeur (vendeuse) salesperson (in a store)
vendredi *m* Friday
vénézuélien(ne) Venezuelan
venir to come; **— de (+ inf)** to have just
vent *m* wind; **il fait (il y a) du —** it's windy
ventre *m* stomach
véranda *f* porch
verglas *m* ice (on the roads)
verre *m* glass
vers about, approximately, around, toward
vert(e) green; **haricot —** *m* green bean
vertiges: avoir des — to be dizzy
veste *f* light jacket
vêtement *m* an item of cothing; **—s** *pl* clothing
viande *f* meat
vidéo *m:* **cassette —** *f* videocassette
vider to empty
vietnamien(ne) Vietnamese
vieux (vieille) old

village *m* town, village
villageois *m* villager
ville *f* city; centre- — *m* town center
vin *m* wine; — **blanc** white wine; — **rouge** *m* red wine; **(vin) rosé** rosé
vinaigrette *f* vinaigrette (oil & vinegar dressing)
vingt twenty
violence *f* violence
violet(te) purple
violon *m* violin; **jouer du** — to play the violin
visage *m* face
visite *f*: **rendre** — **à** to visit (a person)
visiter to visit (a place)
vite rapid; fast
vitesse *f* speed
Vittel *f* Vittel brand mineral water
vivant(e) alive
voie *f* (train) track
voilà there is/are

voile *f*: **faire de la** — to sail
voir to see; **se** — to see (each other); **se** — **comme, dans, avec** to see oneself as, in, with; **voyons** let's see
voisin(e) neighbor
voiture *f* car, train car; **se promener en** — to go for a car ride
voix *f* voice; **à haute** — aloud
vol *m* flight
voler to steal; to fly
voleur(-euse) thief
volonté *f* will
volley(ball) *m* volleyball; **jouer au (faire du) volley(ball)** to play volleyball
vomir to vomit
vôtre: à la —! to your health!
vouloir to want; **je veux bien** I'd like to; **je voudrais** I would like
vous you (formal), you *(pl)*
voyage *m* trip
voyager to travel

voyelle *f* vowel
voyons let's see
vrai(e) true
vraiment really
vue *f* sight; **à première** — at first sight

W

wagon-lit *m* sleeping compartment (train)
walkman *m* portable cassette player
western *m* western (film)
whisky *m* whisky

Y

y there; **il** — **a** there is, there are
yaourt *m* yogurt
yeux *m pl* eyes; **des gouttes pour les yeux** *f pl* eyedrops

Z

zéro zero

LEXIQUE: ANGLAIS — FRANÇAIS

A

about sur; environ
above dessus; ci-dessus
abroad à l'étranger
accounting comptabilité *f*
across: — from en face de
to act agir
to act *(in a play)* faire du théâtre
active actif (active)
actor acteur *m*
actress actrice *f*
after après; **quarter — two** deux heures et quart
afternoon après-midi *m*
against contre
age âge *m*
agricultural agricole
agriculture agriculture *f*
air conditioning climatisation *f*
air sickness mal de l'air *m*
airplane avion *m*
airport aéroport *m*
alcoholic *adj* alcoolisé(e)
alive vivant(e)
amateur: to be an amateur. . . être amateur de... , faire... en amateur
ambitious ambitieux (ambitieuse)
American américain(e); *(person)* Américain(e) *m, f*
amusing marrant(e)
and et
anise-flavored beverage (alcoholic) pastis *m*
ankle cheville *f*
anthropology anthropologie *f*
antihistamines des antihistaminiques *m pl*
apartment appartement *m*
to appear avoir l'air
appearance mine *f;* **you don't look good** tu n'as pas bonne mine
appendicitis attack crise d'appendicite *f*
appetizer entrée *f,* hors-d'œuvre *m*
apple pomme *f*
apricot abricot *m*
April avril
Arabic *(language)* arabe *m*
architect architecte *m, f*
to argue (with) se disputer (avec)
arm bras *m*

armchair fauteuil *m*
around vers
to arrange fixer
arrival arrivée *f*
to arrive arriver
art: dramatic —s art dramatique *m;* **fine — s** beaux-arts *m pl*
artist artiste *m, f*
as much as autant de
to ask demander
aspiration aspiration *f*
aspirin aspirine *f; —* **tablets** des cachets d'aspirine *m pl*
astronomy astronomie *f*
at à; **— his house** chez lui; *(the square)* sur
athlete: professional — athlète professionel(le) *m, f*
to attend; — (a class) assister (à un cours)
attractive *(price)* intéressant(e)
au pair girl jeune fille au pair *f*
audience public *m*
August août
autumn automne *m*
aunt tante *f*
available disponible, libre
to avoid éviter; fuir
away: right — tout de suite

B

back dos *m*
background: to be of . . . background être d'origine... *(+ adj f)*
backpack sac à dos *m*
bacon bacon *m*
bad mal, mauvais; **too bad** dommage; **the weather's bad** il fait mauvais
bakery boulangerie-pâtisserie *f*
balcony balcon *m*
bald chauve
banana banane *f*
bank banque *f*
to barbecue faire le barbecue
barber shop salon de coiffure *m*
baseball: to play — jouer au (faire du) base-ball
basement sous-sol *m;* **in the —** au sous-sol
basketball: to play — jouer au (faire du) basket

basketball game match de basket *m*
bath bain *m*
bathroom salle de bains *f*
bathtub baignoire *f*
to be être; **— . . . years old** avoir... ans
beach plage *f*
bean haricot *m;* **green —s** haricots verts *m pl*
bear ours *m*
beautiful beau (belle/bel)
to become devenir
bed lit *m;* **to go to —** se coucher; **to make one's —** faire son lit
bedroom chambre *f; (guest room)* chambre d'amis *f*
beer bière *f;* **draught** demi *m*
before avant
behind *prep* derrière
beige beige
Belgian belge; *(person)* Belge *m, f*
beltway *(around a city)* autoroute périphérique *f*
better: it's better (that) il vaut mieux (que)
between entre
beverage boisson *f*
big grand(e)
bike vélo *m;* **by —** à vélo; **to go for a — ride** se promener à vélo
bill *(money)* billet *m*
biography biographie *f*
biology biologie *f*
black noir(e)
blond blond(e)
blouse chemisier *m*
blue bleu(e)
blues blues *m sing*
body corps *m*
book livre *m;* **art —** livre d'art *m;* **history — livre d'histoire *m;* **philosophy —** roman de philosophie *m;* **science-fiction —** livre de science-fiction *m;* *(slang)* bouquin *m*
bookshelf étagère *f*
bookstore librairie *f*
boombox mini-chaîne *f*
boombox with CD player radiocassette laser *f*
boot botte *f*
bored: to be — s'ennuyer

botany botanique *f*
bothersome ennuyeux(-euse)
bottle bouteille *f*
boulevard boulevard *m;* **major** — grand boulevard *m*
boutique boutique *f*
to box faire de la boxe
brave courageux (courageuse)
bread pain *m;* **long, crusty French loaf** baguette *f;* **round country loaf** pain de campagne *m*
to break casser; — **one's . . .** se casser le/la...
breakfast petit déjeuner *m;* **to have —** prendre le petit déjeuner *m*
bridge pont *m*
brie brie *m*
broccoli brocolis *mpl*
bronchitis bronchite *f*
brother frère *m*
brown brun(e), marron
building bâtiment *m*
to burn brûler; — **oneself** se brûler
bus: **city** autobus *m,* bus *m;* — **station** gare routière *f;* **intercity or tourist —** car *m;* **school bus** un car de ramassage
business commerce *m*
business executive cadre *m,* une femme cadre *f*
businessman homme d'affaires *m*
businesswoman femme d'affaires *f*
but mais
butcher shop boucherie *f*
butter beurre *m*
to buy acheter
by par; en; — **plane** en avion
bye ciao, salut

C
cafe café *m*
cake gâteau *m;* **chocolate —** gâteau au chocolat *m*
to calculate calculer
calculator calculatrice *f*
to call: — **each other** se téléphoner
calling: **it's . . . —** c'est... à l'appareil
camcorder caméscope *m*
camembert camembert *m*
camera appareil photo *m;* **digital** appareil photo numérique
to camp faire du camping
can: **to be able to** pouvoir
Canadian canadien(ne); *(person)* Canadien(ne) *m, f*
canoeing: **to go —** faire du canoë
car voiture *f;* **to go for a — ride** se promener en voiture

cards: **to play —** jouer aux cartes
care: **to take — of** s'occuper de
carrot carotte *f*
cartoon dessin animé *m*
cartoon book bande dessinée *f*
cassette cassette *f*
cassette player: **portable —** baladeur *m,* walkman *m*
cathedral cathédrale *f*
CD player lecteur CD *m*
CD player: **portable —** baladeur CD *m*
CD-ROM CD-ROM *m,* cédérom *m*
cellar cave *f;* **wine —** cave à vin *f*
cemetery cimetière *m*
center centre *m*
cereal céréales *fpl*
certainly bien sûr
chair chaise *f*
champagne champagne *m*
chance risque *m*
to change: — **trains** changer de train
to chat on the computer bavarder en ligne
cheers! tchin-tchin!
cheese fromage *m;* — **pie** quiche *f*
chemistry chimie *f*
chest poitrine *f*
chest of drawers commode *f*
chestnut *(of hair)* châtain, marron
chicken poulet *m*
chicken pox varicelle *f*
child enfant *m, f*
Chinese chinois(e); *(language)* chinois *m;* *(person)* Chinois(e) *m, f*
chocolate chocolat *m;* **hot —** chocolat *m*
to choose choisir
chore tâche *f*
church église *f;* *(Protestant)* temple *m*
cinema cinéma *m*
city ville *f;* — **limits** périphérie *f*
city dweller citadin(e) *m, f*
city hall hôtel de ville *m,* mairie *f*
city (town) center centre-ville *m*
civil servant fonctionnaire *f*
class classe *f;* **first class** première classe
clean propre
to clean nettoyer
to clear: — **the table** débarrasser la table
to close fermer
closing time l'heure *f* de fermeture
clothing vêtements *m pl;* **an item of —** vêtement *m;* **for women (men)** pour femmes (hommes)
cloud nuage *m*
cloudy nuageux
club club *m;* **to belong to a —** être membre d'un club

coffee café *m;* **with cream** café crème *m;* **with hot milk** café au lait *m*
coin pièce *f*
Coke coca *m*
cold froid(e); **to be (feel) cold** avoir froid; *(sickness)* rhume *m*
to collect stamps collectionner les timbres
college université *f*
college year niveau *m*
color couleur *f;* **bright —** couleur vive; **dark —** couleur foncée; **light —** couleur claire
to come venir; — **home** rentrer (à la maison); — **back** revenir
comedy comédie *f,* **film** comique *m;* **dramatic —** comédie dramatique *f;* **musical —** comédie musicale *f*
comfortable confortable
comic book bande dessinée *f*
to comment on commenter
commercial commercial(e)
compact disc (CD) CD (disque compact) *m*
to compare comparer
compass boussole *f*
computer ordinateur *m;* — **programmer** programmeur *m,* programmeuse *f*
concert concert *m*
condition état *m;* **physical —** état physique *m*
to continue continuer
to cook faire la cuisine
cookbook livre de cuisine *m*
cookie biscuit *m,* petit gâteau *m*
cool: **it's cool** il fait frais
corner: **at the — of** au coin de
couch canapé *m,* sofa *m*
cough toux *f;* — **syrup** sirop contre la toux *m*
to cough tousser
country campagne *f,* rural(e) *adj*
country and western country *f*
countryside paysage *m*
courageous courageux (courageuse)
course cours *m*
courthouse palais de justice *m*
courtyard cour *f*
cousin cousin *m,* cousine *f*
crazy: **to be — about** être fou (folle) de, être (un[e]) fana de, se passionner pour; **I'm crazy about . . . . . .** , c'est ma passion
crepe crêpe *f*
croissant croissant *m;* **chocolate —** pain au chocolat *m*
to cross traverser
crowd foule *f*

cruel cruel(le)
cucumber salad salade de concombres *f*
cup tasse *f*
curly *(of hair)* frisés
to cut couper; **— oneself** se couper
cycling, to go — faire du cyclisme (du vélo)

D

daily quotidien(ne)
to dance faire de la danse
dangerous dangereux (dangereuse)
dark sombre; *(with colors)* foncé
date date *f;* **what is the date?** quelle est la date?
daughter fille *f*
day jour *m;* **what day is it?** quel jour sommes-nous?
deceased décédé(e)
December décembre
degrees degrés *m pl*
delicatessen charcuterie *f*
delicious délicieux (délicieuse)
dentist dentiste *m, f*
departure départ *m*
to describe décrire
description: physical physique *f*
desk bureau *m*
dessert dessert *m*
to die mourir
diet régime *m;* **to be on a —** être au régime, suivre un régime
dining room salle à manger *f*
dinner dîner *m;* **to have —** dîner
direct line ligne directe *f*
direction direction *f*
directions renseignements *mpl*
dirty sale
disappointment déception *f*
discipline matière *f;* **field of study** discipline *f*
discreet discret (discrète)
dishes vaisselle *f sing*
dishonest malhonnête
distance distance *f*
divorced divorcé(e)
dizzy: to be — avoir des vertiges
to do faire; **— homework** faire ses devoirs; **— housework** faire le ménage; **— odd jobs** bricoler
doctor femme médecin *f,* médecin *m*
documentary documentaire *m*
dog chien *m*
domestic domestique
door porte *f*
dormitory résidence universitaire *f*
downstairs en bas
downtown centre-ville *m*

dozen douzaine *f*
drama art dramatique *m*
drawing dessin *m*
dream rêve *m*
to dream about, of rêver à + *nom,* rêver de + *infinitive*
dress robe *f*
to dress s'habiller
dresser commode *f*
drink boisson *f;* **before-dinner —** apéritif *m;* **citrus-flavored, carbonated — ** limonade *f*
to drink boire
to drive conduire
drugstore pharmacie *f*
dry sec (sèche)
duration durée *f*
during pendant; en, durant
DVD DVD *m*
DVD player lecteur DVD *m*
dynamic dynamique

E

each chaque
ear oreille *f*
earache mal à l'oreille (aux oreilles)
early tôt; de bonne heure
east est *m*
to eat manger, prendre; **to watch what you're eating** faire attention à ce qu'on mange; **— anything you want** manger tout a qu'ou veut
economics sciences économiques *f pl*
effect effet *m*
effects: special — effets spéciaux *m pl*
egg œuf *m;* **hard-boiled with mayonnaise** les œufs mayonnaise *m pl*
Egyptian égyptien(ne); *(person)* Égyptien(ne) *m, f*
eight huit
eighteen dix-huit
elbow coude *m*
eldest aîné(e)
electronic equipment matériel électronique *m*
elegant élégant(e)
elevator ascenseur *m*
eleven onze
end bout *m;* **at the — of** au bout de; **to the — (of)** au bout (de)
engineer femme ingénieur *f,* ingénieur *m*
English anglais(e); *(language)* anglais *m;* *(person)* Anglais(e) *m, f*
enough assez
to enter entrer
entryway entrée *f*
equipment les appareils *m pl;* **electronic —** matériel électronique *m*

equipped équipé(e)
errands: to run — faire les courses
espresso express *m*
euro euro *m;* **— cent** euro cent *m*
evening soir *m;* **in the —** le soir
everywhere partout
exercise exercice *f;* **— bike** vélo d'appartement *m;* **— equipment** les appareils d'exercice *mpl*
expensive cher (chère)
to explain expliquer
to express exprimer
eye œil *m,* yeux *m pl*
eyedrops des gouttes pour les yeux *f pl*

F

face visage *m*
factory worker ouvrière *f,* ouvrier *m*
fairly assez
to fall tomber
family famille *f;* **large —** famille nombreuse; **with one's famille** en famille
far loin
farmer agriculteur *m,* agricultrice *f,* fermière *f,* fermier *m*
fast rapide
father père *m*
father-in-law beau-père *m*
fax machine télécopieur *m*
February février
to feed the animals donner à manger aux animaux
to feel se sentir
fever fièvre *f*
field champ *m*
fifteen quinze
film film *m;* **adventure film** film d'aventures (d'action); **animated (cartoon) film** film d'animation; **drama —** film dramatique *m;* **experimental —** film expérimental *m;* **historical —** film historique *m;* **horror film** film d'épouvante (d'horreur); **love story** film d'action *m,* film d'amour *m;* **police (detective) drama** film policier *m;* **science-fiction —** film de science-fiction *m;* **war —** film de guerre *m;* **western** western *m*
film studies le cinéma
finally enfin
finger doigt *m*
to finish finir
first d'abord, premier (première); **the — of March** le premier mars
fish poisson *m*
fit en forme
five cinq

flag drapeau *m*
flighty frivole
floor étage *m;* on the first (ground) —
au rez-de-chaussée; on the second — au
premier étage
flower fleur *f*
flu grippe *f*
fog brouillard *m;* it's foggy il fait du
brouillard *m*
foot pied *m;* on — à pied
football: to play (American) — jouer au
(faire du) football américain
for pour
foreign étranger (étrangère)
four quatre
fourteen quatorze
free libre
free-standing closet armoire *f*
to freeze geler
French français(e); language français *m;*
(person) f, Français(e) *m f*
French fries frites *f pl*
frequency fréquence *f*
Friday vendredi *m*
friend ami(e) *m (f),* copain *m,* copine *f*
frisbee: to toss a — jouer au frisbee
frivolous frivole
from de
front: in — of devant
fun amusant(e); to have — doing
something s'amuser à faire quelque
chose
funk funk *m*
funny marrant(e)
furniture meubles *mpl*

G

to gain weight grossir, prendre du poids
garage garage *m*
garbage: to take out the — vider la
poubelle
garbage can poubelle *f*
garden jardin *m;* to work in the — faire
du jardinage
generous généreux (généreuse)
geography géographie *f*
geology géologie *f*
German allemand(e); *(language)*
allemand *m; (person)* Allemand(e)
m, f
to get prendre; — along se débrouiller;
— dressed s'habiller; — off (a train)
descendre (du train); — up se lever
gift cadeau *m*
girl fille *f*
to give donner
gland ganglion *m;* swollen -s une
inflammation des ganglions

glass verre *m*
to go aller; — back retourner; — by aller
à, aller en; — down descendre; — for a
bike ride faire un tour à vélo; — for a
walk faire un tour à pied; — home
rentrer; — out sortir; — out for dinner
sortir dîner; — out with friends sortir
avec des copains (des amis); —
shopping faire les magasins; — to bed
se coucher; — up monter
goat cheese chèvre *m*
to golf jouer au (faire du) golf
good: to have a — time s'amuser; pretty
— assez bon
good-bye au revoir
gram gramme *m*
grandfather grand-père *m*
grandmother grand-mère *f*
grandparent grand-parent *m*
gray gris(e)
great: great! chouette!
green vert(e)
green beans haricots verts *m pl*
to greet saluer
to grow up grandir
guitar: to play the — jouer de la guitare
to do gymnastics faire de la gymnastique

H

hail grêle *f;* — storm averse de grêle *f*
hair cheveux *m pl*
hairdresser salon de coiffure *m*
half demi *f;* half-past two deux heures et
demie
half-brother demi-frère *m*
half-sister demi-sœur *f*
hallway couloir *m*
ham jambon *m*
hand main *f*
hang on ne quittez (quitte) pas
hard pénible, dur(e)
hard-working travailleur (travailleuse)
hate détester
to have avoir; — a picnic faire un pique-
nique; — dinner dîner; — just venir de;
— just enough time to avoir juste le
temps de; — lunch or breakfast
déjeuner; *(food)* prendre; a good time
s'amuser
to have to devoir
hay fever rhume des foins *m*
head tête *f*
headache mal à la tête
health santé *f;* to your health! à la vôtre!
(à la tienne!), à votre (ta) santé!
heart cœur *m*
heavy metal heavy metal *m*
hello bonjour; *(on the phone)* allô

to help aider; to do something aider à
help yourself servez-vous (sers-toi)
herb omelet omelette aux fines herbes *f*
here ici; here's . . . *(on the phone)* ici...
(à l'appareil)
to hesitate hésiter
hi, hello salut
to hike faire de la randonnée; to go
hiking faire de la marche à pied
his son (sa, ses)
history histoire *f*
hockey, to play — faire du hockey
holiday fête *f*
home: at the — of chez
homework devoir *m*
honest honnête
honey miel *m*
hope espoir *m*
horseback riding, to go — faire de
l'équitation *f* (du cheval)
hot chaud(e); to be (feel) hot avoir chaud
hotel hôtel *m;* — registration desk
réception *f;* hotel room chambre
d'hôtel *f*
hour heure *f;* half — demi-heure *f;*
quarter — quart d'heure *m*
house maison *f;* country — maison de
campagne
housekeeper employé(e) de maison *m, f*
housewife femme au foyer *f*
to do housework faire le ménage
housing logement *m*
how comment; — much? combien?; —
much, — many? combien de?; — are
things? ça va?; — are you? comment ça
va?, comment allez-vous?
humanities les lettres *f pl*
humid humide
humor humeur *f;* good (ill)-humored de
bonne (mauvaise) humeur *f*
hundred cent; centaine *f*
to hurt (se) faire mal; — all over avoir
mal partout
husband mari *m*

I

I je
ice *(on the roads)* verglas *m*
ice cream glace *f*
idea idée *f*
idealistic idéaliste
if si
illness maladie *f*
to imagine: — oneself as (in, with)
s'imaginer comme (dans avec)
impatient impatient(e)
in à, dans
in order to pour

included compris(e)
independent indépendant(e)
to indicate indiquer
influenza grippe *f*
injured blessé(e)
intellectual intellectuel(le)
intelligent intelligent(e)
interest: to be — ed in s'intéresser à
to introduce présenter
island île *f*
it: it's c'est
Italian italien(ne); *(language)* italien *m*;
   (person) Italien(ne) *m (f)*
itinerary itinéraire *m*

J

jacket blouson *m*; **light —** veste *f*;
   winter — anorak *m*
jam confiture *f*
January janvier
Japanese japonais(e); *(person)*
   Japonais(e) *m (f)*
jazz jazz *m*
jeans jean *m sing*
jewelry store bijouterie *f*
jogging, to go — faire du jogging
journalism journalisme *m*
journalist *f* journaliste *m, f*
to do judo faire du judo
juice jus *m*; **apricot —** jus d'abricot *m*;
   orange — jus d'orange *m*
July juillet
June juin
junior étudiant(e) en troisième année

K

to do karate faire du karaté
kayaking, to go — faire du kayak
to keep garder
key clé *f*
keyboard clavier *m*
kilo kilo *m*
kilometer kilomètre (km)
kiss baiser *m*, bise *f*
kitchen cuisine *f*
knee genou *m*
to knit tricoter
to know savoir; *(someone)* connaître

L

laid up *(of a house)* aménagé(e)
lamb: leg of — gigot d'agneau *m*
lamp lampe *f*
language: classical — langue morte *f*
large grand(e)
lasagna lasagnes *fpl*
late tard
to laugh rire
laundry: to do the — faire la lessive

law droit *m*; loi *f*
lawyer avocat(e) *m, f*
lazy paresseux (paresseuse)
to leave partir, quitter, sortir; — **again**
   repartir
left gauche; **to the —** (**of**) à gauche (de)
leg jambe *f*
leisure activities loisirs *m pl*
lemon citron *m*
lemonade citron pressé *m*
less moins
lesson leçon *f*
library bibliothèque *f*
life vie *f*
light *(with colors)* clair
lightning éclair *m*
like: I would — j'aimerais, je voudrais;
   I'd — to je veux bien
to like aimer; **I like it** ça me plaît
linguistics linguistique *f*
to list énumérer
to listen (**to**) écouter
liter litre *m*
literature littérature *f*; **comparative —**
   littérature comparée *f*
little petit(e); **a —** un peu (de); **very —**
   très peu de
to live habiter
liver spread pâté *m*
living room living *m*, salle de séjour *f*,
   salon *m*
long long(ue)
to look avoir l'air; **to — at** regarder; **to —**
   for chercher
to lose weight maigrir, perdre du poids
a lot beaucoup
lousy: feeling — mal fichu(e)
to love adorer
love story roman d'amour *m*
low bas(se)
lunch déjeuner *m*; **to have —** déjeuner

M

Ma'am Madame
main dish plat de résistance *m*, plat
   principal *m*
mail courier *m*
to make faire; — **one's bed** faire son lit
mall centre commercial *m*
man homme *m*
to manage to do something se
   débrouiller
management gestion *f*
many beaucoup de
March mars
market marché *m*; **open-air —** marché
   en plein air *m*
marketing marketing *m*

to marry marier; **to be married to** être
   marié(e) avec
material matière *f*
mathematics mathématiques *fpl*
maximum maximum *m*
May mai
maybe peut-être
me moi
meal repas *m*
means moyen *m*; — **of transportation**
   moyen de transport *m*
measles taches de rougeole *fpl*; **German**
   — la rubéole
meat viande *f*; — **spread** pâté *m*
mechanic *f* mécanicien(ne) *m (f)*
medicine médecine *f*, médicament *m*
to meet retrouver; **to — each other** se
   retrouver
meeting rendez-vous *m*
member membre *m*
mess: a — mal fichu(e)
method moyen *m*
Mexican mexicain(e); *(person)*
   Mexicain(e) *m (f)*
mid-size moyen(ne)
midnight minuit *m*
migraine migraine *f*
milk lait *m*
milkshake milkshake *m*
mint: — **flavoring mixed with limonade**
   diabolo menthe *m*; — **syrup mixed**
   with water menthe à l'eau *f*
Miss Mademoiselle
mistake faute *f*; erreur *f*
mobile phone portable *m*
modern moderne
Monday lundi *m*
money argent *m*
monitor moniteur *m*
month mois *m*
mood: in a good (bad) mood de bonne
   (mauvaise) humeur *f*
more encore, plus
morning matin *m*; **in the —** le matin
Moroccan marocain(e); *(person)*
   Marocain(e) *m (f)*
Morocco Maroc *m*
mosque mosquée *f*
most: — **of** la plupart de(s); **the —** le
   plus (de)
mother mère *f*
mother-in-law belle-mère *f*
motorbike vélomoteur *m*; **by —** à
   vélomoteur
motorcycle moto(cyclette) *f*
mountain montagne *f*; **to go — climbing**
   faire de l'alpinisme
mouse souris *f*
mouth bouche *f*

movie film *m*
movie theater cinéma *m*
much beaucoup de; as — as autant de; too — trop
mumps les oreillons *mpl*
museum musée *m*
music musique *f*; classical — musique classique *f*; folk — folk *m*; light — variété *f*; mix of traditional Arabic, rap & funk raï *m*; popular — musique pop *f*; world — musique du monde *f*
musician musicien(ne) *m (f)*
must: to have to devoir

N

naive naïf (naïve)
name nom *m*; my — is je m'appelle
nauseated: to feel — avoir mal au cœur
near près de; very — tout près de
necessary nécessaire
neck cou *m*
to need avoir besoin de, falloir; I — il me faut
neighborhood quartier *m*
nephew neveu *m*
network: road — réseau routier *m*
never ne... jamais
new nouveau (nouvelle/nouvel)
next ensuite, puis; — to à côté de
nice bon, gentil(le), sympa(thique)
niece nièce *f*
nine neuf
nineteen dix-neuf
no non
no one ne... personne; personne ne...
nobody personne
non-alcoholic non-alcoolisé(e)
non-smoking non-fumeur
noon midi *m*
north nord *m*
northeast nord-est *m*
northwest nord-ouest *m*
nose nez *m*
nosedrops des gouttes pour le nez *f pl*
not ne... pas, pas, — any ne... aucun(e); — any more, no longer ne... plus; — at all pas du tout; — yet ne... pas encore
nothing ne ... rien; rien ne ...
novel roman *m*; adventure — roman d'aventure *m*; detective (mystery) — roman policier *m*; fantasy — roman d'imagination *m*; historical — roman historique *m*; horror — roman d'horreur *m*; romance — roman d'amour *m*; spy — roman d'espionnage *m*
November novembre
number chiffre *m*; nombre *m*; numéro *m*
nurse infirmière *f*, infirmier *m*

O

o'clock: it's one o'clock il est une heure
October octobre
of de
to offer offrir
often souvent
OK d'accord
old agé(e), ancien(ne), vieux), vieux (vieille); how old are you? quel âge as-tu (avez-vous)?, quel âge tu as?; I'm ... years old j'ai... ans
on (a boulevard) dans, sur; (a street) dans
one un(e); (people in general) on
one-way aller simple
onion oignon *m*
only unique
optimistic optimiste
orange orange, orange *f*; brand of — soda Orangina
to order commander
origin origine *f*; national — origine nationale *f*
other autre
outskirts (of a city) périphérie *f*
overcast couvert(e)
to overlook: — the sea donner sur la mer

P

pain mal *m*; a — casse-pieds *m*
to paint faire de la peinture
painter peintre *m*
painting peinture *f*, tableau *m*
pants pantalon *msing*
paper papier *m*
pardon pardon
parents parents *mpl*
park jardin public *m*, parc *m*
parking lot parking *m*
party boum *f*, fête *f*
to pass passer; — an exam réussir à un examen; — time doing something passer le temps à faire quelque chose
passport passeport *m*
past passé *m*
pastry pâtisserie *f*
pâté pâté *m*
pea petit pois *m*
peach pêche *f*
pear poire *f*
pen stylo *m*
pencil crayon *m*
per par
perfect parfait(e)
perhaps peut-être
person personne *f*
pessimistic pessimiste
pharmacist pharmacien(ne) *m (f)*
pharmacy pharmacie *f*
philosophy philosophie *f*

phone: mobile — portable *m*; to talk on the — téléphoner
to phone: — each other se téléphoner
photograph photographe *f*
physics physique *f*
piano: to play the — jouer du piano
to pick up: — one's room ranger sa chambre; — again reprendre
pie tarte *f*; apple — tarte aux pommes *f*
piece bout *m*, morceau *m*
pink rose
pizza pizza *f*
place endroit *m*; at the — of chez; (in a train) place *f*; public — endroit public *m*
plane avion *m*
platform: train arrival/departure — quai *m*
to play jouer; — (American) football jouer au (faire du) football américain; — baseball jouer au (faire du) baseball; — basketball jouer au (faire du) basket; — cards jouer aux cartes; — hockey faire du hockey; — soccer jouer au (faire du) foot(ball); — tennis jouer au (faire du) tennis; — volleyball jouer au (faire du) volley(ball); — with one's pals jouer avec ses copains; the guitar jouer de la guitare; the piano jouer du piano; squash faire du squash; the violin jouer du violin
pleasant agréable
please je vous en prie (je t'en prie), s'il te plaît (informal), s'il vous plaît (formal)
to please plaire
pleasure plaisir *m*
plot intrigue *f*
pneumonia pneumonie *f*
point point *m*
police: — station commissariat de police *m*
political science sciences politiques *fpl*
politician femme *f*, homme *m* politique
pomme apple *f*
pool: swimming — piscine *f*
poor pauvre
porch véranda *f*
pork chop côtelette de porc *f*
Portuguese Portugais(e); (language) portugais *m*; (person) Portugais(e) *m (f)*
possession possession *f*
possible possible
post office bureau de poste *m*
potato pomme de terre *f*
pound livre *f*
practice pratiquer
to prefer préférer
to prepare: — meals préparer les repas
pretty joli(e)
price prix *m*

profession profession *f*
professor prof *m, f*; professeur *m*
proud fier(-ère)
psychology psychologie *f*
pullups: to do — faire des tractions
purple violet(te)
pushups: to do — des tractions, faire des pompes
to put: — (on) mettre; **— on:** *(clothing)* mettre
to putter around bricoler, faire du bricolage

Q

quality qualité *f*
quantity quantité *f*
quarter quart *m*; **quarter after two** deux heures et quart
Quebecker québécois(e); *(person)* Québécois(e) *m (f)*
queue file *f*
quiet tranquille

R

radio radio *f*
rain pluie *f*; **—storm** averse de pluie *f*
to rain: it's raining il pleut
rap rap *m*
rarely rarement
raspberry framboise *f*
rather plutôt
to read lire
reading lecture *f*
ready: to get — (for) se préparer (pour)
realistic réaliste
really tellement, vraiment
recipe recette *f*
red rouge; *(of hair)* roux
to reflect réfléchir
to refuse refuser
reggae reggae *m*
relatives parents *m pl*
to relax se détendre
to remain rester; demeurer
remedy remède *m*
to remember se souvenir de
remote control télécommande *f*
to rent louer
repairs réparation *f*; **to make small —** faire des petites réparations
reporter journaliste *m or f*
to require falloir
to reserve réserver
reserved réservé(e)
residential résidentiel(le)
to respond répondre; **—to** répondre à
to rest se reposer
restaurant restaurant *m*

to resume reprendre
to return retourner
right droit(e); **to the — (of)** à droite (de)
river rivière *f*; fleuve *m*
road rue *f*; **— network** réseau routier *m*
rock rock *m*; **alternative —** l'alternatif *m*; **hard —** hard rock *m*
roof toit *m*
roll petit pain *m*
to rollerblade faire du roller(blade)
room pièce *f*; chambre *f*
round trip aller-retour
rowing machine rameur *m*
rug tapis *m*
to run courir
runny: — nose nez qui coule *m*
rural rural(e)
Russian russe; *(language)* russe *m*; *(person)* Russe *m (f)*

S

sad triste
to sail faire de la voile
salad salade *f*; **green, leafy —** salade verte
salami saucisson *m*
sale vente *f*; **on —** en solde
sales representative représentant(e) de commerce *m (f)*
salesperson *(in a store)* vendeur *m*, vendeuse *f*
salmon, smoked saumon fumé
same: the — le même; **in the — way** de la même façon
sandal sandale *f*
sandwich sandwich *m*
Saturday samedi *m*
sausage saucisse *f*
to say dire; **— good-bye** prendre congé
schedule emploi du temps *m*; horaire *m* (of a train)
school: elementary — école primaire *f*; **high —** lycée *m*; **junior high —** collège *m*
science: computer — informatique *f*; **applied —s,** sciences humaines *fpl*; **natural —s** sciences naturelles *fpl*
scotch scotch *m*
to scuba dive faire de la plongée sous-marine
sculpture sculpture *f*
screen écran *m*
sea mer *f*
seashore bord de la mer *m*
seasickness mal de mer *m*
season saison *f*
seat *(in a train)* place *f*
secretary secrétaire *m, f*
see: let's — voyons; **— you later** à tout à l'heure; **— you soon** à bientôt

to see voir; **— oneself as (in, with)** avec), se voir comme (dans; *(each other)* se voir
to seem avoir l'air
selfish, self-centered égoïste
Senegalese sénégalais(e); *(person)* Sénégalais(e) *m (f)*
senior étudiant(e) en quatrième année
September septembre
serious sérieux (sérieuse)
to set: — *(the table)* mettre la table
set up *(of a house)* aménagé(e)
setting décor *m*
to settle down at s'installer devant
seven sept
seventeen dix-sept
to sew faire de la couture
shape: to be in — être en forme
shirt chemise *f*
shoe chaussure *f*
shop boutique *f*; **small —** boutique *f*
shopkeeper commerçant(e) *m, f*
shopping: to do the — faire les courses
short court(e), petit(e)
shorts short *msing*
shoulder épaule *f*
shower douche *f*; **to take a —** prendre une douche
shrimp crevette *f*
shy timide
sick malade
side: on the other — of de l'autre côté de
singer chanteur *m*, chanteuse *f*
sink lavabo *m*
sinus infection sinusite *f*
Sir Monsieur
sister sœur *f*
to sit down s'asseoir
to situate situer; **— oneself** se situer
situps: to do — faire des redressements
six six
sixteen seize
size *(clothing)* taille *f*
to skate, to go skating faire du patinage
to skateboard faire de la planche à roulettes (du skateboard)
skiiing: to go cross-country — faire du ski de fond; **to go downhill —** faire du ski (alpin)
skinny maigre
skirt jupe *f*
sky ciel *m*
skyscraper gratte-ciel *m*
sleeping: berth *(train)* couchette *f*; **compartment** *(train)* wagon-lit *m*; **to have trouble —** avoir du mal à dormir
slice tranche *f*; **— (of bread)** tartine *f*

slow lent(e)

small petit(e)

to smell sentir

to smoke fumer

smoking fumeur

snack goûter *m;* to have a — prendre un goûter

sneaker basket *f,* tennis *f*

to sneeze éternuer

to snow neiger

to snowboard faire du surf des neiges (du snowboard)

snowstorm tempête de neige *f*

so long allez, au revoir

soccer foot(ball) *m;* — match match de foot(ball) *m;* to play — jouer au (faire du) foot(ball)

sociology sociologie *f*

sock chaussette *f*

sofa canapé *m,* sofa *m*

sole, filet of filet de sole

some de(s)

someone quelqu'un

something quelque chose

sometimes quelquefois

somewhere quelque part

son fils *m*

sophomore étudiant(e) en deuxième année

sore muscles des courbatures *f pl*

sore throat mal a la gorge

south sud *m*

southeast sud-est *m*

southwest sud-ouest *m*

spaghetti spaghettis *mpl*

Spanish espagnol(e); *(language)* espagnol *m; (person)* Espagnol(e) *m, f*

to speak parler; — to each other se parler; — to oneself se parler

speaker haut-parleur *m*

to spell s'écrire

to spend: — the night coucher; — *(time)* passer

sport: likes —s sportif (sportive)

sports les sports *mpl*

spot tache *f*

to sprain one's. . . se fouler le/la...

square: town — place *f*

squash, to play faire du squash

stadium stade *m*

stairs escalier *m*

station: bus — gare routière *f;* train — gare *f*

statistics statistique *f*

to stay rester; — in bed rester au lit

to stay in shape garder la ligne

steak bifteck *m,* steak *m*

step machine stepper *m*

stepbrother demi-frère *m*

stepfather beau-père *m*

stepmother belle-mère *f*

stepsister demi-sœur *f*

stereo system chaîne hi-fi *f*

stocky costaud

stomach estomac *m,* ventre *m;* — ache mal à l'estomac

stop arrêt *m*

to stop (s')arrêter

store magasin *m;* clothing — magasin de vêtements *m;* drug — pharmacie *f;* electronics — magasin de matériel électronique *m;* general — épicerie *f;* grocery — épicerie *f;* jewelry — bijouterie *f;* music — magasin de musique *m;* sporting goods — magasin de sports *m;* stationery papeterie *f;* tobacco — bureau de tabac *m,* tabac *m*

storm orage *m*

story histoire *f*

straight *(hair)* raid(e)

straight ahead tout droit

strawberry fraise *f;* flavoring mixed with limonade diabolo fraise *m*

street rue *f*

strep infection streptococcie *f*

student étudiant(e) (college); elementary, middle school, high school — élève *m, f;* first-year étudiant(e) en première année; *(university)* étudiant(e) *m, f*

study bureau *m*

to study étudier

stuffy: — nose nez bouché *m*

subject matière *f*

suburbs banlieue *f*

subway *(city)* RER *m; (in Paris)* métro *m*

to suffer souffrir

sugar sucre *m*

to suggest proposer

suit *(man's)* costume *m;* warmup — jogging *m; (woman's)* tailleur *m*

sun soleil *m*

Sunday dimanche *m*

sunny ensoleillé(e); it's sunny il fait du soleil

supermarket supermarché *m*

supposed to: to be — devoir

to surf faire du surf

to surf the Net surfer sur Internet

suspense suspense *m*

sweater pull *m*

sweatshirt sweat *m*

sweet vermouth martini *m*

to swim nager; to go swimming faire de la natation

Swiss suisse; *(person)* Suisse *m, f*

Swiss cheese gruyère *m*

symptom symptôme *m*

synagogue synagogue *f*

T

t-shirt tee-shirt *m*

table table *f;* to clear the — débarrasser la table; to set the — mettre la table

to take prendre; — a shower prendre une douche; — care of s'occuper de; (a person) amener

to talk: — on the phone bavarder au téléphone, parler au téléphone; — about parler de

talkative bavard(e)

tall grand(e); to get taller grandir

tank top débardeur *m*

taxi taxi *m*

tea thé *m;* — with lemon thé (au) citron *m;* — with milk thé au lait *m;* plain — thé nature *m*

teacher prof *m, f;* professeur *m*

teaching assistant assistant(e) *m, f*

techno techno *f*

telephone téléphone *m;* direct-line — téléphone direct *m*

temperature température *f*

ten dix

tennis tennis *m;* to play — jouer au (faire du) tennis

terrace terrasse *f*

terrific super

textbook manuel de classe *m*

thank you merci, remerciement *m;* — very much merci bien; to say — remercier

that ça

theater théâtre *m;* movie — cinéma *m*

then puis, alors, ensuite

there y; — is, — are il y a

these, those ces

thigh cuisse *f*

thin mince

thing chose *f,* truc *m;* not my — pas mon truc

to think penser; *(about something)* réfléchir (à)

thirteen treize

this, that ce, cet, cette

three trois

throat gorge *f;* — lozenges des pastilles pour la gorge *f pl*

thunder tonnerre *f*

Thursday vendredi *m*

ticket billet *m,* ticket *m;* — validation machine composteur *m;* — window guichet *m;* automatic — machine distributeur (de billets) *m*

tie cravate *f*

till: quarter till two deux heures moins le quart

time fois *f*, temps *m*; **from — to —** de temps en temps; **arrival —** heure de l'arrivée *f*; **(at) what time?** à quelle heure?; **departure —** heure de départ *f*; **what time is it?** quelle heure est-il?

timid timide

to tinker bricoler

tired fatigué(e)

to à

to grow up grandir

to return revenir

toast *(bread)* pain grillé *m*, toast *m*; **to make a —** trinquer

tobacco store bureau de tabac *m*, tabac *m*

today aujourd'hui

toe doigt de pied *m*

toilet toilettes *fpl*, WC *mpl*

toilet (half-bath) cabinet de toilette *m*

tomato salad salade de tomates *f*

tonsilitis angine *f*

too trop; **— much** trop (de)

tooth dent *f*

tourist: to be a — faire du tourisme

toward vers

town village *m*

track voie *f*; **to do track and field** faire de l'athlétisme *m*

traditional traditionnel(le)

traffic jam embouteillage *m*

trailer caravane *f*

train train *m*; **— station** gare *f*; **high-speed —** train à grande vitesse (TGV) *m*; **train car** voiture *f*

trait trait *m*; **personality —** trait de caractère *m*

traveling salesperson commercial(e) *m, f*

treadmill tapis de course *m*

tree arbre *m*

trip trajet *m*; voyage *m*

trout truite *f*

Tuesday mardi *m*

tuna thon *m*

tuna salad salade de thon *f*

turkey dinde *f*

to turn tourner; **— off** éteindre

TV set téléviseur *m*

twelve douze

twenty vingt

twins jumeaux *m pl*; jumelles *f pl*

two deux

type genre *m*

U

ugly laid(e), moche

umbrella parapluie *m*

uncle oncle *m*

to understand comprendre

unfortunately malheureusement

university université *f*

until: *(time)* jusqu'à

upstairs en haut

urban urbain(e)

urban area agglomération *f*

urban center centre urbain *m*

use emploi *m*; **—d** d'occasion

to use utiliser

usually d'habitude; en général

V

vacation vacances *f pl*

to vacuum passer l'aspirateur

to validate composter; **— the ticket** composter le billet

valley vallée *f*

vanilla vanille *f*

VCR magnétoscope *m*

veal veau *m*

vegetable légume *m*

vegetables: raw — with vinaigrette assiette de crudités *f*

Venezuelan vénézuélien(ne); *(person)* Vénézuélien(ne) *m (f)*

very très

very much beaucoup

video game jeu vidéo *m*

videocassette cassette vidéo *f*

Vietnamese vietnamien(ne); *(person)* Vietnamien(ne) *m (f)*

village village *m*

villager villageois(e) *m (f)*

vinaigrette (oil & vinegar dressing) vinaigrette *f*

violence violence *f*

violin: to play the — jouer du violin

to visit *(a person)* rendre visite à; **—** *(a place)* visiter

volleyball volley *m*; **to play —** jouer au (faire du) volley(ball)

to vomit vomir

W

to wait (for) attendre

to wake: — *(someone)* **up** réveiller; **— up** se réveiller

walk: to go for a — faire une balade

to walk aller à pied; **— the dog** promener le chien; **to go for a —** se promener; **to go walking** faire de la marche à pied

to want vouloir

war guerre *f*

wardrobe armoire *f*

to wash up, brush teeth, etc. faire sa toilette

to watch regarder; **— TV** regarder la télé; **— what you're eating** faire attention à ce qu'on mange

water: mineral — eau minérale *f* (Badoit *f*, Perrier *m*, Vittel *f*)

to waterski faire du ski nautique

way chemin *m*; route *f*; **high —** route nationale

we nous

weak faible

to wear mettre

weather temp *m*; **what's the — like?** quel temps fait-il?

Wednesday mercredi *m*

week semaine *f*

weight machine presse *f*

weightlifting: to do — faire de la musculation

welcome bienvenue; **you're welcome** de rien, (il n'y a) pas de quoi

well bien; **fairly —** bien; **— enough** assez

west ouest *m*

what ce que, comment, que, quel(le), quoi; **what?** qu'est-ce que… ?; **what's?** quel(le) est… ?

when quand; **when?** quand est-ce que?

where où

which quel(le)

whisky whisky *m*

white blanc (blanche)

who: may I say who's calling? c'est de la part de qui?; **who?** qui?

why pourquoi

wife femme *f*

wind vent *m*; **it's windy** il fait (il y a) du vent

to windsurf faire de la plance à voile

windsurfing, to go faire de la planche a voile

wine vin *m*; **red —** vin rouge *m*; **rosé** (vin) rosé *m*; **white —** vin blanc *m*

woman femme *f*

to work travailler; **— out** faire de la gym

world monde *m*

wrist poignet *m*

to write écrire

Y

yard jardin *m*

year an *m*, année *f*

yellow jaune

yes oui

yesterday hier

yogurt yaourt *m*

you tu *(informal)*, vous *(formal)*

young jeune

Z

zero zéro

INDEX

INDEX

POUR SE DÉBROUILLER

PHOTO CREDITS

Unless specified below, all photos in this text were selected from the Heinle & Heinle Image Resource Bank.

Photos from Corbis Images:

p. 15 © Bettman/CORBIS; **p. 30** (bottom) © S.I.N./CORBIS; **p. 34** (right) © CORBIS; **p. 35** © Marko Shark/CORBIS; **p. 40** (top) © Mitchell Gerber/CORBIS; **p. 41** CORBIS; (bottom) © Sygma CORBIS; **p. 52** (top) David Bartruff/CORBIS, (middle) © Wolfgang Kaehler/ CORBIS; **p. 66** (top right) © Yann Arthus-Bertrand/CORBIS; **p. 68** (number 2, number 8) © Gail Mooney/CORBIS; **p. 71** © Yann Arthus-Bertrand/CORBIS; **p. 76** © Stefan Bianchetti/ CORBIS; **p. 92** © Bettman/CORBIS; **p. 93** (number 1) © The Barnes Foundation, Merion Station, Pennsylvania/CORBIS, (number 2) © Alexander Burkatowski/CORBIS, (number 3) © Burstein collection/CORBIS, (number 4, number 5) © Archivo Iconografico, S.A./CORBIS; **p. 109** © The Purcell team/CORBIS; **p. 111** (bottom right) © Papilio/CORBIS; **p. 113** (top left) © Richard List/CORBIS; **p. 120** (left) © Michael S. Yamashita/CORBIS; **p. 125** (center left) © Richard Bickel/CORBIS, (top right) © Paul Almasy/CORBIS; **p. 133** (left) © David S. Peter/CORBIS, (right) © AFP/CORBIS; **p. 142** (top right) © Haroad A. Jahn; Viennaslide Photoagency/CORBIS; **p. 162** (top, bottom) © Bettmann/CORBIS; **p. 163** (top, bottom) © Bettmann/CORBIS; **p. 180** (top) Wolfgang Kaehler/CORBIS, (bottom left) © Ludoviz Maisant/CORBIS, (bottom right) © Marc Garanger/CORBIS; **p. 181** (top left) ©Yann Arthus-Bertrand/CORBIS, (top right) © CORBIS, (bottom left) © Yann Arthus-Bertrand/ CORBIS; **p. 185** © Ric Ergenbright/ CORBIS; **p. 206** (top left) © Bettmann/ CORBIS, (top right) © Adam Woolfitt/CORBIS; **p. 229** (top left) © Steve Chenn/CORBIS; **p. 238** (third down from right) © Owen Franken/CORBIS; **p. 244** © Leonard de Selva/CORBIS; **p. 247** (top right) © Ric Ergenbright/CORBIS, (top right) © Archive Iconographico/CORBIS, (bottom) © Patrick Ward/CORBIS; **p. 280** (bottom) © Yann Arthus-Bertrand/CORBIS; **p. 290** (large center photo) © Kevin Fleming/CORBIS; **p. 299** © Roger Ressmeyer/CORBIS; **p. 305** (left) © José F. Poblete/CORBIS, (center right) © Nik Wheller/CORBIS; p. 340 (top left) © Wolfgang Kaehler/CORBIS; **p. 341** (bottom left) © David & Peter Turnley/CORBIS, (bottom right) Richard Oliver/CORBIS; **p. 361** © Brian Vikander/CORBIS; **p. 378** (bottom left) © Hulton Deutsch Collection/CORBIS, (right center) © Andrew Brown, Ecoscene/ CORBIS; **p. 379** (top right) © Vince Streano/CORBIS, (bottom right) ©Reuters NewMedia Inc./CORBIS; **p. 380** (number 2) AFP/CORBIS, (number 5) © Paul Almasy/CORBIS; **p. 384** © Adam Woolfitt/CORBIS; p. (left center) © Tom Pannell/CORBIS, (bottom left) © David Turnley/CORBIS, (bottom right) ©Richard T. Nowitz/CORBIS; **p. 393** (left center) © Tom Pannell/CORBIS, (bottom left) © David Turnley/CORBIS, (bottom right) © Richard T. Nowitz/CORBIS; **p. 395** (bottom left) © Michael S. Yamashita/CORBIS, (bottom right) © Peter Russell; The Military Picture Library/CORBIS; **p. 396** © Owen Franken/CORBIS; **p. 408** © Arthur Rothstern/CORBIS

Photos from other sources

p. 3 (left) © Ulrike Welsch; **p. 25** (top right) © Stuart Cohen; **p. 34** (left) © Gamma Liaison; **p. 40** (bottom) © Gamma Liaison; **p. 41** (top, middle) © Gamma Liaison; **p. 42** (bottom left) © Stuart Cohen; **p. 83** (top row, left center, bottom left) © Stuart Cohen; **p. 94** (top left) © Photodisc, (top right) ©Stuart Cohen; p. (center) © Superstock, Inc.; **p. 97** Adam Smith Productions; **p. 99** (center) © Superstock, Inc.; **p. 111** (bottom left) © Superstock, Inc.; **p. 112** (top) © Donald Dietz/Stock Boston, (bottom) © Owen Franken, Stock Boston; **p. 113** (botton left) © Tabuteau/The Image Works, (right) © Superstock, Inc., **p. 119** (center left) © Stuart Cohen, **p. 130** © Stuart Cohen; **p. 166** (left) © Stuart Cohen, (right) © S. Kanno/FPG

International; **p. 167** © Stuart Cohen; **p. 173** © Stuart Cohen; **p. 181** (center) © Photodisk; **p. 182** (right) © Stuart Cohen; **p. 186** © Stuart Cohen; **p. 195** © Robert Fried/Stock, Boston; **p. 215** (left, right, bottom) © Stuart Cohen; **p. 217** © Stuart Cohen; **p. 235** © Stuart Cohen; **p. 236** © Stuart Cohen; **p. 238** (bottom) © Supertsock, Inc.; **p. 246** (top) © Superstock, Inc., (bottom) © Stuart Cohen; **p. 206** (left) © Stuart Cohen/Comstock, (right, bottom) © Stuart Cohen; **p. 210** © Stuart Cohen; **p. 250** © Stuart Cohen; **p. 252** © Peter Menzel/Stock Boston; **p. 253** © Stuart Cohen; **p. 254** © Stuart Cohen, **p. 258** © Stuart Cohen; **p. 262** (top right) © Robert Fried 1992/Stock Boston, (center right) © Stuart Cohen/Comstock; **p. 275** (left, right) © Stuart Cohen/Comstock; **p. 290** (three top left, top right) © Stuart Cohen; **p. 304** (center) © Stuart Cohen; **p. 309** (top left) D. and J. Heaton/Stock Boston, (top right) © Gergg Gilman/FPG International, (left center) Lee Snyder/The Image Works, (right center) Robert Smith/FPG International; **p. 313** © Stuart Cohen; **p. 314** © Stuart Cohen; **p. 320** © Stuart Cohen; **p. 336** © Stuart Cohen; **p. 351** © Robert Fried/Stock Boston; **p. 367** Courtesy of the French West Indies Tourist Board; **p. 368** (top left) © Margo Taussig/Pinkerton International, (top right) Larry Greifer/French West Indies Tourist Board, (bottom left) © Julie Houck/Stock Boston, (bottom center) French West Indies Tourist Board, (bottom right) Marc Garanger/CORBIS; **p. 374** © Stuart Cohen; **p. 380** (number 1) © Superstock, (number 7) © Photodisc; **p. 424** (left) © Collection Viollet, (right) © Lipnitzki Viollet

TEXT/REALIA CREDITS

p. 6 «Paris à la carte», Courtesy of Galerie Lafayette; **p. 7** Caffè Ritazza; **p. 25** Cover of *Le tour de Gaule d'Astérix,* dessin d'Albert Uderzo, © Éditions Hachette, Paris; Cover of *Le triangle d'or,* by Claude Leblanc Livre de Poche, document photothèque, © Hachette, 1968; **p. 34** «Le CD omniprésent» Syndicat National de l'Édition Phonographique; **p. 35** Gérard Mermet, FRANCOSCOPIE 1999, © Larousse / HER 2000; **pp. 62–63** *Paris, histoire d'une ville,* sous la direction de Jean-Robert Pitte. Cartographie : Swanston Graphics, © Hachette Livre (Littérature Générale, Guides de voyages), 1993; **p. 91** ALLONS-Y!, Copyright © 1994, 1996 by Scholastic, Inc.; **p. 100** Courtesy of Casio; **p. 101** Courtesy of Texas Instruments; **p. 114** Jacques Prévert, *Paroles,* © 1949 Éditions Gallimard; **pp. 115–117** *Mathématiques 6ᵉ,* (L. Corrieu, C. Batier, M. Labrousse, J. Lebraud), © Delagrave, Paris, pp. 264–270; **p. 122** «Le VTT: Conseils pratiques», BONJOUR! Magazine, September/October 1996, by Scholastic, Inc.; **p. 128** Régie Autonome des Transports Parisiens; **p. 129** Carte orange, Régie Autonome des Transports Parisiens; **pp. 134–135** «L'homme qui te ressemble», de René Philombe, *Petites gouttes de chant pour créer un homme,* Éditions Nouvelles du Sud; **pp. 144–145** *Pariscope*; **pp. 146–147** BONJOUR!, © by Scholastic, Inc.; **p. 149** *Pariscope*; **p. 150** Télécarte courtesy of France Télécom; **p. 161** BONJOUR!, © by Scholastic, Inc.; **p. 164** «L'équipement télé des Français», Médiamétrie; «L'offre et la demande», Médiamétrie; **p. 165** *Télé Star* magazine, semaine du 24 février 2001, Avec l'aimable autorisation du magazine *Télé Star*; **p. 203** Jacques Prévert, *Paroles,* © 1946, Éditions Gallimard; **p. 205** «Les jeunes de Ouagadougou» © *Planètes Jeunes,* avril–mai, 1998, pp. 5–7, Bayard Presse, 1998; **p. 206** (top and bottom right) Domaine national de Versailles; **p. 207** Domaine national de Versailles; **pp. 208–209** BONJOUR! Magazine. ALLONS-Y! Magazine. Copyright © by Scholastic, Inc. Reprinted by permission of Scholastic Inc.; **pp. 219–220** *Planète Jeunes,* n° 30, déc. 97–janv. 98, p. 5, Bayard Presse; **p. 239** «Le temps retrouvé» Gérard Mermet, FRANCOSCOPIE 2001, © Larousse / HER 2000, p. 111; **p. 248** *Jeunes Magazine,* Issue II, November 1997, © ECI, European Language Institute; **p. 257** © MICHELIN from the RED GUIDE FRANCE 2001, Permission No. 01-US-008; **p. 262** «Futuroscope», Courtesy of Loeb et Associés; «Un peu moins de deux Français sur trois partent en vacances» Gérard Mermet, FRANCOSCOPIE 1999, © Larousse / HER 1999, p. 411; quotes from Gérard Mermet, FRANCOSCOPIE 1999, © Larousse / HER 1999, p. 414; **p. 263** «Cinq semaines et demie», Maison de la France; «Club Med», Devarieux Villaret; quotes from Gérard Mermet, FRANCOSCOPIE 1999, © Larousse / HER 1999, p. 414; «Le palmarès des parcs», Ministère du Tourisme; Michelin Red Guide, © MICHELIN from the RED GUIDE FRANCE 2001, Permission No. 01-US-008; «Tunisie», Agence Newton 21; **p. 264** Michelin Green Guide, © MICHELIN, Permission No. 01-US-008; «En train, en avion, mais surtout en voiture», Ministère du Tourisme, Sofres; Calendrier Voyageurs, Source SNCF; **p. 265** «Futuroscope», Vimenet/Parc du Futuroscope®; **p. 266** © MICHELIN from the RED GUIDE FRANCE 2001, Permission No. 01-US-008; **p. 268** © MICHELIN from the RED GUIDE FRANCE 2001, Permission No. 01-US-008; **p. 269** © MICHELIN from the RED GUIDE FRANCE 2001, Permission No. 01-US-008; **p. 270** Source SNCF; **p. 271** Source SNCF; **p. 272** Source SNCF; **p. 273** Source SNCF; **pp. 276–277** *Petit Larousse illustré,* 1990; **p. 279** Jacques Charpentreau, *Paris des Enfants,* L'École des loisirs, 1978; **p. 280** Top photo: Agence Diaf, *Fram* magazine; **p. 281** Switzerland texts and photos: Excerpts from *La Suisse,* Éditions Kummerly and Frey, 1995, p. 81, and 1993, p. 72 ; Martinique texts and photos: Courtesy of *Bonjour la Martinique* guide touristique et pratique, Éditions Créations du Pélican, Montpellier, 1987, p. 99; **p. 284** © MICHELIN from the RED GUIDE FRANCE 2001, Permission No. 01-US-008; **p. 291** © MICHELIN from the RED GUIDE FRANCE 2001, Permission No. 01-US-008; **pp. 299–301** Antoine de Saint-Exupéry, *Le Petit Prince,* © Harcourt Brace; **pp. 310–311** Excerpts from *La Suisse,* Éditions Kummerly and Frey, 1995, p. 81, and 1993, p. 72; **p. 329** «L'ère du grignotage», Courtesy of Cofremca-sociodivision, Paris; «Le nomadisme alimentaire se

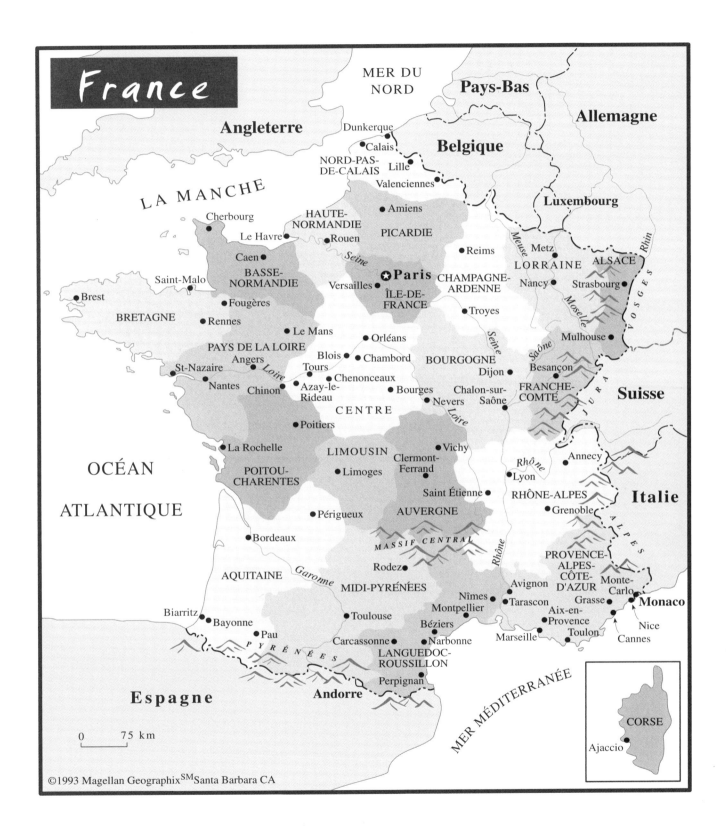

France

MER DU NORD

Pays-Bas

Angleterre

Allemagne

Belgique

Dunkerque
Calais
Lille
NORD-PAS-DE-CALAIS
Valenciennes

Luxembourg

LA MANCHE

Cherbourg
HAUTE-NORMANDIE
Amiens
PICARDIE
Le Havre
Rouen
Caen
Seine
BASSE-NORMANDIE
Reims
Metz
LORRAINE
ALSACE
Saint-Malo
★ Paris
Versailles
ÎLE-DE-FRANCE
CHAMPAGNE-ARDENNE
Nancy
Strasbourg
Meuse
Rhin
VOSGES
Moselle

Brest
BRETAGNE
Fougères
Rennes
Le Mans
PAYS DE LA LOIRE
Angers
St-Nazaire
Loire
Nantes
Chinon
Orléans
Blois
Tours
Chambord
Chenonceaux
Azay-le-Rideau
CENTRE
Bourges
Troyes
Seine
BOURGOGNE
Dijon
Chalon-sur-Saône
Nevers
Loire
Besançon
FRANCHE-COMTÉ
Saône
Mulhouse
JURA
Suisse

OCÉAN
ATLANTIQUE

La Rochelle
POITOU-CHARENTES
Poitiers
LIMOUSIN
Limoges
Vichy
Clermont-Ferrand
Saint Étienne
Rhône
Lyon
Annecy
RHÔNE-ALPES
Grenoble
ALPES
Italie

Périgueux
AUVERGNE
MASSIF CENTRAL
Rodez
Rhône
PROVENCE-ALPES-CÔTE-D'AZUR
Monte-Carlo
Monaco

Bordeaux

AQUITAINE
Garonne
MIDI-PYRÉNÉES
Nîmes
Avignon
Tarascon
Grasse
Aix-en-Provence
Nice
Biarritz
Bayonne
Pau
PYRÉNÉES
Toulouse
Béziers
Montpellier
Toulon
Cannes
Carcassonne
Narbonne
Marseille
LANGUEDOC-ROUSSILLON
Perpignan

Espagne
Andorre

MER MÉDITERRANÉE

0   75 km

©1993 Magellan Geographix^{SM}Santa Barbara CA

CORSE
Ajaccio

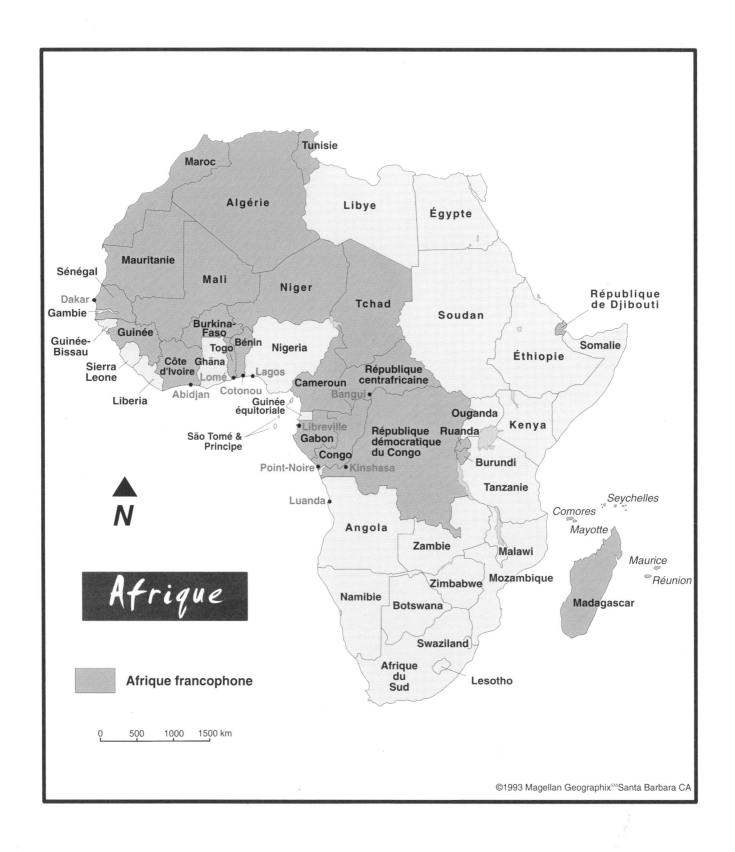

Tunisie
Maroc
Algérie
Libye
Égypte
Mauritanie
Sénégal
Mali
Niger
Dakar
Tchad
Soudan
République
de Djibouti
Gambie
Burkina-
Faso
Guinée
Togo
Bénin
Nigeria
Somalie
Guinée-
Bissau
Côte
d'Ivoire
Ghāna
République
centrafricaine
Éthiopie
Sierra
Leone
Lomé
Lagos
Liberia
Abidjan
Cotonou
Cameroun
Bangui
Guinée
équitoriale
Ouganda
Kenya
São Tomé &
Principe
Libreville
Gabon
République
démocratique
du Congo
Ruanda
Congo
Burundi
Point-Noire
Kinshasa
Tanzanie
Luanda
Seychelles
Comores
Mayotte
Angola
Zambie
Malawi
Maurice
Réunion
Zimbabwe
Mozambique
Madagascar
Namibie
Botswana
Swaziland
Afrique
du
Sud
Lesotho

N

Afrique

Afrique francophone

0   500   1000   1500 km